2023
행정법 강의

김기홍

새로롬

머리말

「2023 행정법 강의」의 특징은 다음과 같습니다.

1. 행정법 내용을 답안에 현출할 수 있는 분량으로 압축정리하였습니다.

2. 2008-2022년까지의 변호사시험·입법고시·사법시험·5급공채·법원행정고시의 기출문제의 쟁점을 모두 각 목차부분에 표시하였습니다.

3. 모든 쟁점에 중요도를 표시하였습니다. 별표 하나는 '보통', 둘은 '중요', 셋은 '매우 중요'하다는 의미입니다. 별표 둘과 셋은 반드시 숙지하셔야 할 쟁점입니다.

4. 모든 문단에 옆 번호를 부여하였습니다. 어떤 쟁점과 연결되는 쟁점(또는 참고할 쟁점)이 뒷부분에 나오거나 이미 앞부분에 나왔다면, 그 해당 부분의 번호를 기재하여 연결되는 쟁점을 함께 혹은 참고해서 공부할 수 있도록 하기 위해서입니다.

5. 차례로 출간되는 「2023 행정법 핸드북」「2024 행정법 기출연습」「2024 행정법 사례연습」과 함께 일관된 내용으로 학습하실 수 있습니다.

이 책의 출간에 도움을 주신 도서출판 새흐름의 여러분들, 특히 이종은 부장님께 감사드립니다.

독자분들의 소망이 꼭 이루어지길 빌면서.

2023. 2.

김기홍

Contents
차 례

제1부 행정법총론

CHAPTER 01 행정법의 개념 … 3
제1절 행정법의 의의 · 3
제2절 행정의 법률적합성의 원칙 · 3

CHAPTER 02 행정법의 법원 … 5
제1절 법 원(法源) · 5
제2절 법원의 효력 · 12
제3절 법원의 흠결과 보충(행정법관계에 대한 사법(私法)규정의 적용) · 13

CHAPTER 03 행정법관계 … 14
제1절 행정법관계의 개념 · 14
제2절 행정법관계의 내용 · 18
제3절 행정법관계의 발생과 소멸 · 24

CHAPTER 04 행정의 행위형식(행정작용의 형태(모습)) … 32
제1절 행정입법 · 32
제2절 행정계획 · 45
제3절 행정행위 · 48
제4절 공법상 계약 · 104
제5절 공법상 사실행위 · 107
제6절 행정지도 · 110
제7절 사법(私法)형식의 행정작용(광의의 국고작용) · 113

CHAPTER 05 행정절차법 · 행정정보 … 115
제1절 행정절차법 · 115
제2절 행정정보 · 130

CHAPTER 06 행정의 실효성 확보 … 146

제1절 행정벌 · 146
제2절 행정상 강제집행 · 152
제3절 즉시강제 · 166
제4절 새로운 의무이행확보수단 · 169
제5절 행정조사 · 174

CHAPTER 07 행정상 손해전보(손해의 회복(복구)) … 180

제1절 행정상 손해배상 · 180
제2절 행정상 손실보상 · 206
제3절 전통적인 행정상 손해전보제도의 보완 · 216

제2부 행정쟁송법

PART 01 행정심판법 … 229

CHAPTER 01 일반론(행정) … 230

제1절 개 념 · 230
제2절 행정심판의 종류 · 231
제3절 행정심판법상 고지제도 · 238

CHAPTER 02 행정심판의 대상, 당사자, 행정심판기관 … 240

제1절 행정심판의 대상 · 240
제2절 행정심판의 당사자 · 240
제3절 행정심판기관(행정심판위원회) · 245

CHAPTER 03 행정심판의 청구 … 248

제1절 행정심판청구의 방식 · 248

제2절 행정심판청구의 기간 · 248

제3절 행정심판청구의 제출절차등 · 250

제4절 가구제 · 252

제5절 전자정보처리조직을 통한 행정심판청구 · 256

CHAPTER 04 행정심판의 심리와 재결 … 257

제1절 행정심판의 심리 · 257

제2절 행정심판의 재결 · 259

PART 02 행정소송법 … 269

CHAPTER 01 일반론(행정소송) … 270

제1절 행정소송의 개념 · 270

제2절 행정소송의 한계 · 273

CHAPTER 02 항고소송 … 277

제1절 취소소송 · 277

제2절 무효등확인소송 · 370

제3절 부작위위법확인소송 · 374

CHAPTER 03 당사자 소송 … 381

제1절 개 념 · 381

제2절 소송의 대상 · 386

제3절 소송의 당사자 · 386

제4절 소송의 제기 · 388

제5절 소송의 심리 · 388
제6절 소송의 판결 · 389

CHAPTER 04 객관적 소송 ··· 390
제1절 민중소송 · 390
제2절 기관소송 · 392

제3부 행정법각론

PART 01 행정조직법 ··· 397
제1절 행정조직법의 개념 · 398
제2절 행정주체 · 398
제3절 행정기관 · 402
제4절 행정관청(행정청) · 404

PART 02 지방자치법 ··· 415

CHAPTER 01 일반론(지방자치) ··· 416
제1절 지방자치의 개념 · 416
제2절 지방자치단체의 개념 · 417
제3절 지방자치단체의 주민 · 418

CHAPTER 02 지방자치단체의 조직 ··· 428
제1절 지방의회(의결기관) · 428
제2절 지방자치단체의 장(집행기관) · 441

CHAPTER 03 지방자치단체의 사무 … 445

제1절 자치사무 · 445
제2절 단체위임사무 · 447
제3절 기관위임사무 · 449

CHAPTER 04 지방자치단체의 협력관계와 분쟁조정 … 451

제1절 지방자치단체 상호 간의 협력 · 451
제2절 지방자치단체 상호 간 등의 분쟁조정 · 452

CHAPTER 05 지방자치단체에 대한 통제 … 453

제1절 내부적 통제 · 453
제2절 외부적 통제 · 454

PART 03 공무원법 … 461

CHAPTER 01 일반론 … 462

CHAPTER 02 공무원법관계의 발생·변경·소멸 … 464

제1절 공무원법관계의 발생 · 464
제2절 공무원법관계의 변경 · 466
제3절 공무원법관계의 소멸 · 470

CHAPTER 03 공무원법관계의 내용 … 472

제1절 공무원의 권리 · 472
제2절 공무원의 의무 · 477
제3절 공무원의 책임 · 481

PART 04 경찰법 … 487

CHAPTER 01 일반론(경찰) … 488
제1절 경찰의 개념 · 488
제2절 경찰의 종류 · 489

CHAPTER 02 경찰조직법 … 490

CHAPTER 03 경찰작용법 … 491
제1절 경찰작용의 근거 · 491
제2절 경찰작용의 한계 · 498

CHAPTER 04 기타 경찰작용 … 505
제1절 경찰작용의 행위형식 · 505
제2절 경찰작용의 실효성확보 · 505
제3절 경찰작용에 대한 권리구제 · 505

PART 05 공적 시설법 … 507

CHAPTER 01 공물법 … 508
제1절 일반론 · 508
제2절 공물의 성립과 소멸 · 510
제3절 공물의 법적 특색 · 513
제4절 공물의 관리와 공물경찰 · 516
제5절 공물의 사용관계 · 518

CHAPTER 02 영조물법 … 524
제1절 일반론 · 524
제2절 영조물의 이용관계 · 525

CHAPTER 03 공기업법 … 527

제1절 일반론 · 527
제2절 공기업의 보호와 감독 · 529
제3절 공기업의 이용관계 · 530
제4절 특허기업의 특허 · 531

PART 06 공용부담법 … 533

CHAPTER 01 일반론(공용부담) … 534

CHAPTER 02 인적 공용부담 … 535

제1절 부담금 · 535
제2절 노역 · 물품 · 536
제3절 부역 · 현품 · 536
제4절 시설부담 · 536
제5절 부작위부담 · 536

CHAPTER 03 공용제한 … 537

제1절 공용제한의 개념 · 537
제2절 공용제한의 종류 · 538

CHAPTER 04 공용수용 … 539

제1절 공용수용의 개념 · 539
제2절 공용수용의 당사자 · 540
제3절 공용수용의 목적물 · 541
제4절 사업의 준비절차 · 542
제5절 협의에 의한 취득(사용) · 543

제6절 수용에 의한 취득(사용) · 545

제7절 공용수용의 효과 · 557

제8절 환매권 · 559

CHAPTER 05 공용환지 · 공용환권 … 565

PART 07 토지행정법 … 571

제1절 의 의 · 572

제2절 국토의 계획 · 572

제3절 국토의 이용질서 · 574

PART 08 기 타 … 581

제1절 환경행정법 · 582

제2절 조세행정법 · 586

제1부
행정법총론

CHAPTER 01 행정법의 개념

| 제1부 행정법총론 | 제2부 행정쟁송법 | 제3부 행정법각론 |

제1절 행정법의 의의

행정법은 '행정의 조직과 작용에 관한 법'이다. 즉 행정목적을 달성하기 위한 행정주체의 모든 활동을 규율하는 법의 총체를 말한다. 전체적으로 보면 행정법은 행정주체의 조직에 관한 법(행정조직법)(69, 1544), 행정작용에 관한 법(행정작용법)(66), 그리고 사인의 권리구제에 관한 법(행정구제법)으로 구성된다.

제2절 행정의 법률적합성의 원칙

㈎ 행정의 법률적합성이란 행정은 법률의 근거하에서 법률의 구속을 받아서 행해져야 한다는 법원리를 말한다. 일반적으로 법률의 법규창조력, 법률의 유보, 법률의 우위를 내용으로 한다.

㈏ 행정기본법 제8조는 "행정작용은 법률에 위반되어서는 아니 되며, 국민의 권리를 제한하거나 의무를 부과하는 경우와 그 밖에 국민생활에 중요한 영향을 미치는 경우에는 법률에 근거하여야 한다"고 규정한다.

제1항 | 법률의 법규창조력

국민의 대표기관인 국회만이 국민을 구속하는 규범(=법규)(23a)인 법률을 만들 수 있다고 하면서 국회가 만든 법률만이 국민을 구속하는 힘이 있다고 보았다. 법률이 법규창조력을 갖는다는 것은 오늘날에도 인정되고 있지만, 행정법의 일반원칙(30 이하)도 법규이기 때문에 현재는 법률만이 법규창조력을 갖는다고 말하기는 어렵다는 것이 일반적인 견해이다.

제2항 | 법률우위의 원칙

Ⅰ. 의 의

법률우위의 원칙이란 행정이 법률에 위반되는 행위를 해서는 아니 된다는 원칙을 말한다. 그 법률에는 헌법, 국회가 제정한 형식적 의미의 법률(21), 법률의 위임에 따라 제정된 법규명령(137), 행정법의 일반원칙(30 이하) 등이 포함된다.

Ⅱ. 적용범위

13 법률의 우위의 원칙은 행정의 전 영역에 예외 없이 적용된다. 수익적·침익적 행위, 행정조직상의 행위(69)·행정작용상의 행위(66), 공법형식의 행정작용·사법형식의 행정작용에도 적용된다.

제3항 | 법률유보의 원칙

Ⅰ. 의 의

14 법률유보의 원칙이란 행정은 법적 근거를 갖고서 이루어져야 한다는 원칙을 말한다. 여기서 말하는 법률은 국회에서 제정한 형식적 의미의 법률을 말한다(21). 그리고 법률우위의 원칙은 행정이 기존법률을 침해하는 것을 금지하는 것이지만(소극적 의미의 법률적합성의 원칙), 법률유보의 원칙은 법적 근거가 있어야 행정을 할 수 있다는 원칙이기 때문에 적극적 의미의 법률적합성의 원칙이라고 한다.

Ⅱ. 적용범위

1. 학 설

15 ① 국민의 권리를 제한하거나 의무를 부과하는 행정작용은 법률의 근거를 요한다는 침해유보설, ② 모든 행정작용(침익+비침익)에는 법률에 근거가 있어야 한다는 전부유보설, ③ 사례(행정작용의 유형)별로 판단하여 일반 공중이나 시민에게 중요하고 본질적인 결정은 의회가 법률로 정해야 한다는 중요사항유보설(본질성설)이 있다.

2. 검 토

16 침해유보설은 급부행정영역을 법률유보에서 제외시킨다는 비판이 있고, 전부유보설은 급부행정의 경우 법률의 근거가 없다면 근거의 결여로 국민에게 급부제공을 할 수 없게 된다는 비판이 있다. 따라서 중요사항유보설이 타당하다(통설, 판례). 이에 따른다면 침해행정은 엄격한 법률유보원칙이 적용되고, 급부행정은 법률유보원칙이 완화될 수 있다. 다만 구체적인 중요성판단은 일반 공중이나 시민에게 얼마나 중요한 사항인지 여부로 결정되어야 한다(헌재 1999.5.27. 98헌바70).

CHAPTER 02 행정법의 법원

| 제1부 행정법총론 | 제2부 행정쟁송법 | 제3부 행정법각론 |

제1절 법 원(法源)

제1항 | 행정법의 법원의 개념

I. 의 의

행정사무를 처리하는 기준이 되는 모든 규범을 행정법의 법원이라고 한다(행정기준설(광의설)). 17

II. 성문법주의

행정법의 법원은 성문법원과 불문법원으로 나눌 수 있고, 성문법주의가 원칙적인 모습이다. 18

제2항 | 행정법의 법원의 종류

행정법의 법원에는 성문법, 국제법, 불문법원, 행정법의 일반원칙(조리) 등이 있다. 19

I. 성문법

1. 헌 법

헌법은 행정의 조직과 작용에 관한 행정법의 최고의 법원이다. 특히 비례원칙, 평등원칙, 신뢰보호의 원칙 등과 같은 행정법의 일반원칙(30 이하)들이 도출되는 근거가 된다는 점에서 헌법은 중요하다. 20

2. 법 률

국회가 입법절차를 거쳐 제정한 법률(형식적 의미의 법률. '~법 또는 ~법률'의 형식이다)은 가장 일반적이고 중요한 행정법의 법원이다. 21

3. 행정입법(법규명령, 행정규칙)(135)

행정기관에 의해 정립된 규범을 행정입법이라고 한다. 행정입법에는 법률의 위임에 따라 제정된 국민을 구속하는 규범인 법규명령(예: 대통령령인 도로교통법시행령)과 행정기관의 자율적 권한으로 제정한 행정내부를 규율하는 규범인 행정규칙(예: 상급행정청이 제정한 하급행정청 소속 공무원의 근무에 대한 규칙)이 있다. 양자는 모두 행정법의 법원이 된다(다수견해). 22

4. 자치법규

자치법규란 공공단체(지방자치단체를 포함)가 법령의 범위 안에서 제정한 자치에 관한 법규를 말한다. 지방자치법상 자치법규에는 지방의회가 제정하는 조례(1718), 지방자치단체의 장이 제정하는 규칙(1774) 등이 있다.

> [참고] 법원과 법규
> 법규를 국민을 구속하는 규범으로 이해하는 다수설은 행정주체 내부관계를 규율하는 규범을 법규 개념에서 제외하기 때문에 행정규칙을 법규로 보지 않는다. 다만 행정규칙은 행정사무처리기준은 될 수 있기 때문에 법원에는 해당한다.

Ⅱ. 국제법

일부의 국제법은 행정법의 법원이 될 수 있다. 헌법은 제6조에서 "헌법에 의하여 체결·공포된 조약과 일반적으로 승인된 국제법규는 국내법과 같은 효력을 가진다"고 하여 일정한 국제법을 법원으로 수용하고 있다.

Ⅲ. 불문법원

성문법주의가 원칙이지만 행정은 가변적이기 때문에 모든 사항을 일일이 성문화하기가 곤란하며, 성문법이 완비되어 있지 않은 분야도 적지 않은바 불문법원이 필요하게 된다.

1. 관습법

(1) 의 의

행정법의 법원으로서 관습법이란 행정에 대한 관행이 일정기간 반복되고 아울러 이러한 관행에 대해 일반국민이 법적 확신을 가지는 법규범을 말한다.

(2) 효력(인정범위)

① 성문법과의 관계에서 관습법은 ⓐ 보충적 효력만을 갖는다는 견해와 ⓑ 성문법을 개폐하는 효력도 인정될 수 있다는 견해가 대립된다. ② 법치행정의 원칙상 성문법에 반하는 관습법을 인정할 수 없기 때문에 보충적 효력만을 갖는다는 견해가 타당하다(보충적 효력설, 다수설).

(3) 종 류

행정선례법과 민중적 관습법이 있다. '행정선례법'이란 행정사무처리상의 관행이 오랜 기간 반복되어 규범으로서의 구속력을 가지는 경우를 말한다. 그리고 '민중적 관습법'이란 민중들 사이에서 관행이 구속력이 가지는 경우를 말한다(예: 수산업법 제40조 ① 마을어업의 어업권자는 입어자(入漁者)에게 제38조에 따른 어장관리규약으로 정하는 바에 따라 해당 어장에 입어하는 것을 허용하여야 한다).

2. 판 례

㈎ 행정사건에서 법원의 판결은 구체적인 분쟁에서 사실관계를 확정하고 그에 법령을 적용함으로써 해당 분쟁을 해결하고 법질서를 유지함을 직접적인 목적으로 한다. 그런데 이러한 판결 결과에 의하여 정립된 기준(법리)이 그 합리성으로 인해 이후 같은 종류의 사건에 대한 기준이 될 수 있는지가 판례의 법원성 문제이다(김동희).

㈏ 대법원 판례의 법원성 여부에 관해 견해의 대립이 있다. 즉, ⓐ 개별(해당)사건에만 구속력을 갖는다는 견해(개별사건설)와 ⓑ 형식적으로는 구속력이 없으나 사실상 일반적인 구속력을 갖는다는 견해(사실상 구속력설)이다.

㈐ 그러나 헌법재판소가 위헌으로 결정한 법률 또는 법률조항은 효력을 상실하고 아울러 그 위헌결정은 법원 또는 기타 국가기관이나 지방자치단체를 기속하기 때문에 헌법재판소의 위헌결정은 법원이 된다(헌법재판소법 제47조 제1항·제2항 참조).

Ⅳ. 행정법의 일반원칙(조리)

조리란 일반사회의 정의감에 비추어 반드시 그러하여야 할 것이라고 인정되는 사물의 본질적인 법칙 또는 법의 일반원칙을 말한다(류지태·박종수)(행정법의 일반원칙(조리)도 불문법원으로 분류될 수 있다). 이러한 행정법의 일반원칙 중에는 실정법상 표현되어 있는 경우도 있지만 이는 법의 일반원칙을 실정법이 확인하는 의미이다(예를 들어 행정절차법 제4조 제2항의 신뢰보호의 원칙).

1. 행정의 자기구속원칙★★ [11 입시] [14 변시]

(1) 의 의

행정기관이 행정결정을 함에 있어 동일한 사안에 대하여 이전에 제3자에게 행한 결정과 동일한 결정을 상대방에게도 하도록 스스로 구속당하는 원칙을 말한다(예를 들어 동일한 법위반행위를 하였음에도 갑·을에게는 과징금 100만 원을 부과하고, 병에게는 500만원 과징금부과처분을 한 경우 병에게 발령된 처분은 행정의 자기구속원칙에 위반된다).

(2) 기 능

행정의 자기구속의 원칙은 행정청이 자신에게 주어진 재량권(247 이하)을 행사함에 있어서 과거 자신의 결정에 구속됨으로써 행정청의 자유영역을 좁히고 이로 인해 재량권 행사가 통제된다.

(3) 근 거

① 학설은 일반적으로 평등의 원칙(34b)을 근거로 행정의 자기구속의 원칙을 인정한다. ② 헌법재판소는 행정의 자기구속의 법리를 명시적으로 인정하면서 그 논거로 신뢰보호의 원칙(39)과 평등의 원칙을 든다(헌재 1990.9.3. 90헌마13). ③ 대법원도 평등의 원칙이나 신뢰보호의 원칙을 근거로 자기구속원칙을 인정한다(대판 2009.12.24. 2009두7967).

(4) 요 건

34   행정의 자기구속은 ① 동일한 상황에서 동일한 법적용인 경우라야 하며, ② 기존의 법적 상황을 창출한 처분청에만 적용되고, ③ ⓐ 행정의 자기구속의 법리는 선례(명시적인 행정관행)가 있는 경우라야 논리적으로 자기구속원칙을 인정할 수 있다는 견해(선례필요설)가 다수설이다. ⓑ 대법원도 명시적인 관행이 필요하다는 입장이다(대판 2009.12.24. 2009두7967). ⓒ 자기구속이란 행정기관 스스로 한 행위에 자신이 구속된다는 의미이므로, 자기구속의 개념상 선례가 필요하다는 견해가 타당하다. ④ 그리고 (선례)행정관행은 적법하여야 한다(대판 2009.6.25. 2008두13132).

(5) 한 계

34a   새로운 사정변경이 있고 기존 관행과 동일한 결정을 해야 할 필요성보다 다른 결정을 해야 할 정당성이 더 큰 경우, 기존 관행과 다른 결정은 자기구속 원칙에 위반되지 않는다.

34b

> [참고] 평등원칙
>
> 평등원칙이란 행정청이 행정작용을 하면서 합리적인 근거가 없는 한 모든 행정객체를 동등하게 처우하여야 한다는 원칙을 말한다. 행정기본법 제9조는 "행정청은 합리적 이유 없이 국민을 차별하여서는 아니 된다"고 규정한다. 행정의 자기구속원칙은 헌법상 평등원칙이 행정법에서 구체화된 원칙이다.

2. 비례원칙★★ [08 사시] [11 사시] [11 5급] [14 변시] [14 입시] [16 변시] [16 5급] [19 5급]

(1) 의 의

35   행정의 목적과 그 목적을 실현하기 위한 구체적인 수단 간에 적정한 비례관계가 있어야 한다는 원칙이다(예를 들어 1만 원의 뇌물을 수수한 국가공무원에게 청렴의무 위반을 이유로 국가공무원법상 가장 중한 징계인 파면처분을 한다면 이는 비례원칙에 위반된다).

(2) 법적 근거

비례원칙의 헌법적 근거로는 '필요한 경우'로 표현되어 있는 헌법 제37조 제2항을 들 수 있다. 여기서 '필요한 경우'란 비례원칙을 의미하는 것으로 말한다(필요한 경우 필요한 만큼만 기본권을 제한할 수 있다는 의미). 따라서 비례원칙은 헌법적 지위를 가진 원칙이다. 행정기본법 제10조도 비례원칙을 규정하고 있다.

(3) 내 용

37   비례원칙은 ⓐ 목적달성을 위한 구체적인 수단은 행정목적 달성에 적합한 것이어야 한다는 적합성의 원칙, ⓑ 여러 적합한 수단 가운데 최소 침해를 가져오는 것이 선택되어야 한다는 필요성의 원칙(최소침해의 원칙), ⓒ 행정목적달성을 위한 적합하고 필요한 수단이라고 하더라도 이러한 수단을 통해 달성하려는 공익과 수단으로 인한 사익침해가 합리적인 비례관계를 이루어야 한다는 상당성의 원칙(협의의 비례원칙)으로 이루어져 있으며, 이 세 가지 원칙은 단계구조를 이룬다(많은 적합한 수단 중에서도 필요한 수단만이, 필

3. 신뢰보호원칙★★★ [09 입시] [11 사시] [11 5급] [16 5급] [17 사시] [18 입시] [19 변시] [22 5급]

(1) 의 의

행정청의 행위를 사인이 신뢰한 경우 보호가치 있는 신뢰라면 보호되어야 한다는 원칙을 말한다(예를 들어 건축허가를 받을 수 있다는 구청장의 약속을 믿고 토지를 구입하였으나 건축허가가 거부된 경우 사인은 신뢰보호원칙을 주장할 수 있다).

(2) 근 거

신뢰보호원칙은 법치주의의 구성부분인 법적 안정성을 근거로 인정된다고 본다. 행정기본법 제12조 제1항은 "행정청은 공익 또는 제3자의 이익을 현저히 해칠 우려가 있는 경우를 제외하고는 행정에 대한 국민의 정당하고 합리적인 신뢰를 보호하여야 한다"고 규정한다.

(3) 요 건

1) 행정청의 선행조치

㈎ 신뢰의 대상이 되는 행위인 선행조치에는 법령(법률＋법규명령(137))·행정계획(195)·행정행위(220)·사실행위(493) 등이 포함되며, 적극적인 것인가 소극적인 것(예: 과세요건을 구비하였음에도 비과세하는 경우)인가 그리고 명시적인 행위인가 묵시적인 행위인가도 가리지 않는다.

㈏ 판례는 '공적인 견해표명'이라고 하는데 이는 행정청의 선행조치를 의미하는 것으로 보인다. 공적인 견해표명의 판단기준은 「반드시 행정조직상의 형식적인 권한분장에 구애될 것은 아니고 … 상대방의 신뢰가능성에 비추어 실질에 의하여 판단하여야 한다(대판 1997.9.12. 96누18380)」고 한다.

2) 보호가치 있는 사인의 신뢰(＝상대방에게 귀책사유가 없을 것)

사인에게 특별한 귀책사유가 있는 경우에는 보호가치 있는 사인의 신뢰라고 보기 어렵다. 판례는 귀책사유를 「행정청의 견해표명의 하자가 상대방 등 관계자의 사실은폐나 기타 사위의 방법에 의한 신청행위 등 부정행위에 기인한 것이거나 그러한 부정행위가 없다고 하더라도 하자가 있음을 알았거나 중대한 과실로 알지 못한 경우 등을 의미(대판 2002.11.8. 2001두1512)」한다고 본다.

3) 사인의 처리

행정청의 선행조치를 믿은 것 외에도 사인의 처리가 있을 것이 요구된다. 그리고 사인의 처리는 적극적인 것 외에 소극적·묵시적인 것도 포함된다(예를 들어 납부할 세금의 금전소비).

4) 인과관계

행정청의 선행조치에 대한 사인의 신뢰와 사인의 처리 사이에 인과관계가 있어야 한다.

5) 선행조치에 반하는 후행처분

46 선행조치에 반하는 행정청의 처분이 있는 경우에 비로소 사인의 신뢰는 현실적으로 침해된다.

(4) 한 계

48 신뢰보호원칙의 한계 문제는 공익상 요청과 사익보호 간의 충돌이라는 모습으로 나타난다(예를 들어 갑에게 건축허가를 한 후 해당지역이 생태환경상 중요한 지역임이 밝혀져 건축허가행정청이 갑의 건축허가를 취소하는 경우 환경보호라는 공익상 요청과 갑의 사익보호가 충돌된다). 이 경우에도 공익과 사익 간의 비교형량에 의해 어느 이익이 우선하는지를 결정해야 한다(동위설 또는 비교형량설). 만일 공익에 비해 사익이 우월하다면 신뢰보호원칙은 인정될 수 있다.

[참고] 실권의 법리

49 **1. 의 의**

(가) 실권의 법리란 권리자가 장기간에 걸쳐 그의 권리를 행사하지 아니하였기 때문에 의무자인 상대방은 이미 그의 권리를 행사하지 아니할 것으로 믿을 만한 정당한 사유가 있는 경우 그 권리행사를 허용하지 않는 것을 말한다(대판 1988.4.27. 87누915).

(나) 행정기본법 제12조 제2항은 "행정청은 권한 행사의 기회가 있음에도 불구하고 장기간 권한을 행사하지 아니하여 국민이 그 권한이 행사되지 아니할 것으로 믿을 만한 정당한 사유가 있는 경우에는 그 권한을 행사해서는 아니 된다. 다만, 공익 또는 제3자의 이익을 현저히 해칠 우려가 있는 경우는 예외로 한다"고 규정한다.

50 **2. 실권의 법리와 신뢰보호원칙**

실권의 법리와 신뢰보호원칙의 요건은 다르다. ① 실권에 특유한 시간의 경과라는 요건이 신뢰보호원칙의 요건으로 요구되지는 않는다. ② 신뢰보호원칙의 경우에는 상대방의 귀책이 없을 것이 요구되며(실권은 사인이 행정작용의 하자를 알고 있는 경우에도 가능하다), 실권의 경우에는 권리의 불행사에 행정청의 귀책이 요구된다.

---

4. 부당결부금지원칙★★[17 5급]

51 (1) 의의, 근거

(가) 행정청은 행정작용을 할 때 상대방에게 해당 행정작용과 실질적인 관련이 없는 의무를 부과해서는 아니 된다는 원칙을 말한다(행정기본법 제13조).

(나) 이 원칙은 법치국가원리와 자의금지원칙에서 나오는 헌법상의 원칙이다(다수 견해).

52 (2) 요 건

부당결부가 인정되려면 ① 행정청의 행정작용이 있어야 하며, ② 해당 행정작용과 실질적인 관련이 없는 의무를 부과해서는 아니 된다. 실질적인 관련이 없다는 것은 원인적 관련성이나 목적적 관련성이 없는 경우를 말하는데, 원인적 관련성이란 행정작용의 발령에 의무의 부과가 필요하게 되는 관계(인과관계의 필요성)를 말하며, 목적적 관련성이란 행정작용과 사인의 반대급부가 행정목적을 같이해야 함을 말한다. 판례는 부당한 내적 관련이 있음을 '아무런 관련이 없는'이라고 표현한다(대판 1997.3.11. 96다49650).

5. 기타 행정법의 일반원칙

(1) 신의성실의 원칙 [16 5급]

㈎ 신의성실의 원칙(신의칙)이란 법률관계의 당사자는 형평에 어긋나거나 신뢰를 저버리는 내용 또는 방법으로 권리를 행사하거나 의무를 이행해서는 안 된다는 원칙을 말한다(대판 2009.3.26. 2008두21300).

㈏ 행정기본법 제11조는 성실의무 및 권한남용금지 원칙을 규정한다.

(2) 수인성의 원칙

수인성의 원칙이란 행정작용은 그 결과를 사인이 수인하리라고 기대할 수 있는 경우에만 정당화될 수 있다는 원칙을 말한다(홍준형).

제3항 | 법원의 단계질서

Ⅰ. 내 용

국내법은 헌법·법률·법규명령·자치법규(조례와 규칙)의 순으로 단계를 구성한다.

Ⅱ. 충 돌

상위법과 하위법 사이에 충돌이 있는 경우에는 상위법이, 특별법과 일반법 사이에 충돌이 있는 경우에는 특별법이, 신법과 구법 사이에 충돌이 있는 경우에는 신법이 적용된다. 그러나 충돌이 없다면 관련법 모두가 적용된다.

[참고] 적용의 우위와 효력의 우위★
적용의 우위란 구체적인 사건에 헌법, 법률, 법규명령이 모두 적용되는 경우 하위의 규정이 먼저 적용된다는 원칙이다. 효력의 우위란 상하규범이 충돌된다면 상위법의 효력이 우위에 있다는 것을 말한다.

제2절 법원의 효력

제1항 | 시간적 효력

Ⅰ. 효력의 발생

60   법령은 공포로 효력이 발생하는데 공포란 확정된 법령의 시행을 위해 국민·주민에게 알리는 것을 말한다. 법령 등의 공포일은 해당 법령 등을 게재한 관보 또는 신문이 발행된 날로 한다(법령 등 공포에 관한 법률 제12조). 그리고 대통령령, 총리령 및 부령은 특별한 규정이 없으면 공포한 날부터 20일이 경과함으로써 효력을 발생한다(동법 제13조).

Ⅱ. 불소급의 원칙

61   ㈎ 특정법규가 그 법규의 효력발생일 이전의 사항에 대하여 적용되는 것을 소급이라 하는데, 법규의 적용에 소급을 인정하면 법적 안정성 또는 관계자의 신뢰에 침해를 가져올 수 있으므로 소급효를 인정하지 않는 불소급이 원칙이다(헌법 제13조 제1항·제2항 참조).
㈏ 그러나 불소급의 원칙(=소급금지의 원칙)은 기본적으로 진정소급의 금지를 의미한다. 따라서 진정소급(법령의 효력발생일 이전에 이미 완성된 법률관계나 사실관계에 대해 해당 법령을 적용하는 것)은 원칙적으로 부정되나, 부진정소급(법령의 효력발생일 이전에 이미 개시는 되었으나 계속 진행 중인 법률관계나 사실관계에 대해 해당 법령을 적용하는 것)은 원칙적으로 인정된다(행정기본법 제14조 제1항).

제2항 | 지역적 효력

62   행정법규는 그 법규의 제정권자의 권한이 미치는 지역적 범위 내에서만 효력을 갖는다. 예컨대 대통령령·부령은 전국에 미치고, 조례는 해당 지방자치단체의 관할구역에만 미친다.

제3항 | 인적 효력

63   속지주의원칙에 의거하여 행정법규는 해당 지역 안에 있는 모든 사람에 적용된다. 자연인·법인, 내국인·외국인을 불문한다.

제3절   법원의 흠결과 보충(행정법관계에 대한 사법(私法)규정의 적용)

⑺ 공법적 성질을 갖는 구체적 법률관계에 적용할 성문의 공법도 없고 관습법도 없는 경우에 사법규정이 적용될 것인지가 문제된다.

⑻ ⓐ 부정설(사인 간의 이해조절을 목적으로 하는 사법은 국가와 시민 간의 관계에서 공익실현을 목적으로 하는 공법관계에 적용될 수 없다고 보았다)은 현재 주장되지 않는다. ⓑ 긍정설은 직접적용설(사법규정이 공법관계에도 직접 적용된다는 견해이다)과 유추적용설(사법규정을 직접 적용하는 것이 아니라 공법의 특수성을 고려하여 유추적용할 것을 주장하는 견해이다)로 나눌 수 있다. 다시 유추적용설은 일반적 유추적용설(특별한 규정이 없는 한 일반적으로 유추적용될 수 있다는 입장)과 한정적 유추적용설(일정한 조건하에서만 유추적용될 수 있다는 입장)(다수설)로 나누어진다.

⑼ 한정적 유추적용설은 행정상 법률관계를 권력관계·비권력관계·행정상 사법관계(후술하는 행정법관계 참조(65 이하))로 나누어, 권력관계에는 사법규정 가운에 일반법원리적 규정(예: 신의성실의 원칙)과 법기술적인 규정(예: 주소, 기간 계산 등)은 적용되나 기타의 규정(이해조절적 규정)은 적용되지 않으며, 비권력관계에는 특별한 법률규정이 없는 한 사법규정이 전반적으로 유추적용되며, 행정상 사법관계(국고관계)는 원래 사법이 적용되는 법률관계이므로 당연히 사법이 적용된다는 것이다.

CHAPTER 03 행정법관계

제1절   행정법관계의 개념

제1항 | 행정법관계의 의의

65   행정법관계란 행정주체가 일방 당사자인 법률관계를 말한다. 일반적으로 행정작용법관계와 행정조직법관계로 구분된다.

제2항 | 행정법관계의 종류

Ⅰ. 행정작용법 관계

1. 의의

66   행정작용법이란 행정주체와 행정객체 간의 관계를 규율하는 법을 말한다. 행정작용법관계란 행정주체가 행정기관을 통해 행정객체를 상대로 형성하는 법률관계를 말한다.

(1) 행정주체

66a   '행정주체'란 행정기관이 행위를 하게 되면 그에 따른 법적 효과(권리·의무)가 귀속하는 주체를 말한다(예를 들어 장관(행정기관)이 일정한 행정작용을 하게 되면 그에 따른 법적 효과는 국가에 귀속된다. 따라서 행정주체는 권리나 의무의 귀속주체가 될 수 있지만, 행정기관은 권리나 의무의 귀속주체가 될 수 없다). 행정주체로는 국가, 지방자치단체(지방자치단체도 넓은 의미의 공법상 법인이다)(1641), 공법상 법인(특정한 행정목적을 위해 설립된 법인격이 부여된 단체)(공법상 사단(예: 재건축조합)·공법상 재단(예: 한국연구재단)·공법상 영조물법인(예: 서울대학교병원)이 있다)(1548), 그리고 공무수탁사인(법률에 근거하여 공적인 임무를 수행하도록 권한이 주어진 사인을 말한다)(예: 공익사업을 위한 토지 등의 취득 및 보상에 관한 법률 제19조의 사인인 사업시행자)이 있다(자세한 내용은 후술하는 행정조직법 참조(1552 이하)).

(2) 행정기관

66b   '행정기관'이란 행정주체를 위해 권한을 행사하는 행정주체의 내부조직을 말하며(1563 이하), 행정기관에서 현실적으로 업무를 담당하는 자가 공무원이다(예를 들어 '장관 홍길동'이라고 할 때 장관은 행정기관이며, 홍길동은 공무원이다).

(3) 행정객체

66c   '행정객체'란 행정주체에 의한 행정권행사의 대상이 되는 상대방을 말한다. 행정객체는 일반적으로 사인이지만, 공법상 법인(예를 들어 지방자치단체)이 될 수도 있다.

(4) 법률관계

'법률관계'란 권리나 의무와 관련된 관계를 말한다(권리의 확대나 제한, 의무의 부과나 면제 등). 특히 행정법상 권리·의무관계를 말한다. 66d

2. 행정작용법관계의 종류

(1) 공법관계

공법규정과 공법원리가 적용되며 행정소송의 대상이 된다. 67

1) 권력관계

권력관계란 행정주체가 우월한 지위에서 일방적으로 행정법관계를 발생·변경·소멸시키는 관계를 말하며, 행정법관계 중 가장 중요한 영역을 차지한다(예: 행정입법(135), 행정계획(195), 행정행위(220)). 공법규정과 공법원리가 적용되며 행정소송 중 주로 항고소송의 대상이 된다(행정소송법 제3조 제1호). 67a

2) 비권력관계

비권력관계란 행정주체와 행정객체가 대등한 지위에서 이루어지는 관계를 말한다(예: 공법상 계약(481), 공법상 사실행위(493), 행정지도(505)). 여기에도 원칙적으로 공법규정이 적용되며 행정소송 중 주로 당사자소송의 대상이 된다(행정소송법 제3조 제2호). 67b

(2) 행정상 사법관계(국고관계)

행정주체가 사법(私法)상의 재산권 주체의 지위(이를 '국고(國庫)'라고도 한다)에서 형성하는 법률관계를 말한다(예: 국가 소유 물건의 매매, 국유재산의 임대). 행정상 사법관계에는 원칙상 사법규정이 적용되며 민사소송의 대상이 된다. 68

II. 행정조직법 관계(1544 이하)

행정조직법이란 행정조직을 규율하는 법을 말한다(예를 들어 정부조직법). 행정조직법은 행정주체를 위해 사무를 수행할 행정기관을 설치하고, 각 기관에 권한을 부여하고, 그들 상호간에 관계를 규율하는 것을 내용으로 한다. 행정조직법 관계는 행정주체 내부의 법관계와 행정주체 간의 법관계로 나눌 수 있다. 69

III. 특별권력관계(특별행정법관계)

1. 전통적 특별권력관계론

(1) 의 의

과거 권력관계는 일반권력관계와 특별권력관계로 구분되며, 전자는 국가와 국민 간에 당연히 성립하는 관계로 법치주의가 적용되는 관계이나, 후자는 특별한 법적 원인(법률의 규정이나 당사자의 동의)에 근거하여 성립하는 관계로서 법치주의의 적용이 배제되는 관계라고 설명하였다. 70

(2) 성립과 소멸

71 　특별권력관계는 직접 법률의 규정(예: 군입대해당자의 입대, 전염병환자의 강제입원, 수형자의 수감)이나 당사자의 동의(공무원임명, 국공립학교에의 입학)에 의해 성립하며, 목적의 달성(예: 국공립 학교의 졸업), 탈퇴, 일방적 배제(예: 국공립 학교의 퇴학) 등의 사유로 소멸된다.

(3) 내 용

1) 포괄적 명령권·징계권

73 　특별권력의 주체는 상대방에게 포괄적 명령권과 징계권을 가지고 있었다. '포괄적 명령권'이란 특별권력관계가 성립된 이상 특별권력의 주체가 개별적인 법률의 근거 없이도 상대방에 대해 필요한 조치를 명할 수 있는 권한을 말하며, '포괄적 징계권'이란 특별권력관계가 성립된 이상 개별적인 법률의 근거 없이도 특별권력관계에 있어서 질서유지나 의무이행을 위해 일정한 제재나 강제를 행할 수 있는 권한을 의미한다.

2) 기본권의 제한

73a 　특별권력관계에 놓인 자에 대해서는 법률의 근거 없이도 기본권의 제한이 가능하였다.

3) 사법심사의 제한

73b 　특별권력관계에 놓인 자는 행정주체로부터 권리나 이익을 침해 받는 일이 있다고 하더라도 사법심사가 제한되었다.

2. 전통적 특별권력관계론의 인정 여부

(1) 학 설

1) 부정설

74 　실질적 법치주의에서 법치주의의 적용을 받지 않는 권력인 특별권력은 인정될 수 없다고 하여 특별권력관계의 존재를 부정하는 견해이다.

2) 기본관계·경영관계론

74a 　기본관계(예를 들어 징계나 면직처럼 특별권력관계 자체의 성립·변경·종료 또는 구성원의 법적 지위의 본질적 사항에 관한 법관계를 말한다)의 경우에는 사법심사가 일반권력관계와 다름없이 적용되지만, 경영관계(특별행정법관계의 목표를 실현하는 데 필요한 기타의 관계(예를 들어 공무원에 대한 직무명령, 국·공립학교에서 과제물의 부과, 시험평가))는 사법심사의 대상에서 제외된다는 견해이다.

3) 제한적 긍정설

74b 　특별권력관계에서도 원칙적으로 법률유보, 법률우위, 사법심사 등 법치주의가 적용되는 것으로 보면서도 일정한 범위에서 일반조항(개별·구체적인 조항이 아닌 '공익상의 필요'처럼 추상적인 조항)에 의한 기본권 제한, 완화된 사법심사 등(=법치주의의 예외)을 허용하자는 견해이다.

(2) 판 례

서울교육대학장이 교육대 학생을 퇴학처분한 사건에서 전통적인 특별권력관계에서도 사법심사가 가능하다고 보았다(대판 1991.11.22. 91누2144). 즉, 판례도 전통적인 특별권력관계를 인정하지 아니한다(부정). 판례가 특별권력관계라는 표현을 쓰고 있다고 하더라도 전통적 의미의 특별권력관계가 아니라 법치주의가 적용되는 특별행정법관계를 의미한다.

(3) 검 토

실질적 법치주의를 지향하는 헌법하에서 법으로부터 자유로운 영역인 전통적 의미의 특별권력관계를 인정할 수는 없다. 따라서 법치주의가 전통적 특별권력관계에도 그대로 적용된다(부정설). 그렇다고 일반적인 행정법관계와 구별되는 특수성이나 특수한 법적 규율의 필요성을 부정하는 것은 아니다. 따라서 전통적 특별권력관계가 법치주의가 적용되는 관계로 환원되어야 한다고 하여도 그러한 관계에는 일반적인 행정법관계와는 다른 특성이 있는 것이므로(예를 들어 공무원에 대한 정치적 기본권의 제한, 수형자에 대한 통신의 자유의 제한), 이를 특별행정법관계로 표현하는 것이 타당하다(즉, 일반행정법관계와 다른 특성이 있다는 의미이며, 법치주의의 예외가 인정된다는 의미는 아니다).

3. 특별행정법관계와 법치주의

(1) 법률유보와 기본권

특별행정법관계의 성립 및 특별행정법관계에서의 기본권의 제한도 일반행정법관계의 경우와 마찬가지로 법률의 근거를 요한다.

(2) 사법심사

특별권력관계를 부정하는 한 특별행정법관계에서의 행위도 일반행정법관계의 경우와 같이 사법심사의 대상이 된다.

제2절 행정법관계의 내용

제1항 | 국가적 공권

79　국가적 공권이란 행정법관계에서 국가 등 행정주체가 사인에 대해 갖는 권리, 즉 자기의 이익을 주장할 수 있는 법률상의 힘을 말한다.

제2항 | 개인적 공권

Ⅰ. 개인적 공권과 반사적 이익의 의의, 구별실익

80　(가) 개인적 공권(주관적 공권(권리))이란 자신의 이익을 위하여 국가 등 행정주체에 대하여 일정한 행위를 요구할 수 있도록 개인에게 주어진 법적인 힘을 말한다(예를 들어 과세처분이 있다면 사인은 이를 이행할 의무를 부담하지만, 그 과세처분이 위법하여 사인이 이를 다투고자 하는 경우 위법한 과세처분에 대항할 수 있는 힘이 개인적 공권이다).

(나) 그러나 반사적 이익(불이익)이란 행정법규가 공익목적을 위해 또는 일정한 사인을 위해 행정기관이 작위·부작위할 것을 규정하는 결과 다른 사인이 얻게 되는 사실상의 이익(불이익)을 말한다(예를 들어 인근 지역이 절대보전지역으로 지정됨으로써 주민들이 받는 환경상 이익은 반사적인 이익에 불과하다).

(다) 행정소송법 제12조 제1문은 취소소송의 원고적격(취소소송을 제기할 원고가 될 자격)(1190)과 관련해 "취소소송은 처분등의 취소를 구할 법률상 이익이 있는 자가 제기할 수 있다"고 규정하는데, '법률상 이익이 있는 자'에 개인적 공권을 가진 자는 포함되지만 반사적 이익을 가진 자는 포함되지 않기 때문에 반사적 이익만으로는 취소소송을 제기할 원고적격이 인정되지 않는다. 따라서 이 점이 개인적 공권과 반사적 이익을 구별하는 실익이 된다.

Ⅱ. 개인적 공권의 성립근거

80a　(가) 개인적 공권은 다양한 근거에 따라 성립될 수 있지만, 법률(공법)에 근거하여 성립되는 것이 일반적이다. 반면 헌법상의 기본권은 언제나 국민에게 구체적이고도 현실적인 권리(개인적 공권)를 부여하지는 않는다. 따라서 헌법상의 기본권이 개인적 공권의 성립에 어떤 기능을 하는지가 문제된다.

(나) 공권은 우선적으로 법률에서 인정근거를 찾아야 하고, 그로부터 개인적 공권이 도출될 수 없을 경우에 실효적인 권리구제를 위해 헌법의 기본권규정이 개인적 공권성립의 보충적인 근거규정이 될 수 있다는 것이 일반적인 입장이다(류지태·박종수, 김남진·김연태, 박균성, 김성수). 판례도 유사한 입장이다(국세청장의 지정행위의 근거규범인 이 사건 조항들이 단지 공익만을 추구할 뿐 청구인 개인의 이익을 보호하려는 것이 아니라는 이유로 청구인에게 취

소소송을 제기할 법률상 이익을 부정한다고 하더라도 … 보충적으로 기본권에 의한 보호가 필요하다(헌재 1998.4.30. 97헌마141)).

㈐ 다만, 침익적 처분(예: 운전면허취소, 과세처분)의 직접 상대방이 그 침익적 처분의 제거를 목적으로 하는 경우에는 개별법령규정을 검토함이 없이도 언제나 권리 침해를 이유로 취소소송 등을 제기할 수 있다(이를 직접상대방이론(침익적 처분의 상대방은 항상 권리침해가 인정된다는 이론) 또는 수범자이론이라고 한다)(김동희, 박정훈, 정하중). 판례도 유사한 입장이다(행정처분에 있어서 불이익처분의 상대방은 직접 개인적 이익의 침해를 받은 자로서 원고적격이 인정되지만 수익처분의 상대방은 그의 권리나 법률상 보호되는 이익이 침해되었다고 볼 수 없으므로 달리 특별한 사정이 없는 한 취소를 구할 이익이 없다고 할 것이다(대판 1995.8.22. 94누8129)).

Ⅲ. 개인적 공권의 성립요건★

일방에게 권리가 성립되기 위해서는 그에 대응하여 상대방에게는 법적 의무가 전제되어야 한다. 즉 권리는 법적 의무를 필수적 전제로 한다. 그러나 행정법관계에서 행정청에게 법적 의무가 존재한다고 하여 사인에게 반드시 권리가 성립되는 것은 아니다. 왜냐하면 행정의 본질은 공익실현으로 행정청은 공익을 위한 법적 의무도 부담하기 때문이다. 따라서 개인적 공권의 성립요건으로 행정청의 의무의 존재, 사익보호목적의 존재가 필요하다(즉, 법률에 행정청의 의무와 사익보호목적이 규정되어 있어야 한다(80a)). 다만 소구가능성의 존재에 대해서는 학설이 대립된다.

1. 행정청의 의무의 존재(강행규범성)

개인적 공권성립의 제1의 요소는 '공법상 법규가 국가 기타 행정주체에게 행위의무를 부과할 것'이다. 여기에서 행정주체에게 행위의무를 부과한다는 것은 일정한 법적 요건이 충족되는 경우 행정주체가 일정한 법적 의무를 부담하는 것을 말한다. 이러한 의무에 대응하여 사인은 일정한 권리를 가지게 되는 것이다. 행정청의 의무에는 작위·부작위·수인·급부 의무가 모두 포함될 수 있다.

2. 사익보호목적의 존재

개인적 공권성립의 두 번째 요소는 해당 법규가 사익보호를 목적으로 해야 한다는 점이다. 법규가 특정인의 사익을 보호하는 경우는 물론이고 공익과 더불어 특정인의 사익의 보호를 목적으로 하는 경우에도 역시 사익보호목적은 존재하는 것이 된다.

3. 소구가능성(이익관철의사력)의 존재

ⓐ 일부 견해는 개인적 공권성립의 세 번째 요소로 개인이 자신의 이익을 행정주체에 대해 소송으로 요구할 수 있을 것이 필요하다고 본다. ⓑ 그러나 다수설은 제3요소는 필요 없는 것으로 본다(2요소론). 왜냐하면 재판청구권(행정주체에 대해 소송으로 요구할 수 있는 법적인 힘)은 헌법상 일반적으로 보장되어 있기 때문에 이를 또 하나의 요건으로 볼 필

요가 없다는 것이다(헌법 제27조 제1항 참조 — 모든 국민은 헌법과 법률이 정한 법관에 의하여 법률에 의한 재판을 받을 권리를 가진다).

Ⅳ. 개인적 공권의 확대화

1. 제3자에게 개인적 공권의 성립을 인정

86

㈎ 과거 개인적 공권은 행정작용의 직접 상대방이 중심이었으나 현재는 행정작용의 상대방이 아닌 제3자와 관련하여 제3자에게 개인적 공권이 성립될 수 있는가가 문제된다. 현재 통설과 판례는 행정작용의 상대방이 아니더라도 해당 법규에서 제3자에 대한 행정청의 의무와 사익보호목적을 규정하고 있다면 제3자에게 개인적 공권이 성립될 수 있음을 인정하고 있다(행정소송법 제12조 제1문 참조).

㈏ 일반적으로 제3자에게 개인적 공권이 성립되는 경우로 경쟁자소송(경업자소송)(서로 경쟁관계에 있는 자들 사이에서 특정인에게 주어지는 수익적 행위가 제3자에게는 법률상 불이익을 초래하는 경우에 그 제3자가 자기의 법률상 이익의 침해를 다투는 소송), 경원자소송(일방에 대한 면허나 인·허가 등의 행정처분이 타방에 대한 불면허·불인가·불허가 등으로 귀결될 수밖에 없는 경우에 불허가 등으로 인한 자기의 법률상의 이익의 침해를 다투는 소송), 이웃소송(인인(隣人)소송)(이웃소송은 이웃하는 자들 사이에서 특정인에게 주어지는 수익적 행위가 타인에게는 법률상 불이익을 초래하는 경우에 그 타인이 자기의 법률상 이익의 침해를 다투는 소송)을 든다 (자세한 내용은 후술하는 원고적격 참조(1200 이하)).

2. 무하자재량행사청구권

(1) 의 의

87

㈎ 무하자재량행사청구권이란 사인이 행정기관에 대해 재량(247 이하)을 행사함에 있어 하자 없는 재량행사를 청구할 수 있는 권리를 말한다. 기속행위(246)에서 성립되는 공권인 특정행위청구권(행정기관에 대해 특정한 행정결정을 청구할 수 있는 권리)에 상응하여 인정되는 권리이다.

㈏ 과거에는 그 행위 여부가 행정청의 재량이라면 행정주체에게 의무가 발생하지 않기 때문에 개인적 공권은 성립되지 않는다고 보았다(법규가 '행정청은 … 을 할 수 있다'고 규정하고 있기 때문). 그러나 현재는 재량행위에도 개인적 공권이 성립될 수 있다고 보는 것이 일반적인 견해이다(행정소송법 제27조 참조). 이런 의미에서 무하자재량행사청구권의 논의는 개인적 공권의 확대화와 관련되어 있다.

(2) 무하자재량행사청구권의 독자성 인정 여부(인정 필요성)

1) 문제점

87a

재량행위에도 개인적 공권이 성립될 수 있다고 보는 것이 일반적인 견해이지만, 그 권리의 내용이 무엇인지에 대해 학설이 대립된다.

2) 학 설
a. 독자성 부정설(실체적 권리설): 행정청의 위법한 재량행사로 사인이 쟁송을 제기하는 경우 그 사인은 자신의 실체적 권리의 침해를 쟁송으로 다투는 것이지 무하자재량행사청구권의 침해를 다투는 것은 아니라고 본다(김남진·김연태, 이상규). 즉, 이 견해는 재량행위에서 성립되는 권리의 내용은 무하자재량행사청구권이 아니라 실체적 권리라고 본다.

b. 독자성 긍정설(형식적 권리설): 이 견해는 재량행위에서 성립되는 권리의 내용은 실체적 권리가 아니라 무하자재량행사청구권이라고 본다. 즉, 재량행위의 경우에는 당사자가 신청한 특정한 처분을 청구하는 권리가 인정될 수는 없지만 재량권 일탈·남용이 없는 재량행사를 청구하는 형식적 권리가 성립된다고 한다. 따라서 무하자재량행사청구권은 형식적 권리이지만 독자성이 인정되는 권리라고 본다(류지태, 김성수, 홍준형)(다수설).

3) 판 례
독자성 긍정설은 대법원이 검사임용거부처분 사건에서 검사임용이 임용권자의 재량이라고 하더라도 임용신청자는 재량권 일탈·남용이 없는 적법한 응답을 요구할 권리가 있다고 판시한 것을 무하자재량행사청구권의 법리를 인정한 것으로 평가한다[판례].

> 검사 임용신청자 중 일부만을 검사로 임용하는 결정을 함에 있어 임용권자에게 임용 여부의 응답을 해줄 의무 및 임용신청자에게 응답을 신청할 권리가 있는지 여부
>
> 검사의 임용에 있어서 임용권자가 임용 여부에 관하여 어떠한 내용의 응답을 할 것인지는 임용권자의 자유재량에 속하므로 일단 임용거부라는 응답을 한 이상 설사 그 응답내용이 부당하다고 하여도 사법심사의 대상으로 삼을 수 없는 것이 원칙이나, 적어도 재량권의 한계 일탈이나 남용이 없는 위법하지 않은 응답을 할 의무가 임용권자에게 있고 이에 대응하여 임용신청자로서도 재량권의 한계 일탈이나 남용이 없는 적법한 응답을 요구할 권리가 있다고 할 것이며, 이러한 응답신청권에 기하여 재량권 남용의 위법한 거부처분에 대하여는 항고소송으로서 그 취소를 구할 수 있다고 보아야 … 한다(대판 1991.2.12. 90누5825).

4) 검 토
독자성부정설은 무하자재량행사청구권을 인정하면 재량권 일탈·남용만 있으면 상대방에게 원고적격이 인정될 수 있어 원고적격이 부당히 확대될 수 있다고 비판하지만, 독자성긍정설은 법규에서 행정청의 의무와 사익보호성이 충족되는 경우에만 무하자재량행사청구권의 성립을 인정하므로 민중소송(1528)의 우려는 없기 때문에 독자성 긍정설(형식적 권리설)이 타당하다(원고적격이 부당하게 확대되어 권리구제에 대한 주관적 소송(1108)이 공익소송처럼 이용될 우려를 말한다).

(3) 청구권의 성립요건
ⓐ 법규에서 행정청으로 하여금 특정한 행위는 아니지만 하자 없는 재량행사를 발동할 의무를 지우고 있고, ⓑ 해당 법규가 사익을 보호의 대상으로 하고 있어야 한다.

3. 행정개입청구권★★[20 입시]

(1) 의 의

94
㈎ 제3자인 사인의 행위로 다른 사인의 이익이 침해된 경우 이는 사인 간의 문제임이 원칙이다. 그러나 다른 사인의 이익이 중요한 법익이어서 국가 등에게 이를 보호할 의무가 인정될 수 있다면 그 사인은 자신의 이익을 보호하기 위해 행정권의 발동을 청구할 수 있다는 인식이 확대되었다(예를 들어 이웃하는 공장에서 나온 폐수로 신체와 재산에 중대한 피해를 입고 있는 자가 행정청에 대해 공장조업정지명령발령을 청구하는 경우를 말한다).

㈏ 이처럼 사인이 자기의 이익을 위하여 제3자에게 행정권을 발동할 것을 청구할 수 있는 권리를 행정개입청구권이라 한다(넓은 의미로는 자기의 이익을 위해 자신에게 행정권을 발동해줄 것을 청구할 수 있는 권리(이를 특히 행정행위발급청구권이라 한다)까지 포함한다).

(2) 인정 여부

1) 학 설

95
ⓐ 제3자와의 관계에서 행정개입청구인의 권익을 구제하기 위한 효과적인 소송수단이 없음을 이유로 부정하는 견해가 있으나(현행법상 의무이행소송이 인정되지 않음을 말한다), ⓑ 생명·신체·재산에 대한 급박한 위험이 존재한다면 사인에게 이러한 권리를 인정하여 행정청으로 하여금 보호의무를 지게 함으로써 실효적인 권리구제가 가능하다는 점을 이유로 긍정하는 것이 일반적인 견해이다.

2) 판 례

96
판례는 명시적으로 행정개입청구권의 법리를 인정하고 있지는 않으나, 일부 학설은 삼광화학이 진해시장을 상대로 이웃하는 제3자 소유의 주택에 대해 철거명령 등을 청구하였으나 삼광화학의 권리(신청권)성립을 부정한 판결을 행정개입청구권의 법리를 부정한 예로 소개하고 있다(대판 1999.12.7. 97누17568).

3) 검 토

97
효과적인 소송수단으로 법정외 항고소송인 의무이행소송을 긍정한다면, 행정개입청구권을 부정할 이유가 없으므로 이를 긍정함이 타당하다(긍정설)(의무이행심판은 명문으로 인정됨(행정심판법 제5조 제3호)).

(3) 법적 성질

98
무하자재량행사청구권은 형식적 권리이지만(91), 행정개입청구권은 실체적인 권리이다. 왜냐하면 이 공권은 당해 행위가 기속행위이거나 또는 재량행위에서는 재량이 영으로 수축되는 경우 논의되는 공권이기 때문이다. 즉, 재량행위인 경우 당사자는 행정청의 개입 여부에 대해 단지 하자 없는 재량을 행사해줄 것을 청구함에 그치지만, 일정한 사정의 발생으로 재량이 영으로 수축되는 경우(248b)라면 당사자는 행정청의 '개입'이라는 특정한 행정작용의 발동을 청구할 수 있어 무하자재량행사청구권은 실체적인 권리인 행정개입청구권으로 변하게 된다(류지태·박종수).

(4) 성립요건

1) 행정청의 개입의무가 존재할 것

행정청에게 행정권의 발동의무를 부과하는 법규가 존재하여야 한다. 그 행위가 기속행위인 경우에는 행정청의 개입의무를 당연히 인정할 수 있으나, 재량행위인 경우에는 행정청의 개입의무를 당연히 인정할 수 없고 재량이 0으로 수축되는 경우(248b)에 예외적으로 인정될 수 있다. 재량이 0으로 수축되었느냐의 여부는 ① 중요한 법익에 대한 현저한 위험의 존재 즉, 개인의 생명·건강에 대한 위험, 중요한 물건에 대한 직접적인 위험이 있는 경우라야 하며(중대한 법익의 침해)(홍준형), ② 개인의 자발적인 노력이나 사인간의 제소 등을 통해 구제받을 수 있는 경우에는 행정권은 발동되어서는 아니 된다(보충성의 원칙)(김남진, 류지태).

2) 행정권의 발동 권한을 규정한 법령의 사익보호목적

행정청에게 행정권의 발동 권한을 부여하는 법규가 공익실현 목적 외에 사익도 보호하려는 목적이 있어야 한다.

제3항 | 공의무

공의무란 공권에 대응하는 개념으로서 의무자의 의사에 가해진 공법상의 구속을 의미한다. 작위의무(예: 철거의무)·부작위의무(예: 소음방지의무)·수인(受忍)의무(참아야 할 의무)(예: 감염병예방접종의 수인의무)·급부의무(예: 납세의무)로 나누어진다.

제3절 행정법관계의 발생과 소멸

제1항 | 일반론

102 ㈎ 행정법관계의 발생 원인으로서 가장 중요한 것은 행정주체에 의한 공법행위이며(예를 들어 행정입법, 행정계획, 행정행위, 행정법상 계약 등을 말하며 상세한 설명은 행정의 행위형식에서 후술한다), 공법상 사건(103)과 사인의 공법행위(112)도 행정법관계의 발생 원인이 된다.

㈏ 행정법관계의 소멸사유로는 급부의 이행(의무의 내용이 되는 의무자의 특정한 행위의 이행(예: 철거명령의 경우 자진철거)), 권리의 포기와 소멸시효(후술하는 시효 참조)(105)의 완성, 실효, 기간의 경과(예: 허가기간의 만료), 대상의 소멸(예: 화재로 인한 건축물의 소실로 건축허가의 효력소멸), 사망(예: 사망으로 운전면허의 효력소멸) 등이 있다.

102a
> [참고] 행정법상 법률요건과 법률사실
> 행정법관계의 발생·변경·소멸이라는 법률효과를 발생시키는 원인행위를 법률요건이라고 한다. 그리고 법률요건에 해당하는 개개의 사실을 법률사실이라고 한다(예를 들어 과속을 한 경우 운전면허를 취소한다는 행정법규가 있다면, '과속을 한 경우'는 법률요건이, '운전면허를 취소한다'는 법률효과가, 만일 갑이 과속을 하였다면 '과속을 한 사실'이 법률사실이 된다).

제2항 | 공법상 사건

Ⅰ. 의 의

103 공법상 사건이란 행정법상 법률 효과를 가져오는 행정법상 사실 중 사람이나 행정주체의 정신작용을 요소로 하지 않는 사실을 의미한다. 이것은 정신작용을 요소로 하는 사인의 공법행위나 행정주체의 행정행위 등의 법률사실과 구별된다. 공법상 사건의 예로 시간의 경과(예: 기간, 시효, 제척기간)를 들 수 있다.

Ⅱ. 종 류

1. 기간

104 기간이란 일정시점에서 다른 시점까지의 시간적 간격을 말한다(예: 3년의 영업허가).

2. 시효

105 시효란 일정한 사실관계가 일정기간 계속되면 그 사실관계가 진실한 법률관계에 부합하는가를 묻지 않고 그 사실관계를 진실한 법률관계로 보는 것을 말한다. 시효에는 소멸시효(권리자가 권리를 행사할 수 있음에도 불구하고 권리를 행사하지 않는 사실상태가 일정기간 계속된 경우에 그 권리의 소멸을 인정하는 제도)(예: 국가재정법 제96조 ① 금전의 급부를 목적

으로 하는 국가의 권리로서 시효에 관하여 다른 법률에 규정이 없는 것은 5년 동안 행사하지 아니하면 시효로 인하여 소멸한다)와 취득시효(무권리자라도 일정기간 점유 - 사실상 지배 - 하면 재산을 취득하게 되는 제도)(예: 민법 제245조 ① 20년간 소유의 의사로 평온, 공연하게 부동산을 점유하는 자는 등기함으로써 그 소유권을 취득한다)가 있다.

3. 제척기간

제척기간이란 법률이 정한 권리의 존속기간을 말한다. 행정쟁송법상의 제소기간(심판청구기간)은 대표적인 제척기간의 예이다(행정소송법 제20조 참조). 따라서 제소기간이 경과하면 소송을 제기할 권리가 소멸된다. [106]

제3항 | 사인의 공법행위

Ⅰ. 일반론

1. 사인의 공법행위의 의의

사인의 공법행위란 사인이 공법적 효과(공법상의 권리·의무의 발생·변경·소멸)의 발생을 목적으로 하는 행위를 총칭한다. [112]

2. 사인의 공법행위의 일반법

사인의 공법행위에 관한 일반법은 없다. 다만, 자체완성적 사인의 공법행위로서 신고와 관련하여 행정절차법(동법 제40조)과 행정기본법(동법 제34조)에 그리고 민원사무의 처리와 관련하여 민원사무처리에 관한 법률에 몇 개의 원칙적인 규정이 있다. [113]

3. 사인의 공법행위의 분류

(1) 자체완성적 사인의 공법행위

자체완성적 사인의 공법행위(자족적 공법행위)란 사인의 행위만으로 일정한 법률 효과를 가져오는 경우를 말한다(예: 수리를 요하지 않는 신고, 선거인의 투표행위). [114]

(2) 행정요건적 사인의 공법행위

행정요건적 사인의 공법행위란 사인의 행위는 특정행위의 요건(또는 동기)이 될 뿐 그 자체로서 법률 효과를 발생시키지 못하는 경우를 말한다(예: 허가 등의 신청, 동의, 협의). 이 경우 공법상 법률효과는 행정청의 행위가 있어야 비로소 발생한다(예를 들어 사인의 허가신청이 있는 경우 행정청의 '허가'). [115]

4. 사인의 공법행위의 적용법규

사인의 공법행위를 규율하는 총칙적인 규정이 없기 때문에 이러한 경우 사법규정이 유추적용될 수 있는지를 검토해 본다. [116]

(1) 의사능력·행위능력

의사능력(자신의 행위의 의미나 결과를 합리적으로 예견할 수 있는 정신적 능력 내지 지능 예: 만취상태에서의 행위) 없는 자의 행위는 무효로 보아야 할 것이다. 그러나 행위능력(단독 [116a]

으로 유효하게 법률행위를 할 수 있는 지위 또는 자격. 예: 미성년자)의 경우 명문의 규정이 없는 경우 재산상의 행위에 관한 것인 한 민법규정이 유추적용된다는 것이 일반적인 견해이다.

(2) 대 리

116b 명문의 금지규정이 없는 한 대리에 관한 민법규정이 유추적용될 수 있다는 것이 일반적인 견해이다. 예를 들어 대리권 없이 대리행위를 하거나 대리권이 있더라도 그 범위를 넘는 무권대리의 경우 무효가 된다.

(3) 효력발생시기

116c 특별규정이 없는 한 도달주의가 적용된다.

(4) 의사표시

116d 사인의 공법행위에 있어 의사와 표시에 불일치가 있거나 의사표시에 하자가 있는 경우 일반적 규정이 없으므로 민법규정이 유추적용된다는 것이 일반적인 견해이다.

(5) 보정·철회

116e 명문으로 금지되거나 성질상 불가능한 경우가 아닌 한 사인의 공법행위는 그에 의거한 행정행위가 성립할 때까지 자유로이 보정이나 철회를 할 수 있다.

5. 사인의 공법행위의 효과

117 적법한 사인의 공법행위가 있는 경우 개별법규가 정한 바에 따라 법률효과가 발생한다. 다만 행정요건적 사인의 공법행위인 경우 행정청은 처리기간 내에 처리하여야 할 의무를 부담한다.

6. 사인의 공법행위의 하자

(1) 자체완성적 사인의 공법행위의 하자

118 자체완성적 사인의 공법행위는 사인의 행위만으로 일정한 법률 효과를 가져오는 경우를 말하는 것이므로 그것에 하자가 있다면 이를 보정하기 전에는 공법적 효과가 발생하지 않는다.

(2) 행정요건적 사인의 공법행위의 하자★★[12 5급] [22 5급]

1) 문제점

119 행정요건적 사인의 공법행위에서 행정행위의 발령을 구하는 사인이 신청·신고·동의 등을 함에 있어 능력이 결여되어 있거나(116a), 권한없이 대리행위를 하거나(116b), 의사와 표시에 불일치가 있는 경우(하자 있는 의사표시가 있는 경우를 포함하여)(116d), 사인의 공법행위 그 자체는 규율하는 총칙적 규정이 없기 때문에 성질상 반하지 않는 한 사법규정이 유추적용되겠지만 이러한 경우 하자 있는 사인의 공법행위에 따른 행정행위는 어떠한 영향을 받는지가 문제된다.

2) 학 설
a. 제1설(무효·유효설): ⓐ 사인의 공법행위가 행정행위의 발령의 단순한 동기에 불과한 경우(예: 진정)에 사인의 공법행위의 흠결은 행정행위의 효력에 영향을 미치지 않지만, ⓑ 사인의 공법행위가 행정행위의 발령의 필수적인 전제요건인 경우에는 ㉠ 사인의 공법행위의 무효 또는 적법한 철회에 따른 행정행위는 무효이며, ㉡ 사인의 공법행위에 단순한 위법사유가 있을 때에는 행정행위는 원칙적으로 유효라고 한다(다수견해).

b. 제2설(원칙상 취소설): 사인의 공법행위에 흠이 있는 때에는 그에 의한 행정행위는 원칙상 취소할 수 있는 행정행위라고 보아야 한다는 견해이다. 다만, '신청을 요하는 행정행위'에 있어 신청의 결여가 명백한 경우 등은 예외로 무효로 본다.

c. 제3설(무효·취소사유설): 사인의 공법행위의 흠결이 중대하고 명백한 경우 그에 따른 행정행위는 무효이고, 사인의 공법행위의 흠결이 중대·명백한 흠결에 이르지 않는 경우에는 행정행위는 취소할 수 있는 행위라는 견해이다.

3) 판 례
대법원은 하자 있는 사인의 공법행위에 따른 행정행위의 효력에 대한 일반적인 입장은 없고, 개개의 사안별로 해결하고 있다(하명호). 즉, ① 공포심에 따른 사직서의 교부로 이루어진 의원면직처분은 위법하다고 한다(대판 1968.3.19. 67누164). ② 그리고 행정청의 변경처분에 사인이 기망과 강박으로 동의를 한 후, 사인이 기망과 강박을 이유로 이 동의를 취소하였다면 그 동의는 무효이므로 변경처분은 위법하다고 보았다(대판 1990.2.23. 89누7061).

4) 검 토
사인의 신고나 신청은 무효가 아닌 한 취소사유라고 할지라도 유효하게 존재하며, 사인이 행정행위의 발령을 원하지 않는다면 신고나 신청을 취소(또는 철회(취소는 소급적 소멸을, 철회는 장래적 소멸을 말한다))하면 되기 때문에 사인의 공법행위가 취소되지 않는 한 행정행위도 유효하다는 제1설이 타당하다.

II. 사인의 공법행위로서 신고

1. 신고의 개념·일반법

사인의 공법행위로서 신고란 사인이 공법적 효과의 발생을 목적으로 행정주체에 대하여 일정한 사실을 알리는 행위를 말한다. 행정절차법 제40조 제1항은 법령에서 행정청에 대하여 일정한 사항을 통지함으로써 의무가 끝나는 신고를, 행정기본법 제34조는 수리를 요하는 신고에 대해 규정하고 있다.

2. 신고의 종류

(1) 종 류

1) 수리를 요하지 않는 신고(자체완성적 사인의 공법행위로서 신고)

124 사인이 행정청에 대하여 일정한 사항을 알리고 그것이 도달함으로써 공법적 효과가 발생하는 신고를 말한다(예: 당구장업 개설신고).

2) 수리를 요하는 신고(행정요건적 사인의 공법행위로서 신고)

125 사인이 행정청에 대하여 일정한 사항을 알리고 행정청이 이를 수리함으로써 공법적 효과가 발생하는 신고를 말한다(예: 주민등록전입신고). '수리'란 사인이 알린 일정한 사실을 행정청이 유효한 것으로 판단하여 받아들이는 것을 말한다.

125a
> [참고] 정보제공적 신고와 금지해제적 신고
> 사인의 공법행위인 신고를 정보제공적 신고와 금지해제적 신고로 구분하는 견해가 있다. 정보제공적 신고란 행정청에게 단순히 정보를 제공하는 기능을 하는 신고를 말하며(예컨대 화재신고), 금지해제적 신고란 금지된 일정한 행위(영업행위나 건축행위)를 할 수 있도록(해제) 해주는 신고를 말한다(예컨대 건축신고는 신고를 한 후에야 건축행위를 할 수 있다). 그리고 정보제공적 신고는 신고행위로 인해 직접적인 법적 효과(권리나 의무의 발생·변경·소멸을 가져오는 효과)가 발생되지 않지만, 금지해제적 신고는 법적 효과를 수반한다고 한다.

(2) 구별기준★

126 수리를 요하지 않는 신고와 수리를 요하는 신고의 구별은 ① 관련법령에서 수리에 관한 규정을 두고 있거나[판례 1] 수리(수리거부)에 일정한 법적 효과를 부여하는 경우[판례 2]는 수리를 요하는 신고이며, ② 신고와 등록을 법령이 구별하는 경우 이 신고는 수리를 요하지 않는 신고이며(등록은 수리를 요하는 신고이므로)(예: 체육시설의 설치·이용에 관한 법률 제10조 ① 체육시설업은 다음과 같이 구분한다. 1. 등록 체육시설업: 골프장업, 스키장업, 자동차 경주장업, 2. 신고 체육시설업: 요트장업, 조정장업, 카누장업, 빙상장업, 승마장업, 종합 체육시설업, 수영장업, 체육도장업, 골프 연습장업, 체력단련장업, 당구장업, 썰매장업, 무도학원업, 무도장업), ③ 신고 요건이 형식적 심사(요건)인 경우 수리를 요하지 않는 신고이며, 실질적 심사(요건)인 경우 수리를 요하는 신고로 보아야 한다(학설은 대립되지만 최근 대법원 판례는 이러한 입장이다. 그리고 이러한 입장의 근거는 행정절차법 제40조 제1, 2항이다)[판례 3, 4]. ④ 그럼에도 불분명한 경우에는 사인에게 유리하도록 수리를 요하지 않는 신고로 보아야 한다.

> 1. 수산업법 제44조 소정의 어업신고의 법적 성질(수리를 요하는 신고)
> 어업의 신고에 관하여 유효기간을 설정하면서 그 기산점을 '수리한 날'로 규정하고, 나아가 필요한 경우에는 그 유효기간을 단축할 수 있도록까지 하고 있는 수산업법 제44조 제2항의 규정 취지 및 어업의 신고를 한 자가 공익상 필요에 의하여 한 행정청의 조치에 위반한 경우에 어업의 신고를 수리한 때에 교부한 어업신고필증을 회수하도록 하고 있는 구 수산업법

시행령(1996. 12. 31. 대통령령 제15241호로 개정되기 전의 것) 제33조 제1항의 규정 취지에 비추어 보면, 수산업법 제44조 소정의 어업의 신고는 행정청의 수리에 의하여 비로소 그 효과가 발생하는 이른바 '수리를 요하는 신고'라고 할 것이다(대판 2000.5.26. 99다37382).

2. 주민등록전입신고의 법적 성질(수리를 요하는 신고)

주민등록은 … 주민등록에 따라 공법관계상의 여러 가지 법률상 효과가 나타나게 되는 것으로서, 주민등록의 신고는 행정청에 도달하기만 하면 신고로서의 효력이 발생하는 것이 아니라 행정청이 수리한 경우에 비로소 신고의 효력이 발생한다(대판 2009.1.30. 2006다17850).

3. 수산제조업신고의 법적 성질(수리를 요하지 않는 신고)

시장·군수·구청장에게 수산제조업 신고에 대한 실질적인 검토를 허용하고 있다고 볼 만한 규정을 두고 있지 아니하고 있으므로, 수산제조업의 신고를 하고자 하는 자가 그 신고서를 구비서류까지 첨부하여 제출한 경우 시장·군수·구청장으로서는 형식적 요건에 하자가 없는 한 수리하여야 할 것이고, 나아가 관할 관청에 신고업의 신고서가 제출되었다면 담당공무원이 법령에 규정되지 아니한 다른 사유를 들어 그 신고를 수리하지 아니하고 반려하였다고 하더라도, 그 신고서가 제출된 때에 신고가 있었다고 볼 것이다(대판 1999.12.24. 98다57419, 57426).

4. 인·허가의제의 효과를 가진 건축신고의 법적 성질(수리를 요하는 신고)

인·허가의제 효과를 수반하는 건축신고는 일반적인 건축신고와는 달리, 특별한 사정이 없는 한 행정청이 그 실체적 요건에 관한 심사를 한 후 수리하여야 하는 이른바 '수리를 요하는 신고'로 보는 것이 옳다(대판(전원) 2011.1.20. 2010두14954).

(3) 구별실익

수리를 요하지 않는 신고와 수리를 요하는 신고는 신고필증의 의미(129), 신고의 효력 발생시기(130), 수리거부의 처분성(1161e) 등과 관련해 구별 실익이 있다.

3. 신고의 요건

신고의 요건은 개별법률에서 구체적으로 정하는 바에 의한다. 다만, 수리를 요하지 않는 신고 중에서 의무적인 성질을 갖는 신고의 경우에 요건을 갖추지 못한 신고서가 제출된 경우, 행정청은 지체 없이 상당한 기간을 정하여 신고인에게 보완을 요구하여야 한다(행정절차법 제40조 제3항). 이 규정은 임의적인 성질을 갖는 신고의 경우와 수리를 요하는 신고의 경우에도 유추적용될 수 있다.

4. 신고의 수리

(1) 의무적인 수리

신고의 수리는 수리를 요하지 않는 신고는 문제되지 아니하고, 수리를 요하는 신고에서만 문제된다. 법령이 정한 요건을 구비한 적법한 신고가 있으면 행정청은 의무적으로 수리하여야 한다.

(2) 신고필증의 의미

129 ⓐ 수리를 요하지 않는 신고에서 신고필증은 사인이 일정한 사실을 행정기관에 알렸다는 사실을 사실로서 확인해주는 의미만을 가질 뿐이다. ⓑ 그러나 수리를 요하는 신고의 경우 신고필증이 교부되었다면 이는 사인의 신고를 수리하였음을 공적으로 증명하는 의미를 갖는 행위(준법률행위적 행정행위로서 공증(293 이하))라는 점에서 법적인 행위(법률관계를 발생시키는 행위)이다.

5. 신고의 효력 발생 시기

130 ⓐ 수리를 요하지 않는 신고가 요건을 갖춘 경우에는 신고서가 접수기관에 도달된 때에 공법상 효과가 발생한다(행정절차법 제40조 제2항 참조). ⓑ 그러나 수리를 요하는 신고의 경우에는 행정청이 수리함으로써 비로소 신고의 효과가 발생한다(행정기본법 제34조).

> **쟁점** — 특수한 신고 — 영업양도 등으로 인한 지위승계신고의 문제

134a
1. 지위승계신고에서 신고·수리의 법적 성격★[09 5급]

(1) 문제점

관련법령에서 당해 영업을 하기 위해서는 행정청의 허가를 받아야 함을 규정하면서, 이를 양도하는 경우 양수인은 단지 신고할 것을 규정하는 경우 이러한 신고의 성격이 문제된다(식품위생법 제37조(영업허가 등) ① 제36조 제1항 각호에 따른 영업 중 대통령령으로 정하는 영업을 하려는 자는 대통령령으로 정하는 바에 따라 영업 종류별 또는 영업소별로 식품의약품안전처장 또는 특별자치도지사·시장·군수·구청장의 허가를 받아야 한다. 제39조(영업 승계) ① 영업자가 영업을 양도하거나 사망한 경우 또는 법인이 합병한 경우에는 그 양수인·상속인 또는 합병 후 존속하는 법인이나 합병에 따라 설립되는 법인은 그 영업자의 지위를 승계한다. … ③ 제1항 또는 제2항에 따라 그 영업자의 지위를 승계한 자는 총리령으로 정하는 바에 따라 1개월 이내에 그 사실을 식품의약품안전처장 또는 특별자치도지사·시장·군수·구청장에게 신고하여야 한다).

134b
(2) 지위승계신고 및 수리의 법적 성격

㈎ 행정청이 영업양도에 따른 지위승계신고를 수리하는 행위는 양도·양수인 사이에 이미 발생한 사법상의 사업양도의 법률효과에 의하여 양수인이 그 영업을 승계하였다는 사실의 신고를 접수하는 행위에 그치는 것이 아니라, 사업허가자의 변경이라는 법률효과가 부여되기 때문에 이러한 '신고'는 수리를 요하는 신고이다(대판 2001.2.9. 2000도2050).

㈏ 이 경우 지위승계신고의 '수리'의 효과는 양도 대상이 된 영업의 법적 성질에 따라 판단되어야 한다(앞의 예에서 식품위생법의 경우 영업허가). 즉 양도대상이 된 영업이 허가인 경우 그 수리는 허가의 효과를 가지는 것으로 보아야 한다. 행정청의 지위승계신고수리의 효과에 대해 판례는 '양도인의 영업허가취소'와 '양수인의 권리설정행위'

로 본다[판례].

> **식품위생법상 영업자 지위승계신고수리의 성질**
>
> 구 식품위생법 제25조 제1항, 제3항에 의하여 영업양도에 따른 지위승계신고를 수리하는 허가관청의 행위는, … 실질에 있어서 양도자의 사업허가를 취소함과 아울러 양수자에게 적법히 사업을 할 수 있는 권리를 설정하여주는 행위로서 사업허가자의 변경이라는 법률효과를 발생시키는 행위라고 할 것이다(대판 2001.2.9. 2000도2050).

2. 지위승계신고에서 신고수리시 행정절차법의 적용 여부★★ [14 변시] [19 입시]

지위승계신고수리의 효과는 '양도인의 영업허가취소'와 '양수인의 권리설정행위'이다. 그렇다면 지위승계신고수리는 양도인에게는 침익적, 양수인에게는 수익적인 복효적인 성격을 가지는 처분이다. 따라서 이러한 신고의 수리는 양도인에게는 침익적 처분에 해당하므로 수리처분 전에 행정절차법상의 일정한 절차를 거쳐야 한다[판례].

> **행정청이 구 식품위생법상의 영업자지위승계신고수리처분을 하는 경우, 종전의 영업자에게 행정절차법 소정의 행정절차를 실시하여야 하는지 여부(적극)**
>
> 행정절차법 제21조 제1항, 제22조 제3항 및 제2조 제4호의 각 규정에 의하면, 행정청이 당사자에게 의무를 과하거나 권익을 제한하는 처분을 함에 있어서는 당사자등에게 처분의 사전통지를 하고 의견제출의 기회를 주어야 하며, … 위 규정들을 종합하면 위 행정청이 구 식품위생법 규정에 의하여 영업자지위승계신고를 수리하는 처분은 종전의 영업자의 권익을 제한하는 처분이라 할 것이고 따라서 종전의 영업자는 그 처분에 대하여 직접 그 상대가 되는 자에 해당한다고 봄이 상당하므로, 행정청으로서는 위 신고를 수리하는 처분을 함에 있어서 행정절차법 규정 소정의 당사자에 해당하는 종전의 영업자에 대하여 위 규정 소정의 행정절차를 실시하고 처분을 하여야 한다(대판 2003.2.14. 2001두7015).

CHAPTER 04 행정의 행위형식(행정작용의 형태(모습))

제1절 행정입법

1. 행정입법의 의의

135   행정입법이란 일반적으로 행정기관이 정립한 일반적·추상적인 규범(또는 규범을 정립하는 작용)을 의미한다. 행정입법에는 국가행정권에 의한 입법과 지방자치단체에 의한 입법이 있다. 지방자치단체에 의한 입법은 조례와 규칙, 교육규칙으로 구분된다.

2. 법규명령과 행정규칙의 구별

136   일반적 견해는 행정입법을 행정기관이 상위법령의 위임(수권)에 따라 제정하여 법규(국민을 구속하는 힘이 있는 규범)의 성질을 가지는 법규명령과 행정내부의 조직과 활동을 규율하기 위한 것으로 법규의 성질을 갖지 않는 행정규칙으로 구분한다.

제1항 | 법규명령

I. 법규명령의 개념

1. 법규명령의 의의

137   법규명령이란 행정기관이 상위법령의 위임(수권)에 따라 제정한 규범으로 국민을 구속하는 힘이 있는 것을 말한다.

2. 법규명령의 종류

(1) 위임명령·집행명령

138   위임명령이란 상위법령에서 위임받은 사항을 정하는 명령을 말하고, 집행명령이란 상위법령의 시행(실시)에 관한 형식·절차 등 구체적·기술적 사항을 규율하기 위해 발하는 명령을 말한다. 그리고 위임명령은 위임의 범위 내에서는 국민의 권리·의무에 관한 사항을 정할 수 있지만, 집행명령은 이를 정할 수 없다.

(2) 일반적 법규명령·집행적 법규명령

1) 일반적 법규명령

139   일반적으로 법규명령(일반적 법규명령)이란 행정주체가 정립한 것으로 국민을 일반적(수범자의 불특정)이고 추상적(무제한적으로 반복적용)으로 규율하는 규범을 말한다(예: 혈중알콜농도 0.1이상인 경우 운전면허를 취소한다는 법규명령). 일반적 법규명령은 행정소송법 제2조 제1항 제1호의 '구체적(특정사건을 규율)' 사실에 관한 '법집행행위'가 아니므로 항

고소송의 대상이 되지 않는다(행정소송법 제19조 참조). 또한, 헌법상 보장된 기본권을 '직접' 침해하지 않기 때문에 헌법소원의 대상도 될 수 없다(직접성도 없다)(헌법재판소법 제68조 제1항 참조).

2) 집행적 법규명령

집행적 법규명령이란 집행행위(처분)의 매개 없이 직접 국민의 권리·의무를 규율하지만(직접성은 있다는 점에서 일반적 법규명령과 구별된다), 추상적 성질을 가지기 때문에(추상적이라는 점에서는 일반적 법규명령과 같다) 항고소송의 대상이 될 수 없는 법규명령을 말한다(예를 들어 병원광고간판의 크기를 일정 크기 이하로 축소하도록 의무지우는 법규 명령)[판례]. 다만, 집행적 법규명령은 집행행위의 매개 없이 직접 국민의 권리와 의무를 규율하는 직접성은 있기 때문에 일반적 법규명령과 달리 헌법소원의 대상은 될 수 있다(후술하는 법규명령의 통제 참조(167a)).

> 의료기관의 명칭표시판에 진료과목을 함께 표시하는 경우 글자 크기를 제한하고 있는 구 의료법 시행규칙 제31조가 항고소송의 대상인 처분인지 여부(소극)
>
> 의료법 시행규칙 제31조가 의료기관의 명칭표시판에 진료과목을 함께 표시하는 경우 그 글자의 크기를 의료기관 명칭을 표시하는 글자 크기의 2분의 1 이내로 제한하고 있지만, 위 규정은 그 위반자에 대하여 과태료를 부과하는 등의 별도의 집행행위 매개 없이는 그 자체로서 국민의 구체적인 권리의무나 법률관계에 직접적인 변동을 초래하지 아니하므로 항고소송의 대상이 되는 행정처분이라고 할 수 없다(대판 2007.4.12. 2005두15168).

(3) 시행령·시행규칙

대통령이 제정하는 법규명령은 대통령령이며, 일반적으로 '…법시행령'이라는 이름을 붙인다. 총리가 제정하는 법규명령은 총리령, 행정각부의 장관이 제정하는 법규명령은 부령이며, 일반적으로 '…법시행규칙'이라는 이름을 붙인다. 예외적으로 '…에 관한 규정'이나 '…에 관한 규칙'이라는 명칭을 사용하는 경우도 있다.

II. 법규명령의 근거와 한계★[10 입시]

1. 위임명령의 근거와 한계

(1) 위임명령의 근거

위임명령은 헌법 제75조와 헌법 제95조에 따라 법률이나 상위명령에 개별적인 위임(수권)규정이 있는 경우에만 제정할 수 있다.

(2) 위임명령의 한계

1) 구체적으로 위임받은 사항을 규율(포괄적 위임의 금지)

㈎ 헌법 제75조는 "대통령은 법률에서 구체적으로 범위를 정하여 위임받은 사항…에 관하여 대통령령을 발할 수 있다"고 하여 구체적으로 범위를 정하여 위임받은 사항에

대해서만 대통령령 등(위임명령)으로 정하도록 규정하고 있다(헌법 제95조(총리령·부령)에는 이러한 표현이 없지만 마찬가지로 해석함이 일반적이다).

㈏ 구체적으로 범위를 정하여 위임받은 사항(달리 말하면 법규명령 특히 위임명령의 규율범위)을 판례는 '예측가능성'이라는 기준으로 판단한다. 즉「법률에 이미 대통령령으로 규정될 내용 및 범위의 기본사항이 구체적으로 규정되어 있어서 누구라도 당해 법률로부터 대통령령 등에 규정될 내용의 대강을 예측할 수 있어야 함(대판 2007.10.26. 2007두9884)」을 의미한다.

2) 국회전속적인 사항 규율금지(국회전속적 입법사항의 위임금지)

143a
① 헌법이 어떠한 사항을 법률로써 정하게 한 경우 그 사항은 반드시 국회가 정해야 하며 이를 행정기관이 정할 수는 없다(예를 들어 헌법 제2조 ① 대한민국의 국민이 되는 요건은 법률로 정한다). ② 또한 중요사항유보설에 따라 국민의 권리·의무와 국가의 통치조직·작용에 관한 본질적인 사항은 반드시 국회가 정해야 하며 행정기관이 이를 정할 수는 없다.

3) 전면적 재위임 금지

143b
위임된 입법권한의 전면적인 재위임은 입법권을 위임한 법률 그 자체의 내용을 임의로 변경하는 결과를 가져오는 것이 되므로 허용되지 않는다(법률에서 대통령령으로 정하도록 한 사항을 대통령령이 내용 전부를 부령에 재위임한다면 이는 법률의 내용을 바꾸는 결과가 된다). 다만, 세부사항을 보충하는 정도의 재위임은 가능하다.

4) 형벌규정 규율금지(처벌규정의 위임금지)

143c
헌법상 죄형법정주의의 원칙으로 인해 행정기관이 범죄와 형벌을 규정할 수는 없다. 그러나 근거된 법률이 범죄구성요건의 구체적인 기준을 설정하고 그 범위 내에서 위임명령이 세부적인 사항을 정하도록 하거나, 형벌의 종류와 상한을 정하고 그 범위 내에서 구체적인 사항을 위임명령이 정하는 것은 허용된다.

5) 특정된 형식으로 규율(수임형식의 특정)

143d
수권법률이 위임입법의 형식을 명시하는 경우 그에 따라야 한다.

6) 기본적인 한계

143e
위임명령은 헌법·법률 등 상위법령의 내용을 위반할 수 없으며, 행정법의 일반원칙에도 반하지 않아야 한다.

2. 집행명령의 근거와 한계

(1) 집행명령의 근거

144
집행명령은 위임명령과 달리 상위법령의 수권이 없이도 직권으로 발령될 수 있다.

(2) 집행명령의 한계

145
집행명령은 법령의 집행에 필요한 세칙(법령의 시행을 위해 필요한 세부적인 사항. 예를 들면 국가시험을 시행하는 경우 시험일자, 시험장소 등을 정하는 경우를 말한다)을 정하는 범위 내에서만 가능하고, 새로운 국민의 권리·의무를 정할 수 없다. 실제 입법에서는 "본법의 시행에 필요한 사항은 대통령령으로 정한다" 등으로 표현된다.

III. 법규명령의 적법요건·하자

㈎ 법규명령은 정당한 권한을 가진 기관이 권한 내의 사항에 관해 법정절차에 따라 제정하고, 문서로 제정하되 법조문 형식에 의하며, 아울러 법령 등 공포에 관한 법률이 정하는 바에 따라 공포되고 시행기일이 도래함으로써 효력이 발생한다.

㈏ 법규명령(주체·내용·형식·절차·공포의 요건)의 적법요건에 흠이 있으면 위법한 것이 된다. 위법한 법규명령은 행정행위와는 달리 무효가 된다는 것이 일반적 견해와 판례의 입장이다(대판 2008.11.20. 2007두8287).

IV. 법규명령의 효과

법규명령은 법규로 직접적 외부효를 가지며 국민을 구속한다. 따라서 법률의 위임에 따라 제정된 법규명령은 침익적 행정작용의 근거가 될 수 있을 뿐만 아니라, 법규명령을 위반하는 행정작용을 위법하게 만든다.

V. 법규명령의 통제 [10 5급] [13 입시] [14 변시] [18 입시] [19 변시]

1. 행정내부적인 통제★

(1) 절차적인 통제

행정절차법상의 입법예고제(행정절차법 제41조 제1항), 국무회의 심의(헌법 제89조 제3호-"대통령령안"), 법제처에 의한 법령안 심사(정부조직법 제23조) 등 법규명령에 대한 절차상 통제장치가 있다.

(2) 법규명령에 대한 취소심판(무효확인심판)

법규명령은 행정심판법 제2조 제1호의 구체적 사실에 대한 법집행행위인 처분이 아니므로 취소심판(무효확인심판)을 제기할 수 없다.

(3) 법규명령에 근거한 행정행위에 대한 취소심판(무효확인심판)

사인이 행정행위에 대한 취소심판(무효확인심판)을 청구하면서 법규명령의 위헌·위법성을 주장한다면 행정심판위원회가 법규명령의 위헌·위법을 심사할 수 있는지가 문제된다. ① ⓐ 위원회는 법률에 대한 위헌심사권은 없으나 명령에 대한 위헌·위법심사권은 있다는 견해와 ⓑ 위원회는 처분 또는 부작위의 위법·부당성만을 심사할 뿐이며 명령에 대한 위헌·위법심사권은 없다는 견해(다수설)가 대립한다. ② 헌법 제107조 제2항과 행정심판법 제3조를 고려할 때 부정함이 타당하다. 따라서 위원회는 법규명령이 합헌·합법임을 전제로 처분과 부작위의 위법·부당성을 심리해야 한다.

(4) 중앙행정심판위원회의 시정조치요청권

148b 행정심판법 제59조는 중앙행정심판위원회에 법령개선에 대한 시정조치요청권을 인정하고 있다(행정심판법 제59조(불합리한 법령 등의 개선) ① 중앙행정심판위원회는 심판청구를 심리·재결할 때에 처분 또는 부작위의 근거가 되는 명령 등(대통령령·총리령·부령·훈령·예규·고시·조례·규칙 등을 말한다. 이하 같다)이 법령에 근거가 없거나 상위 법령에 위배되거나 국민에게 과도한 부담을 주는 등 크게 불합리하면 관계 행정기관에 그 명령 등의 개정·폐지 등 적절한 시정조치를 요청할 수 있다. ② 제1항에 따른 요청을 받은 관계 행정기관은 정당한 사유가 없으면 이에 따라야 한다).

2. 국회에 의한 통제

149 법규명령에 대한 국회의 통제로 국회법은 대통령령 등을 제정한 경우 국회 소관상임위원회에 제출하는 절차를 두고 있다(국회법 제98조의2(대통령령 등의 제출등) ① 중앙행정기관의 장은 법률에서 위임한 사항이나 법률을 집행하기 위하여 필요한 사항을 규정한 대통령령·총리령·부령·훈령·예규·고시 등이 제정·개정 또는 폐지된 때에는 10일 이내에 이를 국회 소관상임위원회에 제출하여야 한다. 다만, 대통령령의 경우에는 입법예고를 하는 때(입법예고를 생략하는 경우에는 법제처장에게 심사를 요청하는 때를 말한다)에도 그 입법예고안을 10일 이내에 제출하여야 한다. ② 제1항의 기간 이내에 이를 제출하지 못한 경우에는 그 이유를 소관상임위원회에 통지하여야 한다. ③ 상임위원회는 위원회 또는 상설소위원회를 정기적으로 개회하여 그 소관중앙행정기관이 제출한 대통령령·총리령 및 부령에 대하여 법률에의 위반 여부 등을 검토하여 당해 대통령령 등이 법률의 취지 또는 내용에 합치되지 아니하다고 판단되는 경우에는 소관중앙행정기관의 장에게 그 내용을 통보할 수 있다. 이 경우 중앙행정기관의 장은 통보받은 내용에 대한 처리계획과 그 결과를 지체 없이 소관상임위원회에 보고하여야 한다).

3. 법원에 의한 통제★★★

(1) 법규명령에 대한 항고소송

150 법규명령은 그 적용이 시간적·공간적으로 제한 없이 적용되기 때문에 '구체적' 적용이 아니라 '추상적' 적용이며, 그 자체는 법(규범)이지 법의 집행행위가 아니므로 항고소송의 대상인 처분이 아니라는 것이 일반적인 견해와 판례의 입장이다(대판 1992.3.10. 91누12639).

(2) 법규명령에 근거한 행정행위에 대한 항고소송(구체적 규범통제)

1) 구체적 규범통제의 의의

151 특정 법규범이 구체적 사건에 적용되는 상태에서 그 법규범이 상위 법규범에 위반되는지를 심사하는 제도를 구체적 규범통제라고 한다(규범통제란 특정 법규범이 상위 법규범에 위반되는지를 심사하는 제도를 말하는데, 특정 법규범이 구체적 사건에 적용되지 않더라도 그 법규범이 상위 법규범에 위반되는지를 심사할 수 있는 제도를 추상적 규범통제라 한다).

2) 구체적 규범통제의 주체

152 구체적 규범통제의 주체는 각급법원이다. 대법원은 최종적으로 심사할 권한을 갖는다.

3) 재판의 전제성

여기에서 '재판의 전제'란 구체적 사건이 법원에 계속 중이어야 하고, 위헌·위법인지가 문제된 경우에는 규정의 특정 조항이 해당 소송사건의 재판에 적용되는 것이어야 하며, 그 조항이 위헌·위법인지에 따라 그 사건을 담당하는 법원이 다른 판단을 하게 되는 경우를 말한다(대판 2019.6.13. 2017두33985).

4) 대 상

대상은 명령과 규칙이다. '명령'이란 행정입법으로서 법규명령을 말하며, '규칙'이란 국회규칙·대법원규칙·헌법재판소규칙 등을 말한다. 그리고 지방자치단체의 조례나 규칙도 포함된다(대판(전원) 1995.8.22. 94누5694).

5) 구체적 규범통제의 효력

a. 학 설: ① 위헌인 법규명령은 당해 사건에만 적용이 거부된다는 견해(개별적 효력설)(다수견해)와, ② 위헌인 법규명령은 일반적으로 무효가 된다는 견해(일반적 효력설)가 대립된다.

b. 판 례: 대법원은 명령·규칙이 헌법·법률에 위반될 때 '무효'라고 판시하고 있지만 이런 판단이 개별사건에서 명령·규칙의 적용을 배제하는 것인지 아니면 무효로서 일반적으로 효력을 상실시키는지는 분명하지 않다.

c. 검 토: 모든 법원 특히 하급심법원에 의해 위헌·위법으로 판시된 법규명령의 일반적 무효를 인정하기 어렵다는 점을 고려할 때 개별적 효력설이 타당하다.

6) 위헌·위법한 법규명령에 근거한 행정행위의 위법성의 정도

원칙적으로 법원이 법규명령을 위헌·위법으로 판단하기 전이라면 위헌·위법한 법규명령에 근거한 행정행위의 하자는 중대하지만 명백하다고 보기 어려워 취소사유라고 보아야 한다(350). 판례도 같은 입장이다(대판 1997.5.28. 95다15735).

쟁점 ─ 처분적 법규명령에 대한 항고소송★★

[참고] 처분적 법규명령에 대한 논의는 처분적 법률, 처분적 고시(175)와 처분적 조례(1752)에도 동일하게 적용된다.

1. 처분적 법규명령의 의의

처분적 법규명령이란 대통령령·총리령·부령 등의 법규명령의 형식을 취하지만, 실질적으로는 행정처분의 성질(규율사건의 구체성(특정사건을 규율))을 갖는 법규명령을 말한다(예를 들어 월드컵 개막식날 특정지역 주점 영업시간을 제한하는 법규명령). 처분적 법규명령은 항고소송의 대상인 처분이라는 점에서 일반적 법규명령이나 집행적 법규명령과 구별된다.

2. 처분적 법규명령에 대한 항고소송

ⓐ 처분적 조례인 경기도립학교설치조례 중 두밀분교를 폐지하는 내용의 조례(실질은 '폐

교처분')에 대해서 무효확인소송이 제기된 바 있으며(경기 가평군 가평읍 상색국민학교 두밀분교를 폐지하는 내용의 이 사건 조례는 위 두밀분교의 취학아동과의 관계에서 영조물인 특정의 국민학교를 구체적으로 이용할 이익을 직접적으로 상실하게 하는 것이므로 항고소송의 대상이 되는 행정처분이다(대판 1996.9.20. 95누8003(두밀분교사건)), ⓑ 처분적 고시인 약제급여상한금액고시(실질은 '보험약가인하처분')에 대해서 취소소송을 인정한 판례도 있다(보건복지부 고시인 약제급여·비급여목록 및 급여상한금액표(보건복지부 고시 제2002-46호로 개정된 것)는 다른 집행행위의 매개 없이 그 자체로서 국민건강보험가입자, 국민건강보험공단, 요양기관 등의 법률관계를 직접 규율하는 성격을 가지므로 항고소송의 대상이 되는 행정처분에 해당한다(대판 2006.9.22. 2005두2506(한미약품사건))).

4. 헌법재판소에 의한 통제★★

(1) 문제점

헌법 제107조 제2항이 명령·규칙 등이 헌법이나 법률에 위반되는 여부가 재판의 전제가 된 경우 대법원이 이를 최종적으로 심사할 권한을 가진다고 규정하고 있어 헌법재판소가 법규명령(직접성 있는 법규명령)에 대해 헌법소원심판을 할 수 있는지가 문제된다.

(2) 학 설

ⓐ 헌법 제107조 제2항이 명령·규칙의 최종적인 심사권을 대법원에 부여하고 있으므로 명령과 규칙의 헌법소원은 부정함이 타당하다는 견해와 ⓑ 헌법 제107조 제2항은 재판의 전제가 된 경우 명령과 규칙에 대한 한 법원의 심사권을 규정한 것이고 재판의 전제가 되지 않은 법규명령이 별도의 집행행위를 기다리지 않고 직접 기본권을 침해하는 경우 헌법소원이 가능하다고 보아야 한다는 견해(다수견해)가 대립된다.

(3) 판 례

법규명령에 대한 헌법소원에 대해 대법원은 부정적인 입장이지만, 헌법재판소는 긍정한다(헌재 1997.5.29. 94헌마33).

(4) 검 토

기본권을 침해하는 법규명령 등을 직접 다투는 항고소송이 인정되지 않기에 헌법소원의 보충성에도 문제가 없고, 법규명령이 기본권을 직접 침해하는 것이라면 직접성 요건도 문제되지 않는다(전술한 집행적 법규명령 참조(141)). 따라서 긍정설이 타당하다.

> [참고] 헌법소원심판의 실체적 요건
>
> 헌법소원심판(헌법재판소법 제68조 제1항)을 청구하기 위한 실체적 요건으로 ① 공권력의 행사 또는 불행사, ② 헌법상 보장된 기본권 침해, ③ 기본권 침해의 자기관련성·현재성·직접성(법령 자체로 국민의 권리·의무에 영향을 미치는 경우라야 함. 예를 들어 병원을 경영하는 자들에게 병원광고간판의 크기를 일정 크기 이하로 축소하도록 의무지우는 법규명령), ④ 보충성(다른 법률이 정한 절차에 따라 침해된 기본권의 구제를 받지 못한 경우라야 함), ⑤ 권리보호필요성이 있어야 한다.

5. 국민에 의한 통제

국민에 의한 법규명령의 통제수단으로는 여론·자문·청원·압력단체의 활동 등을 들 수 있다.

Ⅵ. 법규명령의 개정과 신뢰보호

법규명령이 사후에 개정된다면 경과규정이 없는 한 행정작용을 하는 시점의 개정된 법규명령이 적용된다. 그러나 사인의 개정 전 법령에 대한 신뢰보호의 요구가 개정된 법령을 적용해야 할 공익상 요구보다 더 중요한 예외적인 경우에는 개정 전 법령이 적용될 수 있다(전술한 신뢰보호원칙 참조(41)).

제2항 | 행정규칙

Ⅰ. 행정규칙의 개념

1. 행정규칙의 의의

행정규칙이란 행정내부의 조직과 활동을 규율하기 위한 것으로 법규의 성질을 갖지 않는 것을 말한다.

2. 행정규칙의 종류

(1) 내용에 따른 분류★

1) 조직규칙·근무규칙
조직규칙은 행정의 내부조직·질서·권한·절차를 규율하는 규칙을 말하고, 근무규칙은 하급기관이나 기관구성자인 공무원의 근무에 관한 규칙을 말한다.

2) 해석규칙
불확정개념의 통일적·단일적인 적용을 위한 해석지침으로서의 행정규칙을 말한다.

3) 재량준칙
상급기관이 하급기관의 통일적이고도 동등한 재량행사를 확보하기 위해 일반적 기준으로 발하는 행정규칙을 말한다.

4) 법령보충규칙
법령보충규칙이란 법령의 내용이 너무 일반적이어서 보충 내지 구체화의 과정이 필요하기 때문에 이를 보충하거나 구체화하는 행정규칙을 말한다.

(2) 형식에 따른 분류

1) 고시형식의 행정규칙
행정규칙인 고시란 행정기관이 행정내부의 조직과 활동을 규율하기 위해 발령하는 것으로 일반·추상적 성질을 가지는 것을 말한다.

2) 훈령형식의 행정규칙

176 훈령은 협의의 훈령·지시·예규·일일명령으로 세분된다. '협의의 훈령'이란 상급관청이 하급관청에 대하여 발하는 명령을 말하고, '지시'란 상급기관이 하급기관에 개별적·구체적으로 발하는 명령을 말한다. '예규'란 행정사무의 통일을 기하기 위한 반복적 행정사무의 처리기준을 말하고, '일일명령'이란 당직·출장·시간외근무·휴가 등 일일업무에 관한 명령을 말한다.

Ⅱ. 행정규칙의 근거와 한계

177 ① 행정규칙발령의 권한은 행정권 자체에 내재하는 것이므로 행정규칙발령에 개별법상의 근거는 필요하지 않다(통설). ② 그러나 행정규칙은 법률이나 행정법의 일반원칙 그리고 상위행정규칙에 위반되어서는 아니 된다.

Ⅲ. 행정규칙의 적법요건·하자

178 ① 행정규칙은 권한 있는 기관이 제정하여야 하고, 그 내용이 법령이나 상위행정규칙에 반하지 않아야 하며, 정해진 절차와 형식이 있으면 갖추어야 한다. ② 적법요건을 갖추지 못한 행정규칙은 무효이다.

Ⅳ. 행정규칙의 효과★[09 5급]

1. 내부적 효과

179 ㈎ 행정규칙은 행정규칙의 적용을 받는 행정조직 내부의 상대방을 직접 구속한다. 따라서 행정규칙에 반하는 행위를 한 자에게는 징계책임이 가해질 수 있다.

㈏ 또한 판례는 행정규칙의 구속을 받는 상대방이라면(예를 들어 공무원) 행정규칙이 그 상대방에 대한 침익적 처분의 근거가 되거나 법적인 효과를 규정할 수 있음을 인정하고 있다(어떠한 처분의 근거나 법적인 효과가 행정규칙에 규정되어 있다고 하더라도, 그 처분이 행정규칙의 내부적 구속력에 의하여 상대방에게 권리의 설정 또는 의무의 부담을 명하거나 기타 법적인 효과를 발생하게 하는 등으로 그 상대방의 권리 의무에 직접 영향을 미치는 행위라면, 이 경우에도 항고소송의 대상이 되는 행정처분에 해당한다. 행정규칙에 의한 '불문경고조치'가 비록 법률상의 징계처분은 아니지만 위 처분을 받지 아니하였다면 차후 다른 징계처분이나 경고를 받게 될 경우 징계감경사유로 사용될 수 있었던 표창공적의 사용가능성을 소멸시키는 효과와 1년 동안 인사기록카드에 등재됨으로써 그동안은 장관표창이나 도지사표창 대상자에서 제외시키는 효과가 있으므로 항고소송의 대상이 되는 행정처분에 해당한다(대판 2002.7.26. 2001두3532(불문경고사건)).

2. 외부적 효과

180 행정규칙은 법규가 아니므로 직접적·외부적 효과를 갖지 아니한다. 따라서 행정규칙은 국민을 구속하는 힘이 없고 침익적 처분의 근거가 되지 않으며, 행정규칙에 위반되는

처분도 위법이 되지 않는다(일반적으로 위법은 법규위반을 말한다).

V. 행정규칙의 통제(전술한 법규명령의 통제 참조(147 이하))

1. 행정내부적인 통제

행정심판법 제59조는 중앙행정심판위원회에 법령개선에 대한 시정조치요청권을 인정하고 있다.

2. 국회에 의한 통제

행정규칙에 대한 국회의 통제로 행정규칙을 제정한 경우 국회 소관상임위원회에 제출하는 절차를 두고 있다(국회법 제98조의2).

3. 법원에 의한 통제

행정규칙은 항고소송의 대상인 처분이 아닐 뿐만 아니라, 법규가 아니어서 법원을 구속하는 재판기준(위법성 판단기준)이 되지도 않는다.

4. 헌법재판소에 의한 통제

헌법재판소법 제68조 제1항은 공권력의 행사 또는 불행사로 헌법상 보장된 기본권을 침해받은 자는 헌법재판소에 헌법소원심판을 청구할 수 있음을 규정하고 있으므로, 기본권을 직접 침해받은 사인은 행정규칙에 대해 헌법소원을 제기할 수 있다. 다만 국민의 기본권을 직접 침해하는 행정규칙만이 헌법소원의 대상이 될 수 있으므로, 외부적 효력을 가지는 행정규칙(181)이라야 헌법소원의 대상이 될 수 있을 것이다.

제3항 | 입법형식과 실질(내용)의 불일치

Ⅰ. 행정규칙형식의 법규명령(법령보충규칙)★★★ [08 사시] [08 5급] [10 5급] [15 변시] [16 법행] [22 변시]

1. 문제 상황

고시·훈령 등 행정규칙을 상위법령의 위임에 따라 제정하였다면 헌법 제75조·제95조와의 관계(헌법 제75조와 제95조는 법규명령의 형식을 대통령령, 총리령, 부령으로 규정하고 있다)에서 이러한 고시·훈령의 법적 성질이 무엇인지가 문제된다(예를 들어 법률에서 일정한 사항을 장관이 정하도록 규정하고 있는데 장관이 부령이 아니라 고시나 훈령으로 그 사항을 정한 경우).

2. 학 설

ⓐ 헌법 제75조·제95조의 법규명령의 형식은 예시적이기 때문에 상위법령을 보충·구체화하는 기능이 있는 고시 등은 법규명령이라는 견해, ⓑ 행정규칙이지만 대외적 구속력을 인정하는 규범구체화 행정규칙으로 보자는 견해, ⓒ 상위법령의 위임이 있다면 형식이 고시 등임에도 불구하고 법규명령으로 보는 수권 여부를 기준으로 하는 견해, ⓓ 고시 등에 법규성을 인정하는 것은 헌법 제75조·제95조에 비추어 볼 때 위헌무효라는 견해, ⓔ 헌

법 제75조·제95조가 법규명령의 형식을 한정하고 있으므로 그러한 고시 등은 행정규칙이라는 견해가 대립된다.

3. 판 례

㈎ 대법원은 '소득세법시행령의 위임에 따라 제정된 국세청훈령인 재산제세사무처리규정'의 법규성을 인정한 이래 행정규칙형식의 법규명령에 대해 그 성질을 법규명령으로 보면서 대외적 효력을 인정하고 있다(대판 1987.9.29. 86누484). 다만, ⓐ 상위법령의 위임(수권)이 있어야 하고, ⓑ 상위법령의 내용을 보충·구체화하는 기능을 가져야 한다고 본다. 또한 ⓒ 행정규칙형식의 법규명령도 법규명령이므로 상위법령의 위임의 한계를 벗어나지 않는다면, ⓓ 상위법령과 결합하여 대외적 효력이 인정된다고 본다[판례 1, 2].

㈏ 헌법재판소도 '공무원임용령(대통령령) 제35조의2의 위임에 따라 제정된 대우공무원선발에 관한 총무처 예규와 관련된 헌법소원사건'에서 대법원과 동일한 입장을 취하였다(헌재 1992.6.26. 91헌마25).

> 1. 건설교통부장관이 정한 '택지개발업무처리지침' 제11조가 법규명령의 효력을 가지는지 여부
>
> 구 택지개발촉진법(2007. 4. 20. 법률 제8384호로 개정되기 전의 것, 이하 같다) 제3조 제4항은 '건설교통부장관이 제1항 내지 제3항의 규정에 의하여 예정지구를 지정, 변경 또는 해제한 때에는 대통령령이 정하는 바에 따라 이를 고시하여야 한다'고, … 각 규정함에 따라, 건설교통부장관이 정한 택지개발업무처리지침(택지 58540-647, 1995. 8. 10. 제정, 이하 '이 사건 지침'이라 한다) 제11조(1999. 6. 24. 개정 이전에는 제7조에 해당한다) … 이와 같은 관계 법령의 내용, 형식 및 취지 등을 종합하면, 비록 이 사건 지침 제11조가 건설교통부장관의 지침형식으로 되어 있다 하더라도 이에 의한 토지이용에 관한 계획은 택지개발촉진법령의 위임에 따라 그 규정의 내용을 보충하면서 그와 결합하여 대외적인 구속력이 있는 법규명령으로서의 효력을 가지는 것으로 보아야 할 것이다(대판 2008.3.27. 2006두3742, 3759).
>
> 2. 건설교통부장관이 정한 '산업입지의 개발에 관한 통합지침'이 법규명령의 효력을 가지는지 여부
>
> 산업입지 및 개발에 관한 법률 제40조 제1항, 제3항, 산업입지 및 개발에 관한 법률 시행령 제45조 제1항의 위임에 따라 제정된 '산업입지의 개발에 관한 통합지침'(2008. 1. 4. 건설교통부 고시 제2007-662호, 환경부 고시 제2007-205호)의 내용, 형식 및 취지 등을 종합하면, '산업입지의 개발에 관한 통합지침'은 위 법령이 위임한 것에 따라 법령의 내용이 될 사항을 구체적으로 정한 것으로서 법령의 위임 한계를 벗어나지 않으므로, 그와 결합하여 대외적으로 구속력이 있는 법규명령의 효력을 가진다(대판 2011.9.8. 2009두23822).

4. 검 토

㈎ 형식은 행정규칙이지만 법규명령의 효력을 인정한다면 다양한 행정환경에 효율적으로 대응할 수 있어 행정규칙형식의 법규명령은 법규명령으로 보는 것이 타당하다.

㈏ 행정기본법 제2조 제1호 가목 3)은 법률 등의 위임을 받아 중앙행정기관의 장이 정

한 훈령·예규 및 고시 등 행정규칙을 '법령'의 하나로 정의하고 있기 때문에, 법규명령설을 입법화한 것으로 볼 수 있다.

II. 법규명령형식의 행정규칙(제재적 처분기준)★★★ [13 입시] [13 5급] [14 변시] [15 입시] [16 5급]

1. 문제 상황

영업정지나 면허취소기준 등의 제재적 처분기준(예: 1회 법위반 — 영업정지 1개월, 2회 법위반 — 영업정지 3개월)과 같은 행정내부적인 사항은 그 성질이 재량준칙(행정규칙(173))이기 때문에 고시나 훈령의 형식으로 규정되는 것이 정당한데 그러한 사항이 대통령령 등의 형식으로 규정된다면 그 법적 성질이 무엇인지가 문제된다.

2. 학 설

(1) 법규명령설

㈎ 제재적 처분기준의 형식은 대통령령 등이므로 법규명령으로 보아야 하고, 제재적 처분기준이 법규명령이라면 행정청은 그러한 처분기준에 따라 처분을 하게 되므로 법적 안정성 확보에 도움이 된다는 점을 근거로 한다.

㈏ 법규명령설도 ⓐ 처분기준을 기속적(한정적)으로 보는 견해(엄격한 대외적 구속력을 인정하는 견해)(제1설)(다수견해)와 ⓑ 처분기준을 최고한도로 보는 견해(최고한도로서의 구속력을 인정하는 견해)(제2설)로 나눌 수 있다(예를 들어 '1회 법위반 — 1개월 영업정지'라는 규정이 있다면 제1설은 1개월 영업정지처분만을 해야 한다는 입장인 반면, 제2설은 1개월을 넘지 않는 범위에서 영업정지처분을 할 수 있는 것으로 본다).

(2) 행정규칙설

제재적 처분기준은 재량준칙(행정규칙)으로 그 실질이 행정규칙이므로 법규명령의 형식으로 정한다고 하더라도 그 성질은 변하지 않으며, 제재적 처분기준을 행정규칙으로 보면 행정청은 재량적으로 처분할 수 있음을 규정한 법률에 따라 처분을 하게 되므로 구체적 타당성 확보가 가능하다는 점을 근거로 한다.

(3) 수권여부기준설

법규명령과 행정규칙의 구별은 상위 법령의 수권 여부로 결정되기에 법령의 수권에 근거하여 대통령령·총리령·부령 형식으로 정한 제재적 처분기준은 법규명령으로 보아야 한다는 견해이다(수권이 없는 경우 행정규칙으로 본다).

3. 판 례

㈎ 판례는 ① '대통령령으로 정한 제재적 처분기준'은 법규명령으로 본다. 다만 ⓐ 한 판결에서 '주택건설촉진법시행령상의 영업정지처분기준'은 영업정지기간을 일률적으로 규정하는 형식을 취하고 있기 때문에 재량의 여지가 없다고 하면서 처분기준을 기속적으로 보았으나(대판 1997.12.26. 97누15418)(학설로 보면 법규명령설 중 제1설), ⓑ 다른 판결에서는 '청소년보호법시행령상의 과징금처분기준'은 법규명령으로 보면서도 그 기준을 처분의 최

고한도로 보아야 한다고 판시하였다(대판 2001.3.9. 99두5207)(학설로 보면 법규명령설 중 제2설). ② 그러나 '부령으로 정한 제재적 처분기준'은 행정규칙으로 본다. 즉, 식품위생법시행규칙상의 행정처분기준은 행정기관 내부의 사무처리준칙을 규정한 것에 불과한 것으로 행정규칙의 성질을 가진다고 보았다(대판 2014.6.12. 2014두2157).

㈐ 판례는 제재적 처분기준을 대통령령으로 정하는 경우와 부령으로 정하는 경우 법규성 인정 여부를 달리하는 근거를 제시하지 않는다는 비판이 있다.

4. 검토

대부분의 입법이 개별적인 처분기준(예: 1회 법위반-1개월 영업정지) 외에 제재의 정도를 가감할 수 있는 가중·감경규정(일반기준)을 두고 있어 법규명령으로 보더라도 행정청은 개개 사안에 따라 탄력적인 처분을 할 수 있다는 점에서 법규명령설, 그 중 제1설이 타당하다. 법규명령설 중 제2설은 처분기준을 최고한도로 본다면 감경규정의 취지와도 모순된다.

제2절 　 행정계획

제1항 | 행정계획의 의의

　행정계획이란 특정한 행정목적을 달성하기 위하여 행정주체가 설정한 활동기준(수단)을 말한다(대판 2007.4.12. 2005두1893).

제2항 | 행정계획의 절차

　행정계획의 확정절차에 관한 일반법이나 통일적인 절차는 없다. 일반적으로 ⓐ 전문적인 지식을 도입하여 당해 계획의 합리성과 타당성을 확보하기 위한 절차, ⓑ 당해 행정계획과 관련되는 다른 행정작용과의 조정을 위한 절차, ⓒ 이해관계인의 권익보호를 위한 절차, ⓓ 주민참여를 위한 절차로 나눌 수 있다(박윤흔).

제3항 | 행정계획의 효과

　국민의 권리·의무와 직접 관련된 행정계획은 국민들에게 알려져야만 효력을 발생한다(고시(공람)).

제4항 | 행정계획과 권리구제

Ⅰ. 취소소송(취소소송에 한정하여 논한다)

1. 행정계획의 법적 성질(항고소송의 대상적격)★[09 사시] [10 5급] [22 입시]

(1) 학 설

　① 입법행위설(행정계획은 국민을 향한 일반·추상적인 규율이라는 견해이다), ② 행정행위설(행정계획이 고시나 공고되면 각종의 권리제한 등의 효과를 가져오기 때문에 행정행위라는 견해이다), ③ 혼합행위설(입법과 행정행위의 혼합이라는 견해이다), ④ 독자성설(입법도 아니고 행정행위도 아닌 이질적 유형이라는 견해이다), ⑤ 개별검토설(복수성질설)(행정계획은 그 내용에 따라 법규명령(입법)적인 것도 있고 행정행위에 해당하는 것도 있으므로 개별적으로 검토해 보아야 한다는 견해이다)(통설)이 대립된다.

(2) 판 례

　판례는 ⓐ 도시관리계획결정(현행 도시·군 관리계획결정)(2250)의 처분성은 긍정한 반면(대판 1982.3.9. 80누105), ⓑ 도시기본계획(현행 도시·군 기본계획)(2249)의 처분성을 부정한 바 있다(대판 2002.10.11. 2000두8226). ⓒ 또한 재건축조합이 도시 및 주거환경정비법에 따라 수립하는 사업시행계획(대결 2009.11.2. 2009마596)(2245h1)과 관리처분계획(2245l)은 항고소송의 대상인 처분으로 본다(대판(전원) 2009.9.17. 2007다2428). 결국 판례도 행정계획의 법적 성질을 개별적으로 판단한다.

(3) 검 토

210 행정계획은 종류와 내용이 매우 다양하고 상이한바, 모든 종류의 계획에 적합한 하나의 법적 성격을 부여한다는 것은 불가능하다. 따라서 행정계획은 법규범으로 나타날 수도 있고, 행정행위로 나타날 수도 있고 단순한 사실행위로 나타날 수도 있는 것이므로 계획의 법적 성질은 개별적으로 검토되어야 한다(개별검토설).

2. 행정계획의 위법성★★[09 사시]

(1) 계획재량의 의의

211 계획재량이란 행정주체가 계획법률에 따라 계획을 책정함에 있어 갖는 광범위한 형성의 자유를 말한다.

(2) 재량행위와의 구별

212 다수설은 재량행위의 규범구조는 요건과 효과 부분으로 구성되나 계획재량은 목적과 수단의 형식으로 구성되어 규범구조가 다르며, 재량행위를 통제하는 대표적인 수단은 비례원칙이지만, 계획재량을 통제하는 수단은 비례원칙과는 다른 특수한 원리(213)라고 본다(질적차이 긍정설).

(3) 계획재량의 한계

213 ㈎ ① 행정계획의 목적은 근거법에 부합해야 하며, ② 행정계획은 그 목적실현에 필요한 수단이어야 하며, ③ 행정계획이 목적실현에 필요한 수단이라고 하더라도 전체로서 계획관련자 모두의 이익을 정당하게 형량하여야 한다(공익 상호 간, 사익 상호 간 및 공익과 사익 상호 간의 정당한 이익의 형량 = 형량명령의 준수).

㈏ 특히 형량명령의 준수는 ⓐ 비교·형량하여야 할 관련이익(관련공익과 사익)의 조사[조사단계], ⓑ 관련이익의 중요도에 따른 평가[평가단계], ⓒ 협의의 비교형량[비교·형량단계]의 3단계에 걸쳐 행해진다(김동희). 만일 이러한 형량명령에 위반한다면 해당 행정계획은 위법한 것이 된다(형량명령의 위반 = 형량하자).

㈐ 학설은 이처럼 형량하자가 있는 경우를 ⓐ 형량이 전혀 없던 경우(형량의 해태), ⓑ 형량에서 반드시 고려되어야 할 특정이익이 고려되지 않은 경우(형량의 흠결), ⓒ 관련된 공익 또는 사익의 의미(가치, 내용)를 잘못 평가한 경우, ⓓ 공익과 사익 사이의 이익형량이 정당하지 않은 것으로 판단되는 경우(오형량)로 나누고 있다(대판 2007.4.12. 2005두1893)(원지동 추모공원 사건).

㈑ 행정기본법도 행정청은 행정청이 수립하는 계획 중 국민의 권리·의무에 직접 영향을 미치는 계획을 수립하거나 변경·폐지할 때에는 관련된 여러 이익을 정당하게 형량하여야 한다고 규정한다(행정기본법 제40조의4).

> [참고] 목적 - 수단의 형식
> 국토의 계획 및 이용에 관한 법률 제38조(개발제한구역의 지정) ① 국토교통부장관은 도시의 무질서한 확산을 방지하고 도시주변의 자연환경을 보전하여 도시민의 건전한 생활환경을 확보하기 위하여 도시의 개발을 제한할 필요가 있거나 국방부장관의 요청이 있어 보안상 도시의 개발을 제한할 필요가 있다고 인정되면 개발제한구역의 지정 또는 변경을 도시·군관리계획으로 결정할 수 있다.

Ⅱ. 계획보장청구권의 문제

1. 의의

계획보장청구권이란 행정계획의 폐지나 변경 등의 경우에 당사자가 신뢰보호를 위해 주장할 수 있는 다양한 권리를 포괄하는 개념을 말한다(다수설).

2. 내용

(1) 계획존속청구권

㈎ 계획존속청구권이란 행정계획의 변경이나 폐지시에 계획의 존속을 청구할 수 있는 사인의 권리를 말한다. 그러나 이 권리는 일반적으로 인정되기 어렵다. 왜냐하면 행정청의 의무(계획존속의무)가 인정되기 어렵고, 사인의 신뢰보호에 비해 행정계획의 변경 내지 폐지가 갖는 공익적 측면이 더욱 중요하기 때문에 사익보호성도 긍정되기 어렵기 때문이다. ㈏ 다만, 계획인 법률 등을 변경하려하거나 계획인 행정행위를 취소(철회)하려는 경우, 기존 계획(기존의 법령이나 행정행위 형식의 계획)의 존속에 대한 당사자의 신뢰가 공적인 이해관계보다 우월하다면 신뢰보호원칙의 제한을 받아 행정청은 계획(법령 또는 행정행위)의 변경이나 취소를 할 수 없기에 예외적으로 계획존속청구권이 성립될 수 있다(41, 47).

(2) 계획집행(이행, 준수)청구권

계획집행청구권이란 행정계획을 수립한 후 이를 집행하지 않는 경우 집행할 것을 요구할 수 있는 권리 또는 행정계획과 상이한 방향으로 계획이 집행되는 경우에 계획을 따를 것을 요구할 수 있는 권리를 말한다. 이 권리도 행정청의 의무와 사익보호성이 긍정되기 어려워 일반적으로는 인정되지는 않는다.

(3) 경과조치(적응지원)청구권

경과조치청구권이란 계획의 존속을 신뢰하여 일정한 행위를 한 자가 행정계획의 변경·폐지로 입게 될 불이익을 방지하기 위해서 행정청에 대하여 경과조치(예: 기간의 연장, 보조금의 지급)를 청구할 수 있는 권리를 말한다. 이러한 권리 역시 법령에 근거가 없는 한 일반적으로 인정되지 않는다.

(4) 손실보상청구권

손실보상청구권이란 계획의 변경·폐지로 특별한 희생을 받은 사인이 손실보상을 청구할 권리를 말한다. 따라서 공공의 필요에 따른 특별한 희생이 있다면 사인은 손실보상을 청구할 수 있다(학설 대립).

제3절 행정행위

제1항 | 행정행위의 개념

Ⅰ. 행정행위의 의의

220 각종 법령에 규정되어 있는 허가·인가·면허·특허·확인·면제 등 용어들의 공통된 성질을 포괄하는 학문상의 용어가 행정행위이다. 즉 '행정행위'란 행정청이 행하는 구체적 사실에 대한 법집행으로서 행하는 권력적 단독행위로서 법적행위를 말한다.

Ⅱ. 행정행위의 개념 요소

1. 행정청의 행위

221 행정행위는 행정청의 행위이다. 행정청이란 행정주체의 의사를 외부적으로 결정·표시할 수 있는 권한을 가진 기관을 말한다.

2. 구체적 사실에 대한 행위

222 '구체적'이란 특정사건을 규율하는 것을 말한다(후술하는 쟁점 참조(225a)).

3. 법집행행위

223 입법행위가 아니라 성립된 공법을 집행하는 행위이다(도로교통법은 법이며, 도로교통법에 근거하여 운전면허를 취소한 경우 운전면허취소는 도로교통법의 집행행위로 행정행위다).

4. 권력적 단독행위

224 행정행위는 일방적으로 국민의 권리·의무 기타 법적 지위를 결정하는 권력적 단독행위이다.

5. 법적 행위

225 행정행위는 사실행위가 아니고 법적 행위이다. 법적 행위란 외부적(행정조직 내부의 행위가 아닌 국민과의 관계)이며 직접적인 법적 효과(권리·의무와 직접 관련된 행위)를 가져오는 행위를 말한다(자세한 내용은 취소소송의 대상적격 참조(1144 이하)).

쟁점 — 행정행위와 법규범의 구별★

225a

규율사건 \ 수범자(관련자)의 범위	개별적 (수범자의 특정)	일반적 (수범자의 불특정)
구체적(특정사건(특정한 시간과 공간)을 규율)	행정행위	행정행위(일반처분)
추상적(무제한적으로 반복적용되고, 공간적으로 한정안됨)	행정행위(다수설)	법규범

Ⅲ. 일반처분(특수한 행정행위)★★

1. 의 의

일반처분이란 관련자의 인적 범위는 일반적이나 규율하는 사건은 구체적인 행정의 행위형식을 말한다. 따라서 규율대상이 구체적이라는 점에서 규범(입법)과 구분된다.

2. 법적 성질

일반처분을 행정행위의 한 유형으로 보는 것이 통설이다. 판례는 지방경찰청장의 횡단보도설치행위(일반처분)는 보행자의 통행방법을 규제하는 것으로 국민의 권리·의무에 직접 관계가 있는 행위라고 하면서 항고소송의 대상인 처분으로 보았다(대판 2000.10.27. 98두8964).

> **구 청소년보호법에 따른 청소년유해매체물 결정·고시의 법적 성격**
>
> 구 청소년보호법에 따른 청소년유해매체물 결정 및 고시처분은 당해 유해매체물의 소유자 등 특정인만을 대상으로 한 행정처분이 아니라 일반 불특정 다수인을 상대방으로 하여 일률적으로 표시의무, 포장의무, 청소년에 대한 판매·대여 등의 금지의무 등 각종 의무를 발생시키는 행정처분이다(대판 2007.6.14. 2004두619).

3. 종 류

(1) 인적 일반처분

인적 일반처분이란 규율하는 대상은 특정 사건이지만, (사후에는 인적 범위가 특정될 수 있다고 하더라도) 행정행위의 발령당시에 인적 범위가 특정되어 있지 않은 사람에 대한 처분을 말한다(예: A지역에서 예정된 집회의 금지명령).

(2) 물적 일반처분

물적 일반처분이란 물건의 성질이나 상태를 규율하는 처분을 말한다(예: 주차금지구역지정처분). 이는 인적 범위가 한정되지 않는다는 점에서 일반처분의 성질을 가진다(류지태·박종수). 물적 일반처분이 특정 물건의 성질이나 상태를 규율대상으로 한다고 할지라도 해당 물건의 소유자나 점유자·이용자의 권리·의무에 영향을 미치기 때문에 소유자 등 이해관계인은 물적 일반처분을 항고소송 등으로 다툴 수 있다.

> **[참고] 수익적·침익적·복효적 행정행위**
>
> 수익적 행정행위란 그 행위의 효과가 권리(이익)를 부여하거나 의무를 면제(축소)하는 것을 내용으로 하는 행위를 말하고, 침익적 행정행위란 그 행위의 효과가 권리(이익)를 제한하거나 의무를 부여하는 것을 내용으로 하는 행위를 말하며, 복효적 행정행위(제3자효 있는 행정행위)란 수익적인 것과 침익적인 것의 이중적인 효과를 가진 행위(행정청이 갑에게 연탄공장을 허가한 경우 이 허가는 갑에게는 수익적이지만 갑과 이웃하는 을에게는 침익적이다)를 말한다.

제2항 | 불확정개념과 판단여지, 기속행위와 재량행위

Ⅰ. 불확정개념과 판단여지(법률요건의 문제)

1. 불확정개념의 의의

238   불확정개념이란 공공의 복지·공적 질서·위험 등 처럼 의미가 다의적으로 사용되는 개념을 말한다. 이러한 개념들은 주로 법률의 '요건'에 규정되어 있다.

2. 불확정개념에 대한 사법심사

239   불확정개념의 해석·적용은 특정한 사실이 법률요건에 해당하는가 여부에 대한 문제로 법적 판단이기 때문에 원칙적으로 사법심사의 대상이 된다(아래 참고①). 그러나 예외적으로 불확정개념을 해석·적용함에 있어서 사법심사가 불가능한 영역이 있어 문제된다(아래 참고②).

239a
> [참고] 불확정개념의 해석·적용과 판단여지
> ① 경찰관직무집행법 제4조 제1항은 "경찰관은 수상한 행동이나 그 밖의 주위 사정을 합리적으로 판단해 볼 때 다음 각 호의 어느 하나에 해당하는 것이 명백하고 응급구호가 필요하다고 믿을 만한 상당한 이유가 있는 사람을 발견하였을 때에는 보건의료기관이나 공공구호기관에 긴급구호를 요청하거나 경찰관서에 보호하는 등 적절한 조치를 할 수 있다"고 규정하는데, 만일 경찰관이 겨울철에 길에 쓰러져 있는 취객을 발견한 경우 '경찰관이 취객을 발견'한 '사실'이 경찰관직무집행법 제4조 제1항의 요건인 '다음 각 호의 어느 하나에 해당하는 것이 명백하고 응급구호가 필요하다고 믿을 만한 상당한 이유가 있는 사람을 발견하였을 때'라는 '법률요건'에 해당하는지를 판단하는 것이 불확정개념의 해석·적용의 문제(요건해당성에 대한 판단)이다. 따라서 이 점이 재판에서 쟁점이 된다면 법원은 요건해당성 여부를 심사할 수 있다.
> ② 그러나 법률에서 "심사위원은 연주능력이 우수한 자 중 단원을 선발할 수 있다"고 규정한다면, 일정한 자의 연주행위가 '연주능력이 우수한 자'에 해당하는지는 심사위원만이 판단할 수 있다. 따라서 이 점이 재판에서 쟁점이 된다고 하더라도 법원은 요건해당성 여부를 심사할 수 없다. 이처럼 행정청(심사위원)에게 인정되는 자유영역을 판단여지라고 한다.

3. 판단여지★[10 5급]

(1) 판단여지의 의의

240   판단여지란 불확정개념과 관련하여 사법심사가 불가능하거나, 가능하지만 행정청의 자유영역을 인정하는 것이 타당한 영역을 말한다(행정청에게 판단여지가 인정될 수 있다는 견해가 판단여지설이다).

(2) 판단여지의 근거

240a   일정한 경우 불확정개념에 대해서 하나의 정당한 결정만이 존재하는 것은 아니며(판단여지 영역에서는 다수의 정당한 결정이 존재할 수 있다. 전술한 [참고(239a)]의 ②에서 심사위원이 여러 명이어서 그 결과가 상이하더라도 그 다른 결정들은 판단여지 일탈이 없는 한 모두 정당한 것이지 그 가운데 하나만 정당한 것은 아니다. 따라서 사법심사는 불가능하다), 대체불가능한

결정이 존재할 수 있다는 점이 판단여지의 인정근거이다.

(3) 판단여지의 인정 여부

1) 학 설

ⓐ 판단여지는 외부의 사실(102a)이 법률요건에 해당하는가를 행정기관이 인식(포섭)하는 문제이고, 재량은 외부의 사실이 법률요건에 해당함을 전제로 행정기관이 어떤 법률효과를 선택(결정)할 것인지 내적으로 결정하는 문제라는 점에서 판단여지와 재량을 구별하는 견해(다수견해)와 ⓑ 판단여지와 재량은 사법심사의 배제라는 면에서 실질적 차이가 없으며, 재량은 입법자에 의해 법률요건의 측면에서도 존재할 수 있음을 근거로 구별을 부정하는 견해로 나뉜다.

2) 판 례

판례는 공무원임용면접전형, 감정평가사시험의 합격기준, 사법시험출제, 교과서검정처분등을 재량의 문제로 보고 있어 판단여지와 재량을 구별하지 않는다[판례 1, 2].

1. 토지형질변경허가요건의 재량성

법 ··· 규정에 의한 토지의 형질변경허가는 그 금지요건이 불확정개념으로 규정되어 있어 그 금지요건에 해당하는지 여부를 판단함에 있어서 행정청에게 재량권이 부여되어 있다고 할 것이므로, 같은 법에 의하여 지정된 도시지역 안에서 토지의 형질변경행위를 수반하는 건축허가는 결국 재량행위에 속한다(대판 2005.7.14. 2004두6181).

2. 공무원 임용에서 임용신청자의 능력이나 적격성 등에 관한 판단의 재량성

공무원 임용을 위한 면접전형에서 임용신청자의 능력이나 적격성 등에 관한 판단은 면접위원의 고도의 교양과 학식, 경험에 기초한 자율적 판단에 의존하는 것으로서 오로지 면접위원의 자유재량에 속하고, 그와 같은 판단이 현저하게 재량권을 일탈·남용하지 아니한 한 이를 위법하다고 할 수 없다 할 것이다(대판 2008.12.24. 2008두8970).

3) 검 토

기본권보호를 목적으로 하는 법치주의 원칙상 법률요건의 충족에 대한 판단은 객관적으로 예견가능한 것이어야 하므로, 요건해당성 판단에 있어 행정청에게 재량(선택권)을 부여할 수는 없다(전술한 [참고(239a)]의 ②의 법률에서 '연주능력이 우수한 자'라는 법률요건은 객관적으로 예견가능한 범위가 있어야 한다. 다만, 단원으로 선발 여부는 재량이므로 연주능력이 우수한 자임에도 일정한 공익적 사정으로 선발하지 않을 수 있는데 이는 요건의 문제가 아니라 효과선택(재량)의 문제 — 단원을 선발할 수 있다 — 이다(후술하는 기속행위와 재량행위 참조(247))). 따라서 구별하는 견해가 타당하다.

(4) 판단여지의 적용영역

일반적 견해는 ⓐ 비대체적 결정영역(시험합격여부결정, 상급공무원에 의한 인사고과 및 승진결정과 같이 사람의 인격·적성·능력 등에 관한 판단과 관련하여 대체할 수 없는 결정을 말한다),

ⓑ 구속적 가치평가영역(구속적 가치평가란 예술·문화 등의 분야에 있어 어떤 물건이나 작품의 가치 또는 유해성 등에 대한 전문성·중립성을 가진 합의제 기관의 판단을 말한다. 예: 문화재의 지정, 청소년 유해도서 판정), ⓒ 예측적 결정영역(예측결정)(환경법 및 경제행정법분야 등에서 미래예측적 성질을 가진 행정결정을 말한다), ⓓ 행정정책적인 결정영역(형성적 결정)(전쟁무기의 생산 및 수출 등의 외교정책, 자금지원대상업체의 결정과 같은 경제정책, 기타 사회정책 및 교통환경 등 행정정책적인 결정들에 대한 판단을 말한다) 등에 판단여지가 인정된다고 본다.

(5) 판단여지의 한계

판단여지가 존재하는 경우에도 ① 판단기관이 적법하게 구성되었는지 여부, ② 절차규정 준수 여부, ③ 정당한 사실관계에서의 판단 여부, ④ 일반적으로 승인된 평가척도(행정법의 일반원칙 준수 여부)위반 여부 등은 사법심사의 대상이 될 수 있다. 다만 이러한 한계를 준수하였다고 하면 행정청의 판단을 존중하여 법원은 사법심사를 할 수 없다.

Ⅱ. 기속행위와 재량행위(법률효과의 문제)

1. 기속행위

기속행위란 법령상 요건이 충족되면 행정기관이 반드시 어떠한 행위를 하거나 하지 말아야 하는 행정행위를 말한다.

2. 재량행위

(1) 의 의

재량행위란 법령상 요건이 충족되더라도 행정기관이 효과를 선택할 수 있는 행정행위를 말한다(예를 들어 도로점용허가 여부가 재량이라면 사인이 요건을 충족하여 도로점용허가를 신청하더라도 행정청은 거부할 수 있다).

(2) 재량의 유형

행정청이 어떠한 행위를 할 것인가 아니할 것인가에 대한 재량(결정재량. 예: 건축법 제11조 ④ 허가권자는 다음 각호의 어느 하나에 해당하는 경우에는 … 건축허가를 하지 아니할 수 있다)과 선택 가능한 여러 행위 중 어떠한 것을 할 것인가에 대한 재량(선택재량. 예: 국가공무원법 제79조 징계는 파면·해임·강등·정직·감봉·견책으로 구분한다) 두 가지가 있다.

(3) 영으로의 재량 수축

'영으로의 재량 수축'이란 재량행위임에도 일정한 경우 행정청이 하나의 결정만 해야 하는 경우를 말한다. 따라서 이런 경우 재량행위임에도 기속행위와 같은 결과가 된다(예를 들어 경찰관직무집행법 제4조 제1항은 "경찰관은 … 다음 각 호의 어느 하나에 해당하는 것이 명백하고 응급구호가 필요하다고 믿을 만한 상당한 이유가 있는 사람을 발견하였을 때에는 보건의료기관이나 공공구호기관에 긴급구호를 요청하거나 경찰관서에 보호하는 등 적절한 조치를 할 수 있다"고 하여 경찰관의 보호조치 여부가 재량으로 규정되어 있지만, 겨울철에 취객이 도로에 쓰러져 있다면 재량은 영으로 수축되어 경찰관은 반드시 적절한 보호조치를 취하여야 한다. 그럼에도 적절한 보초조치를 취하지 않으면 이러한 경찰작용은 위법한 것이 된다).

3. 재량행위와 기속행위의 구별기준★

재량행위와 기속행위의 구별기준에 관한 학설의 대립은 법령상 표현이 불분명한 경우에만 문제된다(예: 도로법 제61조 ① 공작물·물건, 그 밖의 시설을 신설·개축·변경 또는 제거하거나 그 밖의 사유로 도로를 점용하려는 자는 도로관리청의 허가를 받아야 한다).

(1) 학 설

재량행위와 기속행위의 구별기준에 대해 ⓐ 효과재량설(침익적 행위는 기속행위이고, 수익적 행위는 법규상 또는 해석상 특별한 기속이 없는 한 재량행위, 국민의 권리·의무와 관련없는 행위도 재량행위라는 견해이다), ⓑ 종합설(법령의 규정방식, 그 취지·목적, 행정행위의 성질 등을 함께 고려하여 구체적인 사안마다 개별적으로 판단하여야 한다는 견해이다), ⓒ 기본권기준설('기본권의 최대한 보장'이라는 헌법상 명령과 행정행위의 '공익성'을 재량행위와 기속행위의 구분기준으로 하여야 하며 따라서 기본권의 보장이 보다 강하게 요청되는 경우에는 사인의 기본권 실현에 유리하게 판단하고, 공익실현이 보다 강하게 요청되는 경우에는 공익실현에 유익하도록 판단하여야 한다는 견해이다) 등이 대립한다.

(2) 판 례

판례는 ① 관련법령에 대한 종합적인 판단을 전제로 하면서(대판 2001.2.9. 98두17593), ② 효과재량설을 기준으로 활용하거나(대판 2011.1.27. 2010두23033), ③ 공익성을 구별기준으로 활용한다.

(3) 검 토

재량행위와 기속행위의 구별은 하나의 단일한 기준보다는 ① 해당 행위의 근거가 되는 법령의 규정에 대한 검토(종합설) 및 ② 그 행위가 수익적인지 침익적인지(효과재량설) ③ 그리고 헌법상의 기본권 및 공익성을 모두 고려하여 판단해야 한다. 따라서 판례의 입장이 타당하다.

4. 재량하자

재량하자란 행정기관이 재량의 목적과 한계를 벗어나게 재량권을 행사하는 경우를 말한다. 재량하자에는 재량권의 일탈(법령상 주어진 재량의 한계를 벗어나게 재량을 행사하는 경우를 말한다. 예: 법령에서 500만 원 이하의 과태료라고 되어 있는데 1,000만 원의 과태료를 부과하는 경우), 재량권의 남용(법령상 주어진 재량권의 범위 내에서 재량권이 행사되었으나 행정의 자기구속이나 비례원칙에 반하여 재량을 행사하는 경우를 말한다. 예: 법령에서 500만 원 이하의 과태료라고 되어 있는데 동일한 사안임에도 갑에게는 300만 원, 을에게는 500만 원의 과태료를 부과한 경우), 재량권의 불행사가 있다(행정소송법 제27조 참조).

제3항 | 행정행위의 분류

255 행정행위는 법률관계의 발생원인에 따라 법률행위적 행정행위와 준법률행위적 행정행위가 있다. 법률행위적 행정행위란 행정청의 의사표시로 법적 효과가 발생하는 행정행위를 말하며, 준법률행위적 행정행위란 행정청의 의사표시가 아니라 의사표시 이외의 정신작용(판단 내지 인식)의 표시에 대해 법률에서 일정한 법적 효과(권리나 의무에 변동을 가져오는 효과)를 부여한 결과 행정행위의 개념요소를 구비하게 되는 행위를 말한다(289 이하). 둘다 행정행위이므로 항고소송의 대상인 처분이라는 점에서는 같다.

제1목 법률행위적 행정행위

256 법률행위적 행정행위는 법률관계의 내용에 따라 명령적 행위와 형성적 행위로 나눌 수 있다. 전자에는 하명, 허가, 면제 등이 있고, 후자에는 특허, 인가, 공법상 대리, 변경행위·탈권행위 등이 있다.

제1 명령적 행위

257 명령적 행위란 행정청의 의사표시로 사인의 자유를 제한(하명)하거나 그 제한을 해제하는 행위(허가, 면제)를 말한다.

Ⅰ. 하 명

258 하명이란 작위·부작위·수인·급부 등의 의무를 명하는 행정행위를 말한다(예: 철거명령, 소음금지명령, 과세처분).

Ⅱ. 허 가

1. 허가의 의의

259 허가란 위험의 방지(=경찰=질서유지)를 목적으로 금지하였던 바를 해제하여 개인의 자유권을 회복시켜 주는 행위를 말한다(금지에는 폐수배출금지처럼 절대적인 금지와 허가받지 않은 건축행위의 금지처럼 상대적인 금지가 있다. 건축허가는 상대적 금지를 해제하는 행위이다). 여기서 말하는 허가는 학문(강학)상 용어이므로 특정한 행위가 허가인지의 여부는 법령상 표현에 관계없이 관계법령의 규정내용과 규정취지에 비추어 판단하여야 한다(예를 들어 도로교통법은 운전'면허'라고 하지만 이 '면허'는 학문상 허가이다. 이하에서 모든 허가는 실정법상의 표현에 상관없이 학문상의 허가를 말한다(특허나 인가도 마찬가지다)).

2. 허가의 법적 근거

> [참고] 아래의 논의는 허가뿐만 아니라 특허·인가·수리를 요하는 신고에서 수리 등 행정행위에 공통되는 논의이다.

(1) 법령의 개정과 허가의 근거법[09 5급]

허가신청 후 허가 전에 법령의 개정으로 허가기준의 변경이 있으면 허가는 원칙적으로 변경된 개정법령에 따라야 한다(행정기본법 제14조 제2항 참조). ① 다만, 이 경우 허가관청이 허가신청을 접수하고도 정당한 이유 없이 그 처리를 늦추어 그 사이에 허가기준이 변경된 후, 변경된 허가기준에 따라 거부처분을 하였다면 위법한 처분이 된다(대판 2006.8.25. 2004두2974). ② 그리고 만일 신청 시와 처분 시에 허가기준이 변경되어 사인의 허가신청이 거부된 경우 사인은 신뢰보호원칙을 주장할 수 있다(대판 2005.7.29. 2003두3550).

(2) 법령에 근거 없는 허가거부(공익상의 필요에 따른 허가거부)의 가능성★★★[08 사시] [12 사시] [12 5급] [16 법행] [18 5급] [20 입시]

1) 문제 상황

사인이 허가 등의 모든 요건을 구비하여 신청하였음에도 행정청은 법령에 근거 없는 사유(예를 들어 공익상의 필요, 보건상의 필요)를 들어 사인이 신청한 허가 등을 거부할 수 있는지가 행정의 법률적합성과 관련해 문제가 된다.

2) 각 행정행위에 따른 해결

a. 기속행위인 경우: 기속행위에 있어서는 법령상의 요건 외의 이유로 처분을 거부하는 것은 그것이 공익상의 이유라고 하더라도, 행정의 법률적합성의 원칙(법률유보)에 반하므로 위법한 처분이 된다. 판례도 기속행위에 있어서는 법령에 정한 사유 외의 사유로 거부처분을 할 수 없다고 판시하고 있다(요건을 갖춘 자에 대한 허가를 관계 법령에서 정하는 제한사유 이외의 사유를 들어 거부할 수는 없다(대판 2006.11.9. 2006두1227)).

b. 재량행위인 경우: ㈎ 재량행위라면 공익상의 필요에 따른 허가거부는 법률유보원칙에 위반되는 것이 아니다. 왜냐하면 재량행위란 법령상 요건이 충족되더라도 행정청은 거부처분을 할 수 있고, 이 경우 '공익상의 필요에 따른 허가거부'는 재량행사에서 고려했던 사정을 신청자에게 제시한 것에 불과하기 때문이다.

㈏ 판례도 재량행위의 성격을 갖는 산림형질변경허가와 관련하여 「허가관청은 … 중대한 공익상 필요가 있다고 인정될 때에는 허가를 거부할 수 있고, 그 경우 법규에 명문의 근거가 없더라도 거부처분을 할 수 있는 것(대판 1997.8.29. 96누15213)」이라고 판시하고 있다.

㈐ 다만, 재량행위는 법령상 요건이 충족되더라도 행정청은 거부처분을 할 수 있다는 것이며, 그 거부처분이 항상 적법하다는 것은 아니다. 즉, 이 경우에도 거부처분은 행정법의 일반원칙에 위반되지 않아야 하며, 위반된다면 위법한 거부처분이 된다.

c. 기속재량행위의 경우: ㈎ 학설은 기속재량행위의 개념을 부정하는 것이 다수설이지만, 판례는 일부판결에서 기속재량행위의 개념(법리)을 인정하고 있다. 즉, 해당 행위를 원칙상 기속행위로 보면서도 예외적으로 중대한 공익상의 필요가 있는 경우에는 이를 재량행위(=기속재량행위)로 보고 법령상 요건을 모두 구비한 신청에 대해서도 공익상의

필요가 있으면 이를 거부할 수 있음을 인정하는 입장이다.

(내) 판례는 「주유소등록신청을 받은 행정청은 … 그 신청이 법정등록 요건에 합치되는 경우에는 특별한 사정이 없는 한 이를 수리하여야 하고, 관계 법령에서 정하는 제한사유 이외의 사유를 들어 등록을 거부할 수는 없는 것이나, 심사결과 관계 법령상의 제한 이외의 중대한 공익상 필요가 있는 경우에는 그 수리를 거부할 수 있다(대판 1998.9.25. 98두7503)」고 하여 주유소등록처분을 기속행위로 보면서도 중대한 공익상 필요가 있는 경우 수리를 거부할 수 있다고 하여 기속재량행위의 개념을 인정하고 있다.

3. 허가의 종류

263   허가는 그 대상에 따라 ① 대인적 허가(허가요건이 특정인의 능력·기술 같은 인적인 사항인 경우, 예: 운전면허), ② 대물적 허가(허가요건이 물적인 사항인 경우, 예: 건축허가), ③ 혼합적 허가(예: 유흥주점영업허가)로 구분된다. 이 구분은 허가대상의 양도성과 관련하여 실익이 있다(이 논의는 허가에만 한정되는 것이 아니라 모든 행정행위에 공통된 것이다). 즉 일반적으로 대인적 허가의 경우는 양도성이 부정되고, 대물적 허가의 경우에는 인정되나, 혼합적 허가의 경우에는 부정되는 경우도 있고 인정되는 경우도 있다.

4. 허가의 성질

(1) 재량행위·기속행위

264   전통적 견해는 허가는 특별히 권리를 설정하여 주는 것이 아니라 위험방지의 목적을 위해서 제한되었던 자유를 회복시켜 주는 것이므로, 법령에 특별한 규정이 없는 한 기속행위의 성질을 갖는다고 한다.

(2) 명령적 행위·형성적 행위

265   전통적 견해와 판례는 허가를 명령적 행위라고 한다.

5. 무허가 행위

267   허가를 요하는 행위임에도 무허가로 행위하면 일반적으로 행정상 강제집행(무허가건축물에 대한 철거) 또는 행정벌(벌금·과태료 등)이 가해진다. 따라서 무허가행위는 처벌의 대상이 된다(처벌요건).

6. 허가의 갱신(기간연장)★

268   (1) 갱신 전 법위반사실을 근거로 갱신 후 허가를 취소할 수 있는지 여부

갱신 전·후의 허가는 별개가 아니라 하나의 허가이다. 따라서 갱신이 있은 후에도 갱신 전의 법위반 사실을 근거로 허가를 취소할 수 있다(대판 1982.7.27. 81누174).

269   (2) 갱신이 거부된 경우 종전허가의 효력소멸 시기

허가 기간 만료 전에 갱신신청을 하였으나 기간 만료 이후에 갱신이 거부된 경우, 상대방의 이익보호를 위해 원칙상 갱신의 거부는 장래를 향해서만 허가의 효력을 소멸시킨다고 보아야 한다. 따라서 기간 만료 후 갱신이 거부되기까지는 허가상태라고 보아야

한다.

(3) 종전허가기한이 부당하게 짧은 경우

① 허가에 기간이 정해진 경우 기간의 경과로 그 허가의 효력은 소멸된다(통설, 판례). 그러나 허가에 붙은 기한이 그 허가된 사업의 성질상 부당하게 짧은 경우에는 그 기한을 허가의 존속기간이 아니라 그 허가조건의 존속기간으로 보는 것이 판례의 입장이다(대판 2004.3.25. 2003두12837). 허가조건의 존속기간으로 본다는 것은 그 기간의 경과로도 허가의 효력이 소멸되지 않는다는 의미이다. ② 다만 허가기한이 부당히 짧다고 하더라도 그 기한을 허가조건의 존속기간으로 보려면 당사자의 연장신청이 있어야 한다고 한다(대판 2007.10.11. 2005두12404).

7. 예외적 허가★★ [13 사시] [14 입시]

① 예외적 허가(예외적 승인)는 사회적으로 유해하거나 바람직하지 않은 행위를 예외적으로 허가(승인)하는 것을 말한다. 허가는 일반적으로 해제가 예정되어 있는 금지를 해제(허가)하는 것을 말하고, 예외적 허가는 일반적으로는 금지이지만 예외적인 경우 이를 해제하는 경우를 말한다. ② 그리고 예외적 허가는 공익목적이 강하므로 일반적으로 재량행위다.

> [참고] 예외적 허가의 예
> 개발제한구역의 지정 및 관리에 관한 특별조치법 제12조(개발제한구역에서의 행위제한) ① <u>개발제한구역에서는</u> 건축물의 건축 및 용도변경, 공작물의 설치, 토지의 형질변경, 죽목(竹木)의 벌채, 토지의 분할, 물건을 쌓아놓는 행위 또는 「국토의 계획 및 이용에 관한 법률」제2조 제11호에 따른 도시·군계획사업의 <u>시행을 할 수 없다.</u> 다만, 다음 각 호의 어느 하나에 해당하는 행위를 하려는 자는 <u>특별자치시장·특별자치도지사·시장·군수 또는 구청장의 허가를 받아 그 행위를 할 수 있다.</u>

쟁점 — 영업의 양도와 공법상 지위(특히 공법상 의무)의 승계

> [참고] 이 쟁점은 승계인이 허가를 받은 경우에만 적용되는 것은 아니며, 신고나 특허 등을 받은 경우에도 동일한 법리가 적용된다. 다만 허가가 대표적인 예가 될 수 있는바 여기에서 일괄하여 서술한다. 그리고 '제재사유의 승계'나 '제재처분의 승계'에 관한 명문의 규정이 있으면 승계가 인정된다는 것이 일반적인 견해이다.

1. 의의

영업허가 등을 받은 영업자가 양도·상속·법인의 합병 등의 방법(대표적으로는 양도)에 의하여 해당 영업을 승계한 경우 종전 영업자의 지위를 승계한 제3자가 당초 영업자의 지위(특히 공법상 의무)를 승계하는지가 문제된다.

2. 영업의 양도와 제재사유의 승계★★★[09 5급] [16 5급] [17 사시] [19 입시]

(1) 문제점

273d
예를 들어 허가영업양도 후 영업양도 전에 있었던 양도인의 법위반행위(제재사유)를 이유로 양수인에 대해 제재처분을 발령할 수 있는지가 문제된다(예를 들어 석유판매업허가를 받은 갑(양도인)이 유사석유를 판매하였다는 법위반행위로 행정청의 단속을 받은 후 해당 주유소를 을(양수인)에게 양도한 경우 행정청은 갑의 법위반행위를 이유로 을에게 석유판매업허가취소처분을 발령할 수 있는지의 문제이다). 즉 양도인에게 있었던 제재사유가 이를 양수한 자에게 승계될 수 있는지의 문제이다.

(2) 학 설

273e
① 양도 대상인 처분(허가)의 성질이 대인적 처분(허가)인지 대물적 처분(허가)인지로 판단하는 견해(제1설)(대인적 처분(예: 운전면허)은 제재사유가 승계되지 않으며 대물적 처분(예: 영업허가)은 제재사유가 승계된다고 본다), ② 행정청으로부터 제재처분이 부과된 사유(양도인의 법위반행위)가 인적인 사정에 기한 것인지 물적인 사정으로 인한 것인지로 판단하는 견해(제2설)(인적인 사정(예: 부정영업)은 제재사유가 승계되지 않으며 물적인 사정(예: 무허가시설)은 제재사유가 승계된다고 본다), ③ 양도인의 의무위반행위로 인해 양수인에게 발령된 제재처분의 성질이 대인적 처분인지 대물적 처분인지로 판단하는 견해(제3설)(제재처분이 대인적 처분(예: 자격정지)이라면 양도인의 위법행위를 이유로 양수인에게 발령될 수 없고, 대물적 처분(예: 영업정지)인 경우는 양수인에게 발령할 수 있다고 본다), ④ 양도인의 지위 승계에 관한 규정이 있다면 그 규정에 근거하여 양도인의 위법행위를 이유로 양수인에게 제재처분을 할 수 있다는 견해(제4설)가 대립된다.

(3) 판 례

273f
판례는 ① 법위반행위를 한 자가 양도인임에도 석유판매업(주유소)허가가 대물적 허가임을 근거로 양수인에 대한 석유판매업허가취소처분을 정당하다고 본 판결(대판 1986.7.22. 86누203)(제1설)과 ② 양수인에게 발령된 공중위생(이용원)영업정지처분이 대물적 처분임을 근거로 양수인에 대한 영업정지처분을 정당하다고 본 판결(대판 2001.6.29. 2001두1611)(제3설), ③ 여객자동차운수사업법이 양수인이 양도인의 운송사업자의 지위를 승계하는 규정을 두고 있으므로 행정청은 양도인에 대한 운송사업면허 취소사유를 들어 양수인의 사업면허를 취소할 수 있다(대판 2010.4.8. 2009두17018)(제4설)[판례]고 보았다.

> 개인택시 운송사업의 양도·양수에 대한 인가를 한 후, 그 양도·양수 이전에 있었던 양도인에 대한 운송사업면허 취소사유를 들어 양수인의 사업면허를 취소할 수 있는지 여부(적극)
> 구 여객자동차 운수사업법 제15조 제4항에 의하면 개인택시 운송사업을 양수한 사람은 양도인의 운송사업자로서의 지위를 승계하는 것이므로, 관할관청은 개인택시 운송사업의 양도·양수에 대한 인가를 한 후에도 그 양도·양수 이전에 있었던 양도인

에 대한 운송사업면허 취소사유를 들어 양수인의 사업면허를 취소할 수 있는 것이고, 가사 양도·양수 당시에는 양도인에 대한 운송사업면허 취소사유가 현실적으로 발생하지 않은 경우라도 그 원인되는 사실이 이미 존재하였다면, 관할관청으로서는 그 후 발생한 운송사업면허 취소사유에 기하여 양수인의 사업면허를 취소할 수 있는 것이다(대판 2010.4.8. 2009두17018).

(4) 검 토

① 제1설은 해당 양도대상인 처분(허가나 등록 등)이 양수인에게 이전될 수 있는지에 대한 학설이므로 이 쟁점에서는 적절하지 못한 견해이며(허가 등 영업을 양도한 경우 양수인이 새로운 허가 등을 받아야 하는지 아니면 양도인이 받았던 허가 등의 효력이 양수인에게도 유지되는지에 대한 문제, 즉 영업처분의 양도가능성 문제(263)), ② 제3설은 법위반 행위를 이유로 양도인에게 이미 제재처분이 부과된 후 이 허가 등의 사업을 양도한 경우 이 제재처분이 양수인에게 승계되는지에 관한 학설(274)이므로 이 쟁점과는 직접 관련이 없다(이는 제재처분이 이미 양도인에게 부과된 경우 — 예를 들어 앞의 예(269)에서 유사석유를 판매한 갑에게 석유판매업허가 취소처분이 이미 발령된 경우 — 제재처분이 양수인에게 승계되는지의 문제). ③ 제4설은 법률에서 규정한 허가영업자의 지위승계는 허가의 효과를 승계한다는 것을 의미하는 것이지 종전의 사업자가 행한 제재 사유까지 승계한다는 것을 의미하는 것은 아니라는 비판이 있다(정하중). ④ 따라서 제재사유를 인정사정과 물적사정으로 나누어 판단하는 제2설이 타당하다.

3. 영업의 양도와 제재처분의 승계★★[20 5급]

(1) 문제점

양도인의 법위반행위로 양도인에게 제재처분이 발령된 이후 이를 양수인에게 양도한 경우, 이미 발령된 제재처분이 양수인에게 승계되는지의 문제이다(예를 들어 양도인에게 유사석유판매를 이유로 과징금을 부과하였으나, 이를 양도인이 납부하지 않고 해당 사업을 양도한 경우 양수인이 이를 납부해야 하는지의 문제이다).

(2) 학 설

① 제재처분이 일신전속적인 의무를 과하는 경우는(예를 들어 이행강제금부과처분, 부작위를 명하는 처분) 승계를 부정하고, 대물적 하명과 같은 대체가능한 의무를 과하는 경우는(예를 들어 영업정지처분, 과징금부과처분) 승계를 긍정하는 견해(일신전속성 여부를 기준으로 하는 견해)가 일반적 입장이다(제1설). ② 제재처분이 일신전속적인 의무를 과하는 경우가 아니어야 하고(승계가능성), 법률유보의 원칙상 제재처분효과의 승계에 관한 명문의 규정이 있어야 한다(승계규정)는 견해(승계가능성과 승계규정이 모두 구비되어야 한다는 견해)가 대립된다(제2설).

(3) 판 례

판례는 일반적인 입장은 없지만, 제1설과 유사한 입장이다. 즉 이행강제금 납부의무는 일신전속적이기 때문에 상속인에게 의무가 승계되지 않는다고 보았다(대결 2006.12.8. 2006마470).

(4) 검 토

274c
제2설에 따르면 제재처분의 승계가 긍정되는 경우가 너무 협소해지는 결과 영업양도를 제재처분을 회피하는 수단으로 악용될 가능성이 있다는 비판이 있다. 따라서 행정의 효율성을 고려할 때 일신전속성 여부를 기준으로 하는 견해가 타당하다.

III. 면 제

275 면제란 작위·부작위·수인·급부의무를 해제하여 주는 행위를 말한다.

제2 형성적 행위

276 형성적 행위란 특정인에게 권리 등을 설정하거나 법률행위의 효력을 부여하는 행위를 말한다. 형성적 행위에는 ① (광의의) 특허, ② 인가, ③ 공법상 대리 등이 포함된다.

276a
[참고] 광의의 특허
광의의 특허는 ① 협의의 특허(특정인에게 특정한 권리를 설정하는 행위), ② 능력설정행위(재건축조합설립인가처분과 같은 공법인의 설립행위(2245d 이하)), ③ 법률관계설정행위(예: 귀화허가, 공무원임명)의 3가지 행위를 포함하는 개념이다.

I. (협의의) 특 허★

1. 의 의

277
(협의의) 특허란 특정인에게 특정한 권리를 설정하는 행위(설권행위)를 말한다. 여기서 말하는 특허는 학문상 용어이므로 특정한 행위가 특허인지의 여부는 법령상 표현에 관계없이 관계법령의 규정내용과 규정취지에 비추어 판단하여야 한다(예를 들어 도로법 제61조의 도로점용허가에서 '허가'는 학문상 '특허'에 해당한다). 판례는 공유수면매립면허(대판 1989.9.12. 88누9206), 공유수면점용·사용허가(대판 2004.5.28. 2002두5016), 여객자동차운수사업법에 따른 개인택시운송사업면허(대판 2010.1.28. 2009두19137) 등을 특허로 본다.

2. 성 질

278 특허는 상대방에게 수익적이며, 공익적 사정이 고려되어야 하기 때문에 대부분의 경우 재량행위이다(다수설, 판례).

II. 인 가

1. 의 의

인가란 제3자의 기본행위(법률행위)를 동의로 보충하여 기본행위의 효력을 완성시키는 행정행위이다(보충행위)(예: 사립대학의 설립인가(고등교육법 제4조 제2항)·재단법인의 정관변경허가(민법 제45조 제3항)·토지거래계약허가(국토의 계획 및 이용에 관한 법률 제118조 제1항)(판례의 입장))(2258). 따라서 기본행위(사법관계인 경우도 있고 공법관계인 경우도 있다)는 행정청의 인가를 받기 전에는 효력이 없는 상태이다.

2. 성질·대상

인가는 효력요건이며, 인가의 대상은 언제나 법률행위이다.

3. 기본행위와 인가행위와의 관계

ⓐ 인가행위는 타인의 법률행위를 보충하는 행위(부종성)이므로 기본행위가 무효라면 인가가 있어도 기본행위가 적법한 것으로 전환되는 것도 아니며, 인가도 효력이 발생하지 않는다. ⓑ 기본행위가 적법하나 인가행위가 무효이면 무인가행위가 되며 기본행위도 효력이 발생되지 않는다.

4. 인가의 하자

(1) 인가의 하자의 종류와 쟁송방법

㉮ 인가처분의 하자는 ① 기본행위는 적법하지만 인가처분에만 고유한 하자가 있는 경우(예를 들어 인가처분 자체의 절차상 하자나 주체상의 하자) 외에 ② 인가는 기본행위를 보충하는 행위이기에 기본행위의 하자(무효나 불성립)로 말미암아 인가처분이 위법해지는 경우가 있다.

㉯ ① 기본행위는 적법하지만 인가처분에만 하자가 있는 경우 당사자는 항고소송으로 인가처분을 다툴 수 있다. ② 그리고 기본행위에 하자가 있는 경우 기본행위를 민사소송(또는 당사자소송이나 항고소송)으로 다툴 수도 있다. 문제는 기본행위의 하자(무효나 불성립으로)가 인가처분의 하자를 창출시키는 경우, 기본행위의 하자를 이유로 인가처분을 다툴 수 있는지가 문제된다(기본행위의 하자를 이유로 인가처분의 취소 또는 무효확인을 구할 권리보호필요성이 있는가의 문제. 후술하는 취소소송의 권리보호필요성 참조(1207 이하)).

(2) 인가처분을 다투는 소송에서 기본행위의 하자를 주장하는 것이 가능한지 여부★★[22 5급]

1) 문제점

기본행위에 하자가 있다면 인가행위를 다투기보다는 기본행위를 다투는 것이 보다 실효적인 권리구제수단(1207)으로 볼 수 있기 때문에 기본행위의 하자를 이유로 인가처분의 취소 또는 무효확인소송을 제기할 권리보호필요성이 있는지가 문제된다.

2) 학 설

a. 소극설: 기본행위의 하자를 이유로 인가처분에 대한 취소소송 등을 제기하는 것을 차

단함으로써 동일사안을 이중으로 심리해야 하는 법원의 부담을 덜고 기본행위에 대한 분쟁은 기본행위를 관할하는 법원으로 집중시키는 데 있다고 한다(다수설).

b. 적극설: 인가처분취소소송 등의 권리보호필요성을 긍정한다면 분쟁해결의 일회성의 원칙이라는 취지에 적합하다는 점(기본행위에 대한 소송을 제기함이 없이도 인가처분에 대한 취소소송 등에서 인가처분의 하자 뿐만 아니라 기본행위의 하자도 주장할 수 있으므로)을 근거로 권리보호필요성을 인정해야 한다는 견해이다(박해식, 이상규).

3) 판 례

판례는 기본행위가 적법·유효하고 보충행위인 인가처분 자체에만 하자가 있다면 그 인가처분의 무효나 취소를 주장할 수 있다고 할 것이지만, 인가처분에 하자가 없다면 기본행위의 무효를 내세워 행정청의 인가처분의 취소 또는 무효확인을 소구할 법률상의 이익이 있다고 할 수 없다고 하여 소극적인 입장이다(대판 1995.12.12. 95누7338).

4) 검 토

항고소송을 담당하는 법원이 인가처분취소소송 등에서 민사소송(또는 당사자소송 등) 사항인 기본행위의 하자를 심리하기는 어렵다고 보아야 하기 때문에 소극설이 타당하다.

Ⅲ. 공법상 대리

공법상 대리란 공법상 행정주체가 제3자가 할 행위를 대신하여 행한 경우 그 효과는 제3자에게 귀속하는 제도를 말한다(예: 조세를 체납한 경우 행정주체가 체납자의 물건을 체납자를 대신해서 공매하는 경우).

Ⅳ. 변경행위·탈권행위

변경행위란 특허에 의해 발생된 효력을 일부 변경하는 행위를 말하며(예: 여객자동차운송사업면허구역의 변경), 탈권행위란 특허에 의해 발생된 효력을 소멸하게 하는 행위를 말한다(예: 여객자동차운송사업면허의 취소).

제2목 준법률행위적 행정행위

준법률행위적 행정행위에서 주어지는 법률관계의 발생이라는 효과(권리·의무의 변동)는 법률행위적 행정행위와 달리 행정청의 의사표시에 따른 것이 아니라 법률의 규정에 의한 것이다. 그러나 준법률행위적 행정행위도 법적 효과가 주어진다는 점에서는 법률행위적 행정행위와 동일하며, 항고소송의 대상이 된다. 준법률행위적 행정행위는 법률관계의 내용에 따라 확인, 공증, 통지, 수리가 있다.

I. 확 인★

1. 의 의

확인행위란 특정의 사실 또는 법률관계의 존재 여부에 관해 의문이 있거나 다툼이 있는 경우에 공권적으로 판단하여 이것을 확정하는 행위를 말한다[판례].

> **친일반민족행위자재산조사위원회의 친일재산 국가귀속결정의 법적 성격**
>
> 친일반민족행위자 재산의 국가귀속에 관한 특별법(이하 "특별법"이라 한다) 제3조 제1항 본문은 "친일반민족행위자의 재산(이하 "친일재산"이라 한다)은 그 취득·증여 등 원인행위시에 이를 국가의 소유로 한다"고 규정하고 있을 뿐, 친일반민족행위자재산조사위원회(이하 "위원회"라 한다)의 결정이 있어야만 국가귀속의 효력이 발생한다고 규정하고 있지 아니하다. … 특별법 제2조 제2호에 정한 친일재산은 위원회가 국가귀속결정을 하여야 비로소 국가의 소유로 되는 것이 아니라 특별법의 시행에 따라 그 취득·증여 등 원인행위시에 소급하여 당연히 국가의 소유로 되는 것이고, 위원회의 국가귀속결정은 당해 재산이 친일재산에 해당한다는 사실을 확인하는 이른바 준법률행위적 행정행위의 성격을 가지는 것이다(대판 2008.11.13. 2008두13491).
>
> [해설] 대상판결은 특별법 제3조로 인해, 친일재산이 국가에 귀속되는 것은 재산조사위원회의 국가귀속결정이라는 의사표시의 효과가 아니라 위원회의(친일재산이라는) 판단 내지 인식의 표시에 법률(특별법)이 일정한 효과를 부여하는 것이므로 친일재산에 대한 위원회의 국가귀속결정의 법적 성질은 법률행위적 행정행위가 아니라 준법률행위적 행정행위로서 확인이라는 것이다.

2. 성 질

법률에서 일정한 법적 효과를 부여한 행정청의 확인행위만이 준법률행위적 행정행위인 확인이다. 그리고 확인행위는 판단작용으로서 객관적 진실에 따라 결정되므로 성질상 기속행위이다.

3. 효 과

개별 법률이 정한 바에 따른다. 예를 들어 발명특허처럼 특허에 독점적인 지위가 부여되는 경우도 있으나 이는 행정청의 의사표시의 효과가 아니라 특허법 제88조 제1항(특허권의 존속기간은 제87조 제1항의 규정에 의한 특허권의 설정등록이 있는 날부터 특허출원일 후 20년이 되는 날까지로 한다)의 효력이다(따라서 여기서 발명'특허'는 법률행위적 행정행위인 특허가 아니라 준법률행위적 행정행위인 확인이다).

II. 공 증★

1. 의 의

'공증'이란 특정의 사실·법률관계의 존재 여부를 공적으로 증명하여 공적 증거력을 부여하는 행위를 말한다. 다수설은 확인은 특정한 법률사실이나 법률관계에 관한 의문 또는 분쟁을 전제로 함에 비해 공증은 의문이나 분쟁이 없음을 전제로 한다는 점에서 구별된다고 본다.

2. 성 질

294 ① 각종 공적장부(예: 부동산등기부·건축물대장)에의 등재, 각종 증명서(예: 합격증서·졸업증서)나 각종 허가증·여권·영수증 등의 발행은 공증이지만, 준법률행위적 행정행위로서 공증은 법률에서 일정한 법적 효과를 부여한 행정청의 공증행위만이 준법률행위적 행정행위인 공증이다(준법률행위적 행정행위인 공증만이 항고소송의 대상인 처분이다). ② 그리고 공증 역시 객관적 사실에 따라 결정되므로 성질상 기속행위로 보아야 한다.

3. 효 과

295 공증은 반증이 없는 한 공적 증거력을 가진다.

Ⅲ. 통 지★★★[08 사시] [11 사시]

1. 의 의

300 통지행위란 어떠한 사실을 알리는 행위를 말한다. 그러나 준법률행위적 행정행위로서 통지란 법적 효과를 가져오는 행위만을 말한다[판례]. 통지행위의 예로는 대집행의 계고(의무를 불이행하는 경우 행정대집행법에 따라 대집행한다는 사실을 알리는 행위)(후술하는 대집행 참조(686 이하)), 납세의 독촉(체납액을 완납하지 않는 경우 재산이 압류·매각됨을 알리는 행위)(후술하는 강제징수 참조(707 이하)) 등을 들 수 있다. 내용상 대집행의 계고는 작위하명의 실질을 가지고, 납세독촉은 급부하명의 실질을 가진다(홍준형).

> **대집행절차인 계고와 대집행영장발부통보의 처분성**
> 후행처분인 대집행영장발부통보처분의 취소를 청구하는 소송에서 청구원인으로 선행처분인 계고처분이 위법한 것이기 때문에 그 계고처분을 전제로 행하여진 대집행영장발부통보처분도 위법한 것이라는 주장을 할 수 있다(대판 1996.2.9. 95누12507).

2. 구 별

301 법적 효과가 없는(당사자의 권리·의무에 영향을 주지 않는) 단순한 사실의 통지(예: 당연퇴직사유에 해당함을 알리는 인사발령(당연퇴직의 통보(1875)))[판례]는 준법률행위적 행정행위로서 통지행위와 구별된다.

> **국가공무원법상 당연퇴직사유에 해당함을 알리는 인사발령**
> 국가공무원법 제69조에 의하면 공무원이 제33조 각호의 1에 해당할 때에는 당연히 퇴직한다고 규정하고 있으므로, 국가공무원법상 당연퇴직은 결격사유가 있을 때 법률상 당연히 퇴직하는 것이지, 공무원관계를 소멸시키기 위한 별도의 행정처분을 요하는 것이 아니며, 충남 당진교육청교육장의 당연퇴직의 인사발령은 법률상 당연히 발생하는 퇴직사유를 공적으로 확인하여 알려 주는 이른바 관념의 통지에 불과하고 공무원의 신분을 상실시키는 새로운

형성적 행위가 아니므로 행정소송의 대상이 되는 독립한 행정처분이라고 할 수 없다(대판 1995.11.14. 95누2036).

3. 효 과

통지행위에 어떠한 효과가 주어지는가는 개별법규가 정한 바에 따른다. 예를 들어 납세의 독촉이 있음에도 납세자가 체납하면 체납처분(국세징수법에 따라 체납자의 재산을 압류하고 매각, 청산하는 절차)(707a)에 들어간다.

Ⅳ. 수 리**

1. 의 의

수리행위란 사인이 알린 일정한 사실을 행정청이 유효한 것으로 판단하여 받아들이는 인식의 표시행위를 말한다(수리를 요하는 신고의 수리만을 말한다).

2. 성 질

법이 정한 특별한 사정이 없는 한 소정의 요건을 갖춘 신고는 수리되어야 한다. 따라서 수리는 기속행위의 성질을 갖는다.

3. 효 과

수리행위에 대해 어떠한 효과가 주어지는가는 개별법규가 정한 바에 따른다.

4. 허가와 수리를 요하는 신고[17 사시]

허가와 (수리를 요하는 신고에서) 수리는 아래의 3가지로 구별된다. ⓐ 허가는 법률행위적 행정행위이나 수리는 준법률행위적 행정행위이다. ⓑ 허가는 행정기관의 능동적인 행정행위이나 수리는 수동적인 행정행위이다(수리를 요하는 신고에서 '수리'란 사인이 알린 일정한 사실을 행정청이 유효한 것으로 판단하여 받아들이는 것을 말한다).

제4항 | 행정행위의 성립 · 효력발생 · 적법요건

Ⅰ. 행정행위의 성립요건과 효력발생요건

1. 행정행위의 성립요건

행정행위는 ① 행정기관의 행위이며, ② 내부적인 의사결정이 있어야 하고, ③ 외부로 표시되어야 성립된다. 성립요건이 미비되면 행정행위가 불성립하며 사인은 행정소송법 제4조 제2호(무효등 확인소송: 행정청의 처분등의 효력 유무 또는 존재 여부를 확인하는 소송)의 부존재확인소송을 제기할 수 있다.

2. 행정행위의 효력발생요건

행정행위가 효력을 발생하기 위해서는 상대방에게 통지되어야 한다. 다만, 통지는 ① 송달(송달이란 일정한 사항을 당사자 또는 이해관계인 등에게 알리기 위하여 법정 형식에 따라

서류를 송부하는 행위를 말한다(540a))에 의하는 경우와 ② 고시나 공고에 의하는 경우로 나누어진다. 만일 효력발생요건이 흠결되었다면 그 행정행위는 무효이다. 사인은 행정소송법 제4조 제2호(무효등 확인소송: 행정청의 처분등의 효력 유무 또는 존재 여부를 확인하는 소송)의 무효확인소송을 제기할 수 있다.

(1) 송달의 경우

306a ① 송달은 다른 법령등에 특별한 규정이 있는 경우를 제외하고는 해당 문서가 송달받을 자에게 도달됨으로써 그 효력이 발생한다(행정절차법 제15조 제1항). 정보통신망을 이용하여 전자문서로 송달하는 경우에는 송달받을 자가 지정한 컴퓨터 등에 입력된 때에 도달된 것으로 본다(행정절차법 제15조 제2항). ② 송달받을 자의 주소등을 통상적인 방법으로 확인할 수 없는 경우 또는 송달이 불가능한 경우에는 다른 법령등에 특별한 규정이 있는 경우를 제외하고는 공고일부터 14일이 지난 때에 그 효력이 발생한다. 다만, 긴급히 시행하여야 할 특별한 사유가 있어 효력 발생 시기를 달리 정하여 공고한 경우에는 그에 따른다(행정절차법 제15조 제3항).

(2) 고시나 공고의 경우

306b 개별법에서 통지의 방법으로 고시나 공고할 것을 규정하는 경우가 있다(이는 주로 행정행위의 상대방이 특정되지 않은 경우에 해당한다). 이 경우는 해당 고시나 공고의 효력발생일을 법령상 명시적으로 규정하는데, 만일 효력발생일에 대한 명시적 규정이 없다면 행정 효율과 협업 촉진에 관한 규정(대통령령) 제6조 제3항에 따라 고시 또는 공고 등이 있은 날부터 5일이 경과한 때에 효력이 발생한다.

II. 행정행위의 적법요건★

307 아래의 적법요건에 흠결이 있으면 위법한 행정행위가 되며, 그 위법의 정도에 따라 취소사유가 되거나 무효사유가 된다(후술하는 무효와 취소의 구별 참조(341 이하)). 사인은 행정소송법 제4조 제1호(취소소송: 행정청의 위법한 처분등을 취소 또는 변경하는 소송)의 취소소송이나 제2호의 무효확인소송을 제기할 수 있다.

1. 주 체

308 행정행위는 권한을 가진 기관이 권한의 범위 내에서 행사하여야 한다.

2. 절 차

309 개별법 및 행정절차법상의 절차를 준수해야 한다.

3. 형 식

310 행정청이 처분을 할 때에는 다른 법령 등에 특별한 규정이 있는 경우를 제외하고는 문서로 하여야 한다(행정절차법 제24조 제1항).

4. 내용

법률유보의 원칙상 중요한 사항(특히 침익적 사항)은 법적 근거를 요한다. 그리고 법률우위의 원칙상 성문법 및 행정법의 일반원칙에 반하지 않아야 한다.

제5항 | 행정행위의 효력

Ⅰ. 의 의

행정행위가 성립요건과 효력발생요건 등을 구비하면 그에 따라 행정행위는 효력(모든 효력은 넓은 의미의 구속력이다)이 발생하는데 일반적 견해는 어떤 자(행정기관·법원)를 향한 구속력인지에 따라 여러 가지로 구분한다. 다만, 무효인 행위는 후술하는 모든 효력이 없다.

Ⅱ. 공정력*

1. 의의·범위

㈎ 공정력이란 행정행위에 하자가 있다고 하더라도 권한을 가진 기관에 의해 취소될 때까지 그 효력을 부정할 수 없는 (효력과 존재를 인정해야 하는) 구속력을 말한다(예를들어 과세처분이 위법하다고 하더라도 무효가 아니라면 권한 있는 기관에 의해 취소되기 전까지 사인은 조세납부 의무를 부담한다)(행정기본법 제15조).

㈏ 공정력이 미치는 범위에 대해 ① ⓐ 판례는 행정행위의 상대방이나 다른 행정청·법원에게도 미친다고 보지만(공정력과 구성요건적 효력을 구별하지 않는 견해=모두 공정력으로 보는 견해), ⓑ 다수견해는 공정력은 상대방(이해관계인)에게 미치는 구속력을 말하며, 다른 행정청이나 법원에 인정되는 구속력은 구성요건적 효력(317)으로 공정력과 그 성질이 다르다고 본다(공정력과 구성요건적 효력을 구별하는 견해). ② 취소소송은 공정력을 받는 자가 이를 제거하기 위해 제기하는 소송임을 고려할 때 행정행위의 효력을 취소소송으로 다툴 수 없는 자(다른 행정청이나 법원)는 공정력이 미치는 것이 아니라 다른 내용의 구속력(구성요건적 효력)이 미친다고 보아야 한다. 따라서 양자를 구별하는 견해가 타당하다.

2. 이론적 근거(위법한 행위라면 그 행위에 효력을 인정하기 어려운데 왜 위법한 행정행위라도 권한 있는 기관에 의해 취소될 때까지 구속력을 인정하는지에 대한 이유(근거))

공정력의 이론적 근거에 관해 학설은 대립하나 법적 안정설(행정정책설)이 다수설이다. 법적 안정설은 행정법관계의 안정성, 상대방의 신뢰보호, 행정의 원활한 운영이라는 정책적 이유에서 행정청의 결정에 잠정적인 구속력이 인정된다고 본다.

Ⅲ. 구성요건적 효력

1. 의의·인정근거

317 ㈎ 구성요건적 효력이란 유효한 행정행위의 존재가 다른 행정청이나 법원의 결정에 영향을 미치는 효력(구속력)을 말한다.

㈏ 구성요건적 효력은 권한존중이나 권력분립 때문에 인정되는 효력이다. 그러나 행정행위를 재판의 대상으로 할 수 있는 법원(항고소송을 담당하는 법원)에는 구성요건적 효력이 미치지 않는다(따라서 항고소송을 담당하는 법원이 행정행위를 취소하는 것은 구성요건적 효력 침해가 아니다).

317a [참고] 다른 행정청에 미치는 구성요건적 효력
한국인이 아닌 자는 광업권설정허가를 받을 수 없는데, 법무부장관으로부터 단순위법한 귀화허가를 받은 자가 산업통상자원부장관에게 광업권설정허가를 신청한 경우, 산업통상자원부장관은 법무부장관의 위법하지만 유효한 귀화허가의 효력(구성요건적 효력)으로 인해 한국인이 아니라는 이유로 광업권설정허가를 거부할 수 없다.

2. 선결문제★★★ [10 입시] [10 사시] [13 사시] [13 5급] [14 사시] [14 5급] [15 사시] [16 변시] [16 사시] [16 법행] [18 변시] [20 5급] [21 5급] [22 입시]

(1) 의 의

318 ㈎ 선결(先決)문제란 민사(당사자소송)·형사법원의 본안판단에서 행정행위의 효력 유무(존재 여부)나 위법 여부가 선결될 문제인 경우 그 '행정행위의 효력 유무(존재 여부)나 위법 여부'를 말한다.

㈏ 선결문제를 행정행위의 효력 중 ① 공정력의 문제로 보는 견해가 있었으나(전술한 공정력과 구성요건적 효력을 구별하지 않는 견해), ② 현재는 구성요건적 효력의 문제로 보는 견해가 다수견해이다(공정력과 구성요건적 효력을 구별하는 견해(314)).

(2) 형 태

319 선결문제는 민사사건(당사자소송사건)의 경우와 형사사건의 경우로 나눌 수 있고, 각각 행정행위의 효력 유무(존재 여부)가 선결문제로 되는 경우와 행정행위의 위법 여부가 선결문제로 되는 경우가 있다(행정사건 중 당사자소송사건도 문제될 수 있으나 대법원은 부당이득반환청구소송, 국가배상청구소송을 민사소송으로 보고 있는바 선결문제 해결에서는 민사소송으로 제기하는 경우와 당사자소송으로 제기하는 경우에 차이가 없다). 행정소송법 제11조 제1항은 선결문제의 일부(민사사건에서 효력 유무(존재 여부)가 문제되는 경우)에 관해서만 규정하고 있는바 나머지 사항은 학설과 판례에서 해결하여야 한다.

(3) 해 결

1) 민사소송의 경우

320 a. 민사소송에서 행정행위의 효력 유무(존재 여부)가 쟁점인 경우: 예를 들어 과세처분의 무

효를 이유로 하는 부당이득반환청구소송의 경우(판례에 따라 이 소송을 담당하는 민사법원은 원고에게 부당이득반환청구권이 있는지 여부(부당이득반환청구권의 존부가 부당이득반환청구소송의 소송물이다)를 판단하기에 위해서는 부당이득의 원인이 된 과세처분의 효력 유무를 먼저 결정해야 한다(부당이득이 되려면 행정주체가 법률상 원인 없이(=과세처분의 무효) 사인의 재산으로 이익을 얻고 이로 인해 사인에게 손해를 가해야 하기 때문이다(민법 제741조 참조)))와 같이 선결문제가 행정행위의 효력 유무인 경우, ① 민사법원은 행정행위가 무효 또는 유효임을 전제로(무효이면 무효임을 전제로, 유효이면 유효임을 전제로) 본안을 판단할 수 있다는 것이 실정법(행정소송법 제11조 제1항)·학설·판례의 입장이다[판례 1]. ② 그러나 민사법원은 행정행위의 구성요건적 효력으로 인해 유효한 행정행위의 효력을 부정(취소)할 수는 없다. 따라서 행정행위가 단순위법하여 여전히 효력이 있다면 법률상 원인이 없는 것이 아니므로 부당이득반환청구는 기각될 것이다[판례 2].

1. 부당이득반환청구소송에서 행정행위의 효력 유무가 쟁점인 경우(무효인 경우)

민사소송에 있어서 어느 행정처분의 당연무효 여부가 선결문제로 되는 때에는 이를 판단하여 당연무효임을 전제로 판결할 수 있고 반드시 행정소송 등의 절차에 의하여 그 취소나 무효확인을 받아야 하는 것이 아니다(대판 2010.4.8. 2009다90092).

2. 부당이득반환청구소송에서 행정행위의 효력 유무가 쟁점인 경우(취소사유인 경우)

조세의 과오납이 부당이득이 되기 위하여는 납세 또는 조세의 징수가 실체법적으로나 절차법적으로 전혀 법률상의 근거가 없거나 과세처분의 하자가 중대하고 명백하여 당연무효이어야 하고, 과세처분의 하자가 단지 취소할 수 있는 정도에 불과할 때에는 과세관청이 이를 스스로 취소하거나 항고소송절차에 의하여 취소되지 않는 한 그로 인한 조세의 납부가 부당이득이 된다고 할 수 없다(대판 1994.11.11. 94다28000).

b. 민사소송에서 행정행위의 위법 여부가 쟁점인 경우

(ⅰ) 문제점: 예를 들어 사인이 공무원의 위법한 처분으로 손해를 입었다고 하면서 국가배상청구소송을 제기한 경우(판례에 따라 국가배상청구소송의 소송물(국가배상청구권의 존부)을 민사법원이 판단하기 위해서는 국가배상법 제2조 제1항 본문 전단의 요건을 충족하고 있는지를 검토해야 하는데 만일 공무원의 위법한 직무집행행위가 '행정행위'라면 민사법원은 국가배상청구권의 존부판단에 앞서 행정행위의 위법 여부를 심리해야 한다)와 같이 선결문제가 행정행위의 위법 여부인 경우, 민사법원이 선결문제인 행정행위의 위법 여부를 판단할 수 있는가에 관해 견해가 나뉘고 있다.

(ⅱ) 학 설: ① 소극설은 ⓐ 행정소송법 제11조 제1항은 민사법원에 대한 처분의 효력 유무 또는 존재 여부만을 선결문제심판권으로 규정한다고 제한적으로 해석되며, ⓑ 행정행위의 위법성을 포함하여 행정사건의 심판권은 행정법원이 배타적으로 관할해야 하기 때문에 민사법원은 행정행위의 위법성에 대한 판단권이 없음을 근거로 한다. ② 적극설(일반적인 견해)은 ⓐ 행정소송법 제11조 제1항은 선결문제심판권에 대한 예시적 규정

이며, ⓑ 민사법원이 행정행위의 위법성을 확인해도 그 효력을 부정하는 것이 아니므로 구성요건적 효력(공정력)에 저촉되지 않음을 근거로 한다.

323 (ⅲ) **판 례**: 판례는「행정처분의 취소판결이 있어야만 그 행정처분의 위법임을 이유로 피고에게 배상을 청구할 수 있는 것은 아니라고 해석함이 상당할 것(대판 1972.4.28. 72다337)」이라고 하여 적극적인 입장이다.

324 (ⅳ) **검 토**: 민사법원인 국가배상청구의 수소법원이 본안을 인용하는 판결을 하더라도 해당 행정행위의 효력은 여전히 유지되며 그 행정행위의 효력은 부정되지 않기 때문에 위법성을 판단할 수 있다는 적극설이 타당하다.

2) 형사소송의 경우

325 a. **형사소송에서 행정행위의 효력유무가 쟁점인 경우**: 형사소송에서 행정행위의 효력 유무인 선결문제인 경우 ① 형사법원은 행정행위가 무효(또는 유효)임을 전제로 본안판단(범죄의 성립 여부)을 할 수 있다는 것이 일반적 견해이고, 판례의 입장이다. ② 그러나 행정행위가 단순위법인 경우 형사법원은 당해 행정행위의 구성요건적 효력으로 인해 그 효력을 부정(취소)할 수는 없다는 것이 다수설이며 판례의 입장이다.

> 1. 운전면허취소처분을 받은 후 자동차를 운전하였으나 위 취소처분이 행정쟁송절차에 의하여 취소된 경우, 무면허운전의 성립 여부(소극)
>
> 　피고인이 행정청으로부터 자동차 운전면허취소처분을 받았으나 나중에 그 행정처분 자체가 행정쟁송절차에 의하여 취소되었다면, 위 운전면허취소처분은 그 처분시에 소급하여 효력을 잃게 되고, 피고인은 위 운전면허취소처분에 복종할 의무가 원래부터 없었음이 후에 확정되었다고 봄이 타당할 것이고, 행정행위에 공정력의 효력이 인정된다고 하여 행정소송에 의하여 적법하게 취소된 운전면허취소처분이 단지 장래에 향하여서만 효력을 잃게 된다고 볼 수는 없다(대판 1999.2.5. 98도4239).
>
> 2. 무면허운전죄 성립 여부를 판단하는 형사법원이 운전면허처분의 효력 유무를 판단할 수 있는지 여부(소극)
>
> 　연령미달의 결격자인 피고인이 소외인의 이름으로 운전면허시험에 응시, 합격하여 교부받은 운전면허는 당연무효가 아니고 도로교통법 제65조 제3호의 사유에 해당함에 불과하여 취소되지 않는 한 유효하므로 피고인의 운전행위는 무면허 운전에 해당하지 아니한다(대판 1982.6.8. 80도2646).
>
> 3. 수입면허를 받고 물품을 통관한 경우와 관세법상 무면허수입죄의 성립 여부(소극)
>
> 　물품을 수입하고자 하는 자가 일단 세관장에게 수입신고를 하여 그 면허를 받고 물품을 통관한 경우에는, 세관장의 수입면허가 중대하고도 명백한 하자가 있는 행정행위이어서 당연무효가 아닌 한 관세법 제181조 소정의 무면허수입죄가 성립될 수 없다(대판 1989.3.28. 89도149).

b. 형사소송에서 행정행위의 위법 여부가 쟁점인 경우

(ⅰ) 문제점: 형사소송의 경우에도 민사소송과 같이 선결문제가 행정행위의 위법 여부인 경우, 형사법원이 선결문제인 행정행위의 위법 여부를 판단할 수 있는가에 관해 견해가 나뉜다.

(ⅱ) 학 설: ① 소극설은 ⓐ 행정소송법 제11조 제1항은 민사법원에 대한 처분의 효력 유무 또는 존재 여부만을 선결문제심판권으로 규정한다고 제한적으로 해석되며, ⓑ 행정행위의 위법성을 포함하여 행정사건의 심판권은 행정법원이 배타적으로 관할해야 하기 때문에 형사법원은 행정행위의 위법성에 대한 판단권이 없음을 근거로 한다. ② 적극설(일반적인 견해)은 ⓐ 행정소송법 제11조 제1항은 선결문제심판권에 대한 예시적 규정이며, ⓑ 형사법원이 행정행위의 위법성을 확인해도 그 효력을 부정하는 것이 아니므로 구성요건적 효력(공정력)에 저촉되지 않음을 근거로 한다.

(ⅲ) 판 례: 판례도 「구 주택법 제98조 제11호에 정한 처벌을 하기 위해서는 그 시정명령이 적법한 것이라야 하고, 그 시정명령이 위법한 것으로 인정되는 한 법 제98조 제11호 위반죄가 성립될 수 없다(대판 2009.6.25. 2006도824)」고 하여 적극적인 입장이다.

1. 구 도시계획법 제78조 제1항에 정한 처분이나 조치명령을 받은 자가 이에 위반한 경우 같은 법 제92조에 정한 처벌을 하기 위하여는 그 처분이나 조치명령이 적법할 것을 요하는지 여부(적극)

    구 도시계획법 제78조 제1항에 정한 처분이나 조치명령을 받은 자가 이에 위반한 경우 이로 인하여 같은 법 제92조에 정한 처벌을 하기 위하여는 그 처분이나 조치명령이 적법한 것이라야 하고, 그 처분이 당연무효가 아니라 하더라도 그것이 위법한 처분으로 인정되는 한 같은 법 제92조 위반죄가 성립될 수 없다(대판 1992.8.18. 90도1709).

2. 시정명령위반죄 성립 여부를 판단하는 형사법원이 시정명령의 효력 유무를 판단할 수 있는지 여부(적극)

    집합건물 중 일부 구분건물의 소유자인 피고인이 관할 소방서장으로부터 소방시설 불량사항에 관한 시정보완명령을 받고도 따르지 아니하였다는 내용으로 기소된 사안에서, 담당 소방공무원이 행정처분인 위 명령을 구술로 고지한 것은 행정절차법 제24조를 위반한 것으로 하자가 중대하고 명백하여 당연 무효이고, 무효인 명령에 따른 의무위반이 생기지 아니하는 이상 피고인에게 명령 위반을 이유로 소방시설 설치유지 및 안전관리에 관한 법률 제48조의2 제1호에 따른 행정형벌을 부과할 수 없는데도, 이와 달리 위 명령이 유효함을 전제로 유죄를 인정한 원심판결에는 행정처분의 무효와 행정형벌의 부과에 관한 법리오해의 위법이 있다(대판 2011.11.10. 2011도11109).

3. 구 고등교육법 제60조 제1항에 따른 시정명령이 그 근거가 되는 교육 관계 법령에서 정한 대상자가 아닌 자를 상대로 하였는데 명령 상대방이 이를 따르지 않은 경우, 같은 법 제64조 제2항 제1호 위반죄가 성립하는지 여부(소극)

    고등교육법 제60조 제1항에 따른 시정명령을 위반하였다고 하여 같은 법 제64조 제2항

> 제1호를 적용하여 처벌하려면, 법령에 규정된 대상자에 대한 적법·유효한 시정명령이 있었을 것이 전제되어야 한다. 그러므로 시정명령이 그 근거가 되는 교육 관계 법령에서 정한 대상자가 아닌 자를 상대로 한 것이면, 명령 상대방이 이를 따르지 않았더라도 같은 법 제64조 제2항 제1호 위반죄가 성립하지는 않는다(대판 2016.12.29. 2014도16109).

329 (iv) 검 토: 형사법원이 행정행위의 위법성을 심리함은 그 처분의 효력을 부정하는 것이 아니므로 선결문제로서 행정행위의 위법성을 판단할 수 있다는 적극설이 타당하다.

Ⅳ. 존속력

330 일단 행정행위를 발령하면 이에 근거하여 새로운 법률관계가 형성되므로 법적 안정성의 필요에서 행정행위를 존속시킬 필요성이 나타나게 된다. 이러한 필요에서 생겨난 개념이 행정행위의 존속력이며, 형식적 존속력과 실질적 존속력이 있다.

1. 형식적 존속력(불가쟁력)★

(1) 의 의

331 형식적 존속력이란 일정한 사유가 존재하면 행정행위의 상대방 등이 행정행위의 효력을 쟁송절차에서 다툴 수 없게 되는 효력을 말한다. 위법한 행정행위에 형식적 존속력이 발생하였다고 적법하게 되는 것은 아니며, 단지 이를 쟁송절차에서 다툴 수 없을 뿐이다.

(2) 사 유

332 형식적 존속력이 발생하는 사유로 쟁송기간의 경과, 법적 구제수단의 포기, 판결을 통한 행정행위의 확정 등을 들 수 있다.

2. 실질적 존속력(불가변력)★

(1) 의 의

334 행정행위에 원시적인 흠이나 후발적 사유가 있으면 처분청은 이를 취소(변경)·철회할 수 있지만, 일부의 행정행위는 그 행정행위를 발령한 행정청도 직권으로 취소(변경)·철회할 수 없는 구속력을 실질적 존속력이라고 하는 것이 다수견해이다(대판(전원) 1965.4.22. 63누200).

(2) 사 유

335 실질적 존속력은 모든 행정행위에 공통하는 효력이 아니고 예외적으로 특별한 경우에만 인정된다. ① 실질적 존속력이 행정심판의 재결처럼 판결과 유사한 행위에 발생한다고 보는 것이 일반적인 견해이다(후술하는 행정심판의 재결 참조(1084)). ② 준법률행위적 행정행위인 확인행위(290 이하)는 사실 또는 법률관계의 존재 여부에 관해 의문이 있거나 다툼이 있는 경우 이를 공권적으로 판단하여 확정하는 행위이므로 행정심판의 재결과 유사한 행위로 보아 실질적 존속력을 인정하려는 소수견해가 있다(김동희, 한견우).

3. 형식적 존속력과 실질적 존속력의 관계

형식적 존속력은 행위의 상대방(이해관계인)에 대한 구속력을, 실질적 존속력은 처분청 등 행정기관에 대한 구속력을 말한다. ① 따라서 제소기간이 경과하여 형식적 존속력이 생긴 행위(예: 제소기간의 경과)일지라도 실질적 존속력이 없는 한 권한행정청은 그 행위를 취소·변경할 수 있고(행정소송법 제20조 참조), ② 실질적 존속력이 있는 행위(예: 행정심판의 재결)일지라도 쟁송수단이 허용되는 한 제소기간이 경과하기 전이라면 상대방 등은 다툴 수 있다(후술하는 취소소송의 대상적격에서 재결취소소송 참조(1162 이하)).

V. 집행력

집행력이란 행정행위로 명령되거나 금지된 의무를 불이행하는 경우 행정청이 법원의 원조를 받음이 없이 스스로 직접 의무의 내용을 실현할 수 있는 행정행위의 효력을 말한다. 집행력은 의무가 부과되는 명령적 행위에서 문제된다.

VI. 선행행위의 후행행위에 대한 구속력(소수설)

일부견해는 선행행위의 후행행위에 대한 구속력을 인정하기도 한다. 구속력이란 선행행정행위의 내용과 효과가 후행행정행위를 구속함으로써 상대방(관계인, 법원)은 선행행위의 하자를 이유로 후행행위를 다투지 못하는 효과를 말한다(후술하는 행정행위의 하자의 승계 참조(366)).

쟁점 ─ 인·허가의제제도 [2023. 3. 24. 시행]★★[12 사시] [16 법행] [21 5급]

1. 의 의
"인허가의제"란 하나의 인허가(주된 인허가)를 받으면 법률로 정하는 바에 따라 그와 관련된 여러 인허가(관련 인허가)를 받은 것으로 보는 것을 말한다(행정기본법 제24조 제1항).

2. 법적근거
인·허가의제제도는 행정기관의 권한에 변경을 가져온다. 따라서 행정조직법정주의의 원리에 비추어 인·허가의제는 개별법률에서 명시적으로 규정되는 경우에만 인정될 수 있다.

3. 인·허가의제의 절차

(1) 서류제출

인허가의제를 받으려면 주된 인허가를 신청할 때 관련 인허가에 필요한 서류를 함께 제출하여야 한다. 다만, 불가피한 사유로 함께 제출할 수 없는 경우에는 주된 인허가 행정청이 별도로 정하는 기한까지 제출할 수 있다(행정기본법 제24조 제2항).

(2) 협 의

1) 사전협의

주된 인허가 행정청은 주된 인허가를 하기 전에 관련 인허가에 관하여 미리 관련 인허가 행정청과 협의하여야 한다(행정기본법 제24조 제3항).

2) 협의기간 및 협의 간주규정

관련 인허가 행정청은 제3항에 따른 협의를 요청받으면 그 요청을 받은 날부터 20일 이내에 의견을 제출하여야 한다. 이 경우 전단에서 정한 기간(요청을 받은 날부터 20일 이내)(민원 처리 관련 법령에 따라 의견을 제출하여야 하는 기간을 연장한 경우에는 그 연장한 기간을 말한다) 내에 협의 여부에 관하여 의견을 제출하지 아니하면 협의가 된 것으로 본다(행정기본법 제24조 제4항).

338d

4. 집중의 정도(주된 인허가 행정청의 구속정도)

(1) 절차의 집중과 실체의 집중

절차의 집중이란 주된 인허가 행정청이 관련 인허가 행정청이 준수해야하는 절차적 요건에 구속되지 않는 것을 말하고, 실체의 집중이란 주된 인허가 행정청이 관련 인허가 행정청이 준수해야하는 실체적 요건에 구속되지 않는 것을 말한다.

(2) 문제점

주된 인허가를 발령하는 행정청이 관련 인허가 행정청이 준수해야 하는 실체·절차적 요건에 얼마나 구속되는지가 문제된다.

(3) 판 례

판례는 ⓐ (구) 주택건설촉진법상 사업계획승인을 얻은 때에는 (구) 도시계획법상의 도시계획결정을 받은 것으로 보는데 주택건설사업계획승인을 한 경우 (구)도시계획법에 규정된 도시계획위원회의 의결이나 이해관계인의 의견청취절차를 생략할 수 있다고 하여 절차집중은 인정하였으나(대판 1992.11.10. 92누1162), ⓑ 그러나 건축법 제11조 제5항의 인·허가의제효과를 수반하는 건축허가의 경우 건축법상 허가요건뿐 아니라 국토의 계획 및 이용에 관한 법령이 정한 도시계획시설사업에 관한 실시계획인가 요건도 충족하는 경우에 한하여 이를 허가해야 한다고 보고 있어 실체집중은 부정하였다(대판 2015.7.9. 2015두39590).

(4) 검 토

㋐ 행정기본법 제24조 제3항은 '주된 인허가 행정청은 주된 인허가를 하기 전에 관련 인허가에 관하여 미리 관련 인허가 행정청과 협의하여야 한다'고 규정하고, 동법 제24조 제5항은 '협의를 요청받은 관련 인허가 행정청은 해당 법령을 위반하여 협의에 응해서는 아니 된다. 다만, 관련 인허가에 필요한 심의, 의견 청취 등 절차에 관하여는 법률에 인허가의제 시에도 해당 절차를 거친다는 명시적인 규정이 있는 경우에만 이를 거친다'고 규정하고 있다.

㋑ 즉, 동법 제24조 제5항 본문은 관련 인허가도 해당 법령에 따른 실체적 요건을 충

족하여야 한다는 것으로 실체집중은 부정한 반면, 단서에서 관련 인허가에 필요한 절차는 원칙적으로 생략되고 법률에 인허가의제 시에도 해당 절차를 거친다는 명시적인 규정이 있는 경우에만 이를 거친다고 함으로써 원칙적으로 절차집중을 긍정하고 있다.

5. 인·허가의제의 효과

협의가 된 사항에 대해서는 주된 인허가를 받았을 때 관련 인허가를 받은 것으로 본다(행정기본법 제25조 제1항). 그리고 인허가의제의 효과는 주된 인허가의 해당 법률에 규정된 관련 인허가에 한정된다(행정기본법 제25조 제2항).

6. 인허가의제의 사후관리 등

인허가의제의 경우 관련 인허가 행정청은 관련 인허가를 직접 한 것으로 보아 관계법령에 따른 관리·감독 등 필요한 조치를 하여야 한다(행정기본법 제26조 제1항). 그리고 주된 인허가가 있은 후 이를 변경하는 경우에는 제24조(인허가의제의 기준)·제25조(인허가의제의 효과) 및 동법 제26조 제1항을 준용한다(행정기본법 제26조 제2항). 또한 인허가의제의 방법, 그 밖에 필요한 세부 사항은 대통령령으로 정한다(행정기본법 제26조 제3항).

7. 기 타

(1) 인·허가 등이 의제되는 경우 항고소송의 대상

판례는 행정청이 주된 인·허가를 불허하는 처분을 하면서, 주된 인·허가 사유와 의제되는 인·허가의 사유를 함께 제시한 경우, 주된 인·허가를 거부한 처분을 대상으로 쟁송을 제기하여야 한다는 입장이다(대판 2001.1.16. 99두10988).

(2) 의제된 인·허가를 취소하는 행위의 처분성과 권리보호필요성

판례는 ① 의제된 인·허가뿐만 아니라 의제된 인·허가를 '취소하는 행위'도 항고소송의 대상인 처분이며, ② 주된 행정행위의 취소를 다툴 수 있다고 하더라도 별도로 의제된 인·허가를 취소하는 처분도 항고소송으로 다툴 수 있다고 보았다(대판 2018.7.12. 2017두48734).

제6항 | 행정행위의 하자

Ⅰ. 의 의

행정행위의 적법요건을 흠결한 행위를 하자 있는 행정행위라고 한다. 행정행위의 성립요건을 흠결한 행위인 행정행위의 부존재와 구별된다.

Ⅱ. 행정행위의 하자의 효과

행정행위에 하자가 있는 경우 그 효과는 하자의 정도에 따라 무효(위법·무효)가 되거나 취소사유(위법·유효)가 된다.

III. 행정행위의 무효와 취소의 구별

1. 구별필요성

(1) 형식적 존속력(불가쟁력)

341 취소할 수 있는 행위에는 기간의 경과 등으로 형식적 존속력(불가쟁력) 등 행정행위의 효력이 발생하지만, 무효인 행위에는 모든 행정행위의 효력이 발생하지 아니한다(전술한 행정행위의 효력 참조(331)).

(2) 하자의 승계

342 취소할 수 있는 행위는 선·후행행위가 하나의 법률효과를 목적으로 하는 경우에만 선행행위의 하자가 후행행위에 승계되지만, 무효인 행위에는 선·후행행위가 하나의 효과를 목적으로 하지 아니하는 경우에도 승계된다(후술하는 행정행위의 하자의 승계 참조(363 이하)).

(3) 하자의 치유

343 취소할 수 있는 행정행위는 하자의 치유가 인정되지만, 무효인 행정행위에는 하자의 치유가 인정되지 아니한다(다수설)(후술하는 행정행위의 하자의 치유 참조(370 이하)).

(4) 하자의 전환

344 취소할 수 있는 행정행위는 하자의 전환이 인정되지 아니하지만, 무효인 행위에는 하자의 전환이 인정될 수 있다(다수설)(후술하는 하자 있는 행정행위의 전환 참조(381 이하)).

(5) 소송형태

345 행정소송법상 취소할 수 있는 행정행위는 취소소송의 대상이 되고, 무효인 행위는 무효확인소송의 대상이 된다.

(6) 선결문제

346 민사소송이나 형사소송에서 행정행위의 효력 유무가 선결문제가 된 경우 (민사·형사)법원은 취소할 수 있는 행정행위의 효력을 부정할 수는 없지만, 무효인 행정행위가 효력이 없음을 확인할 수는 있다(320·325 이하).

(7) 사정판결

347 취소할 수 있는 행위에 대해서는 사정판결을 할 수 있으나(행정소송법 제28조 참조), 무효인 행위에 대해서는 무효확인소송에 사정판결에 대한 준용규정이 없어 사정판결을 할 수 없다는 것이 전통적 견해와 판례의 입장이다(후술하는 사정판결 참조(1384)).

2. 구별기준★

(1) 학 설

348 ⓐ 행정행위의 하자가 중대하고도 명백한 경우에 한하여 행정행위가 무효이며 그러하지 않은 경우에는 취소사유라는 중대명백설(다수설), ⓑ 중대한 하자를 가진 처분은 무효이지만 제3자나 공공의 신뢰보호의 필요가 있는 경우에는 명백성을 추가적으로 요구하

는 명백성보충요건설, ⓒ 구체적 사안마다 권리구제의 요청과 행정의 법적 안정성을 이익형량하여 무효와 취소를 구별하여야 한다는 구체적 가치형량설이 대립된다.

(2) 판 례

㈎ ① 대법원은 하자있는 행정처분이 당연무효이기 위해서는 그 하자가 적법요건의 중요한 부분을 위반한 중대한 것이고 일반인의 관점에서도 외관상 명백한 것이어야 하며, 그러하지 아니한 경우(중대하지만 명백하지 않거나 명백하지만 중대하지 않은 경우)에는 취소사유에 불과하다고 한다(중대명백설). ② 대법원의 소수견해는 영등포구청장의 난지도펜스공사와 관련된 건설업영업정지처분무효확인사건에서 명백성보충요건설을 취한 바 있다(대판(전원) 1995.7.11. 94누4615).

㈏ 헌법재판소는 원칙적으로 중대명백설의 입장이나, 행정처분을 무효로 하더라도 법적 안정성을 크게 해치지 않는 반면에 그 하자가 중대하여 그 구제가 필요한 경우에는 중대한 하자만으로 무효가 된다는 예외적인 판례(헌재 1994.6.30. 92헌바23)(355a)도 있다.

(3) 검 토

행정의 법률적합성을 고려할 때 위법한 행정행위의 효력은 부정하는 것이 정당하지만, 법적 안정성(공정력의 인정근거(315))을 근거로 일단 잠정적으로 유효성을 인정한다. 그러나 행정행위의 하자가 중대하고도 명백한 경우에도 행정행위에 효력을 인정하는 것은 행정의 법률적합성에 반하기 때문에 중대명백설이 타당하다(다수설).

쟁점 — 위헌인 법률에 근거한 행정행위의 위법성과 정도★★★[13 5급] [14 사시] [16 입시] [18 변시]

1. 문제 상황

① 헌법재판소가 법률을 위헌으로 결정한 후 그 법률에 근거하여 발령되는 행정행위는 헌법재판소법 제47조 제1항에 비추어 위헌결정의 기속력에 반하므로 하자가 중대하고 명백하여 당연무효가 된다(대판 1993.2.26. 92누12247). ② 그러나 헌법재판소가 법률을 위헌으로 결정하기 전에 이미 행정행위가 발령되었고 그 후 헌법재판소가 그 행정행위의 근거 법률을 위헌으로 결정하였다면 그 행정행위가 하자 있는 행위가 되는지 그리고 하자가 있다면 취소사유인지 무효사유인지가 문제이다.

2. 위헌인 법률에 근거한 행정행위의 위법성

(1) 원칙상 장래효

헌법재판소법 제47조 제2항은 '위헌으로 결정된 법률 또는 법률의 조항은 그 결정이 있는 날부터 효력을 상실한다'고 규정한다. 따라서 논리적으로 위헌결정 이전에 해당 법률에 근거하여 발령된 처분이 근거법률이 위헌으로 선언됨으로써 위법하게 되는 문제는 생기지 않음이 원칙이라 할 것이다.

(2) 위헌결정의 소급효

1) 법정 소급효

헌법재판소법 제47조 제3항은 '형벌에 관한 법률 또는 법률의 조항은 소급하여 그 효력을 상실한다. 다만, 해당 법률 또는 법률의 조항에 대하여 종전에 합헌으로 결정한 사건이 있는 경우에는 그 결정이 있는 날의 다음 날로 소급하여 효력을 상실한다'고 규정한다.

2) 해석에 의한 소급효

a. 대법원: ㈎ 대법원은 헌법재판소의 위헌결정의 효력은 위헌제청을 한 당해사건은 물론 위헌제청신청은 아니하였지만 당해 법률 또는 법률의 조항이 재판의 전제가 되어 법원에 계속 중인 사건(병행사건)뿐만 아니라 위헌결정 이후에 같은 이유로 제소된 일반사건에도 원칙적으로 소급효가 미친다고 한다(대판 1993.2.26. 92누12247).

㈏ 다만, 일반사건의 경우 ⓐ 당해 처분에 이미 형식적 존속력(불가쟁력)이 발생하였거나(대판 1994.10.28. 92누9463), ⓑ 법적 안정성(신뢰보호)의 요청이 현저한 경우(대판 2005.11.10. 2005두5628)에는 소급효를 제한하고 있다.

b. 헌법재판소: ㈎ 헌법재판소는 위헌결정의 소급효가 당해사건·병행사건에 대해서만 미칠 수 있다고 보면서, 일반사건의 경우 원칙적으로 소급효를 부정한다.

㈏ 다만 일반사건의 경우 원칙적으로 소급효를 부정하지만 '구체적 타당성의 요청이 현저한 반면에 법적 안정성을 침해할 우려가 없는 때'에는 예외적으로 소급효를 인정하고 있다(헌재 1993.5.13. 92헌가10, 91헌바7, 92헌바24, 50(병합)).

3. 위헌인 법률에 근거하여 발령되었던 행정행위의 하자의 정도(위헌결정의 소급효가 인정되는 경우)

(1) 대법원

대법원은 법률이 헌법에 위반된다는 사정이 헌법재판소의 위헌결정이 있기 전에는 객관적으로 명백한 것이라고 할 수는 없으므로, 특별한 사정이 없는 한 그 행정처분의 취소소송의 전제가 될 수 있을 뿐이라고 한다(대판 1994.10.28. 92누9463).

(2) 헌법재판소

㈎ 헌법재판소 역시 「법률이 헌법에 위반된다는 사정은 헌법재판소의 위헌결정이 있기 전에는 객관적으로 명백한 것이라고 할 수 없으므로 특별한 사정이 없는 한 이러한 하자는 행정처분의 취소사유에 해당할 뿐(헌재 2005.3.31. 2003헌바113)」이라고 한다.

㈏ 다만, 「행정처분 자체의 효력이 쟁송기간경과 후에도 존속 중인 경우, 특히 그 처분이 위헌법률에 근거하여 내려진 것이고 그 행정처분의 목적달성을 위하여서는 후행 행정처분이 필요한데 후행 행정처분은 아직 이루어지지 않은 경우와 같이 그 행정처분을 무효로 하더라도 법적 안정성을 크게 해치지 않는 반면에 그 하자가 중대하여 그 구제가 필요한 경우에 대하여서는 그 예외를 인정하여 이를 당연무효

사유로 보아서 쟁송기간 경과 후에라도 무효확인을 구할 수 있는 것(헌재 1994.6.30. 92헌바23)」이라고 하여 위헌인 법률에 근거한 처분이 예외적으로 무효사유가 될 수 있음을 인정한다.

쟁점 — 위헌인 법률에 근거한 행정행위의 집행력 ★★★ [14 사시] [16 입시]

1. 위헌인 법률에 근거한 행정행위의 집행력의 인정 여부

   (1) 문제 상황

   의무의 불이행을 이유로 집행행위(예: 강제징수)에 들어가기 전이나 집행을 하는 과정에서 의무를 과하는 행정행위의 근거법률(예: 국세기본법)이 위헌으로 결정된 경우, 의무를 과하는 행정행위의 근거법률에 대한 위헌결정의 기속력이 의무를 집행하거나(예: 압류행위를 개시하는 것) 집행력을 유지하는 행위에도 미치는지(예: 압류등기를 유지하는 것)가 문제된다.

   (2) 학 설

   1) 긍정설

   처분의 근거법령에 대한 위헌결정의 기속력은 처분의 근거규정(예: 국세기본법)에만 미치고 집행의 근거규정(예: 국세징수법)에는 미치지 않는다고 본다.

   2) 부정설(다수설)

   헌법재판소법 제47조 제1항의 위헌결정의 기속력(위헌결정취지의 준수의무)에 따라 모든 국가기관과 지방자치단체는 위헌법률에 근거하여 새로운 법률관계를 형성해서는 안 되는 의무를 부담하고 또한 집행행위도 금지된다고 보며, 제2항의 장래효 규정에 따라 위헌결정된 법률은 장래를 향해 일반적으로 적용이 배제된다고 본다(남복현, 이동흡).

   (3) 판 례

   대법원은 행정행위가 있은 후에 집행단계에서 그 행정행위의 근거된 법률이 위헌으로 결정된 경우 그 행정행위의 집행이나 집행력을 유지하기 위한 행위는 위헌결정의 기속력에 위반되어 허용되지 않는다고 한다(부정)(대판 2002.8.23. 2001두2959).

   (4) 검 토

   위헌인 법률에 근거한 행정행위에 집행력을 인정하는 것은 헌법재판소법 제47조 제1항의 기속력에 위반되는 것이므로 이를 부정하는 견해가 타당하다.

2. 위헌인 법률에 근거한 행정행위의 집행행위 및 집행력을 유지하기 위한 행위의 위법성의 정도

   대법원은 만일 헌법재판소의 위헌결정의 기속력에 위반하여 행정청이 해당 행정행위의 집행행위·집행력을 유지하기 위한 행위를 하였다면 그 행위는 하자가 중대하

고 명백하여 당연무효라고 본다(조세 부과의 근거가 되었던 법률규정이 위헌으로 선언된 경우, … 위와 같은 위헌결정 이후에 조세채권의 집행을 위한 새로운 체납처분에 착수하거나 이를 속행하는 것은 더 이상 허용되지 않고, 나아가 이러한 위헌결정의 효력에 위배하여 이루어진 체납처분은 그 사유만으로 하자가 중대하고 객관적으로 명백하여 당연무효라고 보아야 한다(대판(전원) 2012.2.16. 2010두10907).

Ⅳ. 행정행위의 하자의 승계★★★ [08 입시] [11 입시] [12 5급] [15 사시] [15 5급] [16 입시] [17 변시] [20 변시] [20 5급] [21 입시] [22 입시]

1. 의 의

363　행정행위의 하자의 승계란 둘 이상의 행정행위가 연속적으로 행해지는 경우 선행행위의 하자가 후행행위에 승계되는 것을 말한다. 즉 후행행위를 다투며 선행행위의 위법을 주장할 수 있는지의 문제를 말한다.

2. 하자승계의 논의의 전제

364　하자승계의 논의가 특히 문제되는 경우는 ⓐ 선행행위와 후행행위가 모두 항고소송의 대상이 되는 행정처분이고, ⓑ 선행행위는 당연무효가 아닌 취소사유가 존재하고(선행행위가 무효라면 선행행위를 다툴 수도 있으며 ― 무효인 행위는 제소기간의 제한이 없다 ―, 연속되는 후행행위에 항상 하자가 승계되어 무효이므로 논의의 실익이 적다)[판례], ⓒ 선행행위에는 하자가 존재하나 후행행위는 적법해야 하고, ⓓ 선행행위의 하자가 제소기간 도과 등으로 불가쟁력이 발생하여 선행행위를 다툴 수 없는 경우라야 한다.

> 선행처분인 도시계획시설사업 시행자 지정 처분이 당연무효인 경우, 후행처분인 도시계획시설사업의 시행자가 작성한 실시계획을 인가하는 처분도 무효인지 여부(적극)
>
> 　선행처분과 후행처분이 서로 독립하여 <u>별개의 법률효과를 목적으로 하는 때에도 선행처분이 당연무효이면 선행처분의 하자를 이유로 후행처분의 효력을 다툴 수 있다.</u> 도시계획시설사업의 시행자가 작성한 실시계획을 인가하는 처분은 도시계획시설사업 시행자에게 도시계획시설사업의 공사를 허가하고 수용권을 부여하는 처분으로서 <u>선행처분인 도시계획시설사업 시행자 지정 처분이 처분 요건을 충족하지 못하여 당연무효인 경우에는 사업시행자 지정 처분이 유효함을 전제로 이루어진 후행처분인 실시계획 인가처분도 무효라고 보아야 한다</u>(대판 2017.7.11. 2016두35120).

3. 인정범위

(1) 학 설

1) 하자의 승계론(전통적 견해)

365　행정행위의 하자는 행정행위마다 독립적으로 판단되어야 하는 것이 원칙이지만, 선행행위와 후행행위가 일련의 절차에서 하나의 법률효과를 목적으로 하는 경우에는 예외

적으로 하자의 승계를 인정한다.

2) 구속력설(규준력설)

a. 의 의

구속력이란 형식적 존속력이 발생한 선행행정행위의 내용과 효과가 후행행정행위를 구속함으로써 상대방(관계인, 법원)은 후행행위를 다투지 못하는 효과를 말한다.

b. 범 위(요건)

㈎ 구속력은 ⓐ 선·후의 행위가 법적 효과가 일치하는 범위에서(객관적 범위), ⓑ 처분청과 처분의 상대방 및 법원에게(주관적 범위), ⓒ 선행행정행위의 사실적·법적 상황의 동일성이 유지되는 한도까지 미친다(시간적 범위).

㈏ ⓓ 그러나 객관적·주관적·시간적 한계 내에서 구속력이 인정됨으로 인해 사인의 권리보호가 부당하게 축소될 수 있기 때문에, 관련자에게 예측불가능하거나 수인불가능한 사정이 있는 경우에는 구속력이 미치지 않고(추가적 요건), 이 경우에는 후행행위를 다툴 수 있다.

(2) 판 례

㈎ 판례는 원칙상 하자의 승계론에 따라 선·후의 행위가 서로 결합하여 하나의 법률효과를 발생시키는 것이라면 후행처분에 하자가 없다고 하더라도 후행처분의 취소를 청구하는 소송에서 선행처분의 위법성을 주장할 수 있다고 본다. 즉, ⓐ 대집행절차상 계고처분과 대집행영장발부통보처분(대판 1996.2.9. 95누12507)에 대해 하자의 승계를 인정하였고, ⓑ 건물철거명령과 대집행계고처분(대판 1998.9.8. 97누20502)은 하자의 승계를 부정하였다.

㈏ 그러나 ⓐ 개별공시지가결정의 위법을 이유로 그에 기초하여 부과된 양도소득세부과처분의 취소를 구한 판결에서 선행행위와 후행행위가 별개의 법률효과를 목적으로 하는 경우에도 수인성의 원칙을 이유로 하자의 승계를 예외적으로 인정하였다(대판 1994.1.25. 93누8542)[판례 1, 2]. ⓑ 그리고 최근 표준지공시지가결정의 위법이 수용재결에 승계될 것인지가 문제된 판결에서도 양자는 별개의 법률효과를 목적으로 하지만 수인성의 원칙을 이유로 하자의 승계를 긍정하였다(대판 2008.8.21. 2007두13845)[판례 3].

1. 과세처분 등 행정처분의 취소를 구하는 행정소송에서 선행처분인 개별공시지가결정의 위법을 독립된 위법사유로 주장할 수 있는지 여부

  개별공시지가결정은 이를 기초로 한 과세처분 등과는 별개의 독립된 처분으로서 서로 독립하여 별개의 법률효과를 목적으로 하는 것이나, 개별공시지가는 이를 토지소유자나 이해관계인에게 개별적으로 고지하도록 되어 있는 것이 아니어서 토지소유자 등이 개별공시지가결정 내용을 알고 있었다고 전제하기도 곤란할 뿐만 아니라 결정된 개별공시지가가 자신에게 유리하게 작용될 것인지 또는 불이익하게 작용될 것인지 여부를 쉽사리 예견할 수 있는 것도 아니며, 더욱이 장차 어떠한 과세처분 등 구체적인 불이익이 현실적으로 나타나게 되었을 경우에 비로소 권리구제의 길을 찾는 것이 우리 국민의 권리의식임을 감안하여 볼 때 토

지 소유자 등으로 하여금 결정된 개별공시지가를 기초로 하여 장차 과세처분 등이 이루어질 것에 대비하여 항상 토지의 가격을 주시하고 개별공시지가결정이 잘못된 경우 정해진 시정절차를 통하여 이를 시정하도록 요구하는 것은 부당하게 높은 주의의무를 지우는 것이라고 아니할 수 없고, 위법한 개별공시지가결정에 대하여 그 정해진 시정절차를 통하여 시정하도록 요구하지 아니하였다는 이유로 위법한 개별공시지가를 기초로 한 과세처분 등 후행 행정처분에서 개별공시지가결정의 위법을 주장할 수 없도록 하는 것은 수인한도를 넘는 불이익을 강요하는 것으로서 국민의 재산권과 재판받을 권리를 보장한 헌법의 이념에도 부합하는 것이 아니라고 할 것이므로, 개별공시지가결정에 위법이 있는 경우에는 그 자체를 행정소송의 대상이 되는 행정처분으로 보아 그 위법 여부를 다툴 수 있음은 물론 이를 기초로 한 과세처분 등 행정처분의 취소를 구하는 행정소송에서도 선행처분인 개별공시지가결정의 위법을 독립된 위법사유로 주장할 수 있다고 해석함이 타당하다(대판 1994.1.25. 93누8542).

2. 개별토지가격 결정에 대한 재조사 청구(현행법상 이의신청)에 따른 감액조정에 대하여 더 이상 불복하지 아니한 경우, 이를 기초로 한 양도소득세 부과처분 취소소송에서 다시 개별토지가격 결정의 위법을 당해 과세처분의 위법사유로 주장할 수 없다고 한 사례

원고가 … 개별공시지가 결정에 대하여 한 재조사청구에 따른 조정결정을 통지받고서도 더 이상 다투지 아니한 경우까지 선행처분인 개별공시지가 결정의 불가쟁력이나 구속력이 수인한도를 넘는 가혹한 것이거나 예측불가능하다고 볼 수 없어, 위 개별공시지가 결정의 위법을 이 사건 과세처분의 위법사유로 주장할 수 없다(대판 1998.3.13. 96누6059).

3. 수용보상금의 증액을 구하는 소송에서 선행처분으로서 그 수용대상 토지 가격 산정의 기초가 된 비교표준지공시지가결정의 위법을 독립한 사유로 주장할 수 있는지 여부(적극)

표준지공시지가결정은 이를 기초로 한 수용재결 등과는 별개의 독립된 처분으로서 서로 독립하여 별개의 법률효과를 목적으로 하지만, 표준지공시지가는 이를 인근 토지의 소유자나 기타 이해관계인에게 개별적으로 고지하도록 되어 있는 것이 아니어서 인근 토지의 소유자 등이 표준지공시지가결정 내용을 알고 있었다고 전제하기가 곤란할 뿐만 아니라, 결정된 표준지공시지가가 공시될 당시 보상금 산정의 기준이 되는 표준지의 인근 토지를 함께 공시하는 것이 아니어서 인근 토지 소유자는 보상금 산정의 기준이 되는 표준지가 어느 토지인지를 알 수 없으므로, 인근 토지 소유자가 표준지의 공시지가가 확정되기 전에 이를 다투는 것은 불가능하다. 더욱이 장차 어떠한 수용재결 등 구체적인 불이익이 현실적으로 나타나게 되었을 경우에 비로소 권리구제의 길을 찾는 것이 우리 국민의 권리의식임을 감안하여 볼 때, 인근 토지소유자 등으로 하여금 결정된 표준지공시지가를 기초로 하여 장차 토지보상 등이 이루어질 것에 대비하여 항상 토지의 가격을 주시하고 표준지공시지가결정이 잘못된 경우 정해진 시정절차를 통하여 이를 시정하도록 요구하는 것은 부당하게 높은 주의의무를 지우는 것이고, 위법한 표준지공시지가결정에 대하여 그 정해진 시정절차를 통하여 시정하도록 요구하지 않았다는 이유로 위법한 표준지공시지가를 기초로 한 수용재결 등 후행 행정처분에서 표준지공시지가결정의 위법을 주장할 수 없도록 하는 것은 수인한도를 넘는 불이익을

강요하는 것으로서 국민의 재산권과 재판받을 권리를 보장한 헌법의 이념에도 부합하는 것이 아니다. 따라서 표준지공시지가결정이 위법한 경우에는 그 자체를 행정소송의 대상이 되는 행정처분으로 보아 그 위법 여부를 다툴 수 있음은 물론, 수용보상금의 증액을 구하는 소송에서도 선행처분으로서 그 수용대상 토지 가격 산정의 기초가 된 비교표준지공시지가결정의 위법을 독립한 사유로 주장할 수 있다(대판 2008.8.21. 2007두13845).

(3) 검 토

⑺ ⓐ 하자의 승계론은 승계를 긍정하는 경우와 부정하는 경우의 기준이 객관적이지만, 법률효과의 동일성이라는 형식적 기준에 의존함으로써 개별적인 사안에서 불합리한 결과가 나올 수 있는 문제점이 있고, ⓑ 구속력설은 예측가능성, 수인가능성요건으로 인해 구체적 타당성을 기할 수 있음은 사실이나, 예측가능성과 수인가능성(전술한 수인성의 원칙 참조(57))은 구속력설의 특유한 주장이라기보다는 어느 학설에 따르더라도 법치주의의 원리하에서 당연히 고려될 수 있는 일반원칙이다.

⑷ 하자의 승계론과 수인성을 결합한 판례의 태도가 타당하다. 즉, 선·후의 행위가 하나의 법률효과를 목적으로 하는 경우에는 하자의 승계를 인정하는 것이 타당하다. 다만, 선·후의 행위가 하나의 법률효과를 목적으로 하지 않는 경우에도 특히 예측불가능하거나 수인불가능한 사정이 있는 경우에는 예외적으로 하자의 승계를 인정하여야 한다.

V. 하자 있는 행정행위의 치유★★★[08 5급] [14 변시]

1. 의 의

행정행위가 발령 당시에 위법한 것이라고 하여도 사후에 흠결을 보완하게 되면 적법한 행위로 취급하는 것을 말한다(예를 들어 청문을 실시하지 않고 영업허가를 취소하여 영업허가취소에 절차상의 위법이 있었지만 사후에 청문을 실시하여 그 절차상 위법을 치유함으로써 적법한 영업허가취소로 취급하는 것을 말한다).

2. 인정 여부

판례도 「하자 있는 행정행위의 치유는 행정행위의 성질이나 법치주의의 관점에서 볼 때 원칙적으로 허용될 수 없는 것이고, 예외적으로 행정행위의 무용한 반복을 피하고 당사자의 법적 안정성을 위해 이를 허용하는 때에도 국민의 권리나 이익을 침해하지 않는 범위에서 구체적 사정에 따라 합목적적으로 인정하여야 한다(대판 2002.7.9. 2001두10684)」고 하여 제한적 긍정설의 입장이다.

3. 하자 치유의 적용 범위

(1) 무효인 행정행위의 치유 여부

전통적 견해와 판례는 하자의 치유는 취소할 수 있는 행위에만 인정되며(대판 1989.12.12. 88누8869), 무효인 행위는 언제나 무효이어서 종국적 성질을 가지므로 치유가 인정되지 않는다고 한다.

(2) 내용상 하자의 치유 여부

① ⓐ 절차와 형식상의 하자 외에 내용상의 하자도 치유가 가능하다는 견해도 있으나, ⓑ 행정의 법률적합성의 원칙을 고려할 때 내용상 하자의 치유는 불가능하다는 견해가 타당하다. ② 판례도 부정한다(대판 1991.5.28. 90누1359).

4. 하자 치유의 요건(사유)

하자의 치유를 인정하기 위해서는 '흠결된 요건의 사후 보완'이 있어야 한다.

5. 하자 치유의 한계(제한적 긍정설)

(1) 실체적 한계

하자의 치유는 법치주의의 관점에서 보아 원칙적으로는 허용될 수 없지만, 국민의 권리와 이익을 침해하지 않는 범위에서 예외적으로 인정되어야 한다(대판 1992.5.8. 91누13274).

(2) 시간적 한계

1) 학 설

치유의 시기와 관련하여 ⓐ 쟁송제기이후에 하자의 치유를 인정하면 당사자의 신뢰 보호와 예측가능성을 침해할 수 있으므로 하자의 치유는 쟁송제기이전에 있어야 한다는 견해(쟁송제기이전시설)와 ⓑ 쟁송제기이후에 하자의 치유를 인정해도 처분의 상대방의 권리구제에 장애를 초래하지 않는 경우가 있을 수 있으므로 소송경제를 고려하여 쟁송제기이후에도 치유가 가능하다는 견해(쟁송종결시설)가 대립된다.

2) 판 례

판례는「치유를 허용하려면 늦어도 과세처분에 대한 불복 여부의 결정 및 불복신청에 편의를 줄 수 있는 상당한 기간 내에 하여야 한다고 할 것(대판 1983.7.26. 82누420)」이라고 하고 있어 행정쟁송제기이전까지만 가능하다는 것이 판례의 입장이다.

3) 검 토

(특히 청문·이유제시 등 절차나 형식상의 하자의 경우) 당사자에게 불복 여부 결정 및 불복신청에 편의를 줄 수 있도록 하자의 치유는 쟁송제기이전에 있어야 한다는 견해가 타당하다(하명호).

6. 하자의 치유의 효과

하자의 치유가 인정되면 처음부터 적법한 행정행위가 발령된 것처럼 치유의 효과는 소급한다.

VI. 하자 있는 행정행위의 전환

1. 의 의

하자 있는 행정행위의 전환이란 하자 있는 행정행위가 다른 행정행위의 적법요건을 갖춘 경우 다른 행정행위로서의 효력발생을 인정하는 것을 말한다(예를 들어 사망자에 대한 과세처분은 무효이지만 이를 상속인에 대한 과세처분으로 인정하는 것을 말한다). 하자 있는 행정행위의 치유는 행정행위의 하자를 제거하는 보완적인 행위이지만, 행정행위의 전환은 기존행정행위 대신에 다른 새로운 행정행위로 대체된다는 점에서 차이가 있다.

2. 법적 성질

행정행위의 전환은 행정청의 의사표시로 효력이 발생하는 행정행위이다(행정행위설)(다수설). 따라서 행정행위의 전환에 하자가 있다면 상대방은 항고소송을 제기할 수 있다(대판 1969.1.21. 68누190).

3. 요 건

(1) 전환 전의 행위는 위법할 것

전환 전의 행정행위가 위법해야 한다. 다수설은 취소사유인 행정행위는 치유가능성이 있기 때문에 무효인 행정행위에만 행정행위의 전환이 인정된다고 본다.

(2) 전환 후의 행위는 적법할 것

전환 후의 행정행위가 내용적인 면뿐만 아니라 주체·절차·형식의 면에서도 적법할 것을 요한다.

(3) 전환 전·후 행위의 일치성

전환 전·후의 행정행위가 목적과 효과에 실질적 공통성이 있고, 절차와 형식이 동일하여야 한다.

(4) 당사자에게 전환의사가 있을 것

당사자에게 전환의사가 있어야 한다. 즉 위법한 행정행위 발령 당시 행정행위에 하자가 있다는 사실을 당사자가 알았더라면 다른 행정행위를 의욕(가정적인 의사로도 족하다)했어야 한다.

4. 한계: 행정청이나 관계자에게 불이익하지 않을 것

행정행위의 전환이 행정청의 의도에 반하지 않아야 하며, 행정행위의 상대방이나 제3자에게 불이익한 효과를 가져 오지 않아야 한다.

5. 효 과

하자 있는 행정행위의 전환은 새로운 행정행위를 가져온다. 새로운 행정행위의 효력은 당초 하자 있는 행정행위의 발령시점으로 소급하여 발생한다(행정행위의 전환은 관계자에게 불이익한 경우에는 인정되지 아니하므로 새로운 행위의 효력발생은 소급적으로 보아도 상관 없다).

제7항 | 행정행위의 폐지

388a 행정행위의 폐지란 행정청의 의사표시로 행정행위의 효력을 소멸시키는 것을 말하는데, 행정행위의 직권취소와 철회가 있다. 행정행위의 직권취소는 행정행위의 성립에 흠(원시적인 하자)이 있는 행정행위의 효과를 소급(또는 장래)적으로 소멸시킨다는 점에서, 행정행위 발령 이후의 새로운 사정(후발적 사정)을 이유로 행정행위의 효력을 장래적으로 소멸시키는 행정행위의 철회와 구별된다.

Ⅰ. 행정행위의 직권취소

1. 의의

389 행정행위의 직권취소란 위법 또는 부당한 하자가 있는 행정행위를 그 행위를 발령한 처분청(감독청)이 직권으로 효력을 소멸시키는 것을 말한다(예를 들어 연령결격자에게 발령된 운전면허처분을 행정청이 취소하는 경우를 말한다).

2. 직권취소의 근거(사유)

390 ⓐ 명시적인 법적 근거 없이도 그 행정행위를 발령한 처분청은 스스로 위법·부당한 행위를 직권으로 취소할 수 있다는 것이 일반적 견해이다(행정기본법 제18조 제1항). ⓑ 판례도 「행정행위를 한 처분청은 그 행위에 하자가 있는 경우에는 별도의 법적 근거가 없더라도 스스로 이를 취소할 수 있다(대판 2006.5.25. 2003두4669)」고 하여 학설과 동일한 입장이다.

3. 직권취소의 한계

(1) 침익적 행정행위의 직권취소

391 침익적 행정행위의 직권취소는 상대방에게 수익적이므로 행정청은 직권취소할 수 있다.

(2) 수익적 행정행위의 직권취소

392 수익적 행정행위의 직권취소는 상대방에게 침익적이므로 제한된다. 즉 성문법과 행정법의 일반원칙 특히 신뢰보호원칙이나 비례원칙에 위반되어서는 아니 된다(행정기본법 제18조 제2항 참조).

4. 직권취소의 절차

393 행정행위의 직권취소도 행정행위이다. 따라서 개별법상의 절차와 행정절차법상의 처분절차를 준수해야 한다.

5. 직권취소의 효과

394 대체로 침익적 행정행위의 직권취소는 상대방에게 수익적이므로 그 효과는 소급적이나, 수익적 행정행위의 직권취소는 상대방에게 침익적이므로 그 효과는 장래적이다.

6. 하자 있는 직권취소의 (재)취소의 가능성(하자 있는 철회의 취소의 경우에도 동일)★

(1) 문제점

직권취소의 하자가 단순위법인 경우 직권취소로 소멸되었던 원처분이 행정청이 직권취소를 다시 취소함으로써 소생될 수 있는지가 문제된다(예를 들어 운전면허취소처분이 단순위법한 경우 이를 재취소함으로써 원처분인 운전면허처분의 효력을 회복시킬 수 있는지의 문제이다).

(2) 학 설

① 직권취소를 쟁송취소(예를 들어 취소소송을 제기하여 취소판결을 받는 것)하는 경우 원처분의 효력이 회복되는데(운전면허취소처분에 대해 취소소송을 제기하여 확정판결을 받은 경우 운전면허처분의 효력은 회복된다) 직권취소를 취소함으로써 원처분의 회복이 불가능하다는 것은 모순이라고 보는 적극설, ② 직권취소로 원처분의 효력은 확정적으로 상실되었으므로 직권취소를 취소하더라도 원처분의 원상회복이 불가능하다는 소극설, ③ 원처분의 성질(수익인지 침익인지), 새로운 이해관계인의 등장 여부, 법적 안정성(신뢰보호), 행정능률 등을 고려하여 판단해야 한다는 절충설로 나누어진다.

(3) 판 례

① 원처분이 침익적 처분인 경우 그 직권취소의 취소(예를 들어 과세처분에 대한 직권취소의 취소)는 소극적 입장을, ② 원처분이 수익적 처분인 경우 그 직권취소의 취소(예를 들어 이사취임승인처분에 대한 직권취소의 취소)는 적극적 입장을 취한다. ③ 다만, 직권취소를 취소하여 회복되는 원처분이 수익적이라 할지라도 그 원처분이 동시에 제3자에게는 침익적 효과를 가져온다면(=복효적인 경우) 원처분의 회복을 부정한다(대판 1967.10.23. 67누126).

(4) 검 토

① 소극설에 따르면 직권취소로 소멸된 원처분의 효력 회복은 불가능하므로 행정청은 직권취소로 소멸된 원처분과 동일한 처분을 발령해야 하는데 이는 취소처분의 하자를 시정하는 근원적인 방법이 아니며(예를 들어 소극설에 따르면 하자 있는 운전면허취소처분을 취소해서는 운전면허처분의 효력을 회복시킬 수가 없기 때문에 사인이 운전면허가 취소된 기간 중 운전을 한 경우 무면허운전죄로 처벌받을 수밖에 없지만, 운전면허취소처분을 취소하여 운전면허처분의 효력을 소급적으로 회복시킬 수 있다면 무면허운전죄가 성립되지 않을 것이다), ② 적극설에 따르면 효력이 소급적으로 회복되는 원처분이 침익적 처분인 경우 당사자에게 불이익하게 작용하기 때문에(과세처분의 직권취소를 취소한다면 원처분인 과세처분의 효력이 소급적으로 회복되어 상대방에게 불이익하다), ③ 원처분이 침익적인 경우와 수익적인 경우를 분리하여 판단하는 판례의 입장이 타당하다.

7. 복효적 행정행위의 직권취소(복효적 행정행위의 철회도 동일)

침익과 수익이 상이한 자에게 귀속되는 복효적 행정행위를 행정청이 이를 직권취소하는 경우 제3자의 이익도 고려하여야 한다. 따라서 직권취소가 제3자에게 침익적인 경우 신뢰보호원칙 등의 제한이 따른다.

II. 행정행위의 철회★[08 5급] [14 5급] [16 변시]

1. 의의

401 행정행위의 철회란 사후적으로 발생한 사유에 의해 행정행위의 효력을 장래를 향해 소멸시키는 의사표시를 말한다(예를 들어 건축허가를 받은 후 그곳이 환경보호에 중요한 지역임이 밝혀져 행정청이 그 건축허가를 취소하는 것을 말한다). 실정법상으로는 취소라고 한다.

2. 법적 근거

402 행정행위의 철회는 법령에 그 사유가 명시되지 않음이 일반적이어서 행정행위를 철회함에 있어서 명시적인 법적 근거가 필요한지가 문제되는데, 행정기본법 제19조 제1항은 "행정청은 적법한 처분이 다음 각 호(1. 법률에서 정한 철회 사유에 해당하게 된 경우, 2. 법령등의 변경이나 사정변경으로 처분을 더 이상 존속시킬 필요가 없게 된 경우, 3. 중대한 공익을 위하여 필요한 경우)의 어느 하나에 해당하는 경우에는 그 처분의 전부 또는 일부를 장래를 향하여 철회할 수 있다"고 하여 법적 근거불요설을 입법화하였다.

3. 철회권행사의 한계(제한)

(1) 침익적 행정행위의 철회

407 침익적 행정행위의 철회는 상대방에게 수익적이므로 행정청은 원칙적으로 자유롭게 철회할 수 있다.

(2) 수익적 행정행위의 철회

408 수익적 행정행위의 철회는 상대방에게 침익적이므로 제한된다. 즉 성문법과 행정법의 일반원칙 특히 신뢰보호원칙이나 비례원칙 등에 위반되어서는 아니 된다(행정기본법 제19조 제2항).

4. 철회의 절차

409 행정행위의 철회도 행정행위이다. 따라서 개별법상의 절차와 행정절차법상의 처분절차를 준수해야 한다.

5. 철회의 효과

410 행정행위의 철회에서 원행정행위는 그 발령시점에서 적법하였기 때문에 철회의 효과는 장래적이다.

 일부 철회(취소)의 가능성★

410a 행정행위의 철회권(취소권)행사도 부당결부금지의 원칙과 비례원칙을 준수해야 하기 때문에 일부만의 철회가 가능하다면 전부철회가 아닌 일부철회의 방법을 선택하여야 한다. 다만, 일부만을 철회하기 위해서는 외형상 하나의 행정처분이라 하더라도 가

분성이 있거나 그 처분대상의 일부가 특정될 수 있어야 한다(대판(전원) 1995.11.16. 95누8850). 특히 한 사람이 여러 종류의 자동차운전면허를 취득한 경우 이를 취소 또는 정지하는 경우 일부철회(취소)가 가능한지가 문제된다.

> [전부취소를 긍정한 판결]
>
> 1. 제1종 보통면허로 운전할 수 있는 차량을 음주운전한 경우에 이와 관련된 면허인 제1종 대형면허와 원동기장치자전거면허까지 취소할 수 있는지 여부(적극)
>
>   자동차운전면허는 그 성질이 대인적 면허일 뿐만 아니라 도로교통법시행규칙 제26조 별표 14에 의하면, 제1종 대형면허 소지자는 제1종 보통면허로 운전할 수 있는 자동차와 원동기장치자전거를, 제1종 보통면허 소지자는 원동기장치자전거까지 운전할 수 있도록 규정하고 있어서 제1종 보통면허로 운전할 수 있는 차량의 음주운전은 당해 운전면허뿐만 아니라 제1종 대형면허로도 가능하고, 또한 제1종 대형면허나 제1종 보통면허의 취소에는 당연히 원동기장치자전거의 운전까지 금지하는 취지가 포함된 것이어서 이들 세 종류의 운전면허는 서로 관련된 것이라고 할 것이므로 제1종 보통면허로 운전할 수 있는 차량을 음주운전한 경우에 이와 관련된 면허인 제1종 대형면허와 원동기장치자전거면허까지 취소할 수 있는 것으로 보아야 한다(대판 1994.11.25. 94누9672).
>
> 2. 제1종 대형면허로 운전할 수 있는 차량을 운전면허정지기간 중에 운전한 경우, 이와 관련된 제1종 보통면허까지 취소할 수 있는지 여부(적극)
>
>   제1종 대형면허를 가진 사람만이 운전할 수 있는 대형승합자동차는 제1종 보통면허를 가지고 운전할 수 없는 것이기는 하지만, 자동차운전면허는 그 성질이 대인적 면허일 뿐만 아니라, 도로교통법시행규칙 제26조 [별표 13의6]에 의하면, 제1종 대형면허 소지자는 제1종 보통면허 소지자가 운전할 수 있는 차량을 모두 운전할 수 있는 것으로 규정하고 있어, 제1종 대형면허의 취소에는 당연히 제1종 보통면허소지자가 운전할 수 있는 차량의 운전까지 금지하는 취지가 포함된 것이어서 이들 차량의 운전면허는 서로 관련된 것이라고 할 것이므로, 제1종 대형면허로 운전할 수 있는 차량을 운전면허정지기간 중에 운전한 경우에는 이와 관련된 제1종 보통면허까지 취소할 수 있다(대판 2005.3.11. 2004두12452).
>
> 3. 갑이 제2종 원동기장치자전거면허 외에 다른 운전면허 없이 주취 상태에서 승용자동차를 운전하였다는 이유로 관할 지방경찰청장이 갑의 제2종 원동기장치자전거면허를 취소할 수 있는지 여부(적극)
>
>   원고에게 승용자동차를 운전할 수 있는 위 각 면허가 없었다 하더라도 원고의 이 사건 승용자동차의 음주운전행위는 제2종 원동기장치자전거의 운전을 금지시킬 사유에 해당하므로 그 면허를 취소할 수 있다고 봄이 마땅하므로 피고가 원고의 제2종 원동기장치자전거면허를 취소한 이 사건 처분은 적법하다고 할 것이다(대판 2012.6.28. 2011두358).

4. 갑이 혈중알코올농도 0.140%의 주취상태로 배기량 125cc 이륜자동차를 운전하였다는 이유로 관할 지방경찰청장이 갑의 자동차운전면허[제1종 대형, 제1종 보통, 제1종 특수(대형견인·구난)]를 취소할 수 있는지 여부(적극)

갑에 대하여 제1종 대형, 제1종 보통, 제1종 특수(대형견인·구난) 운전면허를 취소하지 않는다면, 갑이 각 운전면허로 배기량 125cc 이하 이륜자동차를 계속 운전할 수 있어 실질적으로는 아무런 불이익을 받지 않게 되는 점, … 제1종 대형, 제1종 보통, 제1종 특수(대형견인·구난) 운전면허를 취소한 부분에 재량권을 일탈·남용한 위법이 있다고 본 원심판단에 재량권 일탈·남용에 관한 법리 등을 오해한 위법이 있다(대판 2018.2.28. 2017두67476).

[전부취소를 부정한 판결]

1. 제1종 보통, 대형 및 특수면허를 가지고 있는 자가 레이카크레인을 음주운전한 행위가 특수면허의 취소사유 외에 보통 및 대형 면허의 취소사유에 해당하는지 여부(소극)

제1종 보통, 대형 및 특수 면허를 가지고 있는 자가 레이카크레인을 음주운전한 행위는 제1종 특수면허의 취소사유에 해당될 뿐 제1종 보통 및 대형 면허의 취소사유는 아니므로, 3종의 면허를 모두 취소한 처분 중 제1종 보통 및 대형 면허에 대한 부분은 이를 이유로 취소하면 될 것이나, 제1종 특수면허에 대한 부분은 원고가 재량권의 일탈·남용하여 위법하다는 주장을 하고 있음에도, 원심이 그 점에 대하여 심리·판단하지 아니한 채 처분 전체를 취소한 조치는 위법하다(대판(전원) 1995.11.16. 95누8850).

2. 제1종 대형, 제1종 보통 자동차운전면허를 가지고 있는 갑이 배기량 400cc의 오토바이를 절취하였다는 이유로 지방경찰청장이 갑의 제1종 대형, 제1종 보통 자동차운전면허를 모두 취소한 사안에서, 오토바이를 훔쳤다는 사유만으로 제1종 대형면허나 보통면허를 취소할 수 있는지 여부(소극)

제1종 대형, 제1종 보통 자동차운전면허를 가지고 있는 갑이 배기량 400cc의 오토바이를 절취하였다는 이유로 지방경찰청장이 도로교통법 제93조 제1항 제12호에 따라 갑의 제1종 대형, 제1종 보통 자동차운전면허를 모두 취소한 사안에서, 도로교통법 제93조 제1항 제12호, 도로교통법 시행규칙 제91조 제1항 [별표 28] 규정에 따르면 그 취소 사유가 훔치거나 빼앗은 해당 자동차 등을 운전할 수 있는 특정 면허에 관한 것이며, 제2종 소형면허 이외의 다른 운전면허를 가지고는 위 오토바이를 운전할 수 없어 취소 사유가 다른 면허와 공통될 것도 아니므로, 갑이 위 오토바이를 훔친 것은 제1종 대형면허나 보통면허와는 아무런 관련이 없어 위 오토바이를 훔쳤다는 사유만으로 제1종 대형면허나 보통면허를 취소할 수 없다(대판 2012.5.24. 2012두1891).

제8항 | 행정행위의 실효

행정행위의 실효란 행정행위의 효력이 행정청의 의사와 관계없이 일정한 사실의 발생에 의해 장래를 향하여 당연 소멸되는 것을 말한다(예: 운전면허취득자의 사망, 영업허가처분을 받은 물적 시설의 철거, 종기가 정해진 행정행위의 종기의 도래(예를 들어 5년간 영업허가를 받은 후 5년이 경과한 경우)). 행정행위의 효력의 소멸이 행정청의 의사와 무관하다는 점에서 행정행위의 직권취소·철회와 구별된다.

411

제9항 | 행정행위의 부관

Ⅰ. 부관의 개념

1. 부관의 의의

행정행위의 부관이란 행정행위의 효과를 제한 또는 보충하기 위하여 행정기관에 의하여 주된 행정행위에 부가된 종된 규율을 말한다(다수설). 법령에서 직접 행정행위의 효력범위를 정하고 있는 경우는 행정행위의 부관이 아니다(예를 들어 법령에서 허가기간을 3년으로 획일적으로 정하고 있는 경우, 허가하면서 기간 3년을 부관으로 부가하는 것)(이를 행정행위의 부관과 구별하여 법정부관이라 부른다).

412

2. 부관의 부종성

부관은 부종성(주된 행정행위와의 관계에서 종적인 지위를 가지는 관련성)을 갖는다. 따라서 부관은 형식적으로 주된 행정행위의 존재 여부와 효력 유무에 의존하게 되며(주된 행정행위가 무효이면 부관도 당연히 소멸된다), 내용적으로 부관의 내용은 주된 행정행위와의 실질적 관련성이 있는 것에 한정되는 한계가 있다(류지태·박종수).

413

Ⅱ. 부관의 종류★★[12 변시] [16 변시] [17 5급]

부관의 종류 중 어디에 해당하는지는 ① 그 표현에 관계없이 행정청의 객관적인 의사에 따라 판단하여야 한다. ② 다만 그 의사가 불분명하다면 최소침해의 원칙상 상대방인 사인에게 유리하도록 판단한다.

414

1. 조 건

조건이란 행정행위의 효력의 발생·소멸을 장래에 발생 여부가 불확실한 사실에 종속시키는 부관을 말한다. 조건에는 정지조건과 해제조건이 있다. '정지조건'이란 조건의 성취로 행정행위의 효력이 발생하는 조건을 말하며(예를 들어 주차장의 확보를 정지조건으로 한 여객자동차운수사업면허를 발령하였다면 주차장확보의 정지조건을 성취해야 여객자동차운송사업면허의 효력이 발생한다), '해제조건'이란 조건의 성취로 발령된 행정행위의 효력이 소멸되는 경우의 조건을 말한다(예를 들어 상수원보호구역으로 지정되면 내수면어업허가가 소멸될 것을 해제조건으로 하였다면 상수원보호구역지정이라는 해제조건이 성취되는 순간 내수

415

면어업허가의 효력은 소멸된다).

2. 기 한

⁴¹⁶ 기한이란 행정행위의 효력의 발생·소멸을 장래에 발생 여부가 확실한 사실에 종속시키는 부관을 말한다. 기한에는 시기(始期)(예: 도로점용허가의 효력발생을 장래 특정일자로 정하는 경우)와 종기(終期)(예: 3년을 기간으로 영업을 허가하는 경우)가 있다.

3. 철회권(취소권)의 유보

⁴¹⁷ 철회권의 유보란 일정한 사정이 발생하면 행정행위를 철회할 수 있음을 미리 정해 두는 (=유보) 부관을 말한다(예를 들어 건축허가를 하면서 사후에 환경보존의 필요성이 생기면 건축허가를 취소할 수 있음을 미리 정해 두는 부관을 말한다).

4. 부 담

(1) 의 의

⁴¹⁸ 부담이란 수익적인 주된 행정행위에 부가된 것으로 상대방에게 작위·부작위·수인·급부 등 의무를 과하는 부관을 말한다(예를 들어 도로점용을 허가하면서 점용료납부의무를 과하거나 유흥주점영업을 허가하면서 영업방법제한 등 각종의 행위제한을 가하는 것을 말한다).

(2) 부담과 정지조건

⁴¹⁹ 부담부 행정행위는 부담의 이행 여부를 불문하고 일단 주된 행정행위의 효력은 발생하지만, 정지조건부 행정행위는 조건이 성취되어야 효력이 발생한다. 그러나 양자의 구별은 불분명한 경우가 많다. 이 경우 최소침해의 원칙상 상대방에게 유리하도록 부담으로 보아야 한다(통설).

(3) 성 질

⁴²⁰ 조건이나 기한과 달리 부담은 주된 행정행위의 일부분이 아니라 그 자체로 행정행위다. 다만 부담은 주된 행정행위와 관련되어 있고 주된 행위의 효력에 의존한다는 종속적인 면에서 부관으로 볼 수 있는 것이다(부종성을 갖는 행정행위).

5. 부담유보

⁴²² 부담유보란 사후적으로 부담을 설정·변경·보완할 수 있는 권리를 미리 정해 두는(=유보) 내용의 부관을 말한다(예를 들어 도로점용허가를 하면서 사후에 도로점용료 부과에 대한 부담을 유보시키는 부관을 말한다).

6. 법률효과의 일부배제

(1) 의 의

⁴²³ 법률효과의 일부배제란 법률이 예정하고 있는 행정행위의 효과의 일부를 행정청이 배제하는 부관을 말한다. 예를 들어 공유수면 관리 및 매립에 관한 법률 제46조 제1항은 매립지의 소유권 취득에 관해 규정하면서 동법 제29조와 그에 근거한 동법시행령 제37

조 제2호는 매립지의 소유권 취득에 대해 동법 제46조 제1항과 달리 부관으로 달리 정할 수 있음을 명시적으로 규정하고 있는데, 이 규정에 근거하여 소유권 귀속에 대한 사항을 정하는 부관을 행정기관이 발령하면 그 부관은 법률효과의 일부배제이다.

> [참조조문]
> **공유수면 관리 및 매립에 관한 법률**
> **제46조(매립지의 소유권 취득 등)** ① 매립면허취득자가 제45조 제2항에 따른 준공검사확인증을 받은 경우 국가, 지방자치단체 또는 매립면허취득자는 다음 각 호의 구분에 따라 매립지의 소유권을 취득한다.
> 1. 대통령령으로 정하는 공용 또는 공공용으로 사용하기 위하여 필요한 매립지: 국가 또는 지방자치단체
> 2. 매립된 바닷가에 상당하는 면적의 매립지: 국가. 이 경우 국가가 소유권을 취득하는 매립지의 위치는 매립면허취득자가 정한 매립지가 아닌 곳으로 한다.
>
> **제29조(매립면허의 부관)** 매립면허관청은 매립면허를 할 때에 제31조 각 호에 해당하는 자의 보호 또는 공익을 위하여 필요한 사항과 그 밖에 대통령령으로 정하는 사항에 대하여 부관을 붙일 수 있다.
>
> **공유수면 관리 및 매립에 관한 법률 시행령**
> **제37조(매립면허의 부관)** 법 제29조에서 "대통령령으로 정하는 사항"이란 다음 각 호의 사항을 말한다.
> 2. 법 제46조 제1항 제1호 및 제2호에 따른 공용 또는 공공용으로 사용하기 위하여 필요한 매립지의 국가 또는 지방자치단체에의 귀속 및 매립된 바닷가에 상당하는 면적의 국가 귀속에 관한 사항

(2) 법적 성질·근거

① 일반적인 견해와 판례는 법률효과의 일부배제를 부관의 하나로 본다. ② 다만, 법률이 예정하는 행정행위의 효과를 부관으로 제한하기 위해서는 반드시 법률에 근거가 있어야 한다.

424

III. 부관의 적법성(부관의 가능성과 한계)★★[12 변시] [16 변시] [16 5급] [17 5급] [20 5급]

1. 부관의 가능성(법적 근거의 문제)

㈎ 법률유보원칙에 비추어 부관의 부가가능성에 대한 명시적 법적 근거가 없더라도 침익적 부관을 부가할 수 있는지가 문제된다.

426

㈏ 행정기본법 제17조 제1항은 "행정청은 처분에 재량이 있는 경우에는 부관을 붙일 수 있다" 그리고 제2항은 "행정청은 처분에 재량이 없는 경우에는 법률에 근거가 있는 경우에 부관을 붙일 수 있다"고 규정하여, 법률에 부관의 부가가능성에 대한 명시적 근거가 없다면 재량행위에만 부관을 부가할 수 있다고 본다.

> **행정청이 수익적 행정처분을 하면서 부관으로 부담을 붙이는 방법**
> 수익적 행정처분에 있어서는 법령에 특별한 근거규정이 없다고 하더라도 그 부관으로서 부담을 붙일 수 있고, 그와 같은 부담은 행정청이 행정처분을 하면서 일방적으로 부가할 수도 있지만 부담을 부가하기 이전에 상대방과 협의하여 부담의 내용을 협약의 형식으로 미리 정한 다음 행정처분을 하면서 이를 부가할 수도 있다(대판 2009.2.12. 2008다56262).

2. 부관의 한계

429 부관은 부관부 행정행위의 구성부분이므로 성문의 법령이나 행정법의 일반원칙에 위반되어서는 아니 된다(특히 부당결부금지원칙이나 비례원칙 위반 여부가 문제될 것이다)(행정기본법 제17조 제4항). 또한 부관의 내용은 실현 가능해야 하고 주된 행정행위의 목적에 반하여서는 아니 된다.

> **쟁점** — 부관의 한계의 특수문제 — 부관의 시간적 한계(사후부관의 문제)★ [13 5급] [16 변시]
>
> 430 ㈎ 부관은 성질상 부종성이 있어 행정행위 발령과 동시에 부가되어야 하지만, 행정행위를 발령한 후에 따로 부관만을 부가하거나 기존 부관을 변경할 수 있는지가 문제된다(예를 들어 도로점용허가를 한 후 사후에 점용료납부의무를 새로 부가하는 경우 또는 도로점용허가를 하면서 점용료납부의무를 부가한 후 사후에 점용료를 더 인상시키는 경우).
> ㈏ 행정기본법 제17조 제3항은 "행정청은 부관을 붙일 수 있는 처분이 다음 각 호(1. 법률에 근거가 있는 경우, 2. 당사자의 동의가 있는 경우, 3. 사정이 변경되어 부관을 새로 붙이거나 종전의 부관을 변경하지 아니하면 해당 처분의 목적을 달성할 수 없다고 인정되는 경우)의 어느 하나에 해당하는 경우에는 그 처분을 한 후에도 부관을 새로 붙이거나 종전의 부관을 변경할 수 있다"고 규정하여, 폭 넓게 사후부관의 가능성을 긍정한다.

Ⅳ. 부관의 위법성의 정도

434 ① 부관의 적법성(부관의 가능성과 한계)의 범위를 벗어난 부관은 위법한 것이 된다. 위법한 부관은 중대·명백설에 따라 중대하고 명백한 하자를 가진 부관은 무효가 되고, 그에 이르지 않은 하자를 가진 부관은 단순위법사유가 된다. ② 그리고 부관의 위법 여부는 부관의 발령 당시의 법령을 기준으로 한다(대판 2009.2.12. 2005다65500)(1349 이하 참조).

Ⅴ. 위법한 부관에 대한 쟁송

1. 부관의 독립쟁송가능성★★★ [08 5급] [11 사시] [12 변시] [12 입시] [13 5급] [16 법행] [22 입시]

(1) 문제점

435 수익적 행정행위에 침익적 부관이 부가된 경우 상대방은 침익적인 부관이 부가되지 않는 수익적인 주된 행정행위의 발급만을 원할 것이므로 부관만의 독립쟁송가능성이 문제된다. 만일 부관부 행정행위 전체가 취소된다면 이미 발급받은 수익적인 행정행위도 소멸되므로 상대방에게는 더 침익적일 수 있기 때문이다.

(2) 소송형태

435a 부관에 대한 소송형태로는 ① 부관부 행정행위 중 부관만을 취소소송의 대상으로 하는 진정일부취소소송(형식상으로나 내용상으로도 부관만의 취소를 구하는 소송이다), ② 형식상으로는 부관부 행정행위 전체를 소송의 대상으로 하면서 내용상으로는 부관만의 취소

를 구하는 소송인 부진정일부취소소송, ③ 형식상으로나 내용상으로 부관부 행정행위의 전체의 취소를 구하거나, 부관의 변경을 청구하고 거부하는 경우 거부처분취소를 구하는 소송이 있을 수 있다.

(3) 학 설

1) 모든 부관이 독립쟁송가능하다는 견해

a. 부담과 기타 부관의 쟁송형태가 다르다는 견해: 부담은 행정행위이므로 부담만으로도 쟁송의 대상이 될 수 있지만, 그 이외의 부관은 부관부행정행위 전체를 쟁송의 대상으로 하여야 한다는 견해이다. 즉, 부관은 모두 독립쟁송이 가능하지만, 부담은 진정일부취소소송의 형태로, 부담 이외의 부관은 부진정일부취소소송의 형태로 쟁송을 제기해야 한다고 한다(다수설).

b. 모든 부관의 쟁송형태가 같다는 견해: 부담이든 다른 부관이든 구별하지 않고 모든 부관은 독립쟁송가능하다는 견해이다. 다만, (다수설은 부담을 행정행위로 보지만) 부담이 행정행위인지에 대해 의문을 가지면서 부관에 대한 쟁송은 모두 부진정일부취소소송의 형태를 취해야 한다고 본다.

2) 분리가능성을 기준으로 하는 견해

㈎ 분리가능성의 판단기준은 ⓐ 부관 없이도 주된 행정행위가 적법하게 존속할 수 있을 것과 ⓑ 부관이 없는 주된 행정행위가 공익상의 장애를 발생시키지 않을 것을 든다.

㈏ 주된 행정행위와 분리가능성이 없는 부관은 독립쟁송이 불가능하지만, 주된 행정행위와의 분리가능성이 인정되는 부관이라면 독립쟁송이 가능하다는 견해이다. 즉, 주된 행정행위와 분리가능성이 없는 부관은(진정 또는 부진정 일부취소소송이 아니라) 부관부 행정행위 전체에 대해 쟁송을 제기해야 하고, 분리가능성이 인정되는 부관은 ⓐ 처분성이 인정되는 것은 진정일부취소소송의 형태로, ⓑ 처분성이 인정되지 않는 것은 부진정일부취소소송의 형태로 쟁송을 제기해야 한다고 본다.

(4) 판 례

㈎ 판례는 「행정행위의 부관은 행정행위의 일반적인 효력이나 효과를 제한하기 위하여 의사표시의 주된 내용에 부가되는 종된 의사표시이지 그 자체로서 직접 법적 효과를 발생하는 독립된 처분이 아니므로 현행 행정쟁송제도 아래서는 부관 그 자체만을 독립된 쟁송의 대상으로 할 수 없는 것이 원칙이나 부담의 경우에는 다른 부관과는 달리 행정행위의 불가분적인 요소가 아니고 그 존속이 본체인 행정행위의 존재를 전제로 하는 것일 뿐이므로 부담 그 자체로서 행정쟁송의 대상이 될 수 있다(대판 1992.1.21. 91누1264)」라고 하여 부담만 독립쟁송(진정일부취소소송)이 가능하다는 입장이다.

㈏ 즉, 판례는 부진정일부취소소송을 인정하지 않기 때문에 부담 이외의 부관에 대해서는 독립쟁송이 불가능하고 부관부행정행위 전체를 소의 대상으로 하든지 아니면 부관이 없는 처분으로의 변경을 청구한 다음 그것이 거부된 경우에 거부처분취소소송을 제

기하여야 한다는 입장이다.

(5) 검 토

① 모든 부관이 독립쟁송가능하다는 견해 중 부담과 기타 부관의 쟁송형태가 다르다는 견해가 타당하다. ② 분리가능성을 기준으로 하는 견해에 대해서는 분리가능성(주된 행정행위와 부관과의 관계에 대한 규명)의 문제는 독립'쟁송'가능성(소송 요건)이 아니라 독립'취소'가능성(본안 판단)의 문제라는 비판이 있다. ③ 또한 부진정일부취소소송을 인정하지 않는 판례는 부담 이외의 부관에 대해서는 부관부행정행위 전체를 소의 대상으로 하든지 아니면 부관이 없는 처분으로의 변경을 청구한 다음 그것이 거부된 경우에 거부처분취소소송을 제기해야 하기 때문에 상대방의 권리구제에 문제점이 있다.

2. 부관의 독립취소가능성★★[12 입시] [13 5급] [16 법행]

(1) 문제점

원고가 부관만의 취소를 구하는 경우에 법원이 본안 심리를 통하여 부관이 위법하다고 판단한 경우 부관만을 독립하여 취소할 수 있는지(아니면 부관부 행정행위 전체를 취소하거나 기각해야 하는지) 여부가 문제된다.

(2) 학 설

1) 재량행위와 기속행위를 구분하는 견해

① 기속행위의 경우는 행정청이 임의로 부관을 붙일 수 없지만, ② 재량행위의 경우에는 '부관이 행정행위의 본질적 요소이어서 행정청이 부관 없이는 당해 행위를 하지 않았을 것으로 판단되는 경우'에는 부관만의 취소는 인정되지 아니한다고 한다. 왜냐하면 그러한 부관이 없이는 행정청이 발하지 않았을 처분을 법원이 강요하는 결과가 되기 때문이라고 한다(예를 들어 안전시설설치의 부담이 그 건축허가의 본질적 부분이어서 해당 부담 없이는 건축허가를 발령하지 않았을 것이 행정청의 의사인데, 만일 법원이 해당 부담만을 취소하여 건축허가처분만 남게 된다면 부담 없이는 건축허가를 발령하지 않으려는 행정청의 의사에 반하는 결과가 된다는 것이다).

2) 중요성을 기준으로 하는 견해

법원은 위법한 부관이 주된 행정행위의 중요한 요소가 되지 않은 경우에는 부관만을 일부취소할 수 있지만, 위법한 부관이 주된 행정행위의 중요한 요소가 되는 경우에는 부관부행정행위전체를 취소해야 한다고 본다.

3) 부관의 위법성을 기준으로 하는 견해

부관에 대한 취소소송의 소송물은 부관 자체의 위법성이기 때문에 부관에 위법성이 존재하면 부관만을 취소할 수 있다는 견해이다(이 견해는 앞의 재량행위와 기속행위를 구분하는 견해(ⓑ의 본질적 요소) 및 중요성을 기준으로 하는 견해(중요한 요소)와 달리 주된 행정행위와 부관의 관계를 독립취소가능성에서 판단하지 않는다. 그 이유는 이미 독립쟁송가능성에서 '분리가능성'으로 판단하였기 때문이다. 즉, 독립쟁송가능성에서 분리가능성을 기준으로 하는 견해

(438)와 독립취소가능성에서 부관의 위법성을 기준으로 하는 견해는 연결되어 있는 견해이다).

(3) 판 례

① 위법한 부관이 부담이면 독립취소가 가능하지만, ② 그 외의 부관에 대해 판례는 '독립쟁송'가능성을 부정하기 때문에 소송의 대상은 부관부행정행위 전체가 되고 결국 독립취소가능성은 부정된다. 따라서 부담 이외의 부관은 2가지 경우로 나누어 ⓐ 위법한 부관이 행정행위의 중요부분이면 부관부행정행위 전부를 취소하는 판결을, ⓑ 그렇지 않다면 기각판결을 해야 한다는 입장이다.

(4) 검 토

① 재량행위와 기속행위를 구분하는 견해에 대해서는 부관의 취소 후에 남는 부분이 행정청의 의사에 반하는 것이라면 행정청은 행정행위의 철회·직권취소 또는 부관의 새로운 발령을 통해 자신의 의사를 관철시킬 수 있다는 비판이 있다. ② 부관의 위법성을 기준으로 하는 견해에 대해서는 부관과 주된 행정행위와의 관계에 대한 규명을 독립취소가능성(본안)에서 하는 것이 아니라, 독립쟁송가능성에서 판단한다는 비판이 있다(부관의 위법성을 기준으로 하는 견해(444b)의 괄호안 참조). ③ 판례는 부담만 독립쟁송이 가능하다고 보기 때문에 독립취소도 부담만 인정되어 독립취소의 범위가 너무 제한적이라는 비판이 있다. 따라서 중요성을 기준으로 하는 견해가 타당하다.

> [참고] 부관의 무효와 주된 행정행위의 효력
> 부관이 무효인 경우 주된 행정행위와의 관계에서 주된 행위의 효력에 어떤 영향을 미치는지가 문제되는데 부관의 무효는 원칙적으로 주된 행위에 아무런 영향을 미치지 아니하므로 부관만을 무효로 선언하여야 하나, 예외적으로 부관이 없었다면 주된 행위를 하지 않았을 것이라 인정되는 경우에는 부관부 행정행위 전체가 무효가 되므로 부관부 행정행위 전체를 무효로 선언하여야 한다는 견해가 타당하다(다수견해).

 하자 있는 부관(특히 기부채납부담)에 따른 사법상 계약(특히 증여계약)의 취소가능성★★★

1. 문제 상황

위법한 부관(특히 부담)의 이행행위로 사법상 행위(특히 증여계약(민법 제554조 증여는 당사자 일방이 무상으로 재산을 상대방에 수여하는 의사를 표시하고 상대방이 이를 승낙함으로써 그 효력이 생긴다))가 이루어지는 경우 증여계약의 중요부분에 착오가 있다면 상대방은 민법 제109조 제1항 본문(의사표시는 법률행위의 내용의 중요부분에 착오가 있는 때에는 취소할 수 있다)에 따라 이를 취소할 수 있는데, 이 증여계약은 부담의 내용인 기부채납의무의 이행행위로 이루어져 부담과 증여계약은 일정한 관련성을 가진다. 따라서 기부채납부담이 위법하나 효력이 있다면 원인행위인 부담을 그대로 둔 채 그로 인해 이루어진 증여계약만을 따로 중요부분의 착오를 이유로 취소할 수 있는지가 문제되는 것이다.

2. 학 설

(1) 종속설(증여계약의 독자적인 취소가 불가능하다는 견해)(부관구속설)

증여계약(기부행위)의 취소 여부는 행정법적 기준, 즉 부관의 효력 여부에 의존하여 결정되어야 한다고 주장하면서 증여계약에 중요부분의 착오가 인정되더라도 그 원인행위인 부담이 무효이거나 취소·철회되지 않는 한, 부관인 부담은 공정력이 있어 의무를 부담하므로 증여계약만을 중요부분의 착오를 이유로 취소할 수 없다는 견해(송영천)이다.

(2) 독립설(증여계약의 독자적인 취소가 가능하다는 견해)(부관비구속설)

이 견해는 증여계약의 중요부분에 착오성이 인정된다면 기부채납부담의 효력유지 여하와는 무관하게(즉 행정행위의 공정력과 무관하게) 민법 제109조 제1항에 따라 취소가 인정될 수 있다고 보아야 한다고 한다. 따라서 기부행위가 취소되더라도 행정행위인 부담의 효력은 당연히 상실되는 것이 아니므로, 당사자는 기부부관의 위법성을 취소소송을 통해 다툴 수 있다고 본다(류지태).

(3) 절충설(기부채납부담의 무효·단순위법 구별설)

기부채납부담이 무효이면 원칙적으로 증여계약(기부행위)의 중요부분에 대한 착오를 인정할 수 있어 기부행위의 취소가 가능하고, 기부채납부담이 단순위법사유인 경우에는 상대방은 기부의무를 부담하기 때문에 설사 그 위법성을 모르고 기부행위를 하였다고 하더라도 그러한 사정은 중요부분의 착오를 인정할 수 없어 기부행위를 취소할 수 없다는 견해이다(행정법적 유효·무효의 논리를 기부행위의 중요부분 착오인정에 참작하는 견해이다)(홍정선, 박정훈).

3. 판 례

① 「기부채납의 부관이 당연무효이거나 취소되지 아니한 이상 토지소유자는 위 부관으로 인하여 증여계약의 중요부분에 착오가 있음을 이유로 증여계약을 취소할 수 없다(대판 1999.5.25. 98다53134)」고 하여 종속설(또는 절충설)로 보이는 판례가 있는가 하면, ② 「처분을 받은 사람이 부담의 이행으로 사법상 매매 등의 법률행위를 한 경우 그 부담의 불가쟁력의 문제와는 별도로 … 그 법률행위의 유효 여부를 판단하여야 한다(대판 2009.6.25. 2006다18174)」라고 하여 독립설을 취한 것으로 보이는 판례도 있다.

4. 검 토

기부채납부담은 그대로 두고 증여계약만을 취소할 수 있다면 부담의 효력은 여전히 존재하는데 그 이행행위인 증여계약은 효력이 상실되는 결과가 되고 또한 이는 공정력과도 모순되는 해결이므로 종속설이 타당하다.

제10항 | 단계적 행정행위

Ⅰ. 부분허가(부분승인)★

1. 의 의
부분허가란 단계화된 행정절차에서 사인이 원하는 특정부분에 대해서만 허가하는 행위를 말한다(예: 주택법 제49조 제1항 단서의 분할(동별)사용검사(사업주체는 제15조에 따른 사업계획승인을 받아 시행하는 주택건설사업 또는 대지조성사업을 완료한 경우에는 주택 또는 대지에 대하여 국토교통부령으로 정하는 바에 따라 시장·군수·구청장의 사용검사를 받아야 한다. 다만, 제15조 제3항에 따라 사업계획을 승인받은 경우에는 완공된 주택에 대하여 공구별로 사용검사(이하 "분할 사용검사"라 한다)를 받을 수 있고, 사업계획승인 조건의 미이행 등 대통령령으로 정하는 사유가 있는 경우에는 공사가 완료된 주택에 대하여 동별로 사용검사(이하 "동별 사용검사"라 한다)를 받을 수 있다)). 452

2. 성 질
부분허가는 종국결정의 중간단계에 대하여 이루어지는 결정이나 그 단계(부분)는 완결적인 행정행위의 성격을 갖는다(종국결정이 발령되어도 흡수 소멸되지 않는다). 453

3. 법적 근거
전체허가에 대한 권한을 가진 행정청은 부분허가에 대한 별도의 법적 근거가 없이도 부분허가를 할 수 있다. 454

4. 효 과
부분허가를 받은 자는 허가를 받은 범위 안에서 허가를 받은 행위를 할 수 있다. 그리고 부분허가는 그 자체로 완결적인 성격을 가지므로 행정청은 나머지 부분에 대한 결정에서 부분허가한 내용과 상충되는 결정을 할 수 없다. 455

5. 권리보호
(1) 부분허가의 발령·불발령에 대한 권리보호
부분허가는 행정행위로 항고소송의 대상인 처분이다. 따라서 항고소송으로 다툴 수 있다. 456

(2) 부분허가 후 종국결정의 불발령에 대한 권리보호
부분허가 후 부분허가에 반하는 종국결정을 한 경우 신뢰보호원칙위반을 주장할 수 있다. 457

Ⅱ. 사전결정(예비결정)★[18 입시]

1. 의 의
사전결정이란 종국적인 행정행위에 요구되는 여러 요건 중 일부 요건들에 대해 사전적으로 심사하여 내린 결정을 말한다(예: 건축법 제10조 제1항의 사전결정(제11조에 따른 건축허가 대상 건축물을 건축하려는 자는 건축허가를 신청하기 전에 허가권자에게 그 건축물의 건축에 관한 다음 각 호의 사항에 대한 사전결정을 신청할 수 있다), 폐기물관리법 제25조 제2항의 사 458

업계획서 적정통보(환경부장관이나 시·도지사는 제1항에 따라 제출된 폐기물 처리사업계획서를 다음 각 호의 사항에 관하여 검토한 후 그 적합 여부를 폐기물처리사업계획서를 제출한 자에게 통보하여야 한다)).

2. 구 별

458a 사전결정은 신청자인 사인에게 어떠한 종국적인 행위를 허용하는 것은 아니라는 점에서 부분허가와 구별된다.

3. 성 질

459 사전결정은 그 결정에서 정해진 부분에만 제한적인 효력을 갖지만, 그 부분에서는 하나의 완결된 행정행위이다(종국결정이 발령되어도 흡수·소멸되지 않는다).

4. 법적 근거

460 종국결정에 대한 법적 근거만 있다면 사전결정은 법적 근거가 없더라도 가능하다.

5. 효 과

461 사전결정은 개별요건에 대해서는 완결된 행위이기 때문에 본결정에서 사전결정의 내용과 상충되는 결정을 할 수 없다.

6. 권리보호

(1) 사전결정의 발령·불발령에 대한 권리보호

462 사전결정은 행정행위로 항고소송의 대상인 처분이다. 따라서 항고소송으로 다툴 수 있다.

(2) 사전결정 후 종국결정의 불발령에 대한 권리보호

463 사전결정에 반하는 종국결정을 한 경우 신뢰보호원칙위반을 주장할 수 있다.

Ⅲ. 가행정행위(잠정적 행정행위)★★

1. 의 의

464 가행정행위란 사실관계나 법률관계가 확정되기 전이지만, 잠정적 규율의 필요성으로 인해 행정법관계의 권리·의무를 잠정적으로 규율하는 행위를 말한다(예: 국가공무원법 제73조의3 제1항 제3호에 의거하여 징계의결이 요구중인 자에게 잠정적으로 직위를 해제하는 경우, 과세액확정 전에 잠정세율로 과세하는 경우, 먹는물관리법 제10조 제1항의 샘물 개발의 가허가(시·도지사는 제9조에 따라 샘물 등의 개발을 허가하기 전에 제13조 제1항에 따른 환경영향조사의 대상이 되는 샘물 등을 개발하려는 자에게는 환경영향조사를 실시하고, 그에 관한 서류(이하 "조사서"라 한다)를 환경부령으로 정하는 기간에 제출할 것을 조건으로 샘물 등의 개발을 가허가 할 수 있다).

2. 구 별

가행정행위는 효과의 잠정성과 종국적인 결정에 의한 대체성을 전제로 하며(후술하는 효과 참조(468)) 법률관계 전체를 대상으로 하지만, 부분허가나 사전결정은 그 자체가 완결적인 결정이어서 종국결정 이후에도 소멸되지 않고 존속하며 또한 가행정행위와는 달리 양적인 면에서 법률관계 일부를 대상으로 한다는 점에서 구별된다.

3. 성 질

가행정행위는 효력발생이 잠정적이지만, 조건부나 기한부 행정행위(예: 5년간의 영업허가를 받은 경우)가 있음을 고려할 때 가행정행위도 행정행위라고 보는 것이 타당하다(통설).

4. 법적 근거

명시적 규정이 없더라도 행정청이 본처분의 권한이 있으면 가행정행위를 발령할 수 있다는 견해가 타당하다(다수설).

5. 효 과

종국적인 행정행위가 있게 되면 가행정행위는 종국적 행정행위로 대체되고 효력을 상실한다. 이러한 가행정행위의 잠정성 및 종국결정으로의 대체성으로 상대방은 신뢰보호를 주장할 수 없다(종국결정이 발령되면 가행정행위가 소멸된다는 사정을 상대방은 알고 있기에 신뢰보호가 적용되지 않는 것이다).

6. 권리보호

(1) 가행정행위의 발령·불발령에 대한 권리보호

① 가행정행위는 항고소송의 대상인 처분이다. ② 가행정행위에 대한 취소소송 중 종국결정이 발령되면 가행정행위는 효력이 상실되므로 취소소송은 권리보호필요성(권리보호필요성이란 원고의 재판청구에 대하여 법원이 판단을 행할 필요성을 말한다(1207 이하))이 없다[판례].

> 공정거래위원회가 부당한 공동행위를 한 사업자에게 과징금 부과처분(선행처분)을 한 뒤, 다시 자진신고 등을 이유로 과징금 감면처분(후행처분)을 한 경우, 선행처분의 취소를 구하는 소가 적법한지 여부(소극)
>
> 공정거래위원회가 부당한 공동행위를 행한 사업자로서 구 독점규제 및 공정거래에 관한 법률(2013.7.16. 법률 제11937호로 개정되기 전의 것) 제22조의2에서 정한 자진신고자나 조사협조자에 대하여 과징금 부과처분(이하 '선행처분'이라 한다)을 한 뒤, 독점규제 및 공정거래에 관한 법률 시행령 제35조 제3항에 따라 다시 자진신고자 등에 대한 사건을 분리하여 자진신고 등을 이유로 한 과징금 감면처분(이하 '후행처분'이라 한다)을 하였다면, 후행처분은 자진신고 감면까지 포함하여 처분 상대방이 실제로 납부하여야 할 최종적인 과징금액을 결정하는 종국적 처분이고, 선행처분은 이러한 종국적 처분을 예정하고 있는 일종의 잠정적 처분으로서 후행처분이 있을 경우 선행처분은 후행처분에 흡수되어 소멸한다. 따라서 위와 같은

경우에 선행처분의 취소를 구하는 소는 이미 효력을 잃은 처분의 취소를 구하는 것으로 부적법하다(대판 2015.2.12. 2013두987).

(2) 가행정행위 후 수익적 종국결정의 불발령에 대한 권리보호

470 가행정행위 발령 후 상당한 기간 내에 수익적인 종국결정을 발령하지 않는 경우에는 사인은 의무이행심판이나 부작위위법확인소송을 제기할 수 있다.

Ⅳ. 확 약*

1. 의 의

471 확약이란 행정주체가 하는 행정작용의 발령 또는 불발령에 대한 자기구속의 의사표시(약속)를 말한다(예를 들어 건축허가권자가 장래 건축허가처분의 발령을 약속(확약, 허가의 약속을 실무에서는 '내허가'라고도 한다)하는 것을 말한다).

2. 구 별

472 ① 확약은 하나의 약속에 불과하여 강제집행할 수 없다는 점에서, 하나의 결정으로 이를 집행(이행을 확보)할 수 있는 가행정행위와 구별되며, ② 확약은 행정행위의 발령을 목적으로 하는 점에서 그 자체가 완결적인 행정행위인 부분허가나 사전결정과는 구별된다.

3. 법적 성질

473 ① 확약으로 행정기관은 장래의 일정한 의무를 부담하며 그에 따라 상대방은 행정기관에 대해 확약내용의 이행을 청구할 권리가 인정된다는 점에서 확약은 행정행위라고 보는 견해(다수설)이다. ② 판례는 어업면허에 선행하는 우선순위결정과 관련된 사건에서 「어업권면허에 선행하는 우선순위결정은 행정청이 우선권자로 결정된 자의 신청이 있으면 어업권면허처분을 하겠다는 것을 약속하는 행위로서 강학상 확약에 불과하고 행정처분은 아니다(대결 1995.1.20. 94누6529)」라고 한다. ③ 확약의 구속적인 의사표시는 공권력행사로 법적 행위이므로 행정행위라는 견해가 타당하다.

4. 법적 근거

474 확약은 별도의 법적 근거가 없이도 본 처분의 권한자는 확약할 수 있는 권한까지 가지고 있는 것으로 본다(예를 들어 허가권자는 허가를 약속할 권한도 있다고 본다).

5. 요 건

475 확약도 행정행위인 이상 적법요건을 갖추어야 한다(행정절차법 제40조의2 제2항, 제3항 참조).

6. 효 과

(1) 구속력

476 통상의 행정행위만큼 광범위한 것은 아니나 확약도 원칙적으로 구속력을 갖는다. 따라서 적법한 확약이 성립하면 행정청은 상대방에 대해 확약한 행위를 이행하여야 할 의무

를 부담하고, 상대방은 당해 행정청에 대해 그 이행을 청구할 수 있다.

(2) 구속력의 배제

행정청은 다음 각 호(1. 확약을 한 후에 확약의 내용을 이행할 수 없을 정도로 법령등이나 사정이 변경된 경우, 2. 확약이 위법한 경우)의 어느 하나에 해당하는 경우에는 확약에 기속되지 아니한다(행정절차법 제40조의2 제4항).

7. 하자의 정도

확약의 법적 성질에 대해 다수설인 행정행위설에 따른다면 하자는 행정행위와 마찬가지로 중대·명백설에 따른다.

8. 권리구제

① 확약을 행정행위로 보는 다수설에 따르면 상대방은 위법한 확약에 대해 항고소송을 제기할 수 있다. 다만, 판례는 확약의 처분성을 인정하지 아니한다. ② 위법한 확약 또는 확약한 후 위법한 불이행이 국가배상법 제2조 제1항이 정하는 요건을 충족하면 상대방은 손해배상을 청구할 수 있다.

제4절 공법상 계약

I. 개념

1. 의의

481　공법상 계약이란 공법상 효과(공법상 권리·의무의 발생·변경·소멸)의 발생을 목적으로 하는 복수당사자의 의사의 합치를 말한다(예: 사유지를 공원이나 도로로 제공하는 계약).

2. 공법상 계약과 행정행위

(1) 구별

482　공법상 계약과 행정행위는 모두 공법상 권리·의무의 발생·변경·소멸을 목적으로 한다는 점에서는 동일하지만, 공법상 계약은 대등한 당사자 간의 의사의 합치를 전제로 성립되는 반면(쌍방적 행위), 행정행위는 행정청의 우월한 지위에서 행하는 일방적 행위라는 점에서 양자는 구별된다.

(2) 공법상 계약과 행정행위의 대체성

1) 문제점

482a　행정행위(예를 들어 허가)를 대체하는 공법상 계약이 가능한지가 문제 된다.

2) 학설

482b　ⓐ 법령상 금지되지 않는 한 행정주체는 행정행위 대신 공법상 계약을 체결할 수 있지만, 기속행위의 경우 법률에 규정된 사항을 합의해야 하며 재량행위인 경우 재량권의 한계에서 공법상 계약이 가능하다고 보는 견해(홍준형), ⓑ 침익적 행정행위의 경우 부정되지만, 수익적 행정행위는 합의를 통해 공법상 계약이 가능하다는 견해(김성수)가 대립된다.

3) 검토

482c　공법상 계약은 당사자의 의사 합의에 따른 것이므로 행정행위를 대체하는 협의가 가능하지만, 침익적 행정행위는 공법상 계약의 본질인 의사의 합치와 조화되기 어려워 ⓑ설이 타당하다.

II. 법적 근거와 한계

1. 법률유보의 적용 여부★★[08 입시] [15 입시] [17 사시]

(1) 문제점

483　행정주체는 법률에 명시적인 근거 없에도 사인과 공법상 계약을 체결할 수 있는지가 문제된다.

(2) 학설

484　① 법치주의 원칙상 공법상 계약은 수권규범에서 그 체결과 성립이 명시적으로 수권된

경우에만 가능하다는 법률유보적용긍정설, ② 공법상 계약은 당사자의 자유로운 의사의 합치에 의한 것이므로 법적 근거가 없어도 자유롭게 체결할 수 있다는 법률유보적용부정설(다수견해), ③ 수익적 행위의 경우 법률에 근거가 없어도 성립하지만, 침익적 행위의 경우 법률에 근거 없이는 공법상 계약을 체결할 수는 없다는 절충설이 대립한다.

(3) 검 토

공법상 계약은 당사자의 의사합의에 따른 것이므로 법적 근거가 없이도 성립될 수 있지만, 침익적 영역의 경우는 법적 근거가 필요하다는 견해가 타당하다(절충설).

2. 한 계

공법상 계약도 행정작용이므로 법률우위의 원칙을 준수해야 한다. 따라서 성문의 법령이나 행정법의 일반원칙에 위반되어서는 아니 된다(행정기본법 제27조 제1항 본문).

Ⅲ. 종 류

공법상 계약은 주체에 따라 행정주체 간의 공법상 계약(예: 국가와 지방자치단체 간의 공공시설의 관리에 대한 합의), 행정주체와 사인 간의 공법상 계약(예: 사유지를 공원이나 도로로 제공하는 계약)이 있다.

Ⅳ. 적법요건

㈎ 공법상 계약을 체결하고자 하는 행정청은 정당한 권한을 가져야 하며, 법률유보원칙(학설 대립(483 이하))과 법률우위의 원칙을 준수해야 한다. 그러나 공법상 계약에는 행정절차법이 적용되지 않아 처분시 요구되는 문서주의나(행정절차법 제3조, 제24조 참조), 기타 처분절차는 적용되지 않는다(행정절차법 제21조의 사전통지나 제22조의 의견청취, 제23조의 이유제시 등이 적용되지 않는다).

㈏ 공법상 계약이 제3자의 법률상 이익을 침해하는 경우 계약당사자는 제3자의 동의를 받아야 한다(행정기본법 제27조 제2항 참조). 이를 위반하면 위법한 공법상 계약이 된다.

Ⅴ. 공법상 계약의 해제·이행·하자

1. 공법상 계약의 해제

사법(私法)상의 약정해제와 법정해제의 일반원칙은 공법상 계약에도 적용된다. 그러나 사법상의 경우와 달리 공공복지를 위해 중대한 불이익을 제거하거나 방지하기 위해 계약체결 후 중대한 공익적 사정이 발생하면 행정청은 계약을 해제할 수 있다(예를 들어 지방자치단체에서 많은 비용이 소요되는 공법상 계약을 체결한 후 해당 지방자치단체의 재정자립도가 매우 악화된 경우).

489a
> **[참고] 계약의 해제**
> 계약의 해제란 계약당사자의 일방적인 의사표시에 의하여 유효하게 성립된 계약의 효력을 소급적으로 소멸시키는 의사표시를 말하며, 계약의 효력을 소급하여 소멸시키는 점에서 계약관계를 장래를 향해 소멸시키는 계약의 해지와 구별된다. 그리고 해제권은 계약 시에 약정하여 발생하는 경우도 있고(약정해제), 법률상 당연히 발생하는 경우도 있다(법정해제).

2. 공법상 계약의 이행

490 계약당사자는 계약내용에 따라 이행의무를 진다. 특별규정이 없는 한 계약내용의 이행·불이행에 관해서는 민법규정을 유추 적용할 수밖에 없다. 당사자가 계약상의 의무를 이행하지 아니하면 상대방은 법원의 판결을 받아 이행을 강제할 수 있다(행정행위가 법원의 판결 없이도 집행할 수 있는 집행력을 가지는 것과 차이가 있다).

3. 공법상 계약의 하자

491 하자 있는 공법상 계약은 행정행위와 달리 무효이다(다수설).

VI. 권리구제★[17 사시]

492 공법상 계약과 관련된 법률관계에 관한 소송은 행정소송법상 당사자소송으로 해결한다는 것이 일반적인 견해이다(후술하는 당사자소송 참조(1501 이하)).

> 중소기업기술정보진흥원장이 갑 주식회사와 중소기업 정보화지원사업 지원대상인 사업의 지원에 관한 협약을 체결하였는데, 협약이 갑 회사에 책임이 있는 사업실패로 해지되었다는 이유로 협약에서 정한 대로 지급받은 정부지원금을 반환할 것을 통보한 사안에서, 협약의 해지 및 그에 따른 환수통보는 행정청이 우월한 지위에서 행하는 공권력의 행사로서 행정처분에 해당한다고 볼 수 없다고 한 사례
>   중소기업기술정보진흥원장이 갑 주식회사와 중소기업 정보화지원사업 지원대상인 사업의 지원에 관한 협약을 체결하였는데, 협약이 갑 회사에 책임이 있는 사업실패로 해지되었다는 이유로 협약에서 정한 대로 지급받은 정부지원금을 반환할 것을 통보한 사안에서, 중소기업 정보화지원사업에 따른 지원금 출연을 위하여 중소기업청장이 체결하는 협약은 공법상 대등한 당사자 사이의 의사표시의 합치로 성립하는 공법상 계약에 해당하는 점, … 협약의 해지 및 그에 따른 환수통보는 공법상 계약에 따라 행정청이 대등한 당사자의 지위에서 하는 의사표시로 보아야 하고, 이를 행정청이 우월한 지위에서 행하는 공권력의 행사로서 행정처분에 해당한다고 볼 수는 없다(대판 2015.8.27. 2015두41449).

제5절 공법상 사실행위

I. 의의·종류

㈎ 공법상 사실행위란 법률관계(권리·의무관계)의 발생·변경·소멸을 목적으로 하는 것이 아니라 사실상의 효과·결과의 실현을 목적으로 하는 행정작용을 말한다(예를 들어 행정기관이 교량을 건설한다거나 도로를 청소하는 것을 말한다. 물론 후술하는 권력적 사실행위처럼 사실상의 효과(결과) 외에 법적 효과(권리나 의무의 발생·변경·소멸을 가져오는 효과)가 더불어 발생하는 경우도 있다).

㈏ 공권력행사란 행정청이 우월한 지위에서 일방적으로 하는 행위를 말하는데, 권력적 사실행위란 외관은 사실행위이지만 공권력행사의 성질을 갖는 것을 말하며(예: 감염병환자의 강제격리조치, 대집행의 실행(후술하는 행정대집행 참조(690 이하))), 비권력적 사실행위란 공권력행사의 성질을 갖지 않는 것을 말한다(예: 건설공사행위, 행정지도(후술하는 행정지도 참조(505 이하))).

II. 법적 근거와 한계

1. 법적 근거

권력적 사실행위는 일반적으로 침익적이어서 법률유보원칙이 적용되나 비권력적 사실행위는 침익적 효과를 발생시키기 어려워 많은 경우 법률유보원칙이 적용되지 않는다.

2. 법적 한계

권력적·비권력적 사실행위 모두 성문법과 행정법의 일반원칙을 준수해야 한다.

III. 권리구제(690 이하 참조)★★★[12 5급] [15 사시] [16 사시] [18 변시]

1. 행정쟁송

(1) 권력적 사실행위

1) 행정심판

권력적 사실행위는 후술하는 것처럼 항고소송의 대상인 처분이라고 보는 것이 일반적인 견해이므로 행정심판의 대상인 처분이기도 하다. 따라서 상대방은 권력적 사실행위에 대해 취소심판이나 무효확인심판을 청구할 수 있다.

2) 항고소송

a. 소송요건

(ⅰ) 대상적격(1140 이하): ㈎ 권력적 사실행위는 사실행위의 요소와 하명(의무를 명하는 행정행위)적 요소가 결합된 합성적 행위이기 때문에 공권력 행사 및 법적 행위(국민의 권리·의무에 영향을 미치는 행위)의 요건을 충족하여 항고소송의 대상인 처분이라고 보는 일반적인 견해가 타당하다(예를 들어 전염병환자를 강제격리조치하는 경우 강제격리행위 자체는

사실행위이지만 그 안에 행정기관의 강제격리행위를 수인할 의무를 상대방에게 부과하는 하명적 요소가 포함되어 있다고 본다).

(나) ① 대법원은 명시적 태도를 보이고 있지는 않으나, 권력적 사실행위로 보이는 단수(斷水)조치를 처분에 해당하는 것으로 판시하였다(대판 1985.12.24. 84누598). ② 그리고 헌법재판소는 「수형자의 서신을 교도소장이 검열하는 행위는 이른바 권력적 사실행위로서 행정심판이나 행정소송의 대상이 되는 행정처분으로 볼 수 있다(헌재 1999.8.27. 96헌마398)」고 하여 명시적으로 권력적 사실행위의 처분성을 인정하고 있다.

(ii) **권리보호필요성**(1207 이하): 취소소송 등을 제기하더라도 권력적 사실행위는 대부분 단시간에 실행이 완료되어 그 이후에는 권리보호필요성이 없어 부적법 각하(1329)될 가능성이 많다. 그러나 예외적으로 물건의 영치, 전염병환자의 격리처럼 계속적인 성격(권력적 사실행위의 실행과 종료가 시간적 간격을 가지는 경우)을 갖는 권력적 사실행위는 권리보호필요성이 인정될 수 있다.

b. 집행정지: 권력적 사실행위는 대부분 단시간에 실행이 완료되기에 상대방은 취소소송 등을 제기하면서 집행정지를 신청하여야 실효적인 권리구제를 받을 수 있다(행정소송법 제23조 참조)(1301 이하).

3) 당사자소송

권력적 사실행위로 발생한 법률관계가 있다면 당사자는 행정소송법 제3조 제2호에 따라 그 권리나 법률관계를 다투는 당사자소송을 권리주체를 상대로 제기할 수 있다(행정소송법 제39조 참조)(1499).

(2) 비권력적 사실행위

비권력적 사실행위는 공권력행사도 아니고, 법적 효과가 발생하지도 않기 때문에 항고소송의 대상인 처분이 아니라는 것이 다수설이며 판례의 입장이다.

2. 손해전보

(1) 손해배상청구

사실행위도 국가배상법 제2조 제1항의 성립요건(고의·과실, 위법성 등)을 충족한다면 상대방은 국가 등을 상대로 손해배상청구권을 행사할 수 있다(776 이하). 왜냐하면 국가배상법 제2조 제1항의 직무행위는 행정행위뿐만 아니라 비권력적 사실행위도 포함되기 때문이다(778).

(2) 손실보상청구

공공의 필요에 따른 적법한 사실행위로 사인이 손실을 입었고 그 손실이 특별한 희생에 해당하는 경우에는 손실보상을 청구할 수 있다(876 이하).

(3) 결과제거청구

공법상 사실행위로 인해 위법한 사실상태가 야기된 경우 법률상 이익을 침해받은 사인은 원상회복을 위한 결과제거를 청구할 수 있다(위법한 공법작용으로 인해 자기의 권리침해가 계속되는 경우에 행정주체에 대하여 그 위법한 결과의 제거를 구할 수 있는 권리를 말한다(948 이하))(예를 들어 식품위생법 제79조는 행정청이 할 수 있는 영업소폐쇄조치로 '해당 영업소의 시설물과 영업에 사용하는 기구 등을 사용할 수 없게 하는 봉인(封印)'할 수 있도록 규정하는데 상대방이 행정청의 영업소폐쇄조치(권력적 사실행위)에 대해 취소소송을 제기하여 승소하였음에도 봉인을 제거하지 않는 경우 상대방은 행정청을 상대로 이를 제거해 줄 것(소유물의 방해제거)을 청구할 수 있는데 이러한 권리구제수단이 결과제거청구이다).

3. 기 타

(1) 예방적 부작위소송과 가처분(권력적 사실행위 발령 전)

㈎ 예방적 부작위소송이란 위법한 행정작용을 미리 저지할 것을 목적으로 장래에 있을 행정행위의 발동에 대한 방지를 구하는 소송을 말하는데(1126 이하), 인정 여부에 관해 학설은 부정설, 긍정설, 제한적 긍정설이 대립하며 판례는 처분을 하여서는 아니 된다는 내용의 부작위를 구하는 청구는 행정소송에서 허용되지 아니한다고 본다(대판 1987.3.24. 86누182)(부정).

㈏ 가처분이란 다툼이 있는 법률관계에 관하여 잠정적으로 임시의 지위를 보전하는 것을 내용으로 하는 가구제제도이다(민사집행법 제300조)(1323 이하). 행정소송에 민사집행법상 가처분규정을 적용할 수 있는지에 관해 학설은 적극설, 소극설, 절충설이 대립되지만, 판례는 민사집행법상의 보전처분은 민사판결절차에 의하여 보호받을 수 있는 권리에 관한 것이라고 보기 때문에 행정소송에 가처분을 인정하지 아니한다(대결 2011.4.18. 2010마1576)(부정).

㈐ 예방적 부작위소송을 긍정하고 가처분 규정을 적용하는 긍정설에 따른다면, 권력적 사실행위가 발령되기 전에 예방적 부작위 소송을 제기하면서 잠정적 금지를 구하는 가처분을 신청할 수 있다(다만, 판례는 부정한다).

(2) 헌법소원(공권력의 행사 또는 불행사로 인하여 헌법상 보장된 기본권을 침해받은 자가 헌법재판소에 권리의 구제를 청구하는 수단을 말한다(헌법재판소법 제68조 제1항 참조))

공법상 사실행위로 기본권을 침해받은 상대방은 헌법재판소에 헌법소원을 청구할 수 있다(교도소 수형자에게 소변을 받아 제출하게 한 것은, … 권력적 사실행위로서 헌법재판소법 제68조 제1항의 공권력의 행사에 해당한다(헌재 2006.7.27. 2005헌마277))(헌법소원을 제기하려면 보충성 요건을 구비해야 하는데, 헌법재판소는 전심절차로 권리구제가능성이 없거나 권리구제의 허용 여부가 불확실한 경우 보충성의 예외를 인정한다. 따라서 권력적 사실행위의 경우에도 헌법소원을 청구할 수 있다).

제6절 행정지도

Ⅰ. 개 념

1. 의 의

505　행정지도란 행정기관이 그 소관사무의 범위에서 일정한 행정목적을 실현하기 위하여 특정인에게 일정한 행위를 하거나 하지 아니하도록 지도, 권고, 조언 등을 하는 행정작용(행정절차법 제2조 제3호)을 말한다(예를 들어 행정기관이 겨울철에 산불화재 조심 캠페인을 하는 것을 말한다).

2. 법적 성질

506　행정지도는 일정한 법적 효과의 발생을 목적으로 하는 행위가 아니라 단지 상대방의 임의적인 협력을 통해 사실상의 효과를 기대하는 비권력적 사실행위이다.

Ⅱ. 종 류

507　ⓐ 규제적 지도란 일정한 행위의 억제를 목적으로 하는 행정지도를 말한다(예: 독점규제 및 공정거래에 관한 법률 제51조 제1항의 시정권고(공정거래위원회는 이 법의 규정에 위반하는 행위가 있는 경우에 당해 사업자 또는 사업자단체에 대하여 시정방안을 정하여 이에 따를 것을 권고할 수 있다)). ⓑ 조정적 지도란 이해관계자 사이의 분쟁이나 지나친 경쟁의 조정을 내용으로 하는 행정지도를 말한다(예: 남녀고용평등과 일·가정 양립 지원에 관한 법률 제24조 제2항의 분쟁해결지원으로서 조언·지도·권고(명예감독관은 다음 각 호의 업무를 수행한다. 1.해당 사업장의 차별 및 직장 내 성희롱 발생시 피해 근로자에 대한 상담·조언)). ⓒ 조성적 지도란 보다 발전된 사회질서 내지 생활환경의 형성을 내용으로 하는 행정지도를 말한다(예: 농촌진흥법 제2조 제3호의 각종의 지도("농촌지도사업"이란 … 다음 각 목의 업무를 수행하는 사업을 말한다)).

Ⅲ. 법적 근거와 한계*

1. 법적 근거

508　행정지도에 법적 근거가 요구되는가의 여부에 관한 일반법은 없기 때문에 학설은 대립한다.

(1) 학 설

509　ⓐ 행정지도는 비권력적 작용으로 상대방의 임의적 동의를 본질로 하여 침익적이기 어렵기 때문에 법적 근거가 필요 없다는 견해(근거불요설, 다수설)와 ⓑ 규제적 행정지도(일정한 행위의 억제를 목적으로 하는 행정지도)(507)는 임의성이 제한되므로 법적 근거가 필요하다는 견해(제한적 긍정설)가 대립된다.

(2) 검 토

① 행정지도는 상대방의 임의적 협력을 전제로 하는 것이므로 그의 준수여부는 상대방이 임의적으로 결정한다고 보아야 한다. 따라서 근거불요설이 타당하다. ② 그리고 제한적 긍정설이 말하는 규제적 행정지도(예: 무허가건축물 규제를 위해 무허가건축물은 규제대상임을 알리는 벽보광고를 하는 것)는 행정지도의 수단이 규제적이라는 것이 아니고 규제적 지도를 발하는 목적(일정한 행위억제 — 앞의 예에서 무허가건축물규제 —)이 규제적이라는 의미이기에, 규제적 행정지도에도 법적 근거는 필요하지 않다(만일 행정지도의 효과가 규제적이라면 그러한 행정지도는 위법한 행정지도가 된다(아래의 행정지도의 법적 한계 참조(511))).

2. 법적 한계

(1) 성문법령상의 한계

1) 실체법상의 한계

㈎ 행정지도를 발하는 행정기관은 조직법상의 한계를 준수해야 한다. 즉, 행정기관의 소관사무 범위 안에서만 가능하며 소관사무의 범위 안에서도 원래 목적과 다른 목적으로 행정지도를 할 수는 없다.

㈏ 행정지도를 발하는 행정기관은 비례원칙 및 임의성의 원칙을 준수해야 하며(행정절차법 제48조 ① 행정지도는 그 목적 달성에 필요한 최소한도에 그쳐야 하며, 행정지도의 상대방의 의사에 반하여 부당하게 강요하여서는 아니 된다), 행정지도에 따르지 아니하였다고 불이익조치를 하여서는 아니 된다(불이익조치금지의 원칙(예: 행정지도에 따르지 않았다고 건축허가를 거부하는 경우), 행정절차법 제48조 ② 행정기관은 행정지도의 상대방이 행정지도에 따르지 아니하였다는 것을 이유로 불이익한 조치를 하여서는 아니 된다).

2) 절차법상의 한계

절차법상의 한계로 행정지도실명제·서면교부청구권(행정절차법 제49조), 의견제출(동법 제50조), 공통사항의 공표(동법 제51조) 등을 준수하여야 한다.

(2) 행정법의 일반원칙에 따른 한계

행정지도는 신뢰보호원칙이나 부당결부금지원칙 등 행정법의 일반원칙에 위반되어서는 아니 된다.

Ⅳ. 권리구제*

1. 항고소송

행정지도는 비권력적 행위라는 점에서 공권력행사를 개념요소로 하는 행정소송법상 처분개념에 해당하지 아니하고, 아울러 사실행위라는 점에서 법적 행위가 아니어서 항고소송의 대상이 되지 않는 것이 전통적인 견해이다. 판례의 입장도 같다(관할 구청장이 한국전력공사에 대하여 건축법 제69조 제2항, 제3항의 규정에 의하여 위 건물에 대한 전기공급이 불가하다는 내용의 회신을 하였다면, 그 회신은 권고적 성격의 행위에 불과한 것으로서 한국전력공사나 특정인의 법률상 지위에 직접적인 변동을 가져오는 것은 아니므로 항고소송의 대상이 되는 행정처분이라고 볼 수 없다(대판 1995.11.21. 95누9099)).

2. 손해전보

(1) 손해배상

515   위법한 행정지도로 인해 피해를 입은 자는 국가배상법이 제2조 제1항이 정하는 바에 따라 손해배상을 청구할 수 있다는 것이 일반적 견해이며, 판례의 입장이다(국가배상법 제2조 제1항의 직무행위에 행정지도가 포함된다. 후술하는 국가배상법 제2조 제1항 참조(778)).

(2) 손실보상

516   학설은 대립하지만, 적법한 사실상의 강제행위로 인하여 특별한 희생이 있고, 그 희생이 행정지도와 인과관계를 갖는 경우에는 예외적으로 수용적 침해보상의 법리를 활용하여 보상이 가능하다고 본다(적법한 행정작용을 하면서, 의도하지 않은 결과로 재산권에 대해 특별한 희생을 입은 경우에 그 손실의 보상을 청구하는 것을 말하며, 이를 인정할 것인지에 대해 학설이 대립하나 긍정하는 견해가 타당하다. 후술하는 수용적 침해보상 참조(931 이하))(예: 행정기관이 특정 농산품을 재배할 것을 권고한 후 소비자의 수요 감퇴로 그 농산품의 가격이 폭락하여 막대한 손실을 본 경우).

(3) 결과제거청구

516a   행정지도로 인해 위법한 사실상태가 야기된 경우 사인은 적법한 상태로의 원상회복을 위한 결과제거를 청구할 수 있다(위법한 공법작용으로 인해 자기의 권리침해가 계속되는 경우에 행정주체에 대하여 그 위법한 결과의 제거를 구하는 권리구제수단을 말한다(948 이하)).

3. 헌법소원

517   헌법재판소법 제68조의 헌법소원의 요건을 충족하는 경우 상대방은 헌법소원을 청구할 수 있다(교육인적자원부장관의 대학총장들에 대한 이 사건 학칙시정요구는 고등교육법 제6조 제2항, 동법시행령 제4조 제3항에 따른 것으로서 그 법적 성격은 대학총장의 임의적인 협력을 통하여 사실상의 효과를 발생시키는 행정지도의 일종이지만, 그에 따르지 않을 경우 일정한 불이익조치를 예정하고 있어 사실상 상대방에게 그에 따를 의무를 부과하는 것과 다를 바 없으므로 단순한 행정지도로서의 한계를 넘어 규제적·구속적 성격을 상당히 강하게 갖는 것으로서 헌법소원의 대상이 되는 공권력의 행사라고 볼 수 있다(헌재 2003.6.26. 2002헌마337, 2003헌마 7·8(병합))).

제7절 사법(私法)형식의 행정작용(광의의 국고작용)

사법형식의 행정작용이란 행정주체가 사법(私法)상의 재산권 주체(이를 '국고(國庫)'라고 한다)의 지위에서 행하는 행정작용을 말한다(예: 물건의 매매, 국유재산의 임대). 행정상 사법관계는 행정주체가 직접적인 행정목적 달성을 위해 행하는 것인지에 따라 직접적 행정목적을 위한 행정사법작용과 간접적 행정목적을 위한 (협의의) 국고작용으로 구분된다.

Ⅰ. 행정사법

1. 의 의

행정주체가 공적 임무를 사법형식으로 수행하는 행정작용을 행정사법작용(행정을 사법형식으로 하는 작용)이라 한다(예: 행정주체가 하는 주택이나 위생시설 건설, 폐수·오물처리, 수돗물공급, 국공영극장·국공영스포츠시설 등의 운영).

2. 특 징

행정사법은 주로 복리행정분야에서 사법형식으로 공적 임무를 수행하여, 공법적 제한(규율)이 가해짐을 특징으로 갖는다.

3. 행정사법인정의 전제

행정사법이 인정되려면 행정주체는 행정을 사법형식으로도 할 수 있어야 하며, 공법형식을 할 것인지 사법형식으로 할 것인지 대한 선택의 자유가 인정되어야 한다. 따라서 이에 적합한 영역은 복리행정분야가 된다.

4. 행정사법작용에 대한 공법적 제한

행정사법작용은 사법이 적용되지만, 사법상의 대원칙인 사적 자치(사법상의 법률관계는 개인의 자유로운 의사에 따라 결정되고 자기책임하에 규율되기에 원칙적으로 국가가 개입하지 않는다는 원칙)가 그대로 적용되지는 않는다. 즉 행정사법작용에는 일정한 공법상의 제한이 뒤따른다. ⓐ 헌법상의 기본권이나 기본원칙에 따른 제한, ⓑ 개별법령상의 제한, ⓒ 행정법의 일반원칙에 따른 제한, ⓓ 경제성·합목적성의 제한, ⓔ 공행정계속성의 원칙(예를 들어 지하철운행과 같은 공행정은 경영중단이나 포기가 부정된다는 원칙)에 따른 제한 등이 있다.

5. 관할법원

행정사법작용은 공법적 제한이 있음에도 불구하고 전체로서 사법관계의 성질을 갖는 바 행정사법작용에 대한 분쟁은 민사법원의 관할사항이다.

II. 협의의 국고작용

1. 조달행정

524   조달행정이란 행정청이 공적 임무의 수행에 필요한 것을 확보하기 위한 행정작용을 말한다(예: 물건의 구매, 청사건물 건설계약).

2. 영리활동

525   영리활동이란 국가가 공행정목적의 직접적인 수행과는 관계없이 수익의 확보를 위해 행하는 행정작용을 말한다(예: 우체국예금·보험).

CHAPTER 05 행정절차법 · 행정정보

제1절 행정절차법

제1항 | 행정절차 일반론

Ⅰ. 의 의

행정절차란 행정결정을 함에 있어서 행정청이 거쳐야 할 사전적인 외부와의 교섭과정을 말한다(협의의 의미). 당사자 사이의 이해의 조정 및 이해관계인의 권익의 보호를 목적으로 하는 경우도 있고, 행정청의 의사결정의 충실을 도모하기 위한 절차도 있다(이상규). 526

Ⅱ. 법적 근거

행정절차에 관한 일반법인 행정절차법과 민원사무처리에 관한 일반법인 민원사무처리에 관한 법률, 개별법상 절차도 근거가 된다. 527

Ⅲ. 행정절차법

1. 행정절차법의 성격

행정절차법은 행정절차에 관한 일반법이다. 개별법에 특별한 규정이 없다고 하더라도 행정절차에 관해서는 당연히 행정절차법이 적용된다. 물론 행정절차법에 절차적 규정 외에도 실체적 규정도 있다(예: 동법 제4조). 528

2. 적용범위

(1) 적용영역

행정절차법은 행정절차에 관한 일반법이지만, 모든 행정의 행위형식에 적용되는 것은 아니다. "처분, 신고, 확약, 위반사실 등의 공표, 행정계획, 행정상 입법예고, 행정예고 및 행정지도"의 절차에 관하여 다른 법률에 특별한 규정이 없는 경우에 적용된다(행정절차법 제3조 제1항). 529

(2) 적용배제사항

전술한 "처분, 신고, 확약, 위반사실 등의 공표, 행정계획, 행정상 입법예고, 행정예고 및 행정지도"의 절차에 관한 사항도 국회 또는 지방의회의 의결을 거치거나 동의 또는 승인을 얻어 행하는 사항 등 일정한 사항의 경우에는 행정절차법의 적용이 배제된다(행정절차법 제3조 제2항 참조). 530

> 공무원 인사관계 법령에 의한 처분에 관한 사항에 대하여 행정절차법의 적용이 배제되는 범위
> 행정과정에 대한 국민의 참여와 행정의 공정성, 투명성 및 신뢰성을 확보하고 국민의 권익을 보호함을 목적으로 하는 행정절차법의 입법목적과 행정절차법 제3조 제2항 제9호의 규정 내용 등에 비추어 보면, 공무원 인사관계 법령에 의한 처분에 관한 사항 전부에 대하여 행정절차법의 적용이 배제되는 것이 아니라 성질상 행정절차를 거치기 곤란하거나 불필요하다고 인정되는 처분이나 행정절차에 준하는 절차를 거치도록 하고 있는 처분의 경우에만 행정절차법의 적용이 배제되는 것으로 보아야 할 것이다(대판 2007.9.21. 2006두20631).

3. 행정절차의 일반원칙

(1) 신의성실의 원칙

531 행정청은 직무를 수행할 때 신의에 따라 성실히 하여야 한다(행정절차법 제4조 제1항).

(2) 신뢰보호의 원칙

531a 행정절차법은 "행정청은 법령 등의 해석 또는 행정청의 관행이 일반적으로 국민들에게 받아들여졌을 때에는 공익 또는 제3자의 정당한 이익을 현저히 해칠 우려가 있는 경우를 제외하고는 새로운 해석 또는 관행에 따라 소급하여 불리하게 처리하여서는 아니 된다"고 규정한다(행정절차법 제4조 제2항). 이 규정은 신뢰보호원칙의 실정법적 근거가 된다.

(3) 투명성의 원칙

531b 행정청이 행하는 행정작용은 그 내용이 구체적이고 명확하여야 하며, 행정작용의 근거가 되는 법령 등의 내용이 명확하지 아니한 경우 상대방은 해당 행정청에 대하여 그 해석을 요청할 수 있다(행정절차법 제5조 참조).

4. 비용부담

532 행정절차에 소요되는 비용은 행정청이 부담한다(행정절차법 제54조 본문).

제2항 | 행정절차의 기본요소

Ⅰ. 행정절차의 주체

1. 행정청

533 행정절차법 제2조 제1호는 행정청을 "행정에 관한 의사를 결정하여 표시하는 국가 또는 지방자치단체의 기관, 그 밖에 법령 또는 자치법규(이하 "법령 등"이라 한다)에 의하여 행정권한을 가지고 있거나 위임 또는 위탁받은 공공단체나 그 기관이나 사인을 말한다"고 규정한다.

2. 당사자등

534 행정절차법 제2조 제4호는 '당사자등'을 행정청의 처분에 대하여 직접 그 상대가 되는 당사자와 행정청이 직권 또는 신청에 의하여 행정절차에 참여하게 한 이해관계인을 말한다고 한다.

3. 당사자등의 지위 승계

당사자등이 사망하였을 때의 상속인과 다른 법령 등에 따라 당사자등의 권리 또는 이익을 승계한 자는 당사자등의 지위를 승계한다(행정절차법 제10조 제1항).

4. 대표자

다수의 당사자등이 공동으로 행정절차에 관한 행위를 할 때에는 대표자를 선정할 수 있다(행정절차법 제11조 제1항). 당사자등이 대표자를 선정·변경·해임하였을 때에는 지체 없이 그 사실을 행정청에 통지하여야 한다(행정절차법 제13조 제1항).

5. 대리인

당사자등은 당사자등의 배우자·직계 존속·비속 또는 형제자매, 당사자등이 법인등인 경우 그 임원 또는 직원, 변호사, 행정청 또는 청문주재자(청문의 경우에 한함)의 허가를 받은 자, 법령 등에 따라 해당 사안에 대하여 대리인이 될 수 있는 자 중에서 대리인으로 선임할 수 있다(행정절차법 제12조 제1항).

II. 절차의 경과

1. 절차의 개시

행정절차는 행정청의 직권이나 사인의 신청에 의해 개시된다.

2. 절차의 진행

(1) 직권주의

행정절차법은 직권주의가 원칙이다. 그에 따라 절차의 진행을 행정청이 주도하며, 행정청은 필요한 사실을 스스로 조사·수집할 수 있다.

(2) 행정응원

행정청은 법령 등의 이유로 독자적인 직무수행이 어려운 경우 등 행정절차법 제8조 제1항의 경우에 다른 행정청에 행정응원을 요청할 수 있다.

III. 송 달

송달이란 일정한 사항을 당사자 또는 이해관계인 등에게 알리기 위하여 법정 형식에 따라 서류를 송부하는 행위를 말한다.

1. 송달의 방법

송달은 우편, 교부 또는 정보통신망 이용 등의 방법으로 하되, 송달받을 자(대표자 또는 대리인을 포함한다. 이하 같다)의 주소·거소·영업소·사무소 또는 전자우편주소(이하 "주소 등"이라 한다)로 한다(행정절차법 제14조 제1항). 교부에 의한 송달은 수령확인서를 받고 문서를 교부함으로써 하며, 송달하는 장소에서 송달받을 자를 만나지 못한 경우에는 그 사무원·피용자 또는 동거인으로서 사리를 분별할 지능이 있는 사람에게 문서를 교부할 수 있다. 다만, 문서를 송달받을 자 또는 그 사무원등이 정당한 사유 없이 송달받기를 거부하는 때에는 그 사실을 수령확인서에 적고, 문서를 송달할 장소에 놓아둘 수 있다(행정절차법 제14조 제2항). 정보통신망을 이용한 송달은 송달받을 자가 동의하는 경우에만 한다(행정절차법 제14조 제3항). 송달받을 자의 주소등을 통상적인 방법으로 확인할 수 없는 경우 또는 송달이 불가능한 경우에는 송달받을 자가 알기 쉽도록 관보, 공보, 게시판, 일간신문 중 하나 이상에 공고하고 인터넷에도 공고하여야 한다(행정절차법 제14조 제4항).

2. 송달의 효력발생

540c ① 송달은 다른 법령등에 특별한 규정이 있는 경우를 제외하고는 해당 문서가 송달받을 자에게 도달됨으로써 그 효력이 발생한다(행정절차법 제15조 제1항). 정보통신망을 이용하여 전자문서로 송달하는 경우에는 송달받을 자가 지정한 컴퓨터 등에 입력된 때에 도달된 것으로 본다(행정절차법 제15조 제2항). ② 송달받을 자의 주소등을 통상적인 방법으로 확인할 수 없는 경우 또는 송달이 불가능한 경우에는 다른 법령등에 특별한 규정이 있는 경우를 제외하고는 공고일부터 14일이 지난 때에 그 효력이 발생한다. 다만, 긴급히 시행하여야 할 특별한 사유가 있어 효력 발생 시기를 달리 정하여 공고한 경우에는 그에 따른다(행정절차법 제15조 제3항).

제3항 | 행정절차의 종류

540d 행정절차법은 처분, 신고, 확약, 위반사실 등의 공표, 행정계획, 행정상 입법예고, 행정예고 및 행정지도의 절차를 규정하고 있다(행정절차법 제3조 제1항 참조). 그 중 처분절차가 중심이 된다.

I. 처분절차

1. 처분의 신청

541 사인은 행정청에 처분을 구하는 신청을 문서로 해야 한다(행정절차법 제17조 제1항 본문). 그러면 행정청은 다른 법령 등에 특별한 규정이 있는 경우를 제외하고는 그 접수를 보류 또는 거부하거나 부당하게 되돌려 보내서는 아니 되며, 신청을 접수한 경우에는 신청인에게 접수증을 주어야 한다(행정절차법 제17조 제4항 본문). 이를 심사한 행정청은 신청에 구비서류의 미비 등 흠이 있는 경우에는 보완에 필요한 상당한 기간을 정하여 지체 없이 신청인에게 보완을 요구하여야 한다(행정절차법 제17조 제5항). 만일 행정청은 신청인이 정해진 기간 내에 보완을 하지 아니하였을 때에는 그 이유를 구체적으로 밝혀 접수된 신청을 되돌려 보낼 수 있다(행정절차법 제17조 제6항).

2. 처리기간의 설정·공표

(1) 처리기간의 설정과 연장

행정청은 신청인의 편의를 위하여 처분의 처리기간을 종류별로 미리 정하여 공표하여야 한다(행정절차법 제19조 제1항). 행정청은 처리기간을 연장할 때에는 처리기간의 연장사유와 처리예정기한을 지체 없이 신청인에게 통지하여야 한다(행정절차법 제19조 제3항).

(2) 신속처리요청

행정청이 정당한 처리기간 내에 처리하지 아니하였을 때에는 신청인은 해당 행정청 또는 그 감독 행정청에 대하여 신속한 처리를 요청할 수 있다(행정절차법 제19조 제4항).

3. 처분기준의 설정·공표★

(1) 공표원칙

행정청은 필요한 처분기준을 해당 처분의 성질에 비추어 되도록 구체적으로 정하여 공표하여야 한다(행정절차법 제20조 제1항 제1문). 그러나 처분기준을 공표하는 것이 해당 처분의 성질상 현저히 곤란하거나 공공의 안전 또는 복리를 현저히 해치는 것으로 인정될 만한 상당한 이유가 있는 경우에는 처분기준을 공표하지 아니할 수 있다(행정절차법 제20조 제3항). 「행정기본법」 제24조에 따른 인허가의제의 경우 관련 인허가 행정청은 관련 인허가의 처분기준을 주된 인허가 행정청에 제출하여야 하고, 주된 인허가 행정청은 제출받은 관련 인허가의 처분기준을 통합하여 공표하여야 한다. 처분기준을 변경하는 경우에도 또한 같다(행정절차법 제20조 제2항).

(2) 해석·설명요청

당사자등은 공표한 처분기준이 명확하지 아니한 경우 해당 행정청에 대하여 그 해석 또는 설명을 요청할 수 있다. 이 경우 해당 행정청은 특별한 사정이 없으면 그 요청에 따라야 한다(행정절차법 제20조 제4항).

(3) 공표의무위반과 처분의 위법 여부

① 행정청이 행정절차법 제20조 제1항의 처분기준 사전공표 의무를 위반하여 미리 공표하지 아니한 기준을 적용하여 처분을 하였다고 하더라도, ② 그러한 사정만으로 곧바로 해당 처분에 취소사유에 이를 정도의 흠이 존재한다고 볼 수는 없다. 그리고 행정청이 행정절차법 제20조 제1항에 따라 정하여 공표한 처분기준은, 그것이 해당 처분의 근거 법령에서 구체적 위임을 받아 제정·공포되었다는 특별한 사정이 없는 한, 원칙적으로 대외적 구속력이 없는 행정규칙에 해당하는 것으로 보아야 한다. 따라서 처분이 행정규칙을 위반하였다고 하여 그러한 사정만으로 곧바로 위법하게 되는 것은 아니다(대판 2020.12.24. 2018두45633).

4. 처분의 사전통지★★[08 사시] [14 변시] [18 5급] [21 변시] [21 5급]

(1) 의 의

547 ⑺ 처분의 사전통지란 처분하기 전에 행정청이 일정한 사항을 미리 당사자에게 통지하는 제도를 말한다(행정절차법 제21조).

⑷ 사전에 통지할 사항은 '1. 처분의 제목, 2. 당사자의 성명 또는 명칭과 주소, 3. 처분하려는 원인이 되는 사실과 처분의 내용 및 법적 근거, 4. 제3호에 대하여 의견을 제출할 수 있다는 뜻과 의견을 제출하지 아니하는 경우의 처리방법, 5. 의견제출기관의 명칭과 주소, 6. 의견제출기한, 7. 그 밖에 필요한 사항'이다.

(2) 요 건

548 ⑺ 행정절차법 제21조는 행정청이 ① 의무를 부과하거나 권익을 제한하는 ② 처분을 하는 경우, ③ 예외사유에 해당하지 않는다면(제4항) 사전통지가 필요하다고 한다.

쟁점 — 거부처분의 사전통지★★★[10 5급] [11 사시] [13 변시] [13 5급] [22 변시]

1. 문제 상황

550a 사전통지의 요건(전술한 사전통지의 요건 ①과 관련)과 관련해 수익적 처분의 신청에 대한 거부가 '당사자에게 의무를 부과하거나 권익을 제한하는 것'인지가 문제된다.

2. 학 설

(1) 불요설
거부처분의 경우 신청과정에서 신청인은 행정청과 대화를 계속하고 있는 상태로 상대방은 결과에 대한 예측가능성이 있으므로 사전통지를 요하지 않는다고 한다(다수설).

(2) 필요설
550c 당사자가 신청을 한 경우 신청에 따라 긍정적인 처분이 이루어질 것을 기대하고 거부처분을 기대하지는 아니하고 있으므로 거부처분은 당사자의 권익을 제한하는 처분에 해당하며, 따라서 거부처분의 경우에도 사전통지가 필요하다고 한다.

(3) 중간설(절충설)
550d 원칙적으로 거부처분은 사전통지의 대상이 되지 않지만, 신청인이 신청서에 기재하지 않은 사실을 근거로 거부하거나 신청서에 기재한 사실을 인정할 수 없다는 이유로 거부하거나 신청인이 자료를 제출하지 않았다는 이유로 거부하는 등의 경우에는 신청인의 예측가능성을 보호하기 위해 예외적으로 사전통지절차가 필요하다고 본다(최계영).

3. 판 례

550e 판례는 「신청에 따른 처분이 이루어지지 아니한 경우에는 아직 당사자에게 권익이 부과되지 아니하였으므로 특별한 사정이 없는 한 신청에 대한 거부처분이라고

하더라도 직접 당사자의 권익을 제한하는 것은 아니어서 신청에 대한 거부처분을 여기에서 말하는 '당사자의 권익을 제한하는 처분'에 해당한다고 할 수 없는 것이어서 처분의 사전통지대상이 된다고 할 수 없다(대판 2003.11.28. 2003두674)」고 본다(불요설).

4. 검 토

거부처분은 행정절차법 제21조 제1항의 당사자의 권익을 제한하거나 의무를 부과하는 처분으로 볼 수 없어 사전통지가 필요 없다는 견해가 타당하다(불요설).

(나) ② '처분'은 항고소송의 대상인 처분과 일치한다(후술하는 취소소송의 대상적격 참조(1138 이하)).

(다) ③ 사전통지의 예외사유와 관련해, 행정절차법 제21조 제4항은 '1. 공공의 안전 또는 복리를 위하여 긴급히 처분을 할 필요가 있는 경우, 2. 법령 등에서 요구된 자격이 없거나 없어지게 되면 반드시 일정한 처분을 하여야 하는 경우에 그 자격이 없거나 없어지게 된 사실이 법원의 재판 등에 의하여 객관적으로 증명된 경우, 3. 해당 처분의 성질상 의견청취가 현저히 곤란하거나 명백히 불필요하다고 인정될 만한 상당한 이유가 있는 경우'를 규정하고 있다(자세한 내용은 후술하는 청문의 예외사유 참조(553)). 다만, 사전통지를 하지 아니하는 경우 행정청은 처분을 할 때 당사자 등에게 통지하지 아니한 사유를 알려야 한다(행정절차법 제21조 제6항 본문).

(라) 행정절차법 제21조 제5항에 따라 동법시행령 제13조는 처분의 사전통지 예외 사유를 구체적으로 규정하고 있다(1. 급박한 위해의 방지 및 제거 등 공공의 안전 또는 복리를 위하여 긴급한 처분이 필요한 경우, 2. 법원의 재판 또는 준사법적 절차를 거치는 행정기관의 결정 등에 따라 처분의 전제가 되는 사실이 객관적으로 증명되어 처분에 따른 의견청취가 불필요하다고 인정되는 경우, 3. 의견청취의 기회를 줌으로써 처분의 내용이 미리 알려져 현저히 공익을 해치는 행위를 유발할 우려가 예상되는 등 해당 처분의 성질상 의견청취가 현저하게 곤란한 경우, 4. 법령 또는 자치법규(이하 "법령등"이라 한다)에서 준수하여야 할 기술적 기준이 명확하게 규정되고, 그 기준에 현저히 미치지 못하는 사실을 이유로 처분을 하려는 경우로서 그 사실이 실험, 계측, 그 밖에 객관적인 방법에 의하여 명확히 입증된 경우, 5. 법령등에서 일정한 요건에 해당하는 자에 대하여 점용료·사용료 등 금전급부를 명하는 경우 법령등에서 규정하는 요건에 해당함이 명백하고, 행정청의 금액산정에 재량의 여지가 없거나 요율이 명확하게 정하여져 있는 경우 등 해당 처분의 성질상 의견청취가 명백히 불필요하다고 인정될 만한 상당한 이유가 있는 경우).

(3) 결여의 효과

사전통지를 하여야 함에도 이를 하지 않고 처분한 경우 그 처분은 절차상 하자 있는 처분이 된다.

5. 의견청취

550g 의견청취에 대해 행정절차법 제22조는 청문, 공청회, 의견제출(약식청문)을 규정한다.

(1) 청 문

1) 의 의

551 청문이란 행정청이 어떠한 처분을 하기 전에 앞서 당사자등의 의견을 직접 듣고 증거를 조사하는 절차를 말한다(행정절차법 제2조 제5호).

2) 종 류

552 행정절차법은 정식청문을 청문이라 하고, 약식청문은 의견제출이라고 한다. 일반적으로 청문이란 정식청문을 말한다.

3) 청문실시의 요건★★[19 입시]

553 행정청은 ① 처분을 할 때 ② ⓐ 다른 법령 등에서 청문을 하도록 규정하고 있거나 ⓑ 행정청이 필요하다고 인정하는 경우이거나 ⓒ 일정한 처분(가. 인허가 등의 취소, 나. 신분·자격의 박탈, 다. 법인이나 조합 등의 설립허가의 취소)을 하는 경우, ③ 예외사유에 해당하지 않는다면 청문을 실시하여야 한다.

㈎ '처분'은 항고소송의 대상인 처분과 일치한다(후술하는 취소소송의 대상적격 참조(1138 이하)).

㈏ '다른 법령 등'에 행정규칙은 해당되지 않는다. 따라서 행정규칙상 요구되는 청문절차는 이를 실시하지 않아도 위법하지 않다.

㈐ 처분의 사전통지의 예외사유 세 가지에 해당하는 경우(549)와 당사자가 청문을 포기한다는 뜻을 명백히 표시한 경우에는 청문의 기회를 주지 않을 수 있다(행정절차법 제22조 제4항). 처분의 사전통지의 예외사유 세 가지란 ① 공공의 안전 또는 복리를 위하여 긴급히 처분을 할 필요가 있는 경우(예: 급박한 재해발생의 방지를 위해 위험시설에 대하여 가동중지명령을 내리는 경우), ② 법령등에서 요구된 자격이 없거나 없어지게 되면 반드시 일정한 처분을 하여야 하는 경우에 그 자격이 없거나 없어지게 된 사실이 법원의 재판 등에 의하여 객관적으로 증명된 경우(예: 부패식품판매로 인한 재판으로 벌금을 부과 받은 자에 대한 영업정지처분), ③ 해당 처분의 성질상 의견청취가 현저히 곤란하거나 명백히 불필요하다고 인정될 만한 상당한 이유가 있는 경우(예: 도피의 우려가 있는 자에 대한 여권반납명령)를 말한다[판례 1, 2].

> 1. 행정절차법 제21조 제4항 제3호의 '의견청취가 현저히 곤란하거나 명백히 불필요하다고 인정될 만한 상당한 이유가 있는지 여부'의 판단 기준
>
> 행정절차법 제21조 제4항 제3호는 침해적 행정처분을 할 경우 청문을 실시하지 않을 수 있는 사유로서 "당해 처분의 성질상 의견청취가 현저히 곤란하거나 명백히 불필요하다고 인정될 만한 상당한 이유가 있는 경우"를 규정하고 있으나, 여기에서 말하는 '의견청취가 현저

히 곤란하거나 명백히 불필요하다고 인정될 만한 상당한 이유가 있는지 여부'는 당해 행정처분의 성질에 비추어 판단하여야 하는 것이지, 청문통지서의 반송 여부, 청문통지의 방법 등에 의하여 판단할 것은 아니며, 또한 행정처분의 상대방이 통지된 청문일시에 불출석하였다는 이유만으로 행정청이 관계 법령상 그 실시가 요구되는 청문을 실시하지 아니한 채 침해적 행정처분을 할 수는 없을 것이므로, 행정처분의 상대방에 대한 청문통지서가 반송되었다거나, 행정처분의 상대방이 청문일시에 불출석하였다는 이유로 청문을 실시하지 아니하고 한 침해적 행정처분은 위법하다(대판 2001.4.13. 2000두3337).

2. 사전통지나 의견제출 기회 제공의 예외 사유인 '의견청취가 현저히 곤란하거나 명백히 불필요하다고 인정될 만한 상당한 이유가 있는 경우'에 해당하는지 판단하는 기준 및 이때 처분상대방이 이미 행정청에 위반사실을 시인하였다거나 처분의 사전통지 이전에 의견을 진술할 기회가 있었다는 사정을 고려하여야 하는지 여부(소극)

여기에서 '의견청취가 현저히 곤란하거나 명백히 불필요하다고 인정될 만한 상당한 이유가 있는 경우'에 해당하는지는 해당 행정처분의 성질에 비추어 판단하여야 하며, 처분상대방이 이미 행정청에 위반사실을 시인하였다거나 처분의 사전통지 이전에 의견을 진술할 기회가 있었다는 사정을 고려하여 판단할 것은 아니다(대판 2016.10.27. 2016두41811).

4) 청문의 주재자와 참가자

㈎ 청문은 행정청이 소속직원 또는 대통령령으로 정하는 자격을 가진 사람 중에서 선정하는 사람이 주재하되(행정절차법 제28조 제1항 제1문), 행정청은 청문 주재자의 선정이 공정하게 이루어지도록 노력하여야 한다(행정절차법 제28조 제1항 제2문).

㈏ 청문에 주체적으로 참가하는 자는 당사자등이다(행정절차법 제2조 제5호, 제21조 제2항). '당사자등'이란 행정청의 처분에 대하여 직접 그 상대가 되는 당사자와 행정청이 직권 또는 신청에 의하여 행정절차에 참여하게 한 이해관계인을 말한다(행정절차법 제2조 제4호).

5) 청문의 진행절차

㈎ 행정청은 청문을 하려면 청문이 시작되는 날부터 10일 전까지 각 호의 사항(1. 처분의 제목, 2. 당사자의 성명 또는 명칭과 주소, 3. 처분하려는 원인이 되는 사실과 처분의 내용 및 법적 근거, 4. 제3호에 대하여 의견을 제출할 수 있다는 뜻과 의견을 제출하지 아니하는 경우의 처리방법, 5. 의견제출기관의 명칭과 주소, 6. 의견제출기한, 7. 그 밖에 필요한 사항)을 당사자등에게 통지하여야 한다(행정절차법 제21조 제1항·제2항).

㈏ 청문은 설명·의견진술(행정절차법 제31조), 직권증거조사(행정절차법 제33조), 청문조서작성(행정절차법 제34조), 청문종결(행정절차법 제35조)로 이루어진다. 다만, 청문주재자는 당사자등의 전부 또는 일부가 정당한 사유 없이 청문기일에 출석하지 아니하거나 의견서를 제출하지 아니한 경우에는 이들에게 다시 의견진술 및 증거제출의 기회를 주지 아니하고 청문을 마칠 수 있다(행정절차법 제35조 제2항). 그리고 청문 주재자는 당사

자등의 전부 또는 일부가 정당한 사유로 청문기일에 출석하지 못하거나 제31조 제3항에 따른 의견서를 제출하지 못한 경우에는 10일 이상의 기간을 정하여 이들에게 의견진술 및 증거제출을 요구하여야 하며, 해당 기간이 지났을 때에 청문을 마칠 수 있다(행정절차법 제35조 제3항).

6) 청문결여의 효과

555a
행정절차법 등 관련 법령상 청문을 실시하지 않아도 되는 예외적인 경우에 해당하지 않는 한 반드시 청문을 실시하여야 하며, 그러한 절차를 결여한 처분은 위법한 처분으로서 취소사유에 해당한다(대판 2007.11.16. 2005두15700).

> **쟁점** ── 행정청이 사인과 협약으로 법령상 요구되는 청문을 배제할 수 있는지 여부★★

1. 문제점

555b
청문실시의 요건 및 예외(553)와 관련해 행정청이 사인과의 법령상 요구되는 청문을 배제한다는 협약(합의)을 한 경우 청문절차를 생략할 수 있는지가 문제된다.

2. 학 설

555c
ⓐ 강제적인 방법이 동원되지 않는 이상 청문을 배제하는 협의는 가능한 것으로 당사자들은 합의에 의한 청문의 배제에 구속된다는 견해(긍정설)와 ⓑ 청문절차는 행정청에게 적정한 판단을 할 수 있도록 기회를 마련해주는 것뿐만 아니라 이해관계인의 참여를 확보하기 위한 것이므로(행정절차법 제2조 제5호·제4호 참조) 청문을 당사자간의 협약으로 배제할 수 없다는 견해(부정설)가 대립된다.

3. 판 례

555d
대법원은 주식회사 대경마이월드가 안산시장을 상대로 사업시행자지정거부처분취소를 구한 사건에서「행정청이 당사자와 사이에 도시계획사업의 시행과 관련한 협약을 체결하면서 관계 법령 및 행정절차법에 규정된 청문의 실시 등 의견청취절차를 배제하는 조항을 두었다고 하더라도, … 위와 같은 협약의 체결로 청문의 실시에 관한 규정의 적용을 배제할 수 있다고 볼 만한 법령상의 규정이 없는 한, 이러한 협약이 체결되었다고 하여 청문의 실시에 관한 규정의 적용이 배제된다거나 청문을 실시하지 않아도 되는 예외적인 경우에 해당한다고 할 수 없다(대판 2004.7.8. 2002두8350)」는 입장이다(부정).

4. 검 토

555e
행정처분을 하면서 계약을 체결하여 행정절차법상의 청문 등을 배제할 수 있도록 한다면 행정청은 자신의 우월한 지위를 이용하여 상대방의 의사에 반하여 여러 절차를 배제하는 내용의 계약을 강제함으로써 행정절차법의 취지를 침해할 우려가 있으므로 판례의 입장(부정)이 타당하다(하명호).

⑵ 공청회

1) 의 의
공청회란 행정청이 공개적인 토론을 통하여 어떠한 행정작용에 대하여 당사자등, 전문지식과 경험을 가진 사람, 그 밖의 일반인으로부터 의견을 널리 수렴하는 절차를 말한다(행정절차법 제2조 제6호).

2) 공청회 개최의 요건
㈎ 행정청은 ① 처분을 할 때 ② ⓐ 다른 법령 등에서 공청회를 개최하도록 규정하고 있는 경우이거나 ⓑ 해당 처분의 영향이 광범위하여 널리 의견을 수렴할 필요가 있다고 행정청이 인정하는 경우, ⓒ 국민생활에 큰 영향을 미치는 처분으로서 대통령령으로 정하는 처분에 대하여 대통령령으로 정하는 수 이상의 당사자등이 공청회 개최를 요구하는 경우에는 ③ 예외사유에 해당하지 않는다면 공청회를 실시하여야 한다.

㈏ 처분의 사전통지의 예외사유 세 가지에 해당하는 경우와 당사자가 의견진술의 기회를 포기한다는 뜻을 명백히 표시한 경우에는 공청회의 기회를 주지 않을 수 있다(행정절차법 제22조 제4항)(청문의 예외사유 참조(553)).

3) 공청회의 주재자 및 발표자
㈎ 공청회의 주재자는 해당 공청회의 사안과 관련된 분야에 전문적 지식이 있거나 그 분야에 종사한 경험이 있는 사람 중에서 행정청이 지명하거나 위촉하는 사람으로 한다(행정절차법 제38조의3 제1항).

㈏ 공청회의 발표자는 발표를 신청한 사람 중에서 행정청이 선정한다. 다만, 발표를 신청한 사람이 없거나 공청회의 공정성 확보를 위하여 필요하다고 인정하는 경우에는 다음 각호(1. 당해 공청회의 사안과 관련된 당사자등, 2. 당해 공청회의 사안과 관련된 분야에 전문적 지식이 있는 자, 3. 당해 공청회의 사안과 관련된 분야에서 종사한 경험이 있는 자)의 사람 중에서 지명하거나 위촉할 수 있다(행정절차법 제38조의3 제2항).

⑶ 의견제출(약식청문)★[14 변시] [18 5급] [21변시]

1) 의 의
의견제출이란 행정청이 어떠한 행정작용을 하기 전에 당사자등이 의견을 제시하는 절차로서 청문이나 공청회에 해당하지 아니하는 절차를 말한다(행정절차법 제2조 제7호).

2) 의견제출의 요건
㈎ 행정청은 ① 당사자에게 의무를 부과하거나 권익을 제한하는 ② 처분을 할 때 ③ 청문이나 공청회를 하는 경우 외의 경우에 ④ 예외사유에 해당하지 않는다면 의견제출의 기회를 주어야 한다[판례].

㈏ 의견제출은 처분의 사전통지와 마찬가지로 의무를 부과하거나 권익을 제한하는 경우에만 적용된다. 그리고 처분의 사전통지의 예외사유 세 가지에 해당하는 경우와 당사자가 의견진술의 기회를 포기한다는 뜻을 명백히 표시한 경우에는 의견제출의 기회를

주지 않을 수 있다(행정절차법 제22조 제4항)(청문의 예외사유 참조(553)).

> ① 행정청이 의무를 부과하거나 권익을 제한하는 처분을 할 때 구 행정절차법 제22조 제3항에 따라 의견제출의 기회를 주어야 하는 '당사자'의 의미 및 ② '고시'의 방법으로 불특정 다수인을 상대로 의무를 부과하거나 권익을 제한하는 처분에서도 위 조항에 따라 상대방에게 의견제출의 기회를 주어야 하는지 여부(소극)
>
> 구 행정절차법 제22조 제3항에 따라 행정청이 의무를 부과하거나 권익을 제한하는 처분을 할 때 의견제출의 기회를 주어야 하는 '당사자'는 '행정청의 처분에 대하여 직접 그 상대가 되는 당사자'를 의미한다. 그런데 '고시'의 방법으로 불특정 다수인을 상대로 의무를 부과하거나 권익을 제한하는 처분은 성질상 의견제출의 기회를 주어야 하는 상대방을 특정할 수 없으므로, 이와 같은 처분에 있어서까지 구 행정절차법 제22조 제3항에 의하여 그 상대방에게 의견제출의 기회를 주어야 한다고 해석할 것은 아니다(대판 2014.10.27. 2012두7745).

3) 의견제출의 효과

561 행정청은 처분을 할 때에는 당사자등이 제출한 의견이 상당한 이유가 있다고 인정하는 경우에는 이를 반영하여야 한다(행정절차법 제27조의2 제1항). 행정청이 반드시 당사자등의 의견을 따라야 하는 것은 아니다.

(4) 의견청취절차의 위반

562 의견청취절차는 의무적으로 규정되어 있기에 이를 실시하지 않고 발령한 처분은 절차상 위법한 것이 된다.

6. 이유제시★★[12 5급] [13 5급]

(1) 의 의

563 이유제시란 행정청이 처분을 할 때에는 그 근거와 이유를 제시하여야 함을 말한다(행정절차법 제23조 제1항 본문). 행정절차법 제23조는 처분을 함에 있어서 처분의 근거와 이유를 제시하여야 한다고 규정하여 이유제시를 처분시의 필수적 절차로 규정하고 있다. 따라서 이유제시를 생략할 수 있는 경우에 해당되지 않는 한, 수익적·침익적·거부처분을 불문하고 이유제시를 하여야 한다. 처분을 함에 있어서 이유제시를 전혀 하지 않은 경우, 이유제시를 하였으나 처분의 사실적·법률적 근거를 구체적으로 제시하지 않은 경우에는 이유제시에 하자가 있는 것이 된다.

(2) 요 건

1) 정 도

564 ㈎ 행정청이 자기의 결정에 고려하였던 사실상·법률상의 근거를 상대방이 이해할 수 있을 정도로 구체적으로 알려야 한다. 사실상 근거에는 행정행위의 결정에 근거로 삼은 사실관계가 포함되며, 법률상 근거에는 해석·포섭·형량이 포함된다(대판 1990.9.11. 90누1786). 그리고 재량행위에 있어서는 행정청이 재량행사에서 기준으로 삼았던 관점(재량행사의 고려사항(예: 환경보호나 교통질서와 같은 공익적 사정))도 알려야 한다(다수설).

⑷ 다만, 판례는 ① 당사자가 근거규정 등을 명시하여 신청하는 인·허가 등을 행정청이 거부하는 처분을 함에 있어 당사자가 그 근거를 알 수 있을 정도로 상당한 이유를 제시한 경우, ② 처분에 이르기까지 전체적인 과정을 종합적으로 고려하여 처분 당시 당사자가 어떠한 근거와 이유로 처분이 이루어진 것인지를 충분히 알 수 있어서 그에 불복하여 행정구제절차로 나아가는 데에 별다른 지장이 없었던 것으로 인정되는 경우 등은 이유제시의 정도가 완화된다고 본다.

2) 방 식
행정절차법 제24조 제1항의 규정에 의하여 원칙적으로 문서로 한다. 565

3) 기준시점
이유제시는 원칙적으로 처분이 이루어지는 시점에 이루어져야 한다(행정절차법 제23조 제1항 참조). 566

4) 예외사유(행정절차법 제23조 제1항)
행정절차법 제23조 제1항은 일정한 경우 이유제시를 생략할 수 있음을 규정한다(1. 신청 내용을 모두 그대로 인정하는 처분인 경우, 2. 단순·반복적인 처분 또는 경미한 처분으로서 당사자가 그 이유를 명백히 알 수 있는 경우, 3. 긴급히 처분을 할 필요가 있는 경우). 567

(3) 결여의 효과
이유제시결여의 하자는 독자적인 위법사유가 된다(다수설, 판례)(574 이하). 하자의 정도는 명백한 하자이지만 적법요건의 중대한 위반이라고 보기는 어려워 취소사유로 보아야 한다. 568

7. 처분의 방식(문서주의)

행정청이 처분을 할 때에는 다른 법령등에 특별한 규정이 있는 경우를 제외하고는 문서로 하여야 하며, 다음 각 호(1. 당사자등의 동의가 있는 경우, 2. 당사자가 전자문서로 처분을 신청한 경우)의 어느 하나에 해당하는 경우에는 전자문서로 할 수 있다(행정절차법 제24조 제1항). 다만, 공공의 안전 또는 복리를 위하여 긴급히 처분을 할 필요가 있거나 사안이 경미한 경우에는 말, 전화, 휴대전화를 이용한 문자 전송, 팩스 또는 전자우편 등 문서가 아닌 방법으로 처분을 할 수 있다. 이 경우 당사자가 요청하면 지체 없이 처분에 관한 문서를 주어야 한다(행정절차법 제24조 제2항). 569

II. 신고, 확약 및 위반사실 등의 공표 등

1. 신 고

법령등에서 행정청에 일정한 사항을 통지함으로써 의무가 끝나는 신고를 규정하고 있는 경우 신고를 관장하는 행정청은 신고에 필요한 구비서류, 접수기관, 그 밖에 법령 등에 의한 신고에 필요한 사항을 게시(인터넷 등을 통한 게시를 포함한다)하거나 이에 대한 편람을 갖추어 두고 누구나 열람할 수 있도록 하여야 한다. 그리고 이러한 신고는 신고 570

서가 접수기관에 도달된 때에 신고의 의무가 이행된 것으로 본다(행정절차법 제40조 참조).

2. 확약

확약은 문서로 하여야 한다. 그리고 행정청은 다른 행정청과의 협의 등의 절차를 거쳐야 하는 처분에 대하여 확약을 하려는 경우에는 확약을 하기 전에 그 절차를 거쳐야 한다(행정절차법 제40조의2 제2항, 제3항).

3. 위반사실 등의 공표

행정청은 위반사실등의 공표를 하기 전에 사실과 다른 공표로 인하여 당사자의 명예·신용 등이 훼손되지 아니하도록 객관적이고 타당한 증거와 근거가 있는지를 확인하여야 한다. 그리고 행정청은 위반사실등의 공표를 할 때에는 미리 당사자에게 그 사실을 통지하고 의견제출의 기회를 주어야 한다(행정절차법 제40조의3 제2항, 제3항).

4. 행정계획

행정청은 행정청이 수립하는 계획 중 국민의 권리·의무에 직접 영향을 미치는 계획을 수립하거나 변경·폐지할 때에는 관련된 여러 이익을 정당하게 형량하여야 한다(행정절차법 제40조의4).

Ⅲ. 행정상 입법예고절차

571   법령등을 제정·개정 또는 폐지하려는 경우에는 예외사유에 해당하지 않는 한 해당 입법안을 마련한 행정청은 이를 예고하여야 한다(행정절차법 제41조 제1항)(전술한 법규명령의 내부적 통제 참조(147)).

Ⅳ. 행정예고절차

572   행정청은 일정한 사항에 대해 정책, 제도 및 계획을 수립·시행하거나 변경하려는 경우에는 예외사유에 해당하지 않는 한 이를 예고하여야 한다(행정절차법 제46조 제1항).

Ⅴ. 행정지도절차

573   행정절차법은 행정지도의 정의, 행정지도의 원칙·방식, 의견제출, 다수인을 대상으로 하는 행정지도 등을 규정한다(행정절차법 제2조 제3호, 제48조~제51조 참조).

제4항 | 절차상 하자의 독자적 위법사유 여부★★ [10 5급] [11 5급] [12 5급] [13 변시] [13 5급]

1. 문제 상황

574   절차상 하자의 효과에 관한 명문의 규정이 있는 경우라면 문제가 없으나, 절차상 하자의 효과에 관한 명문의 규정이 없는 경우 특히 그 행정행위가 기속행위라면 절차상 하자로 취소판결이 확정된 후에도 행정청은 해당 절차만 거친다면 다시 동일한 내용의 행

정행위를 발령하여도 무방하기 때문에 절차상의 하자가 독자적인 위법사유인지가 문제된다.

2. 학설

(1) 소극설
절차상의 하자만을 이유로 취소하는 것은 행정능률 및 소송경제에 반한다는 점을 근거로 절차상 하자는 독자적인 위법사유가 될 수 없다고 본다.

(2) 절충설
기속행위와 재량행위를 나누어 재량행위는 절차의 하자가 존재할 때 위법해지지만, 기속행위는 내용상 하자가 존재하지 않는 한 절차상 하자만으로 행정행위가 위법해지지 않는다고 본다. 기속행위의 경우 법원이 절차상 하자를 이유로 취소하더라도 행정청은 절차상 하자를 보완하여 동일한 내용의 처분을 할 수 있다는 점을 근거로 한다.

(3) 적극설
법원이 절차상 하자를 이유로 취소한 후 행정청이 적법한 절차를 거쳐 다시 처분을 하는 경우 재량행위뿐 아니라 기속행위의 경우에도 처분의 발령에 이르기까지의 사실판단이나 법률요건 판단을 달리하여 당초 처분과 다른 내용의 결정에 이를 수 있기 때문에 반드시 동일한 내용의 처분을 반복한다고 말할 수 없다는 점을 근거로 절차상 하자는 독자적인 위법사유가 될 수 있다고 본다(다수설).

3. 판례

대법원은 재량행위·기속행위를 불문하고 절차상 하자는 독자적인 위법사유가 될 수 있다는 입장이다(대판 1991.7.9. 91누971)(적극설).

4. 검토

취소소송 등의 기속력이 절차의 위법을 이유로 취소되는 경우에도 준용된다는 점(행정소송법 제30조 제3항)에 비추어 적극설이 타당하다.

[참고] 예를 들어 청문절차를 실시하지 않고 갑의 영업허가를 취소하였다는 점을 이유로 법원이 영업허가취소를 취소하여 판결이 확정된 후에도, 행정청은 청문을 실시하기만 하면 다시 동일한 내용의 영업허가취소처분을 발령할 수 있다. 이는 확정판결 후 다시 발령하는 (청문을 실시한) 영업허가취소처분과 확정판결 전 (청문을 실시하지 않은) 영업허가취소처분은 별개의 처분이기 때문이다(자세한 내용은 후술하는 판결의 기속력 참조(579, 1424 이하)). ⓐ 이 점 때문에 소극설(절충설은 기속행위의 경우)은 절차상의 하자를 독자적인 위법사유로 보지 않는다. ⓑ 그러나 적극설은 행정청은 청문을 실시하기만 하면 동일한 내용의 영업허가취소처분을 발령할 수는 있지만, 청문을 하는 과정에서 영업허가정지처분으로 감경해야 하는 사정이 발견되거나 영업허가를 취소해야 하는 사유가 없음이 밝혀진 경우 반드시 동일한 내용의 영업허가취소처분이 반복되는 것은 아니라고 본다.

제2절 행정정보

제1항 | 자기정보결정권(정보상 자기결정권)

Ⅰ. 자기정보결정권의 개념

1. 의 의

580 자기정보결정권이란 개인은 누구나 자신에 관한 정보를 관리하고, 통제하며, 외부로 표현함에 있어 스스로 결정할 수 있다는 권리를 말한다.

2. 법적 근거

(1) 헌 법

581 사생활의 비밀과 자유를 보장하는 헌법 제17조가 헌법적 근거가 된다.

(2) 법 률

582 ㈎ 개인정보의 수집·유출·오용·남용으로부터 사생활의 비밀 등을 보호하고, 개인정보 처리에 관한 사항을 규정하기 위해 개인정보 보호법을 두고 있다. 이 밖에 전자정부법·정보통신망이용촉진 및 정보보호 등에 관한 법률·교육기본법 및 행정절차법 등이 자기정보결정에 관해 규정하고 있다(행정절차법 제37조 제6항).

㈏ 이하는 개인정보 보호법의 내용이다.

3. 개인정보 보호상 원칙

(1) 개인정보 수집상 원칙

583 개인정보처리자는 개인정보의 처리 목적을 명확하게 하여야 하고 그 목적에 필요한 범위에서 최소한의 개인정보만을 적법하고 정당하게 수집하여야 한다(개인정보 보호법 제3조 제1항).

(2) 개인정보 처리상 원칙

584 개인정보처리자는 개인정보의 처리 목적에 필요한 범위에서 적합하게 개인정보를 처리하여야 하며, 그 목적 외의 용도로 활용하여서는 아니 된다(개인정보 보호법 제3조 제2항).

(3) 개인정보 관리상 원칙

585 개인정보처리자는 개인정보의 처리 목적에 필요한 범위에서 개인정보의 정확성, 완전성 및 최신성이 보장되도록 하여야 한다(개인정보 보호법 제3조 제3항). 그리고 개인정보처리자는 개인정보의 처리 방법 및 종류 등에 따라 정보주체의 권리가 침해받을 가능성과 그 위험 정도를 고려하여 개인정보를 안전하게 관리하여야 한다(개인정보 보호법 제3조 제4항).

(4) 정보주체권리의 보장원칙

586 개인정보처리자는 개인정보 처리방침 등 개인정보의 처리에 관한 사항을 공개하여야

하며, 열람청구권 등 정보주체의 권리를 보장하여야 한다(개인정보 보호법 제3조 제5항).

Ⅱ. 보호대상인 개인정보

1. 보호대상 개인정보의 주체(보호대상자)

개인정보 보호법상 "개인정보"란 살아 있는 개인에 관한 정보로서 다음 각 목(가. 성명, 주민등록번호 및 영상 등을 통하여 개인을 알아볼 수 있는 정보, 나. 해당 정보만으로는 특정 개인을 알아볼 수 없더라도 다른 정보와 쉽게 결합하여 알아볼 수 있는 정보. 이 경우 쉽게 결합할 수 있는지 여부는 다른 정보의 입수 가능성 등 개인을 알아보는 데 소요되는 시간, 비용, 기술 등을 합리적으로 고려하여야 한다. 다. 가목 또는 나목을 제1호의2에 따라 가명처리함으로써 원래의 상태로 복원하기 위한 추가 정보의 사용·결합 없이는 특정 개인을 알아볼 수 없는 정보(이하 "가명정보"라 한다))의 어느 하나에 해당하는 정보를 말한다(개인정보 보호법 제2조 제1호). 587

2. 보호대상 개인정보의 처리자(개인정보처리자)

개인정보 보호법상 개인정보처리자란 업무를 목적으로 개인정보파일을 운용하기 위하여 스스로 또는 다른 사람을 통하여 개인정보를 처리하는 공공기관, 법인, 단체 및 개인 등을 말한다(개인정보 보호법 제2조 제5호). 현행 개인정보 보호법은 공공기관에 의해 처리되는 정보뿐만 아니라 사인(민간)에 의해 처리되는 정보까지 보호대상으로 하고 있는 것이 특징적이다. 588

Ⅲ. 개인정보의 처리

1. 개인정보의 수집, 이용, 제공 등

개인정보 보호법은 이와 관련하여 개인정보의 수집·이용(개인정보 보호법 제15조), 개인정보의 수집 제한(동법 제16조), 개인정보의 제공(동법 제17조), 개인정보의 이용·제공의 제한(동법 제18조), 개인정보를 제공받은 자의 이용·제공 제한(동법 제19조), 정보주체 이외로부터 수집한 개인정보의 수집 출처 등 고지(동법 제20조), 개인정보의 파기(동법 제21조) 등을 규정하고 있다. 590

2. 개인정보의 처리 제한

개인정보 보호법은 이와 관련하여 민감정보의 처리 제한(개인정보 보호법 제23조), 고유식별정보의 처리 제한(동법 제24조), 주민등록번호처리의 제한(동법 제24조의2), 영상정보처리기기의 설치·운영 제한(동법 제25조), 업무위탁에 따른 개인정보의 처리 제한(동법 제26조), 영업양도 등에 따른 개인정보의 이전 제한(동법 제27조) 등을 규정하고 있다. 591

3. 동의를 받는 방법

개인정보 보호법은 개인정보처리자가 정보주체로부터 동의를 받는 방법과 관련하여 사항별 구분 동의(개인정보 보호법 제22조 제1항), 동의 필요 여부의 구분(동법 제22조 제2항), 홍보·판매 권유와 동의(동법 제22조 제3항), 14세 미만 아동의 개인정보(동법 제22조 592

제5항) 등을 규정하고 있다.

Ⅳ. 정보주체의 권리

1. 적극적 행위청구권

(1) 열람청구권

593 정보주체는 개인정보처리자가 처리하는 자신의 개인정보에 대한 열람을 해당 개인정보처리자에게 요구할 수 있다(개인정보 보호법 제35조 제1항).

(2) 정정·삭제청구권

594 개인정보 보호법 제35조에 따라 자신의 개인정보를 열람한 정보주체는 개인정보처리자에게 그 개인정보의 정정 또는 삭제를 요구할 수 있다. 다만, 다른 법령에서 그 개인정보가 수집 대상으로 명시되어 있는 경우에는 그 삭제를 요구할 수 없다(개인정보 보호법 제36조 제1항).

(3) 처리정지요구권

595 정보주체는 개인정보처리자에 대하여 자신의 개인정보 처리의 정지를 요구할 수 있다. 이 경우 공공기관에 대하여는 제32조에 따라 등록 대상이 되는 개인정보파일 중 자신의 개인정보에 대한 처리의 정지를 요구할 수 있다(개인정보 보호법 제37조 제1항).

2. 소극적 행위청구권(개인정보 유출 통지를 받을 권리)

596 개인정보처리자는 개인정보가 유출되었음을 알게 되었을 때에는 지체 없이 해당 정보주체에게 다음 각 호(1. 유출된 개인정보의 항목, 2. 유출된 시점과 그 경위, 3. 유출로 인하여 발생할 수 있는 피해를 최소화하기 위하여 정보주체가 할 수 있는 방법 등에 관한 정보, 4. 개인정보처리자의 대응조치 및 피해 구제절차, 5. 정보주체에게 피해가 발생한 경우 신고 등을 접수할 수 있는 담당부서 및 연락처)의 사실을 알려야 한다(개인정보 보호법 제34조 제1항).

Ⅴ. 권리보호*

1. 손해배상(국가배상)

597 ㈎ 정보주체는 개인정보처리자가 이 법을 위반한 행위로 손해를 입으면 개인정보처리자에게 손해배상을 청구할 수 있다. 이 경우 그 개인정보처리자는 고의 또는 과실이 없음을 입증하지 아니하면 책임을 면할 수 없다(개인정보 보호법 제39조 제1항).

㈏ 개인정보처리자가 국가·지방자치단체인 경우 개인정보 보호법 제39조는 국가배상법에 대한 특칙이 된다. 즉, 동 조항에 따른 배상책임의 요건은 국가배상법 제2조에 따른 요건과 동일하다. 그러나 국가배상법상 배상책임의 경우 불법행위자의 고의·과실에 대한 입증책임이 배상청구권자에게 있으나 개인정보 보호법 제39조는 입증책임이 정보주체가 아니라 개인정보처리자에게 있고, 아울러 개인정보처리자의 손해배상책임의 경감에 관한 사항도 규정하고 있음이 특징적이다.

2. 분쟁조정

분쟁조정이란 소송절차에 앞서서 개인정보와 관련한 분쟁을 조정하는 절차를 말한다. 분쟁조정절차는 필요적 전치절차가 아니라 분쟁조정을 원하는 자가 제기하는 임의적 전치절차이다.

598

3. 행정소송

개인정보처리자가 국가·지방자치단체인 경우, 정보주체는 행정소송법이 정하는 바에 따라 국가·지방자치단체의 처분을 다투는 행정소송을 제기할 수도 있다. 이 경우의 행정소송은 주관적 소송의 형태가 된다.

599

4. 개인정보 단체소송

개인정보 보호법은 개인정보 단체소송을 규정하고 있다. 단체소송의 피고인 개인정보처리자에는 국가·지방자치단체와 기타 공공단체, 사인이 포함된다. 개인정보 단체소송은 정보처리자의 권리침해 행위의 금지·중지를 구하는 소송인데, 이러한 소송유형은 행정소송법상 규정이 없다. 그리고 개인정보처리자가 국가·지방자치단체와 기타 공공단체인 경우 개인정보 단체소송은 공법적 성격의 분쟁임에도 개인정보 보호법은 이를 민사법원 관할로 한다는 점이 특징이다(동법 제57조 참조).

600

제2항 | 정보공개청구권

I. 개 념

1. 의 의

정보공개청구권이란 사인이 공공기관에 대하여 정보를 공개해줄 것을 요구할 수 있는 권리를 말한다. 특히 공공기관의 정보공개에 관한 법률의 정보공개청구권은 자기와 직접적인 이해관계 있는 정보(예: 자신의 의료기록에 대한 정보공개를 청구한 경우)에 대한 공개(개별적 정보공개청구권)뿐만 아니라 자신과 직접적인 이해관계 없는 정보(예: 환경보호단체가 수질환경에 대한 정보공개를 청구한 경우)에 대한 공개청구(일반적 정보공개청구권)를 포함한다. 즉 동법은 정보공개청구권자의 이해관련성의 유무를 불문하고 정보에 대한 이익 그 자체를 권리로서 보장하고 있다[판례].

601

> 정보공개 청구권자의 권리구제 가능성 등이 정보의 공개 여부 결정에 영향을 미치는지 여부(소극)
>
> 정보공개법은 … 정보공개 청구권자가 공개를 청구하는 정보와 어떤 관련성을 가질 것을 요구하거나 정보공개청구의 목적에 특별한 제한을 두고 있지 아니하므로 정보공개 청구권자의 권리구제 가능성 등은 정보의 공개 여부 결정에 아무런 영향을 미치지 못한다(대판 2017.9.7. 2017두44558).

2. 법적 근거

602 헌법 제21조 제1항의 표현의 자유 또는 제10조의 행복추구권이 정보공개청구권의 헌법적 근거가 되며, 다른 법률에 특별한 규정이 있는 경우를 제외하고는 공공기관의 정보공개에 관한 법률이 일반법으로서 적용된다(공공기관의 정보공개에 관한 법률 제4조 제1항). 다만, 국가안전보장에 관련되는 정보 및 보안업무를 관장하는 기관에서 국가안전보장과 관련된 정보분석을 목적으로 수집되거나 작성된 정보에 대해서는 적용되지 아니한다(공공기관의 정보공개에 관한 법률 제4조 제3항). 또한 지방자치단체는 그 소관사무에 관하여 법령의 범위안에서 정보공개에 관한 조례를 정할 수도 있다(공공기관의 정보공개에 관한 법률 제4조 제2항).

Ⅱ. 정보공개청구권자와 공개대상정보★★

1. 정보공개청구권자

603 공공기관의 정보공개에 관한 법률 제5조 제1항은 '모든 국민은 정보의 공개를 청구할 권리를 가진다'고 규정하고 있다.

2. 공개대상정보

604 공공기관이 보유·관리하는 정보는 공개대상이 된다(공공기관의 정보공개에 관한 법률 제9조 제1항 본문). "공공기관"이란 국가기관(① 국회, 법원, 헌법재판소, 중앙선거관리위원회, ② 중앙행정기관(대통령 소속 기관과 국무총리 소속 기관을 포함한다) 및 그 소속 기관, ③ 「행정기관 소속 위원회의 설치·운영에 관한 법률」에 따른 위원회), 지방자치단체, 「공공기관의 운영에 관한 법률」 제2조에 따른 공공기관, 「지방 공기업법」에 따른 지방공사 및 지방공단 그 밖에 대통령령으로 정하는 기관을 말한다(동법 제2조 제3호).

Ⅲ. 비공개대상정보★★★[09 5급] [11 5급] [15 5급]

1. 정보공개의 원칙

606 (가) 공공기관의 정보공개에 관한 법률 제3조는 공공기관이 보유·관리하는 정보에 대해 공개를 원칙으로 하고 있고, 동법은 제9조 제1항 단서에서 비공개대상정보를 규정하고 있다.

(나) 판례는 정보공개청구권자가 오로지 상대방을 괴롭힐 목적으로 정보공개를 구하고 있다는 등의 특별한 사정이 없는 한 정보공개청구가 신의칙에 반하거나 권리남용에 해당한다고 볼 수 없어 정보를 공개하여야 한다고 본다(대판 2006.8.24. 2004두2783).

2. 비공개대상정보

607 (1) 다른 법률 또는 법률에서 위임한 명령(국회규칙·대법원규칙·헌법재판소규칙·중앙선거관리위원회규칙·대통령령 및 조례로 한정한다)에 따라 비밀이나 비공개 사항으로 규정된 정보 (제1호)

판례는 공공기관의 정보공개에 관한 법률 제9조 제1항 제1호의 '법률에 의한 명령'은 법규명령 전부가 아니라 정보의 공개에 관하여 법률의 구체적인 위임 아래 제정된 법규명령(위임명령)만을 의미한다고 본다. 즉 정보의 공개에 관하여 법률이 구체적인 위임을 한 경우 그 위임에 따라 제정된 법규명령에 비공개 사항으로 규정된 경우만을 제9조 제1항 제1호의 비공개대상정보로 보아 제1호(법률이 위임한 명령)의 범위를 제한적으로 해석하고 있다[판례 1, 2].

1. 공공기관의 정보공개에 관한 법률 제9조 제1항 제1호의 '법률이 위임한 명령'의 의미(부정한 예)(아래의 참조조문 참조)

    교육공무원법 제13조, 제14조의 위임에 따라 제정된 교육공무원승진규정은 정보공개에 관한 사항에 관하여 구체적인 법률의 위임에 따라 제정된 명령이라고 할 수 없고, 따라서 교육공무원승진규정 제26조에서 근무성적평정의 결과를 공개하지 아니한다고 규정하고 있다고 하더라도 위 교육공무원승진규정은 공공기관의 정보공개에 관한 법률 제9조 제1항 제1호에서 말하는 법률이 위임한 명령에 해당하지 아니하므로 위 규정을 근거로 정보공개청구를 거부하는 것은 잘못이다(대판 2006.10.26. 2006두11910).

    [참조조문]
    교육공무원법
    제13조(승진) 교육공무원의 승진임용은 동종의 직무에 종사하는 바로 하위직에 있는 자 중에서 대통령령이 정하는 바에 의하여 경력평정·재교육성적·근무성적 기타 능력의 실증에 의하여 행한다.
    제14조(승진후보자명부) ① 교육공무원의 임용권자 또는 임용제청권자는 대통령령이 정하는 바에 의하여 경력평정·재교육성적·근무성적 기타 능력의 실증에 의한 순위에 따라 자격별로 승진후보자명부를 작성·비치하여야 한다.

    교육공무원승진규정(대통령령)
    제26조(평정결과의 비공개) 근무성적평정의 결과는 이를 공개하지 아니한다.

2. 공공기관의 정보공개에 관한 법률 제9조 제1항 제1호의 '법률이 위임한 명령'의 의미(긍정한 예)

    학교폭력법 제21조 제1항, 제2항은 학교폭력의 예방 및 대책과 관련한 업무를 수행하거나 수행하였던 자가 그 직무로 인하여 알게 된 비밀 또는 피해학생 및 가해학생과 관련된 자료의 누설을 금지하되 그 구체적인 비밀의 범위는 대통령령으로 정하도록 위임하고 있고, 이에 따라 학교폭력법 시행령 제17조는 그 비밀의 범위를 "1. 학교폭력 가해학생과 피해학생 개인 및 가족의 성명, 주민등록번호 및 주소 등 개인정보에 관한 사항, 2. 학교폭력 가해학생과 피해학생에 대한 심의·의결과 관련된 개인별 발언 내용, 3. 그 밖에 외부로 누설될 경우 분쟁당사자 간에 논란을 일으킬 우려가 명백한 사항"으로 열거하고 있으며, … 자치위원회가 피해학생의 보호를 위한 조치, 가해학생에 대한 조치, 학교폭력과 관련된 분쟁의 조정 등에 관하여 심의한 결과를 기재한 회의록은 공공기관의 정보공개에 관한 법률 제9조 제1항 제1호의 '다른 법률 또는 법률이 위임한 명령에 의하여 비밀 또는 비공개 사항으로 규정된 정보'에 해당한다고 보아야 할 것이다(대판 2010.6.10. 2010두2913).

> [참조조문]
> **학교폭력예방 및 대책에 관한 법률**
> **제21조(비밀누설금지 등)** ① 이 법에 따라 학교폭력의 예방 및 대책과 관련된 업무를 수행하거나 수행하였던 자는 그 직무로 인하여 알게 된 비밀 또는 가해학생·피해학생과 관련된 자료를 누설하여서는 아니 된다.
> ② 제1항에 따른 비밀의 구체적인 범위는 대통령령으로 정한다.
>
> **학교폭력예방 및 대책에 관한 법률 시행령**
> **제33조(비밀의 범위)** 법 제21조 제1항에 따른 비밀의 범위는 다음 각 호와 같다.
> 1. 학교폭력 피해학생과 가해학생 개인 및 가족의 성명, 주민등록번호 및 주소 등 개인정보에 관한 사항
> 2. 학교폭력 피해학생과 가해학생에 대한 심의·의결과 관련된 개인별 발언 내용
> 3. 그 밖에 외부로 누설될 경우 분쟁당사자 간에 논란을 일으킬 우려가 있음이 명백한 사항

608 (2) 국가안전보장·국방·통일·외교관계 등에 관한 사항으로서 공개될 경우 국가의 중대한 이익을 현저히 해칠 우려가 있다고 인정되는 정보(제2호)

609 (3) 공개될 경우 국민의 생명·신체 및 재산의 보호에 현저한 지장을 초래할 우려가 있다고 인정되는 정보(제3호)

610 (4) 진행 중인 재판에 관련된 정보와 범죄의 예방, 수사, 공소의 제기 및 유지, 형의 집행, 교정, 보안처분에 관한 사항으로서 공개될 경우 그 직무수행을 현저히 곤란하게 하거나 형사피고인의 공정한 재판을 받을 권리를 침해한다고 인정할 만한 상당한 이유가 있는 정보(제4호)
[판례]

> **공공기관의 정보공개에 관한 법률 제9조 제1항 제4호에 규정된 '진행중인 재판에 관련된 정보'의 의미**
>
> '진행중인 재판에 관련된 정보'에 해당한다는 사유로 정보공개를 거부하기 위하여는 반드시 그 정보가 진행중인 재판의 소송기록 그 자체에 포함된 내용의 정보일 필요는 없으나, 재판에 관련된 일체의 정보가 그에 해당하는 것은 아니고 진행중인 재판의 심리 또는 재판결과에 구체적으로 영향을 미칠 위험이 있는 정보에 한정된다(대판 2011.11.24. 2009두19021).

611 (5) 감사·감독·검사·시험·규제·입찰계약·기술개발·인사관리에 관한 사항이나 의사결정 과정 또는 내부검토 과정에 있는 사항 등으로서 공개될 경우 업무의 공정한 수행이나 연구·개발에 현저한 지장을 초래한다고 인정할 만한 상당한 이유가 있는 정보. 다만, 의사결정 과정 또는 내부검토 과정을 이유로 비공개할 경우에는 제13조 제5항에 따라 통지를 할 때 의사결정 과정 또는 내부검토 과정의 단계 및 종료 예정일을 함께 안내하여야 하며, 의사결정 과정 및 내부검토 과정이 종료되면 제10조에 따른 청구인에게 이를 통지하여야 한다(제5호).

㈎ 공공기관의 정보공개에 관한 법률 제9조 제1항 제5호는 해당 정보가 ① 감사·감독·검사·시험·규제·입찰계약·기술개발·인사관리·의사결정과정 또는 내부검토과정에 있는 사항이면서 ② 공개될 경우 업무의 공정한 수행이나 연구·개발에 현저한 지장을 초래한다고 인정할 만한 상당한 이유가 있는 정보일 때 이를 비공개할 수 있는 것으로 규정한다.

㈐ ① 판례는 공공기관의 정보공개에 관한 법률 제9조 제1항 제5호의 비공개사항들은 한정적인 것이 아니라 예시적으로 열거한 것으로 본다(대판 2003.8.22. 2002두12946). 따라서 의사결정과정에 제공된 회의관련 자료나 의사결정 과정이 기록된 회의록 등은 의사가 결정되거나 집행된 경우 의사결정과정 자체는 아니지만 "의사결정과정에 준하는 사항"으로 볼 수 있다(대판 2003.8.22. 2002두12946). ② 또한 판례는 '공개될 경우 업무의 공정한 수행에 현저한 지장을 초래한다고 인정할 만한 상당한 이유가 있는 경우'라 함은 공개될 경우 업무의 공정한 수행이 객관적으로 현저하게 지장을 받을 것이라는 고도의 개연성이 존재하는 경우를 의미한다고 보고, 여기에 해당하는지 여부는 비공개에 의하여 보호되는 업무수행의 공정성 등의 이익과 공개에 의하여 보호되는 국민의 알권리의 보장과 국정에 대한 국민의 참여 및 국정운영의 투명성 확보 등의 이익을 비교·교량하여 판단하여야 한다고 한다(대판 2003.8.22. 2002두12946)[판례 1, 2, 3].

1. '2002학년도부터 2005학년도까지의 대학수학능력시험 원데이터'가 공공기관의 정보공개에 관한 법률 제9조 제1항 제5호에 규정된 비공개대상정보에 해당하는지 여부(공개)

    학교 간 학력격차가 엄연히 존재하고 있고, 이미 과도한 입시경쟁으로 사교육에 대한 의존도가 심화되어 있는 현실에서는 학교식별정보를 포함한 수능시험정보를 비공개하는 것보다 이를 연구자 등에게 공개하여 위와 같은 현실의 개선에 활용될 수 있도록 하는 것이 더 공공기관의 정보공개에 관한 법률의 목적에 부합한다고 볼 수 있다. … 원심이 이와 같은 취지에서 수능시험정보가 공공기관의 정보공개에 관한 법률 제9조 제1항 제5호 소정의 비공개대상정보에 해당하지 아니한다고 판단한 것은 정당하다(대판 2010.2.25. 2007두9877).

2. 학교폭력대책자치위원회의 회의록이 공공기관의 정보공개에 관한 법률 제9조 제1항 제5호에 규정된 비공개대상정보에 해당하는지 여부(비공개)

    학교폭력법 제21조 제3항이 자치위원회의 회의를 공개하지 못하도록 명문으로 규정하고 있는 것은, 회의록 공개를 통한 알권리 보장과 자치위원회 운영의 투명성 확보 요청을 다소 후퇴시켜서라도 초등학교·중학교·고등학교·특수학교 내외에서 학생들 사이에서 발생한 학교폭력의 예방 및 대책에 관련된 사항을 심의하는 자치위원회 업무수행의 공정성을 최대한 확보하기 위한 것으로 보이는 점 등을 고려하면, 자치위원회가 피해학생의 보호를 위한 조치, 가해학생에 대한 조치, 학교폭력과 관련된 분쟁의 조정 등에 관하여 심의한 결과를 기재한 회의록은 공공기관의 정보공개에 관한 법률 제9조 제1항 제5호의 '공개될 경우 업무의 공정한 수행에 현저한 지장을 초래한다고 인정할 만한 상당한 이유가 있는 정보'에 해당한다고 보아야 할 것이다(대판 2010.6.10. 2010두2913).

3. 갑이 친족인 망 을 등에 대한 독립유공자 포상신청을 하였다가 포상에 포함되지 못하였다는 내용의 공적심사 결과를 통지받자 국가보훈처장에게 '망인들에 대한 독립유공자서훈 공적심사위원회의 심의·의결 과정 및 그 내용을 기재한 회의록' 등의 공개를 청구하였는데, 국가보훈처장이 공개할 수 없다는 통보를 한 사안에서, 위 회의록은 공공기관의 정보공개에 관한 법률 제9조

제1항 제5호에 해당한다고 한 사례(비공개)

독립유공자 등록에 관한 신청당사자의 알권리 보장에는 불가피한 제한이 따를 수밖에 없고 관계 법령에서 제한을 다소나마 해소하기 위해 조치를 마련하고 있는 점, 공적심사위원회의 심사에는 심사위원들의 전문적·주관적 판단이 상당 부분 개입될 수밖에 없는 심사의 본질에 비추어 공개를 염두에 두지 않은 상태에서의 심사가 그렇지 않은 경우보다 더 자유롭고 활발한 토의를 거쳐 객관적이고 공정한 심사 결과에 이를 개연성이 큰 점 등 위 회의록 공개에 의하여 보호되는 알권리의 보장과 비공개에 의하여 보호되는 업무수행의 공정성 등의 이익 등을 비교·교량해 볼 때, 위 회의록은 정보공개법 제9조 제1항 제5호에서 정한 '공개될 경우 업무의 공정한 수행에 현저한 지장을 초래한다고 인정할 만한 상당한 이유가 있는 정보'에 해당한다(대판 2014.7.24. 2013두20301).

(6) 해당 정보에 포함되어 있는 성명·주민등록번호 등 「개인정보 보호법」 제2조 제1호에 따른 개인정보로서 공개될 경우 사생활의 비밀 또는 자유를 침해할 우려가 있다고 인정되는 정보(제6호).

공공기관의 정보공개에 관한 법률 제9조 제1항 제6호는 비공개대상정보를 규정하면서 본문에서 ⓐ 개인정보일 것과 ⓑ 사생활의 비밀이나 자유의 침해 우려가 있을 것을 필요로 하고 있다. ⓒ 그러나 단서에서 가-마목까지의 공개될 수 있는 예외를 규정한다(가. 법령에서 정하는 바에 따라 열람할 수 있는 정보, 나. 공공기관이 공표를 목적으로 작성하거나 취득한 정보로서 사생활의 비밀 또는 자유를 부당하게 침해하지 아니하는 정보, 다. 공공기관이 작성하거나 취득한 정보로서 공개하는 것이 공익이나 개인의 권리 구제를 위하여 필요하다고 인정되는 정보, 라. 직무를 수행한 공무원의 성명·직위, 마. 공개하는 것이 공익을 위하여 필요한 경우로서 법령에 따라 국가 또는 지방자치단체가 업무의 일부를 위탁 또는 위촉한 개인의 성명·직업).

공공기관의 정보공개에 관한 법률 제9조 제1항 제6호 다목의 '공개하는 것이 공익을 위하여 필요하다고 인정되는 정보'에 해당 여부 판단 방법

'당해 정보에 포함되어 있는 이름·주민등록번호 등에 의하여 특정인을 식별할 수 있는 개인에 관한 정보'를 규정하면서, 같은 호 단서 ㈐목으로 '공공기관이 작성하거나 취득한 정보로서 공개하는 것이 공익 또는 개인의 권리구제를 위하여 필요하다고 인정되는 정보'는 제외된다고 규정하고 있는데, 여기에서 '공개하는 것이 공익을 위하여 필요하다고 인정되는 정보'에 해당하는지 여부는 비공개에 의하여 보호되는 개인의 사생활 보호 등의 이익과 공개에 의하여 보호되는 국정운영의 투명성 확보 등의 공익을 비교·교량하여 구체적 사안에 따라 신중히 판단하여야 한다(대판 2007.12.13. 2005두13117).

(7) 법인·단체 또는 개인의 경영상·영업상 비밀에 관한 사항으로서 공개될 경우 법인 등의 정당한 이익을 현저히 해칠 우려가 있다고 인정되는 정보. 다만, 사업활동에 의하여 발생하는 위해로부터 사람의 생명·신체 또는 건강을 보호하기 위하여 공개할 필요가 있는 정보(가목)와 위법·부당한 사업활동으로부터 국민의 재산 또는 생활을 보호하기 위하여 공개할 필요가 있는 정보(나목)는 제외한다(제7호)[판례].

> **공공기관의 정보공개에 관한 법률 제9조 제1항 제7호의 '법인 등의 경영·영업상 비밀'의 판단 방법**
> 공공기관의 정보공개에 관한 법률 제9조 제1항 제7호 소정의 '법인 등의 경영·영업상 비밀'은 '타인에게 알려지지 아니함이 유리한 사업활동에 관한 일체의 정보' 또는 '사업활동에 관한 일체의 비밀사항'을 의미하는 것이고 그 공개 여부는 공개를 거부할 만한 정당한 이익이 있는지 여부에 따라 결정되어야 하는데, 그러한 정당한 이익이 있는지 여부는 공공기관의 정보공개에 관한 법률의 입법 취지에 비추어 이를 엄격하게 판단하여야 한다(대판 2011.11.24. 2009두19021).

(8) 공개될 경우 부동산 투기, 매점매석 등으로 특정인에게 이익 또는 불이익을 줄 우려가 있다고 인정되는 정보(제8호)

3. 부분공개

공개청구한 정보가 제9조 제1항 각호의 어느 하나에 해당하는 부분과 공개가 가능한 부분이 혼합되어 있는 경우로서 공개청구의 취지에 어긋나지 아니하는 범위 안에서 두 부분을 분리할 수 있는 때에는 제9조 제1항 각호의 어느 하나에 해당하는 부분을 제외하고 공개하여야 한다(공공기관의 정보공개에 관한 법률 제14조).

4. 입증책임

해당 정보를 공공기관이 보유·관리하고 있을 상당한 개연성이 있다는 점에 대한 입증책임은 원칙적으로 공개청구자에게 있지만, 공개를 구하는 정보를 공공기관이 한때 보유·관리하였으나 후에 존재하지 않게 된 것이라면 그 정보를 더 이상 보유·관리하고 있지 아니하다는 점에 대한 입증책임은 공공기관에게 있다(대판 2010.2.25. 2007두9877).

Ⅳ. 정보공개청구의 절차

1. 정보공개의 청구

정보의 공개를 청구하는 자는 해당 정보를 보유하거나 관리하고 있는 공공기관에 대하여 일정한 사항을 기재한 정보공개청구서를 제출하거나 말로써 정보의 공개를 청구할 수 있다(공공기관의 정보공개에 관한 법률 제10조 제1항)[판례].

> **정보공개대상의 특정성**
> 정보비공개결정의 취소를 구하는 사건에 있어서, 만일 공개를 청구한 정보의 내용 중 너무 포괄적이거나 막연하여서 사회일반인의 관점에서 그 내용과 범위를 확정할 수 있을 정도로 특정되었다고 볼 수 없는 부분이 포함되어 있다면, 이를 심리하는 법원으로서는 마땅히 공공기관의 정보공개에 관한 법률 제20조 제2항의 규정에 따라 공공기관에게 그가 보유·관리하고 있는 공개청구정보를 제출하도록 하여 이를 비공개로 열람·심사하는 등의 방법으로 공개청구정보의 내용과 범위를 특정시켜야 하고, … 정보공개의 청구 중 특정되지 않은 부분에

대한 비공개결정의 취소를 구하는 부분은 나머지 부분과 분리하여 이를 기각하여야 한다(대판 2007.6.1. 2007두2555).

2. 공개 여부의 결정

(1) 공개 여부 결정기간

617 정보공개청구를 받은 공공기관은 정보공개의 청구를 받은 날로부터 10일 이내에 공개 여부를 결정하여야 한다(공공기관의 정보공개에 관한 법률 제11조 제1항). 공공기관은 부득이한 사유로 제1항에 따른 기간(10일) 이내에 공개 여부를 결정할 수 없는 때에는 그 기간이 끝나는 날의 다음 날부터 기산하여 10일의 범위에서 공개 여부 결정기간을 연장할 수 있다(공공기관의 정보공개에 관한 법률 제11조 제2항).

(2) 사전통지

618 공공기관은 공개대상정보의 일부 또는 전부가 제3자와 관련이 있다고 인정할 때에는 그 사실을 제3자에게 지체 없이 통지하여야 하며, 필요한 경우에는 그에 대한 의견을 들을 수 있다(공공기관의 정보공개에 관한 법률 제11조 제3항).

3. 공개 여부 결정의 통지

619 공공기관이 정보의 공개를 결정한 때에는 공개일시·공개장소 등을 분명히 밝혀 청구인에게 통지하여야 한다(공공기관의 정보공개에 관한 법률 제13조 제1항). 공공기관이 정보의 비공개결정을 한 경우에는 그 사실을 청구인에게 지체없이 문서로 통지하되, 비공개이유·불복방법 및 불복절차를 구체적으로 밝혀야 한다(공공기관의 정보공개에 관한 법률 제13조 제5항).

4. 정보공개의 방법★★[15 5급]

619a (가) 공공기관은 정보를 공개하기로 결정한 경우, 청구인은 제한사유(정보의 원본이 더럽혀지거나 파손될 우려가 있거나 그 밖에 상당한 이유가 있다고 인정할 때에는 정보의 사본·복제물을 공개할 수 있다)에 해당하지 않는 한 정보를 열람·시청할 수 있다(공공기관의 정보공개에 관한 법률 제13조 제1항·제4항).

(나) 또한, 청구인이 사본 또는 복제물의 교부를 요청하는 경우 공공기관은 이를 교부하여야 한다. 다만, 공개 대상 정보의 양이 너무 많아 정상적인 업무수행에 현저한 지장을 초래할 우려가 있는 경우에는 정보의 사본·복제물을 일정 기간별로 나누어 제공하거나 열람과 병행하여 제공할 수 있다(공공기관의 정보공개에 관한 법률 제13조 제2항·제3항).

(다) 그리고 정보공개청구자가 선택한 공개방법에 따라 정보를 공개해야 하며, 공개청구를 받은 공공기관이 정보공개방법을 선택할 수는 없다(대판 2003.12.12. 2003두8050).

(라) 따라서 공공기관은 전자적 형태로 보유·관리하는 정보에 대하여 청구인이 전자적 형태로 공개하여 줄 것을 요청하는 경우에는 그 정보의 성질상 현저히 곤란한 경우를 제외

하고는 청구인의 요청에 따라야 한다. 그리고 공공기관은 전자적 형태로 보유·관리하지 아니하는 정보에 대하여 청구인이 전자적 형태로 공개하여 줄 것을 요청한 경우에는 정상적인 업무수행에 현저한 지장을 초래하거나 그 정보의 성질이 훼손될 우려가 없으면 그 정보를 전자적 형태로 변환하여 공개할 수 있다(공공기관의 정보공개에 관한 법률 제15조 제1항·제2항).

㈐ 또한 정보공개 청구인에게는 특정한 공개방법을 지정하여 정보공개를 청구할 수 있는 법령상 신청권이 있다. 따라서 공공기관이 공개청구의 대상이 된 정보를 공개는 하되, 청구인이 신청한 공개방법 이외의 방법으로 공개하기로 하는 결정을 하였다면, 이는 정보공개청구 중 정보공개방법에 관한 부분에 대하여 일부 거부처분을 한 것이고, 청구인은 그에 대하여 항고소송으로 다툴 수 있다(대판 2016.11.10. 2016두44674)[판례 1, 2].

1. 정보공개를 청구하는 자가 공공기관에 대해 정보의 사본 또는 출력물의 교부의 방법으로 공개방법을 선택하여 정보공개청구를 한 경우, 공개청구를 받은 공공기관이 그 공개방법을 선택할 재량권이 있는지 여부(소극)

　공공기관의정보공개에관한법률 제2조 제2항, 제3조, 제5조, 제8조 제1항, 같은법시행령 제14조, 같은법시행규칙 제2조 [별지 제1호 서식] 등의 각 규정을 종합하면, 정보공개를 청구하는 자가 공공기관에 대해 정보의 사본 또는 출력물의 교부의 방법으로 공개방법을 선택하여 정보공개청구를 한 경우에 공개청구를 받은 공공기관으로서는 같은 법 제8조 제2항에서 규정한 정보의 사본 또는 복제물의 교부를 제한할 수 있는 사유에 해당하지 않는 한 정보공개청구자가 선택한 공개방법에 따라 정보를 공개하여야 하므로 그 공개방법을 선택할 재량권이 없다고 해석함이 상당하다(대판 2003.12.12. 2003두8050).

2. 정보공개 청구인에게 특정한 정보공개방법을 지정하여 청구할 수 있는 법령상 신청권이 있는지 여부(적극)

　구 공공기관의 정보공개에 관한 법률(2013. 8. 6. 법률 제11991호로 개정되기 전의 것, 이하 '구 정보공개법'이라고 한다)은, 정보의 공개를 청구하는 이(이하 '청구인'이라고 한다)가 정보공개방법도 아울러 지정하여 정보공개를 청구할 수 있도록 하고 있고, 전자적 형태의 정보를 전자적으로 공개하여 줄 것을 요청한 경우에는 공공기관은 원칙적으로 요청에 응할 의무가 있고, … 청구인에게는 특정한 공개방법을 지정하여 정보공개를 청구할 수 있는 법령상 신청권이 있다. 따라서 공공기관이 공개청구의 대상이 된 정보를 공개는 하되, 청구인이 신청한 공개방법 이외의 방법으로 공개하기로 하는 결정을 하였다면, 이는 정보공개청구 중 정보공개방법에 관한 부분에 대하여 일부 거부처분을 한 것이고, 청구인은 그에 대하여 항고소송으로 다툴 수 있다(대판 2016.11.10. 2016두44674).

V. 권리구제

1. 정보공개청구권자의 권리구제★★

(1) 이의신청

620   청구인이 정보공개와 관련한 공공기관의 비공개 결정 또는 부분 공개 결정에 대하여 불복이 있거나 정보공개 청구 후 20일이 경과하도록 정보공개 결정이 없는 때에는 공공기관으로부터 정보공개 여부의 결정 통지를 받은 날 또는 정보공개 청구 후 20일이 경과한 날부터 30일 이내에 해당 공공기관에 문서로 이의신청을 할 수 있다(공공기관의 정보공개에 관한 법률 제18조 제1항). 공공기관은 이의신청을 각하 또는 기각하는 결정을 한 경우에는 청구인에게 행정심판 또는 행정소송을 제기할 수 있다는 사실을 제3항에 따른 결과 통지와 함께 알려야 한다(공공기관의 정보공개에 관한 법률 제18조 제4항).

(2) 행정심판

621   청구인이 정보공개와 관련한 공공기관의 결정에 대하여 불복이 있거나 정보공개 청구 후 20일이 경과하도록 정보공개 결정이 없는 때에는 「행정심판법」에서 정하는 바에 따라 행정심판을 청구할 수 있다. 이 경우 국가기관 및 지방자치단체 외의 공공기관의 결정에 대한 감독행정기관은 관계 중앙행정기관의 장 또는 지방자치단체의 장으로 한다(공공기관의 정보공개에 관한 법률 제19조 제1항). 청구인은 제18조에 따른 이의신청 절차를 거치지 아니하고 행정심판을 청구할 수 있다(공공기관의 정보공개에 관한 법률 제19조 제2항).

(3) 항고소송

1) 소송요건

622   a. 대상적격: 정보공개청구에 대한 거부도 공권력행사의 거부이고, 국민의 권리·법적 이익에 직접 영향을 미치는 법적 행위이므로 항고소송의 대상이 되는 거부처분이다.

623   b. 원고적격: 공공기관의 정보공개에 관한 법률 제5조 제1항은 모든 국민에게 정보공개청구권을 명시적으로 인정하고 있어 정보공개의 거부나 부작위로 인해 불이익을 받는 자는 원고적격이 인정된다. 판례도 「정보공개청구권은 법률상 보호되는 구체적인 권리이므로 청구인이 공공기관에 대하여 정보공개를 청구하였다가 거부처분을 받은 것 자체가 법률상 이익의 침해에 해당한다(대판 2003.12.12. 2003두8050)」고 본다.

624   c. 권리보호필요성: 공개청구의 대상이 되는 정보가 이미 다른 사람에게 공개되어 널리 알려져 있다거나 인터넷 등을 통하여 공개되어 인터넷검색 등을 통하여 쉽게 알 수 있다는 사정만으로는 권리보호필요성이 없다거나 비공개결정이 정당화될 수 없다(대판 2010.12.23. 2008두13101).

2) 집행정지

624a   정보공개거부처분에 집행정지를 인정할 것인지에 대해 ① 학설은 부정설과 제한적 긍정설이 대립되지만(1305 이하), ② 판례는 거부처분은 그 효력이 정지되더라도 그 (거부)처분이 없었던 것과 같은 상태를 만드는 것에 지나지 아니하고 행정청에게 어떠한 처분을

명하는 등 적극적인 상태를 만들어 내는 경우를 포함하지 아니하기에 거부처분의 집행정지를 인정할 필요가 없다고 본다(대결 1992.2.13. 91두47)(1308).

⑷ 당사자소송

정보비공개결정처분으로 발생한 법률관계가 있다면 당사자는 행정소송법 제3조 제2호에 따라 그 권리나 법률관계를 다투는 당사자소송을 권리주체를 상대로 제기할 수 있다(행정소송법 제39조 참조).

624b

⑸ 손해전보

1) 국가배상

정보공개청구에 대하여 공공기관이 공공기관의 정보공개에 관한 법률에 위반하여 정보공개를 거부한 경우, 정보공개청구인은 국가 등을 상대로 손해배상을 청구할 수 있다. 다만 정보공개청구인이 해당 정보의 직접적인 이해당사자가 아니라면(예를 들어 정보공개청구자와 직접 관련 없는 정보공개를 청구한 경우) 국가배상청구의 성립요건 중 손해의 발생 또는 위법한 직무집행행위와 손해와의 인과관계 등을 입증하기 어려워 승소하기는 어려울 것이다.

625

2) 손실보상

공공의 필요에 따른 공공기관의 적법한 정보공개거부로 공개청구권자가 특별한 희생을 입은 경우 손실보상을 청구할 수 있다(876 이하).

625a

3) 결과제거청구

공공기관의 정보공개거부로 위법한 사실상태가 야기된 경우 법률상 이익을 침해받은 공개청구권자는 결과제거를 청구할 수 있다(948 이하).

625b

⑹ 의무이행소송과 가처분

㈎ 의무이행소송이란 사인의 신청에 대해 행정청의 위법한 거부나 부작위가 있는 경우 당해 처분의 발령을 구하는 이행소송을 말하는데(1122 이하), ① 인정 여부에 대해 부정설, 긍정설, 제한적 긍정설이 대립한다. ② 그러나 판례는 현행법상 명문의 규정이 없다는 이유로 인정하지 않는다.

625c

㈏ 가처분이란 다툼이 있는 법률관계에 관하여 잠정적으로 임시의 지위를 보전하는 것을 내용으로 하는 가구제제도이다(민사집행법 제300조)(1323 이하). 행정소송에 민사집행법상 가처분규정을 적용할 수 있는지에 관해 ① 학설은 적극설, 소극설, 절충설이 대립되지만, ② 판례는 민사집행법상의 보전처분은 민사판결절차에 의하여 보호받을 수 있는 권리에 관한 것이라고 보기 때문에 행정소송에 가처분을 인정하지 아니한다(대결 2011.4.18. 2010마1576).

㈐ 의무이행소송과 가처분을 긍정하는 견해에 따르면, 정보비공개결정처분을 받은 정보공개청구권자는 의무이행소송을 제기하거나 가처분을 신청할 수 있다.

2. 공개청구된 정보와 관련된 제3자의 권리구제★

(1) 절차상의 권리구제

1) 제3자에의 통지와 의견청취

626 공공기관은 공개청구된 공개대상정보의 전부 또는 일부가 제3자와 관련이 있다고 인정할 때에는 그 사실을 제3자에게 지체 없이 통지하여야 하며, 필요한 경우에는 그의 의견을 들을 수 있다(공공기관의 정보공개에 관한 법률 제11조 제3항).

2) 제3자의 비공개요청과 공개결정

627 ⓐ 공공기관의 정보공개에 관한 법률 제11조 제3항의 규정에 의하여 공개청구된 사실을 통지받은 제3자는 통지받은 날부터 3일 이내에 해당 공공기관에 대하여 자신과 관련된 정보를 공개하지 아니할 것을 요청할 수 있다(공공기관의 정보공개에 관한 법률 제21조 제1항). ⓑ 비공개요청에도 불구하고 공공기관이 공개결정을 할 때에는 공개결정이유와 공개실시일을 분명히 밝혀 지체 없이 문서로 통지하여야 한다(공공기관의 정보공개에 관한 법률 제21조 제2항 제1문). 공공기관은 제2항의 규정에 의한 공개 결정일과 공개 실시일의 사이에 최소한 30일의 간격을 두어야 한다(공공기관의 정보공개에 관한 법률 제21조 제3항).

3) 이의신청

628 제3자의 비공개요청에도 불구하고 공공기관이 공개결정을 하는 때에 제3자는 해당 공공기관에 문서로 이의신청을 할 수 있다. 이의신청은 통지를 받은 날부터 7일 이내에 하여야 한다(공공기관의 정보공개에 관한 법률 제21조 제2항).

(2) 쟁송상 권리구제

1) 행정심판

628a 제3자는 공공기관의 위법·부당한 정보공개결정에 대해 취소심판 등을 제기할 수 있다.

2) 항고소송(취소소송에 한정하여 논의한다)

a. 소송요건

629 (ⅰ) 대상적격: 공공기관의 정보공개결정은 행정소송법 제2조 제1항 제1호의 처분개념에 해당하고, 국민의 권리의무에 영향을 미치는 법적 행위이므로 항고소송의 대상이 되는 처분이다(후술하는 취소소송의 대상적격 참조(1140 이하)). 따라서 공개 청구된 정보와 관련 있는 제3자는 공공기관의 공개결정을 대상으로 항고소송을 제기할 수 있다.

630 (ⅱ) 원고적격: 공공기관의 제3자와 관련된 정보공개결정은 일반적으로 그 제3자에게는 침익적이기 때문에 공개청구된 정보와 관련된 제3자는 정보공개결정처분을 다툴 원고적격이 인정된다(정보공개법 제21조 제2항 참조).

631 b. 집행정지: ① 공공기관의 정보공개에 관한 법률 제21조 제3항은 공개 청구된 정보와 관련 있는 제3자의 정보비공개요청이 있음에도 공공기관이 정보공개결정을 한 경우 공개 결정일과 공개 실시일의 사이에 최소한 30일의 간격을 두도록 규정하고 있다. ② 따

라서 공개가 실시된다면 취소소송은 실익이 없기에 제3자는 30일 이내에 취소소송 제기와 동시에 집행정지를 신청하여야 한다(행정소송법 제23조). 그러나 대법원이 집행정지의 요건을 엄격하게 해석하고 있어 집행정지가 기각될 가능성도 높다(예를 들어 대법원은 '회복하기 어려운 손해'를 사회통념상 금전배상이나 원상회복이 불가능하거나, 금전배상으로는 사회통념상 당사자가 참고 견딜 수 없거나 참고 견디기가 현저히 곤란한 경우의 유형·무형의 손해로 한정한다(대결 2004.5.17. 2004무6)(후술하는 집행정지 참조(1303 이하))). 만일 집행정지가 기각된다면 정보공개결정 취소소송 도중에 정보공개가 실시될 것이기에 취소소송은 실효성이 없다. 따라서 예방적 부작위소송의 인정필요성이 크다(634).

3) 당사자소송

정보공개결정처분으로 발생한 법률관계가 있다면 당사자는 행정소송법 제3조 제2호에 따라 그 권리나 법률관계를 다투는 당사자소송을 권리주체를 상대로 제기할 수 있다(행정소송법 제39조 참조).   632

4) 손해전보

a. 손해배상청구: 공공기관이 공공기관의 정보공개에 관한 법률에 위반하여 비공개대상 정보임에도 제3자의 정보를 공개하면 공개 청구된 정보와 관련 있는 제3자는 국가배상을 청구할 수 있다.   633

b. 손실보상청구: 공공의 필요에 따른 적법한 정보공개로 제3자가 손실을 입었고 그 손실이 특별한 희생에 해당하는 경우에는 손실보상을 청구할 수 있다(876 이하).   633a

c. 결과제거청구: 공공기관의 정보공개로 인해 위법한 사실상태가 야기된 경우 법률상 이익을 침해받은 제3자는 원상회복을 위한 결과제거를 청구할 수 있다(948 이하).   633b

5) 예방적 부작위소송과 가처분(정보공개결정 전)

㈎ 예방적 부작위소송이란 위법한 행정작용을 미리 저지할 것을 목적으로 장래에 있을 행정행위의 발동에 대한 방지를 구하는 소송을 말하는데(1126 이하), 그 인정 여부에 관해 학설은 부정설, 긍정설, 제한적 긍정설이 대립하며 판례는 처분을 하여서는 아니 된다는 내용의 부작위를 구하는 청구는 행정소송에서 허용되지 아니한다고 본다(대판 1987.3.24. 86누182).   634

㈏ 가처분이란 다툼이 있는 법률관계에 관하여 잠정적으로 임시의 지위를 보전하는 것을 내용으로 하는 가구제제도이다(민사집행법 제300조)(1323 이하). 행정소송에 민사집행법상 가처분규정을 적용할 수 있는지에 관해 학설은 적극설, 소극설, 절충설이 대립되지만, 판례는 민사집행법상의 보전처분은 민사판결절차에 의하여 보호받을 수 있는 권리에 관한 것이라고 보기 때문에 행정소송에 가처분을 인정하지 아니한다(대결 2011.4.18. 2010마1576).

㈐ 예방적 부작위소송을 긍정하고 가처분 규정을 적용하는 긍정설에 따른다면, 정보공개결정 전에 예방적 부작위 소송을 제기하면서 잠정적 처분금지를 구하는 가처분을 신청할 수 있다(다만, 판례는 부정한다).

CHAPTER 06 행정의 실효성 확보

635 ㈎ '행정의 실효성 확보수단'이란 공익 목적을 위해 사인에게 일정한 의무를 부과하거나 일정한 행위를 금지하였음에도 이를 불이행 또는 위반한 경우 그 이행을 확보하거나 금지위반상태를 시정하는 수단을 말한다.

㈏ 행정의 실효성 확보수단은 ① 간접적 의무이행확보수단(과거 의무 위반에 대해 제재를 가함으로써 간접적으로 실효성을 확보하는 수단을 말한다. 예를 들어 금지된 영업행위를 하여 과태료부과처분을 받는다면 동일한 금지행위를 다시 하지 않도록 간접적으로 강제하는 효과가 있을 것이다), ② 직접적 의무이행확보수단(장래 의무이행을 확보하기 위한 직접적인 수단을 말한다. 예를 들어 무허가건축물을 행정청이 직접 철거하는 경우를 말한다), ③ 새로운 의무이행확보수단(①과 ②는 전통적인 의무이행확보수단이다), ④ 자료(정보)수집 작용으로 나눌 수 있다.

㈐ ①에는 행정벌(행정형벌, 행정질서벌(과태료)), ②에는 행징상 강제집행(대집행, 직접강제, 이행강제금, 행정상 강제징수)과 행정상 즉시강제가 있고, ③에는 과징금(부과금), 가산세, 가산금, 관허사업제한, 공급거부, 공표 등이 있고, ④에는 행정조사가 있다.

제1절 행정벌

제1항 | 행정벌의 개념

Ⅰ. 의 의

636 행정벌이란 행정주체가 행정법상 의무를 위반한 자에게 행정형벌이나 행정질서벌(과태료)을 과하는 행정법상의 제재를 말한다.

Ⅱ. 구 별

637 행정벌은 과거의 의무위반에 대한 제재를 내용으로 하나, 행정상 강제집행은 장래 의무이행을 확보하기 위하여 의무자의 신체 또는 재산에 직접 실력을 가하여 그 의무를 이행하게 하거나 그 의무가 이행된 것과 같은 상태를 실현하는 것을 내용으로 한다.

Ⅲ. 종 류

638 행정벌은 행정형벌과 행정질서벌(과태료)로 나누어진다. 행정형벌이란 형법에 규정되어 있는 형벌(예: 사형·징역·금고·벌금·구류·과료)이 가해지는 제재를 말하고 원칙적으로

형법과 형사소송법이 적용된다. 행정질서벌이란 행정상 가벼운 질서위반 있는 행위에 대해 과태료가 가해지는 제재를 말한다.

제2항 | 행정형벌

Ⅰ. 의 의

행정형벌이란 행정법상 의무를 위반한 자에게 형법에 규정되어 있는 형벌이 가해지는 제재를 말한다(예: 식품위생법 제93조(벌칙) ① 다음 각 호의 어느 하나에 해당하는 질병에 걸린 동물을 사용하여 판매할 목적으로 식품 또는 식품첨가물을 제조·가공·수입 또는 조리한 자는 3년 이상의 징역에 처한다). 639

Ⅱ. 법적 근거

죄형법정주의의 원칙상 행정형벌에 법률의 근거를 요한다. 현재 행정형벌에 관한 일반법은 없다. 640

Ⅲ. 행정형벌의 과형절차

1. 원 칙

행정형벌의 일반적인 과형절차(형벌을 부과하는 절차)는 형벌과 마찬가지로 형사소송법에 의하는 것이 원칙적이다. 다만 아래와 같은 예외가 있다. 641

2. 특별절차

(1) 통고처분

통고처분이란 일반형사소송절차에 앞선 절차로서 일정한 위법행위의 범법자에게 형벌 대신 범칙금을 납부토록 명하고, 범칙자가 그 범칙금을 납부하면 처벌이 종료되는 과형절차를 말한다. 통고처분은 조세범(예: 조세범처벌절차법 제15조 ① 지방국세청장 또는 세무서장은 조세범칙행위의 확증을 얻었을 때에는 대통령령으로 정하는 바에 따라 그 대상이 되는 자에게 그 이유를 구체적으로 밝히고 다음 각 호에 해당하는 금액이나 물품을 납부할 것을 통고하여야 한다)·관세범·출입국사범·교통사범의 경우에 적용되고 있다. 642

(2) 즉결심판

20만 원 이하의 벌금 또는 구류나 과료에 처할 범죄사건은 시·군법원이 즉결심판한다(법원조직법 제34조). 다만 즉결심판에 대하여 피고인은 고지를 받은 날로부터 7일 이내에 정식재판을 청구할 수 있다(동법 제35조). 645

제3항 | 행정질서벌

Ⅰ. 개 념

1. 의 의

646   행정질서벌이란 법익을 직접 침해하는 것이 아니라 행정상 가벼운 질서위반행위에 대해 과태료가 가해지는 제재를 말한다.

2. 법적 근거

647   과태료의 부과가능성에 대해서는 개별법에 규정하고 있지만(예를 들어 건축법 제113조 제1항은 일정한 자(건축물대장 기재내용의 변경을 신청하지 아니한 자, 공사현장에 설계도서를 갖추어 두지 아니한 자, 건축허가 표지판을 설치하지 아니한 자)에게 200만 원 이하의 과태료를 부과한다고 규정하고 있다), 질서위반행위의 성립 및 과태료의 부과·징수절차 그리고 과태료에 대한 권리구제 등에 대한 일반법으로 질서위반행위규제법이 있다. 따라서 과태료의 부과·징수절차, 재판 및 집행 등의 절차에 관한 다른 법률의 규정 중 질서위반행위규제법의 규정에 저촉되는 것은 이 법이 정하는 바에 따른다(질서위반행위규제법 제5조). 그리고 지방자치단체는 조례로써 조례위반행위에 대하여 1천만원 이하의 과태료를 정할 수 있으며(지방자치법 제34조 제1항·제2항), 조례로 공공시설부정사용자등에 대하여 과태료를 정할 수 있다(지방자치법 제156조 제2항).

Ⅱ. 과태료의 부과·징수의 절차

1. 사전통지·의견제출

653   행정청이 질서위반행위에 대하여 과태료를 부과하고자 하는 때에는 미리 당사자에게 대통령령으로 정하는 사항을 통지하고, 10일 이상의 기간을 정하여 의견을 제출할 기회를 주어야 한다. 이 경우 지정된 기일까지 의견 제출이 없는 경우에는 의견이 없는 것으로 본다(질서위반행위규제법 제16조 제1항).

2. 과태료의 부과

654   행정청은 제16조의 의견 제출 절차를 마친 후에 서면으로 과태료를 부과하여야 한다(질서위반행위규제법 제17조 제1항).

3. 과태료 부과의 제척기간

655   행정청은 질서위반행위가 종료된 날부터 5년이 경과한 경우에는 해당 질서위반행위에 대하여 과태료를 부과할 수 없다(질서위반행위규제법 제19조 제1항).

Ⅲ. 과태료에 대한 권리구제

1. 이의제기

656   (가) 행정청의 과태료 부과에 불복하는 당사자는 제17조 제1항에 따른 과태료 부과 통지

를 받은 날부터 60일 이내에 해당 행정청에 서면으로 이의제기를 할 수 있다(질서위반행위규제법 제20조 제1항). 이의제기가 있는 경우에는 행정청의 과태료 부과처분은 그 효력을 상실한다(질서위반행위규제법 제20조 제2항).

㈏ 제20조 제1항에 따른 이의제기를 받은 행정청은 이의제기를 받은 날부터 14일 이내에 이에 대한 의견 및 증빙서류를 첨부하여 관할법원에 통보하여야 한다(질서위반행위규제법 제21조 제1항).

2. 과태료 재판 및 집행

(1) 관할법원

과태료 사건은 다른 법령에 특별한 규정이 있는 경우를 제외하고는 당사자의 주소지의 지방법원 또는 그 지원의 관할로 한다(질서위반행위규제법 제25조). [657]

(2) 심문

법원은 심문기일을 열어 당사자의 진술을 들어야 한다(질서위반행위규제법 제31조 제1항). [658]

(3) 재판과 항고

① 과태료 재판은 이유를 붙인 결정으로써 한다(질서위반행위규제법 제36조 제1항). 결정은 당사자와 검사에게 고지함으로써 효력이 생긴다(질서위반행위규제법 제37조 제1항). ② 당사자와 검사는 과태료 재판에 대하여 즉시항고를 할 수 있다. 이 경우 항고는 집행정지의 효력이 있다(질서위반행위규제법 제38조 제1항). [659]

(4) 과태료 재판의 집행

과태료 재판은 검사의 명령으로써 집행한다. 이 경우 그 명령은 집행력 있는 집행권원과 동일한 효력이 있다(질서위반행위규제법 제42조 제1항). [660]

(5) 약식재판

법원은 상당하다고 인정하는 때에는 제31조 제1항에 따른 심문 없이 과태료 재판(약식재판)을 할 수 있다(질서위반행위규제법 제44조). [661]

Ⅳ. 관련문제

1. 실효성 제고 수단

(1) 관허사업의 제한

① 행정청은 허가·인가·면허·등록 및 갱신(이하 "허가등"이라 한다)을 요하는 사업을 경영하는 자로서 다음 각호(1. 해당 사업과 관련된 질서위반행위로 부과받은 과태료를 3회 이상 체납하고 있고, 체납발생일부터 각 1년이 경과하였으며, 체납금액의 합계가 500만 원 이상인 체납자 중 대통령령으로 정하는 횟수와 금액 이상을 체납한 자, 2. 천재지변이나 그 밖의 중대한 재난 등 대통령령으로 정하는 특별한 사유 없이 과태료를 체납한 자)의 사유에 모두 해당하는 체납자에 대하여는 사업의 정지 또는 허가 등의 취소를 할 수 있다(질서위반행위규제법 제52 [662]

조 제1항). ② 허가 등을 요하는 사업의 주무관청이 따로 있는 경우에는 행정청은 당해 주무관청에 대하여 사업의 정지 또는 허가 등의 취소를 요구할 수 있다(질서위반행위규제법 제52조 제2항). ③ 행정청은 제1항 또는 제2항에 따라 사업의 정지 또는 허가 등을 취소하거나 주무관청에 대하여 그 요구를 한 후 당해 과태료를 징수한 때에는 지체 없이 사업의 정지 또는 허가 등의 취소나 그 요구를 철회하여야 한다(질서위반행위규제법 제52조 제3항). ④ 제2항에 따른 행정청의 요구가 있는 때에는 당해 주무관청은 정당한 사유가 없는 한 이에 응하여야 한다(질서위반행위규제법 제52조 제4항).

(2) 신용정보의 제공

663 행정청은 과태료 징수 또는 공익목적을 위하여 필요한 경우 국세징수법 제7조의2를 준용하여 신용정보의 이용 및 보호에 관한 법률 제2조에 따른 신용정보회사 또는 같은 법 제25조에 따른 신용정보집중기관의 요청에 따라 체납 또는 결손처분자료를 제공할 수 있다(질서위반행위규제법 제53조 제1항).

(3) 고액·상습체납자에 대한 제재

664 법원은 검사의 청구에 따라 결정으로 30일의 범위 이내에서 과태료의 납부가 있을 때까지 다음 각호(1. 과태료를 3회 이상 체납하고 있고, 체납발생일부터 각 1년이 경과하였으며, 체납금액의 합계가 1,000만 원 이상인 체납자 중 대통령령으로 정하는 횟수와 금액 이상을 체납한 경우, 2. 과태료 납부능력이 있음에도 불구하고 정당한 사유 없이 체납한 경우)의 사유에 모두 해당하는 경우 체납자(법인인 경우에는 대표자를 말한다. 이하 이 조에서 같다)를 감치(監置)(법원의 명령으로 일정한 장소에 수용되는 것을 말한다)에 처할 수 있다(질서위반행위규제법 제54조 제1항).

(4) 자동차 관련 과태료 체납자에 대한 자동차 등록번호판의 영치

665 행정청은 자동차관리법 제2조 제1호에 따른 자동차의 운행, 관리 등에 관한 질서위반행위 중 대통령령으로 정하는 질서위반행위로 부과 받은 과태료(이하 "자동차 관련 과태료"라 한다)를 납부하지 아니한 자에 대하여 체납된 자동차 관련 과태료와 관계된 그 소유의 자동차의 등록번호판을 영치할 수 있다(질서위반행위규제법 제55조 제1항).

2. 행정형벌과 행정질서벌의 병과

666 행정형벌과 과태료부과처분을 병과하는 것이 이중처벌금지원칙에 반하는 것이 아닌지가 문제된다.

(1) 학 설

667 ⓐ 행정질서벌과 행정형벌은 과벌절차가 다르지만 모두 행정벌에 해당하는 것으로 넓은 의미의 처벌이며, 동일한 위반행위에 대한 행정벌이라는 점에서 병과가 불가능하다는 견해(홍준형, 김남진·김연태, 박윤흔)와 ⓑ 행정형벌과 행정질서벌은 모두 행정벌의 일종이지만 행정벌을 규정하는 규범의 목적이나 성질이 다르다고 볼 것이므로, 행정질서벌인 과태료부과처분 후의 행정형벌을 부과한다고 하여도 이중처벌이 아니어서 병과가 가능하다는 견

해가 대립된다.

(2) 판 례

판례는「피고인이 거주지를 이전한 후 퇴거신고와 전입신고를 하지 아니하였다는 이유로 과태료처분을 받고 이를 납부한 일이 있다 하더라도 그 후에 형사처벌을 한다고 해서 일사부재리의 원칙에 어긋나는 것이라고 할 수 없다(대판 1989.6.13. 88도1983)」고 하여 병과가 가능하다는 입장이다.

(3) 검 토

병과를 긍정하는 견해는 행정질서벌이 행정형벌과 실질적인 차이가 있는 것을 전제로 한 것이지만, 현재 행정질서벌과 행정형벌은 상대화(본질적 차이가 없음)되어 있으므로 병과될 수 없다는 견해가 타당하다(박정훈).

제2절 행정상 강제집행 [12 5급] [16 사시]

671 ㈎ 행정상 강제집행에는 대집행, 이행강제금, 직접강제, 행정상 강제징수가 있다.
㈏ 행정기본법은 행정대집행, 이행강제금의 부과, 직접강제, 강제징수, 즉시강제를 '행정상 강제'라고 한다(행정기본법 제30조 제1항).

제1항 | 행정상 강제집행의 개념

I. 의 의

671a 행정상 강제집행이란 행정법상 의무의 불이행이 있는 경우 행정주체가 의무자(의무위반자)의 신체·재산에 실력을 가하여 그 의무가 이행된 것과 같은 상태를 실현하는 작용을 말한다. 그리고 형성적 행위(확인적 행위)는 행정청의 행위로 법적 효과가 당연히 발생하기 때문에 이행(불이행)의 문제가 생기지 않으며(예를 들어 운전면허의 취소나 공무원에 대한 해임처분), 행정상 강제집행은 명령적 행위에서 문제된다.

II. 구 별

1. 행정벌과 구별

672 행정벌은 과거의 의무위반에 대하여 가해지는 제재이나, 강제집행은 불이행한 의무를 장래에 실현시키는 것을 목적으로 한다.

2. 행정상 즉시강제와 구별

673 강제집행은 의무를 명하는 행위가 있음에도 이를 불이행하는 경우 이루어지는 실력행사이지만, 즉시강제는 의무를 명해서는 행정목적을 달성할 수 없는 경우를 말하는 것이므로 의무를 명하는 행위가 전제되지 않은 상태에서 이루어지는 실력행사를 말한다(자세한 내용은 후술하는 즉시강제 참조(712)).

III. 법적 근거*

674 행정상 강제집행도 법률유보의 원칙상 법률에 근거가 필요하다. 대집행은 일반법으로서 행정대집행법이 있으며, 행정상 강제징수에 관한 실질적인 일반법으로서 국세징수법이 있고(자세한 내용은 후술하는 행정상 강제징수 참조(706)), 직접강제와 이행강제금의 부과에 대한 일반법은 없고 개별법으로 규율된다.

제2항 | 대집행

Ⅰ. 개 념

1. 의 의

대집행이란 타인이 대신하여 행할 수 있는 의무(대체적 작위의무)의 불이행이 있는 경우 행정청이 불이행된 의무를 스스로 행하거나 제3자로 하여금 이행하게 하고 그 비용을 의무자로부터 징수하는 것을 말한다(예를 들어 무허가광고간판을 행정청이 철거하거나 제3자(예: 철거전문건설회사)에게 철거하도록 한 후 철거에 소요된 비용을 무허가광고간판 소유자 등에게 징수하는 것을 말한다).

2. 직접강제와 구별

대집행은 제3자로 하여금 이행하게 할 수 있지만 직접강제는 행정청 자신이 해야 하며, 대집행의 비용은 의무위반자가 부담하지만 직접강제의 경우에는 행정청이 부담한다.

3. 법적 근거

개별법이 있는 경우 개별법이 적용되고(예: 공익사업을 위한 토지 등의 취득 및 보상에 관한 법률 제89조 제1항(이 법 또는 이 법에 따른 처분으로 인한 의무를 이행하여야 할 자가 그 정하여진 기간 이내에 의무를 이행하지 아니하거나 완료하기 어려운 경우 또는 그로 하여금 그 의무를 이행하게 하는 것이 현저히 공익을 해친다고 인정되는 사유가 있는 경우에는 사업시행자는 시·도지사나 시장·군수 또는 구청장에게 「행정대집행법」에서 정하는 바에 따라 대집행을 신청할 수 있다. 이 경우 신청을 받은 시·도지사나 시장·군수 또는 구청장은 정당한 사유가 없으면 이에 따라야 한다)), 개별법 규정이 없는 경우에는 행정대집행법이 일반법으로 적용된다.

Ⅱ. 요 건★★★[10 사시] [11 5급]

① 아래의 대집행의 요건이 충족된 후에도 행정청은 재량적 판단에 따라 대집행 여부를 결정할 수 있다. 다만, 의무불이행을 방치하는 것이 생명·신체 등 중요한 법익에 대해 침해를 야기하는 경우에는 재량이 0으로 수축되어 대집행을 하여야 한다. ② 대집행요건 충족의 입증책임은 행정청이 진다(대판 1996.10.11. 96누8086).

1. 법령이나 명령에 따른 공법상 의무의 불이행

㈎ 행정대집행법상 대집행의 대상이 되는 의무는 공법상 의무이어야 한다(구 공공용지의 취득 및 손실보상에 관한 특례법에 따른 토지 등의 협의취득은 공공사업에 필요한 토지 등을 그 소유자와의 협의에 의하여 취득하는 것으로서 공공기관이 사경제주체로서 행하는 사법상 매매 내지 사법상 계약의 실질을 가지는 것이므로, 그 협의취득시 건물소유자가 매매대상 건물에 대한 철거의무를 부담하겠다는 취지의 약정을 하였다고 하더라도 이러한 철거의무는 공법상의 의무가 될 수 없고, 이 경우에도 행정대집행법을 준용하여 대집행을 허용하는 별도의 규정이 없는 한 위와 같은 철거의무는 행정대집행법에 의한 대집행의 대상이 되지 않는다(대판 2006.10.13. 2006두7096)).

⑷ 공법상 의무는 법령에 의해 직접 명령되는 경우도 있지만(공익사업을 위한 토지 등의 취득 및 보상에 관한 법률 제43조), 대부분 법령에 의한 행정청의 명령에 의해 발생한다(예: 철거명령, 이전명령).

2. 대체적 작위의무의 불이행

680

㈎ 대집행의 대상인 의무는 대체적 작위의무라야 하며, 비대체적 의무나 부작위의무 또는 수인의무의 불이행의 경우에는 대집행이 적용될 수 없다.

㈏ 행정청이 의무자에게 토지나 건물의 인도(점유(물건에 대한 사실상의 지배)이전)의무를 부과한 경우(인도명령의 발령) 그 의무부과의 목적은 토지 등의 점유이전이다. 그러나 이러한 의무는 대체적 의무가 아니어서 대집행은 불가능하다(점유이전을 할 수 있는 자는 점유자(그 물건 등에 대한 사실상의 지배자)밖에 없으므로 이는 타인이 대신할 수 없다). 따라서 토지·건물의 인도의무의 불이행이 있는 경우에는 사정에 따라 경찰관직무집행법상 위험발생방지조치(경찰관직무집행법 제5조) 등이나 형법상 공무집행방해죄(형법 제136조 참조)의 적용을 통해 의무의 이행을 확보할 수 있을 뿐이다. 판례도 관악산매점시설의 퇴거와 관련된 사건에서 같은 입장이다[판례 1].

㈐ 부작위의무는 철거명령 등을 통해 작위의무로 전환시킨 후에 대집행의 대상이 될 수 있다. 그러나 작위의무로 전환시킬 수 있는 명령등에 대한 법적 근거가 없다면(예를 들어 자연환경보전법 제17조 '환경부장관은 생태·경관보전지역안에서 제15조 제1항에 위반되는 행위를 한 사람에 대하여 그 행위의 중지를 명하거나 상당한 기간을 정하여 원상회복을 명할 수 있다'(이러한 규정이 전환규범이다)), 법률유보의 원칙상 금지규정(예를 들어 자연환경보전법 제15조 제1항 '누구든지 생태·경관보전지역안에서는 다음 각호의 어느 하나에 해당하는 자연생태 또는 자연경관의 훼손행위를 하여서는 아니된다')만으로는 의무를 과하는 명령을 발령할 수 없고 그렇다면 대집행은 불가능하다는 것이 일반적 견해이자 판례의 입장이다[판례2].

> **1. 점유자의 퇴거 및 명도의무가 대집행의 대상인지 여부**
>
> 도시공원시설인 매점의 관리청(관악구청장)이 그 공동점유자 중의 1인에 대하여 소정의 기간 내에 위 매점으로부터 퇴거하고 이에 부수하여 그 판매 시설물 및 상품을 반출하지 아니할 때에는 이를 대집행하겠다는 내용의 계고처분은 그 주된 목적이 매점의 원형을 보존하기 위하여 점유자가 설치한 불법 시설물을 철거하고자 하는 것이 아니라, 매점에 대한 점유자의 점유를 배제하고 그 점유이전을 받는 데 있다고 할 것인데, 이러한 의무는 그것을 강제적으로 실현함에 있어 직접적인 실력행사가 필요한 것이지 대체적 작위의무에 해당하는 것은 아니어서 직접강제의 방법에 의하는 것은 별론으로 하고 행정대집행법에 의한 대집행의 대상이 되는 것은 아니다(대판 1998.10.23. 97누157).
>
> **2. 금지규정을 근거로 원상복구명령을 발령할 수 있는지 여부**
>
> 구 주택건설촉진법 제38조 제2항은 … 구 건축법 제69조(현행법 제79조) 등과 같은 부작

위의무 위반행위에 대하여 대체적 작위의무로 전환하는 규정을 두고 있지 아니하므로 위 금지규정으로부터 그 위반결과의 시정을 명하는 원상복구명령을 할 수 있는 권한이 도출되는 것은 아니다. 결국 행정청의 원고에 대한 원상복구명령은 권한 없는 자의 처분으로 무효라고 할 것이고, 위 원상복구명령이 당연무효인 이상 후행처분인 계고처분의 효력에 당연히 영향을 미쳐 그 계고처분 역시 무효로 된다(대판 1996.6.28. 96누4374).

3. 다른 수단으로 의무이행확보가 곤란할 것(보충성)

다른 수단으로 불이행된 의무이행을 확보할 수 있다면 대집행은 불가능하다. 여기서 '다른 수단'이란 대집행보다 더 경미한 수단인 행정지도 등을 말한다.

4. 공익을 해할 것

의무불이행을 방치하는 것이 심히 공익을 해친다고 인정되는 경우라야 한다. 그러나 영세건축물이나 초대형건축물의 철거의무불이행의 경우처럼 공익침해보다 사익에 대한 보호필요성이 더 우월한 경우에는 대집행이 불가능하다(예를 들어 초대형 건물의 일부에 무허가부분이 있다면 이를 방치하는 것이 공익을 해할 수는 있지만 이를 철거함으로서 사익에 대한 침해가 중대하다면 대집행의 요건을 구비하지 못하기 때문에 철거는 허용되지 않는다).

공익사업을 위한 토지 등의 취득 및 보상에 관한 법률 제43조 및 제44조·제89조를 근거로 토지(건물)의 인도의무를 불이행하는 자를 상대로 대집행할 수 있는지 여부
★★ [10 사시]

1. 문제 상황

점유이전은 점유자만이 할 수 있고 대체성이 없기에 대집행의 대상이 되지 않는다는 것이 판례와 학설의 일반적인 입장이다. 그러나 토지보상법 제43조 및 제44조·제89조가 시장 등이 토지나 물건의 인도를 대집행할 수 있음을 규정하고 있어 문제가 된다 (2217 이하).

2. 학 설

(1) 부정설

대집행의 본질에 비추어 대집행은 대체적 작위의무에만 가능하고, 토지나 건물의 인도의무는 대체적 작위의무가 아니기에 대집행에 적합하지 않다는 견해이다.

(2) 긍정설

토지보상법 제44조 등은 대집행을 규정하고 있으므로 동 조항을 대집행은 대체적 작위의무위반행위만을 대상으로 한다는 원칙(행정대집행법 제2조)의 예외규정으로 보는 견해이다.

(3) 목적론적으로 해석하는 견해

토지보상법 제43조 등을 목적론적으로 해석하여, 공용수용의 효과가 발생하여 보상금을 수령한 토지소유자 등이 인도를 지연하는 경우 이미 인도가 된 것으로 보고 대집행이 가능하다고 보는 견해이다(김남철).

3. 판 례

토지나 건물의 인도(명도)의무는 직접적인 실력행사가 필요한 것이지 대체적 작위의무라고 볼 수 없어 (구)토지수용법 제63조 등(현행 토지보상법 제43조 등)에도 불구하고 행정대집행법에 의한 대집행의 대상이 될 수 없다는 입장이다(대판 2005.8.19. 2004다2809)(부정).

4. 검 토

토지나 건물의 인도의무의 불이행은 대체적 작위의무의 불이행이 아니기에 토지보상법 제43조 등에 토지나 건물의 인도의무 불이행에 대한 대집행은 포함되지 않는다는 견해가 타당하다.

[참조조문]
공익사업을 위한 토지 등의 취득 및 보상에 관한 법률

제43조(토지 또는 물건의 인도 등) 토지소유자 및 관계인 그 밖에 토지소유자나 관계인에 포함되지 아니하는 자로서 수용하거나 사용할 토지나 그 토지에 있는 물건에 관한 권리를 가진 자는 수용 또는 사용의 개시일까지 그 토지나 물건을 사업시행자에게 인도하거나 이전하여야 한다.

제44조(인도 또는 이전의 대행) ① 특별자치도지사, 시장·군수 또는 구청장은 다음 각 호의 어느 하나에 해당할 때에는 사업시행자의 청구에 의하여 토지나 물건의 인도 또는 이전을 대행하여야 한다.
1. 토지나 물건을 인도하거나 이전하여야 할 자가 고의나 과실 없이 그 의무를 이행할 수 없을 때
2. 사업시행자가 과실 없이 토지나 물건을 인도하거나 이전하여야 할 의무가 있는 자를 알 수 없을 때
② 제1항에 따라 특별자치도지사, 시장·군수 또는 구청장이 토지나 물건의 인도 또는 이전을 대행하는 경우 그로 인한 비용은 그 의무자가 부담한다.

제89조(대집행) ① 이 법 또는 이 법에 따른 처분으로 인한 의무를 이행하여야 할 자가 그 정하여진 기간 이내에 의무를 이행하지 아니하거나 완료하기 어려운 경우 또는 그로 하여금 그 의무를 이행하게 하는 것이 현저히 공익을 해친다고 인정되는 사유가 있는 경우에는 사업시행자는 시·도지사나 시장·군수 또는 구청장에게「행정대집행법」에서 정하는 바에 따라 대집행을 신청할 수 있다. 이 경우 신청을 받은 시·도지사나 시장·군수 또는 구청장은 정당한 사유가 없으면 이에 따라야 한다.

Ⅲ. 대집행주체와 대집행행위자

1. 대집행주체

대집행 주체(대집행을 결정하고 이를 실행할 수 있는 권한을 가진 자)는 당해 행정청이다(행정대집행법 제2조). '당해 행정청'이란 의무를 부과한 행정청을 의미한다(예를 들어 구청장이 철거명령을 발령하였다면 철거대집행의 주체도 구청장이 된다).

2. 대집행행위자

대집행을 현실로 수행하는 자는 당해 행정청(자기집행이라 한다)이거나 제3자(타자집행이라 한다)이다. 타자집행의 경우 제3자와 행정청 간의 관계에 대해(예를 들어 구청장을 대신하여 철거전문회사가 철거를 대집행하는 경우), ⓐ 공익적 요소를 가진 대집행권의 이전을 내

용으로 하는 공법상 계약 또는 공무수탁사인의 관계에 있는 공법관계로 보는 견해도 있으나 ⓑ 사법상 도급계약(일의 완성을 목적으로 하여 보수지급을 약정하는 계약)으로 보는 다수견해가 타당하다.

Ⅳ. 대집행절차★★★

대집행주체는 대집행의 실행(철거의무 불이행의 경우에는 철거행위, 이전의무 불이행의 경우 이전행위)을 하기에 앞서 계고 및 대집행영장에 의한 통지 절차를 거쳐야 한다(행정대집행법 제3조 참조). 그리고 대집행을 실행한 후에는 소요된 비용을 의무자에게 납부하도록 명령한다(행정대집행법 제5조 참조).

1. 계 고[12 5급]

(1) 의의, 법적 성질

계고란 의무를 계속 불이행하는 경우 대집행한다는 사실을 알리는 것을 말한다. 법적 성질은 준법률행위적 행정행위인 통지이다(계고는 작위하명의 성격을 가진다. 전술한 준법률행위적 행정행위 중 통지 참조(300)). 그리고 계고처분 후 제2, 제3의 계고가 있다고 하더라도 제2, 제3의 계고는 독립한 처분이 아니라 대집행기한의 연기통지에 불과하다는 것이 판례의 입장이다(대판 1994.10.28. 94누5144). 다만, 비상시 또는 위험이 절박한 경우에 있어서 당해 행위의 급속한 실시를 요하여 계고를 할 여유가 없을 때에는 생략가능하다(행정대집행법 제3조 제3항).

(2) 계고의 요건

㈎ 계고는 ① 상당한 이행기간을 정하여, ② 문서로 하여야 하고(행정대집행법 제3조 제1항), ③ 행정대집행법 제3조 제1항에 명시적으로 규정된 것은 아니지만 계고의 범위(의무를 이행해야 할 범위, 의무불이행시 대집행할 행위의 내용 및 범위)는 특정되어 있어야 한다. 다만 의무 불이행시 대집행할 내용과 범위는 반드시 철거명령서나 대집행계고서에 의하여서만 특정되어야 하는 것은 아니고, 그 처분 전후에 송달된 문서나 기타 사정을 종합하여 이를 특정할 수 있으면 족하다고 한다(대판 1990.1.25. 89누4543).

㈏ 행정대집행법 제2조의 대집행의 요건(특히 법률이나 명령에 따른 공법상 의무의 불이행(679))이 계고를 할 당시 충족되어야 하는지 문제가 된다. ① 판례는 「대집행계고처분을 하기 위하여는 법령에 의하여 직접 명령되거나 법령에 근거한 행정청의 명령에 의한 의무자의 대체적 작위의무 위반행위가 있어야 할 것이다(대판 1996.6.28. 96누4374)」라고 하여 계고 당시에 대집행의 요건은 충족되어야 한다는 입장이다. ② 대집행의 요건은 계고를 할 당시 충족되어야 한다. 따라서 원칙적으로 의무를 명하는 행위와 계고는 결합될 수 없다. 그러나 의무를 부과하는 처분을 할 다시 이미 대집행요건이 충족될 것이 확실하고 또한 대집행 실시를 위한 긴급한 필요가 있는 경우 양자의 결합이 예외적으로 허용될 수 있다(김동희).

2. 대집행영장에 의한 통지

687
㈎ 의무자가 계고를 받고 그 지정기한까지 그 의무를 이행하지 아니할 때에는 당해 행정청은 대집행영장으로써 대집행을 할 시기, 대집행을 시키기 위하여 파견하는 집행책임자의 성명과 대집행에 요하는 비용의 개산(概算)에 의한 견적액을 의무자에게 통지하여야 한다(행정대집행법 제3조 제2항). 그러나 비상시 또는 위험이 절박한 경우에 있어서 당해 행위의 급속한 실시를 요하여 대집행영장에 의한 통지의 절차를 취할 여유가 없을 때에는 그 수속을 거치지 아니하고 대집행을 할 수 있다(행정대집행법 제3조 제3항).

㈏ 대집행영장에 의한 통지(행정대집행영장을 통해 대집행한다는 사실을 알리는 것)는 준법률행위적 행정행위로 통지이다.

3. 대집행(실행)

688
㈎ 의무자가 지정된 기한까지 의무를 이행하지 않으면, 당해 행정청 또는 제3자는 의무자가 해야 할 행위를 대신한다(예: 건축물의 철거, 물건의 이전). 실행행위는 하명과 사실행위가 결합된 합성행위로서 권력적 사실행위이다.

㈏ 행정청(제3자를 포함한다)은 일정한 경우(1. 의무자가 동의한 경우, 2. 해가 지기 선에 내집행을 착수한 경우, 3. 해가 뜬 후부터 해가 지기 전까지 대집행을 하는 경우에는 대집행의 목적 달성이 불가능한 경우, 4. 그 밖에 비상시 또는 위험이 절박한 경우) 외에는 해가 뜨기 전이나 해가 진 후에는 대집행을 하여서는 아니 된다. 그리고 행정청은 대집행을 할 때 대집행 과정에서의 안전 확보를 위하여 필요하다고 인정하는 경우 현장에 긴급 의료장비나 시설을 갖추는 등 필요한 조치를 하여야 한다. 또한 대집행을 하기 위하여 현장에 파견되는 집행책임자는 그가 집행책임자라는 것을 표시한 증표를 휴대하여 대집행시에 이해관계인에게 제시하여야 한다(행정대집행법 제4조).

4. 비용의 징수

689
대집행에 요한 비용은 의무자가 부담한다. 당해 행정청은 실제에 요한 비용과 그 납기일을 정하여 의무자에게 문서로써 그 납부를 명하여야 한다(행정대집행법 제5조). 비용납부명령은 급부하명으로 행정행위이다. 의무자가 그 비용을 납부하지 않으면 당해 행정청은 대집행에 요한 비용을 국세징수법의 예에 의하여 징수할 수 있다(행정대집행법 제6조 제1항).

쟁점 — 의무이행을 명하는 행위와 계고처분의 결합가능성★★ [12 5급] [21 입시]

1. 문제 상황
대집행의 요건 중 하나인 공법상 의무의 불이행의 전제가 되는 의무의 이행을 명하는 행위와 대집행의 사전 절차로서 계고가 한 장의 문서로 가능한지가 문제된다.

2. 학 설
ⓐ 의무이행을 명하는 행위와 계고처분을 한 장의 문서로 발령하는 경우 상대방이 기한의 이익을 상실하게 된다는 점을 근거로 양자의 결합을 부정하는 견해와 ⓑ 상당한 기간만 부여된다면 한 장의 문서로 의무이행을 명하는 행위와 계고처분이 발령된다고 하여도 기한의 이익 상실이 문제되지 않기 때문에 양자의 결합을 긍정하는 견해가 있다.

3. 판 례
판례는 「계고서라는 명칭의 한 장의 문서로서 일정기간 내에 위법건축물의 자진철거를 명함과 동시에 그 소정기한 내에 자진철거를 하지 않을 때에는 대집행할 뜻을 미리 계고한 경우 건축법에 의한 철거명령과 행정대집행법에 의한 계고처분은 독립하여 있는 것으로서 각 그 요건이 충족되었다(대판 1992.6.12. 91누13564)」고 하여 긍정하고 있다. 다만 상당한 기간은 부여되어야 한다고 본다.

4. 검 토
의무이행에 필요한 상당한 기간만 주어진다면 상대방에게 불이익이 없으므로 의무이행을 명하는 행위와 계고처분은 한 장의 문서로 동시에 발령될 수 있다고 보아야 한다(긍정).

쟁점 — 의무위반자가 저항하는 경우 대집행실행에서 실력행사의 인정 여부★

1. 문제 상황
대집행의 실행을 의무자가 저항하는 경우 행정청이 실력으로 이를 배제할 수 있는지 명문의 규정이 없어 문제된다.

2. 학 설
① 부정설은 의무자의 저항을 실력으로 배제하는 것은 신체에 대해 물리력을 행사하는 것이므로 대집행의 내용(대체적 작위의무 불이행을 행정청이 대신해서 실행하는 것)에 포함된다고 볼 수 없고 직접강제의 대상이 된다고 한다. 따라서 저항하는 자는 경찰관이 공무집행방해로 체포하거나 경찰관직무집행법 제5조의 위험발생지를 위한 조치 후 대집행을 해야 한다고 한다. ② 긍정설은 대집행의 실행을 위해 필요한 최소한의 범위(비례원칙) 내에서 부득이한 경우 실력으로 저항을 배제하는 것은 가능하다고 본다.

3. 검 토

689g 대집행의 실행은 권력적 사실행위로 하명적 요소를 포함하는 이상 비례원칙에 반하지 않는 범위에서 실력행사가 가능하다는 학설이 타당하다(긍정설).

V. 대집행의 실행에 대한 권리구제수단(대집행실행의 법적 성질은 권력적 사실행위이므로 그 권리구제는 전술한 권력적 사실행위에 대한 권리구제수단과 같다(496 이하))★★

1. 행정쟁송

(1) 행정심판

690 위법·부당한 대집행에 대해 행정심판을 제기할 수 있다(행정대집행법 제7조 참조).

(2) 행정소송

691 대집행의 실행행위는 하명과 사실행위가 결합된 권력적 사실행위로 항고소송의 대상인 처분이다. 다만 대집행의 실행행위가 완료된 후에는 그 항고소송은 권리보호필요성이 없다.

2. 손해전보

(1) 손해배상청구

692 위법한 대집행을 통해 손해를 입은 자는 국가나 지방자치단체를 상대로 손해배상을 청구할 수 있다.

(2) 손실보상청구

692a 공공의 필요에 따른 적법한 대집행의 실행으로 손실을 입었고 그 손실이 특별한 희생에 해당하는 경우에는 손실보상을 청구할 수 있다(876 이하).

(3) 결과제거청구

693 대집행 후에도 사실상 위법상태가 계속된다면 피해자는 결과제거의 청구를 주장할 수 있다(예: 행정청이 무허가광고간판을 철거하면서 허가받은 광고간판도 같이 철거하여 광고간판의 소유자가 적법한 광고간판의 반환을 청구하는 경우).

3. 기 타

694 ㈎ 대집행의 실행이 이미 시작된 후에 취소소송 등을 제기하는 것은 당사자에게 실효적이지 못한 권리구제수단이 될 수 있다. 따라서 예방적 부작위소송(1126 이하)과 가처분(1323 이하)이 인정될 필요가 있다.

㈏ 대집행으로 기본권을 침해 받은 상대방은 헌법재판소에 헌법소원을 청구할 수 있다(504 참조).

제3항 | 이행강제금

Ⅰ. 개 념

1. 의 의

이행강제금이란 의무자의 의무불이행이 있는 경우 의무의 이행을 강제하는 금전을 부과하여 그 의무의 이행을 간접적으로 실현하는 수단을 말한다(예: 무허가건축물에 대해 의무자가 자진철거를 할 때까지 1달에 50만 원씩 이행강제금을 부과하는 경우).

2. 법적 성질

① 이행강제금 부과는 급부하명으로 행정행위다. 따라서 항고소송의 대상이 된다. ② 그리고 이행강제금 부과는 장래를 향해 의무이행을 확보하기 위한 수단이다.

3. 이행강제금과 행정벌의 병과

이행강제금은 장래 의무이행을 확보하기 위한 수단이며, 과거 의무위반에 대한 제재(예: 행정벌)가 아니다. 따라서 이행강제금은 행정질서벌(과태료)이나 행정형벌과 병과될 수 있다(헌재 2004.2.26. 2001헌바80).

Ⅱ. 법적 근거

이행강제금 부과는 침익적이므로 법적 근거가 필요한데, 일반적인 법적근거는 없고 개별법상 근거가 있어야 한다(예: 건축법 제80조(이행강제금) ① 허가권자는 제79조 제1항에 따라 시정명령을 받은 후 시정기간 내에 시정명령을 이행하지 아니한 건축주등에 대하여는 그 시정명령의 이행에 필요한 상당한 이행기한을 정하여 그 기한까지 시정명령을 이행하지 아니하면 다음 각 호의 이행강제금을 부과한다). 그리고 이행강제금 부과의 근거가 되는 법률에는 이행강제금에 관한 다음 각 호의 사항(1. 부과·징수 주체, 2. 부과 요건, 3. 부과 금액, 4. 부과 금액 산정기준, 5. 연간 부과 횟수나 횟수의 상한)을 명확하게 규정하여야 한다. 다만, 제4호(부과 금액 산정기준) 또는 제5호(연간 부과 횟수나 횟수의 상한)를 규정할 경우 입법목적이나 입법취지를 훼손할 우려가 크다고 인정되는 경우로서 대통령령으로 정하는 경우는 제외한다(행정기본법 제31조 제1항)[2023. 3. 24 시행].

Ⅲ. 한 계

성문법과 행정법의 일반원칙을 준수해야 한다.

Ⅳ. 이행강제금의 부과절차

1. 계 고

행정청은 이행강제금을 부과하기 전에 미리 의무자에게 적절한 이행기간을 정하여 그 기한까지 행정상 의무를 이행하지 아니하면 이행강제금을 부과한다는 뜻을 문서로 계고하여야 한다(행정기본법 제31조 제3항).

2. 통 지

703b 행정청은 의무자가 계고에서 정한 기한까지 행정상 의무를 이행하지 아니한 경우 이행강제금의 부과 금액·사유·시기를 문서로 명확하게 적어 의무자에게 통지하여야 한다(행정기본법 제31조 제4항).

3. 이행강제금의 부과

703c 이행강제금 부과는 장래의 의무이행을 확보하기 위한 수단이므로 행정청은 의무자가 행정상 의무를 이행할 때까지 이행강제금을 반복하여 부과할 수 있다. 다만, 의무자가 의무를 이행하면 새로운 이행강제금의 부과를 즉시 중지하되, 이미 부과한 이행강제금은 징수하여야 한다(행정기본법 제30조 제5항).

4. 징 수

703d 행정청은 이행강제금을 부과받은 자가 납부기한까지 이행강제금을 내지 아니하면 국세 체납처분의 예 또는 지방행정제재·부과금의 징수 등에 관한 법률에 따라 징수한다(행정기본법 제30조 제3항).

V. 권리구제수단

704 이행강제금부과는 항고소송의 대상인 처분이다. 개별법에서 달리 정하는 경우도 있다(비송사건절차법에 따르는 경우도 있다(비송사건(非訟事件)이란 법원이 일반적인 소송절차에 의하지 아니하고 간이한 절차로 처리하는 것을 말한다)).

> **쟁점** — 대체적 작위의무위반이 이행강제금 부과대상이 되는지 여부★★
>
> ### 1. 문제 상황
> 704a 건축법 제80조 제1항(702)처럼 시정명령을 이행하지 않은 건축주에 대한 이행강제금 부과가능성을 명시적으로 규정하고 있다고 하더라도 대체적 작위의무위반의 경우 일반적으로 대집행이 효과적인 실효성확보수단이므로 이행강제금을 부과할 수 있는지에 대해 학설의 대립이 있다.
>
> ### 2. 학 설
> 704b ⓐ 대체적 작위의무위반에 대해서는 대집행이 실효적인 강제집행수단이므로 이행강제금부과를 인정할 필요가 없다는 견해와 ⓑ 경우에 따라서는 이행강제금 부과가 대집행보다 의무이행에 더욱 실효적인 수단이 될 수 있으므로 대체적 작위의무위반에 대해서도 이행강제금의 부과를 인정하는 것이 타당하다는 견해(다수견해)로 나누어진다.
>
> ### 3. 판 례
> 704c 헌법재판소는 「이행강제금은 대체적 작위의무의 위반에 대하여도 부과될 수 있다. 현행 건축법상 위법건축물에 대한 이행강제수단으로 대집행과 이행강제금(제

83조 제1항)이 인정되고 있는데, 양 제도는 각각의 장·단점이 있으므로 행정청은 개별사건에 있어서 위반내용, 위반자의 시정의지 등을 감안하여 대집행과 이행강제금을 선택적으로 활용할 수 있으며, 이처럼 그 합리적인 재량에 의해 선택하여 활용하는 이상 중첩적인 제재에 해당한다고 볼 수 없다(헌재 2004.2.26. 2001헌바80, 84, 102, 103, 2002헌바26(병합))」고 하여 긍정적인 입장이다.

4. 검 토
대체적 작위의무위반이지만 대집행의 실행이 어려운 경우 이행강제금 제도가 실효적인 의무이행 확보수단이 될 수 있는바(예를 들어 초고층건물의 철거처럼 대집행실행이 사익에 대한 중대한 침해가 되는 경우), 대체적 작위의무위반에 대해서도 이행강제금제도가 활용될 수 있다는 견해가 타당하다(긍정설).

제4항 | 직접강제

Ⅰ. 의의, 법적 성질

① 직접강제란 의무자가 행정상 의무를 이행하지 아니하는 경우 행정청이 의무자의 신체나 재산에 실력을 행사하여 그 행정상 의무의 이행이 있었던 것과 같은 상태를 실현하는 것을 말한다(행정기본법 제30조 제1항 제3호). ② 법적 성질은 사실행위와 하명이 결합된 권력적 사실행위이다.

Ⅱ. 법적 근거

직접강제는 침익적이므로 법적 근거가 필요한데, 일반적인 법적 근거는 없고 개별법상 근거가 있을 뿐이다(예: 식품위생법 제79조(폐쇄조치 등) ① 식품의약품안전처장, 시·도지사 또는 시장·군수·구청장은 제37조 제1항, 제4항 또는 제5항을 위반하여 허가받지 아니하거나 신고 또는 등록하지 아니하고 영업을 하는 경우 또는 제75조 제1항 또는 제2항에 따라 허가 또는 등록이 취소되거나 영업소 폐쇄명령을 받은 후에도 계속하여 영업을 하는 경우에는 해당 영업소를 폐쇄하기 위하여 관계 공무원에게 다음 각 호의 조치를 하게 할 수 있다. 1. 해당 영업소의 간판 등 영업 표지물의 제거나 삭제, 2. 해당 영업소가 적법한 영업소가 아님을 알리는 게시문 등의 부착, 3. 해당 영업소의 시설물과 영업에 사용하는 기구 등을 사용할 수 없게 하는 봉인(封印)).

Ⅲ. 한 계

성문법과 행정법의 일반원칙을 준수해야 한다.

Ⅳ. 직접강제의 실행절차

1. 계고

704h 행정청은 직접강제를 하기 전에 미리 의무자에게 적절한 이행기간을 정하여 그 기한까지 행정상 의무를 이행하지 아니하면 직접강제한다는 뜻을 문서로 계고하여야 한다(행정기본법 제32조 제3항, 제31조 제3항).

2. 통지

704i 행정청은 의무자가 계고에서 정한 기한까지 행정상 의무를 이행하지 아니한 경우 직접강제의 사유·시기등을 문서로 명확하게 적어 의무자에게 통지하여야 한다(행정기본법 제32조 제3항, 제31조 제4항).

3. 실 행(보충성)

704j 직접강제는 행정대집행이나 이행강제금 부과의 방법으로는 행정상 의무 이행을 확보할 수 없거나 그 실현이 불가능한 경우에 실시하여야 한다(행정기본법 제32조 제1항). 그리고 직접강제를 실시하기 위하여 현장에 파견되는 집행책임자는 그가 집행책임자임을 표시하는 증표를 보여 주어야 한다(행정기본법 제32조 제2항).

Ⅴ. 권리구제수단

704k 직접강제의 법적 성질은 권력적 사실행위이므로 권력적 사실행위에 대한 권리구제수단과 같다.

제5항 | 행정상 강제징수

Ⅰ. 의 의

705 행정상 강제징수란 의무자가 공법상 금전급부의무를 불이행한 경우 강제로 그 의무이행을 실현하는 행정작용을 말한다(행정기본법 제30조 제1항 제4호).

Ⅱ. 법적 근거

706 국세징수법은 원래 국세징수를 위한 법률이지만, 여러 법률이 강제징수에 있어서 국세징수법을 준용하고 있는 결과, 국세징수법은 공법상 금전급부의무의 강제에 관한 일반법으로 기능한다(실질적인 일반법).

Ⅲ. 절 차★

1. 독 촉 [16 5급]

707 독촉이란 체납액을 완납하지 않는 경우 체납처분(압류·매각·청산)됨을 알리는 행위를 말한다. 독촉의 법적 성질은 준법률행위적 행정행위인 통지행위이며(실질은 급부하명), 체납처분의 전제가 되는 절차이다. 특히 국세를 그 납부기한까지 완납하지 아니하였을 때에는

세무서장은 납부기한이 지난 후 10일 내에 독촉장을 발급하여야 한다(국세징수법 제23조 제1항 본문).

2. 체납처분

공법상 금전급부의무불이행이 있는 경우 이를 강제로 징수하는 절차를 체납처분이라 한다.

(1) 압 류

압류란 의무자의 재산의 처분을 금지하여 그 재산을 강제적으로 확보하는 행위를 말한다. 그리고 판례는 독촉절차 없는 압류처분은 무효는 아니라고 본다(대판 1988.6.28. 87누1009).

(2) 매 각

⑺ 매각이란 압류된 재산을 금전으로 바꾸고 체납자의 재산권을 다른 자에게 이전시키는 절차이다. ① 매각예정가격의 결정(국세징수법 제63조), ② 공매공고(국세징수법 제67조 제2항), ③ 공매통지(국세징수법 제68조), ④ 공매(매각하여 소유권을 이전하기로 한 결정)로 이어진다. 다만, 재산을 공매하여도 매수 희망자가 없거나 입찰가격이 매각예정가격 미만일 때에는 재공매한다(재공매결정, 국세징수법 제74조).

⑷ 판례는 공매를 항고소송의 대상인 처분으로 보지만(대판 1984.9.25. 84누201), 재공매하기로 한 결정(대판 2007.7.27. 2006두8464)과 공매통지는 항고소송의 대상이 되는 처분이 아니라고 보았다(대판 2011.3.24. 2010두25527).

⑸ 그리고 공매통지는 공매의 절차적 요건이기 때문에 체납자 등에게 공매통지를 하지 않았거나 적법하지 않은 공매통지를 한 경우 공매처분은 위법하다고 본다(대판(전원) 2008.11.20. 2007두18154). 다만, 판례는 무효는 아니라고 본다(대판 2012.7.26. 2010다50625).

(3) 청 산

청산이란 행정청이 매각절차로 획득한 금전에 대하여 조세 등에 충당할 금액을 확정시키고, 잔여금전을 배분하는 것을 말한다.

Ⅳ. 권리구제수단

강제징수절차에서 항고쟁송의 대상인 처분에 대해서는 항고쟁송을 제기할 수 있다.

제3절 즉시강제

I. 개 념

1. 의 의

712 행정상 즉시강제란 현재의 급박한 행정상의 장해를 제거하기 위한 경우로서 다음 각 목(가. 행정청이 미리 행정상 의무 이행을 명할 시간적 여유가 없는 경우, 나. 그 성질상 행정상 의무의 이행을 명하는 것만으로는 행정목적 달성이 곤란한 경우)의 어느 하나에 해당하는 경우에 행정청이 곧바로 국민의 신체 또는 재산에 실력을 행사하여 행정목적을 달성하는 것을 말한다(행정기본법 제30조 제1항 5호)(예를 들어 등급분류를 받지 않고 유통되는 게임물을 발견한 경우 행정청이 이를 수거하여 바로 폐기하는 경우(게임산업진흥에 관한 법률 제38조(폐쇄 및 수거 등), ③ 문화체육관광부장관, 시·도지사 또는 시장·군수·구청장은 유통되거나 이용에 제공되는 게임물 또는 광고·선전물 등이 다음 각 호의 어느 하나에 해당하는 때에는 이를 수거하거나 폐기 또는 삭제할 수 있다. 1.등급분류를 받지 아니하거나 등급분류를 받은 것과 다른 내용의 게임물)).

2. 구별개념

(1) 행정벌과 구별

713 행정벌은 과거의 의무위반에 대하여 가해지는 제재이지만, 즉시강제는 행정상 필요한 상태를 장래를 향해 실현하는 작용이다.

(2) 행정상 강제집행과 구별

714 행정상 강제집행은 구체적인 의무부과를 전제로 그에 대한 불이행이 있어야만 가능하지만, 행정상 즉시강제는 구체적인 의무부과행위가 전제되지 않고 이루어지는 실력행사이다(즉시강제는 개념적으로 미리 의무를 부과할 시간적 여유가 없거나 의무를 부과하여서는 목적달성이 곤란한 경우의 실효성 확보수단이므로).

II. 법적 성질

715 즉시강제의 법적 성질은 권력적 사실행위이다.

III. 법적 근거

716 즉시강제도 침익적 행정작용이므로 법적 근거가 필요하다. 그러나 일반법은 없으며 개별법상 근거가 있어야 한다.

IV. 한 계

717 성문법과 행정법의 일반원칙을 준수해야 한다.

V. 즉시강제의 실행

㈎ 즉시강제는 다른 수단으로는 행정 목적을 달성할 수 없는 경우에만 허용되며, 이 경우에도 최소한으로만 실시하여야 한다(행정기본법 제33조 제1항).

㈏ 즉시강제를 실시하기 위하여 현장에 파견되는 집행책임자는 그가 집행책임자임을 표시하는 증표를 보여 주어야 하며, 즉시강제의 이유와 내용을 고지하여야 한다(행정기본법 제33조 제2항).

VI. 권리구제수단

즉시강제의 법적 성질은 권력적 사실행위이므로 권력적 사실행위에 대한 권리구제수단과 같다.

 즉시강제에 헌법상 영장주의가 적용되는지 여부(권력적 행정조사도 동일한 논의가 있다(748 참조))★

1. 문제 상황

헌법 제12조 제3항(체포·구속·압수 또는 수색을 할 때에는 적법한 절차에 따라 검사의 신청에 의하여 법관이 발부한 영장을 제시하여야 한다. 다만, 현행범인인 경우와 장기 3년 이상의 형에 해당하는 죄를 범하고 도피 또는 증거인멸의 염려가 있을 때에는 사후에 영장을 청구할 수 있다)에서 신체의 구속 등에 영장이 필요함을, 헌법 제16조(모든 국민은 주거의 자유를 침해받지 아니한다. 주거에 대한 압수나 수색을 할 때에는 검사의 신청에 의하여 법관이 발부한 영장을 제시하여야 한다)에서 주거의 수색에 영장이 필요함을 규정하는데, 즉시강제에 헌법상 영장주의가 적용되는지가 문제된다.

2. 학 설

(1) 영장필요설

헌법상 기본권보장의 취지에 비추어 즉시강제도 형사사법의 경우와 마찬가지로 신체, 재산에 대한 실력작용이라는 점에서 영장이 필요하다고 본다.

(2) 영장불요설

영장주의를 엄격히 관철하면 실질적으로 즉시강제의 개념을 부정하는 결과가 되기 때문에 영장이 필요하지 않다고 본다(712).

(3) 절충설

원칙상 영장주의 이념이 적용되어야 하지만, 행정목적 달성을 위해 불가피하다고 인정할 만한 이유가 있는 경우는 사전영장은 필요하지 않다는 견해이다(다수견해).

3. 판 례

판례는 사전영장주의는 모든 국가작용의 영역에서 존중되어야 하지만 사전영장주의를 고수하다가는 도저히 행정목적을 달성할 수 없는 지극히 예외적인 경우에는 영장이 필요하지 않은 예외가 인정될 수 있다(대판 1997.6.13. 96다56115)고 보고 있어 절충설로 판단된다.

4. 검 토

즉시강제는 행정상 실효성 확보수단이지만 그에 따른 국민의 권익 침해가 형사사법 절차에 비해 약하다고 볼 수 없기에 원칙적으로 영장주의는 적용되지만, 긴급한 사유가 있는 경우에는 영장주의는 적용되지 않는다는 절충설이 타당하다.

제4절 새로운 의무이행확보수단

새로운 의무이행확보수단은 금전적 수단에 의한 제재(과징금, 가산세, 가산금)와 그 외 수단에 의한 제재(관허사업제한, 공급거부, 공표)로 나누어진다.

제1항 | 금전적인 수단에 의한 제재

Ⅰ. 과징금(부과금)

1. 의 의

과징금이란 행정법상 의무를 불이행하였거나 위반한 자에게 가해지는 금전적인 부담을 말한다.

2. 유 형★

(1) 협의(본래적 의미)의 과징금

과징금은 원래 행정법규 및 행정법상 의무위반으로 인한 경제적 이익을 박탈하기 위한 것으로 부당이득을 환수하는 성격만을 가지거나 부당이득을 환수하는 성격과 행정제재적인 성격을 동시에 가지는 과징금이 있다(예를 들어 공정거래법상 과징금).

(2) 변형된 과징금

변형된 과징금이란 영업정지 등에 갈음하여 과징금을 부과하는 경우를 말한다(제재적 성격의 과징금). 이는 당해 영업의 정지로 인해 초래될 공익 또는 사익에 대한 침해 등의 문제를 고려하여 영업정지를 하지 않고 대신 영업으로 인한 이익을 박탈하는 것이다(예를 들어 공익적 이유로 이동통신사업자에게 영업정지처분을 하지 않고 과징금을 부과하는 경우).

3. 구별개념

(1) 과태료와의 비교

과태료는 과거 의무위반에 대한 행정질서벌이지만 과징금은 의무위반에 대한 제재와 부당이득을 환수하기 위한 수단이며, 과태료는 불복시 질서위반행위규제법에 따르지만 과징금은 행정쟁송법에 따른다(비송사건절차법에 따르는 경우도 있다). 따라서 양자는 병과가 가능하다.

(2) 행정형벌과 비교

행정형벌은 형법에 규정된 형벌을 과하는 것으로 제재적 성격을 가지지만, 과징금은 형법에 규정된 형벌이 아니며 부당이득을 환수하는 성격을 가지고 있어 행정형벌과 구별된다. 또한 양자를 규정하는 규범의 목적이 서로 달라 병과하더라도 이중처벌금지에 위반되지 않는다.

4. 법적 근거

724 과징금부과는 침익적이므로 법적 근거가 필요하다. 그러나 일반법이 없어 개별법으로 규율된다.

5. 과징금의 납부기한 연기 및 분할 납부

724a 과징금은 한꺼번에 납부하는 것을 원칙으로 한다. 다만, 행정청은 과징금을 부과받은 자가 다음 각 호(1. 재해 등으로 재산에 현저한 손실을 입은 경우, 2. 사업 여건의 악화로 사업이 중대한 위기에 처한 경우, 3. 과징금을 한꺼번에 내면 자금 사정에 현저한 어려움이 예상되는 경우, 4. 그 밖에 제1호부터 제3호까지에 준하는 경우로서 대통령령으로 정하는 사유가 있는 경우)의 어느 하나에 해당하는 사유로 과징금 전액을 한꺼번에 내기 어렵다고 인정될 때에는 그 납부기한을 연기하거나 분할 납부하게 할 수 있으며, 이 경우 필요하다고 인정하면 담보를 제공하게 할 수 있다(행정기본법 제29조).

II. 세제상의 수단

1. 가산세

725 가산세란 세법에 규정하는 의무의 성실한 이행을 확보하기 위하여 그 세법에 의하여 산출한 세액에 가산하여 징수하는 금액을 말한다(국세기본법 제2조 제4호).

2. 가산금

726 가산금이란 국세를 납부기한까지 납부하지 아니한 경우에 국세징수법에 따라 고지세액에 가산하여 징수하는 금액과 납부기한이 지난 후 일정 기한까지 납부하지 아니한 경우에 그 금액에 다시 가산하여 징수하는 금액을 말한다(국세기본법 제2조 제5호).

제2항 | 그 외의 수단에 의한 제재

I. 관허사업제한

1. 의 의

727 관허사업제한이란 행정청이 인·허가의 발급을 거부함으로써 행정법상의 의무이행을 확보하기 위한 수단을 말한다.

2. 요구행위의 법적 성질★

729 건축법 제79조 제2항에서 허가권자의 요구행위가 항고소송의 대상인지가 문제된다.

(1) 학 설

730 ⓐ 요구행위는 행정청이 행하는 구체적 사실에 대한 법집행행위이기는 하지만, 우월한 지위에서 행하는 일방적인 행위가 아니며(일종의 행정지도에 해당함), 허가권자와 요청을 받은 행정청의 내부적인 행위로 국민의 권리의무에 직접 영향을 미치는 행위가 아니므로, 항고소송의 대상인 처분이 아니라는 것이 다수견해이다. ⓑ 처분성을 긍정하는 견해도 있다.

(2) 검 토

국민의 권리·의무에 직접 영향을 주는 행위는 요구행위가 아니라 요청을 받은 행정청의 인·허가 거부(제2항의 경우 정지 또는 허가 등 취소)이므로 요구행위는 항고소송의 대상인 처분이 아니라는 견해가 타당하다.

II. 공급거부

1. 의 의

공급거부란 행정법상 의무를 위반한 자에게 일정한 재화나 서비스의 공급을 거부하는 작용을 말한다.

2. 권리구제수단★

(1) 공급거부 요청행위에 대한 권리구제

행정청이 재화나 서비스의 공급자에게 공급을 중단해줄 것을 요청하는 행위는 비권력적인 사실행위인 행정지도로 항고소송의 대상인 처분이 아니다(행정청이 위법 건축물에 대한 시정명령을 하고 나서 위반자가 이를 이행하지 아니하여 전기·전화의 공급자에게 그 위법 건축물에 대한 전기·전화공급을 하지 말아줄 것을 요청한 행위는 권고적 성격의 행위에 불과한 것으로서 전기·전화공급자나 특정인의 법률상 지위에 직접적인 변동을 가져오는 것은 아니므로 이를 항고소송의 대상이 되는 행정처분이라고 볼 수 없다(대판 1996.3.22. 96누433)).

(2) 공급거부에 대한 권리구제

공급거부에 대해서는 공급자가 행정청인지 그리고 거부되는 재화나 서비스의 내용에 따라 행정쟁송 또는 민사소송을 제기할 수 있다. 판례는 (구) 건축법 제69조 제2항에 근거하여 건물의 무단변경을 이유로 한 행정청의 단수조치(권력적 사실행위)를 항고소송의 대상이 되는 행정처분으로 보았다(대판 1985.12.24. 84누598). 그러나 단수를 제외한 단전기·단전화 등은 공급자가 행정청이 아니어서 항고소송의 대상이 될 수 없다.

III. 공 표★★[10 입시]

1. 의 의

공표란 행정법상 의무위반이 있는 경우 그 의무위반자의 명단이나 위반 사실을 불특정 다수인에게 발표함으로서 의무이행을 간접적으로 강제하는 수단을 말한다(예를 들어 고액·상습 세금체납자의 명단을 공개함으로써 세금납부를 간접적으로 강제하는 것을 말한다)(행정절차법 제46조의3 제1항).

2. 법적 성질

㈎ 공표는 간접적·심리적 강제로 의무이행을 확보하려는 수단이므로 공권력 행사에 해당하지도 않고, 법률관계를 발생시키는 법적 행위도 아닌 비권력적 사실행위라는 견해가 다수설이다.

㈏ 그러나 최근 대법원은 병무청장의 병역의무 기피자의 인적사항 공개결정과 관련해, 인적사항 공개를 '인적사항 공개결정'과 '공개행위' 2가지로 나누어 전자는 처분성을 긍정하고 후자는 사실행위인 집행행위로 보았다(병무청장이 하는 병역의무 기피자의 인적사항 등 공개는, 특정인을 병역의무 기피자로 판단하여 그 사실을 일반 대중에게 공표함으로써 그의 명예를 훼손하고 그에게 수치심을 느끼게 하여 병역의무 이행을 간접적으로 강제하려는 조치로서 병역법에 근거하여 이루어지는 공권력의 행사에 해당한다. … 병무청장이 하는 병역의무 기피자의 인적사항 등 공개조치에는 특정인을 병역의무 기피자로 판단하여 그에게 불이익을 가한다는 행정결정이 전제되어 있고, 공개라는 사실행위는 행정결정의 집행행위라고 보아야 한다(대판 2019.6.27. 2018두49130)).

3. 법적 근거

736 공표는 상대방에게 인격권침해, 경제적인 신용의 손실, 프라이버시권의 침해 등 침익적 효과를 가져온다는 점에서 법적 근거가 필요하다는 견해설(다수견해)가 타당하다.

4. 한 계

737 공표는 성문법과 행정법의 일반원칙을 준수해야 한다.

5. 권리구제수단*

(1) 항고소송

738 ㈎ ① 공표를 비권력적 사실행위로 보는 견해(다수설)에 따른다면 이는 공권력행사도 아니며, 당사자의 권리·의무에 영향을 주지 않기에 항고소송의 대상인 처분이 아니다. ② 그러나 판례는 전술한 바처럼(735) 병역의무 기피자 인적사항 공개를 '인적사항 공개결정'과 '공개행위' 2가지로 나누어 전자는 처분성을 긍정하고 후자는 사실행위인 집행행위로 보았다(대판 2019.6.27. 2018두49130).

㈏ 공표의 처분성을 긍정한다면 권리보호필요성이 문제되는데, 공표가 종료된 경우는 원칙적으로 권리보호필요성이 없다. 그러나 공표가 개시되었다고 하더라도 이후에 공표가 계속되고 있다면 권리보호필요성은 있다.

(2) 당사자소송

738a 공표행위로 인하여 발생한 법률관계가 있다면 상대방은 행정주체를 상대로 해당 법률관계에 관해 당사자소송을 제기할 수 있다(행정소송법 제3조 제2호).

(3) 손해전보

1) 국가배상청구

739 공표는 비권력적 사실행위이지만, 국가배상법 제2조 제1항의 직무행위에 해당하기에 상대방은 위법한 공표행위에 대해 국가 등을 상대로 손해배상을 청구할 수 있다(776 이하).

2) 손실보상

739a 공공의 필요에 따른 공표행위로 상대방이 특별한 희생을 입은 경우 손실보상을 청구할

수 있다(876 이하).

3) 결과제거청구

공표의 상대방은 결과제거청구의 한 내용으로서 민법 제764조를 유추적용하여 정정공고를 청구할 수도 있다(민법 제764조(명예훼손의 경우의 특칙) 타인의 명예를 훼손한 자에 대하여는 법원은 피해자의 청구에 의하여 손해배상에 갈음하거나 손해배상과 함께 명예회복에 적당한 처분을 명할 수 있다)(948 이하).

740

(4) 기타 권리구제수단

1) 예방적 부작위소송과 가처분(공표전 수단)

㈎ 공표행위를 항고소송의 대상인 처분으로 본다고 하더라도 그에 대한 취소소송은 사후적인 권리구제 수단에 불과하기 때문에 공표를 사전에 금지하게 하는 예방적 부작위소송(1126 이하)과 가처분(1323 이하)을 인정할 필요가 있다.

741

㈏ 예방적 부작위소송이란 위법한 행정작용을 미리 저지할 것을 목적으로 장래에 있을 행정행위의 발동에 대한 방지를 구하는 소송을 말하는데, 그 인정 여부에 관해 학설은 부정설, 긍정설, 제한적 긍정설이 대립하며 판례는 처분을 하여서는 아니 된다는 내용의 부작위를 구하는 청구는 행정소송에서 허용되지 아니한다고 본다(대판 1987.3.24. 86누182).

㈐ 가처분이란 다툼이 있는 법률관계에 관하여 잠정적으로 임시의 지위를 보전하는 것을 내용으로 하는 가구제제도이다(민사집행법 제300조). 행정소송에 민사집행법상 가처분규정을 적용할 수 있는지에 관해 학설은 적극설, 소극설, 절충설이 대립되지만, 판례는 민사집행법상의 보전처분은 민사판결절차에 의하여 보호받을 수 있는 권리에 관한 것이라고 보기 때문에 행정소송에 가처분을 인정하지 아니한다(대결 2011.4.18. 2010마1576).

㈑ 판례는 부정하지만, 긍정설에 따르면 공표가 있기 전이라면 상대방은 예방적 부작위소송을 제기하면서 가처분을 신청할 수 있다.

2) 헌법소원

헌법재판소법 제68조 제1항의 다른 요건을 만족한다면 상대방은 공표행위에 대해 헌법소원을 제기할 수도 있다.

741a

제5절 행정조사

제1항 | 개 념

I. 의 의

742 ㈎ 행정조사란 행정기관이 일정한 행정목적을 위해 필요한 자료나 정보를 수집하는 행정활동을 말한다(예: 소방기본법 제29조(화재의 원인 및 피해 조사) ① 국민안전처장관, 소방본부장 또는 소방서장은 화재가 발생하였을 때에는 화재의 원인 및 피해 등에 대한 조사를 하여야 한다). 행정조사기본법은 "'행정조사'란 행정기관이 정책을 결정하거나 직무를 수행하는 데 필요한 정보나 자료를 수집하기 위하여 현장조사·문서열람·시료채취 등을 하거나 조사대상자에게 보고요구·자료제출요구 및 출석·진술요구를 행하는 활동을 말한다"고 정의한다(행정조사기본법 제2조 제1호).

㈏ 행정조사는 권력적 조사(예: 불심검문, 세무조사)와 비권력적 조사(예: 인구조사, 여론조사)로 구별된다.

II. 법적 성질★★[14 사시]

744 비권력적 조사는 비권력적 사실행위이며, 권력적 조사는 권력적 사실행위이다. 그리고 최근 판례는 권력적 조사를 개시하겠다는 결정도 항고소송의 대상인 처분이라고 본다[판례 1, 2].

> 1. 세무조사결정이 항고소송의 대상이 되는 행정처분에 해당하는지 여부(적극)
> 부과처분을 위한 과세관청의 질문조사권이 행해지는 세무조사결정이 있는 경우 납세의무자는 세무공무원의 과세자료 수집을 위한 질문에 대답하고 검사를 수인하여야 할 법적 의무를 부담하게 되는 점, 세무조사는 기본적으로 적정하고 공평한 과세의 실현을 위하여 필요한 최소한의 범위 안에서 행하여져야 하고, 더욱이 동일한 세목 및 과세기간에 대한 재조사는 납세자의 영업의 자유 등 권익을 심각하게 침해할 뿐만 아니라 과세관청에 의한 자의적인 세무조사의 위험마저 있으므로 조세공평의 원칙에 현저히 반하는 예외적인 경우를 제외하고는 금지될 필요가 있는 점, 납세의무자로 하여금 개개의 과태료 처분에 대하여 불복하거나 조사종료 후의 과세처분에 대하여만 다툴 수 있도록 하는 것보다는 그에 앞서 세무조사결정에 대하여 다툼으로써 분쟁을 조기에 근본적으로 해결할 수 있는 점 등을 종합하면, 세무조사결정은 납세의무자의 권리·의무에 직접 영향을 미치는 공권력의 행사에 따른 행정작용으로서 항고소송의 대상이 된다(대판 2011.3.10. 2009두23617).
>
> 2. 친일반민족행위자재산조사위원회의 재산조사개시결정이 행정처분으로서 항고소송의 대상이 되는지 여부(적극)
> 친일반민족행위자재산조사위원회의 재산조사개시결정이 있는 경우 조사대상자는 위 위

> 원회의 보전처분 신청을 통하여 재산권행사에 실질적인 제한을 받게 되고, 위 위원회의 자료 제출요구나 출석요구 등의 조사행위에 응하여야 하는 법적 의무를 부담하게 되는 점, '친일반민족행위자 재산의 국가귀속에 관한 특별법'에서 인정된 재산조사결정에 대한 이의신청절차만으로는 조사대상자에 대한 권리구제 방법으로 충분치 아니한 점, 조사대상자로 하여금 개개의 과태료 처분에 대하여 불복하거나 조사 종료 후의 국가귀속결정에 대하여만 다툴 수 있도록 하는 것보다는 그에 앞서 재산조사개시결정에 대하여 다툼으로써 분쟁을 조기에 근본적으로 해결할 수 있는 점 등을 종합하면, 친일반민족행위자재산조사위원회의 재산조사개시결정은 조사대상자의 권리·의무에 직접 영향을 미치는 독립한 행정처분으로서 항고소송의 대상이 된다고 봄이 상당하다(대판 2009.10.15. 2009두6513).

제2항 | 법적 근거

Ⅰ. 이론적 근거

비권력적 조사는 일반적으로 침익적이기 어려워 법적 근거가 필요 없으나, 권력적 조사는 침익적 행위이므로 법적 근거가 필요하다.

Ⅱ. 실정법상 근거

행정조사기본법은 "행정기관은 법령등에서 행정조사를 규정하고 있는 경우에 한하여 행정조사를 실시할 수 있다. 다만, 조사대상자의 자발적인 협조를 얻어 실시하는 행정조사의 경우에는 그러하지 아니하다"고 규정한다(행정조사기본법 제5조). 이 내용은 이론적인 근거와 유사하다. 그리고 행정조사에 관하여 다른 법률에 특별한 규정이 있는 경우를 제외하고는 행정조사기본법이 정하는 바에 따른다(행정조사기본법 제3조 제1항).

제3항 | 한 계

Ⅰ. 실체법상 한계

성문법과 행정법의 일반원칙을 준수해야 한다.

Ⅱ. 절차법상 한계

1. 권력적 조사

권력적 조사에 헌법상 영장주의가 적용될 것인지에 대해 즉시강제와 같이 학설의 대립이 있다(전술한 즉시강제에 헌법상 영장주의가 적용되는지 여부 참조(718a 이하)). ① 학설은 영장필요설·영장불요설·절충설이 대립되며, ② 판례는 절충설의 입장이다. ③ 권력적 조사에 따른 국민의 권익 침해도 형사사법절차에 비해 약하다고 볼 수 없기에 원칙적으로 영장주의는 적용되지만, 긴급한 사유가 있는 경우에는 영장주의는 적용되지 않는다는 절충설이 타당하다.

2. 비권력적 조사

749 비권력적 조사는 피조사자의 협력에 따른 것이므로 영장주의가 문제되지 않는다.

제4항 | 행정조사에서 실력행사 및 위법한 조사의 효과

Ⅰ. 행정조사에서 실력행사★

1. 문제 상황

750 현장조사·장부검사·가택수색 등 권력적 조사의 경우에 피조사자 측의 거부·방해 등이 있으면, 명시적인 규정이 없음에도 불구하고 행정조사를 행하는 공무원은 피조사자측의 저항을 실력으로 억압하고 권력적 조사(강제조사)를 할 수 있는가의 문제가 있다.

2. 학 설

(1) 부정설

751 부정설은 상대방의 거부·방해가 있을 경우 실정법이 직접적 강제수단을 규정하지 않고 영업허가의 철회·벌칙 등의 규정을 마련하고 있는 취지를 근거로 한다(예: 식품위생법 제97조(벌칙) 다음 각 호의 어느 하나에 해당하는 자는 3년 이하의 징역 또는 3천만 원 이하의 벌금에 처한다. 2. 제19조 제2항, 제22조 제1항(제88조에서 준용하는 경우를 포함한다) 또는 제72조 제1항·제2항(제88조에서 준용하는 경우를 포함한다)에 따른 검사·출입·수거·압류·폐기를 거부·방해 또는 기피한 자)(다수견해).

(2) 긍정설

751a 긍정설은 권력적 조사의 방해를 실력으로 배제하는 것은 비례원칙에 어긋나지 않는 한 권력적 조사의 범위 안에 포함된다는 것을 근거로 한다.

3. 검 토

752 긍정설이 타당하다. 부정설은 법치국가에서 법률적 근거 없는 실력행사는 용인할 수 없다고 하지만, 권력적 조사는 권력적 사실행위로 하명적 요소를 포함하는 것이므로 비례원칙에 위반되지 않는다면 권력적 조사라는 범위 안에서는 실력행사를 할 수 있다고 볼 것이다.

Ⅱ. 위법한 행정조사에 기한 행정행위의 위법성★★★[14 사시] [18 변시] [22 변시]

1. 문제 상황

753 행정조사는 일정한 행정목적을 위한 정보나 자료수집 활동으로 그 자체로 종결되는 경우도 있고 그 결과로 처분이 발령되는 경우도 있다. 즉, 행정조사작용은 행정결정에 선행하는 전제요건이 아님이 일반적이다(이 점이 행정절차와 다른 점이다). 그러나 행정조사를 하는 과정에서 절차법적 한계를 준수하지 못했거나 비례원칙에 위반되는 위법한 조사가 있었고 그에 근거하여 행정결정이 이루어진 경우 그 행정결정이 위법한지가 문제된다(예를 들어 화재예방, 소방시설 설치·유지 및 안전관리에 관한 법률 제4조의4 제1항은 '소방

특별조사 업무를 수행하는 관계 공무원 및 관계 전문가는 그 권한 또는 자격을 표시하는 증표를 지니고 이를 관계인에게 내보여야 한다'고 규정하는데 증표를 지니거나 제시하지 않고 소방특별조사를 한 후, 소방시설이 불량함을 이유로 동법 제9조 제2항에 따라 소방시설 불량사항 시정보완명령을 발령한 경우, 시정보완명령이 위법한가의 문제를 말한다).

2. 학 설

ⓐ 행정조사가 법령에서 특히 행정행위의 전제요건으로 규정하고 있는 경우를 제외하고 행정조사와 행정행위는 별개의 제도이므로 행정조사의 위법이 바로 행정행위를 위법하게 만들지는 않는다는 견해(소극설), ⓑ 법령에서 행정조사를 행정행위의 전제요건으로 하고 있는 경우 외에는 별개·독자적 제도이지만, 양자는 하나의 과정을 구성하고 있으므로 행정조사에 중대한 위법사유가 있다면 행정행위도 위법하다는 견해(절충설)(다수 견해), ⓒ 행정조사가 어떠한 행정결정에 필수적으로 요구되는 것은 아니라 단지 예비적인 작용이라 하여도 원칙적으로 위법은 승계된다는 견해(적극설), ⓓ 행정조사에 의해 수집된 정보가 행정결정을 위한 정보 수집을 위한 것이라면 행정조사의 하자는 행정결정의 절차상의 하자라는 견해(절차하자설)로 나누어진다.

3. 판 례

명시적인 입장은 없다. 다만 위법한 중복세무조사에 기초하여 이루어진 부가가치세부과처분은 위법하다는 판결이 있다(대판 2006.6.2. 2004두12070)[판례].

> 구 국세기본법 제81조의5가 정한 세무조사대상 선정사유가 없음에도 세무조사대상으로 선정하여 과세자료를 수집하고 과세처분을 하는 것이 위법한지 여부(원칙적 적극)
>
> 구 국세기본법 제81조의5가 정한 세무조사대상 선정사유가 없음에도 세무조사대상으로 선정하여 과세자료를 수집하고 그에 기하여 과세처분을 하는 것은 적법절차의 원칙을 어기고 구 국세기본법 제81조의5와 제81조의3 제1항을 위반한 것으로서 특별한 사정이 없는 한 과세처분은 위법하다(대판 2014.6.26. 2012두911).

4. 검 토

법치행정 원칙상 행정조사의 위법은 원칙적으로 행정행위에 승계된다는 견해가 타당하다(적극설).

제5항 | 행정조사기본법의 내용

I. 정보공개 등의 제한

행정조사기본법은 "다른 법률에 따르지 아니하고는 행정조사의 대상자 또는 행정조사의 내용을 공표하거나 직무상 알게 된 비밀을 누설하여서는 아니 된다(행정조사기본법 제4조 제5항)"고 규정하고, 아울러 "행정기관은 행정조사를 통하여 알게 된 정보를 다른 법률에 따라 내부에서 이용하거나 다른 기관에 제공하는 경우를 제외하고는 원래의 조사목적 이외의 용도로 이용하거나 타인에게 제공하여서는 아니 된다(행정조사기본법 제4조 제6항)"고 규정한다.

II. 조사대상자와 조사대상

1. 조사대상자

758 행정기관은 조사목적에 적합하도록 조사대상자를 선정하여 행정조사를 실시하여야 한다(행정조사기본법 제4조 제2항).

2. 조사대상

759 행정기관의 장은 행정조사의 목적, 법령준수의 실적, 자율적인 준수를 위한 노력, 규모와 업종 등을 고려하여 명백하고 객관적인 기준에 따라 행정조사의 대상을 선정하여야 한다(행정조사기본법 제8조 제1항).

III. 조사의 방법

1. 공동조사

760 행정기관의 장은 다음 각호(1. 당해 행정기관 내의 2 이상의 부서가 동일하거나 유사한 업무분야에 대하여 동일한 조사대상자에게 행정조사를 실시하는 경우, 2. 서로 다른 행정기관이 대통령령으로 정하는 분야에 대하여 동일한 조사대상자에게 행정조사를 실시하는 경우)의 어느 하나에 해당하는 행정조사를 하는 경우에는 공동조사를 하여야 한다(행정조사기본법 제14조 제1항).

2. 중복조사의 제한

761 행정조사기본법 제7조에 따라 정기조사 또는 수시조사를 실시한 행정기관의 장은 동일한 사안에 대하여 동일한 조사대상자를 재조사하여서는 아니 된다(행정조사기본법 제15조 제1항).

IV. 조사의 실시

1. 법령에 근거한 조사

(1) 사전통지와 의견제출

762 행정조사를 실시하고자 하는 행정기관의 장은 원칙적으로 제9조에 따른 출석요구서, 제10조에 따른 보고요구서·자료제출요구서 및 제11조에 따른 현장출입조사서(출석요구서등)를 조사개시 7일 전까지 조사대상자에게 서면으로 통지하여야 한다(행정조사기본법 제17조 제1항).

(2) 제3자에 대한 보충조사

763 행정기관의 장은 조사대상자에 대한 조사만으로는 당해 행정조사의 목적을 달성할 수 없거나 조사대상이 되는 행위에 대한 사실 여부 등을 입증하는 데 과도한 비용 등이 소요되는 경우로서 다음 각호(1. 다른 법률에서 제3자에 대한 조사를 허용하고 있는 경우, 2. 제3

자의 동의가 있는 경우)의 어느 하나에 해당하는 경우에는 제3자에 대하여 보충조사를 할 수 있다(행정조사기본법 제19조 제1항).

2. 자발적인 협조에 따른 행정조사

행정기관의 장이 제5조 단서에 따라 조사대상자의 자발적인 협조를 얻어 행정조사를 실시하고자 하는 경우 조사대상자는 문서·전화·구두 등의 방법으로 당해 행정조사를 거부할 수 있다(행정조사기본법 제20조 제1항).

3. 조사결과의 통지

행정기관의 장은 법령등에 특별한 규정이 있는 경우를 제외하고는 행정조사의 결과를 확정한 날부터 7일 이내에 그 결과를 조사대상자에게 통지하여야 한다(행정조사기본법 제24조).

CHAPTER 07 행정상 손해전보(손해의 회복(복구))

765a   행정상 손해전보수단에는 ① 행정상 손해배상, ② 행정상 손실보상, ③ 전통적인 행정상 손해전보제도의 보완(결과제거청구 등)이 있다.

제1절 행정상 손해배상

제1항 | 일반론

Ⅰ. 국가배상의 의의

766   국가배상이란 국가 등의 사무수행과 관련해 공무원이 위법하게 타인에게 손해를 가한 경우에 손해를 국가 등이 배상해주는 제도를 말한다.

Ⅱ. 헌법규정

767   헌법은 제29조 제1항에서 "공무원의 직무상 불법행위로 손해를 받은 국민은 법률이 정하는 바에 의하여 국가 또는 공공단체에 정당한 배상을 청구할 수 있다. 이 경우 공무원 자신의 책임은 면제되지 아니한다"라고 하여 국가배상책임을 규정하며, 제2항에서 "군인·군무원·경찰공무원 기타 법률이 정하는 자가 전투·훈련 등 직무집행과 관련하여 받은 손해에 대하여는 법률이 정하는 보상외에 국가 또는 공공단체에 공무원의 직무상 불법행위로 인한 배상은 청구할 수 없다"고 하여 군인 등의 공무원이 피해자인 경우 이중배상이 배제됨을 규정한다(자세한 내용은 후술한다(828 이하)).

Ⅲ. 국가배상법

1. 일반법

768   헌법 제29조에 따라 국가배상법이 제정되었고, 국가배상법은 국가 등의 배상책임에 대한 일반법으로 기능한다. 다만 국가배상법에 규정된 사항 외의 국가 등의 배상책임은 민법에 따르도록 규정하고 있다(동법 제8조).

2. 국가배상청구권의 법적 성격(국가배상청구권을 공권으로 보는 견해에 따르면 국가배상법은 공법이 될 것이고, 국가배상청구권을 사권으로 보는 견해에 따르면 국가배상법은 사법이 될 것이다)★

(1) 학 설

1) 공권설

769   국가배상청구권은 공법적 원인(공무원의 위법한 직무집행이나 영조물의 설치나 관리에 하자)

으로 야기되는 배상의 문제라는 점을 근거로 국가배상청구권을 공권으로 본다(다수설).

2) 사권설

국가배상법 제8조가 "… 이 법에 규정된 사항 외에는 민법에 따른다"고 규정하고 있는 것은 국가배상법이 민법에 대한 특별법적 성격을 나타낸 것으로 볼 수 있다는 점을 근거로 국가배상청구권을 사권으로 본다.

(2) 판 례

판례는 사권설을 취한다(대판 1971.4.6. 70다2955).

(3) 검 토

국가배상청구권은 공법상 원인에 의해 발생된 것이고, 행정소송법 제3조 제2호(당사자소송: 행정청의 처분등을 원인으로 하는 법률관계에 관한 소송 그 밖에 공법상의 법률관계에 관한 소송으로서 그 법률관계의 한쪽 당사자를 피고로 하는 소송)의 입법취지에 비추어볼 때 국가배상청구권을 공권으로 보고 이에 관한 소송은 공법상 당사자소송에 의하여야 한다고 보는 것이 타당하다.

제2항 | 공무원의 위법한 직무행위로 인한 손해배상

국가배상법 제2조 제1항 본문의 국가 등의 배상책임은 전단의 배상책임(공무원의 고의·과실로 인한 국가 등의 배상책임)과 후단의 배상책임(국가 등의 자동차손해배상보장법상 배상책임)으로 구별될 수 있다. 아래에서는 국가배상법 제2조 제1항 본문 전단의 배상책임 중심으로 검토하고, 국가배상법 제2조 제1항 본문 후단의 배상책임은 쟁점(841 이하)에서 살펴보기로 한다.

Ⅰ. 배상책임의 요건 [09 사시] [11 5급] [13 사시] [13 5급] [15 변시] [16 사시] [19 변시] [21 5급]

국가배상법 제2조 제1항 본문 전단에 따라 국가 등의 배상책임이 인정되려면 공무원, 직무(직무의 사익보호성), 집행하면서, 고의·과실, 위법, 타인, 손해, 인과관계 등의 요건이 만족되어야 한다. 해당 요건은 모두 피해자가 입증해야 한다.

1. (국가배상법상) 공무원★

(1) 공무원

공무원이란 행정부, 입법부, 사법부, 헌법재판소 소속의 공무원을 포함하며, 지방자치단체소속 공무원도 포함된다. 또한 공무원의 범위에 국회나 지방의회, 선거관리위원회, 그 밖의 합의제기관도 포함되는지 논란이 있으나 포함된다고 보는 것이 타당하다.

(2) 공무수탁사인

공무수탁사인(법률에 근거하여 공적인 임무를 수행하도록 권한이 주어진 사인을 말한다)(1552 이하)이 국가배상법상 공무원에 해당하는지에 관해 논란이 있었으나, 최근 국가배상법 개정으로 공무수탁사인이 국가배상법상 공무원에 명시적으로 포함되었다.

(3) 사 인

775 국가배상법 제2조의 공무원이란 국가공무원법이나 지방공무원법에 의하여 공무원으로서의 신분을 가진 자에 국한하지 않고, 널리 공무를 위탁받아 실질적으로 공무에 종사하고 있는 일체의 자를 가리키는 것으로 보는 것이 통설·판례의 입장이다(광의설)(대판 2001.1.5. 98다39060). 따라서 사인이 사법상 계약에 의하여 직무를 수행한다고 하여도 그 직무가 공법작용에 해당하면 공무원에 해당한다(예: 국가나 지방자치단체와의 사법상 계약으로 불법주차차량을 견인하는 일을 하는 자).

2. 직무

(1) 직무의 범위★

1) 학 설

776 국가배상법 제2조 제1항의 직무는 ⓐ 권력작용만을 말한다는 협의설, ⓑ 권력작용과 비권력작용을 포함한다는 광의설(다수설), ⓒ 권력작용과 비권력작용 및 사법(私法)작용까지 포함한다는 최광의설이 있다.

2) 판 례

777 판례는 「국가배상법이 정한 손해배상청구의 요건인 '공무원의 직무'에는 국가나 지방자치단체의 권력적 작용뿐만 아니라 비권력적 작용도 포함되지만 단순한 사경제의 주체로서 하는 작용은 포함되지 않는다(대판 2004.4.9. 2002다10691)」고 하여 광의설의 입장이다.

3) 검 토

778 헌법 제29조와 국가배상법은 공법형식의 행정작용으로 인한 손해를 전보하기 위한 제도이므로 권력작용과 비권력작용은 국가배상법 제2조 제1항의 직무에 당연히 포함된다. 그러나 사법(私法)작용은 원래 사법(私法)이 적용되는 것이므로 사법인 민법으로 규율하는 것이 정당하기 때문에 광의설이 타당하다.

(2) 직무(직무를 규정한 근거규범)의 사익보호성★★★

778a
[참고] 공무원의 직무상 의무

다수설은 공무원에게 부과된 직무상 의무에는 ① 개개 국민의 사익보호를 위한 것, ② 개개 국민의 이익과는 관계없이 전체로서 공공 일반의 이익을 유지·조장하기 위한 것, ③ 그리고 개개 국민은 물론 전체로서의 국민의 이익과도 관계없이 순전히 행정기관 내부의 질서를 규율하기 위한 것 등이 있다고 한다.

1) 문제점

779 직무를 집행하는 공무원은 법규 또는 행정규칙 등에 의하여 여러 가지의 직무상 의무가 부여된다. 그런데 국가 등의 국가배상책임이 인정되려면 공무원이 '① 개개 국민의 사

익보호를 위해 부과된 직무(778a)'를 집행하는 과정에서 타인에게 손해를 입혀야 하는지가 문제 된다(예를 들어 하천의 유지·관리를 담당하는 공무원의 고의·과실로 공공용 주차장이 침수되어 사인에게 손해가 발생한 경우, 피해자의 국가배상청구가 인용되려면 담당공무원의 하천 유지·관리에 대한 직무가 개개 국민의 이익을 보호하기 위한 직무라야 하는지 — 전술한 참고의 ①의 직무 — 의 문제이다. 구체적으로 공무원의 직무가 개개 국민의 이익을 보호하기 위한 직무인지 여부는 공무원의 직무를 규정한 법령으로 판단한다(아래의 필요설에 따르면 공무원이 개개 국민의 이익을 보호하기 위한 직무를 하는 과정에서 사인에게 손해가 발생해야 국가배상청구가 인용될 수 있다고 본다)).

2) 학 설
학설은 ① 직무의 사익보호성은 항고소송의 원고적격문제이므로 국가배상책임에는 적용되지 않는다는 점을 근거로 하는 불요설과 ② 국가배상법의 입법목적이 행정작용으로 인하여 국민 개인이 입은 손해의 전보라는 점을 근거로 공무원이 개개 국민의 이익을 위한 직무를 집행하는 과정에서 상대방이 손해를 입은 경우라야 국가배상책임이 긍정된다고 보는 필요설(다수설)이 대립된다.

3) 판 례
㈎ 판례는 유람선극동호화재와 관련하여 피해자가 국가등에게 손해배상을 청구한 사건에서 「공무원에게 부과된 직무상 의무의 내용이 … 전적으로 또는 부수적으로 사회구성원 개인의 안전과 이익을 보호하기 위하여 설정된 것이라면 … 국가가 배상책임을 지는 것(대판 1993.2.12. 91다43466)」이라고 판시하여 사익보호성이 필요하다고 본다(필요설).
㈏ 다만 판례가 직무의 사익보호성을 국가배상법 제2조 제1항의 어느 요건과 관련해 논의하는지에 관해, 학설은 일반적으로 위법성 또는 인과관계의 문제로 보고 있다고 해석한다.

4) 검 토
공무원의 과실이나 부작위 등으로 인한 사인의 간접적 손해에 대해 국가 등의 책임범위를 제한하기 위해 직무의 사익보호성을 긍정함이 타당하다(필요설).

● 직무의 사익보호성 관련 판결
1. 소방법의 규정들은 단순히 전체로서의 공공 일반의 안전을 도모하기 위한 것에서 더 나아가 국민 개개인의 인명과 재화의 안전보장을 목적으로 하여 둔 것이므로, 소방공무원이 소방법 규정에서 정하여진 직무상의 의무를 게을리한 경우 그 의무 위반이 직무에 충실한 보통 일반의 공무원을 표준으로 할 때 객관적 정당성을 상실하였다고 인정될 정도에 이른 경우에는 국가배상법 제2조에서 말하는 위법의 요건을 충족하게 된다. … 소방공무원의 직무상 의무를 위반한 것으로서 위법하게 된다(대판 2008.4.10. 2005다48994〈군산시 윤락가 화재사건〉).
[해설] 대상판결은 유흥주점에 감금된 채 윤락을 강요받으며 생활하던 여종업원들이 유흥주점 화재로 유독가스에 질식해 사망한 사건인데, 대법원은 소방법에 규정된 소방공무원의 직무

가 사익보호를 위한 것임을 긍정하면서 국가 등의 배상책임을 긍정하였다.

2. 개별공시지가는 개발부담금의 부과, 토지 관련 조세 부과 등 다른 법령이 정하는 목적을 위해 지가를 산정하는 경우에 그 산정 기준이 되는 관계로 납세자인 국민 등의 재산상 권리·의무에 직접적인 영향을 미치게 되므로, 개별공시지가 산정업무를 담당하는 공무원으로서는 당해 토지의 실제 이용상황 등 토지특성을 정확하게 조사하고 당해 토지와 토지이용상황이 유사한 비교표준지를 선정하여 그 특성을 비교하는 등 법령 및 '개별공시지가의 조사·산정 지침'에서 정한 기준과 방법에 의하여 개별공시지가를 산정하고, 산정지가의 검증을 의뢰받은 감정평가업자나 시·군·구 부동산평가위원회로서는 위 산정지가 또는 검증지가가 위와 같은 기준과 방법에 의하여 제대로 산정된 것인지 여부를 검증, 심의함으로써 적정한 개별공시지가가 결정·공시되도록 조치할 직무상의 의무가 있고, 이러한 직무상 의무는 단순히 공공 일반의 이익을 위한 것이거나 행정기관 내부의 질서를 규율하기 위한 것이 아니고 전적으로 또는 부수적으로 국민 개개인의 재산권 보장을 목적으로 하여 규정된 것이라고 봄이 상당하다. 따라서 개별공시지가 산정업무 담당공무원 등이 그 직무상 의무에 위반하여 현저하게 불합리한 개별공시지가가 결정되도록 함으로써 국민 개개인의 재산권을 침해한 경우에는 그 손해에 대하여 상당인과관계 있는 범위 내에서 그 담당공무원 등이 소속된 지방자치단체가 배상책임을 지게 된다(대판 2010.7.22. 2010다13527).

[해설] 대상판결은 개별공시지가 산정업무 담당공무원 등이 잘못 산정·공시한 개별공시지가를 신뢰하여 토지의 담보가치가 충분하다고 믿고 그 토지에 관하여 근저당권설정등기를 경료한 후 이를 담보로 물품을 추가로 공급함으로써 손해를 입었음을 이유로 그 담당공무원이 속한 지방자치단체에 손해배상을 구한 사건인데, 대법원은 담당공무원의 직무는 사익보호성이 인정된다고 보았으나 담당공무원 등의 개별공시지가 산정에 관한 직무위반행위와 피해자의 손해 사이에 상당인과관계가 있다고 보기 어렵다고 하여 국가 등의 배상책임을 부정하였다.

3. 「공직선거법」이 위와 같이 후보자가 되고자 하는 자와 그 소속 정당에게 전과기록을 조회할 권리를 부여하고 수사기관에 회보의무를 부과한 것은 단순히 유권자의 알권리 보호 등 공공 일반의 이익만을 위한 것이 아니라, 그와 함께 후보자가 되고자 하는 자가 자신의 피선거권 유무를 정확하게 확인할 수 있게 하고, 정당이 후보자가 되고자 하는 자의 범죄경력을 파악함으로써 부적격자를 공천함으로 인하여 생길 수 있는 정당의 신뢰도 하락을 방지할 수 있게 하는 등의 개별적인 이익도 보호하기 위한 것이라고 할 수 있다(대판 2011.9.8. 2011다34521).

[해설] 원고(창조한국당)가 개인용 및 공직선거 후보자용의 범죄경력조회 회보서의 발급업무를 담당한 검찰공무원의 직무상 위법행위(공직선거후보자용 범죄경력자료를 조회하여 전과를 확인하였으나 공직선거 후보자용 범죄경력조회 회보서에 기재하지 않은 위법행위)를 이유로 국가를 상대로 손해배상을 청구한 사건에서, 해당 공무원의 직무의 사익보호성을 긍정하면서 국가배상책임을 인정하였다.

> 4. 하천의 유지·관리 및 점용허가 관련 업무를 맡고 있는 지방자치단체 담당공무원의 직무상 의무가 부수적으로라도 사회구성원 개개인의 안전과 이익을 보호하기 위하여 설정된 것인지 여부
>
> 하천의 유지·관리 및 법령 위반자 등에 대한 처분에 관한 하천법 제15조 제1항, 제28조 제1항, 제64조 제1항, 제68조 제1항 등 관련 규정을 종합해 보면, 이 사건 안양천의 유지·관리 및 점용허가 관련 업무를 맡고 있는 피고 서울특별시 양천구의 담당공무원은 안양천의 적정한 유지·관리를 도모하고, 점용허가로 인한 공공의 피해가 발생하지 아니하도록 점용허가를 받은 자가 허가조건을 준수하도록 하여야 하며, 정기적으로 하천점용상황에 대한 점검을 실시하여 불법적인 점용실태가 적발될 경우에는 그 시정을 위한 필요한 조치를 취하여야 할 직무상 의무가 있다고 할 것이고, 이러한 의무는 단순히 공공 일반의 이익을 위한 것만이 아니라 부수적으로라도 사회구성원 개개인의 안전과 이익을 보호하기 위하여 설정된 것으로 보아야 할 것이다(대판 2006.4.14. 2003다41746).

3. 집행하면서

직무를 '집행하면서'라는 것은 직무집행행위뿐만 아니라 널리 외형상으로 직무집행과 관련 있는 행위를 포함하는 의미이다(외형설. 통설·판례). 따라서 이를 판단함에 있어서는 행위 자체의 외관을 객관적으로 관찰하여 공무원의 직무행위로 보여질 때에는 비록 그것이 실질적으로 직무행위가 아니거나 또는 행위자로서는 주관적으로 공무집행의 의사가 없었다고 하더라도 그 행위는 공무원이 '직무를 집행함에 당하여' 한 것으로 보아야 한다(대판 2005.1.14. 2004다26805).

4. 고의·과실★★

(1) 의 의

'고의'란 위법한 결과의 발생(손해)을 인식하는 것을 말하고, '과실'이란 위법한 결과의 발생을 부주의로 인식하지 못하는 것(주의의무위반)을 말한다.

(2) 고의·과실의 주체

고의·과실의 유무는 국가가 아니라 해당 공무원을 기준으로 판단한다.

(3) 공무원의 과실인정을 용이하게 하려는 논의

국가배상청구가 인용되려면 피해자는 공무원의 고의·과실을 포함하여 국가배상법 제2조 제1항의 요건을 입증해야 하는데 그 입증이 용이하지 않는 경우가 많다. 따라서 공무원의 과실인정을 용이하게 하려는 논의들이 있다.

1) 과실수준의 객관화

다수설과 판례는 과실을 '공무원이 그 직무를 수행함에 있어 당해 직무를 담당하는 평균인이 통상 갖추어야 할 주의의무를 게을리한 것'이라고 하여 과실의 수준을 그 공무원이 아니라 해당 직무를 담당하는 평균적 공무원을 기준으로 한다(대판 1997.7.11. 97다7608).

2) 가해공무원의 특정 불필요

795 구체적으로 어느 공무원의 행위인지가 판명되지 않더라도 손해의 발생상황으로 보아 공무원의 행위에 의한 것이 인정되면 국가 등은 배상책임을 진다(다수설).

> [참고①] 객관적 과실의 문제
>
> 796 ⓐ 일부 견해는 국가배상법상의 과실을 객관적으로 보고, 국가배상법 제2조 제1항의 과실을 '국가작용의 하자'로 해석하여 피해자의 권리구제에 유리하도록 하여야 한다고 한다(공무원이 무과실이어도 국가배상책임은 성립되므로). ⓑ 그러나 이 견해는 국가배상법 제2조 제1항이 공무원의 고의·과실에 대한 국가 등의 책임을 규정한 것이라는 취지에 맞지 않는다(다수설).
>
> [참고②] 위법과 과실의 일원화
>
> 797 ① ⓐ 일부 견해는 위법성과 과실을 통합하여 위법성과 과실 중 어느 하나가 입증되면 다른 요건은 당연히 인정된다고 주장하기도 한다. ⓑ 그러나 이 견해는 국가배상법 제2조 제1항이 위법성과 고의·과실 요건을 별도로 규정하고 있음을 간과한다는 비판이 있다(다수설). ② 판례도 고의·과실과 위법성을 분리하여 판단한다(대판 2001.3.13. 2000다20731).

쟁점 ─ 고의·과실에 대한 구체적 검토★

1. 공무원의 법령해석과 과실

798 공무원에게 자신의 직무관련 법령의 해석·적용과 관련하여 과실을 인정할 수 있는가가 문제된다.

(1) 원 칙

799 공무원에게는 일반적으로 자신의 사무영역에서의 표준적인 법령에 대한 지식과 학설·판례의 내용을 숙지하고 있어야 할 의무가 있다. 따라서 특별한 사정이 없는 한 일반적으로 공무원이 관계법규를 알지 못하거나 필요한 지식을 갖추지 못하고 법규의 해석을 그르쳐 행정처분을 하였다면 그가 법률전문가 아닌 행정직 공무원이라도 과실이 있다고 한다(대판 1981.8.25. 80다1598).

(2) 예 외

800 그러나 판례는「법령에 대한 해석이 그 문언 자체만으로는 명백하지 아니하여 여러 견해가 있을 수 있는데다가 이에 대한 선례나 학설, 판례 등도 귀일된 바 없어 의의가 없을 수 없는 경우에 관계 공무원이 그 나름대로 신중을 다하여 합리적인 근거를 찾아 그중 어느 한 견해를 따라 내린 해석이 후에 대법원이 내린 입장과 같지 않아 결과적으로 잘못된 해석에 돌아가고, 이에 따른 처리가 역시 결과적으로 위법하게 되어 그 법령의 부당집행이라는 결과를 가져오게 되었다고 하더라도 그와 같은 처리방법 이상의 것을 성실한 평균적 공무원에게 기대하기는 어려운 일이고, 따라서 이러한 경우에까지 공무원의 과실을 인정할 수는 없다」고 한다(대판 2010.4.29. 2009다97925).

2. 행정규칙에 따른 처분과 과실

행정규칙에 따른 처분의 경우에는 후에 그 처분이 재량권을 일탈한 위법한 처분임이 판명된 경우에도 일반적으로 과실이 있다고 보기 어렵다(대판 1994.11.8. 94다26141).

3. 취소소송에서 행정청의 패소와 과실

어떠한 행정처분이 뒤에 취소소송에서 취소되었다고 할지라도 그 자체만으로 그 행정처분이 곧바로 공무원의 고의 또는 과실로 인한 행위라고 단정할 수는 없다(대판 2011.1.27. 2008다30703). 왜냐하면 취소소송에서는 처분의 위법성만을 판단하였기 때문이다(1130).

4. 법률의 위헌결정과 과실

처분의 근거가 된 법률이 처분 이후에 위헌으로 결정된 경우 그 법률을 적용하여 처분한 공무원에게 과실이 있다고 보기 어렵다(헌재 2008.4.24. 2006헌바72). 왜냐하면 공무원에게는 법령심사권이 없는바, 해당 법률이 명백히 무효인 경우가 아니라면 공무원으로서는 그 법률을 적용할 수밖에 없기 때문이다.

5. 위법성★★

(1) 문제점

일반적으로 위법은 법규위반을 말하지만, 국가배상법 제2조 제1항의 위법의 본질에 관해서는 학설이 대립한다.

1) 학 설

a. **행위위법설**: 이 견해는 위법을 공무원의 직무집행행위가 규범에 적합한지 여부(법규위반이 있는지 여부)를 기준으로 판단하는 견해이다. ⓐ 엄격한 의미의 법규위반을 위법으로 보는 일원설(협의설)과 ⓑ 엄격한 의미의 법규위반뿐 아니라 인권존중·권력남용금지·신의성실의 원칙 위반도 위법으로 보는 이원설(광의설)이 대립되는데, 후자가 다수설이다(일원설은 국가배상법 제2조 제1항의 위법이 후술하는 취소소송의 본안판단에서의 위법 — 이 위법은 법규위반을 말한다 — 과 일치한다는 의미이며, 이원설은 국가배상법 제2조 제1항의 위법이 취소소송의 본안판단에서의 위법보다 더 광의이므로 법규위반의 의미가 이원적으로 사용된다는 것이다. 후술하는 취소소송의 기판력 참조(1400c 이하)).

b. **결과불법설**: 공무원의 직무행위로 받은 손해를 국민이 수인할 수 있는가를 기준으로 위법성 여부를 판단하는 견해이다. 즉, 손해를 국민이 수인할 수 없다면 위법한 행위로 본다.

c. **상대적 위법성설**: 직무행위의 위법·적법뿐만 아니라 피침해이익의 성격과 침해의 정도, 가해행위의 태양(모습) 등을 고려하여 위법성 인정 여부를 상대적으로 판단하자는 견해이다(위법의 의미가 개개 경우마다 상대화된다는 의미이다).

2) 판 례

806 ㈎ 판례의 주류적인 입장은 행위위법설이다. 즉 시위자들의 화염병으로 인한 약국화재에 대한 국가배상책임이 문제된 사건에서 판례는 결과불법설을 배제하고 행위위법설을 취한 것으로 평가된다(대판 1997.7.25. 94다2480).

㈏ 특히 '법령 위반'이라 함은 엄격한 의미의 법령 위반뿐만 아니라 인권존중, 권력남용금지, 신의성실, 공서양속(809) 등의 위반도 포함한다고 보고 있어 행위위법설 중 이원설(광의설)의 입장이다(대판 2009.12.24. 2009다70180).

3) 검 토

807 취소소송의 본안판단에서의 위법의 본질이 법규위반임을 고려할 때 국가배상법상의 위법도 '법질서 위반'이라는 단일한 가치판단으로 보아야 할 것인바 행위위법설이 타당하다(특히 권리구제의 확대라는 측면에서 이원설이 타당하다)(다수설).

쟁점 — 부작위로 인한 위법행위에서 공무원의 조리(불문법)상의 작위의무의 인정 여부★★

1. 문제 상황

808 부작위의 경우에는 작위의무가 있어야 한다. 기속행위는 일반적으로 작위의무가 있지만, 공무원의 직무집행 여부가 재량이라면 재량이 0으로 수축되는 경우 외에는 작위의무가 없다. 이와 관련하여 명문의 근거가 없는 경우 헌법상 기본원리 및 행정법의 일반원칙(조리)을 근거로 작위의무를 인정할 수 있는지가 문제된다.

2. 학 설

809 ⓐ 법치행정의 원칙에 비추어 법률상의 근거를 결하는 작위의무를 인정할 수 없다는 부정설과, ⓑ 법치행정의 목적은 인권보장과 생명과 재산보호라는 점(법치주의는 기본권을 확대하는 쪽으로만 기능한다)에서 법치행정을 근거로 조리상의 작위의무를 부정하는 견해는 부당하며 공서양속(공공의 질서와 선량한 풍속)·조리 내지 건전한 사회통념에 근거하여 작위의무를 인정할 수 있다는 긍정설(다수설)이 대립한다.

3. 판 례

810 판례는 에이즈항체검사의 관리 및 판정상의 위법성이 문제된 사건에서 국가가 초법규적, 일차적으로 그 위험 배제에 나서지 아니하면 국민의 생명, 신체, 재산 등을 보호할 수 없는 경우에는 형식적 의미의 법령에 근거가 없더라도 국가나 관련 공무원에 대하여 그러한 위험을 배제할 작위의무를 인정할 수 있을 것(대판 1998.10.13. 98다18520)」이라고 하여 긍정적인 입장이다.

4. 검 토

811 국가 등이나 공무원의 작위의무는 명문의 법규정뿐 아니라 각 행정 분야에서의 객관적 법질서(조리) 및 인권존중의 원칙으로부터도 도출될 수 있는 것으로 보아야 하기에 긍정함이 타당하다.

6. 타인·손해·인과관계

(1) 타 인

타인이란 위법한 행위를 한 자(그 행위에 가담한 자)를 제외한 모든 피해자를 말한다. 가해자인 공무원에게 피해를 받은 공무원도 타인에 해당한다. 다만 피해자가 공무원 중에서 군인·군무원·경찰 등인 경우에는 후술하는 바처럼 국가배상법에 특별규정을 두고 있다 (828 이하).

812

(2) 손 해

손해란 가해행위로부터 발생한 일체의 손해를 말한다. 적극적 손해인가 또는 소극적 손해(증가할 재산이 증가하지 못한 손해)인가, 재산상의 손해인가 또는 생명·신체·정신적인 손해(위자료)인가를 가리지 않는다.

813

(3) 인과관계

가해행위인 위법한 직무집행행위와 손해의 발생 사이에는 상당인과관계(사회 생활의 경험법칙상 어떤 원인이 있으면 어떤 결과가 발생하는 것이 일반적이라고 생각되는 범위 안에서만 인과관계를 인정하는 것)가 있어야 한다.

814

II. 국가 등의 배상책임의 성질

1. 학 설

(1) 대위책임설

국가는 불법을 행할 수 없으므로 불법을 행한 공무원이 책임을 져야 하지만, 피해자의 보호 등을 위해 국가가 공무원에 대신하여 부담하는 책임이 국가배상책임이라는 입장이다(이 견해는 국가배상법 제2조 제1항의 고의·과실을 공무원의 고의·과실로 본다. 따라서 국가배상책임의 성립에 공무원의 고의·과실이 요구된다고 본다).

815

(2) 자기책임설

국민개인의 법률관계의 상대방은 항상 국가이며 개인과 공무원 간에는 법률관계가 성립되지 않는다고 본다. 따라서 공무원이 한 행위의 법적 효과는 적법하든 위법하든 모두 국가에게 귀속되는 까닭에 국가 등이 부담하는 배상책임은 그들 자신(국가 등)의 책임이라는 견해이다(이 견해는 국가배상법 제2조 제1항의 고의·과실을 국가 등의 고의·과실 — 이를 조직과실(국가경영상의 과실) — 로 본다. 따라서 국가배상책임의 성립에 공무원의 고의·과실이 요구되지 않는다고 본다).

816

(3) 중간설

국가배상법 제2조 제2항을 근거로 경과실로 피해자에게 손해가 발생한 경우 국가는 자신의 행위에 대해 책임(자기책임)을 부담하지만(경과실로 인한 행위는 국가기관의 행위로 볼 수 있으므로), 공무원의 고의·중과실로 피해자에게 손해가 발생한 경우 국가는 공무원을 대신하여 책임(대위책임)을 부담한다고 본다(고의·중과실로 인한 행위는 국가기관의 행위로

817

볼 수 없으므로)(중간설이 말하는 대위책임과 대위책임설은 개념상 구별된다. '중간설이 말하는 대위책임'은 공무원의 고의·중과실로 인한 직무집행은 국가기관의 행위로 볼 수 없어 국가의 책임은 대위책임이라는 것이지만, '대위책임설'은 공무원의 고의·중과실·경과실을 가리지 않고 국가 등의 배상책임은 모두 대위책임으로 본다).

(4) 절충설

818 공무원의 행위가 경과실에 기한 경우에는 국가기관의 행위로 볼 수 있어 국가의 자기책임이지만, 고의·중과실에 기한 행위는 국가기관의 행위로 볼 수 없어 공무원만이 배상책임을 지고 국가는 책임이 없지만 그 행위가 직무로서 외형을 갖춘 경우에는 피해자와의 관계에서 국가도 일종의 자기책임으로서 배상책임을 진다는 견해이다.

2. 판 례

819 판례의 입장은 불분명하다. 다만 학설은 후술(824)하는 군용버스가 군용지프차를 추돌하여 지프차에 탑승했던 피해자가 군용버스운전자에게 손해배상을 청구한 사건(대판(전원) 1996.2.15. 95다38677)에서 판례가 절충설을 취하였다고 평가한다.

3. 검 토

820 국가배상법 제2조 제1항은 국가배상책임의 성립요건으로 국가의 고의·과실이 아니라 공무원의 고의·과실을 요하고 있으며, 제2조 제2항은 국가 등이 공무원에 구상권을 행사할 수 있다는 점을 고려하면 국가 등의 배상책임은 대위책임으로 보는 것이 타당하다.

III. 가해공무원의 책임과 구상권

1. 가해공무원의 대외적 배상책임★[11 5급] [20 5급]

(1) 문제 상황

821 민법 제750조(고의 또는 과실로 인한 위법행위로 타인에게 손해를 가한 자는 그 손해를 배상할 책임이 있다)에 따르면 피해자는 가해자에게 손해배상을 청구할 수 있는데, 만일 가해자가 공무원이라면 공무원의 직무집행행위는 국가 등을 위한 것이므로 헌법 제29조 제1항과 국가배상법 제2조의 취지를 고려할 때 가해공무원 개인이 어떤 경우 배상책임을 부담하는지가 문제된다(국가배상책임도 성립하고, 가해공무원에게도 책임이 성립된다면 피해자는 선택하여 청구할 수 있기에 이를 선택적 청구권의 문제라고도 한다).

(2) 학 설(가해공무원의 대외적 배상책임에 대한 학설은 크게 전술(815 이하)한 국가 등의 배상책임의 성질과 가해공무원의 대외적 배상책임에 대한 논의가 논리적 관련성이 있다는 견해와 논리적 관련성이 없다는 견해로 나누어진다)

1) 국가배상책임의 성질과 관련된다는 견해

822 a. 대위책임설: 공무원의 위법한 행위는 국가 등의 행위로 볼 수 없어 배상책임은 공무원 자신이 부담해야 할 것이지만 피해자보호를 위해 국가 등이 공무원을 대신하여 책임을 부담하므로 가해공무원은 피해자에게 책임이 없다는 입장이다.

b. **자기책임설**: 국가배상책임은 공무원의 행위에 대한 책임이 아니라 국가행위에 대한 책임이기 때문에, 공무원의 불법행위에 대한 개인책임은 국가배상책임과는 별개의 책임이며 두 책임은 양립할 수 있다고 본다. 따라서 이 학설에 따르면 피해자는 가해공무원에게 손해배상을 청구할 수 있다.

c. **중간설**: 이 학설은 국가배상법 제2조 제2항을 근거로 경과실로 피해자에게 손해가 발생한 경우 국가는 자신의 행위에 대해 책임(자기책임)을 부담하며, 공무원의 고의·중과실로 피해자에게 손해가 발생한 경우 국가는 공무원을 대신하여 책임(대위책임)을 부담한다고 본다. 따라서 어느 경우나 국가 등이 배상책임을 지고 있기에 공무원은 대외적으로 배상책임을 지지 않는다고 한다.

d. **절충설**: ① 이 학설은 공무원이 행위가 경과실에 기한 경우에는 국가기관의 행위로 볼 수 있어 국가는 배상책임을 지고 공무원은 배상책임을 지지 않는다고 한다. ② 그러나 공무원의 고의·중과실에 따른 행위는 국가기관의 행위로 볼 수 없어 공무원만이 배상책임을 지지만, 그 행위가 직무로서 외형을 갖춘 경우에는 피해자와의 관계에서 국가도 배상책임을 지기 때문에 이 경우에는 공무원과 국가에 대해 피해자는 선택적으로 청구할 수 있다고 본다.

2) 국가배상책임의 성질과 무관하다는 견해

a. **긍정설**: 손해배상책임은 가해공무원에 대한 경고 및 제재의 기능을 가지므로 공무원 개인의 직권남용과 위법행위를 방지할 수 있다는 점을 근거로 한다.

b. **부정설**: 가해공무원에 대한 경고 및 제재는 국가배상법 제2조 제2항의 구상책임과 징계책임을 통해 충분히 담보된다는 점을 근거로 한다.

(3) 판 례

판례는 군용버스가 군용지프차를 추돌하여 지프차에 탑승했던 피해자가 군용버스운전자에게 손해배상을 청구한 사건에서 「공무원이 직무를 수행함에 있어 경과실로 타인에게 손해를 입힌 경우에는 그 직무수행상 통상 예기할 수 있는 흠이 있는 것에 불과하므로, … 전적으로 국가 등에만 귀속시키고 … 반면에 공무원의 위법행위가 고의·중과실에 기한 경우에는 … 그 본질에 있어서 기관행위로서의 품격을 상실하여 국가 등에게 그 책임을 귀속시킬 수 없으므로 공무원 개인에게 불법행위로 인한 손해배상책임을 부담시키되, 다만 이러한 경우에도 그 행위의 외관을 객관적으로 관찰하여 공무원의 직무집행으로 보여질 때에는 피해자인 국민을 두텁게 보호하기 위하여 국가 등이 공무원 개인과 중첩적으로 배상책임을 부담한다(대판(전원) 1996.2.15. 95다38677)」고 하여 경과실의 경우와 고의·중과실의 경우를 구별하고 있다(학설은 대상판결을 1) d. 절충설(822c)을 취한 것으로 평가한다)[판례].

> 공무원 갑이 을에 대한 범죄경력자료를 조회하여 확인한 전과를 을의 공직선거 후보자용 범죄경력 조회 회보서에 기재하지 않은 사안에서, 국가배상책임 외에 공무원 개인의 배상책임까지 인정한 판례
>
> 피고 2는 내부전산망을 통해 소외 2에 대한 범죄경력자료를 조회하여 소외 2가 위와 같이 공직선거 및 선거부정방지법 위반죄로 실형을 선고받는 등 실효된 4건의 금고형 이상의 전과가 있음을 확인하고도 소외 2의 공직선거 후보자용 범죄경력조회 회보서에 이를 기재하지 않은 점, 2008년 국회의원 선거 당시 공직선거 후보자용 범죄경력조회 회보서를 잘못 발급한 것은 이 사건을 포함하여 2건만이 밝혀진 점을 알 수 있다. 위와 같은 사정을 위 법리에 비추어 살펴보면, 피고 2는 약간의 주의만 하였더라면 쉽게 위법한 결과를 피할 수 있었음에도 거의 고의에 가까운 현저한 주의를 결여한 것으로 평가함이 상당하므로, 같은 취지에서 피고 2에게 중대한 과실이 있었다고 본 원심의 판단은 정당하다(대판 2011.9.8. 2011다34521).

(4) 검 토

825 국가 등의 배상책임의 성질과 가해공무원의 대외적 배상책임에 대한 논의는 논리적 연관성이 없기 때문에 국가배상책임의 성질과 무관하게 공무원의 대외적 배상책임이 논의될 수 있다. 그리고 손해배상책임에 대한 두려움으로 공무원의 직무집행을 위축시킬 수 있다는 점을 고려하면 가해공무원의 대외적 배상책임은 부정함이 타당하다(부정설).

2. 국가에 대한 가해공무원의 내부적 구상책임

826 국가 등이 피해자에게 국가배상법 제2조 제1항에 따라 손해를 배상한 경우 그 공무원에게 고의 또는 중대한 과실이 있으면 국가나 지방자치단체는 그 공무원에게 구상(타인의 채무를 대신 갚은 사람이 타인에 대해 상환을 청구하는 것)할 수 있다(동법 제2조 제2항).

3. 가해공무원의 국가에 대한 구상권★[16 사시]

826a 판례는 「공무원이 직무수행 중 불법행위로 타인에게 손해를 입힌 경우에 국가 등이 국가배상책임을 부담하는 외에 공무원 개인도 고의 또는 중과실이 있는 경우에는 불법행위로 인한 손해배상책임을 지고, 공무원에게 경과실이 있을 뿐인 경우에는 공무원 개인은 손해배상책임을 부담하지 아니한다. 이처럼 경과실이 있는 공무원이 피해자에 대하여 손해배상책임을 부담하지 아니함에도 피해자에게 손해를 배상하였다면 … 국가는 자신의 출연 없이 채무를 면하게 되므로, 피해자에게 손해를 직접 배상한 경과실이 있는 공무원은 특별한 사정이 없는 한 국가에 대하여 국가의 피해자에 대한 손해배상책임의 범위 내에서 공무원이 변제한 금액에 관하여 구상권을 취득한다(대판 2014.8.20. 2012다54478)」고 본다.

Ⅳ. 배상청구권의 주체와 시효

1. 배상청구권자

(1) 원 칙

공무원의 위법한 직무집행행위로 손해를 입은 자는 누구나 배상금의 지급을 청구할 수 있다.

(2) 예 외(군인 등의 이중배상의 배제)★[12 입시] [19 변시]

1) 의 의

헌법 제29조 제2항과 국가배상법 제2조 제1항 단서와 제5조 제1항 단서는 군인·경찰 등 일정한 신분을 가진 자는 다른 법령에서 정하는 재해보상금 등을 받은 경우 국가배상법 및 민법에 따른 손해배상을 청구할 수 없도록 규정한다(예를 들어 국가를 상대로 민법 제756조의 공무원의 사용자로서의 배상책임을 청구하는 경우). 이를 군인 등의 이중배상배제의 문제라고 한다.

2) 요 건

a. 군인·경찰공무원 등일 것: 이중배상이 배제되는 자는 군인·군무원·경찰공무원 또는 예비군대원이다. 판례는 (구)전투경찰대설치법에 따른 전투경찰순경은 여기의 경찰공무원으로 보지만, 공익근무요원은 이중배상이 배제되는 자에 속하지 않는다고 한다.

b. 전투·훈련 등 직무 집행과 관련하여 전사·순직하거나 공상을 입은 경우일 것: 군인 등이 받은 모든 손해에 대하여 이중배상이 배제되는 것은 아니며, 군인 등이 직무집행과 관련하여 전사·순직 또는 공상을 입은 경우의 손해만이 배제된다. 그러나 판례는 국가배상법 제2조 제1항 단서의 이중배상배제조항은 <u>군인·경찰공무원 등의 전투·훈련 또는 이에 준하는 직무집행뿐만 아니라 '일반 직무집행'에 관하여도 국가 등의 배상책임을 배제하는 규정이라고 본다</u>(대법원은 경찰공무원이 낙석사고 현장 주변 교통정리를 위하여 사고현장 부근으로 이동하던 중 대형 낙석이 순찰차를 덮쳐 사망한 사건에서 국가배상법 제2조 제1항 단서(제5조 제1항 단서)를 이유로 경찰공무원의 국가배상청구를 부정하였다(대판 2011.3.10. 2010다85942)).

c. 본인이나 유족이 다른 법령에 따라 재해보상금·유족연금·상이연금 등의 보상을 지급받을 수 있을 것: 본인 또는 유족이 다른 법령의 규정에 의하여 보상을 지급받을 수 있어야 이중배상이 배제되므로, 이들이 다른 법령의 규정에 의하여 재해보상금 등의 보상을 지급받을 수 없을 때에는 국가배상법에 따라 배상을 청구할 수 있다(예: 신체장애 등급이 낮아 재해보상금을 지급받을 수 없는 경우).

3) 효 과

군인·경찰공무원 등이나 그 유족은 다른 법령에 따라 지급 받는 재해보상금 등 외에는 국가 등을 상대로 국가배상법 또는 민법상 손해배상을 청구할 수 없다.

4) 문제점

833 국가배상법에 의한 배상은 '불법행위에 대한 배상'이며, 다른 법령에 의한 보상은 '국가에 바친 헌신에 대한 보상'이어서 양자는 목적을 달리하므로, 이중배상을 금하는 헌법과 국가배상법의 관련규정은 개정이 필요하다. 다만, 헌법재판소는 국가배상법 제2조 제1항 단서를 합헌으로 본다(헌재 2001.2.22. 2000헌바38).

2. 배상청구권의 시효

834 국가배상청구권은 민법 제766조 제1항에 따라 피해자나 그 법정대리인이 그 손해 및 가해자를 안 날로부터 3년간 이를 행사하지 아니하면 시효로 인하여 소멸한다. 그리고 피해자나 그 법정대리인이 손해 및 가해자를 알지 못한 경우에는 국가재정법 제96조 제2항에 따라 5년간 이를 행사하지 않으면 시효로 소멸한다(국가재정법 제96조 ① 금전의 급부를 목적으로 하는 국가의 권리로서 시효에 관하여 다른 법률에 규정이 없는 것은 5년 동안 행사하지 아니하면 시효로 인하여 소멸한다. ② 국가에 대한 권리로서 금전의 급부를 목적으로 하는 것도 또한 제1항과 같다).

V. 배상책임의 내용

1. 배상기준의 성질

835 헌법 제29조 제1항은 국가 등은 피해자에게 정당한 배상을 지급하도록 규정하고 있고, 국가배상법 제3조는 배상금액의 기준을 정하고 있다. 그런데 국가배상법 제3조의 배상금액기준의 성질이 무엇인가에 대해 학설이 대립된다.

(1) 학 설

836 국가배상법 제3조의 배상금액기준은 ⓐ 법원을 구속한다는 한정액설과 ⓑ 단순한 기준에 불과하다는 기준액설(통설)이 대립된다.

(2) 판 례

837 판례는 「국가배상법 제3조 제1항과 제3항의 손해배상의 기준은 배상심의회의 배상금지급기준을 정함에 있어서의 하나의 기준을 정한 것에 지나지 아니하는 것(대판 1970.1.29. 69다1203)」이라고 하여 기준액설을 취한다.

(3) 검 토

838 국가배상법이 기준이라는 표현을 사용하고 있고, 헌법 제29조 제1항이 국가 등이 피해자에게 정당한 배상을 지급하도록 규정한 취지를 고려할 때 기준액설이 타당하다.

2. 이익의 공제

839 피해자가 손해를 입은 동시에 이익을 얻은 경우에는 손해배상액에서 그 이익에 상당하는 금액을 빼야 한다(국가배상법 제3조의2 제1항). 그리고 국가배상법 제3조 제1항의 유족배상과 국가배상법 제3조 제2항의 장해배상 및 장래에 필요한 요양비 등을 한꺼번에 신청하는 경우에는 중간이자를 빼야 한다(동법 제3조의2 제2항).

3. 배상청구권의 양도 등 금지

생명·신체의 침해로 인한 국가배상을 받을 권리는 양도하거나 압류하지 못한다(동법 제4조). 이는 사회보장적 견지에서 피해자 또는 유족을 보호하기 위한 것이다.

> **쟁점** ─ **국가 등의 자동차손해배상보장법상 배상책임**★

1. 법률 규정

국가배상법은 "국가나 지방자치단체는 … 자동차손해배상보장법에 따라 손해배상의 책임이 있을 때에는 이 법에 따라 그 손해를 배상하여야 한다(국가배상법 제2조 제1항 본문 후단)"고 규정하고 있고, 자동차손해배상보장법(자배법)은 "자기를 위하여 자동차를 운행하는 자는 그 운행으로 인하여 다른 사람을 사망하게 하거나 부상하게 한 때에는 그 손해를 배상할 책임을 진다(동법 제3조)"고 규정하고 있다. 즉 공무원의 차량사고로 인한 국가배상과 관련하여서는 국가 등이 자동차손해배상보장법상의 책임성립요건을 갖추면, 손해배상책임의 범위와 절차는 국가배상법이 정한 바에 의하여 배상책임을 진다.

2. 자동차손해배상보장법상의 책임성립요건

자동차손해배상보장법 제3조 제1항은 '자기를 위하여 자동차를 운행하는 자(운행자)'는 손해배상책임이 있다고 규정한다. 운행자란 운행이익(운행으로부터 나오는 이익)과 운행지배(자동차의 운행과 관련하여 현실적으로 자동차를 관리·운행할 수 있는 힘)가 있어야 한다(운행이익과 운행지배가 없이 단순히 운전만 하는 자 ─ 즉, 운전자(예: 운전기사) ─ 는 운행자가 아니다).

3. 국가배상법 제2조 제1항 본문 후단의 국가 등의 자배법상 책임의 성립요건

(1) 국가 등이 운행자일 것

㈎ 판례는 ① 공무원이 ② 공무를 위해 ③ 관용차를 운행한 경우라야 국가 등이 운행자가 되고, 국가 등이 국가배상법 제2조 제1항 본문 후단의 손해배상책임을 진다고 본다.

㈏ 공무원이란 행정부, 입법부, 사법부, 헌법재판소 소속의 공무원을 포함하며, 지방자치단체소속 공무원도 포함된다.

㈐ 공무는 직무집행행위뿐만 아니라 널리 외형상으로 직무집행과 관련 있는 행위를 포함하는 의미이다(외형설)(통설·판례)(대판 2005.1.14. 2004다26805).

(2) 인적 손해일 것

자동차손해배상보장법 제3조 본문은 "운행으로 다른 사람을 사망하게 하거나 부상하게 한 경우에는 그 손해를 배상할 책임을 진다"고 규정하고 있어 손해는 인적 손해에 한정된다. 만일 물적 손해가 발생하였다면 국가배상법 제2조 제1항 본문 전단의 국가배상책임의 성립 여부를 검토해야 한다.

(3) 면책사유가 없을 것

843b 자동차손해배상보장법상의 면책사유가 없어야 한다(동법 제3조 단서 참조).

4. 공무원 개인의 책임

(1) 국가 등의 자동차손해배상보장법상의 책임이 인정되는 경우(운행자=국가)

844 판례에 의하면 공무원은 고의 또는 중과실이 있는 경우에만 배상 책임을 지게 된다 (대판 1996.2.15. 95다38677) 참조(824).

(2) 국가 등의 자동차손해배상보장법상의 책임이 부정되는 경우(운행자=공무원)

845 이 경우 자동차손해배상보장법이 적용(가해자의 책임이 가중)되기 때문에 판례는 자동차사고가 자동차를 운전한 공무원의 경과실에 의한 것인지 중과실 또는 고의에 의한 것인지를 가리지 않고 공무원이 자동차손해배상보장법상의 손해배상책임을 부담한다고 본다(대판 1996.3.8. 94다23876).

제3항 | 영조물의 설치·관리상의 하자로 인한 손해배상

846 국가배상법 제5조의 영조물의 설치·관리상의 하자로 인한 손해배상은 헌법 제29조에 규정되어 있지 않다.

I. 배상책임의 요건★★[10 사시]

1. 도로·하천 기타 공공의 영조물

847 (개) 국가배상법 제5조 제1항의 영조물(원래 영조물은 공적 목적에 제공된 인적·물적 결합체를 말하지만, 국가배상법 제5조 제1항의 영조물은 학문상 공물을 말한다)(2103)은 학문상 공물(공적 목적에 제공된 물건(집합물))(2038)을 의미한다. 공물에 행정재산인 공용물(국가나 지방자치단체가 직접 사용하는 재산. 예: 청사건물)과 공공용물(일반 대중이 사용하는 재산. 예: 도로)은 포함되지만, 일반재산(공용재산, 공공용재산, 공기업재산, 보존용재산을 제외한 국가나 지방자치단체의 재산)은 여기에 해당하지 않는다(후술하는 공물의 종류(2040), 국유재산법 제6조 참조). 그리고 자연공물·인공공물을 가리지 않는다.

(내) 또한, 국가 또는 지방자치단체가 소유권, 임차권 그 밖의 권한에 기하여 관리하고 있는 경우뿐만 아니라 사실상의 관리를 하고 있는 경우도 포함한다(대판 1995.1.24. 94다45302).

2. 설치·관리에 하자

(1) 설치·관리의 의의

848 '설치'는 영조물의 설계에서 건조까지를 말하고, '관리'란 영조물의 건조 후의 유지·수선을 말한다.

(2) 하자의 의미

1) 문제점

국가배상법 제5조 제1항의 표현이 '영조물에 하자가 있기 때문에'라고 되어 있지 않고, '영조물의 설치나 관리에 하자가 있기 때문에' 손해가 발생한 경우라고 되어 있어서 학설의 대립이 있다.

849

2) 학 설

a. 주관설: 이 학설은 '영조물의 설치나 관리에 하자'를 공물주체의 설치·관리상의 귀책사유로 이해한다. 따라서 배상책임의 성립 여부는 관리자의 주의의무위반(과실) 여부에 따라 결정한다.

850

b. 객관설: 이 학설은 '영조물의 설치나 관리에 하자'를 공물 자체가 항상 갖추어야 할 객관적인 안전성의 결여로 이해하고, 관리자의 고의·과실을 문제 삼지 않는다(물적 상태 책임)(다수설).

850a

c. 절충설: 이 학설은 '영조물의 설치나 관리에 하자'에는 관리자의 주의의무위반에 기인한 것과 물적 결함에 기인한 것 모두가 포함된다고 본다.

850b

d. 안전의무위반설: 행정주체는 공물을 일반에 제공·노출시킨 경우 위험이 발생하지 않도록 안전조치를 취할 법적 의무를 부담하는데, 영조물의 설치나 관리에 하자란 관리주체의 안전조치를 취할 법적 의무 위반(위법)이라고 한다. 즉 국가배상법이 '영조물의 하자'라고 표기하지 않고 '영조물의 설치·관리에 하자'라고 표현하고 있으므로 '물적상태책임'이 아니라 '행위책임'이며(객관설과 차이), 고의·과실을 요건으로 하지 않으므로 '무과실책임'이라고 한다(주관설과 차이).

850c

3) 판 례

㈎ 판례는 도로결빙으로 인한 사고로 국가배상책임이 문제된 사건에서 「국가배상법 제5조 소정의 영조물의 설치, 관리상의 하자라 함은 영조물의 설치 및 관리에 불완전한 점이 있어 이 때문에 영조물 자체가 통상 갖추어야 할 안전성을 갖추지 못한 상태에 있는 것을 말하는 것이고, … 또 국가배상법 제5조 소정의 영조물의 설치, 관리상의 하자로 인한 책임은 무과실책임(대판 1994.11.22. 94다32924)」이라고 하여 객관설을 취한다.

851

㈏ 그러나 고장난 신호기로 인해 승용차가 오토바이를 충돌한 사건에서 「국가배상법 제5조 제1항 소정의 영조물의 설치 또는 관리의 하자라 함은 영조물이 그 용도에 따라 통상 갖추어야 할 안전성을 갖추지 못한 상태에 있음을 말하는 것으로서, … 위와 같은 안전성의 구비 여부를 판단함에 있어서는 … 사회통념상 일반적으로 요구되는 정도의 방호조치의무를 다하였는지 여부를 그 기준으로 삼아야 할 것(대판 2000.2.25. 99다54004)」이라고 하여 '사회통념상 일반적으로 요구되는 정도의 방호조치의무'라는 표현을 쓰고 있어 주관설 또는 안전의무위반설을 취했다고 볼 여지는 있다.

㈐ 하지만 판례는 설치·관리상의 하자를 '영조물이 통상 갖추어야 할 물적 안전성의 결

여'로 보는 기존의 입장에는 변화가 없으므로 객관설을 취하면서도 주관적 사정을 고려하는 것으로 보아 수정(변형)된 객관설을 취하고 있다고 보아야 할 것이다(사법연수원).

4) 검 토

852 국가배상법 제5조 제1항은 '고의·과실' 또는 '위법성'을 요건으로 하고 있지 않으므로 피해자의 보호를 위해 공물 자체가 항상 갖추어야 할 객관적인 안전성의 결여만 있다면 국가 등의 배상책임을 인정하는 것이 타당하다(객관설).

3. 불가항력

853 ㈎ 영조물의 결함이 불가항력의 경우 국가 등의 책임은 면제된다. 대법원은「객관적으로 보아 시간적·장소적으로 영조물의 기능상 결함으로 인한 손해발생의 예견가능성과 회피가능성이 없는 경우, … 영조물의 설치·관리상의 하자를 인정할 수 없다(대판 2007.9.21. 2005다65678)」고 하여 불가항력을 예견가능성과 회피가능성 여부로 판단한다.

854 ㈏ 예산의 부족은 배상액산정의 참작사유는 될지 모르나 불가항력의 경우처럼 면책사유가 되지는 않는다(대판 1967.2.21. 66다1723).

4. 타인·손해·인과관계

(1) 타 인

854a 타인이란 모든 피해자를 말한다. 다만 피해자가 공무원 중에서 군인·군무원·경찰 등인 경우에는 국가배상법에 특별규정을 두고 있다(828 이하).

(2) 손 해

854b 손해란 가해행위로부터 발생한 일체의 손해를 말한다. 적극적 손해인가 또는 소극적 손해(증가할 재산이 증가하지 못한 손해)인가, 재산상의 손해인가 또는 생명·신체·정신적인 손해(위자료)인가를 가리지 않는다.

(3) 인과관계

855 영조물의 설치·관리에 하자와 손해의 발생 사이에는 상당인과관계가 있어야 한다.

> **영조물의 기능적 하자(설치·관리에 하자(특수문제 Ⅰ))**(849 이하)★★[19 5급]
>
> 1. 의 의
>
> 855a 영조물의 기능적(사회적) 하자란 영조물 자체에 물적 하자가 있는 경우가 아니라 공항의 소음이나 사격장의 소음, 도로의 배기가스 처럼 영조물이 공적 목적에 이용됨에 따라 그 이용 상태 및 정도가 일정한 한도를 초과하여 제3자에게 사회통념상 수인할 수 없는 피해를 입히는 경우를 말하며, 이러한 하자도 국가배상법 제5조 제1항의 영조물의 설치·관리의 하자로 보는 것이 일반적인 견해이다.
>
> 2. 판 례
>
> 855b ㈎ 대법원은 매향리사격장에서 발생하는 소음 등으로 인하여 지역 주민이 받은 손해

의 배상을 청구한 사건(대판 2004.3.12. 2002다14242)과 김포공항에서 발생하는 소음으로 인한 인근주민의 손해의 배상을 청구한 사건(대판 2005.1.27. 2003다49566)에서 기능적 하자를 인정하여 국가의 배상책임을 인정하였다.

㈏ 즉, 영조물 자체에는 물적 하자가 없더라도 제3자가 사회통념상 수인한도를 넘는 피해를 입는 경우 기능적 하자는 인정된다. 대법원은 「수인한도의 기준을 결정함에 있어서는 일반적으로 침해되는 권리나 이익의 성질과 침해의 정도뿐만 아니라 침해행위가 갖는 공공성의 내용과 정도, 그 지역환경의 특수성, 공법적인 규제에 의하여 확보하려는 환경기준, 침해를 방지 또는 경감시키거나 손해를 회피할 방안의 유무 및 그 난이 정도 등 여러 사정을 종합적으로 고려하여 구체적 사건에 따라 개별적으로 결정하여야 할 것(대판 2005.1.27. 2003다49566)」이라고 본다.

쟁점 | 하천범람에서 영조물(하천)의 설치·관리에 하자(설치·관리에 하자(특수문제 Ⅱ)) (849 이하)★★

1. 문제 상황

일반적인 영조물의 설치·관리의 하자에 대해서는 객관설이 다수설·판례의 입장이지만, 하천으로 인한 수해의 경우 설치·관리의 하자를 판단함에 있어 계획홍수량(치수공사를 할 때에 설계의 기준이 되는 유량)이나 계획홍수위(계획 홍수량에 해당하는 물의 높이)를 기준으로 하자는 견해와 판례가 있어 문제가 된다.

2. 학설

ⓐ 계획홍수량을 기준으로 하는 견해는 파제형 수해(제방파괴로 인한 수해)의 경우에는 영조물의 설치나 관리에 하자를 긍정할 수 있어 국가 등의 배상책임이 인정되지만, 일제형 수해(하천범람으로 인한 수해)의 경우에는 계획홍수량을 기준으로 판단하는 입장이다. ⓑ 객관설을 기준으로 하는 견해는 일제형 수해에 있어서 계획홍수량이라는 것도 객관설이 보는 객관적 안정성의 문제로 볼 수 있는바, 하천의 경우와 다른 공물이 다르지 않다는 입장이다.

3. 판례

판례는 삼성천범람사건과 중랑천범람사건에서 「하천관리청이 계획홍수량 및 계획홍수위를 잘못 책정하였다거나 그 후 이를 시급히 변경해야 할 사정이 생겼음에도 불구하고 이를 해태하였다는 등의 특별한 사정이 없는 한, 계획홍수량 및 계획홍수위를 충족하여 하천이 관리되고 있다면 하천은 용도에 따라 통상 갖추어야 할 안전성을 갖추고 있다(대판 2007.9.21. 2005다65678)」고 하여 하천의 설치·관리에 하자가 없다는 입장이다.

4. 검 토

하천의 경우도 영조물의 하자에 관한 일반적인 기준인 객관설에 따라 통상 갖추어야 할 안전성의 결여를 기준으로 판단하고 예견불가능하거나 회피불가능한 경우는 불가항력으로 국가 등을 면책시키면 될 것이지, 하자의 기준을 하천과 다른 영조물간에 별도로 인정할 필요는 없을 것이다(ⓑ설).

Ⅱ. 원인제공자의 구상책임

국가나 지방자치단체가 손해를 배상한 경우, 손해의 원인에 대하여 책임을 질 자가 따로 있으면 국가나 지방자치단체는 그 자에게 구상할 수 있다(동법 제5조 제2항). 원인에 대하여 책임을 질 자의 예로, 하자 있는 영조물의 설치·관리를 담당한 기업을 들 수 있다.

> **국가배상법 제2조 제1항 책임과 국가배상법 제5조 제1항 책임의 경합**
>
> #### 1. 문제 상황
>
> 공무원의 직무가 영조물의 설치·관리에 관한 직무인 경우 즉, 영조물의 설치·관리의 하자와 영조물 설치·관리가 직무인 공무원의 고의·과실이 결합된 경우 피해자가 국가 등을 상대로 국가배상법 제5조 외에 국가배상법 제2조의 책임을 물을 수 있는지가 문제된다(예를 들어 영조물의 하자와 관리자의 주의의무위반이 결합하여 손해가 발생한 경우 또는 관리자의 주의의무위반으로 영조물에 하자가 발생하였고 그로 인해 손해가 생긴 경우를 말한다).
>
> #### 2. 학 설
>
> (1) 국가배상법 제5조 제1항의 책임을 객관설로 보는 견해(850a)
>
> ⓐ 전통적인 견해는 국가배상법 제2조의 직무는 권력작용과 비권력작용을 포함하되 제5조에 규정된 직무를 제외한 것으로 보아 국가배상법 제5조만 성립된다고 본다. ⓑ 그러나 제2조와 제5조의 책임이 경합할 수 있으며 당사자는 선택적으로 청구할 수 있다는 견해도 유력하다.
>
> (2) 국가배상법 제5조 제1항의 책임을 주관설(절충설)로 보는 견해(850, 850b)
>
> 영조물과 관련된 관리자의 주의의무위반에 대해서는 항상 국가배상법 제5조의 책임이 성립되므로 국가배상법 제5조만이 적용된다는 입장이다.
>
> #### 3. 검 토
>
> 공무원의 직무가 영조물의 설치·관리에 관한 직무인 경우처럼 국가배상법 제2조와 제5조는 동시에 성립되는 경우가 있을 수 있으며, 양자의 경합을 인정하면 원고는 둘 중 유리한 요건사실을 주장·입증할 수 있어 피해자의 권리구제측면에서도 경합을 인정하는 것이 타당하다(객관설 중 ⓑ학설).

제4항 | 배상책임자

헌법 제29조는 국가와 공공단체(국가로부터 그 존립목적이 부여된 법인을 말하며, 지방자치단체·공법상 사단·공법상 재단·공법상 영조물법인 등이 있다)를 배상책임자로 규정하고 있으나, 국가배상법 제2조 등은 배상책임자를 국가나 지방자치단체로 규정한다. 따라서 지방자치단체 아닌 공공단체(예를 들어 공법상 법인)의 배상책임은 다른 특별규정이 없는 한 민법규정에 따른다(다수설).

Ⅰ. 사무귀속주체(영조물의 경우 관리주체)로서 배상책임자(국가배상법 제2조 제1항·제5조 제1항)

국가배상법 제2조 제1항은 '국가나 지방자치단체는 … 손해를 배상하여야 한다(동법 제5조 제1항은 '… 국가나 지방자치단체는 그 손해를 배상하여야 한다')'고 규정한다. 이는 사무의 귀속주체(사무처리로 인한 이익과 효과의 귀속주체)에 따라 국가사무를 집행하다 손해가 발생한 경우에는 국가가 배상책임을 지고, 지방자치단체의 자치사무를 집행하다 손해가 발생한 경우에는 그 지방자치단체가 배상책임을 진다는 것을 말한다. 이를 사무귀속주체(영조물의 관리주체)로서 배상책임이라고 한다(예를 들어 법령에서 '~사무는 장관이 한다'고 규정하는 경우 그와 관련된 손해는 국가가 배상책임을 지고, '~사무는 시장이 한다'고 규정하는 경우 그와 관련된 손해는 지방자치단체(시)가 배상책임을 진다).

Ⅱ. 비용부담자로서 배상책임자★★★[19 5급]

1. 국가배상법 제6조 제1항의 내용

㈎ 국가배상법은 배상책임자를 제2조 제1항과 제5조 제1항의 배상책임자(사무귀속주체, 영조물의 관리주체) 외에 제6조 제1항에서 별도로 비용부담자로서 배상책임자를 규정하고 있다. 원래 국가배상법 제6조 제1항은 공무원의 선임·감독자(영조물의 설치·관리를 맡은 자)와 공무원의 봉급·급여 기타의 비용을 부담하는 자(영조물의 설치·관리의 비용을 부담하는 자)가 동일하지 아니한 경우(일정한 사업을 경영·관리하는 자와 그 사업의 비용을 부담하는 자가 다른 경우. 예: 국가가 관리하는 도로의 유지·수선비용을 지방자치단체가 부담하는 경우=국영(관영)공비사업) 비용부담자의 배상책임의 근거 조항이다(배상책임자의 범위를 확대하는 기능).

㈏ 그런데 다수설과 판례는 국가배상법 제6조 제1항을 수임자가 위임사무를 처리하는 과정에서 사인에게 손해를 발생시킨 경우 수임자(수임행정기관이 소속된 행정주체)의 배상책임의 근거조항으로도 해석한다. 즉, 행정권한의 위임이 있는 경우(1595 이하) 피해자에게 손해배상청구의 피고를 잘못 선택함으로 인한 불이익을 주지 않도록 하기 위해 국가배상법 제6조 제1항을 (위임자와 더불어) 수임자도 국가배상책임을 부담하도록 하는 근거조항으로 해석한다.

862a [참고] 국가하천의 관리(원래 관리청은 장관이다)를 도지사에게 기관위임(위임자의 사무를 국가의 기관 또는 지방자치단체의 장에게 위임하여 행하게 하는 경우를 말한다)하였는데 도지사의 위법한 직무집행으로 손해가 발생한 경우, 다수설과 판례는 피해자가 국가를 상대로 손해배상을 청구하면 배상책임의 근거는 국가배상법 제2조 제1항이 되고, 피해자가 도지사가 속한 행정주체인 도를 상대로 손해배상을 청구하면 배상책임의 근거는 국가배상법 제6조 제1항이 된다고 본다.

2. 국가배상법 제6조 제1항의 분석

(1) 공무원의 선임·감독(영조물의 설치·관리)자와 봉급 등(설치 등) 비용을 부담하는 자

863 ① 다수설과 판례는 '공무원의 선임·감독 또는 영조물의 설치·관리를 맡은 자'를 위임사무에서 위임청이 속한 행정주체로 해석한다. ② 그리고 '공무원의 봉급·급여 기타의 비용 또는 영조물의 설치·관리의 비용을 부담하는 자'를 위임사무에서 수임청이 속한 행정주체 즉, 위임사무를 현실적으로 처리하는 행정기관(=관리청)이 속한 행정주체로 해석한다.

(2) 동일하지 아니하면

864 동일하지 아니한 경우란 지방자치단체가 국가로부터의 위임사무를 처리하는 경우를 말한다(광역자치단체가 기초자치단체에 위임한 경우도 같다). 물론 지방자치단체의 자치사무를 국가기관이 위임받아 처리하는 경우도 포함된다.

(3) 비용의 범위

865 봉급·급여뿐만 아니라 사무집행에 소요되는 비용까지 포함된다.

(4) 비용을 부담하는 자

1) 학 설

866 ① 비용부담자란 외관상 비용을 지출하는 자를 의미한다는 형식적 비용부담자설, ② 국가배상법 제6조 제1항의 비용부담자란 비용의 실질적·궁극적 부담자를 의미한다는 실질적 비용부담자설, ③ 비용부담자란 피해자의 그릇된 피고선택에 대한 위험을 배제하기 위해 실질적 비용부담자와 형식적 비용부담자를 포함한다는 병합설(다수설)(비용부담자를 실질 또는 형식으로 한정하면 피해자는 피고를 선택함에 있어 잘못 선택할 가능성이 있게 된다)이 있다.

2) 판 례

867 판례는 국가배상법 제6조 제1항의 비용부담자를 ⓐ (관리청(수임자)이 속한 행정주체의 비용부담규정이 개별법에 없는 경우) 천안시진성운송사건에서는 형식적 비용부담자로 보았지만[판례1], ⓑ (관리청(수임자)이 속한 행정주체의 비용부담규정이 개별법에 있는 경우) 여의도광장 질주사건에서는 실질적 비용부담자로 보고 있어[판례2] 병합설을 취한 것으로 평가된다.

1. 국가배상법 제6조 제1항 소정 '공무원의 봉급·급여 기타의 비용을 부담하는 자'의 의미

지방자치단체의 장이 기관위임된 국가행정사무를 처리하는 경우 그에 소요되는 경비의 실질적·궁극적 부담자는 국가라고 하더라도 당해 지방자치단체는 국가로부터 내부적으로 교부된 금원으로 그 사무에 필요한 경비를 대외적으로 지출하는 자이므로, 이러한 경우 지방자치단체는 국가배상법 제6조 제1항 소정의 비용부담자로서 공무원의 불법행위로 인한 같은 법에 의한 손해를 배상할 책임이 있다(대판 1994.12.9. 94다38137).

2. 서울특별시 영등포구가 여의도광장에서 차량진입으로 일어난 인신사고에 관하여 국가배상법 제6조 소정 비용부담자로서의 손해배상책임이 있는지 여부

여의도광장의 관리청이 본래 서울특별시장이라 하더라도 그 관리사무의 일부가 영등포구청장에게 위임되었다면, 그 위임된 관리사무에 관한 한 여의도광장의 관리청은 영등포구청장이 되고, 같은 법 제56조에 의하면 도로에 관한 비용은 건설부장관이 관리하는 도로 이외의 도로에 관한 것은 관리청이 속하는 지방자치단체의 부담으로 하도록 되어 있어 여의도광장의 관리비용부담자는 그 위임된 관리사무에 관한 한 관리를 위임받은 영등포구청장이 속한 영등포구가 되므로, 영등포구는 여의도광장에서 차량진입으로 일어난 인신사고에 관하여 국가배상법 제6조 소정의 비용부담자로서의 손해배상책임이 있다(대판 1995.2.24. 94다57671).

3) 검 토

피해자의 권리구제의 측면(피고를 잘못 선택할 위험)에서도 병합설이 타당하다. 따라서 이 경우 피해자는 사무귀속주체(영조물의 관리주체)로서 배상책임자(위임청이 속한 행정주체)와 비용부담자로서 배상책임자(수임청이 속한 행정주체) 중 선택하여 국가배상을 청구할 수 있다.

[참고] (실질적인) 비용부담에 관한 규정

① 개별법에 위임사무처리에 대한 수임자의 비용부담규정이 없는 경우에는 지방자치법 제158조(지방자치단체는 그 자치사무의 수행에 필요한 경비와 위임된 사무에 관하여 필요한 경비를 지출할 의무를 진다. 다만, 국가사무나 지방자치단체사무를 위임할 때에는 이를 위임한 국가나 지방자치단체에서 그 경비를 부담하여야 한다)와 지방재정법 제21조 제2항(국가가 스스로 하여야 할 사무를 지방자치단체나 그 기관에 위임하여 수행하는 경우 그 경비는 국가가 전부를 그 지방자치단체에 교부하여야 한다) 및 동법 제28조(시·도나 시·도지사가 시·군 및 자치구 또는 시장·군수·자치구의 구청장에게 그 사무를 집행하게 할 때에는 시·도는 그 사무 집행에 드는 경비를 부담하여야 한다)에 따라 위임청이 속한 행정주체가 비용을 부담한다. ② 개별법에서 위임사무처리에 대한 수임자의 비용부담을 명시적으로 규정하는 경우에는 수임청이 속한 행정주체가 비용을 부담한다(예: 도로법 제85조(비용부담의 원칙) ① 도로에 관한 비용은 이 법 또는 다른 법률에 특별한 규정이 있는 경우 외에는 도로관리청이 국토교통부장관인 도로에 관한 것은 국가가 부담하고, 그 밖의 도로에 관한 것은 해당 도로의 도로관리청이 속해 있는 지방자치단체가 부담한다).

Ⅲ. 내부적 구상문제(국가배상법 제6조 제2항)★

1. 문제점

국가배상법 제6조 제1항은 비용부담자의 피해자에 대한 외부적인 배상책임을 규정하면서, 제2항은 "제1항의 경우에 손해를 배상한 자는 내부관계에서 그 손해를 배상할 책임이 있는 자에게 구상할 수 있다"고 규정한다. 즉 '내부관계에서 그 손해를 배상할 책임이 있는 자'가 누구인지에 관해 학설이 대립된다.

2. 학 설

(1) 사무귀속자설

사무수행에 필요한 모든 비용뿐만 아니라 손해배상금도 사무귀속주체(관리주체)인 행정주체가 최종적인 배상책임을 부담한다는 견해이다(다수설).

(2) 비용부담자설

비용부담자가 부담하는 비용에는 공무원의 봉급 등 비용이나 영조물의 관리비용뿐만 아니라 손해배상금도 포함된다는 견해이다. 만일 실질적 비용부담자와 형식적 비용부담자가 다른 경우에는 실질적 비용부담자가 최종적인 책임자라고 본다.

(3) 기여도설

사무귀속주체(관리주체)이든 비용부담자이든 실제 사건에서 손해발생에 기여한 자가 기여한 정도에 비례하여 최종적인 배상책임을 부담한다는 견해이다(예: 과실의 비율에 따라 부담).

3. 판 례

ⓐ 페아스콘더미를 피해 중앙선을 침범하여 진행하다가 반대차선의 자동차를 충돌한 사건에서 기여도설로 평가되는 판결도 있고(광역시와 국가의 내부적인 부담 부분은, 그 도로의 인계·인수 경위, 사고의 발생 경위, 광역시와 국가의 그 도로에 관한 분담비용 등 제반 사정을 종합하여 결정함이 상당하다(대판 1998.7.10. 96다42819)), ⓑ 안산시(관리주체)와 대한민국 간의 구상금이 문제된 사건에서 사무귀속자설을 취한 것으로 평가되는 판결도 있다(원고(안산시장. 사무귀속주체)와 피고(대한민국) 사이에서 이 사건 손해배상의 궁극적인 책임은 전적으로 원고에게 있다고 봄이 상당하다(대판 2001.9.25. 2001다41865)).

4. 검 토

수임자에게 위임이 이루어지지 않았다면 수임자의 배상책임은 문제되지 않았을 것이라는 점을 고려할 때 사무귀속자설이 타당하다.

제5항 | 배상금청구절차

피해자는 법원에 국가배상청구소송을 제기할 수도 있으며, 그 전에 법무부와 국방부에 설치된 배상심의회에 배상신청을 할 수도 있다. 다만 배상심의회에 대한 배상신청은 임의적이다(국가배상법 제9조).

Ⅰ. 행정절차(배상심의회에 배상결정신청)

국가나 지방자치단체에 대한 배상신청사건을 심의하기 위하여 법무부에 본부심의회를 둔다. 다만, 군인이나 군무원이 타인에게 입힌 손해에 대한 배상신청사건을 심의하기 위하여 국방부에 특별심의회를 둔다(동법 제10조 제1항). 다만 피해자가 배상심의회의 배상결정이 있은 후 배상결정에 동의하여 배상금을 수령한 후에도 소송으로 배상금청구소송(실질적으로는 배상금의 증액청구)을 다시 제기할 수 있다. 즉, 배상심의회의 배상결정은 항고소송의 대상인 처분이 아니다(대판 1981.2.10. 80누317).

Ⅱ. 사법절차

국가배상청구권을 사권으로 보는 견해에 따르면 민사소송으로, 공권으로 보는 견해에 따르면 행정소송 중 당사자소송을 제기하면 된다.

제2절　행정상 손실보상

제1항 | 일반론

Ⅰ. 행정상 손실보상의 의의

876　행정상 손실보상이란 국가 등이 공공의 필요에 의한 적법한 공권력행사로 사인의 재산권에 특별한 희생을 가한 경우 공적인 부담은 평등해야 한다는 이념에서 사인에게 보상을 해주는 제도를 말한다(예를 들어 공공에 이용하는 도로를 건설하기 위해 갑이 자신의 토지소유권을 잃어야 한다면 그 손실을 보상하는 것이 평등부담이라는 이념에 맞는 것이다).

Ⅱ. 손실보상청구권의 법적 성질★

1. 학설

877　ⓐ 공권설은 손실보상의 원인행위가 공법적인 것이므로 그 효과로서 손실보상 역시 공법적으로 보아야 한다는 견해이다. 이에 따르면 손실보상에 관한 소송은 행정소송(당사자소송)의 문제가 된다. ⓑ 사권설은 손실보상의 원인은 공법적이나 그 효과로서의 손실보상청구권은 사법상 권리라는 견해이다. 이에 따르면 손실보상에 관한 소송은 민사소송의 문제가 된다.

2. 판례

878　판례의 입장는 2가지로 구분될 수 있다(김남철). ① 기본적으로 판례는 손실보상의 원인이 공법적이라도 그 손실에 대한 보상청구권은 사법상 권리라는 입장이다(대판 1996.7.26. 94누13848). ② 공익사업을 위한 토지 등의 취득 및 보상에 관한 법률상 손실보상청구는 공익사업의 시행 등 적법한 공권력의 행사에 의한 재산상의 특별한 희생에 대해 공평부담의 견지에서 공익사업의 주체가 손해를 전보해 주는 공법상의 권리로 보고 그에 대한 소송은 행정소송으로 본다(대판 2012.8.23. 2010다23210).

3. 검토

879　행정소송법 제3조 제2호가 행정청의 처분등을 원인으로 하는 법률관계 기타 공법상 법률관계에 관한 소송을 행정소송의 한 종류(당사자소송)로 규정하고 있는 만큼 손실보상청구권은 공권으로 보는 것이 타당하다.

제2항 | 손실보상의 근거

[참고] 존속보장과 가치보장

헌법 제23조의 재산권보장에는 존속보장과 가치보장이 있다. **존속보장**(존속보호)이란 재산권에 대한 침해를 중지시킴으로써 재산권 자체의 존속을 보호하는 것을 말한다. **가치보장**(보상보호)이란 재산권에 대한 침해는 수인하되 보상을 함으로써 재산적 가치를 보호하는 것을 말한다(예를 들어 건축허가 후 일정한 공익적 사정으로 행정청이 건축허가를 취소한 경우, 허가 받은 사인이 자신의 재산권 침해를 이유로 건축허가취소처분 취소소송을 제기하는 것은 존속보장의 방법이며, 만일 공익적 사정으로 인하여 건축허가취소처분이 적법하여 사인이 건축허가의 취소를 청구하지 못해 손실보상을 청구한다면 이는 가치보장의 방법이다).

[참고] 경계이론과 분리이론 [16 입시]

1. 문제점

헌법 제23조 제1항·제2항(① 모든 국민의 재산권은 보장된다. 그 내용과 한계는 법률로 정한다. ② 재산권의 행사는 공공복리에 적합하도록 하여야 한다)과 헌법 제23조 제3항(③ 공공필요에 의한 재산권의 수용·사용 또는 제한 및 그에 대한 보상은 법률로써 하되, 정당한 보상을 지급하여야 한다)의 법률(제도)이 본질적으로 동일한 것인지 서로 독립한 별개의 것인지에 관해 경계이론과 분리이론이 대립된다.

2. 내용

(1) 경계이론

㈎ 경계이론이란 헌법 제23조 제1항·제2항의 사회적 제약(=사회구속성)(수인해야 하는 재산권에 대한 사회적인 제한)과 헌법 제23조 제3항의 공용침해(수용·사용·제한)는 별개의 제도가 아니며 정도의 차이만 있다는 견해로 양자는 특별한 희생 여부로 구별된다고 본다(특별한 희생에 이르지 못하면 헌법 제23조 제1항·제2항의 사회적 제약, 특별한 희생이 있으면 헌법 제23조 제3항의 공용침해라고 본다).

㈏ 따라서 해당 법률조항에 따른 재산권 제한이 특별한 희생에 해당하는 경우 국가 등은 보상의무가 발생한다고 본다(가치보장으로 연결된다).

(2) 분리이론

㈎ 분리이론이란 헌법 제23조 제1항·제2항의 사회적 제약과 헌법 제23조 제3항의 공용침해가 서로 독립된 별개의 제도라는 견해로 양자는 입법의 형식과 목적으로 구별된다고 본다.

㈏ 따라서 이 견해는 헌법 제23조 제3항에 해당하는 법률인데 수용 등은 있으나 보상규정이 없는 법률은 위헌이므로 '금전보상에 대한 입법(분리이론에서 말하는 보상입법은 금전보상만을 말하는 것이 아니라 금전보상에 갈음하거나 손실을 완화할 수 있는 제도를 말한다)'이 필요하다고 본다(존속보장으로 연결된다).

3. 판례

① 대법원은 경계이론을 따르고 있으며(대판 1987.7.21. 84누126), ② 헌법재판소는 분리이론을 따르고 있다(헌재 1998.12.24. 89헌마214).

4. 검 토

분리이론에 따르면 이 경우 보상입법을 통해 입법자가 해결해야 한다고 하지만, 적절한 입법이 행해지지 않는 우리 입법현실을 보면 권리구제의 공백을 해결하기 위해 특별한 희생이 있는 경우 손실보상을 인정하는 경계이론이 더욱 타당하다.

Ⅰ. 이론적 근거

행정상 손실보상의 이론적 근거에 대해 당사자의 특별희생 때문이라는 견해가 통설이다. 이 견해는 공익을 위해 개인에게 부과된 특별한 희생은 정의·평등의 원칙상 부담을 전체에 전가하여 이를 보상해야 한다는 입장이다.

Ⅱ. 실정법적 근거

헌법 제23조 제3항은 "공공필요에 의한 재산권의 수용·사용 또는 제한 및 그에 대한 보상은 법률로써 하되, 정당한 보상을 지급하여야 한다"고 규정한다. 이 헌법 규정에 따라 많은 개별법들은 수용 등(888)에 관한 법적 근거와 그에 따른 손실보상의 법적 근거를 두고 있다. 따라서 이 경우 수용 등으로 재산권의 침해를 받은 자는 관련 규정에 따라 손실보상을 청구할 수 있다.

> **쟁점** ── 헌법 제23조 제3항의 불가분조항 여부 ★[16 입시]
>
> #### 1. 문제 상황
>
> 수용 등에 대한 법적 근거는 있으나 보상에 대한 법적 근거가 없는 경우와 관련해 헌법 제23조 제3항의 법적 성격을 불가분조항(=결부조항. 헌법이 법률에 일정한 사항을 위임 ― 앞의 예에서 '재산권의 수용·사용·제한' ― 하면서 동시에 그 법률에 일정한 다른 내용을 함께 규정 ― 앞의 예에서 '보상' ― 하도록 의무지운 조항)으로 볼 것인지에 대해 견해의 대립이 있다.
>
> #### 2. 학 설
>
> ⓐ 헌법 제23조 제3항을 불가분조항 규정으로 보면 보상규정이 없는 수용((좁은 의미)수용+사용+제한=넓은 의미의 수용)법률은 모두 위헌이 선언될 것이어서 법적 안정성에 문제가 있다는 점을 근거로 불가분조항 규정이 아니라고 보는 견해와 ⓑ 헌법 제23조 제3항을 불가분조항으로 보는 견해가 대립된다.
>
> #### 3. 검 토
>
> 헌법 제23조 제3항은 국가 등의 자의적인 재산권 침해(보상이 없는 재산권의 수용 행위 등)로부터 개인의 기본권을 보호하기 위한 헌법적인 고려라는 점을 생각할 때 이를 불가분조항 규정으로 보는 견해가 타당하다. 따라서 법률에 수용에 대한 규율은 있으나 보상에 대한 규율이 없다면 이는 헌법에 위반되는 위헌적인 법률이 된다.

제3항 | 손실보상(수용보상)의 요건★

Ⅰ. 공공의 필요

'공공의 필요'란 일정한 공익사업을 시행하거나 공공복리를 달성하기 위해 재산권의 제한이 불가피한 경우를 말한다. 구체적인 공공의 필요 여부는 재산권에 대한 침해로 얻게 되는 공익과 사인이 재산권을 보유함으로서 얻게 되는 사익 간의 이익형량을 통해서 판단된다(비례원칙). 그리고 특정 사기업이 급부영역에서 복리적인 기능을 수행한다면, 그 사기업을 위한 수용이 이루어질 수도 있다(예: 사기업인 원자력발전소가 전기 공급을 위한 경우).

887

Ⅱ. 재산권에 대한 수용·사용·제한

㈎ 재산권은 원칙적으로 현재 법적으로 보호받는 개인의 재산적 가치 있는 권리를 말한다.

888

㈏ 공용침해에는 수용·사용·제한이 있다(넓은 의미의 수용은 수용·사용·제한을 모두 포함하는 개념이다). '수용'이란 사인의 재산권을 강제로 박탈하는 것을 말하며, '사용'이란 수용에 이르지 않는 일시적인 사용을 말하며, '제한'이란 수용·사용을 제외한 재산가치를 감소·하락시키는 제약(예: 개발제한구역의 지정)을 말한다.

Ⅲ. 적법·의도적인 공권력 행사

① 적법하고 재산적 가치를 가진 대상에 대한 ② 의도적인 공권력 행사에 의한 경우만이 대상이 되고, ③ 비권력적 행정작용이나 사실행위는 손실보상의 원인행위가 될 수 없다.

889

Ⅳ. 특별한 희생

1. 학 설

(1) 형식적 기준설

이 견해는 행정기관의 행위에 의해 재산권에 대한 제약을 받는 자가 특정되어 있는지(소수(少數)인지)를 기준으로 특별한 희생 여부를 구분한다(재산권의 제약을 받을 자가 특정되어 있는지 소수인지의 여부라는 형식적 기준에 따른다).

891

1) 개별행위설

행정기관의 개별적인 행위로 특정인의 재산권이 제약되었는지를 기준으로 하는 견해이다.

891a

2) 특별희생설

이 견해는 특정한 개인(집단)이 타인에 비해 불평등하게 다루어지고 또한 타인에게는 요구되지 않는 수인할 수 없는 희생을 강요하는 경우 특별한 희생이 있다고 본다.

891b

(2) 실질적 기준설

892 이 견해는 재산권에 대한 공용침해행위의 성질과 정도라는 실질적 기준으로 특별한 희생 여부를 구분한다.

1) 중대설

892a 공용침해행위가 재산권에 미치는 침해의 중대성과 범위를 기준으로 하는 견해이다.

2) 목적위배설

892b 공용침해이후 재산권이 객관적인 이용목적으로부터 이탈되었는지를 기준으로 하는 견해이다.

3) 보호가치설

892c 재산권 중 보호가치 있는 부분에 대한 공용침해는 보상되어야 한다고 보는 견해이다.

4) 수인한도설

892d 재산권에 대한 침해가 보상 없이는 그 상대방이 수인할 수 없다면 특별한 희생이 있다고 보는 견해이다.

2. 검 토

893 일반적 견해는 양자를 모두 고려하여 특별한 희생 여부를 판단한다. 즉 형식적 기준설 중 특별희생설과 실질적 기준설의 중대설·목적위배설을 결합하는 것이 대표적인 견해이다.

V. 손실보상 규정의 존재

손실보상을 하기 위해서는 법률상 보상규정이 존재해야 한다. 만일 공용침해는 존재하였지만 손실보상에 관해 명문의 규정이 없다면 손실보상을 청구할 수 있는지에 관해 학설의 대립이 있다(922a 이하).

제4항 │ 손실보상의 기준과 내용, 방법

I. 손실보상의 기준

1. 문제 상황

894 헌법 제23조 제3항은 재산권의 수용·사용·제한 및 보상은 법률로써 하되, 정당한 보상을 지급할 것을 규정하고 있는데, 여기서 '정당한 보상'의 의미에 관해 학설이 대립된다.

2. 학 설

895 ⓐ 제약받는 객관적인 재산가치에 대한 완전한 보상으로 보는 완전보상설과 ⓑ 완전보상을 원칙으로 하되, 합리적인 이유(공공의 필요, 사회경제적 사정)가 있는 경우 완전보상을 하회할 수 있다는 상당보상설이 있다.

3. 판 례

896 대법원과 헌법재판소 모두 '정당한 보상'을 완전보상으로 보고 있다(대판 2001.9.25.

2000두2426; 헌재 2010.2.25. 2008헌바6).

4. 검 토

손실보상이 공익을 위한 재산권침해에 대한 손해전보수단임을 고려할 때 그 보상은 객관적 재산가치의 완전보상으로 보아야 한다.

Ⅱ. 손실보상의 내용

손실보상은 ① 재산권보상, ② 생활보상, ③ 간접손실보상을 내용으로 한다.

1. 재산권 보상

재산권 보상(대물적 보상)이란 손실을 시장의 객관적 교환가치에 따라 보상하는 것을 말한다. ① 토지에 대한 보상과 ② 건축물 등 물건에 대한 보상 및 ③ 권리에 대한 보상을 내용으로 한다.

(1) 토지에 대한 보상

1) 일반적 보상기준

협의나 재결에 의하여 취득하는 토지에 대하여는 부동산 가격공시에 관한 법률에 따른 공시지가를 기준으로 하여 보상하여야 한다(공익사업을 위한 토지 등의 취득 및 보상에 관한 법률 제70조 제1항). 여기서 공시지가(표준지공시지가)란 국토교통부장관이 조사·평가하여 공시한 표준지의 단위면적당 가격을 말한다(부동산 가격공시에 관한 법률 제2조 제5호).

2) 개발이익의 배제

공익사업을 위한 토지 등의 취득 및 보상에 관한 법률 제67조 제2항은 손실보상액을 산정할 경우에 해당 공익사업으로 인하여 토지등의 가격이 변동되었을 때에는 이를 고려하지 아니한다고 명문으로 규정한다.

(2) 건축물 등 물건에 대한 보상

건축물·입목·공작물과 그 밖에 토지에 정착한 물건에 대하여는 이전에 필요한 비용으로 보상한다(공익사업을 위한 토지 등의 취득 및 보상에 관한 법률 제75조 제1항).

(3) 권리에 대한 보상

광업권·어업권 및 물(용수시설을 포함한다) 등의 사용에 관한 권리에 대하여는 투자비용, 예상 수익 및 거래가격 등을 고려하여 평가한 적정가격으로 보상한다(공익사업을 위한 토지 등의 취득 및 보상에 관한 법률 제76조 제1항).

2. 생활보상

(1) 의 의

생활보상이란 재산권보상 후에도 남는 당사자의 생활근거 상실로 인한 손실을 생존배려차원에서 보상하는 것을 말한다(예를 들어 산간벽지의 농민들은 그 토지가 수용된다면 그 토지의 시장가치에 따른 보상만으로는 종전의 상태를 유지할 수 없기 때문에 재산권 보상(객관적

시장가치에 따른 보상)에 추가하여 더 보상하는 것을 말한다).

(2) 법적 근거(특히 헌법적 근거)★

1) 학 설

905 ⓐ 헌법 제23조 제3항의 보상을 완전보상(895)으로 이해하면서 생활보상도 헌법 제23조 제3항의 완전보상에 포함될 수 있다는 견해(헌법 제23조설), ⓑ 헌법 제23조 제3항은 재산권 보상을 염두에 둔 규정으로 제한적으로 이해되어야 하며, 생활보상은 헌법 제34조의 사회보장수단으로서의 성격을 가진다는 견해(헌법 제34조설), ⓒ 생활보상을 헌법 제23조 제3항의 공적부담의 평등에 근거한 보상이라는 성격과 헌법 제34조의 생존배려에 근거한 보상이라는 성격이 결합된 것으로 보는 견해(헌법 제23조·34조 결합설)(다수설)가 대립된다.

2) 판 례

906 ㈎ 생활보상의 성격인 생활대책을 대법원은 헌법 제23조 제3항의 보상으로 본다(대판 2011.10.13. 2008두17905)(헌법 제23조설의 입장).

㈏ 그러나 생활보상의 성격인 이주대책을 ① 대법원은 인간다운 생활을 보장하기 위한 것으로 본 판결을 하였고(대판 2003.7.25. 2001다57778)(헌법 제34조설의 입장), ② 헌법재판소는 이주대책에 대해 헌법 제23조 제3항의 보상이 아니라는 결정을 하였다(헌재 1993.7.29. 92헌마30)(헌법 제34조설의 입장으로 해석될 수 있다).

3) 검 토

907 ① 생활보상은 생존배려의 성격도 가지는바 헌법 제23조설은 타당하지 않고, ② 헌법 제34조설에 따르면 행정상 손실보상을 헌법 제23조에 의한 것과 헌법 제34조에 의한 것으로 보게 되어 손실보상의 체계가 이원화된다는 문제가 있다. ③ 따라서 헌법 제23조·제34조결합설이 타당하다.

(3) 범 위

1) 학 설

908 생활보상의 범위에 대해 ⓐ 광의설은 재산권 보상을 제외한 손실에 대한 보상을 생활보상이라고 본다(이 견해는 재산권 보상을 토지와 건축물 등·권리 등에 대한 보상으로 한정한다)(다수설). ⓑ 협의설은 재산권보상을 각종 재산권의 상실과 그 재산권상실에 부대하는 경제적 손실에 대한 보상으로 보면서, 이 재산권보상 이외에의 추가적인 보상을 생활보상이라고 본다(이 견해는 재산권 보상을 넓게 보면서 생활보상을 좁게 본다).

2) 검 토

909 ㈎ 토지와 건축물 등·권리 등에 대한 보상외의 추가적인 보상은 생존배려차원에서 보상하는 것이므로 재산권보상과는 성질을 달리한다고 보아야 한다(앞의 헌법 제23조·제34조설 또는 헌법 제34조설 참조). 따라서 광의설이 타당하다.

㈏ 그러나 광의설과 협의설이 어떤 본질적 사항에 대해 견해를 달리하는 것은 아니고,

다만 일부의 보상항목을 재산권보상으로 보는지 또는 생활보상으로 보는지 하는 점에서 차이가 있을 뿐이다. 광의설은 실비변상적 보상(예를 들어 물건의 이전료에 대한 보상처럼 재산권의 상실·이전에 따라 비용의 지출을 필요로 하는 보상)과 일실손실보상(전업기간 또는 휴업기간 중에 사업경영으로 얻을 수 있는 기대이익에 대한 보상)을 생활보상으로 보지만, 협의설은 재산권보상으로 본다.

(4) 구체적 내용

생활보상(광의설)은 ① 이주대책(예: 이주자를 위한 주택건설)[판례]의 수립·실시나 주거대책비 보상(예: 이사비용의 지급)과 같은 '주거안정을 위한 보상'과 ② 생활대책, 생활비보상(예: 이농비(離農費)), 고용알선이나 직업훈련·조세감면과 같은 '생활안정을 위한 보상'으로 나눌 수 있다.

3. 간접손실보상(간접보상)

(1) 의 의

간접보상이란 공공사업의 시행 또는 완성 후의 시설이 간접적으로 사업지범위 밖에 위치한 타인의 토지 등의 재산에 손실을 가하는 경우의 보상을 말한다.

(2) 성 질

① 간접보상을 ⓐ 재산권보상의 하나로 보는 견해와 ⓑ 생활보상의 한 내용으로 보는 견해, ⓒ 그리고 재산권보상 및 생활보상과 구별되는 확장된 보상 개념으로 보는 견해로 나누어진다. ② 확장된 보상개념으로 보는 견해가 타당하다.

(3) 유 형

물리적·기술적 손실(공사중의 소음·진동 또는 완성시설로 인한 일조나 전파 장애)과 경제적·사회적 손실(댐건설로 주민이 이전함으로 생기는 지역경제의 영향이나 어업권의 소멸로 어업활동이 쇠퇴하게 됨으로써 생기는 경제활동의 영향 등)이 포함된다.

(4) 간접보상의 근거

1) 토지보상법 규정

공익사업을 위한 토지 등의 취득 및 보상에 관한 법률 제73조는 잔여지의 손실과 공사비 보상을, 제75조의2는 잔여건축물의 손실에 대한 보상을 규정한다. 그리고 동법 제79조는 그 밖의 토지에 관한 비용보상 등을 규정하면서 그 내용을 토지보상법 시행규칙에 위임하고 있는데, 토지보상법 시행규칙은 제59조(공익사업시행지구 밖의 대지 등에 대한 보상), 제60조(공익사업시행지구 밖의 건축물에 대한 보상), 제61조(소수잔존자에 대한 보상), 제62조(공익사업시행지구 밖의 공작물 등에 대한 보상), 제63조(공익사업시행지구 밖의 어업의 피해에 대한 보상), 제64조(공익사업시행지구 밖의 영업손실에 대한 보상), 제65조(공익사업시행지구 밖의 농업의 손실에 대한 보상)을 규정하고 있다.

2) 보상규정이 없는 경우★★

915 ㈎ 학설은 후술하는 '수용적 침해보상'에 관한 논의로 해결한다(931).

㈏ 판례는 「보상에 관한 명문의 근거 법령이 없는 경우라고 하더라도 … 공공사업의 시행으로 인하여 그러한 손실이 발생하리라는 것을 쉽게 예견할 수 있고, 그 손실의 범위도 구체적으로 이를 특정할 수 있는 경우에는 그 손실의 보상에 관하여 구 공공용지의취득및손실보상에관한특례법 시행규칙의 관련 규정 등을 유추적용할 수 있다(대판 2004.9.23. 2004다25581)」라고 하여 보상에 관한 명문의 규정이 없더라도 ① 손실발생의 예견가능성, ② 손실범위의 특정성, ③ 토지보상법상의 관련규정의 요건을 갖추면 이를 유추적용하여 간접손실에 대한 보상을 청구할 수 있다고 본다.

III. 손실보상의 방법

1. 손실보상의 원칙

(1) 사업시행자보상의 원칙

916 공익사업에 필요한 토지 등의 취득 또는 사용으로 인하여 토지소유자나 관계인이 입은 손실은 사업시행자가 보상하여야 한다(공익사업을 위한 토지 등의 취득 및 보상에 관한 법률 제61조).

(2) 사전보상의 원칙

917 사업시행자는 해당 공익사업을 위한 공사에 착수하기 이전에 토지소유자와 관계인에게 보상액 전액을 지급하여야 한다(공익사업을 위한 토지 등의 취득 및 보상에 관한 법률 제62조 본문).

(3) 현금보상의 원칙

918 보상은 현금으로 지급함이 원칙이다(공익사업을 위한 토지 등의 취득 및 보상에 관한 법률 제63조 제1항 본문). 그러나 예외적으로는 대토보상이나(수용할 물건에 대신하여 일정한 시설물이나 다른 토지를 제공하는 보상방법을 말한다)(공익사업을 위한 토지 등의 취득 및 보상에 관한 법률 제63조 제1항 단서(토지소유자가 원하는 경우로서 사업시행자가 해당 공익사업의 합리적인 토지이용계획과 사업계획 등을 고려하여 토지로 보상이 가능한 경우에는 토지소유자가 받을 보상금 중 본문에 따른 현금 또는 제7항 및 제8항에 따른 채권으로 보상받는 금액을 제외한 부분에 대하여 다음 각 호에서 정하는 기준과 절차에 따라 그 공익사업의 시행으로 조성한 토지로 보상할 수 있다)) 채권보상이 될 수도 있다(공익사업을 위한 토지 등의 취득 및 보상에 관한 법률 제63조 제7항(사업시행자가 국가, 지방자치단체, 그 밖에 대통령령으로 정하는 「공공기관의 운영에 관한 법률」에 따라 지정·고시된 공공기관 및 공공단체인 경우로서 다음 각 호의 어느 하나에 해당되는 경우에는 제1항 본문에도 불구하고 해당 사업시행자가 발행하는 채권으로 지급할 수 있다)).

(4) 개인별보상의 원칙

919 보상은 피보상자에게 개인별로 하여야 함이 원칙이다(공익사업을 위한 토지 등의 취득 및

보상에 관한 법률 제64조 본문).

(5) 일괄보상의 원칙

보상은 일시급으로 지급함이 원칙이다(공익사업을 위한 토지 등의 취득 및 보상에 관한 법률 제65조). 920

2. 손실보상액의 결정

사업시행자와 토지소유자 등이 협의하여 결정하고(공익사업을 위한 토지 등의 취득 및 보상에 관한 법률 제26조 제1항), 협의가 성립되지 아니하거나 협의를 할 수 없을 때에는 토지수용위원회의 재결로 결정한다(공익사업을 위한 토지 등의 취득 및 보상에 관한 법률 제28조·제30조·제34조 참조). 그럼에도 불복하는 경우는 법원이 결정한다(공익사업을 위한 토지 등의 취득 및 보상에 관한 법률 제85조 참조)(자세한 내용은 후술하는 공용수용의 절차 참조(2172 이하)). 921

제3절 전통적인 행정상 손해전보제도의 보완

922 　아래의 논의들은 전통적인 행정상 손해전보제도인 국가배상과 손실보상으로 전보되지 않는 손해를 국가가 담보하기 위한 제도들이다(예를 들어 위법·무과실인 공무원의 행위로 손해가 발생한 경우 피해자는 국가배상과 수용보상으로는 손해를 전보받을 수 없다(권리구제의 공백상태). 이 때문에 전통적인 손해전보의 보완이 논의되는 것이다).

제1항 | 보상규정 없는 법률에 기한 수용((좁은 의미) 수용 + 사용 + 제한 = 넓은 의미의 수용)으로 인한 재산권 침해에 대한 권리구제★★★ [16 입시] [20 변시]

Ⅰ. 문제 상황

922a 　법률이 재산권에 대한 수용을 규정하면서도 보상규정을 두고 있지 않았지만, 이러한 법률에 근거하여 수용이 이루어졌다면 사인은 보상을 청구할 수 있는지가 문제된다(헌법 제23조 제3항의 성격과 관련해 이를 불가분조항으로 볼 것인지에 대해 학설의 대립이 있다. 만일 불가분조항으로 보게 된다면 보상규정을 두지 않은 법률은 위헌이기 때문이다(881 참조)).

Ⅱ. 손실보상 인정 여부

1. 학 설

(1) 위헌무효설

922b 　보상규정이 없이 재산권제약을 허용하는 법률은 헌법 제23조 제3항에 반하는 위헌·무효의 법률이 되고 따라서 이에 근거한 행정작용은 위법하기 때문에 당사자는 국가배상을 청구할 수 있다는 견해이다.

(2) 직접효력규정설

922c 　공공필요에 의한 재산권의 수용·사용·제한을 수권하는 법률이 보상규정을 두고 있지 않은 경우에도 헌법 제23조 제3항을 직접 근거로 손실보상을 청구할 수 있다는 견해이다(이 견해는 주로 헌법 제23조 제3항의 성격을 불가분조항으로 보지 않는다. 따라서 법률에 보상규정이 없이 수용이 이루어진 경우에도 그 수용이 바로 위법한 것이 아니므로 헌법 제23조 제3항을 근거로 손실보상을 청구할 수 있다고 본다).

(3) 간접효력규정설

922d 　공용침해에 따르는 보상규정이 없는 경우에는 헌법 제23조 제1항(재산권 보장규정) 및 제11조(평등원칙)에 근거하고, 헌법 제23조 제3항 및 관련규정의 유추해석을 통하여 보상을 청구할 수 있다는 견해이다. 이 견해는 수용유사침해보상의 법리를 인정하여 이 문제를 해결하고자 한다(수용유사침해보상의 내용은 후술함(923 이하)).

(4) 유추적용설

관련 법률의 유추해석(일반적인 법의 해석원리)을 통해 손실보상을 청구할 수 있다는 견해이다. 간접효력규정설은 보상의 근거를 헌법규정으로 보지만, 유추적용설은 보상의 근거를 관련 법률로 보기 때문에 관련 법률에 보상규정이 있는 경우에만 손실보상이 가능하다는 점에서 차이가 있다.

2. 판 례

㈎ 대법원은 경계이론에 입각하여 ⓐ 국유화가 된 하천제외지(堤外地)의 소유자가 손실보상을 청구한 사건에서 관련규정의 유추해석을 통해 이를 인정하기도 하고(대판 1987.7.21. 84누126)(유추적용설로 평가된다), ⓑ MBC주식강제증여사건에서 수용유사침해보상이론에 대해서는 판단을 유보하였다(대판 1993.10.26. 93다6409).

㈏ 헌법재판소는 분리이론에 입각해 (구)도시계획법 제21조에 규정된 개발제한구역제도와 관련된 사건(헌재 1998.12.24. 89헌마214, 90헌바16, 97헌바78(병합))에서 위헌무효설을 취한 것으로 평가된다(사법연수원, 홍준형, 류지태).

3. 검 토

① 수용 등의 행위가 공공복리를 위한 경우에는 국가배상보다는 손실보상으로 해결하는 것이 논리적이며(위헌무효설에 대한 비판), ② 현행 헌법 제23조 제3항은 보상은 법률로 하도록 규정하고 있어 직접효력규정설의 여지를 배제하고 있다. ③ 적법한 공용침해에 대해 보상을 한다면 위법한 공용침해에 대해서 보상을 하는 것은 당연하기 때문에 보상에 관한 법률의 규정 유무를 불문하고 공공필요에 의한 침해는 동일하게 취급하는 것이 정당하다(보상규정이 있는 경우 수용보상(전통적인 손실보상), 보상규정이 없는 경우 수용유사침해보상). 따라서 간접효력규정설이 타당하며, 헌법상의 여러 조항(헌법 제23조 제1항(재산권 보장규정)과 제11조(평등원칙) 그리고 헌법 제23조 제3항 및 관련규정)의 유기적인 해석을 통해 수용유사침해보상청구는 인정될 수 있다.

제2항 | 수용유사침해보상*

Ⅰ. 개 념

1. 의 의

수용유사침해보상이란 위법한 행정작용이 재산권에 특별한 희생을 가한 경우 수용보상(적법한 행위에 대한 손실보상)과 마찬가지로 그 손실을 보상하자는 이론을 말한다.

2. 구별개념

수용보상과 수용적 침해보상은 적법한 침해를, 수용유사침해보상은 위법한 침해를 요건으로 한다. 그리고 수용유사침해보상은 재산권에 대한 침해를, 희생보상은 생명·신체 등에 대한 침해를 요건으로 한다(자세한 내용은 후술한다(931·939)).

Ⅱ. 인정 여부

1. 학설

⑴ 수용유사침해보상 도입을 긍정하는 견해

925 위법·무과실인 행위로 인해 재산권이 침해된 경우, 그에 대한 보상규정이 없다면 국가배상법상 무과실책임이 도입되기 전에는 보상을 받지 못하는 권리구제의 공백상태가 존재하게 되므로 이를 해결하기 위해 수용유사침해보상의 법리가 필요하다는 견해이다.

⑵ 수용유사침해보상 도입을 부정하는 견해

925a 수용유사침해보상의 법리는 독일의 관습헌법에 근거한 것이므로 이를 우리나라에 도입할 수는 없고, 위법·무과실로 인한 재산권침해는 국가배상책임을 무과실책임으로 인정함으로서 해결할 수 있다는 견해이다.

2. 판례

925b 대법원은 MBC주식강제증여사건에서 수용유사침해보상의 도입에 대해 판단을 유보하였다(대판 1993.10.26. 93다6409).

3. 검토

926 공용침해가 공공복리를 위한 경우에는 국가배상보다는 손실보상으로 해결하는 것이 논리적이며, 행정작용의 위법·적법 여부를 불문하고 공공필요에 의한 침해는 동일하게 취급하는 것이 타당하다(수용유사침해보상 긍정설)(간접효력규정설)(헌법 제23조 제1항(재산권보장규정)과 제11조(평등원칙) 그리고 헌법 제23조 제3항 및 헌법 제37조 제1항을 근거로 한다).

Ⅲ. 요건

926a 아래의 요건을 만족하면 수용보상과 동일하게 손실보상을 청구할 수 있다.

1. 공공의 필요(887)

927 '공공의 필요'란 일정한 공익사업을 시행하거나 공공복리를 달성하기 위해 재산권의 제한이 불가피한 경우를 말한다.

2. 재산권에 대한 수용·사용·제한(888)

928 재산권은 원칙적으로 현재 법적으로 보호받는 개인의 재산적 가치 있는 권리를 말한다. 공용침해에는 수용·사용·제한이 있다.

3. 위법·의도(비의도)적인 침해

929 ㈎ 위법한 공용침해가 있어야 한다. 위법한 공용침해에는 수용 및 보상에 관한 법률이 위법하게 집행되는 경우와 (간접효력규정설에 따르면) 보상규정이 없는 법률에 따라 수용이 이루어짐으로써 수용이 위법해지는 경우를 포함한다(922g).

㈏ 침해는 행정작용상의 위험성이 재산권 침해로 연결되면 되고(직접성), 의도적인 침해

일 필요는 없다.

㈐ 공용침해는 공권력행사(예: 물건의 처분제한) 외에 사실행위(예: 물건의 파괴)로도 이루어질 수 있다.

4. 특별한 희생(891 이하)

형식적 기준설 중 특별희생설과 실질적 기준설의 중대설·목적위배설 등을 모두 고려하여 특별한 희생 여부를 판단해야 한다.

제3항 | 수용적 침해보상★★[11 입시]

Ⅰ. 개 념

1. 의 의

수용적 침해보상이란 적법한 행정작용의 비의도적·비전형적인 결과로 재산권에 특별한 희생을 가하는 경우 그 손실을 보상하자는 이론을 말한다(예: 도로건설공사로 인해 인근 상가매출이 감소하는 경우).

2. 구별개념

수용적 침해보상은 적법하나 비의도적인 침해에 대한 보상을 말하며, 수용보상은 적법하고 의도적인 침해에 대한 보상을 말한다.

Ⅱ. 인정 여부

1. 학 설

(1) 수용적 침해보상 도입을 긍정하는 견해

예상치 못한 부수적인 결과로 인한 피해에 대하여 적절한 보상입법이 행하여지지 않는 우리 현실을 감안하면 수용적 침해보상이론을 원용하여 권리구제의 수요를 충족시키는 것이 타당하다는 견해이다.

(2) 수용적 침해보상 도입을 부정하는 견해

1) 보상부정설

수용적 침해가 논의되는 상황은 행정작용에 의해 의도된 손해가 발생한 경우가 아니어서 헌법 제23조 제3항이 적용될 수 없는 경우에 해당하므로 결국 입법적으로 별도의 손실보상규정을 마련하기 전에는 손실보상을 인정할 수 없다는 입장이다.

2) 헌법규정에 근거한 보상긍정설(헌법 제23조 제3항 확대적용설)

이 견해는 독일의 수용적 침해보상법리가 우리에게 적용될 수 없다는 전제하에, 수용적 침해보상이 문제되는 경우도 적법한 공권력 행사에 의해 직접 가해진 손실이므로 적법한 재산권 침해에 대한 보상의 일반적 근거조항인 헌법 제23조 제3항을 확대적용하여 보상을 청구할 수 있다는 견해이다.

2. 검 토

934 헌법 제23조 제1항의 재산권보장의 원리, 제11조의 평등의 원리 그리고 제23조 제3항의 특별희생의 원리, 제37조 제1항의 기본권보장의 원리를 종합적으로 고려한다면, 의도되지 아니한 재산권의 제약의 경우에도 수용적 침해보상을 긍정해야 한다는 견해가 타당하다(간접효력규정설).

Ⅲ. 요 건

934a 아래의 요건을 만족하면 수용적 침해보상을 청구할 수 있다.

1. 공공의 필요(887)

935 '공공의 필요'란 일정한 공익사업을 시행하거나 공공복리를 달성하기 위해 재산권의 제한이 불가피한 경우를 말한다.

2. 재산권에 대한 수용·사용·제한(888)

936 재산권은 원칙적으로 현재 법적으로 보호받는 개인의 재산적 가치 있는 권리를 말한다. 공용침해에는 수용·사용·제한이 있다.

3. 적법·비의도적인 침해

937 ① 수용보상(전통적인 손실보상)의 경우와 같이 적법한 것이어야 한다. ② 그러나 수용보상은 의도적인 경우인데 수용적 침해보상은 의도하지 않은 결과가 발생해야 하며, ③ 또한 수용보상이 공권력행사로 인한 손해라면 수용적 침해가 문제되는 경우는 주로 원인행위가 사실행위(예: 건설공사)로 인한 손해가 된다.

4. 특별한 희생(891 이하)

938 형식적 기준설 중 특별희생설과 실질적 기준설의 중대설·목적위배설 등을 모두 고려하여 특별한 희생 여부를 판단해야 한다.

제4항 | 희생보상★ [21 변시]

Ⅰ. 개 념

1. 의 의

939 희생보상이란 공공의 필요에 따라 사인의 비재산적인 법익(생명·신체 등)에 특별한 희생을 가져오는 침해가 있는 경우 그 손실을 보상하자는 이론을 말한다. 예를 들어 법정감염병 예방을 위해 예방접종을 실시한 결과 부작용으로 신체장애를 입은 경우를 말하는데, 이 경우 관련 공무원의 직무행위에 고의·과실이나 위법성이 인정되기 어려워 국가배상을 청구해서는 권리구제를 받을 수 없고, 수용보상 등은 신체장애의 경우 적용되지 않기 때문에 권리구제의 공백이 발생하게 된다.

2. 구별개념

수용보상·수용유사침해보상·수용적 침해보상은 재산산 손실에 대한 보상을 말하고, 희생보상이란 비재산적인 법익에 대한 손실에 대한 보상을 말한다.

II. 인정 여부

1. 학설

(1) 희생보상 도입을 긍정하는 견해

공공의 필요에 따라 사인의 비재산적인 법익(생명·신체 등)에 대한 침해가 있는 경우 이러한 손실에 대한 적절한 보상입법이 이루어지고 있지 않으며, 국가배상책임은 공무원의 고의·과실과 위법성을 요건으로 하고 있는바 희생보상이론을 도입하자는 견해이다.

(2) 희생보상 도입을 부정하는 견해

1) 보상부정설

희생보상제도는 독일의 관습법상 인정되는 제도로서 우리나라에서는 인정할 수 없다는 견해이다. 따라서 공공의 필요에 따른 생명·신체 침해에 대한 보상규정이 없는 경우 손실보상청구를 허용할 수 없다고 한다.

2) 헌법규정에 근거한 보상긍정설(헌법 제23조 제3항 확대적용설)

독일의 희생보상의 법리가 우리에게 적용될 수 없다는 전제하에 헌법 제23조 제3항을 비재산적 법익 침해에도 확대적용하여 손실보상을 인정하여야 한다는 견해이다.

2. 검토

재산권보다 생명, 신체에 대한 기본권이 우월하므로 그에 대한 침해가 있는 경우는 당연히 그 희생에 대한 보상청구를 인정하는 것이 정당하며, 그 근거는 특정조항이 아니라 여러 기본권 규정, 즉 헌법 제10조, 제12조, 제11조 그리고 제37조 제1항의 정신에서 간접적으로 도출할 수 있다는 견해가 타당하다(간접효력규정설).

III. 요건

1. 공공의 필요(887)

행정청이 공익목적을 달성하는 과정에서 개인의 비재산적 법익에 대한 손실이 발생해야 한다.

2. 비재산권에 대한 침해

희생보상청구권은 비재산적인 법익침해의 경우에 인정된다.

3. 적법·의도(비의도)적인 침해

① 적법해야 하며 위법한 경우는 후술(947)하는 희생유사침해보상의 문제가 된다. ② 그리고 침해는 의도된·목적적인 침해일 것을 요하지 아니한다. ③ 또한 수용보상의 원인

행위가 공권력 행사라면, 희생보상의 원인행위는 주로 사실행위(앞의 예에서 예방접종)가 된다.

4. 특별한 희생(891 이하)

946 사인에게 수인불가능한 생명·신체에 대한 중대한 침해가 있다면 특별한 희생을 인정할 수 있을 것이다.

제5항 | 희생유사침해보상

947 희생유사침해보상이란 위법한 행정작용이 사인의 비재산적인 법익(생명·신체 등)에 특별한 희생을 가져오는 침해가 있는 경우 그 손실을 보상하자는 이론을 말한다. 위법한 침해라는 면에서 희생보상과는 구별되며, 나머지는 동일하다.

제6항 | 결과제거청구

I. 개 념

1. 의 의

948 결과제거청구(원상회복청구)란 위법한 공법작용으로 인해 자기의 권리침해가 계속되는 경우에 행정주체에 대하여 그 위법한 결과(위법한 사실상태)의 제거를 구하는 권리구제수단을 말한다(예: 행정기관이 자신의 자동차를 위법하게 점유하고 있어 사인이 그 반환을 청구하는 경우, 공무원의 위법한 공표행위가 사인의 명예를 훼손한 경우 명예회복에 필요한 행위를 청구하는 경우).

2. 성 질

949 앞의 예(948)처럼, 자동차의 반환을 청구하거나 명예회복에 필요한 행위를 청구하는 것은 손해배상이나 손실보상의 청구가 아니고 위법한 사실상태의 제거를 구하는 권리이며 그 성질은 원상회복청구권이다. 따라서 이 권리가 전통적인 행정상 손해전보제도(손해배상이나 손실보상)의 보완으로 기능하는 것이다.

II. 법적 근거

950 결과제거청구는 ① 헌법상의 법치행정원리(헌법 제107조), 기본권(자유권) 규정(헌법 제10조, 제23조), ② 민법상 관련 규정을 유추적용하고(민법 제213조(소유물반환청구권) 소유자는 그 소유에 속한 물건을 점유한 자에 대하여 반환을 청구할 수 있다. 그러나 점유자가 그 물건을 점유할 권리가 있는 때에는 반환을 거부할 수 있다)·제214조(소유물방해제거, 방해예방청구권) 소유자는 소유권을 방해하는 자에 대하여 방해의 제거를 청구할 수 있고 소유권을 방해할 염려있는 행위를 하는 자에 대하여 그 예방이나 손해배상의 담보를 청구할 수 있다)·제764조(명예훼손의 경우의 특칙) 타인의 명예를 훼손한 자에 대하여는 법원은 피해자의 청구에 의하여 손해배상에 갈음하거나 손해배상과 함께 명예회복에 적당한 처분을 명할 수 있다), ③ 행정소송법 제

10조의 관련청구의 이송 및 병합에 관한 규정(행정소송법 제10조 제1항 제1호의 '원상회복' 참조) 그리고 제30조의 취소판결의 기속력규정(후술하는 판결의 기속력의 내용 참조(1426e)) 을 소송법적인 근거로 든다.

Ⅲ. 요 건*

1. 공법작용

결과제거청구의 전제가 되는 공법작용은 행정행위뿐 아니라 비권력작용(사실행위)도 그 대상이 된다. 공법작용은 작위만을 뜻하는 것이 아니고, 부작위로도 가능하다(앞의 예에서 행정기관이 자동차의 반환을 거절한 경우)(다수설). 951

2. 법률상 이익의 침해

여기서 법률상 이익은 재산상 가치 있는 권리에만 한정되는 것은 아니고, 그 밖에 명예 등도 포함된다. 952

3. 침해의 위법성

결과제거청구는 위법한 침해의 제거를 내용으로 한다. 특히 결과제거청구의 원인행위가 된 행정작용이 행정행위인 경우, 당해 행정행위가 무효인 경우에는 문제가 없으나, 유효(단순위법이나 적법)인 경우에는 당해 행정행위의 공정력(또는 구성요건적 효력) 때문에 현재의 상황이 정당화되기에 그런 경우 결과제거청구는 인정되지 않는다(예를 들어 자신의 자동차에 대한 행정기관의 압류처분이 위법하지만 무효가 아니라면 그 처분이 쟁송취소나 직권취소되기 전에 사인은 자동차의 반환을 청구 ― 결과제거청구 ― 할 수 없다. 왜냐하면 압류처분이 취소되기 전에는 공정력·구성요건적 효력이 있어 이러한 효력이 행정기관의 점유를 정당화하기 때문에 위법한 침해가 되지 않기 때문이다 ― 민법 제213조(소유물반환청구권) 소유자는 그 소유에 속한 물건을 점유한 자에 대하여 반환을 청구할 수 있다. 그러나 점유자가 그 물건을 점유할 권리가 있는 때에는 반환을 거부할 수 있다) 참조). 953

4. 침해의 계속

결과제거청구는 제거하고자 하는 침해가 존재함을 전제요건으로 한다. 만약 불이익을 가져오는 침해가 더 이상 존재하지 않는다면, 논리적으로 결과제거청구는 인정될 수 없다(예: 앞의 예에서 행정기관이 위법하게 점유하던 사인의 자동차를 반환한 경우). 954

5. 결과제거(회복)의 가능성·허용성·수인가능성(기대가능성)

원상회복(내지 유사한 상태의 회복)이 가능하고(예: 행정기관에 자동차의 반환을 청구하였는데 이미 자동차가 도난당한 경우에는 허용되지 않는다), 법률상 허용되고(예: 법령의 개정으로 위법하던 행정기관의 행위가 적법하게 변경된 경우에는 허용되지 않는다), 행정기관이 수인할 수 있는 경우(예: 사인에게는 큰 효용이 없으나 원상회복에 막대한 비용이 드는 경우에는 허용되지 않는다)라야 한다. 955

Ⅳ. 내 용

956 결과제거청구의 내용은 행정주체에 대해 행정작용으로 인해 야기된 위법한 사실상태를 제거하여 위법적인 침해가 없는 원래의 상태 또는 유사한 상태로 회복시켜줄 것을 청구하는 것이다. 그리고 이를 행사한 후에도 남게 되는 손해의 배상이나 손실의 보상은 결과제거청구의 내용이 아니며, 손해배상이나 손실보상을 별도로 청구해야 한다(앞의 예에서 행정기관으로부터 자동차를 반환받았으나 행정기관의 관리소홀로 자동차가 파손되어 있는 경우에는 손해배상이나 손실보상을 청구해야 하며, 이는 결과제거청구의 문제가 아니다).

Ⅴ. 결과제거청구 행사를 위한 소송수단

957 ① 학설은 공법상 결과제거청구에 관한 소송은 행정소송의 일종으로서 당사자소송이라는 입장이다. 따라서 사인은 국가·공공단체 그 밖의 권리주체를 피고로 당사자소송을 제기해야 한다(행정소송법 제39조). ② 또한 행정소송법 제10조에 따라 취소소송 등과 관련청구소송(원상회복)으로 병합하여 제기할 수도 있다.

제7항 | 공법상 부당이득

1. 의의·적용법규

958 ㈎ 부당이득이란 법률상 원인 없이 타인의 재산 또는 노무로 인하여 이익을 얻고 이로 인하여 타인에게 손해를 가하는 것을 말한다(예: 과징금부과처분이 위법·무효이지만 행정청이 이를 징수한 경우, 무자격자임에도 연금수령한 경우)(민법 제741조 참조). 공법상 부당이득은 행정주체의 부당이득과 사인의 부당이득으로 나눌 수 있다(앞의 예 참조).

958a ㈏ 공법상 부당이득에 관한 일반법은 없다. 따라서 특별한 규정이 없는 한 민법규정(제741조 내지 제749조)이 유추적용된다.

2. 부당이득반환청구권의 법적 성질

(1) 학 설

1) 공권설

958b 이 견해는 부당이득반환은 공법상 원인에 의하여 발생한 결과를 조정하기 위한 것으로서 공법상 원인과 밀접한 관계가 있으므로 그에 관한 소송은 공법상 당사자소송에 의하여야 한다고 한다.

2) 사권설

958c 부당이득제도는 순수하게 경제적 견지에서 인정되는 이해조절적 제도이므로 부당이득반환청구권은 사권이고 그에 관한 소송은 민사소송에 의하여야 한다고 한다.

(2) 판 례

958d 판례는 처분이 무효이거나 취소된 이상 부당이득반환의 법률관계는 민사관계로 보고

민사소송절차에 따르고 있다(대판 1995.12.22. 94다51253)(사권설).

(3) 검 토

공법상의 부당이득반환청구권은 공법상 원인에 의해 발생된 것이므로 부당이득반환청구권을 공권으로 보고 이에 관한 소송은 공법상 당사자소송에 의하여야 한다고 보는 것이 타당하다.

 MEMO

제2부
행정쟁송법

958f　행정쟁송이란 행정법관계에서 위법(부당)한 행정작용으로 인해 권리나 이익을 침해당한 자가 일정한 국가기관에 그 행정작용의 위법(부당)을 시정토록 요구하는 제도를 말한다.

행정쟁송에는 행정심판(행정법상 분쟁을 행정기관이 심리·판단하는 절차)과 행정소송(행정법상 분쟁을 법원이 심리·판단하는 절차)이 있다.

PART 01
행정심판법

CHAPTER 01 일반론(행정)

제1절 개념

I. 행정심판의 의의

959 ㈎ 행정심판이란 행정법상 분쟁을 행정기관이 심리·판단하는 행정쟁송절차를 말한다. 행정심판은 분쟁해결의 성질을 갖지만 이는 행정절차이며 사법(재판작용)절차는 아니다. 그리고 행정심판의 재결(행정심판법 제2조 제3호)은 행정기관이 하는 행위이므로 행정작용이며, 행정행위의 성질을 갖는다.

㈏ 헌법 제107조 제3항은 "재판의 전심절차로서 행정심판을 할 수 있다. 행정심판의 절차는 법률로 정하되, 사법절차가 준용되어야 한다"라고 하여 행정심판의 헌법적 근거를 두고 있다.

II. 행정심판과 행정소송

1. 공통점

960 행정심판과 행정소송은 모두 쟁송으로서 ① 행정청의 처분의 위법(부당)을 시정하는 절차라는 점, ② 법률상 이익을 가진 자만이 제기할 수 있다는 점, ③ 당사자의 쟁송제기에 의해 절차가 개시된다는 점, ④ 당사자는 대등한 입장에 선다는 점, ⑤ 일정한 기간 내에 제기하여야 한다는 점이 같고, ⑥ 또한 참가인제도, 청구의 변경, 직권심리, 집행부정지의 원칙, 불이익변경금지의 원칙, 사정재결(판결)이 인정되는 점에서 동일하다.

2. 차이점

961 행정심판과 행정소송은 쟁송사항(위법+부당/위법), 판정기관(행정기관/법원), 심리원칙(구술심리·서면심리/구두변론주의), 이행쟁송의 인정 여부(의무이행심판 인정/의무이행소송은 명문의 규정 없음)에서 차이가 있다.

3. 관련성

962 행정심판은 이를 거치지 않고도 행정소송을 제기할 수 있음이 원칙이다(행정소송법 제18조 제1항 본문. 임의적 행정심판전치원칙).

제2절　행정심판의 종류

Ⅰ. 일 반

행정심판도 행정쟁송이므로 주관적 심판과 객관적 심판으로, 주관적 심판은 항고심판과 당사자심판으로 나눌 수 있다. 행정심판법은 행정심판에 대한 일반법이지만 객관적 심판은 규율하지 않고, 주관적 심판 중 항고심판만을 규율하며 당사자심판은 개별법에서 규정한다.

> [참고①] 주관적 쟁송과 객관적 쟁송
> 주관적 쟁송이란 개인의 권리구제를 직접 목적으로 하는 쟁송을 말하며, 객관적 쟁송이란 공공의 이익을 직접 목적으로 하는 쟁송을 말한다. 주관적 쟁송에는 주관적 심판과 주관적 소송(예: 항고소송, 당사자소송)이, 객관적 쟁송에는 객관적 심판과 객관적 소송(예: 민중소송, 기관소송)이 있다(행정소송법 제3조 참조).
>
> [참고②] 시심적 쟁송과 복심적 쟁송
> 시심적 쟁송이란 행정법관계의 형성 또는 존부확인이 쟁송을 통해 이루어지는 것을 말한다(예: 당사자심판, 당사자소송). 복심적 쟁송이란 이미 이루어진 행정작용의 위법(부당)을 심사하는 절차를 말한다(예: 항고심판, 항고소송).

Ⅱ. 이의신청과 당사자심판

1. 이의신청★★★[19 입시]

(1) 의 의

이의신청이란 위법·부당한 행정작용으로 인해 권리가 침해된 자가 처분청(감독청)에 대하여 재심사를 청구하는 절차를 말한다. 실정법상 불복신청·재심사청구 등으로 불리기도 한다.

(2) 법적 근거

개별법에 이의신청에 대한 규정이 있으면 그에 따르고, 개별법에 이의신청에 관한 규정이 없더라도 행정기본법 제36조 제1항에 따라 처분에 대한 이의신청을 할 수 있다.

(3) 법적 성격

이의신청에는 행정심판의 성질을 가지는 것과 단순히 진정의 성격(희망의 진술)을 가지는 것이 있다.

1) 구별기준

양자의 구별기준에 대해 판례는 ① 동일한 처분청으로 하여금 다시 처분에 대하여 심사하도록 한 절차인지 여부(동일한 처분청이 이의신청을 심사한다면 진정의 성격에 가깝다), ②

이의신청과 상관없이 행정심판 또는 행정소송을 제기할 수 있는지 여부(이의신청과 상관없이 행정심판이나 행정소송을 제기할 수 있다면 그 이의신청은 진정의 성격에 가깝다) 등을 기준으로 한다(대판 2012.11.15. 2010두8676; 대판 2016.7.27. 2015두45953).

2) 구별실익

① 행정심판의 성격을 가지는 이의신청은 행정심판법이 적용되기 때문에, 해당 불복절차를 거친 뒤에는 다시 행정심판법상 행정심판을 청구할 수 없다(행정심판법 제51조). 그러나 진정의 성격을 가지는 이의신청은 행정심판법이 적용되지 않기 때문에, 이의신청을 거친 후에도 행정심판법상 행정심판을 청구할 수 있다.

② ㈎ 행정심판의 성격을 가지는 이의신청에 대한 결정은 재결이다. 그러나 진정의 성격을 가지는 이의신청을 받아들이지 않는 결정은 종전의 처분을 유지하겠다는 행위이므로 항고소송의 대상인 처분이 아니다(이것 역시 재결은 아니다).

㈏ 판례도「민원사무처리에 관한 법률 제18조 제1항에서 정한 거부처분에 대한 이의신청(민원 이의신청)은 … 이의신청을 받아들이지 않는 경우에는 다시 거부처분을 하지 않고 그 결과를 통지함에 그칠 뿐이다. 따라서 이의신청을 받아들이지 않는 취지의 기각결정 내지는 그 취지의 통지는, … 민원 이의신청인의 권리·의무에 새로운 변동을 가져오는 공권력의 행사나 이에 준하는 행정작용이라고 할 수 없어, 독자적인 항고소송의 대상이 된다고 볼 수 없다(대판 2012.11.15. 2010두8676)」고 본다.

③ 행정심판의 성격을 가지는 이의신청은 취소소송에서 제소기간의 특례가 적용된다(행정소송법 제20조 제1항 단서). 종래에는 진정의 성격을 가지는 이의신청은 명문의 규정이 없는 한 제소기간의 특례가 적용되지 않는다고 보았지만, 현재는 명문의 규정이 없는 경우에도 행정기본법 제36조 제4항에 따라 제소기간의 특례가 적용된다(후술하는 '2) 의의신청의 효과' 참조).

3) 대표적인 예

① 행정심판의 성격을 가진 이의신청은 공익사업을 위한 토지등의 취득 및 보상에 관한 법률 제83조의 수용재결(원처분)에 대한 이의신청이 있다. ② 그리고 진정의 성격을 가진 이의신청은 민원처리에 관한 법률 제35조의 거부처분에 대한 이의신청, 공공기관의 정보공개에 관한 법률 제18조의 정보비공개결정에 대한 이의신청, 부동산 가격공시에 관한 법률 제11조 개별공시지가에 대한 이의신청(대판 2010.1.28. 2008두19987), 행정기본법 제36조에 따른 이의신청 등이 있다.

⑷ 이의신청에 대한 행정기본법의 내용

1) 적용범위

a. 적용영역: 개별법에 규정이 있는 경우는 그에 따르고, 개별법에서 이의신청과 이에 준하는 절차에 대하여 정하고 있는 경우에도 그 법률에서 규정하지 아니한 사항에 관하여는 행정기본법 제36조에서 정하는 바에 따른다(행정기본법 제36조 제1항).

b. 적용배제 사항

㉮ 「1. 공무원 인사 관계 법령에 따른 징계 등 처분에 관한 사항, 2. 「국가인권위원회법」 제30조에 따른 진정에 대한 국가인권위원회의 결정, 3. 「노동위원회법」 제2조의2에 따라 노동위원회의 의결을 거쳐 행하는 사항, 4. 형사, 행형 및 보안처분 관계 법령에 따라 행하는 사항, 5. 외국인의 출입국·난민인정·귀화·국적회복에 관한 사항, 6. 과태료 부과 및 징수에 관한 사항」 중 어느 하나에 해당하는 사항에 관하여는 이의신청에 관한 행정기본법 제36조를 적용하지 아니한다(행정기본법 제36조 제7항).

㉯ 이는 공무원 인사 관계 법령에 따른 처분의 특수성, 인권위 결정의 준사법적 성격, 노사관계의 특수성, 형사·행형·보안처분 관련 사항의 사법작용으로서의 성격, 상호주의가 적용되는 외국인 관련 사항의 특수성 등을 고려하여 해당 사항을 이의신청 대상에서 제외한 것이다.

2) 임의적 전치

이의신청을 한 경우에도 그 이의신청과 관계없이 행정심판법에 따른 행정심판 또는 행정소송법에 따른 행정소송을 제기할 수 있다(행정기본법 제36조 제3항).

3) 이의신청의 대상, 신청인, 상대방

a. 이의신청의 대상: 이의신청의 대상은 행정청의 처분이다(행정기본법 제36조 제1항). 여기서 행정청의 처분은 「행정심판법」 제3조에 따라 행정심판의 대상이 되는 처분을 말한다. 따라서 「행정심판법」이 아닌 다른 법률에 따른 특별행정심판(행정심판법 제4조) 대상이 되는 처분은 제외된다. 또한 「행정심판법」 적용이 배제되는 처분도 이의신청의 대상에서 제외된다.

b. 이의신청의 신청인: 이의신청은 당사자만 할 수 있다(행정기본법 제36조 제1항). "당사자"란 처분의 상대방을 말한다(행정기본법 제2조 제3호). 이것은 이의신청의 남용을 방지하기 위해 처분의 당사자만이 이의신청을 할 수 있도록 규정하였다.

c. 상대방: 이의신청의 상대방은 처분을 한 행정청이다(행정기본법 제36조 제1항).

4) 이의신청의 절차

a. 기 간: 당사자는 처분을 받은 날부터 30일 이내에 이의신청을 할 수 있다(행정기본법 제36조 제1항).

b. 결과 통지: 행정청은 이의신청을 받으면 그 신청을 받은 날부터 14일 이내에 그 이의신청에 대한 결과를 신청인에게 통지하여야 한다. 다만, 부득이한 사유로 14일 이내에 통지할 수 없는 경우에는 그 기간을 만료일 다음 날부터 기산하여 10일의 범위에서 한 차례 연장할 수 있으며, 연장 사유를 신청인에게 통지하여야 한다(행정기본법 제36조 제2항).

5) 이의신청을 거친 후 처분에 대한 불복

a. 이의신청과 행정심판 및 행정소송과의 관계: 처분에 대한 이의신청을 한 경우에도 그 이의신청과 관계없이 당사자는 원처분을 대상으로 행정심판 또는 행정소송을 제기할 수 있다(행정기본법 제36조 제3항). 즉 처분의 상대방은 이의 신청을 하지 않고 곧바로 행정심판 또는 행정소송을 제기할 수 있음은 물론, 이의신청을 한 후에 그에 대한 결과 통지를 받기 전에도 행정심판 또는 행정소송을 제기할 수 있다. 또한 이의신청에 대한 결과 통지를 받은 후에도 원처분을 대상으로 행정심판 또는 행정소송을 제기할 수 있도록 하였다. 이의신청에 대한 결과 통지는 처분에 해당하지 않으므로, 이의신청에 대한 결과 통지를 자체를 행정심판 또는 행정소송으로 다투는 것은 일반적으로 허용되지 않는다.

b. 이의신청의 효과(행정심판의 청구기간·행정소송의 제소기간의 정지)

㈎ 이의신청에 대한 결과를 통지받은 후 행정심판 또는 행정소송을 제기하려는 자는 행정심판청구기간·제소기간에 관해 개별법에 규정이 있으면 그에 따르고 법률에서 규정하지 않은 경우에는 그 결과를 통지받은 날(통지기간(신청을 받은 날부터 14일) 내에 결과를 통지받지 못한 경우에는 통지기간이 만료되는 날의 다음 날을 말한다)부터 90일 이내에 행정심판 또는 행정소송을 제기할 수 있다(행정기본법 제36조 제4항).

㈏ 해당 규정은 이의신청 절차 중에 행정심판의 청구기간·행정소송의 제소기간이 정지된다고 규정한다. 따라서 행정기본법에 따라 이의신청을 한 경우 그리고 개별법에서 이의신청을 규정하지만 행정심판청구기간·제소기간에 관한 규정이 없는 경우 이 규정이 적용되어 행정심판청구기간·제소기간의 특례가 인정된다(행정기본법 제36조 제5항 참조).

2. 당사자심판

(1) 의 의

당사자심판이란 행정법관계의 형성 또는 존부에 관해 다툼이 있는 경우 당사자의 신청에 의하여 권한을 가진 행정기관이 그 법률관계를 유권적으로 판정하는 심판을 말한다. 당사자심판은 성질상 시심적 쟁송이다.

(2) 법적 근거

당사자심판에 관한 일반법은 없다. 따라서 개별 법률상 근거가 없는 한 당사자심판을 청구할 수 없다. 개별법에서는 당사자의 신청에 대한 결정을 재결·재정·결정이라고 한다.

III. 행정심판법상 행정심판의 종류[12 사시]

1. 취소심판

(1) 의 의

취소심판이란 행정청의 위법 또는 부당한 처분을 취소하거나 변경하는 행정심판을 말한다(행정심판법 제5조 제1호).

(2) 성 질

취소심판은 처분의 취소·변경을 통하여 법률관계의 변경·소멸을 가져오는 형성적 쟁송이다(형성적 쟁송설)(통설). 972

(3) 특 징

취소심판은 청구기간의 제한(행정심판법 제27조), 집행부정지의 원칙(행정심판법 제30조), 사정재결(행정심판법 제44조) 등을 특징으로 한다. 973

2. 무효등확인심판

(1) 의 의

무효등확인심판이란 행정청의 처분의 효력 유무 또는 존재 여부를 확인하는 행정심판을 말한다(행정심판법 제5조 제2호). 구체적인 내용에 따라 다시 유효확인심판·무효확인심판·존재확인심판·부존재확인심판으로 구분된다. 974

(2) 성 질

실질적으로는 처분이 무효임을 확인하는 데 그치는 확인적 쟁송이지만 (무효사유인 하자와 취소사유인 하자의 상대성을 전제로) 유효한 처분으로 오인될 수 있는 외관을 가진 처분의 무효를 선언하는 형성적 쟁송으로서의 성격을 가진다는 견해(준형성적 쟁송설)가 통설이다. 975

(3) 특 징

무효등확인심판은 취소심판의 경우와 달리 심판청구 기간의 제한도 없고(행정심판법 제27조 제7항), 사정재결이 인정되지 않는다(행정심판법 제44조 제3항). 학설은 유효확인심판·무효확인심판·존재확인심판·부존재확인심판 외에 실효확인심판을 인정한다. 976

3. 의무이행심판[18 5급]

(1) 의 의

의무이행심판이란 행정청의 위법 또는 부당한 거부처분이나 부작위에 대하여 일정한 처분을 하도록 하는 심판를 말한다(행정심판법 제5조 제3호). 취소심판은 행정청의 적극적 행위로부터의 권익보호를 목적으로 하고, 의무이행심판은 행정청의 소극적 행위(거부, 부작위)로부터의 권익보호를 목적으로 한다. 977

(2) 성 질

의무이행심판은 '일정한 처분을 하도록 하는 심판'이므로 이행쟁송의 성질을 가진다고 보는 것이 일반적인 견해이다. 978

(3) 특 징

거부처분에 대한 의무이행심판에는 심판청구에 기간상 제한이 따르지만, 부작위에 대한 의무이행심판에는 심판청구에 기간상 제한이 따르지 않는다(행정심판법 제27조 제7항). 그리고 의무이행심판에는 사정재결의 적용이 있다(행정심판법 제44조 제3항). 979

> **쟁점** 거부처분취소(무효등확인)심판의 가능성★★★[14 사시]

1. 문제점
청구인이 거부처분을 받은 후 의무이행심판이 아니라 거부처분취소심판을 청구한 경우 이러한 심판청구가 인정될 수 있는지가 문제된다.

2. 학설
ⓐ 행정심판법 제5조 제3호에 따르면 거부처분은 의무이행심판의 대상이지 취소심판의 대상이 아니라는 견해도 있으나, ⓑ 행정심판법 제2조 제1호("처분"이란 행정청이 행하는 구체적 사실에 관한 법집행으로서의 공권력의 행사 또는 그 거부, 그 밖에 이에 준하는 행정작용을 말한다)와 제5조 제1호(취소심판: 행정청의 위법 또는 부당한 처분을 취소하거나 변경하는 행정심판)를 근거로 거부처분취소심판의 가능성을 인정하는 견해가 다수설이다.

3. 판례
판례는 거부처분취소심판의 청구가능성을 인정한다(당사자의 신청을 거부하는 처분을 취소하는 재결이 있는 경우에는 행정청은 그 재결의 취지에 따라 이전의 신청에 대한 처분을 하여야 하는 것(대판 1988.12.13. 88누7880)).

4. 검토
행정심판법 제49조 제2항은 '재결에 의하여 취소 … 되는 처분이 당사자의 신청을 거부하는 것을 내용으로 하는 경우'라고 하여 거부처분의 취소심판 등을 인정하고 있고, 당사자의 효과적인 권리구제를 위해서도 거부처분 취소심판 등의 가능성을 인정하는 것이 타당하다.

Ⅳ. 행정심판법에 대한 특례규정

행정심판법에 규정된 일반적 행정심판절차 외에 전문분야에 필요한 특례 규정을 둘 수 있다(행정심판법 제4조 제1항(사안의 전문성과 특수성을 살리기 위하여 특히 필요한 경우 외에는 이 법에 따른 행정심판을 갈음하는 특별한 행정불복절차(이하 "특별행정심판"이라 한다)나 이 법에 따른 행정심판 절차에 대한 특례를 다른 법률로 정할 수 없다) 참조).

1. 특별행정심판절차를 규정하는 경우
공무원법상 소청(국가공무원법 제76조 제1항(제75조에 따른 처분사유 설명서를 받은 공무원이 그 처분에 불복할 때에는 그 설명서를 받은 날부터, 공무원이 제75조에서 정한 처분 외에 본인의 의사에 반한 불리한 처분을 받았을 때에는 그 처분이 있은 것을 안 날부터 각각 30일 이내에 소청심사위원회에 이에 대한 심사를 청구할 수 있다)), 조세심판(국세기본법 제7장 참조), 특허심판(특허법 제7장 참조) 등이 있다.

2. 일부특례를 규정하는 경우

택지개발촉진법상 사업시행자의 처분에 대한 행정심판청구(행정심판법 제27조 이 법에 따라 시행자가 한 처분에 대하여 이의가 있을 때에는 그 처분이 있은 것을 안 날부터 1개월 이내, 처분이 있은 날부터 3개월 이내에 지정권자에게 행정심판을 제기할 수 있다) 규정이 있다.

제3절 행정심판법상 고지제도

I. 의 의

988 행정청이 처분을 할 때에는 처분의 상대방에게 해당 처분에 대하여 행정심판을 청구할 수 있는지 여부와 행정심판을 청구하는 경우의 심판청구 절차 및 심판청구 기간을 알려야 할 뿐만 아니라 이해관계인이 요구하면 해당 처분이 행정심판의 대상이 되는 처분인지 여부와 행정심판의 대상이 되는 경우 소관 위원회 및 심판청구 기간을 지체 없이 알려주어야 하는바, 이를 고지제도라 한다(행정심판법 제58조).

II. 법적 성질

989 고지는 사실의 통지이며 준법률행위적 행정행위인 통지가 아니다(300 이하). 따라서 고지 그 자체는 항고소송의 대상인 처분이 아니다.

III. 법적 근거

990 고지제도는 행정심판법(제58조), 행정절차법(제26조(고지) 행정청이 처분을 할 때에는 당사자에게 그 처분에 관하여 행정심판 및 행정소송을 제기할 수 있는지 여부, 그 밖에 불복을 할 수 있는지 여부, 청구절차 및 청구기간, 그 밖에 필요한 사항을 알려야 한다), 공공기관의 정보공개에 관한 법률(제18조 ③ 공공기관은 이의신청을 받은 날부터 7일 이내에 그 이의신청에 대하여 결정하고 그 결과를 청구인에게 지체 없이 문서로 통지하여야 한다) 등에 규정되어 있다. 특히 행정소송에 대한 고지는 행정소송법이 아니라 행정절차법에 규정되어 있다.

IV. 고지의 종류

1. 직권에 의한 고지

991 행정청이 처분을 할 때에는 처분의 상대방에게 일정한 사항(해당 처분에 대하여 행정심판을 청구할 수 있는지, 행정심판을 청구하는 경우의 심판청구 절차 및 심판청구 기간)을 알려야 한다(행정심판법 제58조 제1항).

2. 신청에 의한 고지

992 행정청은 이해관계인이 요구하면 일정한 사항(해당 처분이 행정심판의 대상이 되는 처분인지, 행정심판의 대상이 되는 경우 소관 위원회 및 심판청구 기간)을 지체 없이 알려주어야 한다. 이 경우 서면으로 알려줄 것을 요구받으면 서면으로 알려주어야 한다(행정심판법 제58조 제2항).

V. 고지의무 위반의 효과★★[19 입시] [22 변시]

1. 처분의 위법 여부

고지제도에 대한 규정은 처분의 상대방이 그 처분에 대한 행정심판 등의 불복 절차를 밟는 데 있어 편의를 제공하려는 데 있으므로, 처분청이 해당 규정에 따른 고지의무를 이행하지 아니하였다고 하더라도 경우에 따라서 경유절차 및 청구기간과 관련하여 일정한 제약을 가하고 있을 뿐 처분을 위법하게 만들지는 못한다(대판 1987.11.24. 87누529).

2. 심판청구서 제출기관의 오고지·불고지

① 행정청이 제58조에 따른 고지를 하지 아니하거나(불고지) 잘못 고지하여(오고지) 청구인이 심판청구서를 다른 행정기관에 제출한 경우에는 그 행정기관은 그 심판청구서를 지체 없이 정당한 권한이 있는 피청구인에게 보내야 한다(행정심판법 제23조 제2항). ② 제2항에 따라 심판청구서를 보낸 행정기관은 지체 없이 그 사실을 청구인에게 알려야 한다(행정심판법 제23조 제3항). ③ 제27조에 따른 심판청구기간을 계산할 때에는 제1항에 따른 피청구인이나 위원회 또는 제2항에 따른 행정기관에 심판청구서가 제출되었을 때에 행정심판이 청구된 것으로 본다(행정심판법 제23조 제4항).

3. 심판청구 기간의 오고지·불고지

① 행정청이 심판청구 기간을 제1항(행정심판은 처분이 있음을 알게 된 날부터 90일 이내에 청구하여야 한다)에 규정된 기간보다 긴 기간으로 잘못 알린 경우 그 잘못 알린 기간에 심판청구가 있으면 그 행정심판은 제1항에 규정된 기간에 청구된 것으로 본다(행정심판법 제27조 제5항). ② 행정청이 심판청구 기간을 알리지 아니한 경우에는 제3항(행정심판은 처분이 있었던 날부터 180일이 지나면 청구하지 못한다. 다만, 정당한 사유가 있는 경우에는 그러하지 아니하다)에 규정된 기간에 심판청구를 할 수 있다(행정심판법 제27조 제6항).

4. 필요적 심판전치의 오고지

행정소송법은 처분을 행한 행정청이 행정심판을 거칠 필요가 없다고 잘못 알린 때에는 필요적 심판전치 사항이라고 할지라도 행정심판을 청구함이 없이 행정소송을 제기할 수 있다고 규정한다(행정소송법 제18조 제3항 제4호).

5. 행정심판 가능 여부의 오고지

행정소송법 제20조 제1항 단서는 비록 법령상은 행정심판청구가 금지되어 있으나(지방자치법 제24조 제3항(제1항에 따라 변상할 것을 명령받은 자는 이에 불복하는 경우 행정소송을 제기할 수 있다. 다만, 「행정심판법」에 따른 행정심판청구는 제기할 수 없다) 참조) 행정청이 행정심판을 청구할 수 있다고 잘못 알린 경우 취소소송의 제소기간에 대한 특례가 적용된다고 규정한다. 즉, 취소소송의 제소기간의 기산점은 '처분등이 있음을 안 날'이지만(행정소송법 제20조 제1항 본문), 행정청이 행정심판을 청구할 수 있다고 잘못 알려 원고가 행정심판을 청구한 경우 제소기간은 재결서의 정본을 송달받은 날부터 기산한다(행정소송법 제20조 제1항 단서).

CHAPTER 02 행정심판의 대상, 당사자, 행정심판기관

제1절 행정심판의 대상

997 심판청구의 대상인 처분과 부작위의 개념은 항고소송의 대상의 경우와 동일하다(후술하는 취소소송의 대상적격(1140 이하)·부작위위법확인소송 참조(1473 이하)). 다만, 행정심판청구의 대상과 관련하여 특징적인 것은 ① 대통령의 처분 또는 부작위에 대하여는 다른 법률에서 행정심판을 청구할 수 있도록 정한 경우 외에는 행정심판을 청구할 수 없다는 점(행정심판법 제3조 제2항), ② 심판청구에 대한 재결이 있으면 그 재결 및 같은 처분 또는 부작위에 대하여 다시 행정심판을 청구할 수 없다는 점이다(행정심판법 제51조).

제2절 행정심판의 당사자

제1항 | 행정심판청구인

Ⅰ. 의 의

998 행정심판청구인이란 행정청의 처분등에 불복하여 심판을 청구하는 자를 말한다. 처분의 상대방 외에 제3자도 심판청구인이 될 수 있다.

Ⅱ. 행정심판청구인적격 [14 입시]

1. 취소심판의 경우

999 행정심판법 제13조 제1항은 취소심판은 처분의 취소 또는 변경을 구할 법률상 이익이 있는 자가 청구할 수 있다고 규정한다.

2. 무효등확인심판의 경우

1000 행정심판법 제13조 제2항은 무효등확인심판은 처분의 효력 유무 또는 존재 여부의 확인을 구할 법률상 이익이 있는 자가 청구할 수 있다고 규정한다. 학설의 대립은 있으나 '확인을 구할 법률상 이익'은 취소심판의 '법률상 이익'과 같다는 것이 다수설이다.

3. 의무이행심판의 경우

1001 행정심판법 제13조 제3항은 의무이행심판은 처분을 신청한 자로서 행정청의 거부처분 또는 부작위에 대하여 일정한 처분을 구할 법률상 이익이 있는 자가 청구할 수 있다고 규정한다(87).

[참고] 행정심판법 제13조의 입법상 과오 여부

1. 문제점

행정소송법 제4조 제1호(취소소송: 행정청의 위법한 처분등을 취소 또는 변경하는 소송)와 달리 행정심판법 제5조 제1호(취소심판: 행정청의 위법 또는 부당한 처분을 취소하거나 변경하는 행정심판)는 부당한 처분도 취소(변경)할 수 있도록 규정하고 있는데, 부당한 행위로는 법률상 이익이 침해될 수 없어 행정심판법 제13조가 입법상 과오라는 견해가 있어 문제된다(예를 들어 행정심판법 제13조 제1항 제1문은 "취소심판은 처분의 취소 또는 변경을 구할 법률상 이익이 있는 자가 청구할 수 있다"라고 규정한다).

2. 학설

(1) 과오설

행정심판청구의 요건인 청구인적격과 처분의 위법·부당 여부에 대한 본안심리는 필연적인 관련성이 있음을 전제로 하며, 부당한 처분으로는 법률상 이익이 침해될 수 없으므로 행정심판법 제13조는 과오라는 견해이다.

(2) 비과오설

청구인적격문제는 쟁송제기단계의 문제이고 처분의 위법·부당의 문제는 본안 심리의 문제이므로 양자는 필연적인 관련성이 없으며, 부당한 처분에 의해서도 법률상 이익이 침해될 수 있음을 근거로 문제 없다는 견해이다(다수설).

3. 검토

법률상 이익 침해에는 적법한 침해도 있고, 위법한 침해도 있고, 부당한 침해(합목적성·경제성 판단을 잘못한 행정기관의 행위로 침해를 받는 경우)도 있을 수 있으므로 입법상 과오로 볼 수는 없다. 따라서 비과오설이 타당하다.

Ⅲ. 심판청구인의 지위보장

1. 법인이 아닌 사단·재단

법인이 아닌 사단 또는 재단으로서 대표자나 관리인이 정하여져 있는 경우에는 그 사단이나 재단의 이름으로 심판청구를 할 수 있다(행정심판법 제14조).

2. 선정대표자

여러 명의 청구인이 공동으로 심판청구를 할 때에는 청구인들 중에서 3명 이하의 선정대표자를 선정할 수 있다(행정심판법 제15조 제1항).

3. 청구인의 지위승계

청구인이 사망한 경우에는 상속인이나 그 밖에 법령에 따라 심판청구의 대상에 관계되는 권리나 이익을 승계한 자가 청구인의 지위를 승계한다(행정심판법 제16조 제1항). 그리고 법인인 청구인이 합병(合倂)에 따라 소멸하였을 때에는 합병 후 존속하는 법인이나 합병에 따라 설립된 법인이 청구인의 지위를 승계한다(행정심판법 제16조 제2항). 또한 심판청구의 대상과 관계되는 권리나 이익을 양수한 자는 위원회의 허가를 받아 청구인의 지위를 승계할 수 있다(행정심판법 제16조 제5항).

4. 대 리

청구인은 법정대리인 외에 일정한 자(1. 청구인의 배우자, 청구인 또는 배우자의 사촌 이내의 혈족, 2. 청구인이 법인이거나 제14조에 따른 청구인 능력이 있는 법인이 아닌 사단 또는 재단인 경우 그 소속 임직원, 3. 변호사, 4. 다른 법률에 따라 심판청구를 대리할 수 있는 자, 5. 그 밖에 위원회의 허가를 받은 자)를 대리인으로 선임할 수 있다(행정심판법 제18조 제1항). 그리고 청구인이 경제적 능력으로 인해 대리인을 선임할 수 없는 경우에는 위원회에 국선대리인을 선임하여 줄 것을 신청할 수 있다(행정심판법 제18조의2 제1항).

제2항 | 심판피청구인

Ⅰ. 심판피청구인

심판피청구인이란 심판청구인의 상대편 당사자를 말한다.

Ⅱ. 피청구인적격

1. 피청구인적격의 의의

'피청구인적격'이란 취소심판에서 피청구인이 될 수 있는 자격을 말한다.

2. 원칙 – 처분청

행정심판법 제17조 제1항 본문은 "행정심판은 처분을 한 행정청(의무이행심판의 경우에는 청구인의 신청을 받은 행정청)을 피청구인으로 하여 청구하여야 한다"고 규정한다. '처분을 한 행정청'이란 원칙적으로 심판의 대상인 처분을 외부에 자신의 명의로 행한 행정청(=처분청)을 말한다.

3. 특수한 경우

(1) 행정청의 권한이 승계된 경우

행정심판청구의 대상과 관계되는 권한이 다른 행정청에 승계된 경우에는 권한을 승계한 행정청을 피청구인으로 하여야 한다(행정심판법 제17조 제1항).

(2) 행정청이 없게 된 경우

행정소송법은 행정청이 없게 된 때에는 그 처분등에 관한 사무가 귀속되는 국가 또는 공공단체가 피고가 된다고 규정한다(행정소송법 제13조 제2항). 행정심판법은 명시적 규정이 없지만 마찬가지로 해석하는 것이 일반적인 견해이다.

(3) 행정청의 권한이 위임·위탁된 경우

법령 또는 자치법규에 따라 위탁을 받은 공공단체나 그 기관 또는 사인이 피청구인이 된다(행정심판법 제2조 제4호).

(4) 행정청의 권한이 내부위임된 경우

내부위임은 위임자 명의로 권한이 행사되기 때문에 위임 행정관청이 피청구인이 된다. 내부위임임에도 수임 행정관청이 위법하게 자신의 명의로 처분을 발령하였다면 피청구인은 명의자인 수임 행정관청이 된다.

(5) 행정청의 권한이 대리된 경우

행정권한의 대리가 있는 경우 대리행위의 효과는 피대리관청에게 귀속된다. 따라서 피청구인은 피대리관청이 된다.

(6) 처분적 조례

처분적 조례에 대한 피청구인은 지방자치단체의 내부적 의결기관으로서 지방자치단체의 의사를 외부에 표시한 권한이 없는 지방의회가 아니라, 지방자치단체의 집행기관으로서 조례로서의 효력을 발생시키는 공포권이 있는 지방자치단체의 장이 된다(대판 1996.9.20. 95누8003).

(7) 처분권한자와 통지(통보)한 자가 다른 경우

처분권한자 아닌 자가 단순히 통지만 한 경우, 피청구인은 처분권자이다.

Ⅲ. 피청구인경정

1. 종류

(1) 피청구인을 잘못 지정한 경우

청구인이 피청구인을 잘못 지정한 경우에는 위원회는 직권으로 또는 당사자의 신청에 의하여 결정으로써 피청구인을 경정(更正)할 수 있다(행정심판법 제17조 제2항).

(2) 권한이 승계된 경우

위원회는 행정심판이 청구된 후에 심판청구의 대상과 관계되는 권한이 다른 행정청에 승계된 경우에는 직권으로 또는 당사자의 신청에 의하여 결정으로써 피청구인을 경정한다(행정심판법 제17조 제5항).

2. 이의신청

당사자는 위원회의 피고경정결정에 대하여 결정서 정본을 받은 날부터 7일 이내에 위원회에 이의신청을 할 수 있다(행정심판법 제17조 제6항).

제3항 | 참가인

Ⅰ. 의 의

1010 심판참가란 타인간의 심판 계속 중에 그 심판결과에 따라 자신의 법률상 이익에 영향을 받게 되는 제3자가 그 심판절차에 가입하는 것을 말한다(자세한 내용은 후술하는 소송참가 참조(1237 이하)).

Ⅱ. 허가에 의한 참가

1011 행정심판의 결과에 이해관계가 있는 제3자나 행정청은 해당 심판청구에 대한 위원회나 소위원회의 의결이 있기 전까지 그 사건에 대하여 심판참가를 할 수 있다(행정심판법 제20조 제1항).

Ⅲ. 요구에 의한 참가

1012 위원회는 필요하다고 인정하면 그 행정심판 결과에 이해관계가 있는 제3자나 행정청에 그 사건 심판에 참가할 것을 요구할 수 있다(행정심판법 제21조 제1항).

Ⅳ. 참가인의 지위

1013 참가인은 행정심판 절차에서 당사자가 할 수 있는 심판절차상의 행위를 할 수 있다(행정심판법 제22조 제1항).

제3절 행정심판기관(행정심판위원회)

I. 의 의

행정심판위원회란 심판청구사항을 심리·재결하는 권한을 가진 기관을 말한다. 행정심판위원회는 복수의 위원이 구성되면서 위원의 합의로 의사를 정한다는 점에서 합의제 기관이고, 또한 행정심판위원회는 의사를 결정하고 외부에 표시하는 권한을 갖는다는 점에서 행정청의 성격을 갖는다(행정심판법 제2조 제4호 참조).

II. 유 형

1. 해당 행정청에 두는 행정심판위원회

① 감사원, 국가정보원장, 그 밖에 대통령령으로 정하는 대통령 소속기관의 장, ② 국회사무총장·법원행정처장·헌법재판소사무처장 및 중앙선거관리위원회사무총장, ③ 국가인권위원회, 진실·화해를위한과거사정리위원회, 그 밖에 지위·성격의 독립성과 특수성 등이 인정되어 대통령령으로 정하는 행정청의 처분(부작위)에 대한 행정심판청구는 해당 행정청에 두는 행정심판위원회에서 심리·재결한다(행정심판법 제6조 제1항 제1호-제3호)(예: 감사원장의 처분에 대해서는 감사원행정심판위원회가 행정심판기관이 된다).

2. 중앙행정심판위원회

① 행정심판법 제6조 제1항에 따른 행정청 외의 국가행정기관의 장 또는 그 소속 행정청, ② 특별시장·광역시장·특별자치시장·도지사·특별자치도지사(특별시·광역시·특별자치시·도 또는 특별자치도의 교육감을 포함한다. 이하 "시·도지사"라 한다) 또는 특별시·광역시·특별자치시·도·특별자치도(이하 "시·도"라 한다)의 의회(의장, 위원회의 위원장, 사무처장 등 의회 소속 모든 행정청을 포함한다), ③ 「지방자치법」에 따른 지방자치단체조합 등 관계 법률에 따라 국가·지방자치단체·공공법인 등이 공동으로 설립한 행정청(다만, 행정심판법 제6조 제3항 제3호에 해당하는 행정청은 제외한다)의 처분 또는 부작위에 대한 심판청구에 대하여는 「부패방지 및 국민권익위원회의 설치와 운영에 관한 법률」에 따른 국민권익위원회에 두는 중앙행정심판위원회에서 심리·재결한다(행정심판법 제6조 제2항 제1호-제3호)(예: 서울특별시장의 처분에 대해서는 중앙행정심판위원회가 행정심판기관이 된다).

3. 시·도지사 소속 행정심판위원회

① 시·도 소속 행정청, ② 시·도의 관할구역에 있는 시·군·자치구의 장, 소속 행정청 또는 시·군·자치구의 의회(의장, 위원회의 위원장, 사무국장, 사무과장 등 의회 소속 모든 행정청을 포함한다), ③ 시·도의 관할구역에 있는 둘 이상의 지방자치단체(시·군·자치구를 말한다)·공공법인 등이 공동으로 설립한 행정청의 처분 또는 부작위에 대한 심판청구에 대하여는 시·도지사 소속으로 두는 행정심판위원회에서 심리·재결한다(행정심판법 제6조

제3항 제1호-제3호)(예: 관악구청장의 처분에 대해서는 서울특별시장 소속 행정심판위원회(서울특별시행정심판위원회)가 행정심판기관이 된다).

4. 직근 상급행정기관에 두는 행정심판위원회

1018 행정심판법 제6조 제2항 제1호에도 불구하고 대통령령으로 정하는 국가행정기관 소속 특별지방행정기관의 장의 처분 또는 부작위에 대한 심판청구에 대하여는 해당 행정청의 직근 상급행정기관에 두는 행정심판위원회에서 심리·재결한다(행정심판법 제6조 제4항).

Ⅲ. 구 성

1. 행정심판위원회

1019 행정심판위원회(중앙행정심판위원회는 제외한다. 이하 이 조에서 같다)는 위원장 1명을 포함한 30명 이내의 위원으로 구성한다(행정심판법 제7조 제1항).

2. 중앙행정심판위원회

1020 중앙행정심판위원회는 위원장 1명을 포함한 50명 이내의 위원으로 구성하되, 위원 중 상임위원은 4명 이내로 한다(행정심판법 제8조 제1항).

Ⅳ. 회 의

1. 행정심판위원회

1021 행정심판위원회의 회의는 위원장과 위원장이 회의마다 지정하는 8명의 위원(그 중 제4항에 따른 위촉위원은 6명 이상으로 하되, 제3항에 따라 위원장이 공무원이 아닌 경우에는 5명 이상으로 한다)으로 구성한다. 다만, 국회규칙, 대법원규칙, 헌법재판소규칙, 중앙선거관리위원회규칙 또는 대통령령(제6조 제3항에 따라 시·도지사 소속으로 두는 행정심판위원회의 경우에는 해당 지방자치단체의 조례)으로 정하는 바에 따라 위원장과 위원장이 회의마다 지정하는 6명의 위원(그중 제4항에 따른 위촉위원은 5명 이상으로 하되, 제3항에 따라 공무원이 아닌 위원이 위원장인 경우에는 4명 이상으로 한다)으로 구성할 수 있다(행정심판법 제7조 제5항).

2. 중앙행정심판위원회

1022 중앙행정심판위원회의 회의(제6항에 따른 소위원회 회의는 제외한다)는 위원장, 상임위원 및 위원장이 회의마다 지정하는 비상임위원을 포함하여 총 9명으로 구성한다(행정심판법 제8조 제5항).

Ⅴ. 제척·기피·회피

1023 ㈎ 위원회의 위원은 일정한 경우(1. 위원 또는 그 배우자나 배우자이었던 사람이 사건의 당사자이거나 사건에 관하여 공동 권리자 또는 의무자인 경우, 2. 위원이 사건의 당사자와 친족이거나 친족이었던 경우, 3. 위원이 사건에 관하여 증언이나 감정(鑑定)을 한 경우, 4. 위원이 당사자의 대

리인으로서 사건에 관여하거나 관여하였던 경우, 5. 위원이 사건의 대상이 된 처분 또는 부작위에 관여한 경우)에는 그 사건의 심리·의결에서 제척된다. 이 경우 제척결정은 위원회의 위원장이 직권으로 또는 당사자의 신청에 의하여 한다(행정심판법 제10조 제1항).

㈏ 당사자는 위원에게 공정한 심리·의결을 기대하기 어려운 사정이 있으면 위원장에게 기피신청을 할 수 있다(행정심판법 제10조 제2항).

㈐ 위원회의 회의에 참석하는 위원이 제척사유 또는 기피사유에 해당되는 것을 알게 되었을 때에는 스스로 그 사건의 심리·의결에서 회피할 수 있다. 이 경우 회피하고자 하는 위원은 위원장에게 그 사유를 소명하여야 한다(행정심판법 제10조 제6항).

VI. 권한과 의무, 권한의 승계

1. 권 한

행정심판위원회는 심판청구사건을 심리·재결하는 기관이므로, 심판청구사건의 심리권과 재결권이 행정심판위원회의 주된 권한이다. 그리고 행정심판법은 행정심판위원회의 심리·재결이 본래의 의미를 다할 수 있도록 하기 위하여 행정심판위원회에 증거조사권(행정심판법 제36조)을 부여하고 있고, 그 밖에 선정대표자 선정권고권(행정심판법 제15조 제2항), 청구인지위승계허가권(행정심판법 제16조 제5항), 피청구인경정권(행정심판법 제17조 제2항) 등 부수적인 권한도 부여한다.

2. 의 무

피청구인에 대한 심판청구서 부본의 송부의무(행정심판법 제26조 제1항), 다른 당사자에 대한 답변서 부본 송달의무(행정심판법 제26조 제2항), 당사자로부터 제출된 증거서류 부본의 다른 당사자에게 대한 송달의무(행정심판법 제34조 제3항), 증거서류 등의 반환의무(행정심판법 제55조), 재결서 정본 송달의무(행정심판법 제48조) 등을 부담한다.

3. 권한의 승계

당사자의 심판청구 후 위원회가 법령의 개정·폐지 또는 행정심판법 제17조 제5항에 따른 피청구인의 경정 결정에 따라 그 심판청구에 대하여 재결할 권한을 잃게 된 경우에는 해당 위원회는 심판청구서와 관계 서류, 그 밖의 자료를 새로 재결할 권한을 갖게 된 위원회에 보내야 한다(행정심판법 제12조 제1항).

CHAPTER 03 행정심판의 청구

제1절 행정심판청구의 방식

1027 심판청구는 서면으로 하여야 한다(행정심판법 제28조 제1항).

제2절 행정심판청구의 기간

1028 심판청구의 기간은 취소심판청구와 거부처분에 대한 의무이행심판청구에서 적용되며, 무효등확인심판청구와 부작위에 대한 의무이행심판청구에는 적용되지 아니한다(행정심판법 제27조 제7항).

I. 행정심판법상 심판청구 기간★[19 입시]

1. 처분이 있음을 알게 된 날부터 90일

(1) 원 칙

1029 행정심판은 처분이 있음을 알게 된 날부터 90일 이내에 청구하여야 한다(행정심판법 제27조 제1항). 이 기간은 불변기간이다(행정심판법 제27조 제4항). 여기서 '처분이 있음을 안 날'이라 함은 당사자가 당해 처분이 있었다는 사실을 현실적으로 안 날을 의미한다.

(2) 예 외

1) 천재지변 등의 경우

1030 청구인이 천재지변, 전쟁, 사변(事變), 그 밖의 불가항력으로 인하여 제1항에서 정한 기간에 심판청구를 할 수 없었을 때에는 그 사유가 소멸한 날부터 14일 이내에 행정심판을 청구할 수 있다. 다만, 국외에서 행정심판을 청구하는 경우에는 그 기간을 30일로 한다(행정심판법 제27조 제2항). 이 기간은 불변기간이다(행정심판법 제27조 제4항).

2) 행정청의 오고지의 경우

1031 행정청이 심판청구 기간을 제1항에 규정된 기간보다 긴 기간으로 잘못 알린 경우 그 잘못 알린 기간에 심판청구가 있으면 그 행정심판은 제1항에 규정된 기간(처분이 있음을 알게 된 날부터 90일)에 청구된 것으로 본다(행정심판법 제27조 제5항).

3) 행정청의 불고지의 경우

1031a 행정청이 심판청구 기간을 알리지 아니한 경우에는 처분이 있었던 날부터 180일 내에

심판청구를 할 수 있다(행정심판법 제27조 제6항). 즉, 처분이 있음을 알게 된 날부터 90일이 적용되지 않는다.

2. 처분이 있었던 날부터 180일

(1) 원 칙

행정심판은 처분이 있었던 날부터 180일이 지나면 청구하지 못한다(행정심판법 제27조 제3항 본문). '처분이 있었던 날'이란 처분의 효력이 발생한 날을 말한다. 처분은 행정기관의 내부적 결정만으로 부족하며 외부로 표시되어 상대방에게 도달되어야 효력이 발생한다(대판 1990.7.13. 90누2284).

(2) 예 외

정당한 사유가 있는 경우에는 180일이 지나도 심판을 청구할 수 있다(행정심판법 제27조 제3항 단서)(예를 들어 이웃하는 자에게 연탄공장건축허가가 발령되었지만, 제3자는 그 허가처분 발령 사실을 알기 어렵기 때문에, 있었던 날로부터 180일을 엄격히 적용하면 실제로 제3자는 이웃하는 자에게 발령된 허가처분을 다투기 어렵다. 따라서 이 경우가 대표적인 정당한 사유가 있는 경우에 해당하게 된다).

3. '처분이 있음을 알게 된 날부터 90일'과 '처분이 있었던 날부터 180일'의 관계

처분이 있음을 알게 된 날부터 90일과 처분이 있었던 날부터 180일 중 어느 것이라도 먼저 경과하면 심판을 청구할 수 없다.

Ⅱ. 특별법상 심판청구 기간

특별법에서 행정심판청구기간에 관하여 특례를 두면 그 규정이 우선한다(예: 국가공무원법 제76조 ① 제75조에 따른 처분사유 설명서를 받은 공무원이 그 처분에 불복할 때에는 그 설명서를 받은 날부터, 공무원이 제75조에서 정한 처분 외에 본인의 의사에 반한 불리한 처분을 받았을 때에는 그 처분이 있은 것을 안 날부터 각각 30일 이내에 소청심사위원회에 이에 대한 심사를 청구할 수 있다).

제3절　행정심판청구의 제출절차등

Ⅰ. 심판청구서의 제출과 처리

1. 선택적 청구

1037　행정심판을 청구하려는 자는 심판청구서를 작성하여 피청구인이나 위원회에 제출하여야 한다(행정심판법 제23조 제1항).

2. 피청구인의 심판청구서 등의 접수와 처리

1038　㈎ 피청구인이 심판청구서를 접수하거나 송부받으면 10일 이내에 심판청구서와 답변서를 위원회에 보내야 한다(행정심판법 제24조 제1항). 심판청구서를 보낸 행정기관은 지체 없이 그 사실을 청구인에게 알려야 한다(행정심판법 제24조 제5항).

㈏ 그러나 심판청구서를 받은 피청구인이 그 심판청구가 이유 있다고 인정하면 심판청구의 취지에 따라 직권으로 처분을 취소·변경하거나 확인을 하거나 신청에 따른 처분을 할 수 있다(행정심판법 제25조 제1항 제1문).

3. 위원회의 심판청구서 등의 접수와 처리

1039　위원회는 심판청구서를 받으면 지체 없이 피청구인에게 심판청구서 부본을 보내야 한다(행정심판법 제26조 제1항). 위원회는 피청구인으로부터 답변서가 제출되면 답변서 부본을 청구인에게 송달하여야 한다(행정심판법 제26조 제2항).

Ⅱ. 행정심판청구의 변경

1. 의 의

1040　청구인은 청구의 기초에 변경이 없는 범위에서 청구의 취지나 이유를 변경할 수 있다(행정심판법 제29조 제1항). '청구의 기초에 변경이 없는 범위'란 신·구청구 간의 관련성이 있을 것을 말한다(후술하는 소의 종류 변경 참조(1288)). 그리고 행정심판이 청구된 후에 피청구인이 새로운 처분을 하거나 심판청구의 대상인 처분을 변경한 경우에는 청구인은 새로운 처분이나 변경된 처분에 맞추어 청구의 취지나 이유를 변경할 수 있다(행정심판법 제29조 제2항).

2. 효 과

1041　청구의 변경결정이 있으면 처음 행정심판이 청구되었을 때부터 변경된 청구의 취지나 이유로 행정심판이 청구된 것으로 본다(행정심판법 제29조 제8항).

Ⅲ. 행정심판청구의 효과

1042　행정심판법상 요건을 갖춘 심판청구가 있으면 행정심판위원회는 심판을 심리·재결할 의무를 진다(행정심판법 제6조, 제43조 이하 참조). 그리고 심판청구가 있어도 그것이 처분

의 효력이나 그 집행 또는 절차의 속행에 영향을 주지 아니한다(행정심판법 제30조 제1항)(자세한 내용은 후술하는 집행정지 참조(1044)).

IV. 행정심판청구의 취하

청구인은 심판청구에 대하여 행정심판위원회의 의결이 있을 때까지 서면으로 심판청구를 취하할 수 있다(행정심판법 제42조 제1항).

제4절 가구제

Ⅰ. 가구제의 의의, 종류

1044 ㈎ 일정한 경우 인용재결이 있다고 하여도 이미 회복하기 어려운 손해가 발생하여 인용재결이 청구인에게 실질적인 권리구제가 되지 못하는 경우도 있다. 이를 방지하기 위한 잠정적인 수단이 바로 가구제이다. 이는 행정심판의 재결이 있을 때까지 잠정적으로 청구인의 권리를 보전하기 위한 것이다.

㈏ 가(=잠정적)구제에는 집행정지(소극적 의미의 가구제)와 임시처분(적극적 의미의 가구제)이 있다.

Ⅱ. 집행정지(소극적 의미의 가구제)

1. 의의

1045 행정심판법은 집행부정지원칙을 택하면서(행정심판법 제30조 제1항), 일정한 경우 위원회는 직권 또는 당사자의 신청으로 집행정지를 결정할 수 있음을 인정한다.

2. 요건★

1046 집행정지의 적극적 요건은 신청인이 주장·소명(약한 증명)하며, 소극적 요건은 행정청이 주장·소명한다.

(1) 적극적 요건

1) 심판청구의 계속

1046a ㈎ 행정심판법에는 명문의 규정이 없으나 집행정지제도가 심판청구를 보전하기 위한 부수적인 절차임을 감안할 때 집행정지는 심판청구의 계속을 요건으로 한다. 또한 행정심판은 심판청구의 제기요건을 갖춘 적법한 것이어야 한다. 심판청구가 취하되거나 심판청구가 각하 또는 기각 재결을 받은 경우에는 집행정지가 허용되지 않는다.

㈏ 행정심판의 대상과 집행정지의 대상은 원칙적으로 동일해야 하지만, 선행처분의 집행행위의 집행이나 절차속행을 정지하는 경우 달라질 수 있다(예를 들어 과세처분취소심판에서 압류처분으로 절차속행을 정지하는 경우).

㈐ 무효인 처분도 처분의 외관이 존재하며, 무효인 처분이라 하더라도 무효 여부는 무효확인재결이 나오기 전까지는 불확실하기 때문에 무효인 처분도 집행정지가 가능하다(홍준형, 김철용).

2) 정지대상인 처분등의 존재

1046b 처분등이 존재해야 한다. 다만 거부처분에 대한 집행정지가 인정될 수 있는지가 문제되는데, 이를 부정하는 것이 다수설이다(후술하는 취소소송의 집행정지 참조(1303 이하)). 행정심판은 아니지만 취소소송에서 판례는 거부처분의 집행정지를 인정하지 않는다(대결 1992.2.13.

91두47).

3) 중대한 손해의 예방의 필요성
행정소송법 제23조 제2항은 '회복하기 어려운 손해를 예방하기 위하여'라고 하는데 행정심판법 제30조 제2항은 '중대한 손해가 생기는 것을 예방할 필요성'이라고 규정한다. 따라서 집행정지의 요건이라는 면에서 행정소송의 경우보다 행정심판의 경우가 다소 완화되어 있다고 볼 수 있다(홍준형).

4) 긴급한 필요
이는 손해가 발생될 가능성이 시간적으로 절박하여 본안재결을 기다릴 여유가 없는 것을 말한다.

(2) 소극적 요건

1) 공공복리에 중대한 영향을 미칠 우려가 없을 것
행정심판법 제30조 제3항에서 집행정지의 요건으로 규정하고 있는 '공공복리에 중대한 영향을 미칠 우려'가 없을 것이라고 할 때의 '공공복리'는 그 처분의 집행과 관련된 구체적이고도 개별적인 공익을 말하는 것이다. 그리고 '공공복리에 중대한 영향을 주는 경우'란 집행으로 인해 사인이 입게 될 중대한 손해와 집행이 정지됨으로 손상될 공익을 비교형량하여 압도적으로 후자가 우월한 경우를 말한다.

2) 본안에 이유 없음이 명백하지 아니할 것
명문에 규정된 요건은 아니지만, 본안에 이유 없음이 명백하다면 집행정지를 할 이유가 없다고 보는 것이 다수설이다. 다만, 이는 행정청이 주장·소명하여야 한다(소극적 요건).

3. 집행정지의 대상
집행정지의 대상은 처분의 효력, 처분의 집행 또는 절차의 속행의 전부 또는 일부이다. 다만, 처분의 효력정지는 처분의 집행 또는 절차의 속행을 정지함으로써 그 목적을 달성할 수 있을 때에는 허용되지 아니한다(행정심판법 제30조 제2항)(자세한 내용은 후술하는 취소소송의 집행정지 참조(1093 이하)).

4. 집행정지의 절차
당사자의 신청이나 직권으로 위원회가 결정한다(행정심판법 제30조 제2항).

5. 효 력

(1) 형성력
집행정지결정이 되면 별도의 절차 없이도 잠정적으로 처분이 없었던 것과 같은 상태가 된다(잠정적인 소극적 형성력이 발생).

(2) 기속력
명문의 규정은 없으나 집행정지결정은 당사자인 행정청과 그 밖의 관계 행정청을 기속한다고 본다(행정소송법 제23조 제6항, 제30조 제1항 참조). 따라서 위원회의 집행정지결정이후, 그 결정에 위반되는 행정청의 행위가 있었다면 그 행위는 집행정지결정의 기속력에 위반되어 위법하며, 중대명백한 하자로 무효가 된다(판결의 기속력 참조(1427)).

(3) 효력의 시간적 범위

① 집행정지기간은 위원회가 의결로 정한다. 다만, 처분의 효력을 소급하여 정지하는 것은 허용되지 않으며 장래를 향해서만 정지시킬 수 있다(통설). ② 집행정지결정의 효력은 해당 결정의 주문에 정해진 시기까지 존속한다. 그러나 주문에 종기를 정함이 없으면 심판청구의 재결이 있을 때까지 그 효력은 존속한다.

6. 집행정지의 취소

위원회는 집행정지를 결정한 후에 집행정지가 공공복리에 중대한 영향을 미치거나 그 정지사유가 없어진 경우에는 직권으로 또는 당사자의 신청에 의하여 집행정지 결정을 취소할 수 있다(행정심판법 제30조 제4항).

Ⅲ. 임시처분(적극적 의미의 가구제)★★★[18 5급]

1. 의의

㈎ 임시처분이란 처분 또는 부작위가 위법·부당하다고 상당히 의심되는 경우로서 처분 또는 부작위 때문에 당사자가 받을 우려가 있는 중대한 불이익이나 당사자에게 생길 급박한 위험을 막기 위하여 임시지위를 정하여야 할 필요가 있는 경우 행정심판위원회가 발할 수 있는 가구제 수단이다(행정심판법 제31조 제1항).

㈏ 가구제제도로서 집행정지는 소극적으로 침익적 처분의 효력을 정지시키는 형성력(소극적 형성력)만이 있을 뿐 행정청에게 일정한 처분의무를 지우는 등의 기능(적극적 형성력)은 없기 때문에 집행정지제도는 잠정적 권리구제 수단으로서 한계가 있었다. 따라서 임시처분제도의 도입은 거부처분이나 부작위에 대한 잠정적 권리구제의 제도적인 공백상태를 입법적으로 해소하고 청구인의 권리를 두텁게 보호하려는 데 취지가 있다(류지태·박종수).

2. 요건

적극적 요건은 신청인이, 소극적 요건은 행정청이 주장·소명하여야 한다.

(1) 적극적 요건

1) 심판청구의 계속

명시적 규정은 없지만, 집행정지제도가 심판청구의 계속을 요건으로 하고 있는 것을 보면 가구제로서 임시처분도 심판청구의 계속을 요건으로 하고 있다고 보아야 한다(김동희, 류지태·박종수).

2) 처분 또는 부작위가 위법·부당하다고 상당히 의심되는 경우일 것

① 적극적 처분, 거부처분, 부작위가 모두 포함된다. ② 그리고 위법·부당의 판단은 본

안 심리사항이지만 임시처분을 위해서는 위법 또는 부당이 상당히 의심되는 경우라야 한다. 이는 임시처분이 본안판단에 앞서 처분이 있는 것과 같은 상태를 창출할 수 있기에(적극적 형성력) 집행정지보다 더 엄격한 요건을 요하는 것이다(김동희).

3) 당사자에게 생길 중대한 불이익이나 급박한 위험을 방지할 필요가 있을 것

이 요건은 행정심판법 제30조 제2항의 집행정지의 요건 중 '중대한 손해가 생기는 것을 예방할 필요성이 긴급하다고 인정할 때'와 유사하게 판단하면 될 것이다(행정심판법 제31조 제2항).

(2) 소극적 요건

행정심판법 제31조 제2항은 행정심판법 제30조 제3항을 준용하는 결과 임시처분도 공공복리에 중대한 영향을 미칠 우려가 있을 때에는 허용되지 아니한다. 여기서 '공공복리'란 그 처분과 관련된 구체적이고도 개별적인 공익을 말한다. 그리고 '공공복리에 중대한 영향을 주는 경우'란 사인이 입게 될 중대한 손해와 손상될 공익을 비교형량하여 압도적으로 후자가 우월한 경우를 말한다.

3. 임시처분의 보충성(집행정지와 임시처분의 관계)

임시처분은 집행정지로 목적을 달성할 수 있는 경우에는 허용되지 아니한다(행정심판법 제31조 제3항).

4. 임시처분의 절차

① 위원회는 직권으로 또는 당사자의 신청에 의하여 임시처분을 결정할 수 있다(행정심판법 제31조 제1항). ② 위원회는 임시처분을 결정한 후에 임시처분이 공공복리에 중대한 영향을 미치는 등의 사유가 있는 경우에는 직권 또는 당사자의 신청에 의하여 이 결정을 취소할 수 있다(행정심판법 제31조 제2항, 제30조 제4항). ③ 임시처분의 신청은 심판청구와 동시에 또는 심판청구에 대한 위원회나 소위원회의 의결이 있기 전까지, 임시처분 결정의 취소신청은 심판청구에 대한 위원회나 소위원회의 의결이 있기 전까지 신청의 취지와 원인을 적은 서면을 위원회에 제출하여야 한다. 다만, 심판청구서를 피청구인에게 제출한 경우로서 심판청구와 동시에 임시처분 신청을 할 때에는 심판청구서 사본과 접수증명서를 함께 제출하여야 한다(행정심판법 제31조 제2항, 제30조 제5항). ④ 위원회의 심리·결정을 기다릴 경우 중대한 손해가 생길 우려가 있다고 인정되면 위원장은 직권으로 위원회의 심리·결정을 갈음하는 결정을 할 수 있다(행정심판법 제31조 제2항, 제30조 제6항). ⑤ 위원회는 임시조치 또는 임시조치의 취소에 관하여 심리·결정하면 지체 없이 당사자에게 결정서 정본을 송달하여야 한다(행정심판법 제31조 제2항, 제30조 제7항).

제5절 전자정보처리조직을 통한 행정심판청구

1058 행정심판법에 따른 행정심판 절차를 밟는 자는 심판청구서와 그 밖의 서류를 전자문서화하고 이를 정보통신망을 이용하여 위원회에서 지정·운영하는 전자정보처리조직(행정심판 절차에 필요한 전자문서를 작성·제출·송달할 수 있도록 하는 하드웨어, 소프트웨어, 데이터베이스, 네트워크, 보안요소 등을 결합하여 구축한 정보처리능력을 갖춘 전자적 장치를 말한다. 이하 같다)을 통하여 제출할 수 있다(행정심판법 제52조 제1항).

CHAPTER 04 행정심판의 심리와 재결

| 제1부 행정법총론 | **제2부 행정쟁송법** | 제3부 행정법각론 |

제1절 행정심판의 심리

제1항 | 심리의 의의

심리란 분쟁의 대상이 되고 있는 사실관계와 법률관계를 분명히 하기 위해 당사자나 관계자의 주장·반대주장(항변)을 듣고, 그러한 주장을 정당화시켜주는 각종의 증거·자료를 수집·조사하는 일련의 절차를 말한다.

제2항 | 심리의 내용

Ⅰ. 요건심리

요건심리(본안전(前)심리)란 행정심판의 청구요건을 구비하였는가에 관한 심리를 말한다. 만약 요건의 불비가 있다면 각하재결을 행한다.

Ⅱ. 본안심리

⑺ 요건심리의 결과 행정심판의 청구가 적법한 것이면, 처분(부작위)의 위법·부당 여부를 심리하게 되는데 이것이 본안심리다. 만약 청구인의 청구가 정당하다면(위법·부당) 인용재결을, 그렇지 않다면 기각재결을 한다.

⑻ 그리고 행정심판에 있어서 행정처분의 위법·부당 여부는 원칙적으로 처분시를 기준으로 판단하여야 한다(대판 2001.7.27. 99두5092)(처분시설(후술하는 취소소송에서 처분의 위법성 판단 기준시 참조(1349 이하))).

제3항 | 심리의 기본원칙

Ⅰ. 직권주의

직권주의란 쟁송심리의 주도권을 심리기관에게 주는 원칙을 말하며(행정심판의 경우 위원회, 행정소송의 경우 법원), 쟁송심리의 주도권을 당사자에게 주는 당사자주의와 대비된다. 행정심판법은 제39조에서 "위원회는 필요하면 당사자가 주장하지 아니한 사실에 대하여도 심리할 수 있다"고 규정하고, 제36조 제1항에서 "위원회는 사건을 심리하기 위하여 필요하면 직권으로 또는 당사자의 신청에 의하여 다음 각 호의 방법에 따라 증거조사를 할 수 있다"고 규정하는바 직권주의를 취하고 있다. 다만, 행정심판법은 불고불리의 원칙(당사자의 심판청구의 취지를 넘어서 심리해서는 아니 된다는 원칙)을 채택하고 있으므로 행정심판의 직권심리도 당사자의 청구 범위 내로 제한될 수밖에 없다(행정심판법 제47조 제1항 참조)(1070).

II. 서면심리주의·구술심리주의

1065 행정심판의 심리는 구술심리(구술로 심리하는 것)나 서면심리(서면의 형식으로 심리하는 것)로 한다(행정심판법 제40조 제1항 본문).

III. 비공개주의

1066 명문의 규정은 없으나 비공개주의가 원칙이라는 견해가 다수설이다.

제2절 행정심판의 재결

제1항 | 일반론

Ⅰ. 재결의 의의

재결이란 행정심판의 청구에 대하여 행정심판위원회가 행하는 판단을 말한다(행정심판법 제2조 제3호). 재결은 행정청인 행정심판위원회가 행하는 판단작용이므로 행정행위에 해당한다.

1067

Ⅱ. 재결기간

재결은 피청구인 또는 위원회가 심판청구서를 받은 날부터 60일 이내에 하여야 한다. 다만, 부득이한 사정이 있는 경우에는 위원장이 직권으로 30일을 연장할 수 있다(행정심판법 제45조 제1항).

1068

Ⅲ. 재결의 방식

재결은 서면으로 한다(행정심판법 제46조 제1항).

1069

Ⅳ. 재결의 범위

1. 불고불리의 원칙(당사자의 심판청구의 취지를 넘어서 심리해서는 아니 된다는 원칙)

위원회는 심판청구의 대상이 되는 처분 또는 부작위 외의 사항에 대하여는 재결하지 못한다(행정심판법 제47조 제1항).

1070

2. 불이익변경금지의 원칙

위원회는 심판청구의 대상이 되는 처분보다 청구인에게 불리한 재결을 하지 못한다(행정심판법 제47조 제2항). 이는 청구인의 이익을 고려한 결과이다.

1071

Ⅴ. 재결의 효력발생

재결은 청구인에게 재결서정본이 송달되었을 때에 그 효력이 생긴다(행정심판법 제48조 제1항·제2항).

1072

Ⅵ. 행정심판법상 조정

행정심판위원회가 개입·조정하는 절차를 통하여 갈등을 조기에 해결하도록 하기 위해 개정 행정심판법은 위원회가 당사자의 동의를 받아 조정을 할 수 있음을 규정한다. 조정이 이루어지면 그 효과로 재결의 기속력, 직접처분, 간접강제 및 행정심판의 재청구의 금지가 준용된다(행정심판법 제43조의2 참조).

1072a

제2항 | 재결의 종류[11 5급] [14 입시]

Ⅰ. 각하재결

1073　위원회는 심판청구가 적법하지 아니하면 그 심판청구를 각하한다(행정심판법 제43조 제1항)(예를 들어 심판청구기간이 도과하였거나 심판대상이 되지 않은 사항에 대해 행정심판을 청구한 경우처럼 행정심판의 청구요건을 구비하지 못한 경우 위원회는 각하재결을 한다).

Ⅱ. 기각재결

1. 일반적인 기각재결

1074　위원회는 심판청구가 이유가 없다고 인정하면 그 심판청구를 기각한다(행정심판법 제43조 제2항)(예를 들어 취소심판을 청구하였으나 처분에 위법·부당성이 없는 경우 위원회는 기각재결을 한다).

2. 사정재결

1075　위원회는 심판청구가 이유가 있다고 인정하는 경우에도 이를 인용하는 것이 공공복리에 크게 위배된다고 인정하면 그 심판청구를 기각하는 재결을 할 수 있다. 이 경우 위원회는 재결의 주문에서 그 처분 또는 부작위가 위법하거나 부당하다는 것을 구체적으로 밝혀야 한다(행정심판법 제44조 제1항)(예를 들어 취소심판에서 처분의 위법·부당성은 인정이 되지만 중요한 공익적 사정을 이유로 당사자의 청구를 기각하는 것을 말한다)(자세한 내용은 후술하는 사정판결 참조(1373 이하)).

Ⅲ. 인용재결

1076　인용재결이란 본안심리의 결과 당사자의 심판청구가 이유 있어 위원회가 그 청구를 받아들이는 재결을 말한다(예를 들어 취소심판에서 처분청의 처분에 위법·부당성이 인정되어 당사자의 청구를 받아들이는 것을 말한다).

1. 취소심판의 경우★[19 입시]

1077　㈎ 위원회는 취소심판의 청구가 이유가 있다고 인정하면 처분을 취소 또는 다른 처분으로 변경하거나 처분을 다른 처분으로 변경할 것을 피청구인에게 명한다(행정심판법 제43조 제3항). 형성재결(법률관계의 발생·변경·소멸을 가져오는 재결)인 취소재결·변경재결과 명령재결(=이행재결=이행명령재결)인 변경명령재결이 있다.

㈏ 취소재결에는 해당 처분 전부를 취소하는 재결과 일부만을 취소하는 재결(예를 들어 1년의 영업정지처분을 6개월의 영업정지처분으로 단축하는 재결)이 있다.

㈐ 변경재결과 변경명령재결은 행정심판위원회가 처분내용을 적극적(질적)으로 변경하거나 변경을 명하는 재결을 말한다. 예를 들어 1년의 영업정지처분을 500만 원의 과징금부과처분으로 변경하거나 변경을 명하는 경우를 말한다.

2. 무효등확인심판의 경우

위원회는 무효등확인심판의 청구가 이유가 있다고 인정하면 처분의 효력 유무 또는 처분의 존재 여부를 확인한다(행정심판법 제43조 제4항).

3. 의무이행심판의 경우★★

위원회는 의무이행심판의 청구가 이유가 있다고 인정하면 지체 없이 신청에 따른 처분을 하거나 처분을 할 것을 피청구인에게 명한다(행정심판법 제43조 제5항). 따라서 의무이행심판의 인용재결에는 형성재결인 처분재결과 명령재결인 처분명령재결이 있다.

(1) 처분재결과 처분명령(이행)재결의 선택

1) 학 설

① 행정심판위원회가 전적으로 선택에 재량을 갖는다는 견해, ② 행정심판위원회가 충분한 심사를 할 수 있다면 당사자의 신속한 권리구제를 위하여 처분재결을 활용하고, 기타의 경우에는 처분명령재결을 활용하자는 견해, ③ 처분청의 권한존중을 이유로 원칙적으로 처분명령재결을 활용하고, 예외적으로 처분재결을 활용해야 한다는 견해가 대립된다.

2) 검 토

행정심판법 제43조 제5항은 '처분을 하거나 처분을 할 것을 피청구인에게 명한다'고 규정하고 있으므로 ①설이 타당하다. 다만, 실무상으로는 주로 처분명령재결을 한다.

(2) 기속행위와 재량행위에서의 재결

1) 기속행위

행정행위가 기속행위인 경우 위원회는 청구인의 신청에 따른 처분재결을 할 수도 있고(특정처분재결), 피청구인에게 처분을 할 것을 명하는 재결(특정처분명령재결)을 할 수도 있다.

2) 재량행위

행정행위가 재량행위라면 처분의 인용 여부가 피청구인의 재량이므로 위원회는 처분재결을 할 수 없다. 따라서 위원회는 피청구인으로 하여금 다시 하자 없는 재량행사를 하도록 명하는 재결(적법재량행사명령재결(하자 없는 재량행사명령재결, 재결정명령재결))을 한다. 위원회가 적법재량행사명령재결을 하는 경우 피청구인은 청구인이 신청한 처분을 인용해야 하지만, 일정한 경우 적법한 재량의 범위에서 다시 거부처분을 하는 것도 가능하다.

제3항 | 재결의 효력

Ⅰ. 행정행위로서 재결의 효력(312 이하 참조)

재결도 행정행위로 행정행위의 일반적 효력을 가진다. 즉, 재결은 공정력(권한을 가진 기관에 의해 취소될 때까지 그 효력을 부정할 수 없는 구속력을 말한다), 구성요건적 효력(유효한 행정행위의 존재가 다른 국가기관의 결정에 영향을 미치는 효력을 말한다), 형식적 존속력(불가쟁력 — 일정한 사유가 존재하면 행정행위의 상대방 등이 행정행위의 효력을 쟁송절차에서 다툴 수 없게 되는 효력을 말한다), 실질적 존속력(불가변력 — 행정행위를 발령한 행정청도 직권으로 취소(변경)·철회할 수 없는 구속력을 말한다)을 가진다.

II. 형성력

1085 재결의 형성력이란 형성재결이 있으면 특별한 의사표시 내지 절차 없이 당연히 행정법상 법률관계의 발생·변경·소멸을 가져오는 효력을 말한다(예를 들어 운전면허취소처분을 받은 후 취소심판을 청구하여 운전면허취소처분취소재결을 받은 경우 운전면허취소처분을 받은 시점으로 소급하여 운전면허의 효력이 발생한다). 이는 판결과 마찬가지로 제3자에게도 효력이 미친다(행정소송법 제29조 제1항 참조).

III. 기속력★

1. 의의

1086 재결의 기속력이란 심판청구를 인용하는 위원회의 재결이 피청구인과 그 밖의 관계행정청에 대하여 재결의 취지에 따라야 할 실체법상의 의무를 발생시키는 효력(구속력)을 말한다(행정심판법 제49조 제1항). 그리고 기속력은 인용재결에서의 문제이다.

2. 기속력의 범위(요건)(자세한 내용은 후술하는 판결의 기속력 참조(1416 이하))

아래의 기속력의 범위에 모두 포함되어야 기속력이 발생한다(아래의 세 가지 범위를 모두 충족해야 한다). 피청구인 및 관계행정청에게 기속력이 발생하면 내용은 후술하는 기속력의 내용으로 결정된다(기속력은 인용판결에만 미치는 것이므로 기속력이 미치는 범위(사유)에서는 행정청이 재처분을 할 수 없고, 기속력이 미치지 않는 범위에서는 재처분이 가능하다. 따라서 기속력의 범위와 재처분이 가능한 범위는 반비례가 된다).

(1) 주관적 범위

1092 기속력은 피청구인과 그 밖의 관계행정청에 대하여 미친다(행정심판법 제49조 제1항). 여기서 '그 밖의 관계 행정청'이란 심판의 대상인 처분(거부, 부작위) 등과 관련되는 처분이나 부수되는 행위를 할 수 있는 행정청을 총칭하는 것이다.

(2) 시간적 범위

1093 처분의 위법성 판단 기준시점은 처분시설이 통설·판례의 입장인바 기속력은 처분시까지의 사유를 판단의 대상으로 한다. 따라서 처분시 이후의 새로운 법률관계나 사실관계는 재결의 기속력이 미치지 않는다. 결국 처분시 이후의 사정을 이유로 처분청이 재처분하더라도 기속력위반이 아니다.

(3) 객관적 범위

1093a 재결의 주문 및 이유에서 판단된 처분등의 구체적 위법(부당)사유에만 미친다.

1) 절차나 형식의 위법(부당)이 있는 경우

이 경우 재결의 기속력은 재결에 적시된 개개의 위법·부당사유에 미치기 때문에 재결 후 행정청이 재결에 적시된 절차나 형식의 위법사유를 보완한 경우에는 다시 동일한 내용의 처분을 하더라도 기속력에 위반되지 않는다.

2) 내용상 위법(부당)이 있는 경우

a. 범 위: 처분사유의 추가·변경과의 관계로 인해 재결의 주문 및 이유에서 판단된 위법·부당사유와 기본적 사실관계가 동일한 사유를 말한다. 따라서 재결에서 판단된 사유와 기본적 사실관계의 동일성이 인정되는 사유에 대해서만 기속력이 미치며 기본적 사실관계가 동일하지 않은 '사유'라면 동일한 '내용'의 처분을 하더라도 재결의 기속력에 위반되지 않는다(예를 들어 A사유의 운전면허취소와 B사유의 운전면허취소).

b. 기본적 사실관계의 동일성 판단: ㈎ 판례는 기본적 사실관계의 동일성 유무는 처분사유를 법률적으로 평가하기 이전의 구체적인 사실에 착안하여 그 기초인 사회적 사실관계가 기본적인 점에서 동일한지 여부에 따라 결정된다고 한다(대판 2004.11.26. 2004두4482). 구체적인 판단은 시간적·장소적 근접성, 행위 태양·결과 등의 제반사정을 종합적으로 고려해야 한다(법원실무제요, 석호철).

㈏ 즉, 처분청이 처분 당시에 적시한 구체적 사실을 변경하지 아니하는 범위 내에서 단지 그 처분의 근거법령만을 추가·변경하거나 당초의 처분사유를 구체적으로 표시하는 것에 불과한 경우처럼 처분사유의 내용이 공통되거나 취지가 유사한 경우에만 기본적 사실관계의 동일성을 인정하고 있다(대판 2007.2.8. 2006두4899).

3. 기속력의 내용(효과)

(1) 반복금지의무(소극적 의무)

위원회가 인용하는 재결을 하면 처분청(피청구인) 등은 동일한 사유로 처분을 반복할 수 없는 의무(부작위의무)가 발생하는데 이를 반복금지의무라 한다. 반복금지의무는 행정심판법 제49조 제1항의 해석상 인정된다.

(2) 재처분의무(적극적 의무)

1) 의무이행심판에서 처분명령재결이 있는 경우

당사자의 신청을 거부하거나 부작위로 방치한 처분의 이행을 명하는 재결이 있으면 행정청은 지체 없이 이전의 신청에 대하여 재결의 취지에 따라 처분을 하여야 한다(행정심판법 제49조 제3항)(작위의무). 따라서 행정청은 ⓐ 재처분을 반드시 해야 할 의무와 ⓑ 재처분을 하는 경우 재결의 취지에 따라야 할 의무(재결의 취지에 위반되는 재처분을 해서는 안 되는 의무)를 부담한다(두 의무가 동시에 결합하여 발생된다).

2) 거부처분 취소심판 등에서 거부처분취소재결 등이 있는 경우

행정심판법 제49조 제2항은 '재결에 의하여 취소되거나 무효 또는 부존재로 확인되는

처분이 당사자의 신청을 거부하는 것을 내용으로 하는 경우에는 그 처분을 한 행정청은 재결의 취지에 따라 다시 이전의 신청에 대한 처분을 하여야 한다'고 규정하여 거부처분취소재결 등이 있는 경우 재결의 취지에 따른 재처분의무를 인정하고 있다. 따라서 행정청은 ⓐ 재처분을 반드시 해야 할 의무와 ⓑ 재처분을 하는 경우 재결의 취지에 따라야 할 의무를 부담한다(두 의무가 동시에 결합하여 발생된다).

3) 절차의 하자를 이유로 처분을 취소하는 재결이 있는 경우

신청에 따른 처분이 절차의 위법 또는 부당을 이유로 재결로써 취소된 경우에도 재결의 취지에 따라 다시 처분을 하여야 한다(행정심판법 제49조 제4항)(자세한 내용은 후술하는 판결의 기속력 참조(1426d)).

4) 취소심판에서 변경명령재결이 있는 경우

취소심판에서 취소재결이나 변경재결은 형성재결이므로 재처분의무는 문제되지 않지만, 변경을 명하는 재결이 있는 때에 처분청은 '행정심판법 제49조 제1항'에 따라 해당 처분을 변경해야 할 의무를 부담한다.

(3) 결과제거의무

취소·무효확인재결이 있게 되면 행정청은 위법·부당으로 명시된 처분에 의해 야기된 위법한 상태를 제거하여야 할 의무를 부담한다(이 의무는 행정심판법 제49조 제1항의 해석상 인정되는 의무이다).

4. 기속력의 위반

(1) 반복금지의무에 위반

반복금지의무에 위반하여 동일한 처분을 다시 한 경우 이러한 처분은 그 하자가 중대명백하여 무효이다.

(2) 재처분의무에 위반

피청구인이 재처분의무에 위반하는 경우 청구인은 행정심판법 제50조에 따라 위원회에 직접처분을 신청하거나, 행정심판법 제50조의2에 따라 간접강제를 신청할 수 있다.

1) 직접처분★★★

a. 직접처분의 의의

㈎ 직접처분이란 피청구인이 재처분의무를 이행하지 않는 경우 위원회가 해당 처분을 직접 하는 것을 말한다(행정심판법 제50조 제1항).

㈏ 이는 위원회의 처분의 이행을 명하는 재결이 있었음에도 행정청이 이를 불이행하는 경우 재결의 실효성을 확보하기 위해 인정된 제도이다.

b. 직접처분의 요건: ① ⓐ 당사자의 신청을 거부하거나 부작위로 방치한 처분의 이행을 명하는 재결이 있었음에도 불구하고 피청구인이 처분을 하지 않은 경우라야 한다(행정심판법 제49조 제3항). ⓑ 그리고 행정청이 재처분을 하였다고 하더라도 재결의 취지에 따

르지 않고 기본적 사실관계가 동일한 사유로 다시 거부처분등을 한 경우 그러한 거부처분은 무효이므로 이 경우도 행정심판법 제50조 제1항의 '제49조 제3항에도 불구하고 처분을 하지 아니하는 경우'로 볼 수 있기 때문에 행정심판위원회는 직접처분을 할 수 있다(행정심판법 제50조).

ⓒ 처분의 성질이나 그 밖의 불가피한 사유로 위원회가 직접처분을 할 수 없는 경우는 제외된다(행정심판법 제50조 제1항 단서). ⓐ 정보공개청구의 경우, 피청구인인 행정청이 재처분의무를 불이행하는 경우에도 위원회는 정보를 보유한 행정청이 아니어서 '처분의 성질'상 직접처분을 할 수 없다. ⓑ 그리고 '그 밖의 불가피한 사유'에는 행정청의 재정적 지원이 선행되어야 직접처분을 할 수 있는 경우를 들 수 있다.

c. 직접처분의 절차

(ⅰ) **청구인의 신청**: 피청구인이 재처분의무를 이행하지 않으면 청구인은 직접처분을 신청해야 한다.

(ⅱ) **위원회의 시정명령과 불이행**: 청구인이 직접처분을 신청하면 행정심판위원회는 기간을 정하여 서면으로 시정을 명하고, 그럼에도 피청구인이 그 기간에 시정명령을 이행하지 않으면 위원회는 직접처분을 할 수 있다.

(ⅲ) **관할**: 행정심판위원회가 직접처분을 한다.

d. 직접처분의 후속조치: 위원회는 직접처분을 하였을 때에는 그 사실을 해당 행정청에 통보하여야 하며, 그 통보를 받은 행정청은 위원회가 한 처분을 자기가 한 처분으로 보아 관계 법령에 따라 관리·감독 등 필요한 조치를 하여야 한다(행정심판법 제50조 제2항).

e. 직접처분제도의 보완(한계): 적극적 침익적 처분에 대한 취소심판에서 위원회가 행정심판법 제43조 제3항의 변경명령재결을 한 경우 재처분의무는 행정심판법 제49조 제1항에 따라 인정되지만, 이를 행정청이 이행하지 않는 경우 행정심판법 제50조의 직접처분제도가 인정되지 않아 실효성확보에 문제가 있다는 지적이 있다(이 경우 간접강제도 인정되지 않는다(행정심판법 제50조의2 제1항 참조)).

2) 간접강제★★★

a. 간접강제의 의의: 간접강제란 피청구인이 재처분의무를 이행하지 않은 경우 재결의 실효성을 확보하기 위해 위원회가 행정청에게 일정한 배상을 명령하는 제도를 말한다(행정심판법 제50조의2).

b. 간접강제의 요건: ⓐ 행정심판법 제49조 제2항(거부처분 취소심판 등에서 거부처분취소재결 등이 있는 경우)·제3항(의무이행심판에서 처분명령재결이 있는 경우)·제4항(절차의 하자를 이유로 처분을 취소하는 재결이 있는 경우)에 따라 재결이 있었음에도 불구하고 피청구인이 처분을 하지 아니한 경우라야 한다. ⓑ 그리고 행정청이 재처분을 하였다고 하더라도 재결의 취지에 따르지 않고 기본적 사실관계가 동일한 사유로 다시 거부처분등을 한 경우 그러한 거부처분은 무효이므로 이 경우도 행정심판위원회는 간접강제를 할 수 있다.

c. 배상금의 법적 성격: 간접강제결정에 기한 배상금은 재처분의 지연에 대한 제재나 손해배상이 아니고 재처분의 이행에 관한 심리적 강제수단에 불과하다(대판 2010.12.23. 2009다37725참조). 따라서 위원회는 신청인이 입은 손해와 상관없이 제반사정을 고려하여 재량으로 결정한다.

d. 간접강제의 절차

(ⅰ) 청구인의 신청: 피청구인이 재처분의무를 이행하지 않으면 청구인은 간접강제를 신청해야 한다.

(ⅱ) 의견청취: 위원회는 간접강제 결정을 하기 전에 신청 상대방의 의견을 들어야 한다(행정심판법 제50조의2 제3항).

(ⅲ) 관 할: 간접강제는 행정심판위원회가 결정한다.

e. 간접강제 결정 내용: 위원회는 상당한 기간을 정하고 피청구인이 그 기간 내에 이행하지 아니하는 경우에는 ⓐ 그 지연기간에 따라 일정한 배상을 하도록 명하거나 ⓑ 즉시 배상을 할 것을 명할 수 있다(행정심판법 제50조의2 제1항).

f. 간접강제의 효과: 간접강제 결정의 효력은 피청구인인 행정청이 소속된 국가·지방자치단체 또는 공공단체에 미치며, 결정서 정본은 행정소송제기와 관계없이 「민사집행법」에 따른 강제집행에 관하여는 집행권원과 같은 효력을 가진다(행정심판법 제50조의2 제5항).

g. 불 복: 청구인은 간접강제 결정에 불복하는 경우 그 결정에 대하여 행정소송을 제기할 수 있다(행정심판법 제50조의2 제4항).

h. 간접강제제도의 보완(한계): 적극적 침익적 처분에 대한 취소심판에서 위원회가 행정심판법 제43조 제3항의 변경명령재결을 한 경우 재처분의무는 행정심판법 제49조 제1항에 따라 인정되지만, 이를 행정청이 이행하지 않는 경우 행정심판법은 직접처분뿐만 아니라 간접강제도 인정하고 있지 않기 때문에 실효성확보에 문제가 있다는 지적이 있다.

(3) 결과제거의무에 위반

행정청은 위법(부당)한 처분에 의해 야기된 위법한 사실상태를 제거하여야 할 의무를 부담하며 이를 이행하지 않는 경우 청구인은 결과제거를 청구할 수 있다.

제4항 | 재결에 대한 불복

Ⅰ. 재심판청구의 금지

행정심판청구에 대한 재결이 있으면 그 재결 및 같은 처분 또는 부작위에 대하여 다시 행정심판을 청구할 수 없다(행정심판법 제51조).

II. 행정소송

행정소송법 제19조 본문은 '취소소송은 처분등을 대상으로 한다'고 규정하고, 제2조 제1항 제1호는 '처분등'을 처분과 재결이라고 정의하고 있으므로 재결도 취소소송의 대상이 된다. 다만, 행정소송법 제19조 단서에 따라 재결취소소송을 제기하려면 원처분에는 없는 재결 자체에 고유한 위법이 있어야 한다(후술하는 취소소송의 대상적격 참조(1162 이하)).

 MEMO

PART 02
행정소송법

CHAPTER 01 일반론(행정소송)

제1절 행정소송의 개념

제1항 | 행정소송의 의의

Ⅰ. 의 의

1102 행정소송이란 행정법상의 법률관계에 대한 분쟁으로 권리를 침해받은 자가 소를 제기한 경우 법원이 이를 심리·판단하는 재판절차를 말한다.

Ⅱ. 유사제도와 구별

1. 행정심판과 구별

1103 행정심판이란 행정법상 분쟁을 행정기관이 심리·판단하는 절차를 말하며(약식쟁송), 행정소송이란 행정법상 분쟁을 법원이 심리·판단하는 절차를 말한다(정식쟁송 — 행정부와는 독립한 사법부에서 분쟁을 심리하는 쟁송을 말한다).

2. 민사·형사소송과 구별

1104 민사소송은 사법(私法)상 법률관계에 대한 분쟁을 대상으로 하는 소송이며, 형사소송은 국가형벌권 행사의 요건과 범위를 정하는 소송이다. 그러나 행정소송이란 행정사건(행정에 관한 공법상의 분쟁)을 대상으로 하는 소송이다.

3. 헌법소송과 구별

1105 헌법소송은 행정소송과 마찬가지로 공법상 분쟁에 대한 소송이지만, 행정소송은 공법상 분쟁 중 헌법소송사항을 제외한 분쟁을 대상으로 한다. 헌법소송사항은 헌법 제111조 제1항에 열거되어 있다(제111조 ① 헌법재판소는 다음 사항을 관장한다. 1. 법원의 제청에 의한 법률의 위헌 여부 심판, 2. 탄핵의 심판, 3. 정당의 해산 심판, 4. 국가기관 상호 간, 국가기관과 지방자치단체 간 및 지방자치단체 상호 간의 권한쟁의에 관한 심판, 5. 법률이 정하는 헌법소원에 관한 심판).

Ⅲ. 행정소송의 기능

1106 행정소송법은 제1조에서 "이 법은 행정소송절차를 통하여 행정청의 위법한 처분 그 밖에 공권력의 행사·불행사등으로 인한 국민의 권리 또는 이익의 침해를 구제하고, 공법상의 권리관계 또는 법적용에 관한 다툼을 적정하게 해결함을 목적으로 한다"고 규정한다. 즉 행정소송의 중요한 두 기능은 '권리구제(권리가 침해된 자의 권리를 회복시키는 기능)'와 '행정통제

(행정권을 통제하여 행정법규의 적정한 적용을 확보하는 기능)'이다. 물론 중심적인 것은 권리구제기능이다.

제2항 | 행정소송의 종류

Ⅰ. 행정소송법상 행정소송

행정소송법 제3조는 행정소송의 종류를 항고소송·당사자소송·민중소송·기관소송으로 구분한다. 그리고 동법 제4조는 항고소송을 취소소송·무효등확인소송·부작위위법확인소송으로 구분하고 있다.

Ⅱ. 주관적 소송과 객관적 소송

주관적 소송이란 개인의 권리의 구제를 주된 내용으로 하는 행정소송을 말하고, 객관적 소송이란 개인의 권리구제가 아니라 행정법규의 적정한 적용을 주된 내용으로 하는 행정소송을 말한다(예를 들어 운전면허가 취소된 자가 면허취소처분의 취소를 청구하는 소송은 주관적 소송이며, 환경보호단체가 환경침해를 수반하는 처분의 취소를 청구하는 소송은 객관적 소송(공익을 위한 소송)이다). 행정소송법상 항고소송과 당사자소송은 주관적 소송이며, 민중소송과 기관소송은 객관적 소송이다.

Ⅲ. 형성소송·확인소송·이행소송

① 형성소송이란 행정법관계의 발생·변경·소멸을 가져오는 판결을 구하는 소송을 말한다(예: 위법한 운전면허취소처분의 취소를 구하는 취소소송 → 취소한다는 판결). 형성소송의 인용판결은 형성판결(○ → × 또는 × → ○)이며, 형성판결은 형성력을 갖는다(형성판결이 확정되면 특별한 의사표시 내지 절차 없이 당연히 행정법상 법률관계의 발생·변경·소멸을 가져오는 효력). ② 확인소송이란 처분등의 효력 유무 또는 존재 여부를 확인하거나 권리·법률관계의 존부의 확인을 구하는 소송을 말한다(예: 전자는 위법한 운전면허취소처분의 무효확인을 구하는 소송, 후자는 위법하게 파면된 국가공무원이 여전히 공무원신분이 존재한다는 것을 확인해줄 것을 요구하는 소송 → 확인한다는 판결). 확인소송에서 인용판결은 확인판결이다. ③ 이행소송이란 행정청에게 일정한 행위(작위·부작위)를 하라는 이행명령판결을 법원에 구하는 소송을 말한다(예: 국가공무원이 국가를 상대로 미지급된 봉급의 지급을 청구하는 소송 → 이행하라는 판결). 이행소송에서 인용판결은 이행명령판결이다.

제3항 | 행정소송의 특수성

행정소송도 정식재판이라는 면에서 다른 소송들과 다르지 않다. 따라서 행정소송법 제8조 제2항은 "행정소송에 관하여 이 법에 특별한 규정이 없는 사항에 대하여는 법원조직법과 민사소송법 및 민사집행법의 규정을 준용한다"고 규정하고 있다. 다만, 행정소송은 그 대상이 주로 행정청의 위법한 공권력 행사라는 점에서 민사소송법 등과는 달리 취급될 필요가 있다.

제4항 | 행정소송법 개정문제

1111　법무부 행정소송법 개정안의 주요 내용을 소개한다.

주요 내용은 ① 의무이행소송의 도입, ② 가처분제도의 도입, ③ 항고소송의 원고적격 확대, ④ 당사자소송의 활성화, ⑤ 집행정지 요건의 완화, ⑥ 행정소송과 민사소송 간의 소의 변경 및 이송의 범위 확대, ⑦ 취소판결의 기속력으로서 결과제거의무 인정, ⑧ 기관소송법정주의 폐지, ⑨ 이해관계 있는 제3자에게 제소사실 통지제도 신설, ⑩ 행정청에 대한 자료제출요구권 신설 등이다.

제2절 　행정소송의 한계

제1항 | 의 의

행정소송의 한계란 행정소송에 대한 법원의 재판권이 어디까지 미치는가에 대한 문제이다. 행정소송법은 개괄주의(행정법원이 모든 행정법상 분쟁에 대해 관할권을 가지는 방식 ↔ 열기주의(행정법원은 입법자가 명시적으로 인정한 사항만 관할권을 가지는 방식))를 취하고 있다. 그러나 행정소송은 사법(재판)작용의 본질을 가지고 있어 사법권으로서 일정한 한계를 가진다.

제2항 | 사법(司法)의 본질에서 나오는 한계

행정소송법 제8조 제2항에서 준용되는 법원조직법 제2조 제1항은 "법원은 헌법에 특별한 규정이 있는 경우를 제외한 일체의 법률상의 쟁송을 심판한다"고 규정하는데 여기서 '법률상의 쟁송'이란 ① 당사자 간의 구체적인 권리·의무에 관한 분쟁이어야 하고(구체적 사건성), ② 행정법령의 적용을 통해 해결될 수 있는 분쟁이라야 한다(법적 해결가능성).

Ⅰ. 구체적 사건성

1. 추상적 규범통제

㈎ 추상적 규범통제란 특정 법규범이 구체적 사건에 적용되지 않더라도 그 법규범이 상위 법규범에 위반되는지를 심사할 수 있는 제도를 말한다(규범통제란 특정 법규범이 상위 법규범에 위반되는지를 심사하는 제도를 말하며, 구체적 규범통제란 특정 법규범이 구체적 사건에 적용되는 상태에서 그 법규범이 상위 법규범에 위반되는지를 심사하는 제도를 말한다).

㈏ 헌법 제107조는 법률이나 명령·규칙 등의 규범통제의 경우 '재판의 전제가 된 경우'에만 심사할 수 있도록 규정하고 있다. 따라서 원칙적으로 구체적 규범통제만 인정되며, 구체적인 권리·의무에 관한 분쟁과 무관한 추상적 규범통제는 부정된다(추상적 규범통제를 규정한 예외: 지방자치법 제192조 제8항).

2. 사실행위

단순한 사실관계의 존부(확인)나 판단은 구체적인 권리·의무에 관한 분쟁이 아니어서 행정소송을 제기할 수 없다. 다만, 사실행위로 인해 법률관계가 발생하였다면 이는 행정소송의 대상이 된다(행정소송법 제3조 제2호 참조).

3. 객관적 소송

민중소송이나 기관소송 같은 행정의 적법성의 보장을 주된 내용으로 하는 객관적 소송은 개인의 구체적인 권리·의무에 직접 관련되는 것이 아니므로, 법률에 특별한 규정(행정소송법 제45조)이 없는 한 행정소송을 제기할 수 없다(객관소송 법정주의).

4. 반사적 이익

1117   행정소송은 법률상 이익을 구제하기 위한 것이므로 반사적 이익에 대한 분쟁으로는 행정소송을 제기할 수 없다(80).

II. 법적 해결가능성

1. 판단여지

1118   판단여지란 불확정개념과 관련하여 사법심사가 불가능하거나 가능하지만 행정청의 자유영역을 인정하는 것이 타당한 행정청의 평가·결정영역을 말한다(예를 들어 시험결정, 상급공무원에 의한 인사고과 및 승진결정과 같이 사람의 인격·적성·능력 등에 관한 판단과 관련된 결정을 말한다)(240). 판단여지 영역에 해당하면 사법심사는 불가능하다.

2. 재량행위

1119   재량행위는 재량권 일탈·남용이 없는 한 재량범위 내에서는 사법심사가 되지 않는다(행정소송법 제27조 참조)(254).

3. 통치행위

1120   ㈎ 통치행위란 국가행위 중 고도의 정치성으로 인해 사법심사가 제한되는 행위를 말한다(예를 들어 사면과 파병결정). 통치행위는 특별한 사정이 없는 한 사법심사가 불가능하다.

1120a   ㈏ ① 대법원은 5·18 내란사건에서 '계엄선포의 요건 구비 여부나 선포의 당·부당'에 대한 판단(대판(전원) 1997.4.17. 96도3376), 대북송금사건에서 '남북정상회담개최'에 대한 판단(대판 2004.3.26. 2003도7878) 등을 통치행위로 보고 사법심사의 배제를 긍정하고 있다. ② 헌법재판소도 대통령의 금융실명거래및비밀보장에관한긴급재정경제명령의 발령(헌재 1996.2.29. 93헌마186)을 통치행위로 보았고, 또한 사면(헌재 2000.6.1. 97헌바74), 이라크파병결정(헌재 2004.4.29. 2003헌마814)도 통치행위로 보았다.

제3항 | 권력분립에서 나오는 한계

1121   권력분립원칙과 관련하여 법원의 행정사건 재판권에 일정한 한계가 인정될 수 있다. 즉 행정소송법 제4조는 (법정)항고소송을 취소소송·무효등확인소송·부작위위법확인소송으로 구분하고 있는데, 이처럼 법률이 인정한 항고소송 외에 법정외(法定外)항고소송(=무명(無名)항고소송)인 의무이행소송과 예방적 부작위소송 등을 인정할 수 있는지가 문제된다.

Ⅰ. 의무이행소송의 인정 여부**

1. 의무이행소송의 의의

의무이행소송이란 사인의 신청에 대해 행정청의 위법한 거부나 부작위가 있는 경우 당해 처분의 발령을 구하는 이행소송을 말한다.

2. 인정 여부

(1) 학 설

1) 부정설

이 견해는 행정소송법 제3조·제4조를 제한적으로 해석하며, 권력분립의 원칙상 행정에 관한 1차적 판단권은 행정청이 가지기 때문에 법원은 위법한 처분을 취소 또는 무효확인할 수 있을 뿐 이행을 명하는 판결을 할 수 없다고 주장한다.

2) 긍정설

이 견해는 행정소송법 제3조·제4조를 예시적으로 보며, 행정청이 발령한 위법한 적극적 처분을 법원이 취소하는 것이 행정에 대한 사법권의 침해가 아니듯이 위법한 거부나 부작위에 대해 이행소송을 인정한다고 하여도 행정청의 1차적 판단권에 대한 침해가 되지 않는다고 본다.

3) 절충설(제한적 긍정설)

원칙상 의무이행소송을 인정할 수 없지만, 법정항고소송으로 권리구제가 어려운 경우 인정해야 한다는 견해로 ① 처분요건이 일의적이고(처분요건의 일의성. 행정청에게 재량이 인정되지 않는 기속행위라야 법원이 특정한 행위(작위)를 명하는 판결을 할 수 있고 그러한 경우라야 의무이행소송 인정의 실익이 있다는 견해이다), ② 회복하기 어려운 손해발생우려가 있으며(긴급성), ③ 다른 권리구제방법으로는 권리구제가 어려운 경우(보충성)에는 의무이행소송이 인정된다고 본다.

(2) 판 례

판례는 현행법상 규정이 없다는 이유로 법원을 상대로 행정청에게 일정한 행정처분을 명하는 이행판결을 구하는 소송(의무이행소송)이나 법원이 행정처분을 직접 행하도록 하는 형성판결을 구하는 소송(적극적 형성소송)을 인정하지 않는다(대판 1997.9.30. 97누3200).

(3) 검 토

부정설은 의무이행소송을 인정하면 법원에 의한 행정청의 권한에 대한 침해가 있을 수 있다고 주장하지만, 의무이행소송에서의 인용판결은 '위법'한 거부나 부작위에 대해 '적법'한 이행을 명하는 판결이므로 행정청의 권한 침해가 아니라고 보아야 한다. 따라서 긍정설이 타당하다.

Ⅱ. 예방적 부작위소송의 인정 여부★★★[12 변시] [13 사시] [19 5급]

1. 예방적 부작위소송의 의의

예방적 부작위소송이란 위법한 행정작용을 미리 저지할 것을 목적으로 장래에 있을 일정한 처분의 발동에 대한 방지를 구하는 소송을 말한다.

2. 인정 여부

(1) 학 설

1) 부정설

행정소송법 제3조·제4조는 제한적으로 보아야 하며, 권력분립의 원칙상 행정에 대한 제1차적 판단권은 행정청이 가지기 때문에 행정작용의 발동·미발동에 대한 판단은 법원이 판단하는 것이 아니라 행정청의 고유권한이라는 점을 근거로 한다.

2) 긍정설

행정소송법 제3조·제4조는 예시적 규정으로 보아야 하며, 장래 침익적 처분의 발령이 확실하다면 행정청은 이미 제1차적 판단권을 행사하였다고 보아야 할 것이어서 그에 대한 예방적 소송은 행정청의 제1차적 판단권 침해가 아니라는 점을 근거로 한다(다수설).

3) 절충설(제한적 긍정설)

원칙상 예방적 부작위소송은 인정할 수 없지만, 법정항고소송으로 실효적인 권리구제가 되지 않는 경우 보충적으로 인정하자는 견해로 ① 처분요건이 일의적이며(처분요건의 일의성. 행정청에게 재량이 인정되지 않는 기속행위라야 법원이 특정한 행위(부작위)를 명하는 판결을 할 수 있고 그러한 경우라야 예방적 부작위소송 인정의 실익이 있다는 견해이다), ② 미리 구제하지 않으면 회복하기 어려운 손해발생 우려가 있고(긴급성), ③ 다른 권리구제방법으로는 권리구제가 어려운 경우(보충성)라야 예방적 부작위 소송이 가능하다고 본다.

(2) 판 례

판례는 「처분을 하여서는 아니 된다는 내용의 부작위를 구하는 원고의 예비적 청구는 행정소송에서 허용되지 아니하는 것이므로 부적법하다(대판 1987.3.24. 86누182)」고 하여 부정한다.

(3) 검 토

취소소송은 침익적 처분에 대한 사후적 권리구제 수단에 불과하고 현행법은 침익적 처분에 대한 예방적인(사전적인) 권리구제수단을 인정하고 있지 않으므로, 실효적인 권리구제를 위해 긍정함이 타당하다(권력적 사실행위, 환경소송 등의 경우 인정필요성이 크다).

> [참고] 일반적 이행소송
> 일반적 이행소송이란 비권력적 행정작용의 이행(작위·부작위)을 구하는 소송을 말하며, 이 소송도 법률에 규정되어 있지 않은 법정외 소송으로 인정 여부가 논의된다.

CHAPTER 02 항고소송

제1절 취소소송

제1항 | 취소소송의 개념

Ⅰ. 의 의

취소소송이란 행정청의 위법한 처분등을 취소 또는 변경하는 소송을 말한다(동법 제4조 제1호). 그리고 '처분등'이란 처분과 재결을 말한다(동법 제2조 제1항 제1호). 따라서 취소소송의 종류는 처분취소소송과 재결취소소송이 있다. 1130

Ⅱ. 성 질

취소소송은 주관적 소송이며, 형성소송이다(통설·판례). 따라서 취소판결이 확정되면 특별한 행위가 없이도 위법한 처분은 소급하여 소멸된다(○ → ×). 1131

Ⅲ. 취소소송과 무효등확인소송의 관계

1. 병렬관계

취소소송과 무효확인소송은 보충관계에 있는 것이 아니라 서로 병렬관계에 있다. 그러므로 행정청의 처분등에 불복하는 자는 소송요건을 충족하는 한 바라는 목적을 가장 효과적으로 달성할 수 있는 항고소송의 종류를 선택할 수 있다(과거 무효확인소송과 취소소송을 동시에 제기할 수 있는 경우 취소소송이 우선한다는 취소소송우선설이 있었다). 1136

2. 포섭(포용)관계★

취소소송과 무효확인소송은 종류를 달리하는 별개의 소송이기는 하나 그 사유가 흠의 정도 등에 따른 상대적 차이가 있음에 불과하기에 이 두 소송은 서로 포용성을 가진다(법원은 당사자가 취소소송을 제기하는 경우 무효사유인지까지, 무효확인소송을 제기하는 경우 취소사유 여부까지 심사한다). 1137

(1) 무효인 처분을 취소소송으로 다투는 경우

무효인 처분을 취소소송으로 다투면, 취소청구에는 엄밀한 의미의 취소뿐만 아니라 무효를 확인(선언)하는 의미의 취소를 구하는 취지가 포함되어 있다고 보아야 한다. 따라서 당사자가 무효인 처분에 대해 취소소송을 제기한다면 법원은 무효를 확인(선언)하는 의미의 취소판결을 하여야 한다(무효확인(선언)을 구하는 의미의 취소소송). 물론 이러한 경우에는 취소소송의 요건을 구비하여야 한다(대판 1987.6.9. 87누219). 1137a

(2) 취소사유인 처분을 무효확인소송으로 다투는 경우

1) 포섭관계의 인정 여부

1137b 취소할 수 있는 처분을 무효확인소송으로 다투면, 행정처분의 무효확인을 구하는 청구에는 특별한 사정이 없는 한 그 처분의 취소를 구하는 취지까지도 포함되어 있다고 볼 수 있다(대판 1986.9.23. 85누838).

2) 소변경의 필요 여부

1137c 소의 변경이 필요한가에 관해, ① ⓐ 무효확인청구에는 처분의 취소를 구하는 청구가 포함되어 있기 때문에 취소소송의 소송요건을 갖춘 경우 소의 변경 없이도 취소판결을 할 수 있다는 견해(취소판결설)와 ⓑ 취소소송의 소송요건을 갖추었다면 당사자에게 무효확인이 아니면 취소라도 구하는 것인지를 석명(당사자의 진술에 불명, 모순, 흠결이 있거나 증명을 다하지 못한 경우에 사건의 내용을 이루는 사실관계나 법률관계를 명백히 하기 위해 당사자에 대하여 사실상 또는 법률상의 사항에 관하여 질문을 하거나 증명을 촉구하는 법원의 권한을 말한다(민사소송법 제136조))하여 취소소송으로 소의 종류를 변경하도록 한 후 취소판결을 하여야 한다는 견해가 대립된다(소변경이 필요하다는 견해, 다수설). ② 취소소송과 무효확인소송은 종류를 달리하는 별개의 소송이므로 소의 변경이 필요하다는 견해가 타당하다.

1137d
> [참고] 취소소송의 소송요건(=본안전요건, 본안판단의 전제요건)★★ [08 입시] [08 5급] [10 5급] [11 5급] [12 사시] [13 변시] [14 5급] [16 변시] [16 법행]
>
> 취소소송은 관할권 있는 법원에(행정소송법 제9조), 원고적격(동법 제12조)과 피고적격을 갖추어(동법 제13조), 처분등을 대상으로(동법 제19조), 제소기간 내에(동법 제20조) 제기하고, 그 밖에 권리보호필요성 요건을 갖추고 있어야 한다. 이러한 송송요건의 구비 여부는 원칙적으로 법원의 직권조사사항이다. '제2항 취소소송의 대상'에서는 대상적격을, '제3항 취소소송의 당사자'에서는 원고적격·권리보호필요성·피고적격을, '제4항 기타 소송요건'에서 나머지 소송요건을 서술한다.

제2항 | 취소소송의 대상

1138 취소소송의 대상에 대해 행정소송법 제19조 본문은 "취소소송은 처분등을 대상으로 한다"고 규정하고, 동법 제2조 제1항 제1호는 취소소송의 대상인 '처분등'을 ① 처분인 ⓐ 공권력의 행사, ⓑ 그 거부, ⓒ 그 밖에 이에 준하는 행정작용과 ② 행정심판에 대한 재결이라고 정의하고 있다. 따라서 취소소송의 대상은 적극적인 공권력 행사, 소극적인 공권력 행사인 거부처분, 이에 준하는 행정작용 그리고 행정심판에 대한 재결이 된다.

학문상 개념인 행정행위(220 이하)와 행정소송법 제2조 제1항 제1호의 "처분"과의 관계★

1. 문제 상황

학문상 개념인 행정행위와는 달리 행정소송법 제2조 제1항 제1호는 취소소송의 대상인 '처분'을 "행정청이 행하는 구체적 사실에 관한 법집행으로서의 공권력의 행사 또는 그 거부와 그 밖에 이에 준하는 행정작용"이라고 정의하고 있다. 이처럼 행정소송법은 '처분'개념을 광의로 정의(그 밖에 이에 준하는 행정작용)하고 있어 행정소송법상의 처분개념이 학문상 개념인 행정행위와 동일한 것인지에 대해 학설이 대립된다.

2. 학 설

(1) 실체법적 (행정행위) 개념설(일원설, 형식적 행정행위 부정설)

행정쟁송법상 처분을 강학상 행정행위와 동일한 것으로 보는 입장이다. 행정소송법 제2조 제1항 제1호는 처분을 '공권력의 행사(또는 그 거부)'와 '이에 준하는 행정작용'이라고 규정하지만 '이에 준하는 행정작용'은 공권력행사에 준하는 행정작용을 말하는 것이며, 쟁송법적 개념설이 처분개념에 포함시키고 있는 비권력적 행정작용에 대한 권리구제수단은 항고소송이 아니라 당사자소송(비권력적 행정작용으로 발생한 법률관계를 다투는 당사자소송)이나 법정외소송(일반적 이행소송(1129a))을 활용해야 한다는 점을 근거로 한다(김남진·김연태, 류지태·박종수, 박윤흔·정형근, 김성수, 정하중).

(2) 쟁송법적 (행정행위) 개념설(이원설, 형식적 행정행위 긍정설)

행정쟁송법상 처분을 강학상 행정행위와는 별개의 것으로 보는 입장이다. 행정소송법 제2조 제1항 제1호는 처분개념에 '공권력의 행사(또는 그 거부)'에 '이에 준하는 행정작용'을 더하고 있기 때문에 현행법상 처분은 강학상 행정행위보다 더 광의의 개념으로 보아야 하며, 다양한 행정작용(특히 비권력적 행정작용)에 대해 항고소송을 인정함으로써 실효적인 권리구제가 가능하다는 점을 근거로 한다(김동희, 박균성).

3. 판 례

판례는 쟁송법적 개념설이 대표적으로 주장하는 비권력적 사실행위에 대해 처분성을 부정하고 있어 기본적으로 실체법적 개념설의 입장이다. 다만, 처분개념이 확대될 여지를 인정한 판결도 있다(행정청의 어떤 행위를 행정처분으로 볼 것이냐의 문제는 … 행정청이 공권력의 주체로서 행하는 구체적 사실에 관한 법집행으로서 국민의 권리의무에 직접 영향을 미치는 행위라는 점을 고려하고 … 행정청의 어떤 행위가 법적 근거도 없이 객관적으로 국민에게 불이익을 주는 행정처분과 같은 외형을 갖추고 있고, 그 행위의 상대방이 이를 행정처분으로 인식할 정도라면 … 행정청의 행위로 인하여 그 상대방이 입는 불이익 내지 불안이 있는지 여부도 … 고려하여 판단하여야 할 것이다(대판 1993.12.10. 93누12619)).

4. 검 토

취소소송은 법률관계를 발생시키는 행정작용의 효력을 깨뜨리기 위한 형성소송(행정소송법 제29조 제1항 참조)이므로 취소소송의 대상을 법률관계를 발생시키는 행정행위(법적 행위)에 한정하는 실체법적 개념설이 타당하다.

> [참고] 형식적 행정행위
> 형식적 행정행위를 긍정하자는 견해는 실효적인 권리구제를 위해 행정청의 행정작용 중 우월한 지위에서 행하는 공권력 행사 아닌 비권력적 행정작용을 행정행위의 개념으로 인정하여 항고소송의 대상인 처분으로 보자는 견해이다. 이 견해에 따르면 '행정행위=실체법상 행정행위+형식적 행정행위'가 된다. 즉 행정행위의 개념 속에 권력적 행정작용과 비권력적 행정작용이 혼재한다고 본다.

I. 취소소송의 대상인 처분

1. 행정청의 적극적 공권력 행사★★★ [09 5급] [11 5급] [13 5급] [16 5급] [16 법행] [17 사시] [18 5급] [19 변시] [21 변시] [21 입시]

(1) 행정청의 공권력 행사일 것

1) 행정청

㉮ 행정청이란 행정에 관한 의사를 결정하고 이를 외부에 자신의 명의로 표시할 수 있는 기관을 말한다(기능적 의미의 행정청).

㉯ 행정청에는 ① 전통적 의미의 행정청뿐만 아니라(해당 행정조직의 우두머리)(원칙적인 모습), ② 합의제기관(예: 방송위원회, 공정거래위원회), ③ 법원이나 국회의 기관도 실질적 의미의 행정적인 처분을 하는 범위에서 행정청에 속하며(예: 법원장의 법원공무원에 대한 징계), ④ 행정소송법 제2조 제2항에 따라 법령에 의하여 행정권한의 위임 또는 위탁을 받은 행정기관, 공공단체 및 그 기관 또는 사인도 포함된다.

2) 구체적 사실

'구체적 사실'이란 규율대상이 구체적인 경우를 말한다(시간적으로 1회적, 공간적으로 한정=특정사건을 규율). 따라서 일반적이고 추상적인 규율인 입법은 여기에 해당하지 않는다(전술한 행정행위의 개념참조(225a)). 다만, 관련자의 범위는 일반적이나 규율하는 대상은 구체적인 행정의 행위형식인 일반처분은 항고소송의 대상인 처분에 해당한다(전술한 일반처분 참조(232 이하)).

3) 법집행행위

항고소송의 대상인 공권력행사는 일반·추상적인 법이 아니라 법의 집행행위라야 한다.

4) 공권력행사

행정청이 공법에 근거하여 우월한 지위에서 일방적으로 행하는 작용이어야 한다. 따라서 대등한 당사자로 체결하는 공법상 계약이나 비권력적 사실행위 등은 해당하지 않는다.

(2) 법적 행위일 것

1) 문제점

판례와 전통적인 견해는 취소소송을 위법한 법률관계를 소급적으로 제거하는 형성소송으로 보기 때문에 '법적 행위'를 처분의 요건으로 본다(무효등확인소송과 부작위법확인소송도 행정소송법 제38조 제1항, 제2항에서 취소소송의 대상(동법 제19조)을 준용하고 있기 때문에 취소소송의 대상과 나머지 항고소송의 대상은 같다).

2) 의 의

법적 행위란 ① 외부적 행위이며, ② 권리·의무와 직접 관련되는 행위를 말한다. 판례도 「항고소송의 대상이 되는 행정처분이라 함은 … 국민의 구체적인 권리의무에 직접적 변동을 초래하는 행위를 말하는 것이다(대판 2008.9.11. 2006두18362)」고 한다.

2. 행정청의 소극적 공권력 행사(거부처분)★★★ [11 5급] [13 변시] [14 사시] [20 변시] [21 입시]

거부처분이란 사인의 공권력행사의 신청에 대해 행정청이 요건불비를 이유로 또는 이유가 없다는 이유로 신청된 내용을 발령하지 않겠다는 의사작용을 말한다. 거부처분은 당사자의 신청이 인용되지 않았다는 점에서는 부작위와 같지만 적극적으로 거부의 표시를 하였다는 점에서 부작위와 구별된다.

(1) 행정청의 공권력 행사의 거부일 것(거부의 내용(=신청의 내용)이 공권력 행사일 것)

항고소송의 대상인 거부처분이 되기 위해서는 사인의 공권력행사의 신청에 대한 거부이어야 한다. 즉, 거부의 내용이 ① 행정청-전통적 의미의 행정청뿐만 아니라 합의제기관, 실질적 의미의 처분을 하는 경우 법원이나 국회의 기관, 행정소송법 제2조 제2항의 행정청 등 자신의 명의로 처분을 할 수 있는 모든 행정청(기능적 의미의 행정청)을 말한다-이 행하는 행위로 ② 구체적 사실-규율대상이 시간적으로 1회적, 공간적으로 한정되어야 한다-에 관한 ③ 법집행행위-입법이 아니라 법의 집행행위라야 한다-이며, ④ 공권력행사-공법에 근거하여 우월한 지위에서 일방적으로 행사하여야 한다-이어야 한다.

(2) 거부로 인하여 국민의 권리나 법적 이익에 직접 영향을 미치는 것일 것(=법적 행위일 것)

㈎ 판례와 전통적인 견해는 거부처분도 적극적 공권력행사와 마찬가지로 취소소송의 본질을 형성소송으로 보기 때문에 행정청의 소극적인 공권력행사의 경우에도 법적 행위를 거부처분의 성립요건으로 보고 있다.

㈏ '법적 행위'란 ① 외부적 행위이며, ② 국민의 권리나 법적 이익과 관련되는 행위를 말한다. 판례도 「거부행위는 국민의 권리관계에 영향을 미친다고 할 것이므로 이를 항고소송의 대상이 되는 처분으로 보아야 할 것(대판 1993.3.23. 91누8968)」이라고 본다.

(3) 거부처분의 성립에 신청권이 필요한지 여부

1) 문제점

거부처분의 성립 요건으로 ① 공권력행사의 거부일 것, ② 거부로 인하여 국민의 권리나 법적 이익에 직접 영향을 미치는 것일 것 외에 ③ 신청권이 필요한지에 대해 학설이 대립한다.

2) 학 설

학설은 ① 행정소송법 제2조 제1항 제2호의 부작위의 성립에 (행정청의) 처분의무가 요구되는 것처럼 거부처분의 성립에도 처분의무가 요구된다고 하면서(이러한 행정청의 처분의무에 대응하여 상대방은 '권리'를 가지는데 그 권리를 신청권이라고 본다) 이러한 신청권을 가진 자의 신청에 대한 거부라야 항고소송의 대상적격이 인정된다는 견해(대상적격설)(박균성), ② 취소소송의 소송물(1348a 이하 참조)을 '처분의 위법성과 당사자의 권리(신청권)침해'로 이해하면서 신청권을 소송요건의 문제가 아니라 본안의 문제로 보는 견해(본안요건설)(홍준형),

③ 행정소송법 제12조를 고려할 때(법률상 이익(신청권)은 원고적격의 판단기준이다) 신청권은 원고적격의 문제로 보아야 한다는 견해(원고적격설)가 대립된다.

3) 판 례

㈎ 판례는 잠수기어업불허가처분취소 사건에서 「거부처분의 처분성을 인정하기 위한 전제요건이 되는 신청권의 존부는 구체적 사건에서 신청인이 누구인가를 고려하지 않고 관계 법규의 해석에 의하여 일반 국민에게 그러한 신청권을 인정하고 있는가를 살펴 추상적으로 결정되는 것이고 신청인이 그 신청에 따른 단순한 응답을 받을 권리를 넘어서 신청의 인용이라는 만족적 결과를 얻을 권리를 의미하는 것은 아니다. 따라서 국민이 어떤 신청을 한 경우에 그 신청의 근거가 된 조항의 해석상 행정발동에 대한 개인의 신청권을 인정하고 있다고 보여지면 그 거부행위는 항고소송의 대상이 되는 처분으로 보아야 할 것이고, 구체적으로 그 신청이 인용될 수 있는가 하는 점은 본안에서 판단하여야 할 사항인 것이다(대판 1996.6.11. 95누12460)」이라고 하여 거부처분의 성립에 신청권이 필요하다고 본다.

㈏ 신청권의 근거는 법규상 또는 조리상 인정될 수 있는데, 법규상 신청권이 있는지 여부는 관계법규의 해석에 따라 결정되며, 조리상 신청권 인정 여부는 행정청의 거부행위로 인해 국민이 수인불가능한 불이익을 입는 경우 조리상의 신청권은 인정될 수 있다고 한다(하명호).

4) 검 토

판례와 대상적격설처럼 신청권(권리)을 대상적격의 요건으로 본다면 행정청의 동일한 행위가 권리(신청권)를 가진 자에게는 대상적격이 인정되고 권리(신청권)를 가지지 못한 자에게는 대상적격이 부정되어 부당한 결론을 가져오게 된다(김유환). 따라서 권리인 신청권은 원고적격의 문제로 보아야 한다.

3. 이에 준하는 행정작용

① 실체법적 개념설은 행정소송법상 처분과 행정행위를 동일하다고 본다. 따라서 이 견해는 비권력적 행정작용은 항고소송의 대상이 되지 않는다고 본다. ② 쟁송법적 개념설은 행정소송법상 처분을 행정행위보다 더 광의의 개념으로 본다. 따라서 이 견해는 비권력적 행정작용도 이에 준하는 행정작용에 포함시켜 항고소송의 대상으로 본다.

 취소소송의 대상인 처분 여부에 대한 개별적 검토

1. 권력적 사실행위

권력적 사실행위는 사실행위의 요소와 하명적 요소가 결합된 합성적 행위이기 때문에 공권력 행사 및 법적 행위의 요건을 충족하여 항고소송의 대상인 처분이라고 보는 것이 일반적인 견해이다.

2. 처분적 법규명령

처분적 법규명령은 법규명령의 형식을 취하지만, 실질적으로는 관련자의 개별성과 규율사건의 구체성을 가지기 때문에 항고소송의 대상이 된다.

3. 일반처분

일반처분은 관련자의 인적 범위는 일반적이지만 규율하는 대상이 구체적인 행위이므로 항고소송의 대상이 된다.

4. 내부적인 행위

① 행정기관의 내부적인 사무처리절차에 그치는 행위는 대상적격이 부정된다(예: 상급공무원의 지시·명령). ② 그리고 행정기관 상호 간의 행위도 원칙적으로 대상적격이 부정된다(예: 행정기관 상호 간의 동의나 협의).

5. 질의 회신이나 진정에 대한 답변

법령의 해석질의에 대한 답변이나 진정사건이나 청원에 대한 처리 결과의 통보는 권리·의무와 관련된 행위가 아니어서 항고소송의 대상이 되지 않는다(대판 1992.10.13. 91누2441).

6. 반복된 행위

① 판례는 철거대집행에서 1차 계고처분(대집행을 하기 위해 의무이행을 독촉하는 처분)을 한 후 2, 3차 계고를 한 경우나 국세체납절차에서 1차 독촉처분 후 2, 3차 독촉을 하는 경우, 모두 1차의 계고처분이나 독촉처분만이 항고소송의 대상인 처분이며 2, 3차의 계고나 독촉은 기한의 연기행위에 불과하며 독립한 처분이 아니라고 본다(대판 1994.2.22. 93누21156; 대판 1997.7.13. 97누119). ② 그러나 거부처분의 경우는 동일한 내용을 수차 신청하여 거부처분을 받은 경우, 각 독립한 별개 거부처분으로 본다(대판 1991.6.11. 91누10292).

7. 경정처분

경정처분이란 행정청이 일정한 처분을 발령한 후 그 처분을 감축하거나 확장하는 경우를 말한다. 판례는 ① 증액경정의 경우는 당초(원)처분은 증액경정처분에 흡수되고 증액경정처분만이 소송의 대상이 되며(대판 2004.2.13. 2002두9971), ② 감액경정(일부취소)의 경우 감액경정은 독립한 처분이 아니며 감액 후 남은 원처분(원처분 중 감액 후 남은 부분)이 소송의 대상이라고 한다(대판 1991.9.13. 91누391).

8. 행정소송 이외에 다른 불복절차가 있는 경우

과태료부과처럼 질서위반행위규제법 등에서 다른 불복절차를 예정하고 있는 처분은 항고소송의 대상이 되지 않는다. 같은 이유로 검사의 구금, 압수물의 환부에 대한 처분에 대한 불복은 형사소송법에 따르며 행정소송을 제기할 수 없다(대판 2018.9.28. 2017두47465).

9. 건축법 제29조의 건축협의(건축협의 취소)

건축법 제29조는 국가 등이 건축물을 건축하는 등의 경우 건축물 소재지를 관할하는 허가권자와 협의를 하여야 하고 협의를 한 경우 건축허가 등을 받은 것으로 보는데, 판례는 이러한 건축협의를 항고소송의 대상인 처분이라고 본다(대판 2014.2.27. 2012두22980).

10. 한국토지주택공사의 재심사 결과 통보

피고가 이 사건 재심사통보를 하면서 그에 대한 행정소송 등은 통보를 받은 날부터 90일 내에 제기할 수 있다고 명시적으로 안내한 것은 그 상대가 된 당사자들에 대하여 신뢰의 대상이 되는 공적인 견해를 표명한 것에 해당한다 할 것인데, … 행정상 법률관계에서의 신뢰보호의 원칙에 비추어 보더라도 이 사건 재심사통보는 당초의 이 사건 부적격통보와 별개의 행정처분이라고 봄이 상당하다(대판 2016.7.14. 2015두58645).

11. 감사원의 시장을 상대로 한 징계 요구와 재심의기각결정

시장이 감사원으로부터 감사원법 제32조에 따라 을에 대하여 징계의 종류를 정직으로 정한 징계 요구를 받게 되자 감사원에 징계 요구에 대한 재심의를 청구하였고, 감사원이 재심의청구를 기각하자 을이 감사원의 징계 요구와 그에 대한 재심의결정의 취소를 구하고 갑 시장이 감사원의 재심의결정 취소를 구하는 소를 제기한 사안에서, 감사원의 징계 요구와 재심의결정이 항고소송의 대상이 되는 행정처분이라고 할 수 없다(대판 2016.12.27. 2014두5637).

12. 처분의 철회·변경신청권

도시계획법령이 토지형질변경행위허가의 변경신청 및 변경허가에 관하여 아무런 규정을 두지 않고 있을 뿐 아니라, 처분청이 처분 후에 원래의 처분을 그대로 존속시킬 필요가 없게 된 사정변경이 생겼거나 중대한 공익상의 필요가 발생한 경우에는 별도의 법적 근거가 없어도 별개의 행정행위로 이를 철회·변경할 수 있지만 이는 그러한 철회·변경의 권한을 처분청에게 부여하는 데 그치는 것일 뿐 상대방 등에게 그 철회·변경을 요구할 신청권까지를 부여하는 것은 아니라 할 것이므로, 이와 같이 법규상 또는 조리상의 신청권이 없이 한 국민들의 토지형질변경행위 변경허가신청을 반려한 당해 반려처분은 항고소송의 대상이 되는 처분에 해당되지 않는다(대판 1997.9.12. 96누6219).

13. 대규모점포 개설등록처분을 받은 자가 마트점 영업시간제한의 선행처분을 받은 후 영업시간제한의 변동을 가져오는 후속처분이 있는 경우 선행처분의 처분성(적극), 권리보호필요성(적극)

(가) 기존의 행정처분을 변경하는 내용의 행정처분이 뒤따르는 경우, 후속처분이 종전처분을 완전히 대체하는 것이거나 그 주요 부분을 실질적으로 변경하는 내용인 경우에는 특별한 사정이 없는 한 종전처분은 그 효력을 상실하고 후속처분만이 항고소송의 대상이 되지만, 후속처분의 내용이 종전처분의 유효를 전제로 그 내용 중 일부만을 추가·철회·변경하는 것이고 그 추가·철회·변경된 부분이 그 내용과 성질상 나머지 부분과 불가분적인 것이 아닌 경우에는, 후속처분에도 불구하고 종전처분이 여전히 항고소송의 대상이 된다고 보아야 한다.

(나) 피고 동대문구청장은 2012. 11. 14. 원고 롯데쇼핑 주식회사, 주식회사 에브리데이리테일, 주식회사 이마트, 홈플러스 주식회사, 홈플러스스토어즈 주식회사(변경 전 상호: 홈플러스테스코 주식회사, 이하 같다)에 대하여 그들이 운영하는 서울특별시 동대문구 내 대형마트 및 준대규모점포의 영업제한 시간을 오전 0시부터 오전 8시까지로 정하고(이하 '영업시간 제한 부분'이라 한다) 매월 둘째 주와 넷째 주 일요일을 의무휴업일로 지정하는(이하 '의무휴업일 지정 부분'이라 한다) 내용의 처분을 한 사실, 위 처분의 취소를 구하는 소송이 이 사건 원심에 계속 중이던 2014. 8. 25. 위 피고는 위 원고들을 상대로 영업시간 제한 부분의 시간을 '오전 0시부터 오전 10시'까지로 변경하되, 의무휴업일은 종전과 동일하게 유지하는 내용의 처분(이하 '2014. 8. 25.자 처분'이라 한다)을 한 사실을 알 수 있다. 이러한 사실관계를 앞서 본 법리에 비추어 보면, 2014. 8. 25.자 처분은 종전처분 전체를 대체하거나 그 주요 부분을 실질적으로 변경하는 내용이 아니라, 의무휴업일 지정 부분을 그대로 유지한 채 영업시간 제한 부분만을 일부 변경하는 것으로서, 2014. 8. 25.자 처분에 따라 추가된 영업시간 제한 부분은 그 성질상 종전처분과 가분적인 것으로 여겨진다. 따라서 2014. 8. 25.자 처분으로 종전처분이 소멸하였다고 볼 수는 없고, 종전처분과 그 유효를 전제로 한 2014. 8. 25.자 처분이 병존하면서 위 원고들에 대한 규제 내용을 형성한다고 할 것이다.

(다) 그러므로 이와 다른 전제에서 2014. 8. 25.자 처분에 따라 종전처분이 소멸하여 그 효력을 다툴 법률상 이익이 없게 되었다는 취지의 피고 동대문구청장의 이 부

분 상고이유 주장은 이유 없다(대판(전원) 2015.11.19. 2015두295).

14. 병역기피자 인적사항 공개결정의 처분성(적극), 공개결정을 취소하고 게시물을 삭제한 경우 권리보호필요성(소극)

⑺ 병무청장이 병역법 제81조의2 제1항에 따라 병역의무 기피자의 인적사항 등을 인터넷 홈페이지에 게시하는 등의 방법으로 공개한 경우 병무청장의 공개결정을 항고소송의 대상이 되는 행정처분으로 보아야 한다. 병무청장이 하는 병역의무 기피자의 인적사항 등 공개는, 특정인을 병역의무 기피자로 판단하여 그 사실을 일반 대중에게 공표함으로써 그의 명예를 훼손하고 그에게 수치심을 느끼게 하여 병역의무 이행을 간접적으로 강제하려는 조치로서 병역법에 근거하여 이루어지는 공권력의 행사에 해당한다. 병무청장이 하는 병역의무 기피자의 인적사항 등 공개조치에는 특정인을 병역의무 기피자로 판단하여 그에게 불이익을 가한다는 행정결정이 전제되어 있고, 공개라는 사실행위는 행정결정의 집행행위라고 보아야 한다.

⑻ 대법원이 이른바 양심적 병역거부가 병역법 제88조 제1항에서 정한 병역의무 불이행이 '정당한 사유'에 해당할 수 있다는 취지로 판례를 변경하자, 피고는 위 대법원 판례변경의 취지를 존중하여 이 사건 상고심 계속 중인 2018. 11. 15. 경 원고들에 대한 공개결정을 직권으로 취소한 다음, 그 사실을 원고들에게 개별적으로 통보하고 병무청 인터넷 홈페이지에서 게시물을 삭제한 사실을 인정할 수 있다. 따라서 이 사건 소는 이미 소멸하고 없는 처분의 무효확인 또는 취소를 구하는 것으로서 원칙적으로 소의 이익이 소멸하였다고 보아야 한다(대판 2019.6.27. 2018두49130).

15. 고용노동부장관의 법외노조통보의 처분성(적극)

법외노조 통보는 이와 같은 절차를 거쳐 적법하게 설립되어 활동 중인 노동조합에 대하여 행정관청이 더 이상 노동조합법상 노동조합이 아님을 고권적으로 확정하는 행정처분으로서, 단순히 법률에 의하여 이미 법외노조가 된 것을 사후적으로 고지하거나 확인하는 행위가 아니라 그 통보로써 법외노조가 되도록 하는 형성적 행위이다. 즉 법상 노동조합에 결격사유가 발생한 경우, 이 사건 법률 규정에 의하여 곧바로 법외노조가 되는 것이 아니라, 이를 이유로 한 법외노조 통보가 있을 때 비로소 법외노조가 된다. … 법외노조 통보는 이미 법률에 의하여 법외노조가 된 것을 사후적으로 고지하거나 확인하는 행위가 아니라 그 통보로써 비로소 법외노조가 되도록 하는 형성적 행정처분이다(대판(전원) 2020.9.3. 2016두32992).

16. 수익적 행정처분을 구하는 신청에 대한 거부처분이 있은 후 당사자가 새로운 신청을 하는 취지로 다시 신청을 하였으나 행정청이 이를 다시 거절한 경우, 새로운 거부처분인지 여부(적극)

원고는 이 사건 공고에 따라 2017. 3. 29. 피고 공사에 이주자택지 공급대상자 선정 신청을 하였다. 피고 공사는 2017. 7. 28. 원고에게 '기준일 이후 주택 취득'이라는 이유로 원고를 이주대책 대상에서 제외하는 결정을 통보하였는데(이하 '1차 결정'이라고 한다), 그 통보서에는 "부적격 결정에 이의가 있으신 경우 본 통지문을 받으신 날로부터 30일 이내에 안내드린 바 있는 이 사건 공고에 의한 대상자 선정 요건을 충족할 수 있는 증빙자료와 함께 우리 공사에 서면으로 이의신청을 하실 수 있으며, 또한 90일 이내에 행정심판 또는 행정소송을 제기하실 수 있음을 알려드립니다."라는 안내문구가 기재되어 있다.

이에 원고는 2017. 8. 25. 피고 공사에 이의신청을 하였다. 이때 원고는 이의신청서에 '자신이 1970년대에 이 사건 주택을 신축하여 소유권을 취득하였고, 다만 동네 이장의 착오로 건축물대장에 건축주가 소외인으로 등재되었다.'는 내용을 기재하고 수용사실확인서, 1972년도 사진, 2010년 당시 지장물 조사사진, 소외인 명의의 사실확인서, 마을주민확인서 등의 증빙자료를 추가로 첨부하여 제출하였다.

피고 공사는 2017. 12. 6. 원고에게 "부동산 공부에 등재되었던 소유자를 배제하고 사실판단에 기하여 과거 소유자를 인정할 수 없음"이라는 이유로 원고의 이의신청을 받아들이지 않고 여전히 원고를 이주대책 대상에서 제외한다는 결정을 통보하였다(이하 '2차 결정'이라고 한다). 한편 2차 결정의 통보서에는 "우리 공사의 이의신청 불수용처분에 대하여 다시 이의가 있으신 경우 행정소송법에 따라 본 처분통보를 받은 날로부터 90일 이내에 행정심판 또는 행정소송을 제기할 수 있음을 알려드리니 참고하시기 바랍니다."라는 안내문구가 기재되어 있다.

원고는 2018. 3. 5. 피고 중앙행정심판위원회(이하 '피고 위원회'라고 한다)에 2차 결정의 취소를 구하는 행정심판을 청구하였는데, 피고 위원회는 2018. 10. 17. 2차 결정이 처분에 해당하지 않는다는 이유로 원고의 행정심판 청구를 각하하는 재결을 하였고(이하 '이 사건 재결'이라고 한다), 그 재결서가 2018. 10. 31. 원고에게 송달되었다.

2차 결정은 1차 결정과 별도로 행정쟁송의 대상이 되는 '처분'으로 봄이 타당하다. 구체적인 이유는 다음과 같다.

(1) 수익적 행정처분을 구하는 신청에 대한 거부처분은 당사자의 신청에 대하여 관할 행정청이 이를 거절하는 의사를 대외적으로 명백히 표시함으로써 성립된다. 거부처분이 있은 후 당사자가 다시 신청을 한 경우에는 신청의 제목 여하에 불구하고 그 내용이 새로운 신청을 하는 취지라면 관할 행정청이 이를 다시 거절하는 것은 새로운 거부처분이라고 보아야 한다.

(2) 이 사건에서 피고 공사가 원고에게 2차 결정을 통보하면서 '2차 결정에 대하여 이의가 있는 경우 2차 결정 통보일부터 90일 이내에 행정심판이나 취소소송을 제기할 수 있다.'는 취지의 불복방법 안내를 하였던 점을 보면, 피고 공사 스스로도 2차 결정이 행정절차법과 행정소송법이 적용되는 처분에 해당한다고 인식하고 있었음을 알 수 있고, 그 상대방인 원고로서도 2차 결정이 행정쟁송의 대상인 처분이라고 인식하였을 수밖에 없다고 보인다(대판 2021.1.14. 2020두50324).

> **쟁점** ── 수리(수리거부) 및 신고반려가 항고소송의 대상인 처분인지 여부 ★★★[12 사시]

1. 학 설

1161i
수리(수리거부) 및 신고반려가 항고소송의 대상인 처분인지와 관련해 학설은 ⓐ 신고를 수리를 요하는 신고와 수리를 요하지 않는 신고로 나누고, 전자에서 수리(수리거부)는 항고소송의 대상이지만 후자에서 신고반려(신고거부)는 항고소송의 대상이 아니라는 견해, ⓑ 신고를 수리를 요하는 신고와 수리를 요하지 않는 신고로 나누고, 전자에서 수리(거부)는 항고소송의 대상이며, 후자에서 신고반려(신고거부)는 항고소송의 대상인 처분이 되는 경우와 처분이 되지 않는 경우로 나눌 수 있다는 견해(김용섭)가 대립된다.

2. 판 례

1161j
㈎ 전통적으로 판례는 사인의 공법행위로서 신고를 수리를 요하는 신고와 수리를 요하지 않는 신고로 나누고 전자에서 수리(수리거부)는 항고소송의 대상인 처분이지만(대판 1996.2.27. 94누6062), 수리를 요하지 않는 신고에서 신고반려는 항고소송의 대상인 처분이 아니라고 보았다(대판 2001.5.29. 99두10292).

㈏ 하지만 최근의 판례는 건축법상의 신고와 관련해 기존의 입장과는 다르게 보고 있다. 즉 건축법 제14조 제1항의 (인·허가의제효과를 수반하지 않는) 일반적인 건축신고는 수리를 요하지 않는 신고라고 보면서도 신고반려를 항고소송의 대상인 처분으로 보았으며[판례 1], 동법 제14조 제2항의 인·허가의제효과를 수반하는 건축신고는 수리를 요하는 신고로 보면서 수리거부를 항고소송의 대상인 처분으로 보았다[판례 2]. 결국 대법원은 건축신고에 대해서는 전술한 학설 중 ⓑ의 입장을 취한 것으로 보인다(이광윤).

> **1. 건축신고거부의 처분성**
> 구 건축법(2008. 3. 21. 법률 제8974호로 전부 개정되기 전의 것) 관련 규정의 내용 및 취지에 의하면, 행정청은 건축신고로써 건축허가가 의제되는 건축물의 경우에도 그 신고 없이 건축이 개시될 경우 건축주 등에 대하여 공사 중지·철거·사용금지 등의 시정명령을 할 수 있고(제69조 제1항), 그 시정명령을 받고 이행하지 않은 건축물에 대하여는 당해 건축물을 사용하여 행할 다른 법령에 의한 영업 기타 행위의 허가를 하지 않도록 요청할 수 있으며(제69조 제2항), 그 요청을 받은 자는 특별한 이유가 없는 한 이에 응하여야 하고(제69조 제3항), 나아가 행정청은 그 시정명령의 이행을 하지 아니한 건축주 등에 대하여는 이행강제금을 부과할 수 있으며(제69조의2 제1항 제1호), 또한 건축신고를 하지 않은 자는 200만 원 이하의 벌금에 처해질 수 있다(제80조 제1호, 제9조). 이와 같이 건축주 등은 신고제하에서도 건축신고가 반려될 경우 당해 건축물의 건축을 개시하면 시정명령, 이행강제금, 벌금의 대상이 되거나 당해 건축물을 사용하여 행할 행위의 허가가 거부될 우려가 있어 불안정한 지위에 놓이게 된

다. 따라서 건축신고 반려행위가 이루어진 단계에서 당사자로 하여금 반려행위의 적법성을 다투어 그 법적 불안을 해소한 다음 건축행위에 나아가도록 함으로써 장차 있을지도 모르는 위험에서 미리 벗어날 수 있도록 길을 열어 주고, 위법한 건축물의 양산과 그 철거를 둘러싼 분쟁을 조기에 근본적으로 해결할 수 있게 하는 것이 법치행정의 원리에 부합한다. 그러므로 건축신고 반려행위는 항고소송의 대상이 된다고 보는 것이 옳다(대판(전원) 2010.11.18. 2008두167).

2. 인·허가의제의 효과를 가진 건축신고가 수리를 요하는 신고인지 여부

건축법 제14조 제1항의 건축신고 대상 건축물에 관하여는 원칙적으로 건축 또는 대수선을 하고자 하는 자가 적법한 요건을 갖춘 신고를 하면 행정청의 수리 등 별도의 조처를 기다릴 필요 없이 건축행위를 할 수 있다고 보아야 한다. 건축법에서 이러한 인·허가의제 제도를 둔 취지는, 인·허가의제사항과 관련하여 건축허가 또는 건축신고의 관할 행정청으로 그 창구를 단일화하고 절차를 간소화하며 비용과 시간을 절감함으로써 국민의 권익을 보호하려는 것이지, 인·허가의제사항 관련 법률에 따른 각각의 인·허가 요건에 관한 일체의 심사를 배제하려는 것으로 보기는 어렵다. 왜냐하면, 건축법과 인·허가의제사항 관련 법률은 각기 고유한 목적이 있고, 건축신고와 인·허가의제사항도 각각 별개의 제도적 취지가 있으며 그 요건 또한 달리하기 때문이다. … 이는 건축신고를 수리하는 행정청으로 하여금 인·허가의제사항 관련 법률에 규정된 요건에 관하여도 심사를 하도록 하기 위한 것으로 볼 수밖에 없다. 따라서 인·허가의제 효과를 수반하는 건축신고는 일반적인 건축신고와는 달리, 특별한 사정이 없는 한 행정청이 그 실체적 요건에 관한 심사를 한 후 수리하여야 하는 이른바 '수리를 요하는 신고'로 보는 것이 옳다(대판(전원) 2011.1.20. 2010두14954).

[참조조문]
건축법
제11조(건축허가) ① 건축물을 건축하거나 대수선하려는 자는 특별자치도지사 또는 시장·군수·구청장의 허가를 받아야 한다. 다만, 21층 이상의 건축물 등 대통령령으로 정하는 용도 및 규모의 건축물을 특별시나 광역시에 건축하려면 특별시장이나 광역시장의 허가를 받아야 한다.
⑤ 제1항에 따른 건축허가를 받으면 다음 각 호의 허가 등을 받거나 신고를 한 것으로 보며, 공장건축물의 경우에는 「산업집적활성화 및 공장설립에 관한 법률」 제13조의2와 제14조에 따라 관련 법률의 인·허가등이나 허가등을 받은 것으로 본다.
1. 제20조 제2항에 따른 공사용 가설건축물의 축조신고
2. 제83조에 따른 공작물의 축조신고
3. 「국토의 계획 및 이용에 관한 법률」 제56조에 따른 개발행위허가(이하 각호 생략)

제14조(건축신고) ① 제11조에 해당하는 허가 대상 건축물이라 하더라도 다음 각 호의 어느 하나에 해당하는 경우에는 미리 특별자치도지사 또는 시장·군수·구청장에게 국토교통부령으로 정하는 바에 따라 신고를 하면 건축허가를 받은 것으로 본다.
1. 바닥면적의 합계가 85제곱미터 이내의 증축·개축 또는 재축(이하 각호 생략)
② 제1항에 따른 건축신고에 관하여는 제11조 제5항을 준용한다.

3. 검 토

① 수리를 요하는 신고에서 수리는 준법률행위적 행정행위로 당사자의 권리의무에 영향을 주는 법적 행위이므로 항고소송의 대상인 처분이다(330 이하). ② 또한 수리를 요하지 않는 신고의 경우에도 건축신고처럼 관련법령에서 미신고행위에 대해 제재규정을 두고 있다면 이는 사인에게 신고의무를 지우는 것이므로(하명의 요소를 포함하고 있으므로) 수리를 요하지 않는 신고라 하더라도 신고반려의 처분성을 긍정하는 것이 타당하다(이러한 신고는 주로 금지해제적 신고(125a)이다).

쟁점 ─ 계획변경신청권의 인정 여부★★★

1. 원 칙

행정계획의 공익성을 고려할 때 사인에게 계획변경을 신청할 권리를 인정하기는 어렵다. 판례도 원칙적으로 사인에게 계획변경신청권이 인정되지 않는다는 입장이다(대판 2003.9.23. 2001두10936).

2. 예 외

㈎ 진안군수가 주식회사 진도의 국토이용계획변경승인신청을 거부한 사건에서 판례는 「피고로부터 폐기물처리사업계획의 적정통보를 받은 원고가 폐기물처리업허가를 받기 위하여는 이 사건 부동산에 대한 용도지역을 '농림지역 또는 준농림지역'에서 '준도시지역(시설용지지구)'으로 변경하는 국토이용계획변경이 선행되어야 하고, 원고의 위 계획변경신청을 피고가 거부한다면 이는 실질적으로 원고에 대한 폐기물처리업허가신청을 불허하는 결과가 되므로, 원고는 위 국토이용계획변경의 입안 및 결정권자인 피고에 대하여 그 계획변경을 신청할 법규상 또는 조리상 권리를 가진다(대판 2003.9.23. 2001두10936)」고 하여 '계획변경신청을 거부하는 것이 실질적으로 당해 행정처분 자체를 거부하는 결과가 되는 경우'는 예외적으로 계획변경을 신청할 권리는 인정하였다.

㈏ 또한 판례는 도시계획구역 내 토지 등을 소유하고 있는 사람과 같이 당해 도시계획시설결정에 이해관계가 있는 주민은 도시계획시설의 입안 내지 변경을 요구할 수 있는 법규상 또는 조리상의 신청권이 있다고 보았다(대판 2015.3.26. 2014두42742).

㈐ 또한 산업단지개발계획상 녹지용지로 지정되어 있던 사업부지를 소유하던 원고가 사업부지에서 폐기물처리사업을 하기 위하여 광역시장에게 사업부지에 관한 산업단지개발계획을 당초 녹지용지에서 폐기물처리시설용지로 변경신청하였고 이를 광역시장이 거부한 사안에서, 산업단지개발계획상 산업단지 안의 토지 소유자로서 산업단지개발계획에 적합한 시설을 설치하여 입주하려는 자는 산업단지지정권자 등에 대하여 산업단지개발계획의 변경을 요청할 수 있는 법규상 또는 조리

상 신청권이 있다고 보았다(대판 2017.8.29. 2016두44186).

 각종 공적 장부(공부)에의 등재·변경행위가 항고소송의 대상인지 여부★★[21 입시]

1. 문제 상황

각종 공적 장부에 대해서는 공신력이 인정되지 않고 공적 장부에의 등재행위나 변경행위에 있어서 담당 공무원들의 실질적 심사권도 인정되고 있지 않기에 일반적으로 공부에의 등재(변경)행위는 항고소송의 대상인 처분(거부처분)이 아니다. 그러나 판례와 학설이 일부 공적 장부에의 등재(변경)행위에 대해서는 항고소송의 대상인 처분으로 보고 있어 문제된다.

2. 판 례

(1) 항고소송의 대상적격을 부정한 경우

㈎ 대법원은 공적장부에 등재하거나 변경하는 행위는 행정사무집행의 편의와 사실증명의 자료로 삼기 위한 목적이라는 이유로 대부분 처분성을 부정하여 왔다(대판 1991.9.24. 91누1400).

㈏ 그리고 무허가건축물관리대장에 등재되어 있었기만 하면 아파트 입주권을 부여받을 수 있는 경우, 무허가건물관리대장에 등재되어 있었다가 그 후 무허가건물관리대장에서 삭제하는 행위는 항고소송의 대상인 처분이 아니라고 보았다(대판 2009.3.12. 2008두11525).

(2) 항고소송의 대상적격을 긍정한 경우

㈎ 헌법재판소가 지목변경신청거부행위를 항고소송의 대상인 거부처분으로 판단하자(헌재 1999.6.24. 97헌마315), 대법원도 지목변경신청거부처분취소를 구한 사건에서 지목은 토지소유권을 제대로 행사하기 위한 전제요건으로서 토지소유자의 실체적 권리관계에 밀접하게 관련되어 있음을 이유로 항고소송의 대상이 되는 처분으로 보았다(지목은 토지에 대한 공법상의 규제, 개발부담금의 부과대상, 지방세의 과세대상, 공시지가의 산정, 손실보상가액의 산정 등 토지행정의 기초로서 공법상의 법률관계에 영향을 미치고, 토지소유자는 지목을 토대로 토지의 사용·수익·처분에 일정한 제한을 받게 되는 점 등을 고려하면, 지목은 토지소유권을 제대로 행사하기 위한 전제요건으로서 토지소유자의 실체적 권리관계에 밀접하게 관련되어 있으므로 지적공부 소관청의 지목변경신청 반려행위는 국민의 권리관계에 영향을 미치는 것으로서 항고소송의 대상이 되는 행정처분에 해당한다(대판(전원) 2004.4.22. 2003두9015)).

㈏ 또한 건축물대장의 용도변경신청거부를 '건축물의 용도는 토지의 지목에 대응하는 것으로서 건축물의 소유권을 제대로 행사하기 위한 전제요건으로서 건축물 소유자의 실체적 권리관계에 밀접하게 관련되어 있다'는 이유로 항고소송의 대상인 거부처분으로 보았다(대판 2009.1.30. 2007두7277).

㈐ 그리고 대법원은 건축물대장작성(생성)신청거부행위를 '건축물대장은 건축물에 관한 소유권보존등기 또는 소유권이전등기를 신청하려면 이를 등기소에 제출해야 하기 때문에 건축물의 소유권을 제대로 행사하기 위한 전제요건으로서 건축물 소유자의 실체적 권리관계에 밀접하게 관련되어 있다'는 이유로 항고소송의 대상인 거부처분으로 보았다(대판 2009.2.12. 2007두17359).

㈑ 건축물대장은 건축물의 소유권을 제대로 행사하기 위한 전제요건으로서 건축물 소유자의 실체적 권리관계에 밀접하게 관련되어 있다는 이유로 건축물대장 직권말소행위의 처분성도 긍정하였다(대판 2010.5.27. 2008두22655). 그리고 같은 이유로 관할 관청의 토지대장 직권말소행위도 항고소송의 대상인 처분으로 보았다(대판 2013.10.24. 2011두13286).

3. 검 토

1161q

각종 공부에의 등재행위는 일반적으로 공권력행사가 아니며, 등재행위로 인해 당사자의 권리·의무에 영향을 미치지 않기 때문에 항고소송의 대상인 처분으로 보기 어렵다. 그러나 판례의 입장처럼 공권력행사(또는 거부)로 당사자의 권리·의무에 직접 영향을 미치는 일부의 공부에의 등재행위는 항고소송의 대상인 처분으로 보는 것이 타당하다.

II. 취소소송의 대상인 재결★★★[09 5급] [11 사시]

1. 재결소송의 의의

1162

재결소송이란 재결을 분쟁대상으로 하는 항고소송을 말한다. 여기서 '재결'이란 행정심판법에서 말하는 재결(행정심판법 제2조 3. '재결'이란 행정심판의 청구에 대하여 행정심판법 제6조에 따른 행정심판위원회가 행하는 판단을 말한다)만을 뜻하는 것은 아니라 개별법상의 행정심판에 따른 재결도 포함된다.

2. 원처분주의

(1) 의 의

1163

행정소송법상 재결에 대한 취소소송은 재결 자체에 고유한 위법이 있는 경우에 한한다(행정소송법 제19조 단서). 즉 취소소송은 원칙적으로 원처분을 대상으로 해야 하며, 재결은 예외적으로만 취소소송의 대상이 될 수 있다. 이를 원처분주의라고 하며, 재결주의(재결만이 항고소송의 대상이며, 재결소송에서 재결의 위법뿐만 아니라 원처분의 위법도 주장할 수 있다는 입장)와 구별된다. 행정소송법은 원처분주의를 취하고 있지만, 개별법에서 재결주의를 규정하기도 한다(자세한 내용을 후술하는 재결주의 참조(1178)).

(2) 재결소송의 인정필요성

1164

원처분주의의 예외로서 재결소송을 인정한 것은 원처분을 다툴 필요가 없거나 다툴 수 없는 자가 재결로 인하여 권리가 침해되는 경우가 있기 때문이다(예를 들어 연탄공장건축허가(원처분)를 거부당한 자가 행정심판을 제기하여 허가재결을 받은 경우, 그 연탄공장의 이웃에 거주하는 자에게 원처분은 연탄공장건축허가거부처분 — 수익적 처분 — 이기 때문에 침익적인 연탄공장건축허가재결의 취소를 구하는 소송을 인정해야 한다).

(3) 재결소송의 사유

1) '재결 자체에 고유한 위법'의 의의

재결소송은 재결 자체에 고유한 위법(원처분에는 없는 재결만의 고유한 위법)이 있는 경우에 가능하다. 여기서 '재결 자체에 고유한 위법'이란 재결 자체에 주체·절차·형식 그리고 내용상의 위법이 있는 경우를 말한다.

2) 주체·절차·형식의 위법

① 권한이 없는 기관이 재결하거나 행정심판위원회의 구성원에 결격자가 있다거나 정족수 흠결 등의 사유가 있는 경우 주체의 위법에 해당한다. ② 절차의 위법은 행정심판법상의 심판절차를 준수하지 않은 재결을 말한다. ③ 형식의 위법은 서면에 의하지 아니하고 구두로 한 재결(행정심판법 제46조 제1항)이나 행정심판법 제46조 제2항 소정의 주요기재 사항이 누락된 경우 등을 말한다.

3) 내용의 위법

내용상의 위법에 대해서는 학설이 대립된다. ① ⓐ 내용의 위법은 재결 자체의 고유한 위법에 포함되지 않는다는 견해도 있고, ⓑ 내용상의 위법도 포함된다는 견해(다수견해)도 있다. ② 판례는 「행정소송법 제19조에서 말하는 재결 자체에 고유한 위법이란 원처분에는 없고 재결에만 있는 재결청(현행법상으로는 위원회)의 권한 또는 구성의 위법, 재결의 절차나 형식의 위법, 내용의 위법 등을 뜻하고, 그 중 내용의 위법에는 위법·부당하게 인용재결을 한 경우가 해당한다(대판 1997.9.12. 96누14661)」고 판시하고 있다. ③ 재결이 원처분과는 달리 새롭게 권리·의무에 위법한 변동(침해)을 초래하는 경우(아래의 c.의 경우 참조)도 재결 자체의 고유한 위법이므로 내용상 위법이 포함된다는 견해가 타당하다.

a. 각하재결의 경우: 행정심판청구 요건을 모두 구비하여 심판청구가 부적법하지 않음에도 본안심리(위법·부당성 심사)를 하지 아니한 채 각하한 재결은 원처분에는 없는 재결만의 고유한 하자이므로 재결소송의 대상이 된다.

b. 기각재결의 경우: ㈎ 원처분이 정당하다고 하여 심판청구를 기각한 재결은 원칙적으로 재결 자체에 고유한 내용상 위법은 없다. 왜냐하면 기각재결은 원처분이 정당하다는 것을 내용으로 하기 때문에 기각재결을 다투는 것은 원처분을 다투는 것과 동일한 위법을 주장하는 것이며 재결 자체의 고유한 위법을 주장하는 것이 아니기 때문이다.

㈏ 그러나 예외적으로 ① 기본적 사실관계가 동일하지 않아 처분사유의 추가·변경이 인정되지 않음에도 그 처분사유를 추가·변경하여 기각한 재결(1365)은 재결 자체에 고유한 위법이 있어 재결소송의 대상이 될 수 있다. ② 또한 사정재결(행정심판법 제44조 참조)

을 함에 있어서 공공복리에 대한 판단을 잘못하여 기각한 재결도 재결소송의 대상이 될 수 있다.

c. 인용재결의 경우: ㈎ 인용재결은 원처분과 내용을 달리하는 것이므로 그 인용재결의 취소를 구하는 것은 원처분에는 없는 재결에 고유한 하자를 주장하는 셈이어서 당연히 항고소송의 대상이 된다(대판 1997.12.23. 96누10911). 그러나 행정심판청구인은 자신의 심판청구가 받아들여진 인용재결에 대하여서는 불복할 이유가 없다.

㈏ 하지만 인용재결로 말미암아 권리침해 등의 불이익을 받게 되는 제3자가 있다면 그 자는 인용재결을 다툴 필요가 있다(앞의 예(932)에서 연탄공장건축허가(원처분)를 거부당한 자가 행정심판을 제기하여 건축허가재결을 받은 경우, 그 연탄공장 이웃에 거주하는 자가 자신에게는 침익적인 건축허가재결의 취소를 구하는 경우).

d. 재결의 범위를 벗어난 재결: 재결(심리)의 범위를 벗어난 행정심판법 제47조에 위반한 재결도 재결만의 고유한 하자가 될 수 있다(행정심판법 제47조 ① 위원회는 심판청구의 대상이 되는 처분 또는 부작위 외의 사항에 대하여는 재결하지 못한다. ② 위원회는 심판청구의 대상이 되는 처분보다 청구인에게 불리한 재결을 하지 못한다).

(4) 원처분주의의 위반과 판결★

1) 문제점

재결 자체의 고유한 위법이 없음에도 재결에 대해 취소소송을 제기한 경우의 소송상 처리에 관해서는 학설의 대립이 있다.

2) 학 설

ⓐ 행정소송법 제19조 단서를 소극적 소송요건으로 보고 각하판결을 해야 한다는 견해(김용섭)와 ⓑ 본안요건으로 보고 기각판결을 해야 한다는 견해(윤영선)로 나누어진다.

3) 판 례

판례는 「재결 자체에 고유한 위법이 없는 경우에는 원처분의 당부와는 상관없이 당해 재결취소소송은 이를 기각하여야 한다(대판 1994.1.25. 93누16901)」고 한다(기각판결설).

4) 검 토

재결 자체에 고유한 위법 여부는 본안판단사항(재결의 위법성 여부)(1330)이기 때문에 재결 자체에 고유한 위법이 없다면 기각판결을 하여야 한다는 견해가 타당하다.

3. 재결주의★★★

(1) 재결주의의 의의

㈎ 개별법률에서 원처분주의의 예외로서 재결을 소의 대상으로 하는 경우가 있는데, 이처럼 재결만이 항고소송의 대상이며 재결취소소송에서 재결의 위법뿐만 아니라 원처분의 위법도 주장할 수 있다는 입장을 재결주의라고 한다(대판 1991.2.12. 90누288).

㈏ 다만, 원처분이 무효인 경우 그 효력은 처음부터 당연히 발생하지 않는 것이어서 행

정심판 절차를 거칠 필요도 없으므로 개별법률이 재결주의를 취하고 있는 경우라도 재결을 거칠 필요 없이 원처분 무효확인의 소를 제기할 수 있다(대판(전원) 1993.1.19. 91누8050).

[참고] 재결주의의 예

1. **중앙노동위원회의 재심판정**

    노동위원회법

    제26조(중앙노동위원회의 재심권) ① 중앙노동위원회는 당사자의 신청이 있는 경우 지방노동위원회 또는 특별노동위원회의 처분을 재심하여 이를 인정·취소 또는 변경할 수 있다.

    제27조(중앙노동위원회의 처분에 대한 소) ① 중앙노동위원회의 처분에 대한 소송은 중앙노동위원회위원장을 피고로 하여 처분의 송달을 받은 날부터 15일 이내에 이를 제기하여야 한다.

    [관련 판례] 당사자가 <u>지방노동위원회의 처분에 대하여 불복하기 위하여는</u> 처분 송달일로부터 10일 이내에 중앙노동위원회에 재심을 신청하고 중앙노동위원회의 재심판정서 송달일로부터 15일 이내에 중앙노동위원장을 피고로 하여 재심판정취소의 소를 제기하여야 할 것이다(대판 1995.9.15. 95누6724).

2. **감사원의 재심의 판정**

    감사원법

    제36조(재심의 청구) ① 제31조에 따른 변상 판정에 대하여 위법 또는 부당하다고 인정하는 본인, 소속 장관, 감독기관의 장 또는 해당 기관의 장은 변상판정서가 도달한 날부터 3개월 이내에 감사원에 재심의를 청구할 수 있다.

    제40조(재심의의 효력) ② 감사원의 재심의 판결에 대하여는 감사원을 당사자로 하여 행정소송을 제기할 수 있다.

    [관련 판례] 감사원의 변상판정처분에 대하여서는 행정소송을 제기할 수 없고, <u>재결에 해당하는 재심의 판정에 대하여서만</u> 감사원을 피고로 하여 <u>행정소송을 제기할 수 있다</u>(대판 1984.4.10. 84누91).

3. **특허심판원의 심결**

    특허출원에 대해 심사관의 특허거절결정 등을 한 경우 이 결정 등에 대해서는 행정소송을 제기할 수 없고, 특허심판원에 심판청구를 한 후 그 심결을 소송대상으로 하여 특허법원에 심결취소를 구하는 소를 제기해야 한다(특허법 제186조, 제189조, 실용신안법 제33조, 디자인보호법 제166조, 상표법 제162조 참조).

---

(2) 재결주의와 필요적 심판전치

재결주의는 재결만이 소의 대상이 되므로 필연적으로 필요적 심판전치에 해당한다. 헌법재판소도 「개별법률에서 재결주의를 정하는 경우에는 재결에 대해서만 제소하는 것이 허용되므로 그 논리적인 전제로서 취소소송을 제기하기 전에 행정심판을 필요적으로 경유할 것이 요구(헌재 2001.6.28. 2000헌바77)」된다고 본다.

(3) 재결에 대한 취소판결의 효과

㈎ 원처분이 위법함에도 원처분이 정당하다는 기각재결에 대해 취소판결이 있는 경우 판결의 기속력(1407 이하)에 따라 원처분청은 원처분을 취소해야 한다.

㈏ 하지만 원처분이 적법함에도 원처분이 위법하다는 인용재결(취소재결 등)에 대해 취소판결이 있는 경우는 원처분의 효력이 소급적으로 소생한다.

4. 특수문제

(1) 형성재결(의무이행심판에서 처분재결)이 있는 경우 형성재결 결과의 통보가 항고소송의 대상이 되는지 여부★★

형성재결의 경우 위원회의 재결로 이미 법률관계는 형성되었기 때문에, <u>위원회로부터 재결을 통보받은 처분청이 행하는 재결결과의 통보는 사실의 통지에 불과하고 항고소송의 대상인 처분이 아니다</u>(대판 1997.5.30. 96누14678).

(2) 명령재결(예를 들어 의무이행심판에서 처분명령재결을 제3자가 다투는 경우)과 그에 따른 재처분 중 항고소송의 대상★

1) 문제점

위원회의 명령재결이 있으면 재결의 기속력에 따라 처분청(피청구인)은 재결의 취지에 따른 재처분의무를 부담하는데(행정심판법 제49조 제3항 등), 이 경우 명령재결이 소의 대상인지 아니면 명령재결에 따른 재처분이 소의 대상인지가 문제된다(예: 의무이행심판청구에 대해 위원회의 건축허가명령재결이 있었고 그에 따른 처분청의 건축허가처분을 이웃인 제3자가 다투는 경우).

2) 학 설

ⓐ 명령재결과 그에 따른 재처분이 각 독립된 행위라는 데에 근거하여 명령재결과 그에 따른 재처분이 각각 소송의 대상이 된다는 견해(병존설), ⓑ 재처분은 행정심판법 제49조에서 규정한 재결의 기속력에 따른 것으로 명령재결취소가 선행되어야 한다는 견해(재결설), ⓒ 명령재결이 있다 하더라도 그에 따른 행정청의 재처분이 있기 전까지는 상대방의 권리가 구체적·현실적으로 침해되었다 볼 수 없으므로 재결에 따른 행정청의 재처분만이 소송의 대상이 될 수 있다는 견해(처분설)로 나누어진다.

3) 판 례

판례는 명령재결과 그에 따른 재처분 모두 항고소송의 대상이 될 수 있다는 입장이다(대판 1993.9.28. 92누15093; 이 판결은 취소명령재결이 있는 경우의 사안이지만 현행 행정심판법은 취소명령재결규정이 없다(제43조 제3항). 하지만 이 판결의 취지는 의무이행심판에서 처분명령재결을 제3자가 다투는 경우에도 적용될 수 있다)(병존설).

4) 검 토

명령재결도 행정심판법 제48조 제1항·제2항에 따라 당사자에게 송달되어 효력이 발생하며(ⓒ설 비판), ⓑ설(재결설)이 말하는 재결의 기속력 문제는 위원회와 처분청 간의 내부적인 문제에 불과하며 소의 대상 여부와는 직접적인 관계가 없다. 따라서 당사자의 효과적인 권리구제를 위해 명령재결과 그에 따른 처분 모두 소의 대상이 된다는 견해가 타당하다(병존설).

 취소심판에서 위원회가 일부취소재결·변경재결을 한 경우 재결과 원처분(남은 원처분, 변경된 원처분) 중 항고소송의 대상★★★

[참고] 전부취소재결의 경우 재결 후 남은 부분(남은 원처분, 변경된 원처분)이 없으나, 일부취소재결이나 변경재결은 인용재결(일부인용재결) 후에도 남은 부분이 존재하기 때문에 일부인용재결을 받은 후에도 당사자가 여전히 불복하려 한다면 일부취소재결(변경재결)이 소의 대상인지 재결 후 남은 원처분(변경된 원처분)이 소의 대상인지가 문제된다.

1. 일부취소재결의 경우 [13 사시]

    (1) 문제점

    침익적 처분에 대해 행정심판을 제기하여 일부취소재결(일부인용재결)을 받았지만 당사자는 여전히 남은 부분에 위법이 있다고 하여 불복하려는 경우 소송의 대상이 무엇인지가 문제된다(예: 3개월 영업정지처분이 일부취소재결로 1개월 영업정지처분이 된 경우).

    (2) 학 설

    ⓐ 일부취소재결은 원처분의 일부취소이므로 남은 원처분이 존재하며, 남은 원처분이 소송의 대상이라는 견해(피고는 처분청)(앞의 예에서 1개월 영업정지처분을 남은 원처분으로 본다)와 ⓑ 일부취소재결은 위원회가 원처분을 전부취소하고(원처분은 소멸됨) 원처분을 대체하여 발령한 것이므로 일부취소재결이 소송의 대상이 된다는 견해(피고는 행정심판위원회)(앞의 예에서 1개월 영업정지처분을 일부취소재결로 본다), ⓒ 그리고 일부취소재결은 양적 변경이므로 남은 원처분이 소송의 대상이고, 변경재결은 질적 변경이므로 변경재결이 소송의 대상이 된다는 견해가 대립한다.

    (3) 판 례

    일부취소재결은 아니지만 변경재결과 관련해「소청심사위원회(특별행정심판위원회)가 감봉 1월의 원징계처분을 견책으로 변경한 소청결정(변경재결)이 재량권 일탈·남용이어서 위법하다는 주장은 (변경된 원처분인 견책처분의 위법성을 주장하는 것이며) 소청결정(재결)의 위법을 주장하는 것은 아니다(대판 1993.8.24. 93누5673)」고 하여, 원처분청을 피고로 원처분의 취소를 청구해야 한다고 본다(ⓐ설).

    (4) 검 토

    처분청의 권한존중과 원처분의 연속성이라는 관점에서 남은 부분은 일부취소된 내용의 원처분으로 보아야 한다는 견해가 타당하다(일반적인 견해). 그리고 일부취소재결과 변경재결을 구별하는 ⓒ설은 3개월 영업정지처분이 일부취소재결로 1개월 영업정지 처분이 된 경우에는 원처분청을 피고로 남은 원처분인 1개월 영업정지처분의 취소를 구해야 하지만, 3개월 영업정지처분이 변경재결로 100만 원 과징금부과처분이 된 경우에는 행정심판위원회를 피고로 변경재결의 취소를 구해야 하므로 일관성이 결여된 것(김석우)이다.

2. 변경재결의 경우[20 5급]

(1) 문제점

침익적 처분에 대해 행정심판을 제기하여 변경재결(일부인용재결)을 받았지만 당사자는 여전히 남은 부분에 위법이 있다고 하여 불복하려는 경우 소송의 대상이 무엇인지가 문제된다(예: 3개월 영업정지처분이 변경재결로 100만 원 과징금 부과처분이 된 경우).

(2) 학 설

ⓐ 변경재결은 원처분의 일부취소의 성질을 가지기 때문에 변경된 원처분은 존재하며, 변경된 원처분이 소송의 대상이라는 견해(피고는 처분청)(앞의 예에서 100만 원의 과징금 부과처분을 변경된 원처분으로 본다)와 ⓑ 변경재결은 원처분을 전부취소하고(원처분은 소멸됨) 원처분을 대체하여 발령한 것이므로 변경재결이 소송의 대상이 된다는 견해(피고는 행정심판위원회)(앞의 예에서 100만 원의 과징금부과처분을 변경재결로 본다), ⓒ 일부취소재결은 양적 변경이므로 남은 원처분이 소송의 대상이고, 변경재결은 질적 변경이므로 변경재결이 소송의 대상이 된다는 견해가 대립한다.

(3) 판 례

소청심사위원회(특별행정심판위원회)가 감봉 1월의 원징계처분을 견책으로 변경한 소청결정(변경재결)이 재량권 일탈·남용이어서 위법하다는 주장은 (변경된 원처분인 견책처분의 위법성을 주장하는 것이며) 소청결정(재결)의 위법을 주장하는 것은 아니다(대판 1993.8.24. 93누5673)고 하여 판례는 원처분청을 피고로 재결에 의해 변경된 내용의 원처분의 취소를 청구해야 한다고 본다(ⓐ설).

(4) 검 토

처분청의 권한존중과 원처분의 연속성이라는 관점에서 변경되고 남은 부분은 변경된 내용의 원처분으로 보아야 한다는 견해가 타당하다(일반적인 견해). 일부취소재결과 변경재결을 구별하는 ⓒ설은 3개월 영업정지처분이 일부취소재결로 1개월 영업정지처분이 된 경우에는 원처분청을 피고로 남은 원처분인 1개월 영업정지처분의 취소를 구해야 하지만, 3개월 영업정지처분이 변경재결로 100만 원 과징금부과처분이 된 경우에는 행정심판위원회를 피고로 변경재결의 취소를 구해야 하므로 일관성이 결여된 것(김석우)이다.

쟁점 | 변경처분(일부취소처분)과 변경된 원처분(남은 원처분) 중 항고소송의 대상★★★
[09 사시] [14 변시] [17 변시]

> [참고] 이 쟁점이 논의되는 것은 ① 처분청이 처분을 발령한 후 상대방의 취소심판제기에 따라 위원회의 변경명령재결이 있었고 그에 따라 처분청이 재결의 기속력에 따라 변경처분(축소변경)을 한 경우, ② 처분청이 처분을 발령한 후 이를 스스로 직권으로 변경처분(일반적으로 축소변경)을 한 경우, ③ 처분청이 처분을 발령한 후 이를 스스로 일부취소처분을 한 3가지 경우가 있다. 아래의 설명은 ①의 경우에 따른 것이지만 ②와 ③의 경우도 논의는 같다.

1. 문제 상황

위원회의 변경명령재결 후 피청구인인 행정청이 재결의 기속력에 따라 변경처분을 한 경우, 변경되고 남은 부분을(일부취소의 경우 취소되고 남은 부분) 변경처분(일부취소처분)과 변경된 원처분(남은 원처분) 중 어느 것이라고 볼 것인지와 관련해 항고소송의 대상이 문제된다(위의 ③의 경우라면 일부취소처분과 남은 원처분 중 어느 행위가 항고소송의 대상인지의 문제가 된다).

2. 학 설

ⓐ 변경처분과 변경된 원처분은 독립된 처분으로 모두 소송의 대상이라는 견해(병존설), ⓑ 원처분은 전부취소되고 변경처분이 원처분을 대체하기 때문에 변경처분(일부취소처분)만이 소의 대상이 된다는 견해(흡수설), ⓒ 변경처분은 원처분의 일부취소로 변경처분 이후에도 원처분은 (축소) 변경된 원처분으로 존재하기 때문에 변경된 원처분(남은 원처분)만이 소의 대상이라는 견해(역흡수설), ⓓ 행정청이 발령한 처분서의 문언의 취지를 충실하게 해석하여, 변경처분이 일부취소의 취지인 경우 변경된 원처분이 소송의 대상이 되고, 변경처분이 원처분의 전부취소와 변경처분의 발령의 취지인 경우 변경처분이 소송의 대상이 된다는 견해(류광해)가 대립된다.

3. 판 례

판례는 ① 행정심판위원회의 변경명령재결에 따라 처분청이 변경처분을 한 경우, 변경처분에 의해 원처분이 소멸하는 것이 아니라 당초부터 유리하게 변경된 원처분으로 존재하기 때문에 소송의 대상은 변경된 내용의 원처분(당초처분)이라고 한다. 따라서 제소기간의 준수 여부도 변경처분이 아니라 변경된 '원처분'을 기준으로 한다(대판 2007.4.27. 2004두9302). ② 그리고 처분청이 직권 일부취소처분을 한 경우에도, 일부취소처분(감액처분)은 원처분 중 일부취소부분에만 법적 효과가 미치는 것으로 원처분과 별개의 독립한 처분이 아니라 원처분의 일부취소의 실질을 가지며, 상대방에게 유리한 결과를 가져오는 것이므로 소송의 대상은 취소되지 않고 남은 원처분이라고 한다. 따라서 제소기간의 준수 여부도 일부취소처분이 아니라 남은 '원처분'을 기준으로 한다(대판 2012.9.27. 2011두27247).

4. 검 토

원처분을 유리하게 변경하는 행위(일부취소의 경우 일부취소하는 행위)는 별도의 독립한 처분이 아니므로, 원처분의 연속성이라는 관점에서 소송의 대상은 변경된 내용의 원처분(일부취소의 경우 남은 원처분)이 된다는 견해가 타당하다.

제3항 | 취소소송의 당사자

I. 의 의

취소소송의 당사자는 원고·피고·참가인이며, 당사자능력이란 소송상 당사자가 될 수 있는 능력을 말한다. 행정소송상 당사자능력은 권리능력(권리·의무의 주체가 될 수 있는 지위·자격)이 부여된 자연인(권리의 주체인 사람)·법인(주무관청의 허가와 설립등기를 함으로써 법인격을 취득한 법인)뿐만 아니라 법인격을 취득하기 전의 법인도 인정될 수 있다(행정소송법 제8조 제2항·민사소송법 제52조).

II. 원고적격★★★ [08 5급] [09 5급] [10 5급] [11 사시] [12 변시] [14 5급] [15 사시] [16 변시] [17 5급] [19 변시] [19 5급] [20 입시] [21 변시]

1. 의 의

㈎ '원고적격'이란 행정소송에서 원고(본안판결에 의해 보호될 법적 이익의 귀속주체)가 될 수 있는 자격을 말한다. 취소소송의 원고적격에 대해 행정소송법 제12조 제1문은 "취소소송은 처분등의 취소를 구할 법률상 이익이 있는 자가 제기할 수 있다"고 규정한다.

㈏ 원고적격은 소송요건의 하나이므로 사실심 변론종결시는 물론 상고심에서도 존속하여야 하고 이를 흠결하면 부적법한 소가 된다(대판 2007.4.12. 2004두7924).

㈐ 일반적 견해는 법률상 이익의 범위(의미)를 취소소송의 본질에 대한 논의를 통해 결정한다.

2. 취소소송의 본질

㈎ 취소소송의 본질(기능)에 관해 ⓐ 취소소송의 목적은 위법한 처분으로 야기된 개인의 권리침해의 회복에 있다는 권리구제설(권리구제설이 말하는 권리는 좁은 의미의 권리이다), ⓑ 위법한 처분으로 (좁은 의미) 권리뿐 아니라 법에 의해 보호되는 이익을 침해당한 자도 처분을 다툴 수 있다는 법률상 보호이익설(통설), ⓒ 처분의 효력을 다투어 이를 부정하는 것이 당사자에게 실질적 이익이 있다면 그것이 법률상 이익이든 사실상의 이익이든 그러한 이익이 침해된 자는 소송을 제기할 수 있다는 보호가치 있는 이익설, ⓓ 취소소송은 개인의 권리구제보다는 처분의 적법성을 유지하는 것이 주된 기능으로 처분의 적법성 확보에 가장 적합한 이해관계를 가진 자가 원고적격을 갖는다는 적법성보장설이 있다.

(내) 판례는 「직접 권리의 침해를 받은 자가 아닐지라도 소송을 제기할 법률상의 이익을 가진 자는 그 행정처분의 효력을 다툴 수 있다(대판 1974.4.9. 73누173)」고 하여 법률상 보호이익설의 입장이다.

(대) 취소소송은 주관적 소송이므로 적법성보장설은 타당하지 않으며, 행정소송법 제12조가 취소소송은 법률상 이익이 있는 자가 제기할 수 있다고 규정하기 때문에 법률상 보호이익설이 타당하다.

3. 법률상 이익이 있는 자의 분석

(1) 법률상 이익에서 '법률(법규)'의 범위

법률상 이익(권리)이 성립되려면 근거법률(공법) 등이 행정청의 의무와 사익보호성을 규정하고 있어야 하는데(자세한 내용은 전술한 개인적 공권의 성립요건 참조(82 이하)), 행정청의 의무 및 사익보호성 유무의 판단기준이 되는 법률(법규)을 어디까지 한정할 것인지가 문제된다.

1) 학 설

일반적인 견해는 처분의 근거법규의 규정과 취지, 관련법규의 규정과 취지 외에 헌법상 기본권 규정도 보충적으로 고려해야 한다는 입장이다.

2) 판 례

(가) 판례는 기본적으로 당해 처분의 근거가 되는 법규가 보호하는 이익만을 법률상 이익으로 본다(대판 1989.5.23. 88누8135).

(나) 폐기물처리시설입지결정사건에서 근거법규 외에 관련법규까지 고려하여 법률상 이익을 판단하고 있다(대판 2005.5.12. 2004두14229). 다만, 근거법규나 관련법규에서 명시적이지 않더라도 합리적인 해석상 행정청의 의무와 사익보호성을 인정할 수 있다고 한다(대판 2004.8.16. 2003두2175).

(다) 하지만 헌법상의 기본권 및 기본원리는 법률상 이익의 해석에서 일반적으로 고려하지 않는다(80a). 다만, ⓐ 대법원은 접견허가거부처분사건에서 '접견권'을(접견권은 헌법상 기본권의 범주에 속하는 것 ⋯ 자신의 접견권이 침해되었음을 주장하여 위 거부처분의 취소를 구할 원고적격을 가진다(대판 1992.5.8. 91누7552)), ⓑ 헌법재판소는 국세청장의 납세병마개제조자지정처분과 관련된 헌법소원사건에서 '경쟁의 자유'를(일반법규에서 경쟁자를 보호하는 규정을 별도로 두고 있지 않은 경우에도 기본권인 경쟁의 자유가 바로 행정청의 지정행위의 취소를 구할 법률상의 이익이 된다(헌재 1998.4.30. 97헌마141)) 기본권이지만 권리로 인정(또는 고려)하였다고 일반적으로 해석한다.

3) 검 토

취소소송은 법률상 보호이익의 구제를 목적으로 하는 소송(법률상 보호이익설)이기 때문에 처분의 근거법규의 규정과 취지, 관련법규의 규정과 취지 외에 기본권 규정도 보충적으로 고려해야 한다는 일반적인 견해가 타당하다.

(2) '이익이 있는'의 의미

1198 ㈎ 판례는 '법률상의 이익'이란 당해 처분등의 근거가 되는 법규에 의하여 보호되는 개별적·직접적이고 구체적인 이익을 말하고, 단지 간접적이거나 사실적, 경제적인 이해관계를 가지는 데 불과한 경우에는 행정소송을 제기할 법률상의 이익이 아니라고 본다(대판 1992.12.8. 91누13700).

㈏ 그리고 법률상 이익에 대한 침해 또는 침해 우려가 '있는' 경우라야 원고적격이 인정된다(대판(전원) 2006.3.16. 2006두330).

(3) '자'의 범위

1199 ㈎ 법률상 이익의 주체에는 자연인, 법인(공법인도 그 자신의 권리가 침해된 경우는 주체가 될 수 있다), 법인격 없는 단체, 다수인(행정소송법 제15조 참조)도 가능하다. 특히 법률상 이익이 있다면 처분의 상대방이 아닌 제3자(후술하는 경쟁자소송, 경원자소송, 이웃소송 참조(1200 이하))도 법률상 이익의 주체가 될 수 있다.

㈏ 행정주체가 아닌 행정기관은 원칙상 항고소송을 제기할 법률상 이익이 인정되지 않는다. 그러나 대법원은 경기도선거관리위원회 위원장이 국민권익위원회를 상대로 불이익처분원상회복등요구처분취소를 구한 사건에서 원고(경기도선거관리위원회 위원장)는 비록 국가기관이지만 원고적격을 가진다고 보았다(대판 2013.7.25. 2011두1214). 이후 부패방지 및 국민권익위원회의 설치와 운영에 관한 법률 제62조의 4 제1항(소속기관장등은 신분보장등조치결정에 대하여 「행정소송법」에 따른 행정소송을 제기하는 경우에는 … 신분보장등조치결정을 통보받은 날부터 30일 이내에 제기하여야 한다)은 이러한 소속기관장등이 행정소송을 제기할 수 있음을 명문으로 인정하였다.

쟁점 — 원고적격의 확대 ★★★

1200 행정소송법 제12조는 법률상 이익이 있는 자이면 처분의 직접 상대방이 아닌 자(제3자)도 취소소송을 제기할 수 있다고 규정한다(해당 법규에서 제3자에 대한 행정청의 의무와 사익보호목적을 규정하고 있는 경우). 아래에서는 처분의 직접 상대방이 아니지만 학설과 판례가 원고적격을 인정한 대표적인 경우를 검토한다.

1. 경쟁자소송(경업자소송)

(1) 의 의

1201 경쟁자소송이란 서로 경쟁관계에 있는 자들 사이에서 특정인에게 주어지는 수익적 행위가 제3자에게는 법률상 불이익을 초래하는 경우에 그 제3자가 경쟁자에게 발령된 처분을 다투는 소송을 말한다(예: 갑이 여객자동차운송사업면허를 받아 영업을 하고 있는 지역에 을에게도 동일한 여객자동차운송사업면허를 발령하여, 갑이 을에게 발령된 여객자동차운송사업면허처분을 다투는 소송).

(2) 구체적 판단

㈎ 일반적 견해와 판례는 원칙적으로 행정청의 처분(앞의 예에서 을에게 발령된 처분)으로 침익적 효과를 받는 자(기존업자인 갑)가 영업을 하기 위해 받았던 처분(여객자동차운송사업면허)이 학문상 특허처분(특정인에게 특정한 권리를 설정하는 행위)인 경우와 허가처분(경찰 목적으로 금지하였던 바를 해제하여 개인의 자유권을 회복시켜주는 행위)인 경우를 나누어 판단한다.

㈏ 즉 특허인 경우(예: 여객자동차운송사업면허, 선박운송사업면허, 광업허가) 그 영업으로 인한 이익은 법률상 이익이지만, 허가인 경우(예: 숙박업허가, 석탄가공업허가, 공중목욕장업허가) 영업으로 인한 이익은 법률상 이익이 아니라고 본다. 그 이유는 특허(공익사업)의 경우 근거법규의 취지가 수특허자의 경영상 이익을 보호하기 위한 것인 반면, 허가(사익사업)의 경우 근거법규의 취지가 수허가자의 경영상 이익을 보호하기 위한 것이 아니기 때문이다.

(3) 판 례

1) 긍정한 경우

① 담배소매업 영업자 간에 거리제한을 두고 있는 경우, 기존업자가 신규 담배소매인지정처분을 다툴 수 있는지 여부(적극)(대판 2008.3.27. 2007두23811), ② 기존 업체 시설이 과다한 경우 분뇨등 수집·운반업에 대한 추가 허가를 제한할 수 있음을 규정하는 경우에 기존업자가 신규업자에 대한 분뇨등 관련 영업허가를 다툴 수 있는지 여부(적극)(대판 2006.7.28. 2004두6716), ③ 기존업자가 신규업자의 선박운항사업 면허처분을 다투는 경우의 법률상 이익(적극)(대판 1969.12.30. 69누106), ④ 다른 운송사업자가 운행하고 있는 기존 시외버스를 시내버스로 전환을 허용하는 사업계획변경인가처분에 대하여 기존 시내버스업자가 취소를 구할 법률상의 이익(적극)(대판 1987.9.22. 85누985).

2) 부정한 경우

① 숙박업구조변경허가처분을 받은 건물의 인근에서 다른 여관을 경영하는 자들에게 그 처분의 무효확인 또는 취소를 구할 법률상 이익이 있는지 여부(소극)(대판 1990.8.14. 89누7900), ② 석탄가공업에 관한 허가를 받은 기존 허가업자들이 다른 자들에 대한 신규허가를 다툴 법률상 이익이 있는지 여부(소극)(대판 1980.7.22. 80누33), ③ 기존 목욕장업허가처분을 받은 자가 신규 목욕장업허가처분에 대하여 그 취소를 소구할 수 있는 법률상 이익이 있는지 여부(소극)(대판 1963.8.31. 63누101).

2. 경원자소송

(1) 의 의

경원자소송이란 일방에 대한 면허나 인·허가 등의 행정처분이 타방에 대한 불면허·불인가·불허가 등으로 귀결될 수밖에 없는 경우에 불허가 등으로 인한 자기의 법률상의 이익을 침해당한 자가 타인의 면허 등을 다투는 소송을 말한다(예: 해당 지역은

1개의 가스충전소사업만 허가할 수 있는데 갑과 을이 허가를 신청하여 갑은 허가처분을, 을은 불허가처분을 받은 경우, 을이 갑에게 발령된 허가처분을 다투는 소송).

(2) 구체적 판단

일반적 견해와 판례는 근거법규 등에서 경원자관계를 예정하고 있다면 그 법령은 허가 등의 처분을 받지 못한 자의 이익을 보호하는 것으로 본다(대판 2009.12.10. 2009두8359).

> 인가·허가 등 수익적 행정처분을 신청한 여러 사람이 서로 경원관계에 있는 경우, 허가 등 처분을 받지 못한 사람이 자신에 대한 거부처분의 취소를 구할 원고적격과 소의 이익이 있는지 여부(원칙적 적극)
>
> 인가·허가 등 수익적 행정처분을 신청한 여러 사람이 서로 경원관계에 있어서 한 사람에 대한 허가 등 처분이 다른 사람에 대한 불허가 등으로 귀결될 수밖에 없을 때 허가 등 처분을 받지 못한 사람은 신청에 대한 거부처분의 직접 상대방으로서 원칙적으로 자신에 대한 거부처분의 취소를 구할 원고적격이 있고, 취소판결이 확정되는 경우 판결의 직접적인 효과로 경원자에 대한 허가 등 처분이 취소되거나 효력이 소멸되는 것은 아니더라도 행정청은 취소판결의 기속력에 따라 판결에서 확인된 위법사유를 배제한 상태에서 취소판결의 원고와 경원자의 각 신청에 관하여 처분요건의 구비 여부와 우열을 다시 심사하여야 할 의무가 있으며, 재심사 결과 경원자에 대한 수익적 처분이 직권취소되고 취소판결의 원고에게 수익적 처분이 이루어질 가능성을 완전히 배제할 수는 없으므로, 특별한 사정이 없는 한 경원관계에서 허가 등 처분을 받지 못한 사람은 자신에 대한 거부처분의 취소를 구할 소의 이익이 있다(대판 2015.10.29. 2013두27517).

3. 이웃소송(인인(隣人)소송)

(1) 의 의

이웃소송은 이웃하는 자들 사이에서 특정인에게 주어지는 수익적 행위가 타인에게는 법률상 불이익을 초래하는 경우에 그 타인이 이웃에게 발령된 처분을 다투는 소송을 말한다(예: 갑이 연탄공장건축허가를 받자 이웃하는 을이 갑에게 발령된 연탄공장건축허가처분을 다투는 소송).

(2) 구체적 판단

근거법규 등이 이웃에 대한 행정청의 의무와 사익보호성을 규정하고 있는가(보호규범론)에 따라 원고적격을 판단한다.

> **쟁점** ─ 환경상 이익 침해에 대한 소송에서 원고적격(이웃소송의 특수문제)★★

1. 문제 상황

행정청이 특정 사업자에게 환경에 영향을 미치는 시설을 허가하여 제3자인 이웃주민이 환경상 이익의 침해를 이유로 행정청의 처분을 다투는 경우 제3자의 원고적격이 문제될 수 있다(예: 행정청이 A사업자에게 원자력발전소사업을 허가하여 이웃인 제3자가 그 허가처분을 다투는 경우).

2. 판례의 입장

(1) 환경행정소송에서 원고적격의 법리의 정립 ― 새만금사건

판례는 새만금사건에서 환경영향평가(2290 이하) 대상지역 안의 주민은 환경상의 이익에 대한 침해(침해우려)가 있는 것으로 사실상 추정되어 원고적격이 인정되나, 환경영향평가 대상지역 밖의 주민은 환경상의 이익에 대한 침해(침해우려)가 있다는 것을 입증해야 원고적격이 인정될 수 있다는 법리를 정립하였다[판례 1].

(2) 새만금사건의 법리의 확대

판례는 환경영향평가법령 외에도 행정처분의 근거 법규(관련 법규)에 환경상 침해를 받으리라고 예상되는 영향권의 범위가 구체적으로 규정되어 있는 경우(환경정책기본법, 구 산업집적활성화 및 공장설립에 관한 법률, 광업법령등)까지 새만금사건의 법리(대상지역 안의 주민과 밖의 주민을 구별하는 법리)를 확대하여 판시하고 있다[판례 2].

(3) 새만금사건의 법리의 구체화

㈎ 판례는 제주도풍력발전소개발승인사건에서 '환경상 이익에 대한 침해 또는 침해 우려가 있는 것으로 사실상 추정되어 원고적격이 인정되는 자'의 범위에 환경상 침해를 받으리라고 예상되는 영향권 내의 주민·영향권 내에서 농작물을 경작하는 등 현실적으로 환경상 이익을 향유하는 자는 포함되지만, 단지 그 영향권 내의 건물·토지를 소유하거나 환경상 이익을 일시적으로 향유하는 데 그치는 자는 포함되지 않는다고 본다[판례 3].

㈏ 그리고 판례는 물금취수장사건에서 취수장으로부터 멀리 떨어진 곳에 거주하면서 취수장으로부터 수돗물을 공급받는 주민들이 제기한 공장설립승인처분취소를 구하는 소송에서 취수장의 수질이 악화된다면 당연히 환경상의 침해나 침해우려가 있다는 사실을 주민들이 입증하자 그들의 원고적격을 인정하였다[판례 4].

(4) 헌법상 환경권을 근거로 한 원고적격 인정 여부

판례는 헌법 제35조 제1항의 환경권을 직접 근거로 해서는 원고적격을 인정하지 않는다[판례 5](80a 이하).

1. 새만금사건

　환경영향평가 대상지역 안의 주민들이 전과 비교하여 수인한도를 넘는 환경침해를 받지 아니하고 쾌적한 환경에서 생활할 수 있는 개별적 이익까지도 이를 보호하려는 데에 있다고 할 것이므로, 위 주민들이 공유수면매립면허처분등과 관련하여 갖고 있는 위와 같은 환경상의 이익은 주민 개개인에 대하여 개별적으로 보호되는 직접적·구체적 이익으로서 그들에 대하여는 특단의 사정이 없는 한 환경상의 이익에 대한 침해 또는 침해우려가 있는 것으로 사실상 추정되어 공유수면매립면허처분등의 무효확인을 구할 원고적격이 인정된다. 한편, 환경영향평가 대상지역 밖의 주민이라 할지라도 공유수면매립면허처분등으로 인하여 그 처분 전과 비교하여 수인한도를 넘는 환경피해를 받거나 받을 우려가 있는 경우에는, 공유수면매립면허처분등으로 인하여 환경상 이익에 대한 침해 또는 침해우려가 있다는 것을 입증함으로써 그 처분등의 무효확인을 구할 원고적격을 인정받을 수 있다(대판(전원) 2006.3.16. 2006두330).

2. 새만금사건의 법리의 확대

　행정처분의 근거 법규 또는 관련 법규에 그 처분으로써 이루어지는 행위 등 사업으로 인하여 환경상 침해를 받으리라고 예상되는 영향권의 범위가 구체적으로 규정되어 있는 경우에는, 그 영향권 내의 주민들에 대하여는 당해 처분으로 인하여 직접적이고 중대한 환경피해를 입으리라고 예상할 수 있고, 이와 같은 환경상의 이익은 주민 개개인에 대하여 개별적으로 보호되는 직접적·구체적 이익으로서 그들에 대하여는 특단의 사정이 없는 한 환경상 이익에 대한 침해 또는 침해 우려가 있는 것으로 사실상 추정되어 법률상 보호되는 이익으로 인정됨으로써 원고적격이 인정되며, 그 영향권 밖의 주민들은 당해 처분으로 인하여 그 처분 전과 비교하여 수인한도를 넘는 환경피해를 받거나 받을 우려가 있다는 자신의 환경상 이익에 대한 침해 또는 침해 우려가 있음을 증명하여야만 법률상 보호되는 이익으로 인정되어 원고적격이 인정된다(대판 2006.12.22. 2006두14001).

3. 환경상 이익에 대한 침해(침해 우려)가 있는 것으로 사실상 추정되는 자의 범위

　환경상 침해를 받으리라고 예상되는 영향권의 범위가 구체적으로 규정되어 있는 경우에는, 그 영향권 내의 주민들에 대하여는… 특단의 사정이 없는 한 환경상 이익에 대한 침해 또는 침해 우려가 있는 것으로 사실상 추정되어 법률상 보호되는 이익으로 인정됨으로써 원고적격이 인정된다고 할 것이며 … 환경상 이익에 대한 침해 또는 침해 우려가 있는 것으로 사실상 추정되어 원고적격이 인정되는 자는 환경상 침해를 받으리라고 예상되는 영향권 내의 주민들을 비롯하여 그 영향권 내에서 농작물을 경작하는 등 현실적으로 환경상 이익을 향유하는 자도 포함된다고 할 것이나, 단지 그 영향권 내의 건물·토지를 소유하거나 환경상 이익을 일시적으로 향유하는 데 그치는 자는 포함되지 않는다고 할 것이다(대판 2009.9.24. 2009두2825).

4. 물금취수장사건

　공장설립승인처분과 그 후속절차에 따라 공장이 설립되어 가동됨으로써 그 배출수 등으로 인한 수질오염 등으로 직접적이고도 중대한 환경상 피해를 입을 것으로 예상되는 주민들이 환경상 침해를 받지 아니한 채 물을 마시거나 용수를 이용하며 쾌적하고 안전하게 생활할 수 있는 개별적 이익까지도 구체적·직접적으로 보호하려는 데 있다고 할 것이다. 따라서 수돗물을 공급받아 이를 마시거나 이용하는 주민들로서는 위 근거 법규 및 관련 법규가 환경상 이익의 침해를 받지 않은 채 깨끗한 수돗물을 마시거나 이용할 수 있는 자신들의 생활환경상의 개별적 이익을 직접적·구체적으로 보호하고 있음을 증명하여 원고적격을 인정받을 수 있다(대판 2010.4.15. 2007두16127).

5. 헌법상 환경권을 근거로 한 원고적격 인정 여부

　헌법 제35조 제1항에서 정하고 있는 환경권에 관한 규정만으로는 그 권리의 주체·대상·내용·행사방법 등이 구체적으로 정립되어 있다고 볼 수 없고, 환경정책기본법 제6조도 그 규정 내용 등에 비추어 국민에게 구체적인 권리를 부여한 것으로 볼 수 없다는 이유로, 환경영향평가 대상지역 밖에 거주하는 주민에게 헌법상의 환경권 또는 환경정책기본법에 근거하여 공유수면매립면허처분과 농지개량사업 시행인가처분의 무효확인을 구할 원고적격이 없다(대판(전원) 2006.3.16. 2006두330).

6. 마을 일대가 절대보전지역으로 유지됨으로서 누리는 주민들의 이익이 법률상 이익인지 여부

　절대보전지역의 해제는 소유권에 가한 제한을 해제하는 처분에 해당하는 것으로 그 자체로 인근 주민의 생활환경에 영향을 주는 사업의 시행이나 시설의 설치를 내포하고 있는 것이 아닌 점, 구 제주특별자치도 설치 및 국제자유도시 조성을 위한 특별법(2009. 10. 9. 법률 제9795호로 개정되기 전의 것) 및 구 제주특별자치도 보전지역 관리에 관한 조례(2010. 1. 6. 조례 제597호로 개정되기 전의 것)에 따라 절대보전지역으로 지정되어 보호되는 대상은 인근 주민의 주거 및 생활환경 등이 아니라 제주의 지하수, 생태계, 경관 그 자체인 점, 위 조례 제3조 제1항은 절대보전지역의 지정 및 변경에는 주민들의 의견을 듣도록 하고 있으나 보전지역을 축소하는 경우에는 예외로 한다고 규정함으로써 그 절차에서도 절대보전지역 지정으로 인하여 환경상 혜택을 받는 주민들이 아니라 권리의 제한을 받게 되는 주민들을 주된 보호의 대상으로 하고 있는 점 등에 비추어 보면, 이 사건 처분 대상인 서귀포시 강정동 해안변지역 105,295㎡가 절대보전지역으로 유지됨으로써 원고들이 가지는 주거 및 생활환경상 이익은 그 지역의 경관 등이 보호됨으로써 반사적으로 누리는 것일 뿐 근거 법규 또는 관련 법규에 의하여 보호되는 개별적 직접적·구체적 이익이라고 할 수 없다 … 원고들이 주장하는 헌법상의 생존권, 행복추구권, 환경권만으로는 그 권리의 주체·대상·내용·행사방법 등이 구체적으로 정립되어 있다고 볼 수 없으므로 이에 근거하여 이 사건 처분을 다툴 원고적격이 있다고 할 수도 없다(대판 2012.7.5. 2011두13187, 13194 (병합)).

7. 재단법인 갑 수녀원이, 매립목적을 택지조성에서 조선시설용지로 변경하는 내용의 공유수면매립목적 변경 승인처분으로 인하여 법률상 보호되는 환경상 이익을 침해받았다면서 행정청을 상대로 처분의 무효 확인을 구하는 소송을 제기한 사안에서, 갑 수녀원에는 처분의 무효확인을 구할 원고적격이 없다고 한 사례

공유수면매립목적 변경 승인처분으로 갑 수녀원에 소속된 수녀 등이 쾌적한 환경에서 생활할 수 있는 환경상 이익을 침해받는다고 하더라도 이를 가리켜 곧바로 갑 수녀원의 법률상 이익이 침해된다고 볼 수 없고, 자연인이 아닌 갑 수녀원은 쾌적한 환경에서 생활할 수 있는 이익을 향수할 수 있는 주체가 아니므로 위 처분으로 위와 같은 생활상의 이익이 직접적으로 침해되는 관계에 있다고 볼 수도 없으며, 위 처분으로 환경에 영향을 주어 갑 수녀원이 운영하는 쨈 공장에 직접적이고 구체적인 재산적 피해가 발생한다거나 갑 수녀원이 폐쇄되고 이전해야 하는 등의 피해를 받거나 받을 우려가 있다는 점 등에 관한 증명도 부족하다는 이유로, 갑 수녀원에 처분의 무효 확인을 구할 원고적격이 없다(대판 2012.6.28. 2010두2005).

 행정심판의 피청구인이 속한 지방자치단체가 위원회의 인용재결(직접처분을 포함)을 다툴 원고적격이 있는지 여부★★★[16 입시]

1. 문제 상황

지방자치단체(공법상 법인을 포함한다)는 행정주체로 권리·의무의 귀속주체이므로 처분 등으로 권리가 침해당한 경우 취소소송을 제기할 수 있다. 이 경우 실제 취소소송은 지방자치법 제114조(지방자치단체의 장은 지방자치단체를 대표하고, 그 사무를 총괄한다)에 따라 지방자치단체의 장이 추행한다. 그러나 그 단체장(처분청)이 행정심판 인용재결의 기속력을 받는 자라면 인용재결에 대해 취소소송을 제기할 수 있는지가 문제된다(예를 들어 A광역시장으로부터 허가거부처분을 받은 자가 의무이행심판을 청구하여 중앙행정심판위원회가 허가재결을 한 경우, 처분청(A광역시장)이 속한 행정주체(A광역시)가 위원회의 허가재결이 자신의 자치권을 침해하였음을 이유로 취소소송 등을 청구할 수 있는가의 문제이다).

2. 학설

(1) 부정설

이 견해는 인용재결이 있는 경우, 피청구인인 행정청은 재결의 기속력(행정심판법 제49조)을 받아 재결의 취지에 따라야 할 의무를 부담하기 때문에 취소소송을 제기할 수 없다는 입장이다.

(2) 긍정설

이 견해는 해당 소송을 기관소송으로 본다면 기관소송은 법률의 규정이 있는 경우에만 허용되기 때문에 법률의 규정이 없다면 소송이 불가능하겠지만(행정소송법 제45조), 위원회의 인용재결은 항고소송의 대상인 처분등이고 행정소송법 제12조에 따라 행정주체가 자신의 권리(자치권) 침해를 이유로 항고소송을 제기하는 것은 법률의

규정이 없어도 가능하다는 점을 근거로 한다(후술하는 기관소송 참조(1537)).

3. 판례

판례는 「행정심판법 제37조 제1항(현행 제49조 제1항)은 '재결은 피청구인인 행정청과 그 밖의 관계행정청을 기속한다'고 규정하였고, 이에 따라 처분행정청은 재결에 기속되어 재결의 취지에 따른 처분의무를 부담하게 되므로 이에 불복하여 행정소송을 제기할 수 없다 할 것(대판 1998.5.8. 97누15432)」이라고 하여 부정적인 입장이다.

4. 검토

긍정설이 타당하다. 행정심판법 제49조는 기속력을 규정하고 있으나 기속력을 받는 자는 행정심판의 피청구인인 처분청인 반면 재결에 대해 불복하여 항고소송을 제기하는 것은 행정주체이므로 재결의 기속력이 미치지 않는다고 보아야 하기 때문이다(박정훈)(앞의 예에서 재결의 기속력을 받는 자는 A광역시장이지만, 법률상 이익의 침해를 이유로 소송을 제기하는 자는 A광역시가 된다. 물론 실제 소송 제기는 지방자치법 제114조(지방자치단체의 장은 지방자치단체를 대표하고, 그 사무를 총괄한다)에 따라 A광역시장이 하지만 이는 A광역시의 권리 침해에 대한 소송이다).

Ⅲ. 권리보호필요성(협의의 소의 이익) [09 5급] [11 5급] [13 입시] [13 사시] [13 5급] [15 변시] [17 5급] [20 5급]

1. 의의, 근거

㈎ 권리보호필요성(=협의의 소익)이란 원고의 재판청구에 대하여 법원이 판단을 행할 구체적 실익 내지 필요성을 말한다(소의 이익=소익=원고적격+협의의 소익). 그리고 권리보호필요성은 사실심변론종결시(1331)는 물론 상고심에서도 존속해야 하며 상고심계속 중 권리보호의필요성이 없게 되면 부적법 각하된다(대판 1995.11.21. 94누11293).

㈏ 권리보호필요성은 법률에 명시적인 소송요건으로 규정되어 있지는 않다. 그러나 일반적으로 신의성실의 원칙을 소송법에도 적용하여 이를 인정한다.

2. 권리보호필요의 일반 원칙(일반적으로 권리보호필요성이 부정되는 경우)★

취소소송에서 대상적격과 원고적격이 인정된다면 원칙적으로 권리보호필요성은 일반적으로는 긍정된다. 그러나 아래의 경우는 권리보호필요성이 부정된다.

⑴ 보다 실효적인 권리구제절차가 있는 경우

취소소송보다 더 실효적인 권리구제절차가 있는 경우는 권리보호필요성이 부정된다. 예를 들어 기본행위의 하자를 내세워 행정청의 인가처분의 취소 또는 무효확인을 청구하는 경우(대판 1995.12.12. 95누7338) (284 이하), 관계법령에서 권리구제를 위한 특별규정이 있음에도 바로 행정소송을 제기하는 경우, 간단한 행정절차로 목적을 달성할 수 있음에도 소송을 제기하는 경우를 말한다.

당사자의 신청을 받아들이지 않은 거부처분이 재결에서 취소된 경우, 재결의 취소를 구할 법률상 이익이 있는지 여부(소극)

거부처분을 취소하는 재결이 있더라도 그에 따른 후속처분이 있기까지는 제3자의 권리나 이익에 변동이 있다고 볼 수 없고 후속처분 시에 비로소 제3자의 권리나 이익에 변동이 발생하며, 재결에 대한 항고소송을 제기하여 재결을 취소하는 판결이 확정되더라도 그와 별도로 후속처분이 취소되지 않는 이상 후속처분으로 인한 제3자의 권리나 이익에 대한 침해 상태는 여전히 유지된다. 이러한 점들을 종합하여 보면, 거부처분이 재결에서 취소된 경우 재결에 따른 후속처분이 아니라 그 재결의 취소를 구하는 것은 실효적이고 직접적인 권리구제수단이 될 수 없어 분쟁해결의 유효적절한 수단이라고 할 수 없으므로 법률상 이익이 없다(대판 2017.10.31. 2015두45045).

(2) 원고가 추구하는 권리보호가 오로지 이론상으로만 의미 있는 경우(소송이 원고의 법적 지위에 도움이 되지 않는 경우)

1211 원고가 추구하는 권리보호가 오로지 이론상으로만 의미 있는 경우에는 권리보호필요성이 부정된다. 예를 들어 국가시험에 불합격처분을 받고 다음해 동일한 국가시험에 합격한 후 종전의 불합격처분의 취소를 구하는 소송을 제기하는 경우, 광업권취소처분 취소소송 계속 중 기존의 광업권의 존속기간이 만료된 경우, 건축물에 대한 철거가 집행된 이후 철거명령을 다투는 소송을 제기하는 경우 등을 말한다.

(3) 소권남용의 금지에 반하는 경우

1212 소권을 남용한 경우에는 권리보호필요성이 부정된다. 예를 들어 원고의 소송이 오로지 행정청에게 압력을 행사하거나 불편을 끼치려는 것을 목적으로 하는 경우를 말한다.

(4) 처분등의 효력이 소멸된 경우

처분등의 효력이 소멸된 경우는 처분등의 취소를 구할 권리보호필요성이 없다. 다만, 행정소송법 제12조 제2문은 일정한 경우 권리보호필요성을 있음을 규정한다.

 행정소송법 제12조 제2문

1. 문제점

1213 처분등의 효력이 소멸된 경우는 일반적으로 처분등의 취소를 구할 권리보호필요성이 없지만, 행정소송법 제12조 제2문은 처분등의 효력이 소멸된 후에도 회복되는 법률상 이익이 있는 경우 권리보호필요성을 인정하고 있다.

2. 행정소송법 제12조 제2문의 법적 성질

1214 ① ⓐ 권리보호필요성 조항이라는 견해(입법상 과오설)(다수설)와 ⓑ 원고적격 조항이라는 견해(입법상 비과오설)가 대립된다. ② 행정소송법 제12조 제2문은 제1문과는 달리 처분 등의 취소로 인하여 '회복되는 법률상 이익'이라고 하고 있어 제2문은 권리보호필요성에 관한 조항으로 보는 것이 타당하다.

3. '회복되는 법률상 이익'의 범위

㈎ ① ⓐ 회복되는 법률상 이익(제2문)을 원고적격의 법률상 이익(제1문)과 같은 개념으로 보고, 명예·신용 등은 포함되지 않는다고 보는 견해(제1설)와 ⓑ 회복되는 법률상 이익(제2문)을 원고적격으로서의 법률상 이익(제1문)보다 넓은 개념으로 원고의 경제·정치·사회·문화적 이익을 모두 포함하는 개념으로 보는 견해(제2설)(다수설)가 대립된다. ② 판례는 제2문의 회복되는 법률상 이익과 제1문의 법률상 이익을 구별하지 않고, 간접적·사실적·경제적 이해관계나 명예, 신용 등의 인격적 이익을 가지는 데 불과한 경우는 법률상 이익에 해당하지 않는다고 본다(제1설)(대판 (전원) 1995.10.17. 94누14148). ③ 행정소송법 제12조 제2문을 권리보호필요성 조항으로 본다면 제1문과 제2문의 이익을 일치시킬 필요가 없으며, 권리구제의 확대라는 면에서 제2설이 타당하다.

㈏ 다만, 행정처분의 무효 확인 또는 취소를 구하는 소가 소송계속 중 해당 행정처분이 기간의 경과 등으로 그 효과가 소멸한 때에 그 처분이 취소되어도 원상회복이 불가능하다고 보이는 경우라 하더라도, 그 행정처분과 동일한 사유로 위법한 처분이 반복될 위험성이 있어 행정처분의 위법성 확인 내지 불분명한 법률문제에 대한 해명이 필요한 경우에는 그 처분의 취소를 구할 소의 이익을 인정할 수 있다고 보았다(대판 2020.12.24. 2020두30450).

4. 권리보호필요성이 인정되는 경우

행정소송법 제12조 제2문은 처분등의 효력이 소멸되는 사유로 ① 기간의 경과, ② 처분등의 집행, ③ 그 밖의 사유를 규정하면서 그 처분등의 취소로 인하여 회복되는 법률상 이익이 있는 자의 경우 권리보호필요성을 인정한다.

(1) 법규명령형식의 행정규칙에 규정된 처분기간의 경과로 처분의 효력이 소멸된 경우

1) 학 설

a. 법규명령형식의 행정규칙의 법적 성질을 기준으로 권리보호필요성을 판단하는 견해

(ⅰ) 법규명령설

법규명령형식의 행정규칙의 법적 성질을 법규명령으로 보는 경우, 행정청은 법규명령인 제재적 처분기준에 따라 처분할 것이므로 가중된 제재적 처분을 받을 불이익은 분명하며, 따라서 권리보호필요성이 긍정된다고 본다.

(ⅱ) 행정규칙설

법규명령형식의 행정규칙의 법적 성질을 행정규칙으로 본다면, 행정청은 반드시 제재적 처분기준에 따라 처분한다고 볼 수 없기 때문에 가중된 제재적 처분을 받을 불이익은 확정적이지 않고 따라서 권리보호필요성이 부정된다고 본다.

b. 현실적 불이익을 받을 가능성을 기준으로 하는 견해

법규명령형식의 행정규칙의 법적 성질이 아니라, 현실적으로 불이익을 받을 가능성이 있는지를 기준으로 하는 견해이다. 즉 현실적 불이익을 받을 가능성이 있다면 법규명령인지 행정규칙인지 구별하지 않고 권리보호필요성을 긍정하는 견해이다.

2) 판 례

환경영향평가대행영업정지처분취소와 관련한 전원합의체판결을 통해 현실적 불이익을 받을 가능성을 기준으로 하는 입장을 취하고 있다. 즉, 제재적 처분기준의 법적 성질이 대외적구속력을 갖는 법규명령·행정규칙인지 여부에 상관없이 행정청이나 담당공무원은 이를 준수할의무가 있으므로 그러한 처분기준에 따라 선행처분을 받은 상대방이 장래에 불이익한 후행처분을 받을 위험은 현실적으로 존재하기 때문에 권리보호필요성을 긍정하고 있다(대판(전원) 2006.6.22. 2003두1684).

3) 검 토

법규명령형식의 행정규칙의 법적 성질에 대한 논의와 권리보호필요성 인정 여부의 논의는 직접적인 관련성이 없다. 또한 법규명령형식의 행정규칙을 행정규칙으로 보고 권리보호필요성을 부정한다면 원고의 재판청구권을 침해할 가능성이 높다. 현실적으로 불이익을 받을 가능성이 있는지를 기준으로 권리보호필요성을 판단하는 견해가 타당하다.

(2) 처분등의 집행으로 처분등의 효력이 소멸된 경우

처분등의 집행으로 처분등의 효력이 소멸된 후에도 회복되는 법률상 이익이 있으면 권리보호필요성이 인정된다(예를 들어 현역병으로 입영한 후 당초에 있었던 현역병입영통지처분을 다투는 경우)(대판 2003.12.26. 2003두1875).

(3) 그 밖의 사유로 처분등의 효력이 소멸된 경우

그 밖의 사유로 처분의 효력이 소멸된 경우에도 회복되는 법률상 이익이 있으면 권리보호필요성이 인정된다. 예를 들어 지방의회의원이 지방의회를 상대로 제명의결취소소송 계속 중 임기가 만료된 경우 지방의회 의원으로서의 지위를 회복할 수는 없다고 할지라도 제명의결시부터 임기만료일까지의 기간에 대해 월정수당의 지급을 구할 수 있는 이익이 있기 때문에 취소소송의 권리보호필요성은 인정된다(대판 2009.1.30. 2007두13487).

Ⅳ. 피고적격★★[14 사시] [17 변시]

1. 원칙 — 처분청

㈎ 다른 법률에 특별한 규정이 없는 한 취소소송에서는 그 처분등을 행한 행정청이 피고가 된다(행정소송법 제13조 제1항 본문). 재결취소소송의 경우는 위원회가 피고가 된다. 논리적으로 보면 피고는 처분등의 효과가 귀속하는 권리주체인 국가나 지방자치단체가 되어야 하지만, 행정소송법은 소송수행의 편의를 위해 행정청을 피고로 규정하고 있다(당사자소송은 권리주체를 피고로 한다. 행정소송법 제39조 참조).

㈏ '처분등을 행한 행정청'이란 원칙적으로 소송의 대상인 처분등을 외부에 자신의 명

의로 행한 행정청을 의미한다. 따라서 전통적 의미의 행정청 외에 합의제기관(예: 방송위원회, 공정거래위원회), 법원이나 국회의 기관도 실질적 의미의 행정적인 처분을 하는 범위에서 행정청에 속한다(예: 법원장의 법원공무원에 대한 징계처분을 다투는 경우 법원장, 지방의회의 지방의회의원에 대한 징계나 지방의회의장에 대한 불신임의결을 다투는 경우 지방의회).

2. 특수한 경우

(1) 행정청의 권한이 승계된 경우
처분등이 있은 뒤에 그 처분등에 관계되는 권한이 다른 행정청에 승계된 때에는 이를 승계한 행정청을 피고가 된다(행정소송법 제13조 제1항 단서).

1229

(2) 행정청이 없게 된 경우
행정청이 없게 된 때에는 그 처분등에 관한 사무가 귀속되는 국가 또는 공공단체가 피고가 된다(행정소송법 제13조 제2항).

1230

(3) 행정청의 권한이 위임·위탁된 경우
행정청의 권한이 법령에 의해 위임 또는 위탁된 경우 그 위임·위탁을 받은 행정기관이나 공공단체 및 기관 또는 사인이 피고가 된다(행정소송법 제2조 제2항).

1231

[참고] 행정권한의 위임·위탁(1595 이하 참조)
행정권한의 위임·위탁이란 행정관청이 자기에게 주어진 권한을 스스로 행사하지 않고 법령에 근거하여 타자(수임청(상하관계에 있는 자)·수탁청(대등관계에 있는 자))에게 사무처리 권한의 일부를 실질적으로 이전하여 수임청(수탁청)의 이름과 권한과 책임으로 사무를 처리하게 하는 것을 말한다.

1231a

(4) 행정청의 권한이 대리된 경우
행정권한의 대리(행정권한의 대리란 행정관청(피대리관청)이 자신의 권한을 다른 행정관청(대리관청)으로 하여금 행사하게 하고, 대리관청은 자신의 이름으로 권한을 행사하되 그 효과는 피대리관청에 귀속하게 하는 것을 말한다. 후술하는 행정권한의 대리 참조(1580 이하))가 있는 경우 대리행위의 효과는 피대리관청에게 귀속된다. 따라서 항고소송의 피고는 피대리관청이 된다(대판 2018.10.25. 2018두43095).

1231b

(5) 처분적 조례
처분적 조례에 대한 항고소송의 피고는 지방자치단체의 집행기관으로서 조례로서의 효력을 발생시키는 공포권이 있는 지방자치단체의 장이 된다(대판 1996.9.20. 95누8003).

1232

(6) 지방의회 의장의 선거행위 및 의장에 대한 불신임의결·지방의회 의원 징계
㈎ 지방의회의 의장의 선거행위 및 의장에 대한 불신임의결도 항고소송의 대상인 처분이다. 따라서 이를 지방의회 의장이 다투는 경우 피고는 지방의회가 된다(대판 1995.1.12. 94누2602; 대판 1994.10.11. 94두23).

1232a

㈏ 그리고 지방자치법에 따라 지방의회 의원이 징계(예를 들어 제명)를 받고 이를 다투는 경우 피고는 지방의회가 된다(대법원 2009.1.30. 2007두13487).

(7) 처분권한자와 통지(통보)한 자가 다른 경우

1232b 처분권한자(대통령)가 서훈취소를 결정하고 이를 대외적으로 표시하여 처분의 효력이 발생한 후, 보좌기관(국가보훈처장)에 의해서 서훈취소결정이 상대방에게 알려진 경우, 피고는 처분권한자인 대통령이다(대판 2014.9.26. 2013두2518).

(8) 법률에 특별히 규정된 경우

1232c 행정소송법 제13조 제1항은 취소소송은 피고적격에 관해 다른 법률에 특별규정이 있으면 그에 따른다고 규정하는데, 국가공무원법 제16조 제2항은 공무원이 징계등 불리한 처분이나 부작위에 대해 행정소송을 제기할 때 대통령의 처분 또는 부작위의 경우에는 소속 장관이 피고가 되며, 노동위원회법 제27조 제1항은 중앙노동위원회의 처분에 대한 소송은 중앙노동위원회위원"장"을 피고로 한다고 규정하고, 법원조직법 제70조는 대법원장이 한 처분에 대한 행정소송의 피고는 법원행정처장으로 한다고 규정한다.

3. 피고경정

(1) 의 의

1233 소송의 계속 중에 피고를 종전에 피고로 지정된 자와 동일성이 없는 다른 자로 변경하는 것을 말한다. 행정소송법 제14조 제1항은 원고에게 고의나 과실이 없을 것을 요건으로 하지 않으므로, 원고에게 고의나 과실이 있다고 하더라도 허용된다.

(2) 종 류

1) 피고를 잘못 지정한 경우

1234 원고가 피고를 잘못 지정한 때에는 법원은 원고의 신청에 의하여 결정으로써 피고의 경정을 허가할 수 있다(행정소송법 제14조 제1항).

2) 권한 행정청의 변경으로 인한 피고경정

1235a 취소소송이 제기된 후에 제13조 제1항 단서(처분등이 있은 뒤에 그 처분등에 관계되는 권한이 다른 행정청에 승계된 때에는 이를 승계한 행정청을 피고로 한다) 또는 제13조 제2항에 해당하는 사유(행정청이 없게 된 때에는 그 처분등에 관한 사무가 귀속되는 국가 또는 공공단체를 피고로 한다)가 생긴 때에는 법원은 당사자의 신청 또는 직권에 의하여 피고를 경정한다(행정소송법 제14조 제6항).

3) 소의 변경의 경우

1235 소의 변경이 있는 경우에도 피고의 경정은 인정된다(행정소송법 제21조 제4항)(예를 들어 취소소송을 당사자소송으로 변경하면 피고를 행정청에서 행정주체로 경정해야 한다).

(3) 절차 및 불복

1236 ㈎ 법원은 원고의 신청에 의하여 결정으로써 피고의 경정을 허가할 수 있다(행정소송법 제14조 제1항).

㈏ 법원이 피고경정 신청을 각하하는 결정을 하는 경우 즉시항고할 수 있다(행정소송법

제14조 제3항).

(4) 시 기
피고경정은 사실심변론종결시까지 가능하다(대결 2006.2.23. 2005부4).

(5) 효 과
피고경정허가가 있으면 새로운 피고에 대한 소송은 처음에 소를 제기한 때에 제기된 것으로 보며, 아울러 종전의 피고에 대한 소송은 취하된 것으로 본다(행정소송법 제14조 제4항·제5항). 이처럼 민사소송과 달리 경정신청서 제출시가 아니라 제소시점의 소급을 인정한 것은 제소기간 경과로 인한 당사자의 불이익을 배제하기 위한 것이다.

V. 참가인

1. 소송참가의 개념

(1) 소송참가의 의의
소송참가란 타인 간의 소송 계속 중에 소송 외의 제3자가 타인의 소송의 결과에 따라 자기의 법률상 이익에 영향을 받게 되는 경우 자기의 이익을 위해 타인의 소송절차에 가입하는 것을 말한다.

(2) 소송참가의 종류
행정소송상 소송참가에는 ① 제3자의 소송참가(행정소송법 제16조)와 ② 행정청의 소송참가(행정소송법 제17조), ③ 민사소송법에 의한 소송참가(행정소송법 제8조 제2항)가 있다.

2. 제3자의 소송참가★★[11 사시]

(1) 의 의
법원은 소송의 결과에 따라 권리 또는 이익의 침해를 받을 제3자가 있는 경우에는 당사자 또는 제3자의 신청 또는 직권에 의하여 결정으로써 그 제3자를 소송에 참가시킬 수 있다(행정소송법 제16조 제1항). 이를 제3자의 소송참가라고 한다. 이처럼 제3자의 소송참가가 인정되는 것은 취소판결의 효력(형성력)이 제3자에게도 미치기 때문이다(행정소송법 제29조 제1항(1404 이하)). 이는 주로 복효적 행정행위에서 문제된다(예를 들어 경원자 관계에 있는 갑과 을 중 을이 허가처분을 받아 갑이 을에 대한 허가처분취소소송을 제기한 경우 을이 자신의 허가권을 보호하기 위해 소송에 참가하는 것을 말한다. 주의할 것은 제3자효 있는 행정행위에서 '제3자'는 앞의 예에서 '갑'이지만, 행정소송법 제16조·제29조·제31조 등의 '제3자'는 허가처분을 받은 '을'이다).

(2) 요 건

1) 타인 간에 소송이 계속 중일 것
행정소송법 제16조에 명시적 내용은 없으나 소송참가의 성질상 당연히 타인 간의 취소소송이 계속되고 있어야 한다. 소송이 계속되는 한 심급을 가리지 않고 참가할 수 있다.

2) 소송의 결과에 따라 권리 또는 이익의 침해를 받을 제3자일 것

㈎ ① '소송의 결과'에 따라 권리 또는 이익의 침해를 받는다는 것은 취소판결의 주문에 의하여 직접 자기의 권리 또는 이익을 침해받는 것을 말하므로 그 취소판결의 효력, 즉 형성력에 의하여 직접 권리 또는 이익을 침해받을 경우를 말한다(앞의 예에서 갑이 취소판결을 받는다면 을에 대한 허가처분은 별도의 절차 없이 소멸된다). ② 또한 학설은 취소판결의 기속력 때문에 이루어지는 행정청의 새로운 처분(행정소송법 제30조 제2항 참조)에 의해서 권리 또는 이익을 침해받는 경우도 해석상 여기서 말하는 권리 또는 이익을 침해받을 경우에 해당한다고 본다(예를 들어 경원자관계에서 수익적 처분을 받지 못한 자(갑)가 ― 을에 대한 허가처분을 다투는 것이 아니라 ― 자신의 신청에 대한 거부처분에 대해 취소소송을 제기하는 경우, 수익적 처분을 받은 자(을)는 만일 갑의 거부처분취소소송이 인용된다면 자신에게 발령된 인용처분이 거부처분취소소송의 인용판결의 기속력에 따른 후속조치(재처분의무)로 직권취소될 수 있기에 을은 갑의 거부처분취소소송에 소송참가를 할 수 있다. 자세한 내용은 후술하는 판결의 기속력 참조(1426b 이하)).

㈏ '권리 또는 이익'이란 단순한 경제상의 이익이 아니라 법률상 이익을 의미한다(대판 2000.9.8. 99다26924).

㈐ 권리 또는 이익의 '침해를 받을'이라는 것은 소송참가시 소송의 결과가 확정되지 않은 상태이므로 실제로 침해받았을 것을 요하는 것이 아니라 소송의 결과에 따라 침해될 개연성이 있는 것으로 족하다(주석행정소송법).

㈑ '제3자'란 해당 소송당사자 이외의 자를 말하는 것으로서 개인에 한하지 않고 국가 또는 공공단체도 포함되나, 행정청은 권리나 이익을 침해 받을 수 없어 행정소송법 제17조의 행정청의 소송참가규정에 의한 참가만이 가능하다(행정청은 권한만 가지며, 권리는 없다).

3) 원·피고 어느 쪽으로도 참가 가능

제3자는 원·피고 어느 쪽을 위해서도 소송에 참가할 수 있다. 이 점이 피고 행정청을 위한 참가만 가능한 행정소송법 제17조의 행정청의 소송참가와 다르다.

(3) 절차·불복

1) 신청 또는 직권

법원은 당사자 또는 제3자의 신청 또는 직권에 의하여 소송참가를 결정한다(행정소송법 제16조 제1항).

2) 의견청취

소송참가결정을 하고자 할 때에는 미리 당사자 및 제3자의 의견을 들어야 한다(행정소송법 제16조 제2항).

3) 불복

참가신청이 각하된 경우 신청을 한 제3자는 즉시항고(법원의 결정에 불복)할 수 있다(행정소송

법 제16조 제3항).

(4) 참가인의 지위와 판결의 효력

1) 참가한 제3자의 지위

㈎ 제3자를 소송에 참가시키는 법원의 결정이 있으면 그 제3자는 행정소송법 제16조 제4항에 따라 민사소송법 제67조의 규정이 준용되어 피참가인과의 사이에 필수적 공동소송에서의 공동소송인에 준하는 지위에 서게 되나, 제3자는 당사자적격이 없어 강학상 공동소송적 보조참가인의 지위에 있다고 보는 것이 통설·판례의 입장이다(대판 2017.10.12. 2015두36836)(민사소송법 제78조 참조). '공동소송적 보조참가'란 타인의 소송계속 중에 당사자적격이 없는 자로서 판결의 효력을 받는 제3자가 보조참가를 하는 것을 말한다.

㈏ 통상의 보조참가인과는 달리 공동소송적 보조참가인은 피참가인의 행위와 어긋나는 행위를 할 수 있는 등 필수적 공동소송인에 준하는 강한 소송수행권이 부여된다(민사소송법 제67조 참조).

2) 판결의 효력

공동소송적 보조참가인의 지위를 취득한 제3자는 실제 소송에 참가하여 소송행위를 하였는지 여부를 불문하고 판결의 효력을 받는다.

3. 행정청의 소송참가★

(1) 의 의

행정소송법 제17조는 법원이 다른 행정청을 소송에 참가시킬 필요가 있다고 인정할 때에 신청 또는 직권으로 행정청을 소송에 참가시킬 수 있음을 규정하고 있다. 이를 인정하는 이유는 다른 행정청(관계행정청)도 취소판결이 확정되면 행정소송법 제30조 제1항에 따라 기속력을 받기 때문이다(기속력을 받는 행정청은 반복금지의무 등 판결내용을 준수하여야 할 의무를 부담한다. 자세한 내용은 후술하는 판결의 기속력 참조(1417)). 주로 처분청이 처분을 함에 있어 다른 행정청의 동의나 협의 등을 필요로 하는 협력을 요하는 행정행위에서 문제된다(예를 들어 소방서장의 건축허가에 대한 동의거부로 건축허가청이 건축허가를 거부하여 사인이 건축허가청을 상대로 취소소송을 제기한 경우 소방서장이 건축부동의의 정당성을 주장하기 위해 소송에 참가하는 것을 말한다).

(2) 요 건

1) 타인 간에 소송이 계속 중일 것

행정소송법 제17조에 명시적 내용은 없으나 소송참가의 성질상 당연히 타인 간의 취소소송이 계속되고 있어야 한다. 소송이 계속되는 한 심급을 가리지 않고 참가할 수 있다.

2) 다른 행정청이 참가할 것

'다른 행정청'이란 행정소송법 제30조 제1항의 관계행정청을 의미한다고 봄이 다수설이다. '관계행정청'이란 소송의 대상이 된 처분과 관련되는 처분이나 부수되는 행위(예를 들어 동의나 협력)를 할 수 있는 행정청을 총칭하는 것이다.

3) 법원이 참가시킬 필요가 있다고 인정할 것

1249 '참가시킬 필요가 있다고 인정할 때'란 법원이 재량적으로 판단할 문제이나, 사건의 적정한 심리와 재판을 위해 필요한 경우를 말한다.

(3) 절 차

법원은 행정청의 신청 또는 직권에 의한 결정으로 참가 여부를 결정한다.

1) 신청 또는 직권

1250 법원은 행정청의 신청 또는 직권에 의해 소송참가를 결정한다(행정소송법 제17조 제1항).

2) 의견청취

1251 소송참가결정을 하고자 할 때에는 당사자 및 당해 행정청의 의견을 들어야 한다(행정소송법 제17조 제2항).

(4) 참가인의 지위와 판결의 효력

1252 ㈎ 행정청을 소송에 참가시키는 법원의 결정이 있으면, 행정소송법 제17조 제3항에 따라 소송에 참가한 행정청에 대하여는 민사소송법 제76조의 규정이 준용되므로, 참가행정청은 소송수행상 (통상의) 보조참가인에 준하는 지위에 있다. '(통상의) 보조참가'란 타인 간의 소송계속 중 소송결과에 대해 법률상 이해관계 있는 제3자가 일방 당사자의 승소를 보조하기 위해 그 소송에 참가하는 것을 말한다(민사소송법 제71조 참조).

㈏ 보조참가인인 행정청은 피참가인의 승소를 위해 일체의 소송행위와 사법행위(공격·방어·이의·상소 등)를 자기 이름으로 할 수 있다(민사소송법 제76조 제1항 본문). 다만, 참가인의 소송행위가 피참가인의 소송행위에 어긋나는 경우에는 그 참가인의 소송행위는 효력을 가지지 아니한다(민사소송법 제76조 제2항).

(5) 판결의 효력

1252a 소송에 참가한 행정청은 보조참가인에 준하는 지위에 있기 때문에 **참가적 효력**(참가인이 피참가인에 대한 관계에서 패소판결확정 후 판결내용이 부당하다고 주장할 수 없는 구속력을 말한다)만 받고(민사소송법 제77조 참조), 판결의 효력은 받지 않는다.

4. 민사소송법에 의한 소송참가

(1) 보조참가의 허용 여부

1253 보조참가는 참가인 자신의 이름으로 판결을 구하는 것이 아니라 당사자의 일방을 보조하는 데 그치는 것이므로 민사소송법 제71조의 요건을 충족하는 한 행정소송에서도 허용되는 것으로 보는 것이 다수설이다. 따라서 제3자는 그 선택에 따라 행정소송법 제16조에 의하여 판결의 형성력을 받는 참가를 하든가 민사소송법상 판결의 참가적 효력만을 받는 보조참가를 하든가 선택할 수 있다.

(2) 독립당사자참가의 허용 여부

독립당사자참가는 서로 이해관계가 대립하는 원고·피고·참가인 사이의 분쟁해결에 적합한 형태이기 때문에 개인의 권리구제와 적법성통제를 목적으로 하는 행정소송의 취지와 맞지 않아 행정소송에서는 인정되기 어렵다는 것이 다수설이다. 판례도 행정소송에 있어서는 행정청이나 그 소속기관 이외의 자를 피고로 삼을 수 없다고 하여 독립당사자참가에 대해 부정적이다(대판 1970.8.31. 70누79).

(3) 공동소송참가의 허용 여부

행정소송법 제16조에 의한 참가인은 자기의 청구를 따로 가지는 것은 아닌 데 대하여, 공동소송참가인은 독자적인 청구를 가질 수 있을 뿐 아니라(관련청구의 병합 등), 행정소송법 제16조에 의하여 참가한 제3자는 공동소송적 보조참가인의 지위에 있으나, 공동소송참가인은 필수적인 공동소송인이므로 양자는 소송상 지위에서 차이가 있다(이상규). 따라서 행정소송법 제16조의 참가 외에 민사소송법에 의한 공동소송참가를 인정할 필요가 있다는 긍정설이 다수설이다.

제4항 | 기타 소송요건

Ⅰ. 재판관할

1. 재판관할의 의의

재판관할이란 법원이 가진 재판권을 행사해야 할 장소적·직무적 범위를 구체적으로 정해 놓은 것을 말한다.

2. 행정사건의 행정법원 전속성

행정소송법에는 행정사건이 행정법원의 전속관할에 속함을 밝히는 규정은 없으나, 성질상 행정사건은 행정법원의 전속관할(공익적 사항이기 때문에 특정법원만이 재판을 할 수 있도록 인정된 관할 ↔ 임의관할(당사자 간의 합의 또는 피고의 변론 등에 의하여 변경할 수 있는 성질의 관할))에 속하므로 행정법원 관할에 속하는 사건을 지방법원이나 가정법원이 행하는 것은 전속관할 위반이 된다. 그런데 현재 행정법원은 서울에만 설치되어 있으며, 지방은 지방법원 본원이 제1심 관할법원이 된다. 따라서 행정법원이 설치되지 않은 지역이어서 지방법원 본원이 행정법원의 역할까지 하는 지역에서, 지방법원 본원이 행정사건으로 취급해야 할 사건을 민사사건으로 접수하여 처리하였다고 하더라도 이는 단순 사무분담의 문제일 뿐 전속관할 위반이 아니다.

3. 토지관할

토지관할이란 소재지를 달리하는 여러 법원들 간의 재판권의 분담을 정해 놓은 것을 말한다. 그리고 행정소송법 제9조나 제40조에 항고소송이나 당사자소송의 토지관할에 관하여 이를 전속관할로 하는 명문의 규정이 없는 이상 이들 소송의 토지관할을 전속관할이라 할 수 없다(대판 1994.1.25. 93누18655).

(1) 보통재판적

1256 취소소송의 제1심 관할법원은 피고의 소재지를 관할하는 행정법원으로 한다. 그럼에도 불구하고 중앙행정기관, 중앙행정기관의 부속기관과 합의제행정기관 또는 그 장 또는 국가의 사무를 위임 또는 위탁받은 공공단체 또는 그 장을 피고로 취소소송을 제기하는 경우에는 대법원소재지를 관할하는 행정법원에 제기할 수 있다(행정소송법 제9조 제1항·제2항).

(2) 특별재판적

1256a 토지의 수용 기타 부동산 또는 특정의 장소에 관계되는 처분등에 대한 취소소송은 그 부동산 또는 장소의 소재지를 관할하는 행정법원에 이를 제기할 수 있다(행정소송법 제9조 제3항).

4. 사물관할

1257 행정사건은 원칙적으로 판사 3인으로 구성된 합의부에서 재판해야 하는 합의사건이다. 다만, 단독판사가 재판할 것으로 행정법원 합의부가 결정한 사건의 심판권은 단독판사가 가진다(법원조직법 제7조 제3항). 이는 쟁점이 간단한 사건에 대해 단독판사가 신속히 처리할 수 있는 길을 열어 둔 것이다.

5. 심급관할

1258 행정소송법에서 정한 행정사건과 다른 법률에 의하여 행정법원의 권한에 속하는 사건은 행정법원(합의부·단독판사)이 1심으로 심판한다(법원조직법 제40조의4). 행정법원의 재판에 대하여는 고등법원에 항소할 수 있고(법원조직법 제28조), 고등법원의 재판에 대하여는 대법원에 상고할 수 있다(법원조직법 제14조).

6. 관할위반으로 인한 이송

(1) 전속관할의 경우

1258a ① 원고가 고의 또는 중대한 과실 없이 행정소송으로 제기하여야 할 사건을 민사소송으로 잘못 제기한 경우, 수소법원으로서는 만약 그 행정소송에 대한 관할도 동시에 가지고 있다면 이를 행정소송으로 심리·판단하여야 하고, ② 그 행정소송에 대한 관할을 가지고 있지 아니하다면 … 행정소송으로서의 소송요건을 결하고 있음이 명백하여 행정소송으로 제기되었더라도 어차피 부적법하게 되는 경우가 아닌 이상 이를 부적법한 소라고 하여 각하할 것이 아니라 관할 법원에 이송하여야 한다(대판 1997.5.30. 95다28960).

(2) 토지관할·사물관할·심급관할의 경우

1258b ① 행정소송에도 민사소송법 제34조 제1항이 준용되어(행정소송법 제8조 제2항) 법원은 소송의 전부 또는 일부가 관할에 속하지 아니함을 인정한 때에는 결정으로 관할법원에 이송해야 한다. ② 그런데 위 조항은 원래 토지관할이나 사물관할 위반의 경우만을 상

정한 것으로 지방법원에 제소해야 할 사건을 고등법원이나 대법원에 제소한 경우에는 적용되지 않는다는 견해가 있어 행정소송법은 이송의 범위를 넓혀주고 있다. 즉 행정소송법 제7조는 원고에게 고의나 중대한 과실이 없는 한 심급을 달리하는 법원에 행정소송이 잘못 제기된 경우에도 이송해야 함을 규정하고 있다.

Ⅱ. 행정심판전치[16 5급]

1. 개념

(1) 의의

행정심판전치란 사인이 행정소송의 제기에 앞서서 행정청에 대해 먼저 행정심판을 제기하여 처분의 시정을 구하는 것을 말한다. 여기서 말하는 행정심판이란 행정심판법에 따른 행정심판 외에 특별법상 심판도 포함한다(예: 국세기본법상 심사청구·심판청구, 국가공무원법상 소청, 국민연금법상 심사청구).

(2) 법적 근거

행정심판전치의 법적 근거는 헌법 제107조 제3항(재판의 전심절차로서 행정심판을 할 수 있다. 행정심판의 절차는 법률로 정하되, 사법절차가 준용되어야 한다)과 행정소송법 제18조가 있다.

(3) 성질

필요적 심판전치의 경우 행정심판전치는 취소소송의 소송요건이므로 다른 소송요건과 마찬가지로 법원의 직권조사사항이다(대판 1982.12.28. 82누7). 그리고 필요적 행정심판절차의 이행 여부에 대한 판단시점은 사실심변론종결시가 된다(대판 1987.4.28. 86누29).

2. 임의적 행정심판전치원칙

취소소송은 처분에 대한 행정심판을 제기할 수 있는 경우에도 이를 거치지 아니하고 제기할 수 있다(행정소송법 제18조 제1항 본문). 즉, 행정심판은 임의적인 절차이다.

3. 예외

(1) 내용

행정심판은 임의적인 절차임이 원칙이지만, 다른 법률에 당해 처분에 대한 행정심판의 재결을 거치지 아니하면 취소소송을 제기할 수 없다는 규정이 있는 때에는 반드시 행정심판의 재결을 거쳐야 한다(행정소송법 제18조 제1항 단서). 여기서 '다른 법률'이란 행정소송법 이외의 법률을 말한다(예: 공무원의 징계나 기타 불리한 처분·부작위에 관한 불복의 경우 특별행정심판인 소청에 관해 규정하는 국가공무원법 제16조, 세법에 따른 처분에 관해 불복하는 경우 특별행정심판인 심사청구·심판청구를 규정하는 국세기본법 제56조 제2항, 운전면허 취소·정지와 같은 도로교통법상의 처분에 불복하는 도로교통법 제142조의 경우).

(2) 필요적 행정심판전치의 예외(완화)

1264 행정심판의 전치가 필요적인 경우라 하여도 이를 강제하는 것이 국민의 권익을 침해하는 결과가 되는 경우 필요적 심판전치의 예외를 인정할 필요가 있다. 예외로 행정소송법 제18조 제2항·제3항은 ① 행정심판은 제기하되 재결을 거치지 아니하고 소송을 제기할 수 있는 경우와 ② 행정심판을 제기함이 없이 소송을 제기할 수 있는 경우를 규정하고 있다. 두 경우 모두 원고는 법원에 대하여 사유를 소명하여야 한다(행정소송법 제18조 제4항).

1) 행정심판은 제기하되 재결을 거치지 아니하고 소송을 제기할 수 있는 경우

1265 ① 행정심판청구가 있는 날로부터 60일이 지나도 재결이 없는 때(이것은 재결의 부당한 지연으로부터 생기는 불이익을 방지하기 위한 것이다. 행정심판법 제45조 제1항(재결은 제23조에 따라 피청구인 또는 위원회가 심판청구서를 받은 날부터 60일 이내에 하여야 한다) 참조), ② 처분의 집행 또는 절차의 속행으로 생길 중대한 손해를 예방하여야 할 긴급한 필요가 있는 때, ③ 법령의 규정에 의한 행정심판기관이 의결 또는 재결을 하지 못할 사유가 있는 때(예: 위원회의 위원 과반수 이상이 사퇴한 경우), ④ 그 밖의 정당한 사유가 있는 때에는 재결을 거치지 않고 소송을 제기할 수 있다(행정소송법 제18조 제2항).

2) 행정심판을 제기함이 없이 소송을 제기할 수 있는 경우

1266 ① 동종사건에 관하여 이미 행정심판의 기각결정이 있은 때(동종사건에 관하여 이미 행정심판의 기각결정이 있었다면 재심사할 필요가 없기 때문에 절차중복을 방지하기 위한 것이다), ② 서로 내용상 관련되는 처분 또는 같은 목적을 위하여 단계적으로 진행되는 처분 중 어느 하나가 이미 행정심판의 재결을 거친 때(주로 단계적 절차에 있는 처분의 경우 분쟁사유에 공통성을 내포하고 있으므로 중복심사를 방지하기 위한 것이다), ③ 행정청이 사실심의 변론종결 후 소송의 대상인 처분을 변경하여 당해 변경된 처분에 관하여 소를 제기하는 때(이 경우 다시 행정심판을 전치하게 한다는 것은 당사자에게 가혹할 뿐만 아니라 행정청이 소송의 지연을 위한 수단으로 사용할 수도 있기 때문이다), ④ 처분을 행한 행정청이 행정심판을 거칠 필요가 없다고 잘못 알린 때에는 행정심판의 제기 없이도 소송을 제기할 수 있다(상대방의 신뢰를 보호하기 위한 것이다. 전술한 행정심판법상 고지제도 참조(996))(행정소송법 제18조 제3항).

4. 적용범위★

1267 ㈎ 부작위위법확인소송에는 준용되지만, 무효등확인소송에는 준용되지 않는다(행정소송법 제38조 제1항·제2항).

㈏ 행정심판은 항고쟁송이므로 당사자소송의 경우에는 행정심판전치의 적용이 없다(다수설).

㈐ 무효확인을 구하는 의미의 취소소송(1137)의 경우에도 필요적 행정심판전치가 적용된다(대판 1990.8.28. 90누1892).

㈑ 처분의 직접 상대방이 아닌 제3자가 행정소송을 제기하기 위해 행정심판을 청구하

는 경우에도 필요적 행정심판전치가 적용된다(대판 1989.5.9. 88누5150).

㈐ 둘 이상의 행정심판절차가 규정되어 있다면 명문의 규정이 없는 한 하나의 절차만을 거치는 것으로 족하다는 것이 일반적 견해이다(예를 들어 국세기본법상 국세청장에 대한 국세심사청구와 조세심판원장에 대한 국세심판청구(2314)).

5. 행정심판의 적법성과 심판전치요건의 충족 여부(필요적 심판전치의 경우)

① 행정심판청구 요건을 구비한 적법한 심판청구가 있었으나 각하한 경우에 심판전치 요건은 구비된 것으로 본다. ② 행정심판청구 요건을 구비하지 못한 부적법한 심판청구가 있었음에도 본안에 대한 재결(인용·기각재결)을 한 경우 심판전치의 요건이 구비되지 않은 것으로 본다.

6. 행정심판과 행정소송의 관련성(필요적 심판전치의 경우)

(1) 인적 관련성

행정심판은 특정한 처분에 대한 위원회의 재심사가 목적이기 때문에 행정심판의 청구인과 행정소송에서 원고는 일치될 필요가 없으며, 특정한 처분에 대한 행정심판이 있기만 하면 족하다.

(2) 물적 관련성

행정심판의 청구원인 등과 행정소송의 그것이 기본적인 점에서 동일하면 족하다(행정소송법 제18조 제3항 제2호 참조).

(3) 주장내용의 관련성

행정심판에서의 주장과 행정소송에서의 주장은 기본적인 점에서만 부합되면 된다.

(4) 공격방어방법의 동일성

사건의 동일성만 인정되면 행정심판전치 요건은 구비된 것이며, 공격방어방법(원고가 본안을 인용받기 위해 제출하는 일체의 소송자료를 공격방법, 피고가 이를 방어하기 위해 제출하는 일체의 소송자료를 방어방법이라고 한다)의 동일성은 필요로 하지 않는다(대판 1996.6.14. 96누754).

Ⅲ. 제소기간★★ [09 사시] [13 5급] [14 변시] [17 변시] [19 변시] [19 입시] [20 5급] [21 변시]

1. 개 념

(1) 의 의

제소기간이란 처분의 상대방등이 소송을 제기할 수 있는 시간적 간격을 말한다. 제소기간 준수 여부는 소송요건으로서 법원의 직권조사사항이다.

(2) 적용범위

㈎ 제소기간 요건은 처분의 상대방이 소송을 제기하는 경우는 물론이고, 법률상 이익이 침해된 제3자가 소송을 제기하는 경우에도 적용된다(대판 1991.6.28. 90누6521).

(내) 무효등확인소송의 경우에는 제소기간 제한이 없다. 그러나 무효를 확인(선언)하는 의미의 취소소송은 제소기간의 준수 등 취소소송의 제소요건을 갖추어야 한다(대판 1993.3.12. 92누11039)(1137).

2. 안 날부터 90일

(1) 행정심판을 거치지 않은 경우

1) 특정인에 대한 처분의 경우(송달하는 경우)

1270b 상대방에게 처분 등을 송달할 수 있는 경우 처분 등의 효력은 송달받을 자에게 '도달'하면 발생한다(행정절차법 제15조 제1항). 그러나 취소소송은 처분등이 있음을 안 날부터 90일 이내에 제기하여야 한다(행정소송법 제20조 제1항 제1문). '처분등이 있음을 안 날'이란 통지·공고 기타의 방법에 의하여 당해 처분이 있었다는 사실을 현실적으로 안 날을 의미한다(대판 1964.9.8. 63누196). 처분이 있음을 앎으로 족하고 구체적인 내용이나 그 처분의 위법 여부를 알아야 하는 것은 아니다(대판 1991.6.28. 90누6521). 그리고 적법한 송달이 있었다면 특별한 사정이 없는 한 처분이 있음을 알았다고 추정된다. 따라서 이 경우 특별한 사정으로 알지 못했다는 사정은 원고가 입증해야 한다.

2) 불특정인에 대한 처분의 경우(고시 또는 공고하는 경우)

1270d 통상 고시 또는 공고에 의하여 행정처분을 하는 경우에는 그 처분의 상대방이 불특정 다수인이고, 그 처분의 효력이 불특정 다수인에게 일률적으로 적용되는 것이므로, 그에 대한 행정심판 청구기간도 그 행정처분에 이해관계를 갖는 자가 고시 또는 공고가 있었다는 사실을 현실적으로 알았는지 여부에 관계없이 고시가 효력을 발생하는 날에 행정처분이 있음을 알았다고 보아야 한다(대판 2000.9.8. 99두11257).

3) 개별공시지가결정의 경우

1270e 개별토지가격결정은 각 개별토지에 대한 가격결정을 일괄하여 읍·면·동의 게시판에 공고하는 것일 뿐 그 처분의 효력은 각각의 토지 또는 각각의 소유자에 대하여 각별로 효력을 발생하는 것이므로, 개별토지가격결정의 공고로 그 효력은 발생하지만 처분의 상대방인 토지소유자 및 이해관계인이 공고일에 개별토지가격결정처분이 있음을 알았다고 할 수는 없으므로 개별토지가격결정을 알았다고 볼 만한 특별한 사정이 없는 한 처분이 있은 날로부터 1년 이내에 취소소송(행정심판은 처분이 있은 날로부터 180일 이내)을 제기하면 된다(대판 1993.12.24. 92누17204 참조).

(2) 행정심판을 거친 경우

1270f (가) 적법한 행정심판을 청구한 경우에는 재결서의 정본을 송달받은 날부터 90일 내에 소송을 제기해야 한다(행정소송법 제20조 제1항 단서). '재결서 정본을 송달받은 날'이란 재결서 정본을 민사소송법이 정한 바에 따라 적법하게 송달받은 경우를 말한다.

(나) 그리고 행정소송법 제20조 제1항 단서는 '행정청이 행정심판청구를 할 수 있다고 잘못 알려 행정심판을 청구한 경우' 제소기간은 재결서의 정본을 송달받은 날부터 기산한

다고 규정하는데, 이 규정의 취지는 처분 상대방에 대하여 행정청이 법령상 행정심판청구가 허용되지 않음에도 행정심판청구를 할 수 있다고 잘못 알린 경우에, 잘못된 안내를 신뢰하여 부적법한 행정심판을 거치느라 본래 제소기간 내에 취소소송을 제기하지 못한 자를 구제하려는 데에 있다(행정심판법 제3조 제2항 참조).

㈐ 따라서 이 경우와는 달리 이미 불가쟁력이 발생하여 불복청구를 할 수 없었던 경우라면 그 이후에 행정청이 행정심판청구를 할 수 있다고 잘못 알렸다고 하더라도 그 때문에 처분 상대방이 적법한 제소기간 내에 취소소송을 제기할 수 있는 기회를 상실하게 된 것은 아니므로 이러한 경우에 잘못된 안내에 따라 청구된 행정심판 재결서 정본을 송달받은 날부터 다시 취소소송의 제소기간이 기산되는 것은 아니다(대판 2012.9.27. 2011두27247).

(3) 불변기간

앞의 90일은 불변기간이다(행정소송법 제20조 제3항). 다만, 당사자가 책임질 수 없는 사유로 말미암아 불변기간을 지킬 수 없었던 경우에는 그 사유가 없어진 날부터 2주 이내에 게을리 한 소송행위를 보완할 수 있다(민사소송법 제173조 제1항).

3. 있은 날부터 1년

(1) 행정심판을 거치지 않은 경우

취소소송은 처분등이 있은 날부터 1년을 경과하면 이를 제기하지 못한다(행정소송법 제20조 제2항). '처분등이 있은 날'이란 처분의 효력이 발생한 날을 말한다. 처분은 행정기관의 내부적 결정만으로 부족하며 외부로 표시되어 상대방에게 도달되어야 효력이 발생한다(대판 1990.7.13. 90누2284). '도달'이란 상대방이 현실적으로 그 내용을 인식할 필요는 없고, 상대방이 알 수 있는 상태에 놓여지면 충분하다.

(2) 행정심판을 거친 경우

행정심판을 거친 경우에는 재결이 있은 날로부터 1년내에 소송을 제기해야 한다(행정소송법 제20조 제2항). '재결이 있은 날'이란 재결의 효력이 발생한 날을 말하며, 재결의 효력이 발생한 날은 재결서 정본을 송달받은 날이 된다. 결국 행정소송법 제20조 제1항의 '재결서정본을 송달받은 날'의 의미와 제2항의 '재결이 있은 날'의 의미는 같다. 따라서 제1항의 재결서 정본을 송달받은 날부터 90일이 경과하면 제소기간은 경과한 것이 되므로 제2항의 '재결이 있은 날부터 1년'은 무의미하다.

(3) 정당한 사유가 있는 경우

정당한 사유가 있으면 1년이 경과한 후에도 제소할 수 있다(행정소송법 제20조 제2항 단서). 일반적으로 행정처분의 직접 상대방이 아닌 제3자(예: 이웃소송에서 이웃하는 자)는 행정처분이 있음을 알 수 없는 처지이므로 특별한 사정이 없는 한 정당한 사유가 있는 경우에 해당한다(대판 1989.5.9. 88누5150). 따라서 이러한 제3자에게는 제소기간이 연장될 수 있다.

4. 안 날과 있은 날의 관계

처분이 있음을 안 날과 처분이 있은 날 중 어느 하나의 기간만이라도 경과하면 제소할 수 없다.

5. 특수한 경우

(1) 처분 당시에 취소소송의 제기가 법제상 허용되지 않다가 헌법재판소의 위헌결정으로 허용된 경우

처분 당시에는 취소소송의 제기가 법제상 허용되지 않아 소송을 제기할 수 없다가 <u>위헌결정으로 인하여 비로소 취소소송을 제기할 수 있게 된 경우 제소기간의 기산점은 처분 등이 있음을 안 날이나 처분이 있은 날이 아니라 객관적으로는 '위헌결정이 있은 날('있은 날'과 관련하여)', 주관적으로는 '위헌결정이 있음을 안 날('안 날'과 관련하여)'이 된다</u>(대판 2008.2.1. 2007두20997).

(2) 행정소송 제기기간의 오고지나 불고지의 경우

행정심판법 제27조 제5항·제6항의 규정은 <u>행정심판 제기에 관하여 적용되는 규정이지, 행정소송 제기에도 당연히 적용되는 규정이라고 할 수는 없다</u>(대판 2008.6.12. 2007두16875; 대판 2001.5.8. 2000두6916).

(3) 상대방에게 고지되지 않았지만 다른 경로로 상대방이 처분 등이 있음을 안 경우 제소기간의 기산점

상대방 있는 행정처분은 특별한 규정이 없는 한 상대방에게 고지되어야 효력이 발생하므로 처분이 상대방인 원고에게 고지되지 않았다면 상대방이 다른 경로를 통해 처분의 내용을 알게 되었다고 하더라도 그 처분은 효력이 발생하였다고 볼 수 없으므로, 행정심판청구기간이나 행정소송법 제20조에서 정한 취소소송의 제소기간이 진행한다고 볼 수 없다(대판 2019.8.9. 2019두38656).

Ⅳ. 소제기의 효과

1. 심리의무

소가 제기되면 법원은 이를 심리하고 판결하여야 한다.

2. 중복제소금지

당사자는 법원에 계속되고 있는 사건에 대해 다시 소를 제기할 수 없다(행정소송법 제8조 제2항, 민사소송법 제259조).

3. 집행부정지의 원칙

취소소송의 제기는 처분등의 효력이나 그 집행 또는 절차의 속행에 영향을 주지 아니한다(행정소송법 제23조 제1항).

제5항 | 청구의 병합(이송)과 소의 변경

Ⅰ. 관련청구소송의 이송·병합

1. 관련청구소송의 이송·병합의 취지

관련청구소송의 이송 및 병합은 상호관련성 있는 여러 청구를 하나의 절차에서 심판함으로써 심리의 중복, 재판상 모순을 방지하고 아울러 신속하게 재판을 진행시키기 위한 제도이다.

1276

2. 관련청구소송의 이송

(1) 이송의 의의

사건의 이송이란 어느 법원에 계속된 소송을 그 법원의 재판에 의하여 다른 법원에 이전하는 것을 말한다. 법원 간의 이전이므로 동일 법원 내에서 담당재판부를 달리하는 것은 이송에 속하지 않고 사무분담의 문제이다.

1278

(2) 요 건

① 취소소송과 관련청구소송(1283 참조)이 각각 다른 법원에 계속되어야 한다. ② 관련청구소송이 계속된 법원이 이송이 상당하다고 인정하여야 한다. ③ 이송은 관련청구소송을 취소소송이 계속된 법원으로 이송한다(행정소송법 제10조 제1항).

1279

(3) 절차·효과

① 당사자의 신청이나 법원의 직권에 의해 이송결정이 있어야 한다(행정소송법 제10조 제1항). ② 이송의 결정은 당해 관련청구소송을 이송받은 법원을 기속하며, 그 법원은 당해 소송을 다시 다른 법원에 이송할 수 없다(민사소송법 제38조). 그리고 이송결정이 확정되면 관련청구소송은 처음부터 이송받은 법원에 계속된 것으로 본다(민사소송법 제40조 제1항).

1280

3. 관련청구소송의 병합 ★★[10 입시] [13 5급] [15 사시] [16 사시] [18 변시]

(1) 의 의

청구의 병합이란 하나의 소송절차에서 수개의 청구를 하거나(소의 객관적 병합), 하나의 소송절차에서 수인이 공동으로 원고가 되거나 수인을 공동피고로 하여 소를 제기하는 것(소의 주관적 병합)을 말한다.

1281

(2) 형 태

행정소송법은 제10조와 제15조에서 특별규정을 두고 민사소송에서는 인정되지 않는 서로 다른 소송절차에 의한 청구의 병합을 인정하고 있다(민사소송법은 소의 객관적 병합에 관하여 동종의 소송절차에 의해서 심리되어질 것을 요건으로 하며, 각 청구 간의 관련성을 요건으로 하고 있지 않다).

1282

1) 객관적 병합(복수의 청구)

1282a ㈎ 취소소송의 원고는 관련청구를 병합(원시적 병합)하여 제소하거나 또는 사실심변론종결시까지 추가하여 병합(후발적 병합)할 수 있다(행정소송법 제10조 제2항).

㈏ 행정소송도 민사소송과 마찬가지로 객관적 병합의 형태로 단순 병합(원고가 서로 양립하는 여러 청구를 병합하여 그 전부에 대해 판결을 구하는 형태를 말한다)·선택적 병합(원고가 서로 양립하는 여러 청구를 택일적으로 병합하여 그중 어느 하나라도 인용하는 판결을 구하는 형태를 말한다)·예비적 병합(주위적 청구(주된 청구)가 허용되지 아니하거나 이유 없는 경우를 대비하여 예비적 청구(보조적 청구)를 병합하여 제기하는 형태를 말한다(예: 주위적으로 무효확인소송을, 예비적으로 취소소송을 제기하는 경우))이 허용된다.

2) 주관적 병합(복수의 당사자)

1282b 행정소송법 제10조 제2항은 '피고외의 자를 상대로 한 관련청구소송'을, 동법 제15조는 '수인의 청구 또는 수인에 대한 청구가 처분등의 취소청구와 관련되는 청구인 경우'를 규정하고 있다. 그리고 공동소송은 통상의 공동소송(공동소송인 사이에 합일확정(분쟁의 승패가 공동소송인 모두에 대해 일률적으로 결정되는 것을 말한다(재판의 통일))을 필요로 하지 않는 공동소송을 말한다)과 필수적 공동소송(공동소송인 사이에 소송의 승패가 통일적으로 결정되어야 하는 공동소송을 말한다(합일확정이 필요한 소송))이 모두 가능하다(민사소송법 제66조·제67조 참조).

(3) 관련청구소송의 병합의 요건

1) 각 청구가 적법요건을 갖출 것

1283 ㈎ 관련청구소송의 병합은 그 청구를 병합할 취소소송을 전제로 하는 것이므로 관련청구소송이 병합될 본체인 취소소송 등이 적법해야 한다. 만일 본래의 취소소송 등이 부적법하여 각하되면 그에 병합된 관련청구도 소송요건을 흠결하여 부적합한 것으로 각하되어야 한다(대판 2001.11.27. 2000두697).

㈏ 병합하는 관련청구 자체도 전치절차, 제소기간, 당사자적격 등의 소송형태에 따른 소송요건을 구비해야 한다. 만일 취소소송에 병합하여 제기된 소가 소송요건을 갖추지 못한 경우에는 부적법 각하한다.

㈐ 판례는 당사자의 권리구제를 위해 소의 추가적 병합의 경우 추가되는 새로운 소송은 당초의 구소 제기시에 제기된 것으로 본다(대판 2005.12.23. 2005두3554).

2) 병합의 시기

1283a 관련청구의 병합은 사실심변론종결 전이라면 원시적 병합이든 후발적 병합이든 가릴 것 없이 인정된다(행정소송법 제10조 제2항)(병합의 시기). 다만, 행정소송법은 제3자에 의한 후발적 병합을 인정하고 있지 않으므로 수인의 원고는 처음부터 행정소송법 제15조의 공동소송인(공동소송이란 하나의 소송절차에 여러 사람의 원고 또는 피고가 관여하는 소송을 말한다)으로 제소하여야 하고, 소송계속 중에는 소송참가가 허용될 뿐이다(이상규, 오진환).

3) 관련청구일 것

행정소송법 제10조 제1항 제1호·제2호의 관련청구소송이어야 한다(관련청구소송). 제1호 (당해 처분등과 관련되는 손해배상·부당이득반환·원상회복 등 청구소송)는 청구의 내용 또는 발생 원인이 법률상 또는 사실상 공통되어 있는 소송을 말하며(예: 운전면허취소처분에 대한 취소소송과 위법한 운전면허취소처분으로 발생한 손해에 대한 손해배상청구소송), 제2호 (당해 처분등과 관련되는 취소소송)는 개방적·보충적 규정으로 증거관계, 쟁점, 공격·방어 방법 등의 상당부분이 공통되어 함께 심리함이 타당한 사건을 말한다(예: 원처분과 재결에 대한 취소소송).

4) 행정소송에 관련청구를 병합할 것

행정사건에 관련 민사사건이나 행정사건을 병합하는 방식이어야 하고, 반대로 민사사건에 관련행정사건을 병합할 수는 없다. 다만 행정소송 상호간에는 어느 쪽을 병합하여도 상관없다(행정사건에의 병합).

5) 피고의 동일성 불요

행정청을 피고로 하는 취소소송에 국가를 피고로 하는 국가배상청구를 병합하는 경우처럼 관련청구소송의 피고는 원래 소송의 피고와 동일할 필요가 없다(피고의 동일성 불요).

6) 각 청구에 관해 수소법원에 관할이 있을 것

병합되는 각 청구에 관해 법원에 토지관할등이 있어야 한다.

(4) 적용법규

병합된 관련청구소송이 민사사건인 경우, 병합한다고 민사사건이 행정사건으로 변하는 것은 아니므로 병합된 청구에 대해서는 민사소송법이 적용된다.

II. 소의 변경

1. 소의 변경의 개념

(1) 의 의

소송 계속 중 당사자, 청구의 취지, 청구의 원인 등 전부 또는 일부를 변경하는 것을 소의 변경이라 한다.

(2) 종 류

행정소송상 소의 변경에는 ① 소의 종류의 변경(행정소송법 제21조), ② 처분변경 등으로 인한 소의 변경(행정소송법 제22조), ③ 민사소송법에 의한 소의 변경(행정소송법 제8조 제2항에서 준용하는 민사소송법 제262조)이 있으며, ④ 특수한 문제로 민사소송과 행정소송 간의 소의 변경의 허용 여부가 논의된다.

2. 소의 종류의 변경★★[13 변시]

(1) 의 의

1287 ㈎ 행정소송법 제21조 제1항은 취소소송을 당사자소송 또는 취소소송 외의 항고소송으로 변경할 수 있음을 규정하며, 행정소송법 제37조는 무효등확인소송이나 부작위위법확인소송을 취소소송 또는 당사자소송으로 변경하는 것도 인정하고 있고, 행정소송법 제42조는 당사자소송을 항고소송으로 변경하는 것도 인정한다. 이는 행정소송의 종류가 다양한 까닭에 소의 종류를 잘못 선택할 가능성이 있는바, 사인의 권리구제를 위해서 소의 종류의 변경을 인정하는 것이다.

㈏ 무효등확인소송과 부작위위법확인소송 간에는 소의 변경을 명문으로 규정하고 있지 않지만, 학설은 긍정한다(행정소송법 제37조 참조).

(2) 요 건

1288 ① 취소소송을 당사자소송 또는 취소소송 외의 항고소송으로 변경하는 것이어야 한다(무효등 확인소송이나 부작위법확인소송, 당사자소송을 변경하는 것도 가능하다).

② 소의 변경이 상당한 이유가 있어야 한다.

③ 청구의 기초에 변경이 없어야 한다. '청구의 기초'라는 개념은 신·구청구 간의 관련성을 뜻한다. 구체적으로 무엇이 동일해야 하는지에 관해 ⓐ 학설은 ㉠ 이익설(청구를 특정한 권리의 주장으로 구성하기 전의 사실적인 이익분쟁 자체가 공통적인 때에 동일성을 인정하는 견해이다), ㉡ 사실자료동일설(신청구와 구청구의 사실자료 사이에 심리의 계속을 정당화할 정도의 공통성이 있을 때에 동일성을 인정하는 견해이다), ㉢ 병용설(신구청구의 재판자료의 공통만이 아니라 신구청구의 이익관계도 공통적인 때에 동일성을 인정하는 견해이다)의 다툼이 있다. ⓑ 판례는 청구기초에 변경이 없는 경우를 '동일한 사실 또는 경제적 이익에 관한 분쟁에 있어서 그 해결 방법에 차이가 있는 것에 지나지 않는 경우'로 보는 이익설이 주류적인 입장이다(대판 1997.4.25. 96다32122).

④ 행정소송이 사실심변론종결 전이어야 한다. 따라서 상고심에서는 소의 종류의 변경이 인정되지 않는다. 그리고 사실심변론종결 전이면 후술하는 처분변경으로 인한 소의 변경(1291 이하)과는 달리 신청 기간의 제한이 없다.

⑤ 변경되는 신소는 적법한 제소요건을 갖추어야 한다. 따라서 무효확인소송 또는 당사자소송을 취소소송으로 변경하는 경우(또는 부작위위법확인소송을 거부처분취소소송으로 변경하는 경우) 제소기간 등을 준수해야 한다(행정소송법 제21조 제4항, 제14조 제4항 참조).

(3) 절차·불복

1289 ① 원고의 신청에 따라 법원의 허가를 받아야 한다. 그리고 소의 변경을 허가를 하는 경우 피고를 달리하게 될 때에는 법원은 새로이 피고로 될 자의 의견을 들어야 한다(행정소송법 제21조 제2항). ② 또한 법원의 허가결정에 대해 즉시항고할 수 있다(행정소송법 제21조 제3항).

(4) 효 과

소종류 변경 허가결정이 있는 경우 변경되는 새로운 소송은 처음 소를 제기한 때에 제기된 것으로 보며(소의 변경의 경우 민사소송법 제265조는 변경신청서 제출시에 변경되는 소송이 제기된 것으로 보지만, 행정소송법은 처음 소를 제기한 때 제기된 것으로 보아 민사소송법의 특칙으로 제소시점의 소급을 인정한다)(행정소송법 제21조 제4항, 제14조 제4항), 아울러 종전의 소송은 취하된 것으로 본다(행정소송법 제21조 제4항, 제14조 제5항). 그리고 종전의 소와 관련하여 진행된 절차는 변경된 새로운 소에 그대로 유효하게 유지된다.

> **원고가 고의 또는 중대한 과실 없이 당사자소송으로 제기하여야 할 것을 항고소송으로 잘못 제기한 경우, 법원이 취할 조치(소의 변경)**
>
> 원고가 고의 또는 중대한 과실 없이 당사자소송으로 제기하여야 할 것을 항고소송으로 잘못 제기한 경우에, 당사자소송으로서의 소송요건을 결하고 있음이 명백하여 당사자소송으로 제기되었더라도 어차피 부적법하게 되는 경우가 아닌 이상, 법원으로서는 원고가 당사자소송으로 소 변경을 하도록 하여 심리·판단하여야 한다(대판 2016.5.24. 2013두14863).

3. 처분변경으로 인한 소의 변경★

(1) 의 의

행정청이 소송의 대상인 처분을 소가 제기된 후 변경한 때에는 원고의 신청에 의하여 법원은 결정으로써 청구의 취지 또는 원인의 변경을 허가할 수 있다(행정소송법 제22조 제1항). 행정청은 행정소송이 계속되고 있는 동안에도 직권 또는 행정심판의 재결에 따라 행정소송의 대상이 된 처분을 변경할 수 있는바 이 경우 종전소송의 각하(협의의 소익 없음을 이유로)나 새로운 소의 제기라는 무용한 절차의 반복을 배제하여 간편하고도 신속하게 개인의 권익구제를 확보하기 위해 이 제도를 인정한 것이다.

(2) 요 건

① 처분에 대한 소제기 후 행정청에 의한 처분의 변경이 있을 것(처분의 변경은 원처분에 대한 적극적인 변경이거나 일부취소를 가리지 않는다), ② 처분의 변경이 있음을 안 날로부터 60일 이내에 원고가 신청을 할 것(행정소송법 제22조 제2항), ③ 소의 변경의 일반적 요건으로 변경될 소는 사실심변론종결 전이어야 하고, 변경되는 신청구는 소송요건을 갖춘 적법한 것이어야 한다.

(3) 절 차

원고의 신청에 따라 법원의 허가를 받아야 한다.

(4) 효 과

① 소의 변경을 허가하는 결정이 있으면 당초의 소가 처음에 제기된 때에 변경한 내용의 신소가 제기되고, 구소는 취하된 것으로 간주된다. ② 그리고 변경되는 청구가 필요적 심판전치에 해당하는 경우라도 그 요건은 구비된 것으로 본다(행정소송법 제22조 제3

항). 처분이 변경되기 전에 이미 해당 처분에 대해 행정심판을 거쳤다면 처분변경이 있은 후 다시 재심사할 필요가 없기 때문이다.

4. 민사소송법에 의한 소의 변경

1295 　행정소송법 제8조 제2항에 따라 민사소송법에 의한 소의 변경 또한 가능하다(행정소송법 제8조 제2항; 민사소송법 제262조, 제263조). 민사소송법에 의한 소의 변경은 소송의 종류의 변경에 이르지 않는 소의 변경, 즉 처분의 일부취소만을 구하다가 전부취소를 구하는 것으로 청구취지를 확장하는 것 등을 말한다.

5. 민사소송과 행정소송 간의 소의 변경의 허용 여부★★★

(1) 문제 상황

1296 　행정소송법이나 민사소송법에는 행정소송을 민사소송으로, 민사소송을 행정소송으로 변경하는 소의 변경에 관한 규정이 없다. 그렇다면 행정소송을 민사소송으로 또는 민사소송을 행정소송으로 소변경할 수 있는지가 문제된다.

(2) 학 설

1) 부정설

1297 　민사소송법상 소의 변경은 당사자의 변경을 포함하지 않는데(당사자의 불측의 손해를 방지하기 위해) 예를 들어 무효확인소송을 부당이득반환청구소송으로 변경하는 경우 피고가 처분청에서 행정주체로 되는 것과 같이 당사자가 변경되므로 소의 변경이 인정될 수 없다는 견해이다.

2) 긍정설

1297a 　실무상 어떤 청구가 민사소송인지 당사자소송인지 구별이 분명하지 않고(예: 국가배상청구, 부당이득반환 청구), 당사자의 권리구제나 소송경제를 위해 민사소송과 행정소송 사이에서도 소변경이 가능하다는 견해이다.

(3) 판 례

1298 　판례는 행정소송으로 제기하여야 할 사건을 민사소송으로 잘못 제기한 경우 수소법원이 변경하려는 행정소송에 대한 관할도 동시에 가지고 있는 경우라면 항고소송으로 소변경을 하도록 하여 심리·판단하여야 한다고 본다(긍정)(대판 1999.11.26. 97다42250). 그러나 구체적으로 어떠한 법률규정에 의하여 소변경을 할 수 있는지 여부는 설시하지 않았다.

(4) 검 토

1299 　항고소송과 민사소송 사이에서의 피고(처분청과 처분청이 소속한 행정주체 — A광역시장과 A광역시)는 실질적으로 동일하여 소의 변경이 피고에게 큰 불이익을 주지 않으며, 소송경제 및 원고의 권리구제를 위하여 판례의 입장처럼 수소법원이 변경하려는 행정소송(반대의 경우 민사소송)에 대한 관할도 동시에 가지고 있는 경우라면 행정소송과 민사소

송 간에 소의 변경을 인정할 수 있을 것이다(수소법원이 행정소송과 민사소송의 관할을 동시에 가져야 하는 이유는 만일 하나의 관할만 가진다면 소의 변경을 인정하더라도 변경되는 재판에 대한 관할권이 없기 때문이다). 그리고 법무부 행정소송법 개정안은 민사소송과 행정소송 간의 소의 변경을 허용하고 있다.

제6항 | 가구제

I. 가구제의 의의, 종류

㈎ 일정한 경우 승소판결이 있다고 하여도 이미 회복하기 어려운 손해가 발생하여 인용판결이 원고에게 실질적인 권리구제가 되지 못하는 경우도 있다. 이를 방지하기 위한 잠정적인 수단이 바로 가구제이다. 이는 본안소송(예: 취소소송)을 전제로 하며 그 소송 확정시까지 잠정적으로 원고의 권리를 보전하기 위한 것이다.

㈏ 가(=잠정적)구제에는 집행정지(소극적 의미의 가구제)와 가처분(적극적 의미의 가구제)이 있다. 전자는 행정소송법이 인정하지만, 후자는 인정 여부에 대해 학설이 대립한다(행정심판법은 집행정지와 임시처분을 인정한다).

II. 집행정지(소극적 의미의 가구제)

1. 의 의

행정소송법은 집행부정지원칙을 택하면서(행정소송법 제23조 제1항), 일정한 경우 본안이 계속되고 있는 법원은 당사자의 신청 또는 직권으로 집행정지를 결정할 수 있다(예를 들어 철거명령에 대해 취소소송을 제기하더라도 집행부정지가 원칙이므로 철거명령의 집행(철거)을 막지는 못한다. 따라서 사인은 철거명령취소소송을 제기한 법원에 철거명령의 집행을 정지해줄 것을 신청해서 인용결정을 받아야 취소소송에 대한 판결이 확정될 때까지 잠정적으로 철거를 막을 수 있다).

2. 요 건★★★[11 5급] [13 변시] [20 변시] [20 입시]

집행정지의 적극적 요건은 신청인이 주장·소명(약한 증명)하며, 소극적 요건은 행정청이 주장·소명한다(행정소송법 제23조 제4항 참조)(대결 1999.12.20. 99무42).

(1) 적극적 요건

1) 본안이 계속 중일 것

㈎ 민사소송상의 가구제 수단이 본안소송제기 전에 신청될 수 있는 것과는 달리 본안소송이 법원에 적법하게 제기되어 계속되어 있어야 한다. 따라서 본안소송은 소송요건을 갖춘 적법한 것이어야 한다(대판 1999.11.26. 99부3).

㈏ 본안소송의 대상과 집행정지의 대상은 원칙적으로 동일해야 하지만, 예를 들어 선행처분의 집행행위의 집행이나 절차속행을 정지하는 경우 달라질 수 있다(예를 들어 과세처분취소소송에서 체납처분의 절차속행을 정지하는 경우).

2) 정지대상인 처분등의 존재

1305 처분등이 존재해야 한다. 다만 거부처분취소소송에서 집행정지신청이 가능한지에 대해 학설이 대립된다.

1306 a. 문제점: 집행정지제도는 소극적으로 처분이 없었던 것과 같은 상태를 만드는 효력은 있으나(소극적 형성력. 예: ○ → ×), 행정청에 대하여 어떠한 처분을 명하는 등 적극적인 상태를 만드는 효력(적극적 형성력. 예: × → ○)은 인정되지 않기 때문에 거부처분에 집행정지가 인정될 수 있는지가 문제된다.

b. 학 설

1307 (ⅰ) 부정설: 행정소송법 제23조 제6항은 집행정지결정의 기속력과 관련하여 기속력에 관한 원칙규정인 행정소송법 제30조 제1항만을 준용할 뿐 재처분의무를 규정한 제30조 제2항을 준용하고 있지 아니함을 근거로 한다(행정소송법 제23조 제6항이 제30조 제2항을 준용하지 않은 것은 거부처분에 대해 집행정지를 인정하지 않겠다는 취지로 볼 수 있다는 것이다. 자세한 내용은 후술하는 판결의 기속력 참조(1426b 이하)).

1307a (ⅱ) 제한적 긍정설: 원칙적으로 부정설이 타당하지만, 예를 들어 기간에 제한이 있는 허가사업을 영위하는 자가 허가기간의 만료전 갱신을 신청하였음에도 권한행정청이 거부한 경우에는 집행정지를 인정할 실익도 있기 때문에 이러한 경우에는 제한적으로 긍정할 필요가 있다는 견해이다.

1308 c. 판례: 판례는 거부처분은 그 효력이 정지되더라도 그 (거부)처분이 없었던 것과 같은 상태를 만드는 것에 지나지 아니하고 행정청에게 어떠한 처분을 명하는 등 적극적인 상태를 만들어 내는 경우를 포함하지 아니하기에 거부처분의 집행정지를 인정할 필요가 없다고 본다(대결 1992.2.13. 91두47). 이에 따라 접견허가거부처분(대결 1991.5.2. 91두15), 투전기영업허가갱신거부처분(대결 1992.2.13. 91두47) 등의 집행정지신청을 모두 부적법하다고 보았다(부정).

1309 d. 검토: 거부처분의 집행정지에 의하여 거부처분이 행해지지 아니한 상태(신청만 있는 상태)가 된다면 신청인에게 법적 이익이 인정될 수 있는 경우에는 예외적으로 집행정지신청의 이익이 있다고 할 것이다. 따라서 제한적 긍정설이 타당하다(예를 들어 인·허가갱신거부처분과 외국인 체류기간연장신청거부처분 등이 있다. 일반적인 인·허가거부처분(체류신청거부처분)과 달리 인·허가갱신거부처분(체류기간연장신청거부처분)은 갱신거부처분이 행해지지 않은 상태가 되면 ─ 일반적인 허가거부처분은 거부처분이 정지되면 허가받지 못한 상태이지만 ─ 갱신신청은 있으나 행정청이 응답을 하지 않은 상태가 되기 때문에 집행정지의 이익이 있다고 보는 것이다).

3) 회복하기 어려운 손해발생의 우려

1310 집행정지결정을 하기 위해서는 처분등이나 그 집행 또는 절차의 속행으로 인하여 회복하기 어려운 손해가 발생할 우려가 있어야 한다. 판례는 '회복하기 어려운 손해'를 일반

적으로 사회통념상 금전배상이나 원상회복이 불가능하거나, 금전배상으로는 사회통념상 당사자가 참고 견딜 수 없거나 참고 견디기가 현저히 곤란한 경우의 유형·무형의 손해를 말한다고 본다(대결 2004.5.17. 2004무6). 기업의 경우 '회복하기 어려운 손해'에 해당한다고 하기 위해서는 … 사업 자체를 계속할 수 없거나 중대한 경영상의 위기를 맞게 될 것으로 보이는 등의 사정이 존재하여야 한다고 본다(대결 2003.4.25. 2003무2).

4) 긴급한 필요

이는 회복곤란한 손해가 발생될 가능성이 시간적으로 절박하여 본안판결을 기다릴 여유가 없는 것을 말한다.

(2) 소극적 요건

1) 공공복리에 중대한 영향이 없을 것

행정소송법 제23조 제3항에서 집행정지의 요건으로 규정하고 있는 '공공복리에 중대한 영향을 미칠 우려'가 없을 것이라고 할 때의 '공공복리'는 그 처분의 집행과 관련된 구체적이고도 개별적인 공익을 말하는 것이다. 여기서 '공공복리에 중대한 영향을 주는 경우'란 집행으로 인해 사인이 입게 될 중대한 손해와 집행이 정지됨으로 손상될 공익을 비교형량하여 압도적으로 후자가 우월한 경우를 말한다.

2) 본안에 이유 없음이 명백하지 아니할 것

① 명문에 규정된 요건은 아니지만, 판례는 본안에 이유 없음이 명백하다면 집행을 정지할 이유가 없다고 보면서 이를 집행정지의 소극적 요건으로 본다(대판 1997.4.28. 96두75). ② 다만, 학설은 ⓐ 집행정지요건이 아니라는 견해, ⓑ 집행정지의 소극적 요건이라는 견해(다수설), ⓒ 집행정지의 적극적 요건이라는 견해가 대립한다. ③ 본안에서 원고가 승소할 가능성이 명백히 없다면 처분의 집행정지를 인정한 취지에 반하므로 집행정지의 요건으로 보아야 하며, 이는 행정청이 주장·소명하여야 한다(소극적 요건).

3. 절차, 불복

① 당사자의 신청이나 법원이 직권으로 집행정지를 결정한다(행정소송법 제23조 제2항). 관할법원은 본안이 계속되는 법원이 된다. ② 그리고 집행정지의 결정 또는 기각의 결정에 대하여는 즉시항고할 수 있다. 이 경우 집행정지의 결정에 대한 즉시항고에는 결정의 집행을 정지하는 효력이 없다(행정소송법 제23조 제5항).

4. 집행정지결정의 대상★

법원은 처분등의 효력이나 그 집행 또는 절차의 속행의 전부 또는 일부의 정지를 결정할 수 있다. 다만, 처분의 효력정지는 처분등의 집행 또는 절차의 속행을 정지함으로써 목적을 달성할 수 있는 경우에는 허용되지 아니한다(행정소송법 제23조 제2항 단서). 처분의 집행이나 절차의 속행이 있어야 실제로 사인의 권익이 침해되는 경우, 처분의 집행이나 절차속행이 없는 한 권익이 침해되지 않기 때문에 행정청의 권한존중을 위해 처분의 효력을 유지시키기 위한 규정이다(아래의 예에서 (2) 집행의 정지에서 '집행(철거)의 정지' 와 (3) 절차속행의 정지에서 '매각절차로의 속행의 정지'가 이루어지는 한 당사자에게는 특별한 권익침해가 없다).

(1) 효력의 정지

1316 처분의 효력(예: 공정력·구성요건적 효력·존속력 등)이 정지되면 처분은 외형적으로는 존재하지만 실질적으로는 없는 것과 같은 상태가 된다. 이는 별도의 집행행위가 필요없이 의사표시만으로 완성되는 처분에 대한 집행정지를 말한다(예: 영업허가취소처분·공무원에 대한 해임처분에 대한 효력을 정지하는 것).

(2) 집행의 정지

1317 집행의 정지란 처분의 집행력을 잠정적으로 박탈하여 그 내용의 강제적 실현을 정지시키는 것을 말한다(예: 철거명령에서 그 집행(철거)을 정지하는 것).

(3) 절차속행의 정지

1318 절차속행의 정지란 단계적으로 발전하는 법률관계에서 후행행위로의 진행(절차속행)을 정지하는 것을 말한다(예: 압류처분을 다투며 압류처분의 효력을 정지하는 것이 아니라 그 후행행위인 매각절차로의 진행을 정지하는 것).

5. 효력★

(1) 형성력

1319 집행정지결정이 되면 행정청의 별도의 절차 없이도 본안판결확정시까지 잠정적으로 처분이 없었던 것과 같은 상태가 된다(잠정적인 소극적 형성력이 발생)(예를 들어 운전면허취소처분에 대한 효력이 정지되면 운전면허의 효력이 소생되기 때문에 당사자는 운전을 할 수 있다)(행정소송법 제29조 제2항). 그리고 집행정지의 효력은 제3자효 있는 행정행위의 경우 제3자에게도 미친다.

(2) 기속력

1320 집행정지결정은 당사자인 행정청과 그 밖의 관계 행정청을 기속한다(행정소송법 제23조 제6항, 제30조 제1항). 따라서 처분등에 대한 집행정지결정 이후, 그 결정에 위반되는 행정청의 행위가 있었다면 그 행위는 집행정지결정의 기속력에 위반되어 위법하며, 중대명백한 하자로 무효가 된다(예를 들어 압류처분취소소송에서 법원이 그 후행행위인 매각절차로의 속행을 정지하는 결정을 하였음에도 행정청이 이를 진행하였다면 이는 집행정지결정의 기속력에 위반되는 위법한 행위로 무효가 된다. 자세한 내용은 후술하는 판결의 기속력 참조(1427)).

(3) 효력의 시간적 범위

1321 법원은 신청인이 구하는 정지기간에 구애됨이 없이 집행정지의 시기와 종기를 자유롭게 정할 수 있다. 그러나 처분의 효력을 소급하여 정지하는 것은 허용되지 않으며 장래를 향해서만 정지시킬 수 있다(통설). 집행정지의 시기는 고지된 때부터 효력이 발생하며,

종기는 본안판결 선고시나 본안판결 확정시, 집행정지 결정시에 임의로 정할 수 있으나 종기를 정함이 없으면 본안판결이 확정될 때까지 그 효력은 존속한다(대판 1961.4.12. 4294민상1541).

6. 집행정지의 취소

(1) 신청 또는 직권
집행정지의 결정이 확정된 후 집행정지가 공공복리에 중대한 영향을 미치거나 그 정지 사유가 없어진 때에는 당사자의 신청 또는 직권에 의하여 결정으로써 집행정지의 결정을 취소할 수 있다(행정소송법 제24조 제1항).

(2) 심리 및 결정
집행정지 취소신청에는 그 이유를 소명하여야 한다(행정소송법 제24조 제2항, 제23조 제4항). 그리고 집행정지취소결정은 형성력을 가지므로 집행정지로 정지되었던 처분등의 효력은 장래를 향해 다시 회복된다(대판 1970.11.20. 70그4). 또한 집행정지결정 취소의 효력은 제3자에게도 미친다(행정소송법 제29조 제2항·제1항).

(3) 즉시항고
집행정지의 취소결정 또는 기각결정에 대하여는 즉시항고할 수 있다(행정소송법 제24조 제2항, 제23조 제5항). 이 경우 집행정지의 취소결정에 대한 즉시항고는 취소결정의 집행을 정지하는 효력이 없다(행정소송법 제24조 제2항, 제23조 제5항).

7. 부관에 대한 쟁송취소와 집행정지

㈎ 부관에 대한 취소소송을 제기하면서 집행정지를 신청한다면 집행정지의 효력이 부관에만 미치는지 주된 행정행위에도 미치는지가 문제된다(예를 들어 부담부건축허가처분을 받고 부담에 대해 취소소송을 제기하면서 집행정지를 신청한다면 주된 행정행위인 허가의 효력도 정지되는지 문제된다).

㈏ ① ⓐ 집행정지의 효력은 당해 부관의 내용에만 미친다는 견해와 부관과 ⓑ 주된 행정행위의 관련성을 이유로 주된 수익적 행정행위에도 미친다는 견해로 나누어진다. ② 법률관계의 안정 등을 고려할 때 집행정지의 효력은 수익적인 주된 행정행위에도 미친다고 볼 것이다.

Ⅲ. 가처분(적극적 의미의 가구제)★★[13 변시] [13 사시] [19 5급] [20 변시]

1. 의 의
가처분이란 다툼이 있는 법률관계에 관하여 잠정적으로 임시의 지위를 보전하는 것을 내용으로 하는 가구제제도이다(행정소송법 제8조 제2항, 민사집행법 제300조 참조). 이는 원래 민사소송에서 당사자 간의 이해관계를 조정하고 본안판결의 실효성을 확보하기 위해 인정되어온 제도이다.

2. 항고소송에서 가처분의 인정 여부

(1) 문제점

1324 집행정지는 침익적 행정처분이 발해진 것을 전제로 그 효력을 정지시키는 소극적 형성력이 있을 뿐 수익적 처분의 발령을 행정청에 명하는 기능(예를 들어 잠정적으로 허가의 발령을 명하는 기능)이나 처분이 행해지기 전에 발령금지를 명하는 기능(예를 들어 잠정적으로 허가의 발령금지를 명하는 기능)이 없기 때문에 민사집행법상의 가처분제도가 항고소송에 준용될 수 있는지가 문제된다.

(2) 학 설

1) 적극설

1325 현행법상 집행정지제도는 소극적 가구제 수단에 불과하기에 적극적 가구제 수단인 가처분이 필요하다는 점을 근거로 한다.

2) 소극설

1325a 현행법은 의무이행소송이나 예방적 부작위소송을 인정하고 있지 아니하므로 가처분의 본안소송이 있을 수 없는바, 긍정설을 취하여도 실익이 없다는 점을 근거로 한다.

3) 절충설(제한적 긍정설)

1325b 원칙적으로 가처분 규정을 준용할 수 있지만, 행정소송법이 집행정지제도를 두고 있는 관계상 집행정지제도가 실효적인 권리구제가 되는 경우에는 가처분이 인정될 수 없고 그 외의 범위에서만 가처분제도가 인정된다고 보는 견해이다.

(3) 판 례

1326 판례는 민사집행법상의 보전처분(가압류, 가처분)은 민사판결절차에 의하여 보호받을 수 있는 권리에 관한 것이라고 보기 때문에 행정소송에 가처분을 인정하지 아니한다(대결 1992.7.6. 92마54).

(4) 검 토

1327 가처분은 본안판결(예를 들어 의무이행소송에서 이행명령판결)과는 달리 잠정적인 권리구제수단에 불과하기 때문에 행정청의 권한 침해는 크게 문제되지 않으며, 당사자의 실효적인 권리구제 확대라는 측면에서 민사집행법상 가처분 규정을 항고소송에도 적용함이 타당하다. 다만 현행법이 처분등에 대해 집행정지제도를 두고 있는 이상 절충설이 타당하다.

제7항 | 취소소송의 심리

소송의 심리란 판결을 하기 위해 그 기초가 되는 소송자료를 수집하는 절차를 말한다.

Ⅰ. 심리의 내용

1. 요건심리

요건심리란 소송이 법률상 요구되는 소송요건을 구비한 적법한 소송인가를 심리하는 것을 말하며, 소송요건이 구비되지 않았다면 이를 각하한다. 소송요건은 당사자가 주장하지 않아도 법원이 이를 직권으로 조사해야 한다.

2. 본안심리

본안심리란 요건심리의 결과 소송요건이 구비된 경우, 소의 실체적인 내용을 심리하여 원고의 청구를 인용할 것인가 또는 기각할 것인가를 심사하는 것을 말한다.

> [참고] 사실문제와 법률문제, 재량문제
> ㈎ 법원은 법률문제(어떠한 처분이 위법한지에 대한 판단)뿐만 아니라, 사실문제(특정한 사실이 법률요건에 해당하는지에 대한 판단)도 심리한다. 양자를 모두 심리·판단할 수 있는 심급을 사실심이라 하고, 법률문제만을 심리·판단하는 심급을 법률심이라 한다.
> ㈏ 재량권이 인정되는 범위에서는 원래 법원이 이를 심리할 수 없다(행정소송의 한계 참조). 다만, 행정청의 재량에 속하는 처분이라도 재량권의 한계를 넘거나 그 남용이 있는 때(=위법)에는 법원은 이를 취소할 수 있다(행정소송법 제27조).

Ⅱ. 심리의 원칙

1. 당사자주의와 직권주의, 처분권주의·변론주의와 직권탐지주의★

㈎ 심리의 원칙에는 소송절차에서 당사자에게 주도권을 부여하는 당사자주의와 법원에게 주도권을 인정하는 직권주의가 있다. 당사자주의는 처분권주의와 변론주의를 내용으로 한다.

㈏ '처분권주의'란 분쟁의 대상, 소송의 개시와 종료를 당사자가 결정한다는 원칙을 말하며(소송물에 대한 원칙), '변론주의'란 사실의 주장과 증거의 수집·제출책임을 당사자에게 맡기는 원칙(당사자가 수집·제출한 소송자료만을 재판의 기초로 삼는 원칙(소송자료에 대한 원칙))을 말한다. 직권주의를 이념으로 하면서 변론주의에 대비되는 개념이 직권탐지주의다. '직권탐지주의'란 사실주장과 증거의 수집·제출책임을 전적으로 법원이 부담하는 원칙을 말한다.

㈐ 민사소송에서는 당사자주의가, 형사소송에서는 직권주의가 원칙이다. 행정소송의 심리에는 당사자주의가 적용된다고 보는 것이 일반적인 견해이다. 따라서 행정소송의 심리도 처분권주의와 변론주의가 지배한다(다만, 행정소송은 민사소송의 특칙으로 후술하는

것처럼 행정소송법 제25조, 제26조를 규정한다)(1336, 1337).

2. 구술심리주의

1333 구두심리주의란 변론과 증거조사를 구술로 행하는 원칙을 말한다.

3. 공개심리주의

1334 공개심리주의란 재판의 심리와 판결은 공개되어야 한다는 원칙을 말한다(헌법 제109조 제1문).

Ⅲ. 심리의 방법

1335 행정사건의 심리도 처분권주의와 변론주의가 지배하며, 행정소송법에 특별한 규정이 없는 한 민사소송법과 법원조직법이 준용된다(행정소송법 제8조 제2항). 그러나 행정소송법은 판결의 공정성과 타당성을 확보하기 위해 법원의 행정심판기록제출명령(행정소송법 제25조)과 직권심리(행정소송법 제26조)를 규정한다.

1. 행정심판기록제출명령

1336 취소소송에서 처분과 관련되는 자료는 대부분 행정청이 보유하고 있어 원고가 주장과 입증을 함에 있어 어려움이 많다. 이에 행정소송법 제25조는 당사자의 신청이 있는 경우 법원은 결정으로 재결을 행한 행정청에 대해 행정심판에 관한 기록의 제출을 명할 수 있으며, 이 경우 행정청은 지체 없이 행정심판에 관한 기록을 법원에 제출하여야 한다고 규정하고 있다. 여기서 '행정심판에 관한 기록'이란 당해 사건과 관련하여 행정심판위원회에 제출된 일체의 서류를 말한다. 행정심판에 대한 기록이 법원에 도착하면 당사자는 열람·복사를 청구할 수 있다.

2. 직권심리★

(1) 문제점

1337 행정소송에도 행정소송법 제8조 제2항에 따라 변론주의와 민사소송법 제292조(법원은 당사자가 신청한 증거에 의하여 심증을 얻을 수 없거나, 그 밖에 필요하다고 인정한 때에는 직권으로 증거조사를 할 수 있다)가 준용되기에 법원은 보충적으로 직권에 의한 증거조사가 가능하다. 그러나 행정소송법은 제26조에서 직권심리에 대한 별도의 규정을 두고 있는바 이 규정이 변론주의 원칙을 넘어 직권탐지주의를 규정한 것인지가 문제된다.

(2) 학 설

1) 변론주의설(보충적 직권증거조사주의설)

1337a 행정소송법 제26조에 별도의 독자적인 규정이 있음에도 불구하고 이 규정은 변론주의와 민사소송법 제292조에 따라 법원이 보충적 직권증거조사를 할 수 있음을 확인하는 규정이라고 보는 견해이다. 이 견해에 따르면 민사소송법상의 변론주의 원칙은 행정소송에도 동일하게 적용된다고 본다(행정소송법 제26조의 독자성을 부정하는 견해이다).

2) 변론주의보충설
① 행정소송에 공익적인 면이 있다고 할지라도 사인이 원고로서 자신의 이익을 확보하기 위해 가능한 모든 소송자료를 제출할 것임은 민사소송에서와 같다는 것을 논거로 한다(행정소송의 권리구제기능을 강조). ② 당사자가 주장(구술)하지도 기록상 나타나 있지도 않은 사실을 법원이 심리·판단할 의무는 없지만 당사자의 명백한 주장이 없더라도 일건 기록상 현출된 경우는 법원이 심리할 수 있고, 기록에 나타난 사항은 법원이 증거조사할 수 있다는 견해이다(다수설).

3) 직권탐지주의설
① 행정소송의 목적이 개인의 권리구제에만 있는 것이 아니라 행정의 통제도 목적으로 하고 있으며, 처분등을 취소하는 확정판결은 당사자뿐만 아니라 제3자에 대하여도 그 효력이 미치는 것이므로(행정소송법 제29조 제1항) 변론주의에 의하여 판결내용을 당사자의 처분에 맡기는 경우에는 그 소송에 관여할 기회가 없는 제3자의 이익을 해칠 우려도 있게 되므로 법원은 적극적으로 소송에 개입하여 재판의 적정·타당을 기하여야 한다는 점을 근거로 한다(이혁우). ② 행정소송법 제26조를 근거로 당사자가 주장하지도 기록에 현출되지도 아니한 사실에 대해서도 법원은 심리·판단할 수 있고, 당사자의 증거신청에 의하지 않고도 직권으로 증거조사가 가능하다는 견해이다.

(3) 판 례
판례는 변론주의보충설을 취하고 있다(대판 1985.2.13. 84누467). 즉, 행정소송법 제26조는 행정소송의 특수성에서 연유하는 당사자주의, 변론주의에 대한 일부 예외규정일 뿐 법원이 아무런 제한 없이 당사자가 주장하지 아니한 사실을 판단할 수 있는 것은 아니고 일건 기록상 현출되어 있는 사항에 관해서만 판단할 수 있다고 함으로써 대법원은 행정소송법 제26조 규정의 의미를 직권탐지주의설에 비해 축소 해석한다고 볼 수 있다(박정훈).

(4) 검 토
① 변론주의설은 행정소송법 제26조의 내용을 민사소송상의 일반원칙인 변론주의와 민사소송법 제292조의 내용과 사실상 동일하다고 보기 때문에 행정소송법 제26조의 존재 의의와 행정소송의 특수성을 부정하는 결과가 되어 부당하다. ② 행정소송이 국민의 권리구제를 주된 기능으로 하는 이상 변론주의를 전적으로 부정하기는 어렵고, 행정소송법 제29조 제1항에 따른 제3자 이익보호의 문제는 행정소송법 제16조에 따른 소송참가(1239 이하)와 동법 제31조의 재심청구(1439 이하)를 인정하고 있으므로 큰 문제가 되지 않으므로 직권탐지주의설도 타당하지 않다. ③ 따라서 행정소송법 제26조는 변론주의의 원칙하에서 직권탐지주의를 가미한 것으로 보아야 한다(변론주의보충설)(행정구제법, 사법연수원).

> [참고] 주장책임, 증거제출책임, 자백의 구속력(변론주의와 직권탐지주의의 구별기준)
>
> **1. 주장책임**
>
> ㈎ 분쟁의 중요한 사실관계(요건사실)를 주장하지 않음으로 인하여 일방당사자가 받는 불이익 부담을 주장책임이라 부른다. 주장책임은 변론주의에서 문제되지만, 행정소송법 제26조(법원은 필요하다고 인정할 때에는 … 당사자가 주장하지 아니한 사실에 대하여도 판단할 수 있다)로 인해 그 한도에서 주장책임의 의미는 완화된다.
>
> ㈏ 주장책임을 부담하는 자를 주장책임자라고 하며, 주장책임자도 입증책임자처럼 법률요건분류설에 따른다(대판 2000.5.30. 98두20162)(후술하는 입증책임 참조(1345b)).
>
> **2. 증거제출책임**
>
> 증거제출책임이란 증거를 신청하지 않아 무증명의 상태가 됨으로 인해 당사자가 받게 되는 불이익 부담을 말한다. 변론주의하에서는 당사자가 신청한 증거에 대해서만 증거조사를 해야 하지만(직권증거조사의 원칙적 금지) 행정소송법 제26조(법원은 필요하다고 인정할 때에는 직권으로 증거조사를 할 수 … 있다)로 인해 행정소송에서 증거제출책임은 완화되고 있다.
>
> **3. 자백의 구속력**
>
> ㈎ 자백의 구속력이란 당사자 사이에 다툼이 없는 사실(자백한 사실과 자백으로 간주된 사실)은 증거를 조사할 필요 없이 그대로 판결의 기초로 삼아야 하며, 설사 법원이 다툼이 없는 사실과 반대의 심증을 얻었다고 하더라도 그에 반하는 사실을 인정할 수 없는 구속력을 말한다.
>
> ㈏ 변론주의에서는 인정되지만, 직권탐지주의에서는 자백의 구속력이 배제되어 당사자의 자백은 법원을 구속하지 못한다.

3. 입증책임★

(1) 의 의

입증책임이란 어떠한 사실관계에 대한 명백한 입증이 없을 때(진위불명상태) 당사자가 받게 될 불이익한 부담을 말한다. 입증책임을 부담하는 자를 입증책임자라고 한다.

(2) 증거제출책임(1341a)과의 구별

입증책임은 직권탐지주의에도 적용되지만 증거제출책임은 변론주의에서만 문제되고 직권탐지주의에서는 문제되지 않는다. 즉, 입증책임은 변론주의하에서 특히 중요하지만, 진위불명상태가 되어 일방당사자가 불이익을 받은 경우에는 직권탐지주의하에서도 문제가 될 수 있다.

(3) 소송요건사실에 대한 입증책임(자)

소송요건은 행정소송에서도 직권조사사항이지만, 그 존부가 불명할 때에는 이를 결한 부적법한 소로 취급되어 원고의 불이익으로 판단될 것이므로 결국 이에 대한 입증책임은 원고가 부담한다(법원실무제요).

(4) 본안에 대한 입증책임(자)

1) 문제점

취소소송에서 원고와 피고 행정청 중 어느 당사자가 입증책임을 부담하는지에 대해 행정소송법에 명문의 규정이 없어 학설이 대립된다.

2) 학 설

a. **원고책임설**: 행정행위는 공정력이 있어서 적법성이 추정되므로 입증책임은 원고에게 있다는 견해이다.

b. **피고책임설**: 법치행정의 원리상 국가행위의 적법성은 국가가 담보하여야 하기에 피고인 행정청이 입증해야 한다는 견해이다.

c. **법률요건분류설**: 법률규정의 형식에 따라 당사자는 각각 자기에게 유리한 요건사실의 존재에 대하여 입증책임을 부담한다는 입장이다(다수설). 즉, ① 권한행사규정('— 한 때에는 — 의 처분을 한다')의 요건사실은 그 권한행사를 주장하는 자가 입증해야 한다. ② 그리고 권한불행사규정('— 한 때에는 — 의 처분을 하여서는 아니 된다')의 요건사실은 처분권한의 불행사(상실)를 주장하는 자가 입증해야 한다.

d. **독자분배설(행정행위의 내용에 의한 분배설)**: 행정소송의 특수성을 고려한다는 전제하에, 당사자의 권리를 제한하거나 의무를 부과하는 행위의 취소를 구하는 소송에서는 행정청이 적법성의 입증책임을, 당사자의 권리·이익의 확장을 구하는 소송에서는 원고가 입증책임을, 재량일탈이나 남용은 원고가 입증책임을 부담한다는 견해이다.

3) 판 례

판례는 민사소송법의 규정이 준용되는 행정소송에 있어서 입증책임은 원칙적으로 민사소송의 일반원칙에 따라 당사자 간에 분배된다고 보고 있어 법률요건분류설의 입장이다(대판 1984.7.24. 84누124).

4) 검 토

취소소송의 경우에도 소송상 당사자의 지위는 대등한 것이므로 당사자 일방이 입증책임을 부담하는 것이 아니라 민사소송의 일반원칙인 법률요건분류설에 따라 입증책임을 부담함이 타당하다(예를 들어 과세처분취소소송에서 과세처분의 적법성, 건축허가취소처분취소소송에서 건축허가취소처분의 적법성은 그 처분의 적법성을 주장하는 행정청이 입증책임을 진다(과세처분권·건축허가취소권이 있음을 주장하는 자)). 다만, 행정소송의 특수성은 고려될 수 있다.

(5) 증거제출시한

당사자는 사실심의 변론종결시까지 주장과 증거를 제출할 수 있다(대판 1989.6.27. 87누448).

> **쟁점** ── 취소소송의 소송물

1. 소송물의 의의, 논의 실익

⑺ 소송물(소송상 청구)이란 소송절차에서 심판의 대상이 되는 구체적인 사항을 말한다(소송의 단위).

⑻ 소송물의 개념은 행정소송 해당 여부, 관할법원, 소송의 종류, 청구의 병합과 소의 변경, 소송계속의 범위, 그리고 기판력의 범위 및 판결의 기속력의 범위를 정하는 기준이 되며 처분사유의 추가·변경과도 관련된다.

2. 취소소송의 소송물

(1) 학 설

취소소송의 소송물에 대해 ① 처분의 위법성 일반(성문법, 불문법 등의 모든 법의 위반을 말함)을 소송물로 보는 견해(다수설), ② 처분등이 위법하고 또한 자기의 권리를 침해한다는 원고의 법적 주장이라는 견해와 ③ 처분의 위법성은 원고의 법적 주장과는 관계가 없음을 이유로 처분을 통해 자신의 권리가 침해되었다는 법적 수장을 소송물로 보는 견해로 나눌 수 있다.

(2) 판 례

판례는 「취소판결의 기판력은 소송물로 된 행정처분의 위법성 존부에 관한 판단 그 자체에만 미치는 것이므로 전소와 후소가 그 소송물을 달리하는 경우에는 전소 확정판결의 기판력이 후소에 미치지 아니하는 것(대판 1996.4.26. 95누5820)」, 「과세처분취소소송의 소송물은 그 취소원인이 되는 위법성 일반(대판 1990.3.23. 89누5386)」이라고 하여 ①설의 입장이다.

(3) 검 토

②·③설은 행정소송법이 취소소송의 법률상 이익을 원고적격의 요건(행정소송법 제12조)으로 규정하고 있을 뿐 본안요건은 위법성에 한정하고 있고, 소송물은 본안판단에 관한 사항만을 대상으로 하는 것이므로, 소송요건에 관한 법률상 이익(권리)침해는 소송물의 요소가 될 수 없다는 비판이 있다(박정훈). 따라서 취소소송의 소송물을 처분의 위법성 일반으로 보는 견해(①설)가 타당하다.

IV. 처분의 위법성 판단 기준시(1359, 1418 참조)★★[20 변시]

1. 문제 상황

다수설과 판례에 따르면 취소소송의 본안판단의 대상인 소송물은 처분의 위법성 일반인데, 이 위법성을 판단하는 기준시점이 어디인지에 대해 학설의 대립이 있다(예를 들어 위법한 건축허가거부처분을 이유로 사인이 취소소송을 제기한 후 건축허가거부처분을 적법하게 만드는 공익적 사정이 발생한 경우 법원은 판결시에 그러한 공익적 사정을 고려할 수 있는지가 문제된다. 처분시설은 법원은 심리에서 처분시 이후의 사정 — 사실적·법적 상태 — 을 고려해서는 아니 된다는 입장이다).

2. 학설

(1) 처분시설
항고소송의 주된 목적은 개인의 권리구제에 있기 때문에 처분시 이후의 공익적 사정을 법원은 고려할 필요가 없다고 본다(다수견해).

(2) 판결시설
항고소송의 목적을 행정법규의 정당한 적용이라는 공익실현으로 보면서, 법원은 처분시 이후 발생한 공익적 사정도 고려하여 처분의 효력을 유지시킬 것인지를 심리해야 한다는 입장이다.

(3) 절충설
ⓐ 원칙적으로 처분시를 기준으로 하면서, 예외적으로 영업정지처분이나 물건의 압수처분 등과 같이 계속효 있는 처분에 대하여는 판결시를 기준으로 하는 견해와 ⓑ 적극적·침익적 처분의 경우 처분시를 기준으로 하고, 거부처분의 경우 판결시를 기준으로 하는 견해가 있다.

3. 판례

㈎ 판례는 행정소송에서 행정처분의 위법 여부는 행정처분이 있을 때의 법령과 사실상태를 기준으로 하여 판단해야 한다고 본다(처분시설)(대판 1993.5.27. 92누19033). 그리고 거부처분의 경우도 거부처분시를 기준으로 처분의 위법성을 판단한다(대판 2008.7.24. 2007두3930).

㈏ 다만, 법원은 행정처분 당시 행정청이 알고 있었던 자료뿐만 아니라 사실심 변론종결 당시까지 제출된 모든 자료를 종합하여 … 처분의 위법 여부를 판단할 수 있다(대판 2010.1.14. 2009두11843).

4. 검토

위법성 판단의 기준을 판결시로 할 경우 판결지체 여하에 따라 처분시에 위법하였던 행위가 적법한 행위가 될 수도 있고, 반대로 처분시에는 적법했던 행위가 후에 위법한 것으로 될 수 있어 이론적으로 문제가 있다. 따라서 처분시설이 타당하다.

V. 처분사유의 추가·변경★★★[08사시] [09 5급] [12 사시] [18 입시] [18 5급] [20 입시]

1. 개념

(1) 의의
'처분사유의 추가·변경(처분이유의 사후변경)'이란 처분시에는 사유(이유)로 제시되지 않았던 사실상 또는 법률상의 근거를 사후에 행정쟁송절차에서 행정청이 새로이 제출하여 처분의 위법성판단(심리)에 고려하는 것을 말한다. 행정청은 '법률'요건에 해당하는 '사실'을 기초로 처분을 한다. 이처럼 처분을 발령하게 되는 사실상 근거와 법률상 근거를 합하여 '처분사유(처분이유)'라고 한다(일반적으로 제소 전에는 '처분이유'로 제소 후에는 '처분사유'라고 부른다).

(2) 구별개념

1354 ⓐ 처분사유의 추가·변경은 실질적 적법성의 문제(적절하지 않은 처분사유를 제시하였다가 적절한 처분사유를 추가하거나 변경하는 것)이나 이유제시의 절차상 하자의 치유는 형식적 적법성의 문제(행정절차법 제23조에 따른 이유제시를 하지 않다가 사후에 이유를 제시하는 것)이며, ⓑ 처분사유의 추가·변경은 행정쟁송에서의 문제이나 이유제시의 절차상 하자의 치유는 행정절차의 문제이다(전술한 행정행위의 하자의 치유(370)와 이유제시(563) 참조).

2. 인정 여부

1355 ㈎ 처분사유의 추가·변경 인정 여부에 관해 학설은 ⓐ 긍정설(일회적인 분쟁해결이라는 소송경제적 측면을 강조하며 소송당사자는 처분의 위법성(적법성)의 근거가 되는 모든 사실상·법률상의 사유를 추가·변경할 수 있다는 입장이다), ⓑ 부정설(처분사유의 추가·변경을 긍정하면 처분의 상대방은 예기하지 못한 불이익을 입을 수도 있기 때문에 인정될 수 없다는 견해이다), ⓒ 제한적 긍정설(처분사유의 추가·변경은 당초의 처분사유와 기본적 사실관계의 동일성이 인정되는 사유 내에서 제한적으로 인정된다는 견해이다)(다수설)이 대립한다.

㈏ 대법원은 처분청은 당초 처분의 근거로 삼은 사유와 기본적 사실관계가 동일성이 있다고 인정되는 한도 내에서만 다른 사유를 추가하거나 변경할 수 있을 뿐, 기본적 사실관계의 동일성이 인정되지 않는 별개의 사실은 처분사유로 주장할 수 없다는 것이 일관된 입장이다(대판 1983.10.25. 83누396)(제한적 긍정설).

㈐ 분쟁의 일회적 해결의 필요성과 원고의 소송상 방어권보호 및 신뢰보호의 필요성을 고려할 때 제한적 긍정설이 타당하다.

3. 처분사유의 추가·변경의 범위(요건)

1357 아래의 범위에 모두 포함된다면 처분사유의 추가·변경은 인정된다.

(1) 시간적 범위

1) 처분사유의 추가·변경의 가능시점

1358 처분사유의 추가·변경은 사실심변론종결시까지만 허용된다.

2) 처분사유의 추가·변경과 처분의 위법성판단 기준시점(전술한 처분의 위법성 판단 기준시 참조 (1349 이하))

1359 처분의 위법성 판단의 기준시점을 어디로 볼 것이냐에 따라 추가·변경할 수 있는 처분사유의 시간적 범위가 결정된다.

1360 a. 학 설: ① 처분시설(다수견해)(항고소송의 주된 목적은 개인의 권리구제에 있기 때문에 처분시 이후의 공익적 사정은 고려할 필요가 없다는 견해이다), ② 판결시설(항고소송의 목적을 행정법

규의 정당한 적용이라는 공익실현으로 보면서, 법원은 처분시 이후 발생한 공익적 사정도 고려하여 심리하여야 한다는 견해이다), ③ 절충설(ⓐ 원칙적으로 처분시를 기준으로 하면서, 예외적으로 영업허가취소나 물건의 압수처분 등과 같이 계속효 있는 처분에 대하여는 판결시를 기준으로 하는 견해와 ⓑ 적극적 침익적 처분의 경우 처분시를 기준으로 하고, 거부처분의 경우 판결시를 기준으로 하는 견해가 있다)이 대립된다.

b. 판 례: 판례는 행정소송에서 행정처분의 위법 여부는 행정처분이 있을 때의 법령과 사실상태를 기준으로 하여 판단해야 한다고 본다(처분시설)(대판 1993.5.27. 92누19033).

c. 검 토: 위법성 판단의 기준을 판결시로 할 경우 판결지체 여하에 따라 처분시에 위법하였던 행위가 적법한 행위가 될 수도 있고, 반대로 처분시에는 적법했던 행위가 후에 위법한 것으로 될 수 있어 이론적으로 문제가 있다. 따라서 처분시설이 타당하다. 처분시설에 따르면 처분시의 사유만이 추가·변경의 대상이 된다.

(2) 객관적 범위

1) 소송물의 동일성

처분사유를 추가·변경하더라도 처분의 동일성은 유지되어야 한다(예를 들어 '1번지 건물의 양도'를 이유로 한 양도소득세부과처분과 '50번지 건물의 양도'를 이유로 한 양도소득세부과처분은 처분사유를 변경함으로써 처분의 동일성이 변경되는 경우이다). 만일 처분의 동일성이 변경된다면 이는 '처분사유'의 변경이 아니라 '처분'의 변경이 된다. 이 경우에는 처분사유의 변경이 아니라 행정소송법 제22조의 처분변경으로 인한 소의 변경을 해야 한다(홍준형)(1291 이하).

2) 기본적 사실관계의 동일성

㈎ 판례는 기본적 사실관계의 동일성 유무는 처분사유를 법률적으로 평가하기 이전의 구체적인 사실에 착안하여 그 기초인 사회적 사실관계가 기본적인 점에서 동일한지 여부에 따라 결정된다고 한다(대판 2004.11.26. 2004두4482). 구체적인 판단은 시간적·장소적 근접성, 행위의 태양(모습)·결과 등의 제반사정을 종합적으로 고려해야 한다(법원실무제요, 석호철).

㈏ 즉, 처분청이 처분 당시에 적시한 구체적 사실을 변경하지 아니하는 범위 내에서 단지 그 처분의 근거법령만을 추가·변경하거나 당초의 처분사유를 구체적으로 표시하는 것에 불과한 경우처럼 처분사유의 내용이 공통되거나 취지가 유사한 경우에는 기본적 사실관계의 동일성이 인정된다고 본다(대판 2007.2.8. 2006두4899).

㈐ 판례는 ① 산림형질변경불허가처분취소소송에서 준농림지역에서 행위제한이라는 사유와 자연환경보전의 필요성이라는 사유(대판 2004.11.26. 2004두4482)(준농림지역에서 일정한 행위를 제한한 이유가 자연환경보전을 위한 것이기 때문에 당초사유와 추가한 사유는 취지가 같다)는 기본적 사실관계의 동일성을 인정하였으나, ② 부정당업자제재처분취소소송에서 정당한 이유없이 계약을 이행하지 않았다는 사유와 계약이행과 관련해 관계공무원에게 뇌물을 준 사유(대판 1999.3.9. 98두18565)는 기본적 사실관계의 동일성을 부정하였다.

4. 처분사유의 추가·변경의 효과

1367 처분사유의 추가·변경이 인정되면 법원은 추가·변경되는 사유를 근거로 심리할 수 있고, 인정되지 않는다면 법원은 당초의 처분사유만을 근거로 심리하여야 한다.

제8항 | 취소소송의 종료

1368 법원의 심리는 일반적으로 판결로 종료된다. 다만 종국판결 이외에 소의 취하, 청구의 포기·인낙 등의 사유로도 종료될 수 있다(1445 이하).

제1목 취소소송의 판결

제1 종 류

Ⅰ. 중간판결과 종국판결

1369 중간판결(심급을 종료시키지 않는 판결)이란 소송 진행 중에 당사자 간에 쟁점으로 된 사항에 관해 심리를 정리하고 종국판결을 준비하기 위한 판결을 말하며(예: 소취하에 의한 소송종료의 유무처럼 소송절차상의 문제에 관한 다툼), 종국판결(심급을 종료시키는 판결)이란 소송의 전부나 일부에 대해 종국적인 효력을 갖는 판결을 말한다(예: 소송판결, 본안판결).

Ⅱ. 소송판결과 본안판결

소송판결이란 소송요건 또는 상소요건의 불비를 이유로 소를 각하하는 종국판결을 말한다. 본안판결이란 청구의 당부에 관한 판결로 청구를 인용하거나 기각하는 것을 내용으로 한다.

Ⅲ. 각하·기각·인용판결

1. 각하판결

1371 각하판결이란 소송요건의 불비를 이유로 심리를 거부하는 판결을 말한다.

2. 기각판결

(1) 의 의

1372 일반적으로 기각판결(일반적인 기각판결)이란 원고의 청구가 이유 없어 이를 배척하는 판결을 말한다. 그러나 예외적으로 원고의 청구가 이유는 있지만 공익적인 사정으로 원고의 청구를 배척하는 판결을 하는 경우도 있다. 이러한 기각판결을 사정판결이라 한다.

(2) 사정판결★★[09 5급] [16 법행]

1) 개 념

1373 a. 의 의: 사정판결이란 원고의 청구가 이유있다고 인정하는 경우에도 처분등을 취소하는 것이 현저히 공공복리에 적합하지 아니하다고 인정하는 때에는 법원이 원고의 청

구를 기각할 수 있는 판결제도를 의미한다(행정소송법 제28조). 사정판결은 법치주의의 예외현상으로 공공복리를 위해 인정하는 것이므로 엄격한 요건하에 제한적으로 인정되어야 한다(대판 1991.5.28. 90누1359)(예를 들어 을에게 발령된 여객자동차운수사업면허가 위법하여 경쟁자인 갑이 취소소송을 제기하였는데, 여객자동차운수사업면허가 위법하면 갑의 청구를 인용해야 하지만 만일 이미 영업을 개시한 을의 여객자동차를 이용하는 시민이 상당수이어서 을의 여객자동차운수사업면허를 취소하는 것이 현저히 공공복리에 적합하지 않은 경우 여객자동차운수사업면허가 위법함에도 갑의 청구를 기각하는 것을 말한다).

b. 인정근거: 사정판결을 인정하는 근거는 위법한 처분등에 수반하여 형성되는 법률관계·사실관계 등 기성사실을 존중할 필요가 있기 때문이다(앞의 예에서 이미 영업을 개시한 을의 여객자동차를 상당수 시민이 이용하고 있다는 사실(=기성사실)의 존중의 필요).

2) 요 건

a. 원고의 청구가 이유 있을 것: 원고의 청구는 행정청의 처분이 위법하다는 것이므로 원고의 청구가 이유 있다는 것은 행정청의 처분이 위법한 경우를 말한다.

b. 처분등을 취소하는 것이 현저히 공공복리에 적합하지 아니할 것: ① '공공복리'란 급부행정 분야만을 말하는 것은 아니며 질서행정 분야까지 포함하는 넓은 개념이다. ② 그리고 공익성 판단의 기준시점은 처분의 위법성 판단의 기준시점과 구별된다. 즉, 처분의 위법성 판단 기준시점은 처분시설이 다수설과 판례의 입장이지만, 사정판결에서 공익성 판단은 변론종결시를 기준으로 한다(대판 1970.3.24. 69누29).

c. 당사자의 주장(항변)없이도 사정판결이 가능한지 여부

(i) 학 설: ⓐ 행정소송법 제26조를 근거로 당사자의 주장이나 항변이 없더라도 법원의 직권탐지기능에 따라 사정판결이 가능하다는 긍정설, ⓑ 행정소송법 제26조를 근거로 당사자의 명백한 주장이 없는 경우에도 기록에 나타난 여러 사정을 기초로 직권으로 사정판결할 수 있다는 제한적 긍정설, ⓒ 행정소송법이 제26조를 규정하고 있다고 하더라도 당사자의 주장·항변 없이는 직권으로 사정판결이 불가능하다는 부정설(다수설)이 대립된다.

(ii) 판 례: 판례는 행정소송법 제26조를 근거로 당사자의 명백한 주장이 없는 경우에도 기록에 나타난 여러 사정을 기초로 직권으로 사정판결할 수 있다고 본다(대판 2006.9.22. 2005두2506)(제한적 긍정).

(iii) 검 토: 행정소송법 제26조의 직권심리주의는 실체적 적법성보장(처분의 위법·적법성 규명)을 위해 인정되는 것이고 사정판결제도는 공공복리적합성을 판단하는 것이므로 양자는 취지를 달리하기 때문에, 행정소송법 제26조를 근거로 당사자의 주장이나 항변 없이도 사정판결을 할 수 있다는 견해는 부당하며, 부정하는 견해가 타당하다.

3) 효 과

a. 주문에서 처분의 위법성 명시: 사정판결을 하는 경우 법원은 그 판결의 주문에서 그 처

분등이 위법함을 명시하여야 한다(행정소송법 제28조 제1항 제2문). 따라서 사정판결은 원고의 청구를 기각하는 판결이지만 처분등이 위법하다는 점에 대해서는 기판력이 발생한다(1400).

b. 소송비용의 피고 부담: 사정판결은 청구가 이유 있음에도 공익적 사정으로 원고를 패소시키는 것이기 때문에 소송비용은 피고가 부담한다(행정소송법 제32조).

c. 사정조사와 원고의 권리구제: 법원은 사정판결을 함에 있어서는 미리 원고가 그로 인하여 입게 될 손해의 정도와 배상방법 그 밖의 사정을 조사하여야 하며(행정소송법 제28조 제2항)(사정조사), 원고는 피고인 행정청이 속하는 국가 또는 공공단체를 상대로 손해배상, 제해시설의 설치 그 밖에 적당한 구제방법의 청구를 당해 취소소송등이 계속된 법원에 병합하여 제기할 수 있다(행정소송법 제28조 제3항).

4) 불 복

사정판결에 대해 패소자인 원고뿐 아니라 피고도 상소할 수 있다(특히 피고는 구제방법청구가 병합된 경우 또는 소송비용의 경우 상소할 수 있다).

  무효등확인소송에서 사정판결 인정 여부(사정판결의 적용범위)★

1. 문제점

행정소송법은 취소소송에만 사정판결 규정을 두고 있을 뿐 무효등확인소송에는 준용규정을 두고 있지 않다(부작위위법확인소송도 준용규정은 없지만 사정판결이 문제되지 않는다). 따라서 원고가 무효등확인소송을 제기한 경우 법원이 사정판결을 할 수 있는지가 문제된다.

2. 학 설

ⓐ 취소판결이 처분의 효력을 취소하는 것과는 달리 사정판결로 처분의 효력을 취소하는 것이 아니라 처분의 위법성을 확인하는 것인데 처분이 무효라면 사정판결이 있다고 하더라도 유지될 처분의 효력이 존재하지 않으므로 논리적으로 사정판결이 불가능하다는 부정설(다수설)과 ⓑ 무효인 처분에 근거한 기성사실도 이를 백지화하는 것이 공공복리를 해치는 경우가 있음은 그 하자가 취소사유에 그치는 처분과 다를 바 없다는 점을 근거로 하는 긍정설이 대립된다.

3. 판 례

판례는 「당연무효의 행정처분을 소송목적물로 하는 행정소송에서는 존치시킬 효력이 있는 행정행위가 없기 때문에 행정소송법 제28조 소정의 사정판결을 할 수 없다(대판 1996.3.22. 95누5509)」고 한다(부정).

4. 검 토

행정심판법 제44조 제3항이 사정재결은 무효확인심판에 적용되지 않음을 규정하고 있음을 고려할 때 부정함이 타당하다.

3. 인용판결

(1) 의 의

인용판결이란 원고의 청구가 이유 있음을 인정하여 처분등을 취소·변경하는 판결을 말한다. 취소소송에서 인용판결은 형성판결이다.

(2) '변경'의 의미 [19 입시]

① ⓐ 이 변경은 적극적 변경(영업정지 3월을 과징금 500만원으로 바꾸는 질적 변경을 말한다)을 포함한다는 견해와 ⓑ 적극적 변경을 포함하지 않는다는 견해가 대립된다. ② 판례는 이 변경에 적극적 변경이 포함되지 않는다고 본다.

(3) 일부취소판결의 가능성★[14 변시]

1) 문제점

행정소송법 제4조 제1호는 취소소송을 행정청의 위법한 처분 등을 취소 또는 변경하는 소송으로 규정하고 있는데, 법원이 판결로 처분 등을 적극적으로 변경할 수 있는지에 대해서는 학설의 대립이 있지만 일부취소가 가능하다는 점은 긍정한다. 다만, 어느 경우에 일부취소판결이 가능한지가 문제된다.

2) 일부취소판결의 가능성

a. 일부취소판결이 가능한 경우

(ⅰ) 기속행위: 조세부과처분, 개발부담금부과처분과 같은 기속행위의 경우는 일부취소판결이 가능하다.

(ⅱ) 가분성이 있고, 적법하게 부과될 금액이나 기간을 산출할 수 있는 경우: 일부 취소되는 부분이 가분성(특정성)이 있고 적법하게 부과될 정당한 부과금액이나 기간을 소송상 산정할 수 있는 가능성이 있다면 일부취소가 가능하다(대판 1992.7.24. 92누4840; 대판 2004.7.22. 2002두868).

b. 일부취소판결이 불가능한 경우

(ⅰ) 재량행위: 재량행위의 경우는 권력분립의 원칙과 행정의 1차적 처분권을 보장한다는 면에서 이를 부정하는 것이 일반적인 견해와 판례의 입장이다(대판 2009.6.23. 2007두18062; 대판 1982.9.28. 82누2).

(ⅱ) 가분성이 없거나 적법하게 부과될 금액이나 기간을 산출할 수 없는 경우: 가분성이 없거나 당사자가 제출한 자료에 의하여 적법하게 부과될 정당한 부과금액을 산출할 수 없을 경우에는 일부취소판결을 할 수 없고 부과처분 전부를 취소할 수밖에 없다(대판 2004.7.22. 2002두868).

제2 판결의 효력

1391 행정소송의 판결의 효력과 민사소송의 그것과 크게 다르지 않다. 다만 행정소송의 특수성이 존재하는바 판결의 효력에 관해 행정소송법은 제29조와 제30조를 두고 있다. 그리고 판결의 효력은 효력이 미치는 대상과 내용에 따라 자박력, 형식적 확정력, 실질적 확정력, 형성력, 기속력으로 구분될 수 있다.

> [참고] 판결의 확정시기
> 1391a 행정소송법 제29조 제1항과 제30조 제1항은 '처분등을 취소하는 "확정판결"'이라고 규정하는데, 일반적으로 판결은 상소가 인정되지 않을 때 확정된다. 예를 들어 상소기간이 경과하거나 상소를 포기한 경우 판결은 확정된다.

I. 자박력(자기구속력)

1392 법원이 판결을 선고하면 선고한 법원 자신도 판결의 내용을 취소·변경하지 못하는 구속력이 발생하는데 이를 자박력(불가변력)이라 한다.

II. 형식적 확정력

1393 상소의 포기, 상소제기기간의 경과 등으로 판결이 확정되면 판결에 불복하는 자는 더 이상 상소로써 다툴 수 없어 상소법원이 판결을 취소할 수 없는 구속력을 형식적 확정력(불가쟁력)이라 한다.

III. 기판력(실질적 확정력)★

1. 의의

1394 판결이 확정되면(1393a) 당사자와 법원은 후소(後訴)에서 그 확정판결의 내용과 모순되는 주장·판단을 할 수 없는 구속력이 발생하는데 이를 기판력이라고 한다(예를 들어 갑에 대한 A라는 처분에 대해 법원이 적법하다는 확정판결이 있었다면, 후소에서 당사자와 법원은 동일한 A처분의 위법을 주장하거나 위법하다는 판단할 수 없다). 본안판결은 인용판결이든 기각판결이든 묻지 않고 기판력이 발생하며, 형성·확인·이행판결 모두 인정된다.

2. 취지

1395 기판력은 재판 간의 모순 방지와 동일한 사항에 대한 소송의 반복방지라는 법적 안정성 때문에 인정된 것이다(만일 앞의 예에서 후소법원이 동일한 A처분에 대해 위법하다고 판단한다면 국민은 법원의 확정판결을 신뢰하지 않을 것이고, 법적 안정성이 위협받을 것이다).

3. 법적 근거

1396 행정소송법에는 기판력에 대한 명시적 규정이 없다. 그러나 행정소송법 제8조 제2항에 따라 민사소송법 제216조(기판력의 객관적 범위)와 제218조(기판력의 주관적 범위)가 준용된다.

4. 범위

(1) 주관적 범위

기판력은 당사자 및 당사자와 동일시할 수 있는 자(당사자의 승계인)와 후소법원에 미치고 제3자에게는 미치지 않는 것이 원칙이다(민사소송법 제218조 참조). 다만 취소소송에서 피고는 처분청이기 때문에 그 처분의 효력이 귀속하는 (처분청이 속한) 국가 또는 공공단체에는 기판력이 미친다(대판 1998.7.24. 98다10854).

(2) 시간적 범위

법원이 판결을 내리는 데 근거가 되는 자료제출의 시한은 사실심변론종결시이므로 기판력은 사실심변론종결시를 기준으로 기판력을 판단한다(1348 참조).

(3) 객관적 범위

㈎ 기판력은 판결의 주문에 나타난 소송물에 대한 판단 즉, 처분의 위법성존부에 관한 판단에만 미친다(대판 2000.2.25. 99다55472). 즉, 처분이 적법하다는 점 또는 위법하다는 점에 대해 기판력이 발생한다.

㈏ ① 처분에 대한 취소소송 또는 무효확인소송에서 인용판결이 확정되면 처분의 위법·무효가 확정되는 것이므로 후소에서 원고나 피고 행정청은 모두 그 처분이 적법·유효하다는 주장을 할 수 없다. ② 또한, 처분의 취소청구나 무효확인청구를 기각하는 판결이 확정되면 처분이 적법하다는 점이나 무효가 아니라는 점에 기판력이 발생한다. 따라서 ⓐ 취소소송에서 기각판결이 확정된 경우는 처분이 적법·유효함이 확정된 것이므로 그 기판력은 무효확인소송뿐만 아니라 처분이 무효임을 전제로 하는 부당이득반환청구소송에도 미친다(대판 1992.12.8. 92누6891; 대판 1998.7.24. 98다10854). ⓑ 그러나 무효확인소송에서 기각판결이 확정되더라도 취소소송에는 기판력이 미치지 않아 제소요건만 구비된다면 다시 취소소송을 제기할 수 있다.

㈐ 전소와 후소가 그 소송물을 달리하는 경우에는 전소확정판결의 기판력이 후소에 미치지 아니함이 원칙이다. 다만 전소와 후소의 소송물이 동일하지 아니하여도 전소의 주문에 포함된 기판력있는 법률관계가 후소의 소송물 판단에서 선결관계(선결문제)가 되는 때에는 전소 판결의 기판력은 후소에 영향을 미칠 수 있다(아래의 [쟁점] 참조)(1400e 이하).

취소소송의 기판력이 후소인 국가배상청구소송에서 위법성 판단을 구속하는지 여부★★★[10 사시] [13 입시] [13 5급] [14 입시] [15 변시] [18 변시]

(예를 들어 위법한 운전면허취소처분에 대해 취소소송을 제기하여 취소판결을 받은 후, 동일한 운전면허취소처분으로 발생한 손해에 대해 국가배상청구소송을 제기한 경우, 후소법원인 국가배상청구소송의 수소법원은 국가배상청구권의 성립요건 중 위법성을 판단함에 있어 전소의 취소판결에 구속되는지의 문제이다)

1. 문제 상황

1400a
다수설에 따르면 취소소송의 소송물은 처분의 위법성이며, 국가배상청구소송의 소송물은 국가배상청구권의 존부인바, 따라서 취소소송의 기판력은 국가배상청구소송에 미치지 않음이 일반적인 논리이다(기판력의 객관적 범위는 소송물이므로)(1400). 다만, 전소와 후소의 소송물이 동일하지 아니하여도 전소의 기판력 있는 법률관계(앞의 예에서 운전면허취소처분의 위법성)가 후소의 소송물 판단에서 선결관계가 되는 때에는 전소 판결의 기판력이 후소에 미칠 수 있다. 그러나 취소소송의 소송물을 어떻게 볼 것인지, 취소소송에서의 위법성과 국가배상청구소송에서의 위법성의 본질이 동일한지 등에 따라 결론은 달라진다.

2. 확정판결의 기판력

(1) 의 의

1400b
판결이 확정되면 당사자와 법원은 후소(後訴)에서 그 확정판결의 내용과 모순되는 주장·판단을 할 수 없는 구속력이 발생하는데 이를 기판력이라고 한다. 본안판결은 인용판결이든 기각판결이든 묻지 않고 기판력이 발생하며, 형성·확인·이행판결 모두 인정된다.

(2) 기판력의 범위(1398 이하)

1) 주관적 범위

1400c
기판력은 당사자 및 당사자와 동일시할 수 있는 자(당사자의 승계인)와 후소법원에 미치고, 제3자에게는 미치지 않는 것이 원칙이다.

2) 시간적 범위

1400d
기판력은 사실심변론종결시를 기준으로 판단한다.

3) 객관적 범위

1400e
<u>확정판결의 기판력은 판결의 주문에 나타난 소송물에 대한 판단에 미친다</u>(대판 2000.2.25. 99다55472).

(3) 취소소송의 소송물(1348a 이하)

1400f
㈎ 취소소송의 소송물에 대해 ① 처분의 위법성 일반으로 보는 견해, ② 처분등이 위법하고 또한 자기의 권리를 침해한다는 원고의 법적 주장이라는 견해, ③ 처분을 통해 자신의 권리가 침해되었다는 원고의 법적 주장이라는 견해가 대립된다.

(내) 판례는 취소판결의 기판력은 소송물로 된 행정처분의 위법성 존부에 관한 판단 그 자체에만 미치는 것이라고 한다(대판 1996.4.26. 95누5820)(①설).

(대) 행정소송법이 취소소송의 법률상 이익을 원고적격의 요건(행정소송법 제12조)으로 규정하고 있을 뿐 본안요건은 위법성에 한정(동법 제4조 제1호)하고 있고 소송물은 본안판단에 관한 사항만을 대상으로 하는 것이므로 ②·③설은 타당하지 않고 ①설이 타당하다(다수설). 여기서 '위법'이란 외부효를 갖는 법규(성문의 법령, 불문법)위반을 말한다.

3. 확정판결의 기판력이 국가배상청구소송에 영향을 미치는지 여부

(1) 학 설

1) 국가배상법 제2조 제1항의 위법을 법규위반으로 보지 않는 견해

결과불법설(위법한 행위로 받은 손해를 국민이 수인할 수 있는가를 기준으로 위법성 여부를 판단하는 견해이다. 즉, 손해를 국민이 수인할 수 없다면 위법한 행위로 본다), **상대적 위법성설**(직무행위 자체의 위법·적법뿐만 아니라 피침해이익의 성격과 침해의 정도, 가해행위의 태양 등을 고려하여 위법성 인정 여부를 상대적으로 판단하자는 견해이다)은 국가배상청구소송에서의 위법의 본질을 법규위반으로 보지 않는다. 이렇게 취소소송과 국가배상청구소송에서의 위법의 의미가 질적으로 다르다는 견해는 양 소송이 선결관계가 되지 않기 때문에 확정판결의 기판력은 국가배상청구소송에 영향을 미치지 않는다고 본다(기판력 부정설).

2) 국가배상법 제2조 제1항의 위법을 법규위반으로 보는 견해(행위위법설)

이 견해는 국가배상청구에서 위법을 취소소송의 위법과 같이 공권력행사의 규범위반 여부를 기준으로 한다. 그러나 이 견해에도 ⓐ 취소소송의 위법과 국가배상청구소송에서의 위법이 양적으로도 같다는 일원설(협의설)과 ⓑ 취소소송의 위법보다 국가배상청구소송의 위법이 더 넓다는 이원설(광의설)이 있다.

a. 취소소송의 위법과 국가배상청구소송의 위법이 양적으로도 같다는 견해(일원설)

양 위법이 질적·양적으로 일치되므로 확정판결의 기판력은 인용이든 기각이든 국가배상청구소송에 영향을 미친다고 본다(기판력 긍정설).

b. 취소소송의 위법보다 국가배상청구소송의 위법이 더 광의라는 견해(이원설)

이 견해는 위법의 범위를 일원설이 말하는 엄격한 의미의 법규위반뿐 아니라 인권존중·권력남용금지·신의성실의 원칙 위반도 위법으로 보아 취소소송의 위법보다 국가배상청구소송의 위법을 더 광의로 본다. 이 견해에 따르면 취소소송의 '인용' 판결은 기판력이 국가배상청구소송에 영향을 미치지만, '기각' 판결은 국가배상청구소송의 위법이 더 광의이므로 기판력이 미치지 않는다고 본다(제한적 긍정설).

(2) 판 례

'어떠한 행정처분이 후에 항고소송에서 취소되었다고 할지라도 그 기판력에 의하여 당해 행정처분이 곧바로 공무원의 고의 또는 과실로 인한 것으로서 불법행위를 구성한다고 단정할 수는 없는 것(대판 2012.5.24. 2012다11297)'이라는 판결을 기

판력 부정설에 따른 것이라고 보는 일부 견해(김남철)가 있지만, 일반적인 견해는 기판력이 '고의·과실'에 미치는 것은 아니라는 취지로 해석한다. 즉, 일반적인 견해는 확정판결의 기판력이 국가배상청구소송(위법성)에 영향을 미치는지 여부에 관한 명시적인 판례는 없다고 본다.

(3) 검 토

취소소송의 본안판단에서의 위법의 본질이 법규위반임을 고려할 때 국가배상법상의 위법도 '법질서 위반'이라는 단일한 가치판단으로 보아야 할 것인바 행위위법설이 타당하다. 특히 권리구제의 확대라는 측면에서 이원설이 타당하다. 따라서 취소소송의 청구인용판결은 기판력은 국가배상청구소송에 영향을 미치지만, 청구기각판결은 기판력이 미치지 않는다고 보아야 한다(제한적 긍정설).

쟁점 ─ 사법작용으로 인한 국가배상책임★★★

1. 문제 상황

법관도 국가배상법 제2조 제1항의 공무원에 해당하고, 재판작용도 직무에 해당한다. 하지만 법관의 재판작용의 결과인 확정판결에 대해 국가배상청구를 인정한다는 것은 직접적이지는 않으나 실질적으로 확정판결의 기판력을 부정하는 것(확정판결에 대한 소송이 재개되는 결과가 되기에)으로 볼 수도 있기에 재판작용에 대한 국가배상청구가 가능한지가 문제된다.

2. 학 설

ⓐ 국가배상책임의 인정이 확정판결의 효력(기판력)을 직접 부정하는 것은 아니지만, 국가배상책임을 인정하기 위해서는 판결의 위법성을 인정해야 하므로 확정판결에 대한 국가배상책임의 인정은 기판력(법적 안정성)을 침해하는 것이 된다는 견해(국가배상청구 부정설), ⓑ 법관의 불법행위를 이유로 국가배상책임을 인정하여도 확정판결의 기판력을 침해하는 것은 아니므로 재판작용에 대한 국가배상청구가 가능하다는 견해(국가배상청구 긍정설), ⓒ 사법행정작용(司法行政)(집행정지, 강제집행)은 일반행정작용과 같이 국가배상책임을 인정하고, 재판작용의 경우는 국가배상책임이 기판력을 침해할 우려가 있으므로 법적 안정성의 요구(기판력의 인정근거)와 권리구제의 요구를 적정히 조화시켜 제한적으로 국가배상책임을 인정하자는 견해로 나누어진다(제한적 긍정설).

3. 판 례

판례는 법관의 재판작용과 다른 공무원의 직무행위를 구분하지 않고 국가배상책임의 성립을 인정하고 있다(긍정). 다만, 「법관이 위법 또는 부당한 목적을 가지고 재판을 하는 등 법관이 그에게 부여된 권한의 취지에 명백히 어긋나게 이를 행사하였다고 인정할 만한 특별한 사정이 있어야 위법한 행위가 되어 국가배상책임이 인정된다(대판 2001.10.12. 2001다47290)」고 보고 있어 재판작용에 대한 국가배상책임을 상당히 제한적으로 인정한다.

4. 검 토
이미 확정된 재판작용에 대해 법관의 불법행위를 이유로 국가배상책임을 인정하여도 기판력 침해가 아니며(재판작용으로 인한 국가배상책임을 인정하더라도 확정판결로 형성된 법률관계의 안정성을 침해하지 않는다), 일반 공무원의 직무집행과 비교하여 재판작용의 특수성(예를 들어 재판의 독립성)은 국가배상책임의 성립가능성을 인정한 후 위법성 또는 고의·과실의 판단과정에서 고려될 수 있다는 점을 고려할 때 긍정설이 타당하다(위법성이나 고의·과실을 제한적으로 인정).

Ⅳ. 형성력★

1. 의의·근거
㈎ 형성력이란 취소판결과 같이 형성판결이 확정되면 행정청에 의한 특별한 의사표시 내지 절차 없이 당연히 행정법상 법률관계의 발생·변경·소멸(취소판결의 경우 소멸)을 가져오는 효력을 말한다(예를 들어 갑이 경쟁자인 을에게 발령된 여객자동차운수사업면허처분에 대해 취소소송을 제기하여 취소판결이 확정되면 특별한 절차 없이 을에게 발령된 여객자동차운수사업면허처분은 소멸한다).

㈏ 명시적이진 않지만, 행정소송법 제29조 제1항은 간접적으로 취소판결의 형성력을 인정한 것으로 볼 수 있다(다수설은 행정소송법 제29조 제1항을 형성력의 주관적 범위에 관한 규정이라고 본다).

2. 내 용

(1) 형성효
형성효란 처분에 대한 취소의 확정판결이 있으면 그 이후에는 행정처분의 취소나 통지 등의 별도의 절차를 요하지 않는 효과를 말한다.

(2) 소급효
취소판결의 형성력은 처분이 발령된 시점으로 소급하여 행정법상 법률관계의 소멸(변경)을 가져온다.

(3) 제3자효

1) 의 의
소송당사자 간에 당연히 발생하는 취소판결의 형성력은 제3자에 대해서도 발생한다(행정소송법 제29조 제1항). 이처럼 형성력이 제3자에게도 미치는 까닭에 제3자의 보호를 위한 제3자의 소송참가(행정소송법 제16조)(1239 이하), 제3자의 재심청구(행정소송법 제31조)(1239) 등의 제도가 인정되는 것이다(앞의 예에서 원고는 갑이며 피고는 행정청이지만, 그 확정판결의 형성력은 제3자인 을도 받는다. 따라서 자신의 권리(여객자동차운수사업면허처분)를 보호하기 위해 을은 소송참가를 하거나 재심을 청구할 수 있다. 제3자의 재심청구는 후술함(1439 이하)).

2) 제3자의 범위

1405 '제3자'란 당해 판결에 의하여 권리 또는 이익에 영향을 받는 이해관계인에 한정된다. 즉, 당해 처분에 직접적인 이해관계 있는 제3자(예를 들어 복효적 행정행위의 경우), 일반처분에서 처분의 효력을 동일하게 받았던 제3자 등이 포함된다.

3) 제3자효의 확장

1406 제3자에 대한 효력은 집행정지결정·집행정지결정취소(행정소송법 제29조 제2항)나 무효등확인소송과 부작위위법확인소송의 경우에도 준용된다(행정소송법 제38조 제1항, 제2항).

V. 기속력★★★ [08입시] [09 사시] [10 5급] [12 사시] [12 5급] [13 변시] [14 5급] [18 입시] [20 변시] [21 입시]

1. 기속력의 의의

1407 기속력이란 처분등을 취소하는 확정판결이 당사자인 행정청과 관계행정청에 대하여 판결의 취지에 따라야 할 실체법상의 의무를 발생시키는 효력을 말한다(행정소송법 제30조 제1항). 그리고 기속력은 인용판결에만 미치고 기각판결에서는 인정되지 않는다.

2. 기속력의 법적 성질

(1) 학 설

1408 ⓐ 기속력은 기판력과 동일하다는 기판력설과 ⓑ 기속력은 판결 그 자체의 효력이 아니라 취소판결의 효과의 실질적인 보장을 위해 행정소송법 제30조가 특별히 인정한 기판력과는 다른 효력이라는 특수효력설(다수설)이 대립된다.

(2) 판 례

1409 종전 대법원은 기판력과 기속력이라는 용어를 구별하지 않고 혼용하고 있었으나, 최근 양자를 구별하는 것으로 보이는 판결을 하였다(특수효력설).

(3) 검 토

1410 ⓐ 기속력은 취소판결(인용판결)에서의 효력이지만, 기판력은 모든 본안판결(인용판결+기각판결)에서의 효력이라는 점, ⓑ 기속력은 당사자인 행정청과 그 밖의 관계행정청에 미치지만, 기판력은 당사자와 후소법원에 미친다는 점, ⓒ 기속력은 판결의 주문 및 이유에 관한 판단에 미치지만, 기판력은 그 판결의 주문에만 미친다는 점, ⓓ 기속력은 구체적 '위법사유'에 관한 판단에 미치지만, 기판력은 처분의 위법성의 존부라는 '소송물'에 관한 판단에 미친다는 점, ⓔ 기속력은 일종의 실체법적 효력이지만 기판력은 소송법적 효력이라는 점에서 양자는 상이하므로 특수효력설이 타당하다.

3. 기속력의 범위(요건)

1416 아래의 기속력의 범위에 모두 포함되어야 기속력이 발생한다(아래의 세 가지 범위를 모두

충족해야 한다). 행정청 및 관계행정청에게 기속력이 발생하면 효과는 후술하는 기속력의 내용으로 결정된다(기속력은 인용판결에만 미치는 것이므로 기속력이 미치는 범위(사유)에서는 행정청이 재처분을 할 수 없고, 기속력이 미치지 않는 범위에서는 재처분이 가능하다. 따라서 기속력의 범위와 재처분이 가능한 범위는 반비례가 된다).

(1) 주관적 범위

처분을 취소하는 확정판결은 그 사건(취소된 처분)에 관하여 당사자인 행정청과 그 밖의 관계 행정청을 기속한다(행정소송법 제30조 제1항). 여기서 '그 밖의 관계 행정청'이란 취소된 처분등을 기초로 하여 그와 관련되는 처분이나 부수되는 행위를 할 수 있는 행정청을 총칭하는 것이다. 1417

(2) 시간적 범위(자세한 내용은 전술한 처분의 위법성 판단 기준시 참조(1349 이하))

처분의 위법성 판단의 기준시점을 어디로 볼 것이냐에 따라 기속력이 미치는 시간적 범위가 결정된다(예를 들어 처분시설에 따른다면 처분시의 사유만이 기속력이 미칠 수 있을 것이다). 1418

1) 학 설

① **처분시설**(다수견해)(항고소송의 주된 목적은 개인의 권리구제에 있기 때문에 처분시 이후의 공익적 사정은 고려할 필요가 없다는 견해이다), ② **판결시설**(항고소송의 목적을 행정법규의 정당한 적용이라는 공익실현으로 보면서, 법원은 처분시 이후 발생한 공익적 사정도 고려하여 심리하여야 한다는 견해이다), ③ **절충설**(ⓐ 원칙적으로 처분시를 기준으로 하면서, 예외적으로 영업허가취소나 물건의 압수처분 등과 같이 계속효 있는 처분에 대하여는 판결시를 기준으로 하는 견해와 ⓑ 적극적 침익적 처분의 경우 처분시를 기준으로 하고, 거부처분의 경우 판결시를 기준으로 하는 견해가 있다)이 대립된다. 1419

2) 판 례

판례는 행정소송에서 행정처분의 위법 여부는 행정처분이 있을 때의 법령과 사실상태를 기준으로 하여 판단해야 한다고 본다(처분시설)(대판 1993.5.27. 92누19033). 1420

3) 검 토

위법성 판단의 기준을 판결시로 할 경우 판결지체 여하에 따라 처분시에 위법하였던 행위가 적법한 행위가 될 수도 있고, 반대로 처분시에는 적법했던 행위가 후에 위법한 것으로 될 수 있어 이론적으로 문제가 있다. 따라서 처분시설이 타당하다. 처분시설에 따르면 처분시에 존재하던 사유만이 기속력이 미치는 처분사유가 된다. 1421

(3) 객관적 범위

판결의 기속력은 판결주문 및 이유에서 판단된 처분등의 구체적 위법사유에만 미친다(대판 2001.3.23. 99두5238). 1423

1) 절차나 형식의 위법이 있는 경우

절차나 형식에 위법이 있는 경우 판결의 기속력은 판결에 적시된 개개의 위법사유(절차나 형식의 위법)에 미치기 때문에 확정판결 후 행정청이 판결에 적시된 절차나 형식의 위 1424

법사유를 보완한 경우에는 다시 동일한 내용의 처분을 하더라도 기속력에 위반되지 않는다(대판 1987.2.10. 86누91).

2) 내용상 위법이 있는 경우

a. 범위: 이 경우 판결의 주문 및 이유에서 판단된 처분의 구체적 위법사유는 처분사유의 추가·변경과의 관계로 인해 판결주문 및 이유에서 판단된 위법사유와 기본적 사실관계가 동일한 사유를 말한다. 따라서 당초처분사유와 기본적 사실관계가 동일하지 않은 '사유'라면 동일한 '내용'의 처분을 하더라도 판결의 기속력에 위반되지 않는다(예를 들어 A사유의 운전면허취소와 B사유의 운전면허취소).

[참고] 처분사유의 추가·변경과 판결의 기속력의 관계

예를 들어 당초사유인 A사유와 추가·변경하려는 B사유가 기본적 사실관계의 동일성이 있는 사유이어서 취소소송 계속 중 A사유에 B사유를 추가·변경할 수 있었음에도 행정청이 이를 하지 않아 행정청이 패소하였다면, 확정판결 후에는 B사유로는 행정청이 재처분을 할 수 없도록 해야 한다 — B사유를 추가·변경하지 않음으로써 패소한 것은 행정청의 귀책사유이기 때문에 —. 따라서 B사유로의 재처분을 막으려면 B사유에 기속력이 미치게 하면 된다. 결국 기속력의 범위는 A사유와 기본적 사실관계의 동일성 있는 B사유로, 처분사유의 추가·변경의 범위와 같게 된다.

b. 기본적 사실관계의 동일성 판단: ㈎ 판례는 기본적 사실관계의 동일성 유무는 처분사유를 법률적으로 평가하기 이전의 구체적인 사실에 착안하여 그 기초인 사회적 사실관계가 기본적인 점에서 동일한지 여부에 따라 결정된다고 한다(대판 2011.10.27. 2011두14401). 구체적인 판단은 시간적·장소적 근접성, 행위의 태양(모습)·결과 등의 제반사정을 종합적으로 고려해야 한다(법원실무제요, 석호철).

㈏ 즉, 처분청이 처분 당시에 적시한 구체적 사실을 변경하지 아니하는 범위 내에서 단지 그 처분의 근거법령만을 추가·변경하거나 당초의 처분사유를 구체적으로 표시하는 것에 불과한 경우처럼 처분사유의 내용이 공통되거나 취지가 유사한 경우에는 기본적 사실관계의 동일성을 인정하고 있다(대판 2007.2.8. 2006두4899).

4. 기속력의 내용(효과)

(1) 반복금지의무(반복금지효)

반복금지의무란 처분이 위법하다는 이유로 취소하는 판결이 확정된 후 당사자인 행정청 등이 동일한 사유로 처분을 반복해서는 안 되는 부작위의무를 말한다(예를 들어 A라는 사유로 갑에 발령했던 운전면허취소처분이 위법하다는 판결이 확정되면 행정청은 동일한 A사유로 갑의 운전면허를 취소해서는 아니 된다)(이 의무는 행정소송법 제30조 제1항의 해석상 인정된다).

(2) 재처분의무

재처분의무란 행정청이 판결의 취지에 따라 신청에 대한 처분을 하여야 할 의무(작위의무)를 말한다. 재처분의무는 행정청이 당사자의 신청을 거부하거나 부작위하는 경우 주로 문제된다(즉 당사자의 신청이 있는 경우)(행정소송법 제30조 제2항, 제38조 제2항 참조).

1) 거부처분취소판결이 확정된 경우
행정소송법 제30조 제2항은 거부처분취소판결이 확정된 경우 별도의 신청이 없어도 행정청은 판결의 취지에 따라 다시 이전의 신청에 대한 처분을 할 것을 규정하고 있다. 구체적으로 보면 이 재처분의무는 ① 재처분을 해야 하는 의무와 ② 재처분을 하는 경우 그 재처분은 판결의 취지에 따른(판결의 기속력에 위반되지 않는) 것이어야 하는 의무, 양자를 포함하는 개념이다(예를 들어 행정청으로부터 A라는 사유로 건축허가거부처분을 받은 갑이 취소소송을 제기하여 거부처분취소판결이 확정되면, 행정청은 재처분을 해야 할 처분의무를 부담하며(㉠) 동시에 재처분을 하더라도 — 다른 사유로 다시 거부처분이 발령될 여지는 있지만 — 취소판결에서 위법사유로 판단된 'A사유'로는 다시 거부처분을 할 수 없다(㉡)).

2) 절차의 위법을 이유로 처분이 취소되는 경우
㈎ 행정소송법 제30조 제3항은 신청에 따른 처분이 단지 절차의 위법을 이유로 취소되는 경우 행정청의 재처분의무를 규정하고 있는데, 이는 주로 신청이 받아들여짐으로써 불이익을 받는 제3자(예: 경원자소송에서 거부처분을 받은 자)에 의한 소제기에 의해서 인용처분이 단지 절차상의 위법으로 취소되는 경우의 재처분의무를 말한다(예를 들어 경원자관계에 있는 갑과 을의 신청에 대해, 을에게 허가처분이 발령되었지만 그 허가처분에 절차상 위법이 있어 갑이 취소소송을 제기하여 을에 대한 허가처분이 취소되었다고 해도, 판결의 취지는 단지 절차상 위법에 불과하기 때문에, 판결의 취지에 따라 — 절차상 위법을 제거하고 — 재처분을 하라는 것이다). 여기서 '절차의 위법'이란 좁은 의미의 절차상 위법뿐만 아니라 주체·형식 등의 위법을 포함하는 넓은 의미이다.

㈏ 신청에 따른 (인용) 처분(앞의 예에서 허가처분)이 단지 절차상의 위법사유로 인해 취소된 경우 판결의 취지에 따라 행정청이 재처분(허가처분)을 해야 한다면 원래의 신청(앞의 예에서 허가신청)이 다시 인용될 수 있기 때문에 신청인(을)에게 재처분의 이익이 있는 것이다.

(3) 결과제거의무(원상회복의무)
취소소송의 경우 인용판결이 있게 되면 행정청은 위법처분으로 인해 야기된 상태를 제거하여야 할 의무인 결과제거의무가 발생한다. 이러한 의무는 행정소송법 제30조 제1항의 해석상 인정되는 행정청의 의무이다(예를 들어 위법한 자동차 압류처분에 대해 취소판결이 확정되면, 그 확정판결에는 행정청의 위법한 자동차 점유(위법한 사실상태)를 제거하라는 취지도 포함되어 있다고 본다. 그러한 의미에서 행정소송법상의 기속력 규정을 공법상 결과제거청구의 법적 근거로 본다. 전술한 결과제거청구권(950) 참조).

5. 기속력의 위반

(1) 반복금지의무에 위반

1427 반복금지의무에 위반하여 동일한 사유로 처분을 다시 한 경우 이러한 처분은 그 하자가 중대명백하여 무효이다(통설, 판례).

(2) 재처분의무에 위반 — 간접강제★★★[11 5급] [12 5급] [13 변시] [14 5급]

1428 재처분의무에 위반하는 경우 사인은 행정소송법 제34조에 따라 법원에 간접강제를 신청할 수 있다.

1) 간접강제의 의의

1429 간접강제란 거부처분취소판결이나 부작위위법확인판결이 확정되었음에도 행정청이 행정소송법 제30조 제2항의 판결의 취지에 따른 처분을 하지 않는 경우 판결의 실효성을 확보하기 위해 법원이 행정청에게 일정한 배상을 명령하는 제도를 말한다(행정소송법 제34조 제1항, 제38조 제2항).

2) 요 건

1430 a. 거부처분취소판결 등이 확정되었을 것: 거부처분취소판결 등이 확정되었을 것을 요한다. 거부처분취소판결이나 부작위위법확인판결이 확정되거나 신청에 따른 처분이 절차위법을 이유로 취소가 확정되어야 한다(행정소송법 제30조 제2항·제3항, 제38조 제2항).

1431 b. 행정청이 판결의 취지에 따른 재처분의무를 이행하지 않았을 것: ① 행정청이 재처분의무를 이행하지 않아야 한다. 즉, 행정청이 아무런 처분을 하지 않고 있을 때라야 간접강제가 가능하다. ② 또한, 판결의 취지에 따르지 않고 기속력에 위반되는 사유로 다시 거부처분등을 한 경우 그러한 거부처분은 무효이고, 이 경우 행정청은 행정소송법 제30조 제2항의 판결의 취지에 따른 재처분의무를 이행하지 않은 것이므로 사인은 간접강제를 신청할 수 있다(대판 2002.12.11. 2002무22).

3) 배상금의 법적 성격과 배상금의 추심

1432 a. 배상금의 법적 성격: 행정소송법 제34조의 간접강제결정에 기한 배상금은 확정판결의 취지에 따른 재처분의 지연에 대한 제재나 손해배상이 아니고 재처분의 이행에 관한 심리적 강제수단에 불과하다(대판 2010.12.23. 2009다37725). 따라서 법원은 신청인이 입은 손해와 상관없이 제반사정을 고려하여 재량으로 결정한다.

1432a b. 배상금의 추심(받아낸다는 의미): 행정소송법 제34조의 간접강제결정에서 정한 의무이행기한이 경과한 후에라도 확정판결의 취지에 따른 재처분이 행하여지면 배상금을 추심함으로써 심리적 강제를 꾀한다는 당초의 목적이 소멸하여 처분상대방이 더 이상 배상금을 추심하는 것이 허용되지 않는다(대판 2010.12.23. 2009다37725).

4) 간접강제의 절차(행정소송법 제34조 제1항)

1433 a. 관할법원: 간접강제는 제1심수소법원이 결정한다.

1433a b. 당사자의 신청: 당사자는 제1심수소법원에 간접강제를 신청한다.

c. 변 론: 간접강제결정은 변론 없이도 할 수 있다. 다만 변론을 열지 않고 결정하는 경우 처분의무 있는 행정청을 심문하여야 한다(행정소송법 제34조 제2항, 민사집행법 제262조 제1항).

5) 간접강제 결정 내용
제1심수소법원은 상당한 기간을 정하고 행정청이 그 기간 내에 이행하지 아니하는 때에는 ⓐ 그 지연기간에 따라 일정한 배상을 할 것을 명하거나 ⓑ 즉시 손해배상을 할 것을 명할 수 있다.

6) 간접강제의 효과
간접강제결정은 피고 또는 참가인이었던 행정청이 소속하는 국가 또는 공공단체에 그 효력을 미친다(행정소송법 제34조 제2항, 제33조).

7) 불복절차
행정소송법은 간접강제 결정에 대한 불복에 관해 명시적 규정을 두고 있지 않다. 그러나 민사집행법에 따라 간접강제신청 기각결정에 대해서는 신청인이, 인용한 결정에 대해서는 피신청인인 행정청등이 즉시항고를 할 수 있다(민사집행법 제261조 제2항 참조).

쟁점 — 간접강제의 적용범위★

1. 문제 상황
행정소송법은 거부처분취소판결에 따른 재처분의무에 대한 간접강제를 규정하고, 이를 부작위위법확인판결의 경우에 준용하고 있다(행정소송법 제38조 제2항). 문제는 거부처분에 대한 무효확인판결에 재처분의무를 규정하고 있음에도(행정소송법 제38조 제1항, 제30조 제2항), 무효등확인판결에는 간접강제의 준용규정이 없어 무효등확인판결에도 간접강제가 허용되는지가 문제된다.

2. 학 설
ⓐ 재처분의무는 인정되나 간접강제는 준용규정이 없음을 이유로 부정하는 견해, ⓑ 행정소송법 제34조 제1항이 '거부처분취소판결이 있는 경우'라고 하지 않고 '행정청이 제30조 제2항의 처분을 하지 않은 때'라고 규정함을 근거로 긍정하는 견해로 나누어진다.

3. 판 례
<u>행정소송법 제38조 제1항이 무효확인판결에 관하여 행정소송법 재처분의무 규정(행정소송법 제30조 제2항)은 준용하지만, 간접강제 조문(행정소송법 제34조)을 준용하지 않음을 근거로 거부처분무효확인판결에 대한 간접강제를 부정한다</u>(대결 1998.12.24. 98무37)(부정).

4. 검 토
거부처분 무효확인판결도 행정청에게 재처분의무가 발생하며(행정소송법 제38조 제1항, 제30조 제2항), 그 의무의 이행을 강제할 필요성은 취소판결의 경우와 다를 바 없으므로 긍정함이 타당하다.

> [참고] 판결의 집행력
> ㈎ 집행력이란 이행판결에서 명령된 이행의무를 강제집행절차를 통해 실현할 수 있는 효력을 말한다. 당사자소송의 경우 이행판결이 가능하고, 행정소송법 제8조 제2항에 따라 민사집행법이 준용되므로 강제집행이 가능하다.
> ㈏ 처분의 취소 또는 무효확인을 구하는 항고소송에서는 그 처분이 취소되거나 무효가 확인되면 원고는 완전한 권리구제를 받기 때문에 특별히 강제집행절차를 필요로 하지 않는다. 그러나 거부처분에 대해 취소소송을 제기하거나 부작위법확인소송을 제기하여 인용판결이 확정되었음에도 행정청이 재처분의무를 이행하지 않고 있는 경우 이를 강제할 수단이 필요하게 된다. 이에 행정소송법은 간접강제를 규정하고 있다.

(3) 결과제거의무에 위반

행정청은 위법한 처분에 의해 야기된 위법한 사실상태를 제거하여야 할 의무를 부담하며 이를 이행하지 않는 경우 인용판결의 원고는 결과제거를 청구할 수 있다(예를 들어 위법하게 압류된 소유물의 반환청구).

제3 기타 사항

Ⅰ. 명령·규칙에 대한 위헌·위법판결의 공고

행정소송에 대한 대법원판결에 의하여 명령·규칙이 헌법 또는 법률에 위반된다는 것이 확정된 경우에는 대법원은 지체없이 그 사유를 행정안전부장관에게 통보하여야 한다. 그리고 통보를 받은 행정안전부장관은 지체없이 이를 관보에 게재하여야 한다(행정소송법 제6조).

Ⅱ. 제3자에 의한 재심청구★[11 사시]

1. 의 의

㈎ 제3자의 재심이란 처분등을 취소하는 판결에 의하여 권리 또는 이익의 침해를 받은 제3자에게 주어진 확정판결에 대한 취소와 동시에 판결 전 상태로 복구시켜줄 것을 구하는 불복방법을 말한다(행정소송법 제31조). 이는 행정소송법 제29조 제1항(제38조 제1항·제2항)에서 취소판결의 제3자효를 규정하고 있기 때문이다.

㈏ 즉 취소판결의 효력(형성력)을 받은 제3자는 불측의 손해를 입지 않기 위해 소송참가를 할 수도 있으나(행정소송법 제16조 참조)(1404) 본인에게 귀책사유 없이 소송에 참가하지 못하는 경우도 있을 수 있으므로 그런 경우 제3자의 불이익을 구제하기 위한 방법이 재심청구제도이다. 그리고 당사자(원고+피고)가 제기하는 일반적인 재심은 민사소송법 제451조가 적용된다(행정소송법 제8조 제2항).

2. 재심의 전제조건

재심은 처분등을 취소하는 판결의 확정을 전제로 한다(행정소송법 제30조 제1항). 판결이 확정되기 전에는 통상적인 상소수단으로 불복할 수 있으므로 재심이 문제될 여지가 없어 당연한 전제이다.

3. 당사자

㈎ 재심청구의 원고는 처분등을 취소하는 판결에 의해 권리 또는 이익의 침해를 받은 제3자이다. 여기서 '처분등을 취소하는 판결에 의하여 권리 또는 이익의 침해를 받은 제3자'란 행정소송법 제16조 제1항에서 소송참가를 할 수 있는 '소송의 결과에 따라 권리 또는 이익의 침해를 받을 제3자'와 같은 의미라는 것이 다수견해이다(주석행정소송법, 행정구제법(사법연수원)).

㈏ 행정소송법 제31조 제1항을 분설하면, ① ⓐ '처분등을 취소하는 판결'에 의하여 권리 또는 이익의 침해를 받는다는 것은 취소판결의 형성력이 미침으로써 권리 또는 이익의 침해를 받는 것을 말한다. ⓑ 또한 학설은 취소판결의 기속력 때문에 이루어지는 행정청의 새로운 처분(재처분)에 의해서 권리 또는 이익을 침해받는 경우도 해석상 여기서 말하는 권리 또는 이익을 침해받은 경우에 해당한다고 본다.

② '권리 또는 이익'이란 단순한 경제상의 이익이 아니라 법률상 이익을 의미한다.

③ 판결에 의하여 권리 또는 이익의 '침해를 받은' 제3자라야 한다.

④ '제3자'란 당해 소송당사자 이외의 자를 말하는 것으로서 개인에 한하지 않고 국가 또는 공공단체도 포함되나, 행정청은 권리나 이익을 침해받을 수 없어 해당되지 않는다.

4. 재심청구의 요건

① 자기에게 책임 없는 사유로 소송에 참가하지 못한 경우이어야 한다. '자기에게 책임 없는 사유'의 유무는 … 제3자가 종전 소송의 계속을 알지 못한 경우에 그것이 통상인으로서 일반적 주의를 다하였어도 알기 어려웠다는 것과 소송의 계속을 알고 있었던 경우에는 당해 소송에 참가를 할 수 없었던 특별한 사정이 있었을 것을 필요로 한다. 또한, 그 입증책임은 재심청구인인 제3자가 부담한다(대판 1995.9.15. 95누6762).

② 판결의 결과에 영향을 미칠 공격 또는 방어방법을 제출하지 못하였을 것을 요한다. 즉, 제3자가 공격 또는 방어방법을 종전의 소송에서 제출하였다면 그에게 유리하게 판결의 결과가 변경되었을 것인데 제출의 기회를 얻지 못하였음이 인정되는 경우라야 한다.

5. 재심청구기간

확정판결이 있음을 안 날로부터 30일 이내, 판결이 확정된 날로부터 1년 이내에 제기하여야 한다(행정소송법 제31조 제2항).

6. 재심법원의 재판

재심법원은 재심청구에 의한 원판결에 대한 불복의 범위 내에서 본안의 변론과 재판을 하여야 한다(대판 1965.1.19. 64다1260).

[참고] 처분의 재심사 제도[2023. 3. 24. 시행]

1. 의 의

법원의 확정판결이 있는 경우에도 재심절차가 있음을 고려할 때 행정행위가 형식적 존속력이 발생한 후에도 처분의 기초가 된 사실관계나 법률관계가 변경된 경우 처분에 대한 재심사절차가 필요하다. 행정기본법 제37조 제1항은 당사자는 처분이 행정심판, 행정소송 및 그 밖의 쟁송을 통하여 다툴 수 없게 된 경우라도 일정한 경우 해당 처분을 한 행정청에 처분을 취소·철회하거나 변경하여 줄 것을 신청할 수 있음을 규정한다.

2. 적용배제사항

(가) 「1. 공무원 인사 관계 법령에 따른 징계 등 처분에 관한 사항, 2. 「노동위원회법」 제2조의2에 따라 노동위원회의 의결을 거쳐 행하는 사항, 3. 형사, 행형 및 보안처분 관계 법령에 따라 행하는 사항, 4. 외국인의 출입국·난민인정·귀화·국적회복에 관한 사항, 5. 과태료 부과 및 징수에 관한 사항, 6. 개별 법률에서 그 적용을 배제하고 있는 경우」 중 어느 하나에 해당하는 경우에는 처분의 재심사가 인정되지 않는다(행정기본법 제37조 제8항).

(나) 이는 공무원 인사 관계 법령에 따른 처분의 특수성, 노사관계의 특수성, 형사·행형·보안처분 관련 사항의 사법작용으로서의 성격, 상호주의가 적용되는 외국인 관련 사항의 특수성 등을 고려하여 해당 사항을 재심사 대상에서 제외하였다.

3. 처분의 재심사의 요건

① 당사자가 처분을 행정심판, 행정소송 및 그 밖의 쟁송을 통하여 다툴 수 없게 된 경우(법원의 확정판결이 있는 경우는 제외한다)라야 한다(행정기본법 제37조 제1항).

② 재심사의 사유(1. 처분의 근거가 된 사실관계 또는 법률관계가 추후에 당사자에게 유리하게 바뀐 경우, 2. 당사자에게 유리한 결정을 가져다주었을 새로운 증거가 있는 경우, 3. 「민사소송법」 제451조에 따른 재심사유에 준하는 사유가 발생한 경우 등 대통령령으로 정하는 경우) 중 어느 하나에 해당하는 경우라야 한다(행정기본법 제37조 제1항).

③ 처분의 재심사의 신청은 해당 처분의 절차, 행정심판, 행정소송 및 그 밖의 쟁송에서 당사자가 중대한 과실 없이 재심사의 사유를 주장하지 못한 경우에만 할 수 있다(행정기본법 제37조 제2항).

4. 처분의 재심사의 절차

(1) 재심사의 대상, 신청인, 상대방

1) 재심사의 대상 재심사의 대상은 행정청의 처분이다(행정기본법 제37조 제1항).

2) 재심사의 신청인 당사자만 할 수 있다(행정기본법 제37조 제1항). '당사자'란 처분의 상대방을 말한다(행정기본법 제2조 제3호).

3) 상대방 재심사의 상대방은 해당 처분을 한 행정청이다(행정기본법 제37조 제1항).

(2) 재심사의 절차

1) 기간신청은 당사자가 재심사의 사유를 안 날부터 60일 이내에 하여야 한다. 다만, 처분이 있은 날부터 5년이 지나면 신청할 수 없다(행정기본법 제37조 제3항).

2) 결과 통지 재심사 신청을 받은 행정청은 특별한 사정이 없으면 신청을 받은 날부터 90일(합의제행정기관은 180일) 이내에 처분의 재심사 결과(재심사 여부와 처분의 유지·취소·철회·변경 등에 대한 결정을 포함한다)를 신청인에게 통지하여야 한다(행정기본법 제37조 제4항).

5. 처분의 재심사의 효과

처분의 재심사 결과 중 처분을 유지하는 결과에 대해서는 행정심판, 행정소송 및 그 밖의 쟁송수단을 통하여 불복할 수 없다(행정기본법 제37조 제5항). 이는 불필요한 쟁송을 방지하고 재심사로 인한 행정청의 부담을 완화하기 위한 것이다.

Ⅲ. 소송비용

소송비용은 민사소송법상의 일반원칙에 따라 패소자가 부담한다. 다만, 취소청구가 사정판결에 의하여 기각되거나 행정청이 처분등을 취소 또는 변경함으로 인하여 청구가 각하 또는 기각된 경우에는 소송비용은 피고의 부담으로 한다(행정소송법 제32조).

제2목 종국판결 이외의 취소소송의 종료사유★

취소소송은 법원의 종국판결에 의하여 종료되는 것이 원칙이나 그 밖의 사유로도 종료될 수 있다. 즉 소의 취하, 청구의 포기·인낙, 재판상의 화해 등의 사유를 들 수 있다.

제1 소의 취하

소의 취하란 원고가 청구의 전부 또는 일부를 철회하겠다는 의사를 법원에 표시하는 것을 말한다. 행정소송에서도 처분권주의에 따라 소의 취하로 취소소송이 종료되는 것은 당연하다.

제2 청구의 포기·인낙

Ⅰ. 의 의

청구의 포기란 원고가 자신의 소송상의 청구가 이유 없음을 자인하는 법원에 대한 일방적 의사표시이며, 청구의 인낙이란 피고가 원고의 소송상 청구가 이유 있음을 자인하는 법원에 대한 일방적 의사표시이다. 청구의 포기나 인낙은 조서에 진술을 기재하면 당해 소송의 종료의 효과가 발생한다.

Ⅱ. 항고소송에서 허용 여부

1. 학설

(1) 긍정설

청구의 포기·인낙은 법원의 최종판결을 기다리지 않고 일찍이 소송절차에서 탈퇴하는 경우에 해당하기에 이를 인정하더라도 법치행정에 반하지 않고 오히려 소송경제에 유용하다는 점을 근거로 한다.

(2) 부정설

원고가 청구를 포기한다고 하여도 위법한 처분이 적법해지는 것도 아니며 적법한 처분에 대해 피고가 인낙할 권한을 갖는 것도 아니라는 점(이것을 인정하면 법치행정에 반한다고 본다)을 근거로 한다.

2. 검토(제한적 긍정설)

① 원고가 법원의 최종판결을 기다리지 않고 소송절차에서 탈퇴하는 것은 소송경제에도 유익하며 법치행정에 반하지 않기 때문에 청구의 포기는 인정함이 타당하다. ② 그러나 청구의 인낙은 법치행정의 구속력을 받는 피고행정청의 의사표시이기 때문에 법치행정에 반하는 결과가 발생해서는 아니 된다. 따라서 기속행위는 실정법에 반하지 않는 범위에서만 청구의 인낙이 허용될 수 있고, 재량행위는 재량의 범위 내에서만 가능하다고 보아야 한다(류지태·박종수).

제3 재판상 화해

Ⅰ. 의 의

재판상 화해란 당사자 쌍방이 소송 계속 중(소송 계속 전도 포함) 소송의 대상인 법률관계에 관한 주장을 서로 양보하여 소송을 종료시키기로 하는 합의를 말한다.

Ⅱ. 항고소송에서 허용 여부

1. 학설

(1) 긍정설

긍정설은 분쟁의 신속한 해결을 위해 민사소송법상 화해가 준용될 수 있다고 한다.

(2) 부정설

부정설은 재판상 화해를 항고소송에서 허용하면 법치행정이 침해될 가능성이 있음을 근거로 한다.

2. 검토(제한적 긍정설)

① 재판상 화해에서 원고는 최종판결을 기다리지 않고 소송절차에서 탈퇴하더라도 법치행정에 반하지 않지만, ② 피고인 행정청의 의사표시는 법치행정의 구속력을 받기 때

문에 임의로 원고의 청구주장을 인정하여 법치행정에 반하는 결과를 발생시켜서는 아니 된다. 따라서 기속행위는 실정법에 반하지 않는 범위에서만 재판상 화해가 허용될 수 있고, 재량행위는 재량의 범위 내만 가능하다고 보아야 한다(류지태·박종수).

제4 당사자의 사망 등

① 행정소송 중 성질상 승계가 허용되지 않는 소송에서 원고가 사망한 경우, 그리고 성질상 승계가 허용되더라도 소송을 승계할 자가 없는 경우 해당 소송은 종료된다(대판 2007.7.26. 2005두15748). ② 그러나 취소소송이 제기된 후에 행정청이 없게 된 때에는 그 처분등에 관한 사무가 귀속되는 국가 또는 공공단체를 피고로 하기 때문에 이는 피고경정사유이며 취소소송의 종료사유는 아니다(행정소송법 제14조 제6항 참조).

제2절 무효등확인소송

제1항 | 개 념

Ⅰ. 의 의

1453 ㈎ 무효등확인소송이란 행정청의 처분등의 효력 유무 또는 존재 여부를 확인하는 소송을 말한다(동법 제4조 제2호). 무효 등의 행위라도 외형상 행정처분이 존재하고 그 처분의 성질상 유효한 효력이 지속하는 것으로 오인될 가능성이 있기 때문에 재판에 의하여 그 효력의 부정을 선언할 필요가 있어 인정되는 것이다. 그리고 무효등확인소송에는 유효확인소송, 무효확인소송, 존재확인소송, 부존재확인소송, 해석상 인정되는 실효확인소송 등이 포함된다.

㈏ 처분등은 법률관계의 발생·변경·소멸을 가져오는 원인행위이며, 그 자체가 법률관계는 아니다. 따라서 처분등의 존부확인소송은 법률관계존부확인소송과 구별되어야 한다. 법률관계에 관한 소송은 당사자소송의 대상이다.

Ⅱ. 성질·소송물

1454 무효등확인소송은 주관적 소송이며, 항고소송이며, 확인소송이다. 그리고 소송물은 처분등의 중대명백한 위법성 일반 또는 존재·부존재이다.

제2항 | 소송요건

Ⅰ. 일반론

1455 무효등확인소송도 취소소송과 마찬가지로 소송요건을 구비해야 한다. 따라서 관할권 있는 법원에, 처분등을 대상으로, 원고적격과 피고적격을 갖추고, 권리보호필요성 요건도 갖추고 있어야 한다. 그러나 무효등확인소송의 경우에는 제소기간의 제한이 없고, 행정심판전치가 적용되지 않는다는 점이 취소소송과 다르다. 그리고 이러한 소송요건의 구비 여부는 취소소송과 마찬가지로 원칙적으로 법원의 직권조사사항이다.

Ⅱ. 대상적격

1456 무효등확인소송도 취소소송의 경우와 같이 처분등을 대상으로 한다(동법 제38조 제1항, 제19조). '처분등'의 의미는 취소소송과 같다.

Ⅲ. 원고적격

1457 무효등확인소송은 처분등의 효력 유무 또는 존재 여부의 확인을 구할 법률상 이익이 있는 자가 제기할 수 있다(동법 제35조). '법률상 이익이 있는 자'의 의미는 취소소송의 경우와 같다.

Ⅳ. 권리보호필요성

1. 의 의

취소소송의 경우와 같이 무효등확인소송의 경우에도 권리보호의 필요가 있어야 한다. 따라서 대상적격과 원고적격이 인정된다면 무효등확인소송의 권리보호필요성은 일반적으로는 긍정된다. 그러나 ① 보다 실효적인 권리구제수단이 있는 경우, ② 원고가 추구하는 권리보호가 오로지 이론상으로만 의미 있는 경우, ③ 소권남용의 금지에 반하는 경우(권리보호필요의 일반 원칙)에는 원칙적으로 권리보호필요성이 부정된다. 다만, 즉시확정의 이익이 필요한지를 아래에서 검토한다.

2. 즉시확정의 이익의 필요 여부★★★[10 입시] [13 5급] [15 사시] [16 사시]

(1) 문제점

민사소송으로 확인소송을 제기하려면 즉시확정의 이익이 요구된다(즉시확정의 이익이 요구된다는 것은 ① 당사자의 권리 또는 법률상의 지위에 ② 현존하는 불안·위험이 있고 ③ 그 불안·위험을 제거함에는 확인판결을 받는 것이 가장 유효·적절한 수단일 때(=확인소송의 보충성)에만 확인소송이 인정된다는 것이다). 따라서 확인소송이 아닌 다른 직접적인 권리구제수단(예를 들면 이행소송)이 있는 경우에는 확인소송이 인정되지 않는다. 즉 확인소송이 보충성을 가지는 것으로 본다(예를 들어 민사소송의 경우 갑은 을을 상대로 '매매대금지급청구권 있음을 확인한다'는 확인소송을 제기할 수는 없다. 왜냐하면 보다 직접적인 권리구제수단인 '매매대금을 지급하라'는 이행소송이 있기 때문이다). 그런데 민사소송인 확인소송에 요구되는 즉시확정의 이익이 행정소송인 무효등확인소송의 경우에도 요구되는지가 문제된다.

(2) 학 설

1) 긍정설(즉시확정이익설)

취소소송의 경우와 달리 행정소송법 제35조는 원고적격에 관한 규정일 뿐만 아니라 권리보호필요성에 관한 의미도 가지고 있는 것이며(동법 제35조의 '확인을 구할'이라는 표현을 즉시확정이익으로 본다), 민사소송에서 확인의 소와 같이 무효등확인소송의 경우에도 '즉시확정의 이익'이 필요하다고 보는 견해이다.

2) 부정설(법적보호이익설)

행정소송법 제35조의 '법률상 이익'은 원고적격의 범위에 대한 것이어서 즉시확정의 이익으로 해석될 수 없고, 무효등확인소송에서는 취소판결의 기속력을 준용(행정소송법 제38조 제1항, 제30조 참조)하므로 민사소송과 달리 무효확인판결 자체로도 판결의 실효성 확보가 가능하다는 점을 들고 있다(다수견해).

(3) 판 례

수원시장의 하수도원인자부담금부과처분의 무효확인을 구한 사건에서 대법원은 행정소송은 민사소송과는 목적·취지 및 기능 등을 달리하며, 무효등확인소송에도 확정판결의 기속력규정(행정소송법 제38조, 제30조)을 준용하기에 무효확인판결만으로도 실효성확보가

가능하며, 행정소송법에 명문의 규정이 없다는 점을 이유로 무효등확인소송의 보충성이 요구되지 않는다고 판례를 변경하였다(대판(전원) 2008.3.20. 2007두6342). 따라서 행정처분의 무효를 전제로 한 이행소송 즉 부당이득반환청구소송, 소유물반환청구소송, 소유권이전등기말소청구소송, 소유물방해제거청구소송 등과 같은 구제수단이 있다고 하더라도 무효등확인소송을 제기할 수 있다고 본다.

(4) 검 토

무효등확인소송에서 원고가 소권을 남용한다면(예를 들어 원고가 권리구제에 도움이 되지 않는 우회적인 소송을 제기하는 경우) 법원은 권리보호필요의 일반 원칙으로 이를 통제할 수 있기 때문에 문제되지 않는다(1458 이하). 따라서 즉시확정의 이익은 요구되지 않는다는 견해가 타당하다.

> [참고] 즉시확정의 이익과 판결의 기속력의 관계
>
> 앞의 예에서 과거 대법원은 과세처분무효 '확인소송'은 보다 직접적인 권리구제 수단인 부당이득반환청구소송(이행소송)이 있기 때문에 갑의 소송은 즉시확정의 이익이 없어 이를 각하했었다. 그러나 현재 대법원은 무효등확인소송에서 즉시확정의 이익을 요하지 않는다고 본다. 왜냐하면 갑의 과세처분무효확인소송은 부당이득반환청구소송을 제기하기 위한 단순한 전심절차로서의 역할에 그치는 것이 아니라 그 자체로 실익이 있는 소송이기 때문이다. 즉 갑이 과세처분무효확인판결을 받으면 행정소송법 제38조는 동법 제30조의 기속력 규정을 준용하고 있어 행정청은 반복금지의무나 결과제거의무 등을 부담하게 된다. 그에 따라 갑은 동일한 사유로 동일한 과세처분을 받지 않을 이익이 있으며 또한 행정청의 결과제거의무에 대응하여 갑은 결과제거청구권 — 사안에서는 부당이득반환청구권이 그 내용이 된다 — 을 행사할 수 있다.

제3항 | 소송의 심리

I. 심리의 내용과 범위 등

심리의 내용과 범위, 심리의 원칙, 심리절차, 처분의 위법성 판단 기준시, 처분사유의 추가·변경 등은 취소소송과 같다. 다만, 입증책임에 대해 학설이 대립된다.

II. 입증책임*

1. 문제 상황

취소소송의 경우 본안에 대한 입증책임은 민사소송의 경우와 마찬가지로 법률요건분류설에 따른다는 것이 통설, 판례의 입장이지만, 무효확인소송의 경우 일부 학설과 판례가 이와 다르게 보고 있어 문제가 된다.

2. 학 설

(1) 법률요건분류설(취소소송의 경우와 같다는 견해)

위법의 중대·명백성은 법해석 내지 경험칙(법적 판단의 문제)에 의해 판단될 사항이고,

입증책임은 사실인정의 문제이므로 양자는 직접관련이 없다. 따라서 취소소송의 경우와 무효등확인소송의 경우 입증책임을 달리 볼 것이 아니라는 견해이다.

(2) 원고부담설
무효등확인소송에서 주장되는 중대·명백한 흠은 특별한 예외적인 것이며, 무효등확인소송은 제소기간의 제한 없이 언제든 제기할 수 있어 그 사이에 증거가 없어질 수 있으므로 취소소송과 동일하게 볼 수 없다는 점을 논거로 한다.

3. 판 례
판례는 「행정처분의 당연무효를 주장하여 그 무효확인을 구하는 행정소송에 있어서는 원고에게 그 행정처분이 무효인 사유를 주장, 입증할 책임이 있다(대판 2000.3.23. 99두11851)」라고 하여 무효확인소송에서 무효원인에 대한 입증책임은 그 무효를 구하는 원고에게 있다고 하여 취소소송의 경우와는 달리 원고부담설을 취한다.

4. 검 토
무효인 처분은 취소사유인 처분보다 더 중대한 위법이 있는 것이므로 원고부담설은 부당하며 무효확인소송의 경우에도 입증책임의 일반원칙인 법률요건분류설에 따르는 것이 타당하다.

제4항 | 판 결

Ⅰ. 판결의 종류
무효등확인소송도 각하·기각·인용판결이 있다. 다만 사정판결을 준용하는 규정은 없다(전술한 사정판결 참조)(1384 이하).

Ⅱ. 판결의 효력
무효등확인판결도 자박력, 확정력, 기속력 등의 효력이 있다.

> [참고] 무효등확인소송에 준용되지 않는 취소소송 규정들
> ① 행정소송법 제18조(행정심판전치)
> ② 행정소송법 제20조(제소기간)
> ③ 행정소송법 제28조(사정판결)
> ④ 행정소송법 제34조(간접강제)
> * 행정소송법 제23조·제24조(집행정지), 제29조(취소판결등의 효력), 제30조(취소판결등의 기속력)는 준용규정 있음.

제3절 　 부작위위법확인소송

제1항 | 개 념

I. 의 의

1470　부작위위법확인소송이란 행정청의 부작위가 위법하다는 것을 확인하는 소송을 말한다(행정소송법 제4조 제3호).

II. 성질·소송물

1471　부작위위법확인소송은 주관적 소송이며, 항고소송이며, 확인소송이다. 그리고 부작위위법확인소송의 소송물은 부작위의 위법성이다(다수설).

제2항 | 소송요건

I. 일반론

1472　부작위위법확인소송도 취소소송과 마찬가지로 소송요건을 구비해야 한다. 따라서 관할권 있는 법원에, 부작위가 존재하고, 원고적격과 피고적격을 갖추어, 일정한 경우 제소기간 내에, 일정한 경우 행정심판을 거치고, 권리보호필요성 요건도 갖추고 있어야 한다.

II. 대상적격 — 부작위★[16 5급]

1473　행정소송법 제2조 제1항 제2호는 '부작위'를 행정청이 당사자의 신청에 대하여 상당한 기간 내에 일정한 처분을 하여야 할 법률상 의무가 있음에도 불구하고 이를 하지 아니하는 것을 말한다고 규정한다.

1. 행정청

1473a　㈎ 행정청이란 행정에 관한 의사를 결정하고 이를 외부에 자신의 명의로 표시할 수 있는 행정기관을 말한다(기능적 의미의 행정청).

㈏ 행정청에는 ① 전통적 의미의 행정청(해당 행정조직의 우두머리)뿐만 아니라, ② 합의제 기관(예: 방송위원회, 공정거래위원회) 외에 ③ 법원이나 국회의 기관도 실질적 의미의 행정적인 처분을 하는 범위에서 행정청에 속하며(예: 법원장의 법원공무원에 대한 징계, 지방의회의 지방의회의원에 대한 징계나 지방의회의장에 대한 불신임의결), ④ 행정소송법 제2조 제2항에 따라 법령에 의하여 행정권한의 위임 또는 위탁을 받은 행정기관, 공공단체 및 그 기관 또는 사인도 포함된다.

2. 당사자의 신청이 있을 것

(1) 신청의 내용
사인은 행정소송법 제2조 제1항 제1호의 처분을 신청해야 한다. 그러나 신청이 반드시 적법할 필요는 없다. 부적법하면 행정청은 거부하면 되기 때문이다.

(2) 신청권의 필요 여부

1) 문제점
거부처분취소소송 등과 마찬가지로 부작위위법확인소송의 경우에도 부작위의 성립에 행정소송법 제2조 제1항 제2호의 요건 외에 신청권이 필요한지가 논의된다.

2) 학설
학설은 ① 부작위(행정소송법 제2조 제1항 제2호 참조)의 성립에 행정청의 처분의무가 요구되기 때문에 처분상대방에게 신청권이 있어야 한다는 견해(대상적격설), ② 부작위위법확인소송의 소송물을 '부작위의 위법성과 당사자의 권리(신청권)의 존재'로 이해하면서 신청권은 본안의 문제로 보는 견해(본안요건설), ③ 행정소송법 제36조를 고려할 때 신청권은 원고적격의 문제로 보아야 한다는 견해(원고적격설)가 대립된다.

3) 판례
㈎ 대법원은 부작위의 성립에도 거부처분과 마찬가지로 신청권이 필요하다고 본다. 즉, 판례는 부작위위법확인소송은 아니지만 잠수기어업불허가처분취소 사건에서「거부처분의 처분성을 인정하기 위한 전제요건이 되는 신청권의 존부는 구체적 사건에서 신청인이 누구인가를 고려하지 않고 관계 법규의 해석에 의하여 일반 국민에게 그러한 신청권을 인정하고 있는가를 살펴 추상적으로 결정되는 것이고 신청인이 그 신청에 따른 단순한 응답을 받을 권리를 넘어서 신청의 인용이라는 만족적 결과를 얻을 권리를 의미하는 것은 아니다. 따라서 국민이 어떤 신청을 한 경우에 그 신청의 근거가 된 조항의 해석상 행정발동에 대한 개인의 신청권을 인정하고 있다고 보여지면 그 거부행위는 항고소송의 대상이 되는 처분으로 보아야 할 것이고, 구체적으로 그 신청이 인용될 수 있는가 하는 점은 본안에서 판단하여야 할 사항인 것이다(대판 1996.6.11. 95누12460)」이라고 하여 신청권이 필요하다고 본다.

㈏ 신청권의 근거는 법규상 또는 조리상 인정될 수 있는데, 법규상 신청권이 있는지 여부는 관련법규의 해석에 따라 결정되며, 조리상 신청권 인정 여부는 항고소송 이외의 다른 권리구제수단이 없거나, 국민이 수인불가능한 불이익을 입는 경우 조리상의 신청권은 인정될 수 있다고 한다(하명호).

㈐ 다만, 일부 판결에서는 당사자에게 신청권이 없는 경우 원고적격이 없거나 항고소송의 대상인 부작위가 없다고 하여 원고적격의 문제로 보는 동시에 대상적격의 문제로 보기도 한다(대판 1999.12.7. 97누17568).

4) 검 토

대상적격설과 판례의 입장은 대상적격과 원고적격의 구분을 무시한 것이고, 부작위의 성립에 신청권이 필요하다고 본다면 동일한 부작위가 신청권(권리)을 가진 자에게는 항고소송의 대상이 되고 신청권을 가지지 못한 자에게는 항고소송의 대상이 되지 않는 부당한 결론을 가져온다. 따라서 신청권은 원고적격 문제로 보아야 한다.

3. 상당한 기간이 경과할 것

상당한 기간이란 어떠한 처분을 함에 있어 현실적으로 요구되는 상당한 기간을 의미한다. 다만, 행정절차법 제19조(처리기간의 설정·공표)의 처리기간은 주의 규정에 불과하기 때문에 그에 따라 공표된 처리기간을 행정청이 준수하지 아니하였다고 해서 바로 상당한 기간이 경과하였다고 보기는 어렵다.

4. 일정한 처분을 해야 할 법률상 의무가 있을 것

'처분'이란 행정소송법 제2조 제1항 제1호의 처분을 말한다. 그리고 여기서의 '일정한' 처분을 해야 할 법률상 의무란 행정청이 특정한 처분을 할 의무를 말하는 것이 아니라, 신청을 인용하는 적극적 처분 또는 각하하거나 기각하는 등의 소극적 처분을 하여야 할 법률상의 응답의무가 있음에도 불구하고 이를 하지 아니하는 경우를 말한다(대판 1990.9.25. 89누4758). 다만, '법률상 의무'에는 명문의 규정에 의해 인정되는 경우뿐만 아니라 법령의 해석상 인정되는 경우도 포함된다.

5. 아무런 처분을 하지 아니할 것

행정청이 아무런 처분도 하지 않았어야 한다. 만일 법령에 일정기간 동안 아무런 처분이 없는 경우 거부처분으로 간주하는 간주거부조항이 있으면 부작위위법확인소송이 아니라 거부처분취소소송 등을 제기하여야 한다.

Ⅲ. 원고적격

부작위위법확인소송은 처분의 신청을 한 자로서 부작위의 위법의 확인을 구할 법률상의 이익이 있는 자만이 제기할 수 있다(행정소송법 제36조).

Ⅳ. 피고적격

부작위위법확인소송에서는 국민으로부터 일정한 행위를 해줄 것을 신청받은 행정청이 피고가 된다(행정소송법 제38조 제2항, 제13조 참조).

Ⅴ. 권리보호필요성

취소소송의 경우와 같다.

Ⅵ. 제소기간

1. 부작위위법확인소송의 제소기간★★

(1) 문제 상황

행정심판을 거쳐 부작위위법확인소송을 제기하는 경우에는 행정소송법 제20조 제1항 단서 등이 준용되어 제소기간의 제한이 있지만(행정소송법 제38조 제2항 참조), 행정심판을 거치지 않고 부작위위법확인소송을 제기하는 경우 행정소송법 제20조가 준용될 수 있는지 문제된다. 왜냐하면 이 경우에는 외관상 아무런 명시적인 처분등이 없기 때문에 처분등을 기준으로 제소기간을 정하고 있는 행정소송법 제20조를 그대로 준용할 수 없기 때문이다.

(2) 학 설

ⓐ 부작위개념의 성립요소의 하나인 신청 후 상당기간이 경과하면 그때에 처분이 있는 것으로 보고 행정소송법 제20조 제2항에 따라 그때부터 1년 내에 제소해야 한다는 견해와 ⓑ 행정소송법상 명문의 규정이 없기 때문에 제소기간에 제한이 없다는 견해(다수설)가 대립된다.

(3) 판 례

판례는 부작위위법확인의 소는 부작위상태가 계속되는 한 부작위위법의 확인을 구할 이익이 있다고 보아야 하므로 제소기간의 제한을 받지 않는다고 본다(대판 2009.7.23. 2008두10560(ⓑ설)).

(4) 검 토

행정심판법상 부작위에 대한 의무이행심판의 경우에는 심판청구기간에 제한이 없다는 점(행정심판법 제27조 제7항) 등을 고려하면 제소기간 제한이 없다는 견해(ⓑ설)가 타당하다.

2. 소의 변경과 제소기간★★

필요적 행정심판을 전치하고 적법한 제소기간 내에 부작위위법확인의 소를 제기한 후, 교환적 변경과 추가적 변경을 거친 경우 제소기간의 준수 여부에 대해 판례는 「당사자가 동일한 신청에 대하여 부작위위법확인의 소를 제기하였으나 그 후 소극적 처분이 있다고 보아 처분취소소송으로 소를 교환적으로 변경한 후 여기에 부작위위법확인의 소를 추가적으로 병합한 경우 최초의 부작위위법확인의 소가 적법한 제소기간 내에 제기된 이상 그 후 처분취소소송으로의 교환적 변경과 처분취소소송에의 추가적 변경 등의 과정을 거쳤다고 하더라도 여전히 제소기간을 준수한 것으로 봄이 상당하다(대판 2009.7.23. 2008두10560)」고 한다.

제3항 | 거부처분취소소송(무효등확인소송)으로의 소의 변경*

Ⅰ. 문제 상황

부작위위법확인소송 계속 중 행정청이 거부처분을 한 경우 당초의 부작위위법확인소송은 권리보호필요성 결여로 각하된다(대판 1990.9.25. 89누4758). 따라서 이 경우 부작위위법확인소송을 거부처분취소소송으로 소의 변경을 할 수 있는지가 문제된다. 행정소송법은 부작위위법확인소송의 경우 제37조에서 소 종류의 변경규정인 제21조는 준용하고 있으나, 처분변경으로 인한 소의 변경규정인 제22조를 준용하고 있지는 않기 때문이다.

Ⅱ. 학 설

1. 부정설

행정소송법 제37조(제21조)의 취지는 행정소송의 다양성으로 인해 행정소송 간에 소송의 종류를 잘못 선택할 가능성 때문에 인정한 것이므로 부작위위법확인소송 계속 중에 거부처분이 발령된 경우에는 적용되지 않으며, 행정소송법 제22조는 부작위위법확인소송에 준용되지 않음을 근거로 한다.

2. 긍정설

행정소송법이 제22조를 부작위위법확인소송에 준용하지 않는 것은 입법의 불비이며, 만일 소변경을 부정하면 당사자는 별도로 거부처분취소소송을 제기해야 하기에 실효적인 권리구제를 위해 소의 변경을 긍정함이 타당하다고 한다(다수견해).

Ⅲ. 검 토

부작위위법확인소송과 거부처분취소소송은 양 청구가 모두 일정한 처분을 얻으려는 것을 목적으로 하고 있어 청구의 기초에 변경이 없으므로(행정소송법 제21조의 요건 참조) 행정소송법 제37조(제21조)를 준용하여 소의 변경이 가능하다고 보아야 한다(긍정설).

제4항 | 소송의 심리

Ⅰ. 본안심리의 범위**

1. 문제 상황

부작위위법확인소송에 있어서 법원은 행정청의 부작위의 위법성만을 심리해야 하는지 아니면 당사자가 신청한 처분의 실체적인 내용도 심리할 수 있는지가 문제된다(예를 들어 갑이 허가를 신청하였음에도 행정청이 아무런 처분을 하지 않아 부작위위법확인소송을 제기한 경우, 법원은 행정청의 부작위 여부만 심리해야 하는지 아니면 부작위 여부와 갑의 허가 신청에 대한 행정청의 인용 여부도 심리할 수 있는지의 문제이다).

2. 학설

(1) 절차적 심리설

① 부작위위법확인소송의 수소법원은 부작위의 위법 여부만을 심사하여야 하며 만약 실체적 심리설처럼 실체적인 내용을 심리한다면 의무이행소송을 인정하는 결과가 되어 정당하지 않다는 견해이다(다수설). ② 이 견해에 따르면 부작위위법확인소송의 인용판결이 있더라도 부작위가 위법하다는 것에만 기속력이 미치기 때문에(형식적 기속력), 인용판결 후에 행정청은 당사자의 청구를 인용하든 거부하든 부작위 상태를 해소하기만 하면 부작위위법확인판결의 기속력에 위반되지 않는다고 본다.

(2) 실체적 심리설

① 법원은 단순히 행정청의 부작위의 위법성 심리에만 그치지 않고 신청의 실체적 내용도 이유 있는 것인지도 심리하여 그에 대한 적정한 처리방향(당사자가 신청한 처분의 인용 여부)에 관한 법률적 판단을 하여야 한다고 보는 입장이다. ② 이 견해는 법원에 의해 실체적 심리가 이루어진다면 인용판결에 대한 실질적 기속력이 인정될 것이고(부작위 자체의 위법성뿐만 아니라 일정한 거부사유까지 기속력에 위반되어 위법해질 수 있다는 의미) 그에 따라 무용한 소송의 반복을 피할 수 있으며 당사자의 권리구제에도 실효적임을 근거로 한다.

3. 판례

판례는 부작위위법확인소송을 '부작위의 위법을 확인함으로써 행정청의 응답을 신속하게 하여 부작위 내지 무응답이라고 하는 소극적인 위법상태를 제거하는 것을 목적으로 하는 소송'으로 보고 있어 절차적 심리설을 취하고 있다(대판 1990.9.25. 89누4758).

4. 검토

부작위위법확인소송의 소송물(부작위의 위법성)과 행정소송법 제4조 제3호의 부작위위법확인소송의 정의규정(행정청의 부작위가 위법하다는 것을 확인하는 소송)에 비추어 절차적 심리설이 타당하다.

II. 위법성 판단의 기준시

취소소송이나 무효등확인소송과는 달리 부작위위법확인소송의 경우에는 처분이 존재하지 않기 때문에 위법성판단의 기준시점은 판결시(사실심변론종결시)가 된다.

제5항 | 판 결

Ⅰ. 판결의 종류

1497 판결의 종류로 각하·기각·인용판결이 있다. 다만 사정판결은 문제되지 않는다.

Ⅱ. 판결의 효력

1498 ㈎ 부작위위법확인소송의 판결의 효력은 형성력을 제외하면 취소소송과 같다. 따라서 부작위위법확인소송의 인용판결이 있는 경우 행정청은 판결의 기속력에 따라 재처분의무가 발생하며, 간접강제도 가능하다(동법 제38조 제2항, 제30조, 제34조).

㈏ 그러나 부작위위법확인소송의 심리범위에서 다수설과 판례는 절차적 심리설의 입장이기 때문에 인용판결이 있는 경우에도 형식적 기속력만 발생한다. 따라서 부작위위법확인소송에서 인용판결이 확정된 후 행정청이 당사자의 신청을 거부하였다고 하더라도 이는 행정소송법 제30조 제2항(동법 제38조 제2항)에 따른 재처분(판결의 취지에 따른 재처분=기속력에 반하지 않는 재처분)이기 때문에 원고는 동법 제34조의 간접강제를 신청할 수 없다(대결 2010.2.5. 2009무153).

1498a [참고] 부작위위법확인소송에 준용되지 않는 취소소송 규정들
① 행정소송법 제22조(처분변경으로 인한 소의 변경)
② 행정소송법 제23조·제24조(집행정지)
③ 행정소송법 제28조(사정판결)
* 행정소송법 제13조(피고적격), 제18조(행정심판전치), 제20조(제소기간), 제29조(취소판결 등의 효력), 제30조(판결의 기속력), 제34조(간접강제)는 준용규정 있음.

CHAPTER 03 당사자 소송

제1절 개념

제1항 | 의 의

당사자소송이란 행정청의 처분등을 원인으로 하는 법률관계에 관한 소송 그 밖에 공법상의 법률관계에 관한 소송으로서 그 법률관계의 한쪽 당사자를 피고로 하는 소송을 말한다(행정소송법 제3조 제2호)(예를 들어 위법한 운전면허취소처분으로 손해가 발생한 경우 위법한 처분을 다투는 것이 아니라 — 이것은 항고소송의 대상이다 — 위법한 운전면허취소처분으로 발생한 재산상 손해의 배상을 청구하는 경우 — 법률(권리·의무)관계에 관한 소송 — 를 말한다).

제2항 | 종 류

Ⅰ. 실질적 당사자소송★

1. 처분등을 원인으로 하는 법률관계에 관한 소송

과세처분의 무효를 이유로 한 부당이득반환청구소송, 위법한 운전면허취소처분으로 발생한 재산상 손해에 대한 국가배상청구소송 등을 다수설은 공법상 당사자소송으로 본다. 그러나 판례는 이를 민사소송사항으로 본다.

> 1. 과세처분의 당연무효를 전제로 한 부당이득반환청구소송(민사소송)
>
> 조세부과처분이 당연무효임을 전제로 하여 이미 납부한 세금의 반환을 청구하는 것은 민사상의 부당이득반환청구로서 민사소송절차에 따라야 한다(대판 1995.4.28. 94다55019).
>
> 2. 국가배상청구소송의 법적 성질(민사소송)
>
> 구청이 관내청소를 목적으로 운전직원을 두고 차량을 운행한 것은 공권력의 행사로 보아야 하고 이로 인한 손해배상은 특별한 사정이 없는 한 민법의 특별법인 본법을 적용하여야 한다(대판 1971.4.6. 70다2955).
>
> 3. 공익상의 필요에 의한 면허어업제한 등으로 인한 수산업법 제81조 소정의 손실보상청구권의 법적 성질(민사소송)
>
> 내수면어업개발촉진법 제16조에 의하여 준용되는 수산업법 제81조 제1항 제1호는 같은 법 제34조 제1항 제1호 내지 제5호의 소정의 공익상 필요에 의한 사유로 인하여 면허어업을 제한하는 등의 처분을 받았거나 어업면허 유효기간의 연장이 허가되지 아니함으로써 손실을

> 입은 자는 행정관청에 대하여 보상을 청구할 수 있다고 규정하고 있는바, 이러한 어업면허에 대한 처분 등이 행정처분에 해당된다 하여도 이로 인한 손실은 사법상의 권리인 어업권에 대한 손실을 본질적 내용으로 하고 있는 것으로서 그 보상청구권은 공법상의 권리가 아니라 사법상의 권리이고, 따라서 같은 법 제81조 제1항 제1호 소정의 요건에 해당한다고 하여 보상을 청구하려는 자는 행정관청이 그 보상청구를 거부하거나 보상금액을 결정한 경우라도 이에 대한 행정소송을 제기할 것이 아니라 면허어업에 대한 처분을 한 행정관청(또는 그 처분을 요청한 행정관청)이 속한 권리주체인 지방자치단체 또는 국가를 상대로 민사소송으로 직접 손실보상금 지급청구를 하여야 한다(대판 1996.7.26. 94누13848).

2. 기타 공법상의 법률관계에 관한 소송

(1) 공법상 계약에 관한 소송

1501 공법상 계약에 대한 분쟁은 당사자소송의 대상이다.

(2) 공법상 금전지급청구소송

1502 예를 들어 공무원이 미지급된 봉급에 대한 지급을 청구하는 소송, 사회보장적 성격의 급부를 청구하는 소송 등은 당사자소송의 대상이다.

쟁점 — 공법상 금전지급청구소송에 대한 중요 판례 정리

1. **명예퇴직한 법관이 미지급 명예퇴직수당액의 지급을 구하는 경우, 소송 형태(당사자소송)**
   명예퇴직한 법관이 미지급 명예퇴직수당액에 대하여 가지는 권리는 명예퇴직수당 지급대상자 결정 절차를 거쳐 명예퇴직수당규칙에 의하여 확정된 공법상 법률관계에 관한 권리로서, 그 지급을 구하는 소송은 행정소송법의 당사자소송에 해당하며, 그 법률관계의 당사자인 국가를 상대로 제기하여야 한다(대판 2016.5.24. 2013두14863).

2. **구 공무원연금법상 퇴직급여결정이 행정처분인지 여부(적극)**
   구 공무원연금법(1995. 12. 29. 법률 제5117호로 개정되기 전의 것) 제26조 제1항, 제80조 제1항, 공무원연금법시행령 제19조의2의 각 규정을 종합하면, 같은 법 소정의 급여는 급여를 받을 권리를 가진 자가 당해 공무원이 소속하였던 기관장의 확인을 얻어 신청하는 바에 따라 공무원연금관리공단이 그 지급결정을 함으로써 그 구체적인 권리가 발생하는 것이므로, 공무원연금관리공단의 급여에 관한 결정은 국민의 권리에 직접 영향을 미치는 것이어서 행정처분에 해당하고, 공무원연금관리공단의 급여결정에 불복하는 자는 공무원연금급여재심위원회의 심사결정을 거쳐 공무원연금관리공단의 급여결정을 대상으로 행정소송을 제기하여야 한다(대판 1996.12.6. 96누6417).

3. '민주화운동관련자 명예회복 및 보상 심의위원회'의 보상금 등의 지급 대상자에 관한 결정이 행정처분인지 여부(적극)

'민주화운동관련자 명예회복 및 보상 등에 관한 법률' 제2조 제1호, 제2호 본문, 제4조, 제10조, 제11조, 제13조 규정들의 취지와 내용에 비추어 보면, 같은 법 제2조 제2호 각 목은 민주화운동과 관련한 피해 유형을 추상적으로 규정한 것에 불과하여 제2조 제1호에서 정의하고 있는 민주화운동의 내용을 함께 고려하더라도 그 규정들만으로는 바로 법상의 보상금 등의 지급 대상자가 확정된다고 볼 수 없고, '민주화운동관련자 명예회복 및 보상 심의위원회'에서 심의·결정을 받아야만 비로소 보상금 등의 지급 대상자로 확정될 수 있다. 따라서 그와 같은 심의위원회의 결정은 국민의 권리의무에 직접 영향을 미치는 행정처분에 해당하므로, 관련자 등으로서 보상금 등을 지급받고자 하는 신청에 대하여 심의위원회가 관련자 해당 요건의 전부 또는 일부를 인정하지 아니하여 보상금 등의 지급을 기각하는 결정을 한 경우에는 신청인은 심의위원회를 상대로 그 결정의 취소를 구하는 소송을 제기하여 보상금 등의 지급대상자가 될 수 있다(대판(전원) 2008.4.17. 2005두16185).

(3) 공법상 신분·지위의 확인을 구하는 소송

예를 들어 국가유공자의 확인을 구하는 소송은 당사자소송의 대상이다.

1503

(4) 공법상 결과제거청구소송

예를 들어 국가를 상대로 사인이 자신의 소유물의 반환을 청구하는 소송은 당사자소송의 대상이다(실무에서는 민사소송으로 처리된다).

1504

(5) 행정처분에 이르는 절차적 요건의 존부나 효력 유무에 관한 소송

행정처분에 이르는 절차적 요건의 존부나 효력유무에 관한 소송은 당사자소송의 대상이다[판례].

1504a

주택재건축정비사업조합을 상대로 사업시행계획 또는 관리처분계획안에 대한 조합 총회결의의 효력을 다투는 소송의 법적 성질(=행정소송법상 당사자소송)

행정주체인 재건축조합을 상대로 사업시행계획 또는 관리처분계획(이하 '관리처분계획 등'이라 한다)에 관한 조합 총회결의의 효력 등을 다투는 소송은 행정처분에 이르는 절차적 요건의 존부나 효력 유무에 관한 소송으로서 그 소송결과에 따라 행정처분의 위법 여부에 직접 영향을 미치는 공법상 법률관계에 관한 것이므로, 이는 행정소송법상의 당사자소송에 해당한다(대판 2010.2.25. 2007다73598).

(6) 법률관계(권리·의무 관계) 그 자체를 다투는 소송

납세의무부존재확인을 구하는 소송은 공법상 법률관계를 소송물로 하는 공법상 당사자소송에 해당한다(대판 2000.9.8. 99두2765).

Ⅱ. 형식적 당사자소송*

1. 의 의

1505 　형식적 당사자소송이란 실질적으로 행정청의 처분등을 다투는 것이나 형식적으로는 처분등으로 인해 형성된 법률관계(주로 재산상 법률관계)를 다투기 위해 제기하는 소송을 말한다(예를 들어 사업시행자와 토지소유자 간에 보상금에 관한 분쟁이 있어 토지수용위원회(행정청)가 1m 당 10만 원의 보상금을 재결한 경우, 토지소유자가 토지수용위원회의 재결을 다투는 것이 아니라 사업시행자를 상대로 보상금의 증액을 청구하는 당사자소송을 제기하는 경우를 말한다. 그러나 이러한 당사자소송은 형식은 당사자소송이지만 실질은 토지수용위원회의 10만 원의 보상금재결에 불복하는 항고소송이다. 따라서 이를 전체로 보아 형식적 당사자소송이라 한다. 아래의 실정법상의 예 참조(1507)).

2. 인정 근거

1506 　당사자가 다투고자 하는 것이 법률관계인 경우 처분청이 아니라 실질적인 이해관계자를 소송당사자로 하는 것이 소송의 진행이나 분쟁의 해결에 보다 적합하다는 점이 형식적 당사자소송을 인정하는 근거가 된다.

3. 실정법상의 예

1507 　공익사업을 위한 토지등의 취득 및 보상에 관한 법률 제85조 제2항의 보상금증감청구소송이 대표적이다(제85조(행정소송의 제기) ① 사업시행자, 토지소유자 또는 관계인은 제34조에 따른 재결에 불복할 때에는 재결서를 받은 날부터 90일 이내에, 이의신청을 거쳤을 때에는 이의신청에 대한 재결서를 받은 날부터 60일 이내에 각각 행정소송을 제기할 수 있다. ② 제1항에 따라 제기하려는 행정소송이 보상금의 증감(增減)에 관한 소송인 경우 그 소송을 제기하는 자가 토지소유자 또는 관계인일 때에는 사업시행자를, 사업시행자일 때에는 토지소유자 또는 관계인을 각각 피고로 한다)(자세한 내용은 후술하는 공용수용의 절차 참조(2206 이하)). 이 소송의 실질은 토지수용위원회의 보상금재결에 불복하는 것이지만 형식은 대등한 당사자인 사업시행자와 토지소유자(관계인) 사이의 당사자소송이다.

4. 형식적 당사자소송의 일반적 인정 여부(명문의 규정이 없는 경우)

(1) 문제 상황

1508 　공익사업을 위한 토지 등의 취득 및 보상에 관한 법률 제85조 제2항의 보상금증감청구소송과 같은 명문의 규정이 없음에도 불구하고 당사자에게 실질적으로는 행정청의 처분등을 다투는 것이나 형식적으로는 처분등으로 인해 형성된 법률관계를 다투기 위해 제기하는 소송을 일반적으로 인정할 수 있는지가 문제된다.

(2) 학 설

1) 긍정설

1509 　긍정설은 ⓐ 처분(또는 재결)의 구성요건적 효력을 제거하지 않은 채 그 결과로 발생한 법률관계만을 형식적 당사자소송으로 변경하더라도 그것이 바로 구성요건적 효력을

침해하는 것은 아니며, ⓑ 취소소송의 심리에 대한 행정소송법 제25조·제26조가 동법 제44조에 의해 당사자소송에도 준용된다는 것은 형식적 당사자소송을 긍정하는 것으로 보아야 한다는 점을 근거로 한다.

2) 부정설(다수설)

부정설은 ⓐ 처분(또는 재결)의 효력을 제거하지 않은 채 그 결과로 발생한 법률관계를 형식적 당사자소송으로 변경하는 것은 인정될 수 없고, ⓑ 개별법에 규정이 없는 경우에는 원고적격·피고적격·제소기간 등의 소송요건도 불분명하다는 점을 근거로 한다(다수설).

(3) 검 토

형식적 당사자소송은 실질이 처분등을 다투는 것이고, 처분(또는 재결)에 대한 불복은 항고소송에 의하는 것이 원칙이라는 점을 고려할 때 부정설이 타당하다.

제3항 | 성 질

당사자소송은 주관적 소송이며, 시심적 소송이다. 그리고 당사자소송의 성질에 따라 이행소송과 확인소송으로 나누어진다.

제4항 | 항고소송과 당사자소송의 관계*

Ⅰ. 문제 상황

행정소송법 제3조는 행정소송의 종류에서 (특히 주관적 소송) 항고소송과 당사자소송을 규정하고 있는데 양 소송의 관계가 문제될 수 있다.

Ⅱ. 처분이 취소사유인 경우

처분은 하자가 있다고 하더라도 무효가 아닌 한 권한 있는 기관에 의해 취소되기 전까지는 유효한 것으로 취급된다(공정력, 구성요건적 효력). 따라서 처분에 단순위법인 하자가 있는 경우에는 취소소송 이외의 소송(당사자소송)으로는 처분의 효력을 부정할 수 없어 권리구제를 받을 수 없고 취소소송에 의해서만 처분의 효력을 소멸시킬 수 있다(예를 들어 취소사유인 과세처분이 발령된 경우, 해당 과세처분이 판결로 취소되기 전이라면 조세채무는 존재하는 것이기에 당사자소송으로 채무부존재확인소송을 제기해서는 인용판결을 받을 수 없다. 따라서 과세처분취소소송을 먼저 제기해야 한다).

Ⅲ. 처분이 무효사유인 경우

처분이 무효인 경우 처분에 대한 무효확인소송 외에 처분으로 발생한 법률관계에 대해 당사자소송을 제기하여 권리구제를 받을 수 있는지가 문제된다.

1. 학 설

(1) 무효확인소송우선설

1514 당사자소송은 공법상 법률관계 일반을 대상으로 하는 포괄적인 소송의 성격(행정소송법 제3조 제2호 참조)을 가지므로 무효확인소송으로 해결이 가능한 경우는 당사자소송이 불가능하다는 견해이다(당사자소송의 보충성을 긍정하는 견해).

(2) 병렬적 관계설

1514a 무효인 처분은 공정력(구성요건적 효력)이 없어 누구든 어떤 방법으로든 그 효력을 부정할 수 있기 때문에 당사자는 무효확인소송이나 당사자소송 중 선택할 수 있다는 견해이다(당사자소송의 보충성을 부정하는 견해(다수견해)).

2. 검 토

1515 당사자소송의 보충성에 대한 명문의 규정이 없으므로 당사자는 무효확인소송과 당사자소송 중 선택할 수 있다는 병렬적 관계설이 타당하다(앞의 예에서 과세처분이 무효라면 당사자는 과세처분무효확인소송을 제기할 수도 있고, 당사자소송으로 채무부존재확인소송을 제기하여 인용받을 수도 있다).

제2절 소송의 대상

1516 항고소송은 행정청의 공권력 행사를 직접 대상으로 하지만, 당사자소송은 공권력 행사·불행사로 생긴 법률관계 및 그 밖의 공법상 법률관계를 대상으로 한다.

제3절 소송의 당사자

제1항 | 당사자의 종류

1517 국가와 공공단체, 국가와 사인, 공공단체와 사인, 공공단체와 공공단체 간에 당사자소송이 가능하다.

제2항 | 원고적격

1518 행정소송법에는 당사자소송의 원고적격에 대한 규정이 없다. 따라서 민사소송법이 준용되어, 소송의 내용이 이행소송인 경우는 이행청구권이 있음을 주장하는 자이면 원고적격이 인정되고 소송의 내용이 확인소송인 경우는 확인의 이익을 가지는 자에게 원고적격이 인정된다.

제3항 | 권리보호필요성

당사자소송은 민사소송과 유사하기 때문에 당사자소송 중 확인소송은 무효등확인소송과는 달리 즉시확정의 이익이 요구된다(대판 2002.11.26. 2002두1496).

제4항 | 피고적격과 피고경정

㈎ 당사자소송은 국가·공공단체 그 밖의 권리주체를 피고로 하며(행정소송법 제39조), 행정청이 피고가 되지 않는다. 국가가 피고가 되는 경우는 국가를 당사자로 하는 소송에 관한 법률 제2조에 따라 법무부장관이 대표하며, 지방자치단체가 피고가 되는 경우는 지방자치법 제114조에 따라 해당 지방자치단체의 장이 대표한다.

㈏ 당사자소송의 경우도 피고경정이 가능하다(행정소송법 제44조 제1항, 제14조 참조).

사인을 피고로 하는 당사자소송이 허용되는지 여부(적극)

행정소송법 제39조는, "당사자소송은 국가·공공단체 그 밖의 권리주체를 피고로 한다."라고 규정하고 있다. 이것은 당사자소송의 경우 항고소송과 달리 '행정청'이 아닌 '권리주체'에게 피고적격이 있음을 규정하는 것일 뿐, 피고적격이 인정되는 권리주체를 행정주체로 한정한다는 취지가 아니므로, 이 규정을 들어 사인을 피고로 하는 당사자소송을 제기할 수 없다고 볼 것은 아니다(대판 2019.9.9. 2016다262550).

제5항 | 소송참가

당사자소송에도 취소소송과 같이 제3자의 소송참가(행정소송법 제16조, 제44조)와 행정청의 소송참가(행정소송법 제17조, 제44조)가 인정된다.

제4절 　소송의 제기

제1항 | 토지관할

1521　당사자소송에 관한 재판관할에도 취소소송에 관한 규정이 적용되어 제1심 관할법원은 피고의 소재지를 관할하는 행정법원이다. 다만, 국가 또는 공공단체가 피고인 경우에는 관계행정청의 소재지를 피고의 소재지로 본다(행정소송법 제40조)(행정소송법 제39조가 당사자소송의 경우 국가·공공단체 그 밖의 권리주체를 피고로 하는 것과 구별하여야 한다).

제2항 | 행정심판전치, 제소기간

1522　① 행정심판의 전치는 적용되지 않는다. ② 그리고 취소소송의 제기기간 규정도 당사자소송에는 적용되지 않는다. 다만, 행정소송법 제41조는 당사자소송에 관하여 법령에 제소기간이 정하여져 있는 때에는 그 기간은 불변기간으로 한다고 규정한다.

제3항 | 관련청구소송의 이송·병합, 소의 변경

1523　관련청구소송의 이송·병합(행정소송법 제44조 제2항, 제10조) 및 소의 변경(행정소송법 제42조, 제21조 제1항; 제44조, 제22조)은 인정된다.

제4항 | 가구제

1524　당사자소송에는 집행정지가 준용되지 않고, 민사집행법상의 가처분규정이 준용된다.

제5절 　소송의 심리

1525　당사자소송에는 행정심판기록제출명령, 직권심리주의가 적용된다(행정소송법 제44조 제1항 제25조, 제26조).

제6절 소송의 판결

제1항 | 판결의 종류와 효력

(가) 판결은 각하·기각·인용판결로 구분된다. 그리고 소송의 내용에 따라 확인판결과 이행판결로 나눌 수도 있다. 다만 사정판결제도는 없다.

(나) 당사자소송의 확정판결도 자박력·확정력·기속력(행정소송법 제44조 참조)을 가진다.

제2항 | 기 타

(가) 당사자소송에는 제3자에 의한 재심청구가 인정되지 않는다.

(나) 국가를 상대로 하는 당사자소송의 경우에는 가집행선고(확정되지 아니한 종국판결에 대해 미리 집행력을 부여하는 형성적 재판을 말한다)를 할 수 없다(행정소송법 제43조).

[참고] 당사자소송에 준용되지 않는 중요한 취소소송 규정들(주로 처분등을 전제로 하는 규정들)
① 행정소송법 제18조(행정심판전치)
② 행정소송법 제20조(제소기간)(단, 행정소송법 제41조에서 당사자소송의 제소기간에 관해 따로 규정함)
③ 행정소송법 제23조·제24조(집행정지)
④ 행정소송법 제28조(사정판결)
⑤ 행정소송법 제29조(취소판결등의 효력)
⑥ 행정소송법 제30조 제2항(판결의 기속력 중 재처분의무)
⑦ 행정소송법 제31조(제3자의 재심청구)
⑧ 행정소송법 제34조(간접강제)
* 행정소송법 제9조(재판관할), 제10조(관련청구소송의 이송·병합), 제14조(피고경정), 제16조(제3자의 소송참가), 제25조(행정심판기록의 제출명령)·제26조(직권심리), 제30조 제1항(단, 제2항은 제외)(판결의 기속력)은 준용규정 있음.

CHAPTER 04 객관적 소송

1527a 객관적 소송이란 주관적인 권리보호가 목적이 아니라, 행정작용의 적법성을 보장받기 위해 제기하는 소송을 말한다(예: 공익을 위한 소송).

제1절 민중소송

제1항 | 개 념

Ⅰ. 의 의

1528 민중소송이란 국가 또는 공공단체의 기관이 법률에 위반되는 행위를 한 때에 직접 자기의 법률상 이익과 관계없이 그 시정을 구하기 위하여 제기하는 소송을 말한다(행정소송법 제3조 제3호).

Ⅱ. 성 질

1. 객관적 소송

1529 민중소송은 당사자 사이의 구체적인 권리·의무에 관한 분쟁의 해결을 위한 것이 아니라, 행정법규의 정당한 적용을 확보하거나 선거 등의 공정의 확보를 위한 소송으로서 객관적 소송이다.

2. 제소권자

1530 민중소송은 법률이 정한 자에 한해 제기할 수 있다(행정소송법 제45조).

3. 법정주의

1531 민중소송은 법률이 정한 경우에 제기할 수 있다(행정소송법 제45조).

제2항 | 민중소송의 예

1532 ① 공직선거법상 선거소송(공직선거법 제222조)(대통령선거 및 국회의원선거에 있어서 선거의 효력에 관하여 이의가 있는 선거인·정당 또는 후보자는 당해 선거구선거관리위원회위원장을 피고로 대법원에 제기함)(지방의회의원 및 지방자치단체의 장의 선거에 있어서 선거의 효력에 관한 제220조의 결정에 불복이 있는 소청인(당선인을 포함한다)은 해당 선거구선거관리위원회 위원장 또는 선거관리위원회 위원장을 피고로 하여 비례대표 시·도의원선거 및 시·도지사선거(교육감선거)에 있어서는 대법원에, 지역구시·도의원선거, 자치구·시·군의원선거 및 자치구·시·군의 장 선거에 있어서는 그 선거구를 관할하는 고등법원에 제소함).

② 공직선거법상 당선소송(공직선거법 제223조)(대통령선거 및 국회의원선거에 있어서 당선의 효력에 이의가 있는 정당 또는 후보자가 당선인, 중앙선거관리위원회위원장 또는 국회의장, 당해 선거구선거관리위원회위원장 등을 피고로 대법원에 소를 제기함)(지방의회의원 및 지방자치단체의 장의 선거에 있어서 당선의 효력에 관한 제220조의 결정에 불복이 있는 소청인 또는 당선인인 피소청인이 당선인 또는 선거관리위원회 위원장을 피고로 하여 비례대표 시·도의원선거 및 시·도지사선거(교육감선거)에 있어서는 대법원에, 지역구시·도의원선거, 자치구·시·군의원선거 및 자치구·시·군의 장 선거에 있어서는 그 선거구를 관할하는 고등법원에 제소함).

③ 국민투표법상 국민투표무효소송(국민투표법 제92조)(투표인이 중앙선거관리위원회위원장을 피고로 하여 대법원에 제소함).

④ 주민투표법상 주민투표소송(주민투표법 제25조 제2항)(주민투표권자가 관할선거관리위원회위원장을 피고로 하여 특별시·광역시 및 도에 있어서는 대법원에, 시·군 및 자치구에 있어서는 관할 고등법원에 제소함).

⑤ 지방자치법상 주민소송(지방자치법 제22조)(주민이 단체장을 상대로 해당 지방자치단체의 사무소 소재지를 관할하는 행정법원에 제기함).

제3항 | 적용법규

민중소송에 적용될 법규는 민중소송을 규정하는 각 개별법규가 정하는 것이 일반적이다. 행정소송법은 민중소송에 대해 성질에 반하지 않는 한 취소소송, 무효등확인소송, 당사자소송에 관한 행정소송법의 규정을 준용하도록 규정하고 있다(행정소송법 제46조).

제2절　기관소송*

제1항 | 개 념

Ⅰ. 의 의

1534　기관소송이란 국가 또는 공공단체의 기관 상호 간에 있어서의 권한의 존부 또는 그 행사에 관한 다툼이 있을 때에 이에 대하여 제기하는 소송을 말한다(행정소송법 제3조 제4호). 다만, 헌법재판소법 제2조의 규정에 의하여 헌법재판소의 관장사항으로 되는 소송(1. 법원의 제청에 의한 법률의 위헌 여부 심판, 2. 탄핵의 심판, 3. 정당의 해산심판, 4. 국가기관 상호간, 국가기관과 지방자치단체 간 및 지방자치단체 상호간의 권한쟁의에 관한 심판, 5. 헌법소원에 관한 심판)은 제외한다(행정소송법 제3조 제4호).

Ⅱ. 권한쟁의심판과의 구별

1535　① 형식에서 기관소송은 행정소송이나 권한쟁의심판은 헌법재판이고, ② 대상에 있어 기관소송은 공법상의 법인 내부에서의 법적 분쟁을 대상으로 하는 데 반해, 권한쟁의심판은 공법상의 법인 상호 간의 외부적인 분쟁을 대상으로 한다. 그러나 헌법재판소법 제62조는 헌법재판소의 관할사항이 되는 소송(예: 국가기관 상호간, 국가기관과 지방자치단체 및 지방자치단체 상호 간의 기관쟁의)을 열거하고 있어 국가기관 상호 간의 분쟁은 권한쟁의심판의 대상이다.

Ⅲ. 인정필요성

1536　행정주체 내에 이러한 분쟁을 해결할 수 있는 적당한 기관이 없거나 제3자에 의한 공정한 해결을 할 필요가 있는 경우가 있고, 이러한 경우 법원에 제소하여 해결하는 제도가 기관소송이다.

제2항 | 성 질

Ⅰ. 동일한 행정주체 내부기관 간의 소송만을 말하는 것인지 여부

1537　① ⓐ 기관소송은 동일한 행정주체 내부의 기관 간의 소송으로 보아야 한다는 견해(한정설)(다수설)와 ⓑ 기관소송을 동일한 행정주체 내부의 행정기관 간의 소송에 한정할 필요가 없이 쌍방당사자가 행정주체가 아닌 행정기관인 행정소송으로 보아야 한다는 견해(비한정설)가 대립된다. ② 행정소송법의 법문상 기관소송은 동일한 행정주체 내부의 기관 간의 분쟁을 의미하지, 행정주체 사이의 분쟁을 의미하는 것은 아니다(행정소송법 제3조 제4호는 헌법재판소의 관장사항인 권한쟁의심판 등을 제외한 소송을 행정소송인 기관소송으로 규정하고 있는데, 이는 공법상 법인 상호간의 외부적 분쟁은 헌법소송으로, 공법상 법인 내부적 분쟁은 행정소송인 기관소송으로 해결하라는 취지로 볼 수 있기 때문이다). 따라서 한정설이 타

당하다.

Ⅱ. 객관적 소송

기관소송을 제기할 수 있는 권리는 주관적 권리가 아니다. 따라서 기관소송은 객관적 소송의 한 종류이다.

Ⅲ. 제소권자

기관소송은 법률에 정한 자에 한하여 제기할 수 있다(행정소송법 제45조).

Ⅳ. 법정주의

기관소송은 법률이 정한 경우에 제기할 수 있다(행정소송법 제45조).

> **감사원법 제40조 제2항을 기관소송을 허용하는 규정으로 볼 수 있는지 여부(소극)**
>
> 감사원법 제40조 제2항(감사원의 재심의 판결에 대하여는 감사원을 당사자로 하여 행정소송을 제기할 수 있다)을 갑 시장에게 감사원을 상대로 한 기관소송을 허용하는 규정으로 볼 수는 없고 그 밖에 행정소송법을 비롯한 어떠한 법률에도 갑 시장에게 '감사원의 재심의 판결'에 대하여 기관소송을 허용하는 규정을 두고 있지 않으므로, 갑 시장이 제기한 소송이 기관소송으로서 감사원법 제40조 제2항에 따라 허용된다고 볼 수 없다(대판 2016.12.27. 2014두5637).

제3항 | 기관소송의 예(지방자치법상 기관소송)

Ⅰ. 지방의회재의결에 대해 단체장이 제소하는 경우(지방자치법 제120조 제3항(1744))

지방자치법 제120조 제3항에 따라 단체장이 지방의회의 재의결에 대해 지방의회를 상대로 대법원에 제기하는 소송은 기관소송이라는 견해가 일반적인 견해이다.

Ⅱ. 감독청의 재의요구명령에 따라 지방의회의결에 대해 단체장이 제소하는 경우(지방자치법 제192조 제4항(1745))

지방자치법 제192조 제4항에 따라 단체장이 위법한 재의결된 사항에 대해 대법원에 제기하는 소는 지방자치법 제192조 제4항의 제소요건과 지방자치법 제120조 제3항의 요건이 동일하다는 점을 근거로 기관소송이라는 견해가 다수설이다.

제4항 | 적용법규

행정소송법은 기관소송에 대해 성질에 반하지 않는 한 취소소송, 무효등확인소송, 당사자소송에 관한 행정소송법의 규정을 준용하도록 규정하고 있다(행정소송법 제46조).

MEMO

제3부
행정법각론

제3부
영농방법론

PART 01
행정조직법

제1절 행정조직법의 개념

제1항 | 행정조직법의 의의

1544 행정조직법이란 행정의 조직을 규율하는 법을 말한다. 행정조직법이란 행정주체를 위해 사무를 수행할 행정기관을 설치하고, 각 기관에 권한을 부여하고, 그들 상호간에 관계를 규율하는 것을 내용으로 하는 법이다.

제2항 | 행정조직과 법률의 근거

1545 헌법 제96조는 "행정각부의 설치·조직과 직무범위는 법률로 정한다"고 규정하고 있고(행정조직법정주의), 이에 따라 제정된 국가중앙행정조직에 관한 일반법이 정부조직법이다. 그리고 헌법은 지방자치단체의 종류·조직·운영에 관한 사항도 법률로 정하도록 규정하는데(헌법 제117조 제2항, 제118조 제2항), 그에 따라 제정된 지방자치행정조직에 관한 일반법이 지방자치법이다.

제2절 행정주체

제1항 | 행정주체의 의의

1546 행정주체란 행정기관이 행위를 하게 되면 그에 따른 법적 효과(권리·의무)가 귀속하는 주체를 말한다. 행정기관이란 행정주체를 위해 권한을 행사하는 행정주체의 내부조직을 말한다.

제2항 | 행정주체의 종류

1547 행정주체로는 국가, 지방자치단체(지방자치단체도 넓은 의미의 공법상 법인이다), 공법상 법인(공법상 사단·공법상 재단·공법상 영조물법인이 있다), 그리고 공무수탁사인이 있다. 국가와 국가로부터 위임된 권력을 갖는 공법상 법인인 지방자치단체가 행정주체의 기본적인 형태이다(지방자치단체에 대해서는 후술하는 지방자치법 참조(1641 이하)).

Ⅰ. 공법상 법인

1548 공법상 법인이란 특정한 행정목적을 위해 법률이나 법률에 근거한 행위로 설립된 법인격이 부여된 단체를 말한다.

1. 공법상 사단(공공조합)

공법상 사단이란 특정의 공적 목적을 위해 결합된 인적인 결합체를 말한다(예: 대한변호사회, 의사회, 상공회의소, 재건축조합). 공통의 직업이나 공통의 신분을 가진 자들만 이해관계를 갖는 사무는 국가가 이를 관장하기보다는 그들로 하여금 단체를 구성하여 사무를 수행하는 것이 효율적이기 때문에 인정한 것이다(예를 들어 재건축조합은 관리처분계획을 수립할 수 있다).

1549

2. 공법상 재단

공법상 재단이란 일정한 공적 목적을 위해 설립된 재산의 결합체를 말한다(예: 한국연구재단, 중소기업진흥공단).

1550

3. 공법상 영조물법인

공법상 영조물법인이란 공적 목적에 제공된 인적·물적 결합체로 권리능력이 있는 행정의 단일체를 말한다(예: 서울대학교병원, 한국방송공사, 한국도로공사).

1551

Ⅱ. 공무수탁사인

1. 개 념

(1) 의 의

공무수탁사인이란 법률이나 법률에 근거한 행위(행정행위, 공법상 계약)로 공적인 임무를 자기의 이름으로 수행하도록 권한이 주어진 사인을 말한다(예를 들어 사법경찰관리의 직무를 수행할 자와 그 직무범위에 관한 법률 제7조(① 해선(海船)[연해항로(沿海航路) 이상의 항로를 항행구역으로 하는 총톤수 20톤 이상 또는 적석수(積石數) 2백 석 이상의 것] 안에서 발생하는 범죄에 관하여는 선장은 사법경찰관의 직무를, 사무장 또는 갑판부, 기관부, 사무부의 해원(海員) 중 선장의 지명을 받은 자는 사법경찰리의 직무를 수행한다. ② 항공기 안에서 발생하는 범죄에 관하여는 기장과 승무원이 제1항에 준하여 사법경찰관 및 사법경찰리의 직무를 수행한다)에 따라 선장이나 기장 등이 사법경찰관 등의 직무를 수행하는 경우를 말한다).

1552

(2) 구별개념

① 행정의 보조인은 행정주체를 위해 일하는 단순히 도구이며 독립성이 없으므로 공무수탁사인이 아니다(예: 교통사고 현장에서 경찰의 부탁에 의해 경찰을 돕는 사인). ② 공의무부담사인은 권한을 행사하는 것이 아니라 의무를 부담하는 것이므로 공무수탁사인이 아니다(예: 석유 및 석유대체연료 사업법 제17조 제1항에 따라 석유비축의무를 지는 석유정제업자). ③ 사법상 계약에 의하여 경영위탁을 받은 사인은 공무수탁사인이 아니다(예: 지방자치단체와 사법상 계약에 의해 주차위반차량을 견인하는 민간사업자).

1553

2. 법적 근거

㈎ 공무수탁사인제도는 공권의 행사가 사인에게 이전되는 것이므로 법적 근거를 필요로 한다.

㈏ 개별적인 근거로는 여객자동차운수사업법 제76조 제1항(국토교통부장관 또는 시·도지

1554

사는 이 법에 따른 권한의 일부를 대통령령으로 정하는 바에 따라 조합·연합회·공제조합, 교통안전공단법에 따른 교통안전공단 또는 대통령령으로 정하는 전문검사기관에 위탁할 수 있다), 항공보안법 제22조 제1항(기장이나 기장으로부터 권한을 위임받은 승무원(이하 "기장등"이라 한다) 또는 승객의 항공기 탑승 관련 업무를 지원하는 항공운송사업자 소속 직원 중 기장의 지원요청을 받은 사람은 항공기의 안전을 해치고 인명이나 재산에 위해를 주며 항공기내의 질서를 어지럽히거나 규율을 위반하는 행위를 하려는 사람에 대하여 그 행위를 저지하기 위한 필요한 조치를 할 수 있다), 공익사업을 위한 토지 등의 취득 및 보상에 관한 법률 제19조 제1항(사업시행자는 공익사업의 수행을 위하여 필요하면 이 법에서 정하는 바에 따라 토지등을 수용하거나 사용할 수 있다)이 있다.

㈐ 일반적인 근거로는 정부조직법 제6조 제3항(행정기관은 법령이 정하는 바에 의하여 그 소관사무 중 조사·검사·검정·관리업무 등 국민의 권리·의무와 직접 관계되지 아니하는 사무를 지방자치단체가 아닌 법인·단체 또는 그 기관이나 개인에게 위탁할 수 있다)과, 지방자치법 제117조 제3항(지방자치단체의 장은 조례 또는 규칙이 정하는 바에 따라 그 권한에 속하는 사무 중 조사·검사·검정·관리업무 등 주민의 권리·의무와 직접 관련되지 아니하는 사무를 법인·단체 또는 그 기관이나 개인에게 위탁할 수 있다)이 있다.

3. 행정주체 여부

공무수탁사인은 권리능력의 주체(권리·의무의 귀속주체)로서 행정작용의 효과가 귀속되며, 자기책임하에 공권력을 행사하기 때문에 행정기관이 아니라 행정주체로 보는 것이 타당하다(다수설).

4. 공무수탁사인의 법률관계

(1) 국가 등과 공무수탁사인의 관계

국가 등과 공무수탁사인은 공법상 위임관계에 해당한다. 따라서 공무수탁사인은 자신의 책임하에 의사를 결정하며, 국가 등에 대해 비용상환을 청구할 수 있다. 다만, 공무수탁사인은 국가 등의 감독하에 놓인다.

(2) 공무수탁사인과 국민과의 관계★

1) 공무수탁사인의 국민에 대한 관계

독립한 행정주체로 자신의 이름과 권한으로 행정행위를 발령하거나 공법상 행위를 할 수 있다.

2) 국민의 공무수탁사인에 대한 관계

a. **행정쟁송**: ① 공무수탁사인은 행정소송법 제2조 제2항(행정심판법 제2조 제4호; 행정절차법 제2조 제1호)의 행정청이다. 따라서 공무수탁사인의 임무수행과 관련해 위법한 행정처분으로 권리를 침해당한 사인은 공무수탁사인을 피청구인이나 피고로 하여 행정심판이나 항고소송을 제기할 수 있다(행정심판법 제17조 제1항; 행정소송법 제13조 제1항). ② 그리고 공법상 계약의 형식으로 이루어진 행정작용의 경우 국민은 행정소송법 제39조에 따라 공무수탁사인을 피고로 당사자소송을 제기할 수 있다.

b. **국가배상청구**: 국가배상법 제2조 제1항의 공무원은 공무수탁사인을 포함한다. 따라서 공무수탁사인의 행위에 대해 국가 등이 배상책임을 부담한다. 1561

c. **손실보상**: 공익사업을 위한 토지 등의 취득 및 보상에 관한 법률(토지보상법) 제61조가 "공익사업에 필요한 토지등의 취득 또는 사용으로 인하여 토지소유자나 관계인이 입은 손실은 사업시행자가 이를 보상하여야 한다"고 규정하고 있으므로 토지보상법상 사업시행자가 공무수탁사인인 경우에는 공무수탁사인은 손실보상책임을 부담한다. 1562

제3절 행정기관

제1항 | 행정기관의 개념

I. 행정기관의 의의

1563 행정기관이란 행정주체를 위해 권한을 행사하는 행정주체의 내부조직을 말한다. 행정기관에 부여된 권한은 실제는 공무원이라는 인적 구성원에 의해 행사되며, 행사의 효과는 행정주체에 귀속된다.

II. 행정기관의 법인격성(권리주체성)

1564 행정기관은 권한을 가지며 권리를 가지는 것이 아니므로, 권한 행사의 효과는 행정주체에게 귀속된다('권리'는 권리행사의 효과가 행사한 자에게 귀속되는 것을 말하고, '권한'은 권한행사의 효과가 행사한 자가 아니라 다른 인격체에 귀속됨을 특징으로 한다). 따라서 행정기관은 별도의 법인격이 인정되지 않는다.

제2항 | 행정기관의 종류

I. 권한에 따른 분류

1. 행정관청(행정청)

1565 행정관청이란 행정주체를 위하여 행정에 관한 의사를 결정하고 이를 외부에 표시하는 권한을 가진 행정기관을 말한다(예: 행정각부의 장관, 지방자치단체의 장).

2. 보조기관

1566 보조기관이란 행정청의 의사결정과 표시를 보조하는 기관을 말한다(예: 행정각부의 차관, 광역시의 부시장).

3. 보좌기관

1567 행정관청이나 그 보조기관을 보좌하는 참모적 기능을 하는 기관을 말한다(예: 행정각부의 차관보, 국무총리비서실).

4. 의결기관

1568 의결기관이란 표시권한은 없이 다만 의사결정권한만을 갖는 기관을 말한다(예: 각종 징계위원회).

5. 집행기관

1569 집행기관이란 행정기관의 명을 받아 행정상 필요한 상태를 실현하는 기관을 말한다(예: 경찰공무원, 세무공무원).

6. 감사기관

감사기관이란 행정기관의 업무나 회계를 감독하고 조사하는 기관을 말한다(예: 감사원).

7. 자문기관

자문기관이란 행정청의 자문신청에 따라 자신의 의견을 제시하는 기관을 말한다(예: 각종의 위원회). 자문기관의 의견은 행정청의 의사를 구속하지 않는다. 그러나 법령상 자문이 필수 절차임에도 이를 거치지 않으면 절차상 위법이 된다.

II. 구성에 따른 분류

행정기관은 독임제와 합의제로 나누어진다. 독임제란 1인의 우두머리 공무원이 결정을 내리고 책임을 지는 제도를 말하고, 합의제란 구성원의 합의로 의사가 결정되고 구성원 전원이 책임을 지는 제도를 말한다. 전자가 원칙이다.

제4절　행정관청(행정청)

제1항 | 행정관청의 개념

Ⅰ. 전통적 의미의 행정관청

1573　행정에 관한 의사의 결정·표시 권한을 가진 행정조직의 우두머리를 전통적 의미의 행정관청이라고 한다.

Ⅱ. 기능적 의미의 행정관청

1574　국민과의 관계에서 처분을 발령할 수 있는 모든 자를 기능적 의미의 행정관청이라고 한다. 행정쟁송법상 행정청 개념은 기능적 의미의 행정청 개념에 해당한다(행정소송법 제2조 제2항 등 참조).

제2항 | 행정관청의 권한의 개념

Ⅰ. 행정관청의 권한의 의의

1575　행정관청의 권한이란 행정관청이 행정주체를 위해 의사를 결정하고 표시할 수 있는 범위를 말한다. 그러나 행정관청이 행사하는 것은 권리가 아니라 권한이므로 행사의 효과는 행정주체에게 귀속된다.

Ⅱ. 행정관청의 권한의 한계

1. 사항적 한계

1576　행정관청은 타 행정관청의 권한에 속하는 사항을 처리할 수는 없다. 다만 해당 행정관청이 상급행정관청이라면 지휘·감독권을 행사할 수는 있다.

2. 지역적 한계

1577　행정관청의 권한이 지역적으로 한정된 경우 그 범위에서만 행사되어야 한다.

3. 대인적 한계

1578　행정관청의 권한이 미치는 인적 범위가 한정된 경우 그 범위에서만 행사되어야 한다(예: 국립대학총장은 해당 대학의 교직원과 학생).

제3항 | 행정관청의 권한의 행사

행정관청의 권한의 행사는 주어진 권한을 법이 정한 바에 따라 자기 스스로 행사하는 것이 원칙이다. 그러나 일정한 경우 다른 행정청이 권한을 행사하는 경우가 있는데 이를 권한의 대행이라고 한다. 권한의 대행에는 권한의 대리와 권한의 위임이 있다.

Ⅰ. 행정권한의 대리

1. 의의, 종류

권한의 대리란 행정관청(피대리관청)이 자신의 권한을 다른 행정관청(대리관청)으로 하여금 행사하게 하고, 대리관청은 자신의 이름으로 권한을 행사하되 그 효과는 피대리관청에 귀속하게 하는 것을 말한다. 권한의 대리는 대리권의 발생 원인에 따라 임의대리와 법정대리로 나누어진다.

2. 임의대리

(1) 의 의

임의대리란 대리권을 부여하는 피대리관청의 수권행위에 따라 이루어지는 대리를 말한다.

(2) 법적 근거

권한의 대리는 권한의 이전을 가져오지 않기 때문에 권한의 위임과는 달리 법적 근거를 요하지 않는다(다수설).

(3) 대리행위의 효과

대리행위의 효과는 피대리관청에게 귀속된다. 따라서 항고소송의 피고도 피대리관청이 된다.

3. 법정대리

(1) 의 의

법정대리란 법정사실이 발생하는 경우에 법령의 규정에 의거하여 이루어지는 대리를 말한다.

(2) 법적 근거

법정대리에 관한 근거로 헌법 제71조(대통령이 궐위되거나 사고로 인하여 직무를 수행할 수 없을 때에는 국무총리, 법률이 정한 국무위원의 순서로 그 권한을 대행한다), 정부조직법 제7조 제2항(차관(제22조의2 제3항에 따라 국민안전처에 두는 본부장을 포함한다. 이하 이 조에서 같다) 또는 차장(국무조정실 차장을 포함한다. 이하 이 조에서 같다)은 그 기관의 장을 보좌하여 소관사무를 처리하고 소속공무원을 지휘·감독하며, 그 기관의 장이 사고로 직무를 수행할 수 없으면 그 직무를 대행한다) 등이 있다.

(3) 대리행위의 효과

대리행위의 효과는 피대리관청에게 귀속된다. 따라서 항고소송의 피고도 피대리관청이 된다.

Ⅱ. 행정권한의 위임

1. 개념

(1) 의의

행정관청이 자기에게 주어진 권한을 법에 근거하여 타자(수임자)에게 사무처리권한의 일부를 실질적으로 이전하여 그 자의 이름과 책임으로 사무를 처리하게 하는 것을 권한의 위임(광의)이라고 한다. 지휘·감독관계에 있는 자 사이의 이전을 위임(협의), 대등관계에 있는 자 사이의 이전을 위탁이라고 한다. 양자는 성질상 차이가 없으며, 양자를 합하여 임탁(넓은 의미의 위임)이라고도 한다.

(2) 구별개념

1) 권한의 이양

권한의 이양은 법령에 따라 A행정관청의 권한이 B행정관청으로 확정적으로 이전되는 것을 말하지만, 권한의 위임은 A행정관청의 권한을 B행정관청에 위임하였더라도 사후에 A행정관청은 그 권한을 다시 회수하여 자신이 행사할 수 있다는 점에서 구별된다.

2) 권한의 대리

권한의 대리는 권한이 이전되는 것이 아니라 대리관청이 피대리관청의 권한을 대신 행사할 뿐이지만, 권한의 위임은 위임 행정관청의 권한이 수임 행정관청에 실질적으로 이전된다는 점에서 구별된다(1580 이하).

2. 법적 근거

(1) 법적 근거의 필요성

권한이 위임되면 권한의 실질적인 이전이 일어나 수임 행정관청으로 하여금 새로운 책임과 의무를 부담시키므로 권한의 위임과 재위임은 법적 근거를 요한다는 것이 판례와 일반적인 견해이다.

(2) 법적 근거의 내용★[17 변시]

1) 문제점

행정권한 위임의 법적 근거가 개별법에 규정된 경우도 있지만, 개별법에 근거규정이 없는 경우 정부조직법 제6조(자치사무의 경우 지방자치법 제117조)와 이에 근거한 행정권한의 위임 및 위탁에 관한 규정(대통령령)이 위임과 재위임의 일반적 근거규정이 되는지 여부에 관해 학설·판례가 대립된다.

2) 학설

a. 긍정설: 행정조직에 관한 것은 국민의 권리 또는 의무에 직접적으로 관련이 없어 포괄적인 위임이 가능하다고 한다.

b. 부정설: 동 법령들을 권한의 위임이나 재위임에 관한 일반규정으로 보면 행정조직법

정주의에 위반되므로 부정함이 타당하다는 견해이다.

3) 판 례
판례는 난지도펜스공사와 관련된 영등포구청장의 건설업영업정지처분사건에서 정부조직법 제6조와 이에 근거한 행정권한의 위임 및 위탁에 관한 규정을 위임 및 재위임의 일반적 근거규정으로 보았다(대판(전원) 1995.7.11. 94누4615; 대판 1990.2.27. 89누5287)(긍정).

1602

4) 검 토
중앙행정기관의 권한이 지방으로 간편하게 이전될 수 있는 장점이 있음을 고려할 때 개별법에 명문규정이 없더라도 정부조직법 제6조 등과 행정권한의 위임 및 위탁에 관한 규정이 행정권한 위임의 일반적 근거규정이 된다는 견해가 타당하다(긍정).

[참조조문]
정부조직법

제6조(권한의 위임 또는 위탁) ① 행정기관은 법령으로 정하는 바에 따라 그 소관사무의 일부를 보조기관 또는 하급행정기관에 위임하거나 다른 행정기관·지방자치단체 또는 그 기관에 위탁 또는 위임할 수 있다. 이 경우 위임 또는 위탁을 받은 기관은 특히 필요한 경우에는 법령으로 정하는 바에 따라 위임 또는 위탁을 받은 사무의 일부를 보조기관 또는 하급행정기관에 재위임할 수 있다.
② 보조기관은 제1항에 따라 위임받은 사항에 대하여는 그 범위에서 행정기관으로서 그 사무를 수행한다.
③ 행정기관은 법령으로 정하는 바에 따라 그 소관사무 중 조사·검사·검정·관리 업무 등 국민의 권리·의무와 직접 관계되지 아니하는 사무를 지방자치단체가 아닌 법인·단체 또는 그 기관이나 개인에게 위탁할 수 있다.

행정권한의 위임 및 위탁에 관한 규정(대통령령)

제3조(위임 및 위탁의 기준 등) ① 행정기관의 장은 허가·인가·등록 등 민원에 관한 사무, 정책의 구체화에 따른 집행사무 및 일상적으로 반복되는 사무로서 그가 직접 시행하여야 할 사무를 제외한 일부 권한(이하 "행정권한"이라 한다)을 그 보조기관 또는 하급행정기관의 장, 다른 행정기관의 장, 지방자치단체의 장에게 위임 및 위탁한다.
② 행정기관의 장은 행정권한을 위임 및 위탁할 때에는 위임 및 위탁하기 전에 수임기관의 수임능력 여부를 점검하고, 필요한 인력 및 예산을 이관하여야 한다.
③ 행정기관의 장은 행정권한을 위임 및 위탁할 때에는 위임 및 위탁하기 전에 단순한 사무인 경우를 제외하고는 수임 및 수탁기관에 대하여 수임 및 수탁사무 처리에 필요한 교육을 하여야 하며, 수임 및 수탁사무의 처리지침을 시달하여야 한다.

제4조(재위임) 특별시장·광역시장·특별자치시장·도지사 또는 특별자치도지사(특별시·광역시·특별자치시·도 또는 특별자치도의 교육감을 포함한다. 이하 같다)나 시장·군수 또는 구청장(자치구의 구청장을 말한다. 이하 같다)은 행정의 능률향상과 주민의 편의를 위하여 필요하다고 인정될 때에는 수임사무의 일부를 그 위임기관의 장의 승인을 받아 규칙으로 정하는 바에 따라 시장·군수·구청장(교육장을 포함한다) 또는 읍·면·동장, 그 밖의 소속기관의 장에게 다시 위임할 수 있다.

지방자치법

제117조(사무의 위임 등) ① 지방자치단체의 장은 조례나 규칙으로 정하는 바에 따라 그 권한에 속하는 사무의 일부를 보조기관, 소속 행정기관 또는 하부행정기관에 위임할 수 있다.
② 지방자치단체의 장은 조례나 규칙으로 정하는 바에 따라 그 권한에 속하는 사무의 일부를 관할 지방자치단체나 공공단체 또는 그 기관(사업소·출장소를 포함한다)에 위임하거나 위탁할 수 있다.

> ③ 지방자치단체의 장은 조례나 규칙으로 정하는 바에 따라 그 권한에 속하는 사무 중 조사·검사·검정·관리 업무 등 주민의 권리·의무와 직접 관련되지 아니하는 사무를 법인·단체 또는 그 기관이나 개인에게 위탁할 수 있다.
> ④ 지방자치단체의 장이 위임받거나 위탁받은 사무의 일부를 제1항부터 제3항까지의 규정에 따라 다시 위임하거나 위탁하려면 미리 그 사무를 위임하거나 위탁한 기관의 장의 승인을 받아야 한다.

3. 형태

(1) 보조기관에 위임

1604 위임의 가장 대표적인 경우이다. 법무부장관이 법무부차관에게 권한을 위임하는 경우가 이의 예에 해당한다.

(2) 하급행정기관에 위임

1605 예를 들어 상급행정청인 국세청장이 하급행정청인 세무서장에게 권한을 위임하는 경우가 이에 해당한다.

(3) 다른 행정관청에 위임

1606 지휘·감독관계가 없는 행정관청 사이의 위임을 말하며, 이를 위탁이라고도 한다. 예를 들어 법무부장관이 국방부장관에게 위탁하는 경우가 이에 해당한다.

(4) 지방자치단체에 위임

1607 국가 또는 광역자치단체의 권한을 지방자치단체에 위임하는 경우를 말한다(단체위임). 예를 들어 산업자원부장관이 권한을 지방자치단체에 위임하는 경우가 이에 해당한다.

(5) 지방자치단체의 기관에 위임

1608 국가 또는 광역자치단체의 권한을 지방자치단체의 기관에 위임하는 경우를 말한다(기관위임 — 일반적으로 기관위임이란 동일한 행정주체 내부에서 다른 행정기관에 위임하는 경우가 아니라, 다른 행정주체의 행정기관에 위임하는 것을 말한다). 예를 들어 국토교통부장관의 권한을 지방자치단체의 장에게 위임하는 경우가 이에 해당한다.

(6) 사인에 대한 위임(민간위탁)

1609 정부조직법 제6조 제3항은 "행정기관은 법령으로 정하는 바에 따라 그 소관사무 중 조사·검사·검정·관리 업무 등 국민의 권리·의무와 직접 관계되지 아니하는 사무를 지방자치단체가 아닌 법인·단체 또는 그 기관이나 개인에게 위탁할 수 있다"고 규정한다(지방자치법 제117조 제3항 참조). 이처럼 행정권한을 수임 받은 사인은 공무수탁사인이 된다.

4. 범위

1610 권한을 위임하는 경우 권한의 일부만을 위임해야 하며 권한의 전부를 위임할 수는 없다. 왜냐하면 권한의 전부의 위임은 사실상 위임 행정관청 자체의 폐지를 뜻하는 것이 되기 때문이다.

5. 효 과

(1) 수임관청의 지위
권한을 위임받은 관청은 자기의 명의·책임·권한으로 사무를 수행하며, 행정쟁송법상으로는 피고(피청구인)가 된다(행정소송법 제2조 제2항).

(2) 위임관청의 권한
위임관청의 권한은 수임관청에게 실질적으로 이전되었기 때문에 위임관청은 권한을 스스로 행사할 수는 없다. 그러나 위임관청은 수임관청의 수임사무의 처리에 대해 지휘·감독권을 행사하여 그 사무 처리를 취소하거나 중지시킬 수 있다.

(3) 비용부담
지방자치법 제158조는 본문에서 "지방자치단체는 그 자치사무의 수행에 필요한 경비와 위임된 사무에 관하여 필요한 경비를 지출할 의무를 진다"고 규정하지만, 단서에서 "다만, 국가사무나 지방자치단체사무를 위임할 때에는 이를 위임한 국가나 지방자치단체에서 그 경비를 부담하여야 한다"고 규정한다. 또한 지방재정법 제21조 제2항은 "국가가 스스로 하여야 할 사무를 지방자치단체나 그 기관에 위임하여 수행하는 경우 그 경비는 국가가 전부를 그 지방자치단체에 교부하여야 한다"고 규정한다(지방재정법 제28조(시·도의 사무위임에 수반하는 경비 부담) 시·도나 시·도지사가 시·군 및 자치구 또는 시장·군수·자치구의 구청장에게 그 사무를 집행하게 할 때에는 시·도는 그 사무 집행에 드는 경비를 부담하여야 한다).

6. 재위임
수임 행정관청은 법령이 정하는 바에 의하여 위임받은 사무의 일부를 보조기관 또는 하급행정기관 등에 재위임할 수 있다(정부조직법 제6조 제1항 후단, 지방자치법 제117조 제2항 참조).

 행정권한의 내부위임★★★[14 사시]

1. 의 의
권한의 내부위임이란 행정조직 내부에서 수임자가 위임자의 명의와 책임으로 위임자의 권한을 사실상 행사하는 것을 말한다.

2. 구별개념
㈎ 내부위임은 위임자의 명의와 책임으로 권한을 행사하고 권한의 대외적인 변경이 없기 때문에 법률에 근거를 요하지 않는다는 점에서, 수임자의 명의와 책임으로 권한을 행사하고 권한의 실질적 변경을 수반하기 때문에 법률에 근거를 요하는 권한의 위임과 구별된다.

㈏ 넓은 의미의 내부위임에는 위임전결(행정청이 내부적으로 행정청의 보조기관 등에게 일정한 경미한 사항의 결정권을 위임하여 보조기관 등이 사실상 그 권한을 행사하는 것)과

대결(기관구성자의 일시부재시에 보조기관이 사실상 권한을 대신하는 것)이 포함된다.

3. 내부위임이 있는 경우 행정쟁송에서 피고(피청구인)

1614c 내부위임은 위임자 명의로 권한이 행사되기 때문에 위임 행정관청이 피고가 된다.

4. 권한행사방식 위반의 효과

1614d ① 행정권한이 내부위임 되었음에도 수임자가 권한없이 자신의 명의로 행정처분을 하였다면, 그 하자는 중대하고 명백하여 그 처분은 무효이다(대판 1993.5.27. 93누6621). 이 경우 피고는 정당한 권한자가 아니라 처분명의자인 수임 행정관청이 된다. 만일 정당한 권한자를 피고로 해야 한다면 무권한자가 위법한 처분을 발령한 후 정당한 권한자를 찾아야 하는 부담을 원고인 사인에게 지우는 결과가 되기 때문이다. ② 그리고 판례는 원래 전결권자가 아닌 보조기관이 처분권한자의 명의로 처분을 하였다고 해도 무효는 아니라고 본다(대판 1998.2.27. 97누1105).

제4항 | 행정관청 간의 관계

I. 상·하행정관청 간의 관계

1. 권한의 감독관계

(1) 감독의 의의

1615 상급관청이 하급관청에 대하여 행하는 여러 종류의 통제 작용을 권한의 감독이라 한다.

(2) 감독권의 근거

1616 개별·구체적인 법적 근거는 필요 없으나, 일반적인 법적 근거는 필요하다.

(3) 감독의 방법

1) 감 시

1617 감시란 하급관청이 행하는 권한행사의 상황을 파악하기 위하여 상급관청이 하급관청의 사무를 감사하거나, 하급관청으로 하여금 사무처리의 내용을 정기적으로 또는 수시로 보고하게 하는 것을 말한다.

2) 훈 령

1618 a. 의의·구별개념: ㈎ 훈령이란 상급관청이 하급관청의 권한행사를 지휘하기 위하여 발하는 명령을 말한다. 훈령을 발할 수 있는 권한이 훈령권이다.

㈏ ① 훈령은 상·하관청 간의 문제이므로, 상급공무원이 부하공무원에게 발하는 공무원 간의 문제인 직무명령과는 구별된다(국가공무원법 제57조(복종의 의무) 공무원은 직무를 수행할 때 소속 상관의 직무상 명령에 복종하여야 한다). ② 훈령은 상·하관청 사이의 문제이므로 상급관청이나 하급관청의 기관구성자의 변경에 불구하고 효력을 가지나, 직무명령은 특정의 상·하 공무원 간의 문제이므로 그 특정 상·하 공무원의 지위상실 등으로

인하여 효력이 소멸된다. ③ 그러나 훈령은 하급행정청에 발하는 명령이므로 하급행정청에 소속된 공무원을 구속하게 되어 당연히 직무명령으로서의 성질도 갖게 되나 직무명령은 훈령으로서의 성질을 당연히 갖는 것은 아니다(자세한 내용은 후술하는 직무명령 참조(1902)).

b. 종 류: 훈령은 협의의 훈령·지시·예규·일일명령으로 세분된다. ① '협의의 훈령'이란 상급관청이 하급관청에 대하여 발하는 명령을 말하고, ② '지시'란 상급기관이 하급기관에 개별적·구체적으로 발하는 명령을 말한다. ③ '예규'란 행정사무의 통일을 기하기 위하여 반복적 행정사무의 처리기준을 말하고, ④ '일일명령'이란 당직·출장·시간외근무·휴가 등 일일업무에 관한 명령을 말한다(지시와 일일명령을 훈령이 아니라 직무명령으로 보는 견해도 유력하다).

c. 법적 성질: 훈령은 행정규칙으로 행정조직 내부에서 하급관청을 구속할 뿐 일반국민을 구속하지는 않는다.

d. 근 거: 훈령권이 법령상 명문으로 규정되는 경우도 있으나 반드시 명문의 근거가 있을 필요는 없다. 훈령권은 감독권의 당연한 작용이기 때문이다.

e. 요 건: 훈령이 유효한 행위로서 하급관청을 구속하기 위해서는 다음의 요건을 갖추어야 한다. ① 훈령의 주체는 훈령권 있는 상급관청이어야 한다. ② 훈령사항은 하급관청의 권한에 속하는 사항으로서 ③ 직무상 하급관청의 독립적인 권한에 속하는 사항이 아니어야 한다. 이상과 같은 형식적 요건 외에도 ④ 실질적 요건으로서 훈령사항은 적법하고 공익에 적합하여야 한다.

f. 효 과: 하급관청은 훈령에 구속되고 훈령에 복종해야 한다. 만약 복종하지 않으면 징계사유가 된다.

3) 취소·정지

상급관청은 하급관청의 위법·부당한 행위를 취소하거나 정지할 수 있다. 정부조직법 제11조·제16조 제2항 등과 지방자치법 제188조 등은 상급관청의 일반적 취소·정지를 규정하고 있다.

4) 권한(주관)쟁의결정

하급관청 사이에 권한의 분쟁이 있는 경우 상급관청은 그 분쟁을 해결하고 결정한다. 권한분쟁의 해결 또한 감독수단의 하나이다.

2. 권한의 대행관계

권한의 대행이란 다른 행정청에게 권한을 행사하게 하는 것을 말한다. 권한의 대행에는 권한의 대리와 권한의 위임이 있다(1579 이하).

Ⅱ. 대등행정관청 간의 관계

1. 권한의 상호존중관계

1630　대등한 행정관청 간에 있어서 다른 관청의 권한을 존중해야 하고, 권한을 침범하지 못한다.

2. 권한의 상호협력관계

(1) 협 의

1631　협의는 어떠한 사항이 둘 이상의 행정관청의 권한에 관련되는 경우 행정관청 상호 간에 의사통일을 기하기 위한 방법이다. 어떠한 사항이 둘 이상의 행정관청의 공동관할에 속하는 경우와 어떠한 사항이 특정관청(주무 행정청)의 관할에 속하나 다른 관청(관계 행정청)과 협의가 필요한 경우가 있다.

(2) 사무의 위탁(촉탁)

1632　하나의 행정관청에서 필요한 사무가 다른 행정관청의 관할에 속하는 경우, 그 행정관청에 사무처리를 부탁하는 것을 말한다.

(3) 행정응원

1633　대등한 다른 행정관청에 특정한 행위나 공무원의 파견 기타 일반적인 협력을 요청하는 것을 말한다(예: 소방응원, 경찰응원, 군사응원). 일반법으로 행정절차법 제8조가 있다(행정절차법 제8조 ① 행정청은 다음 각호의 어느 하나에 해당하는 경우에는 다른 행정청에 행정응원을 요청할 수 있다).

> [참고] 국가행정조직
>
> **1. 국가중앙행정조직**
>
> 1633a　중앙행정조직은 대통령과 그 직속기관, 심의기관으로 국무회의, 국무총리와 그 직속기관, 행정각부와 그 소속기관, 독립된 중앙행정기관으로 선거관리위원회, 합의제 행정기관으로서 각종 행정위원회 등이 있다.
>
> **2. 국가지방행정조직**
>
> (1) 보통지방행정기관
>
> 1633b　특정 중앙행정기관에 소속되지 않고 일정 지역에서 시행되는 국가행정사무전반을 수행하는 행정기관을 말한다. 우리나라는 보통지방행정기관을 따로 설치하지 않고, 국가사무 중 일정한 지역에서 집행되어야 할 사무는 지방자치단체의 장에게 위임하여 처리하고 있다(지방자치법 제115조 시·도와 시·군 및 자치구에서 시행하는 국가사무는 법령에 다른 규정이 없으면 시·도지사와 시장·군수 및 자치구의 구청장에게 위임하여 행한다). 따라서 이 경우 지방자치단체의 장은 자치사무를 처리함에 있어서는 지방자치단체의 집행기관이나, 국가사무를 위임받아(기관위임사무) 처리하는 한도에서는 국가기관의 지위에 있어 이중적인 지위를 가진다.
>
> (2) 특별지방행정기관
>
> 1633c　특정 중앙행정기관에 소속되어 일정 지역에서 특정 중앙행정기관의 권한에 속하는 사무를 수행하는 행정기관을 말한다(예: 지방보훈청, 지방국세청, 지방산림관리청). 정부조직법 제3조 제

1항은 "중앙행정기관에는 소관사무를 수행하기 위하여 필요한 때에는 특히 법률로 정한 경우를 제외하고는 대통령령으로 정하는 바에 따라 지방행정기관을 둘 수 있다"고 규정한다.

 MEMO

PART 02
지방자치법

CHAPTER 01 일반론(지방자치)

제1절 지방자치의 개념

제1항 | 자치행정의 의의

Ⅰ. 지방자치의 의의

1634   지방자치란 지역적 사무를 주민의 의사에 따라 국가로부터 독립한 법인이 이를 처리하는 것을 말한다.

Ⅱ. 주민자치와 단체자치

1635   주민자치(정치적 의미의 자치행정)란 지방의 행정을 지방 주민의 의사에 따라 처리하는 것을 말하며, 단체자치(법적 의미의 자치행정)란 국가로부터 독립된 법인격을 가진 지역단체를 설치하고 그 단체의 기관이 행정을 처리하는 것을 말한다. 우리나라의 지방자치는 주민자치와 단체자치가 결합된 형태이다.

제2항 | 자치행정의 본질

1636   지방자치권은 국가로부터 전래되어 나온다는 자치위임설(전래설)이 통설이다.

제3항 | 지방자치제도의 헌법적 보장

1637   헌법은 지방자치행정을 기본권이 아닌 객관적인 제도로서 보장한다(역사적으로 형성된 전통적 제도를 헌법이 특별히 보장한 것으로 본다). 지방자치제도의 보장은 ① 포괄적인 사무의 보장, ② 권리주체성의 보장, ③ 주관적인 법적 지위의 보장을 내용으로 한다.

Ⅰ. 포괄적인 사무의 보장

1638   헌법은 지방자치단체의 사무로 '주민의 복리에 관한 사무', '재산의 관리', '법령의 범위 안에서의 자치법규제정' 등을 보장하고 있다(헌법 제117조 제1항). 즉, 헌법상 보장되는 지방자치단체의 사무는 매우 포괄적이다. 따라서 지방자치단체는 사무수행에 있어 전권한성(全權限性)을 가진다고 할 수 있다.

II. 권리주체성의 보장

행정조직의 한 부분으로서 지방자치단체는 권리주체일 것이 요구된다.

III. 주관적인 법적 지위의 보장

지방자치단체는 다른 공권력 주체의 위법한 자치권 침해에 대해 사법적 보호를 청구할 수 있다.

제2절 지방자치단체의 개념

I. 지방자치단체의 의의

지방자치단체는 주민의 복지를 실현하기 위하여 조직된 지역적인 공법상 사단이다(지방자치법 제3조 제1항). 지방자치단체는 주민·구역·자치권을 구성요소로 한다.

II. 지방자치단체의 능력

지방자치단체는 공법상 법인으로서 권리·의무의 귀속주체가 될 수 있는 능력을 갖는다. 또한 소송상 일방당사자가 될 수 있는 능력인 당사자능력과 소송능력을 갖는다. 그리고 지방자치단체는 불법행위에 대한 책임을 부담하는 불법행위능력도 갖는다(예를 들어 국가배상책임자가 될 수 있다).

III. 지방자치단체의 종류

1. 보통지방자치단체

(1) 의의, 종류

보통지방자치단체란 그 조직과 수행사무가 일반적이고 보편적인 지방자치단체를 말한다. 현행법상 보통지방자치단체에는 광역(상급)지방자치단체와 기초(하급)지방자치단체가 있다. 광역지방자치단체로는 특별시, 광역시, 특별자치시, 도, 특별자치도가 있고, 기초지방자치단체로는 시, 군, 구가 있다(지방자치법 제2조 제1항).

(2) 직할, 관할

광역지방자치단체인 특별시, 광역시, 특별자치시, 도, 특별자치도는 정부의 직할로 두고, 시는 도의 관할구역 안에, 군은 광역시나 도의 관할구역 안에 두며, 자치구는 특별시와 광역시의 관할구역 안에 둔다(지방자치법 제3조 제2항). 여기서 '직할' 또는 '관할구역'에 둔다는 것은 통제하에 둔다는 의미가 아니고 그 구역 내에 위치한다는 뜻이다.

2. 특별지방자치단체

보통지방자치단체 외에 특정한 목적을 수행하기 위하여 필요한 경우에 설치되는 지방자치단체가 특별지방자치단체이다(지방자치법 제2조 제3항).

제3절 지방자치단체의 주민

제1항 | 주민의 의의

지방자치단체의 구역 안에 주소를 가진 자는 그 지방자치단체의 주민이 된다(지방자치법 제16조). 다른 법률에 특별한 규정이 없으면 주민등록법에 따른 주민등록지를 공법관계에서의 주소로 한다(주민등록법 제23조 제1항).

제2항 | 주민의 권리

Ⅰ. 정책의 결정 및 집행 과정에 참여할 권리

주민은 법령으로 정하는 바에 따라 주민생활에 영향을 미치는 지방자치단체의 정책의 결정 및 집행 과정에 참여할 권리를 가진다(지방자치법 제17조 제1항).

Ⅱ. 공적 재산·공공시설이용권

1. 의 의

주민은 법령으로 정하는 바에 따라 소속 지방자치단체의 재산과 공공시설을 이용할 권리를 가진다(지방자치법 제17조 제2항).

2. 이용권의 법적 성질

정당한 이유 없이 공공시설의 이용이 거부되면 주민은 시정을 요구할 수 있는 권리를 갖는다. 따라서 공공시설이용권은 개인적 공권이다.

3. 이용권의 주체

공공시설이용권은 주민의 권리이다. 따라서 합리적인 이유가 있다면 비주민에게는 당해 지방자치단체의 재산이나 공공시설의 이용이 제한될 수도 있다. 다만 지방자치단체의 주민은 아니지만, 그 지방자치단체의 구역 내에 토지나 영업소를 가지고 있는 자는 해당 지방자치단체의 주민과 유사한 공공시설이용권을 가질 수 있다.

4. 이용권의 대상

지방자치법상 '재산'이란 현금 외의 모든 재산적 가치가 있는 물건 및 권리를 말하고(지방자치법 제159조 제3항), '공공시설'이란 지방자치단체가 주민의 복지를 증진하기 위하여 설치하는 시설을 말한다(지방자치법 제161조 제1항).

5. 이용권의 내용과 한계

이용권의 내용과 한계는 법령이나 행정행위(공용지정행위)에 의해 정해진다.

6. 이용권자의 권리구제

① 공적 재산·공공시설의 이용과 관련하여 관리주체가 이용권자에게 위법한 처분을 발

령하면 항고소송으로 다툴 수 있다. ② 공적 재산·공공시설의 설치·관리상의 하자로 인해 이용권자에게 손해가 발생하면 이용권자는 지방자치단체 등에 대해 손해배상을 청구할 수도 있다(국가배상법 제5조 제1항).

Ⅲ. 균등하게 행정의 혜택을 받을 권리

㈎ 주민은 소속지방자치단체로부터 균등하게 행정의 혜택을 받을 권리를 가진다(지방자치법 제17조 제2항). '행정의 혜택을 받을 권리'란 공적 재산·공공시설의 이용을 제외한 그 밖의 일체의 행정서비스의 혜택을 받을 수 있는 권리를 의미한다.

㈏ 한편, 대법원은「지방자치법 제17조 제2항은 주민이 지방자치단체로부터 행정적 혜택을 균등하게 받을 수 있다는 권리를 추상적이고 선언적으로 규정한 것으로서, 위 규정에 의하여 주민이 지방자치단체에 대하여 구체적이고 특정한 권리가 발생하는 것이 아닐 뿐만 아니라, 지방자치단체가 주민에 대하여 균등한 행정적 혜택을 부여할 구체적인 법적 의무가 발생하는 것도 아니므로, 이 사건 조례안으로 인하여 주민들 가운데 일정한 조건에 해당하는 일부 주민이 지원을 받게 되는 혜택이 발생하였다고 하여 위 조례안이 지방자치법 제17조 제2항에 위반한 것이라고 볼 수는 없다(대판 2008.6.12. 2007추42[조례안재의결무효확인])」고 한다.

Ⅳ. 선거권·피선거권

국민인 주민은 법령으로 정하는 바에 따라 그 지방자치단체에서 실시하는 지방의회의원과 지방자치단체의 장의 선거에 참여할 권리를 가진다(지방자치법 제17조 제3항). 그리고 선거일 현재 계속하여 60일 이상(공무로 외국에 파견되어 선거일 전 60일 후에 귀국한 자는 선거인명부작성기준일부터 계속하여 선거일까지) 당해 지방자치단체의 관할구역 안에 주민등록(국내거소신고인명부에 올라 있는 경우를 포함한다. 이하 이 조에서 같다)이 되어 있는 주민으로서 25세 이상의 국민은 그 지방의회의원 및 지방자치단체의 장의 피선거권이 있다(공직선거법 제16조 제3항).

Ⅴ. 주민투표권

지방자치법 제18조는 "① 지방자치단체의 장은 주민에게 과도한 부담을 주거나 중대한 영향을 미치는 지방자치단체의 주요 결정사항 등에 대하여 주민투표에 부칠 수 있다(재량사항). ② 주민투표의 대상·발의자·발의요건, 그 밖에 투표절차 등에 관한 사항은 따로 법률로 정한다"고 규정한다. 그에 따라 주민투표법이 제정되어 있다.

Ⅵ. 조례제정과 개폐청구권

주민은 지방자치단체의 조례를 제정하거나 개정하거나 폐지할 것을 청구할 수 있다(지방자치법 제19조 제1항). 조례의 제정·개정 또는 폐지 청구의 청구권자·청구대상·청구요건 및 절차 등에 관한 사항은 따로 법률로 정한다(지방자치법 제19조 제2항).

Ⅶ. 규칙의 제정과 개정·폐지 의견 제출

1657 주민은 지방자치법 제29조에 따른 규칙(권리·의무와 직접 관련되는 사항으로 한정한다)의 제정, 개정 또는 폐지와 관련된 의견을 해당 지방자치단체의 장에게 제출할 수 있다(지방자치법 제20조 제1항). 법령이나 조례를 위반하거나 법령이나 조례에서 위임한 범위를 벗어나는 사항은 의견 제출 대상에서 제외한다(지방자치법 제20조 제2항). 지방자치단체의 장은 제출된 의견에 대하여 의견이 제출된 날부터 30일 이내에 검토 결과를 그 의견을 제출한 주민에게 통보하여야 한다(지방자치법 제20조 제3항). 지방자치법 제20조 제1항에 따른 의견 제출, 제3항에 따른 의견의 검토와 결과 통보의 방법 및 절차는 해당 지방자치단체의 조례로 정한다(지방자치법 제20조 제4항).

Ⅷ. 감사청구권★[12 5급]

1. 의 의

1660 18세 이상의 일정한 수의 주민은 연서(連署)로, 시·도에서는 주무부장관에게, 시·군 및 자치구에서는 시·도지사에게 그 지방자치단체와 그 장의 권한에 속하는 사무의 처리가 법령에 위반되거나 공익을 현저히 해한다는 이유로 감사를 청구할 수 있다(지방자치법 제21조).

2. 청구의 대상

1661 주민감사청구의 대상은 그 지방자치단체와 그 장의 권한에 속하는 사무로서 그 처리가 법령에 위반되거나 공익을 현저히 해한다고 인정되는 사항이다(지방자치법 제21조 제1항). 지방자치단체의 사무와 그 장의 권한에 속하는 사무는 자치사무, 단체위임사무, 기관위임사무도 포함된다. 다만 '1. 수사나 재판에 관여하게 되는 사항, 2. 개인의 사생활을 침해할 우려가 있는 사항, 3. 다른 기관에서 감사했거나 감사중인 사항(다른 기관에서 감사한 사항이라도 새로운 사항이 발견되거나 중요사항이 감사에서 누락된 경우와 제22조 제1항에 따라 주민소송의 대상이 되는 경우는 제외한다), 4. 동일한 사항에 대하여 제22조 제2항 각호의 어느 하나에 해당하는 소송이 계속중이거나 그 판결이 확정된 사항'은 감사청구의 대상에서 제외된다(지방자치법 제21조 제2항).

3. 청구의 주체

1662 시·도는 300명, 제198조에 따른 50만 이상 대도시는 200명, 그 밖의 시·군 및 자치구는 150명을 넘지 아니하는 범위에서 그 지방자치단체의 조례로 정하는 18세 이상의 주민이 청구의 주체가 된다(지방자치법 제21조 제1항).

4. 청구의 상대방

감사청구의 상대방은 해당 지방자치단체의 장이 아니라 감독청이다. 즉, 시·도에서는 주무부장관, 시·군 및 자치구에서는 시·도지사가 주민감사청구의 상대방이 된다(지방자치법 제21조 제1항). 1663

5. 청구의 기한

감사청구는 사무처리가 있었던 날이나 끝난 날부터 3년이 지나면 제기할 수 없다(지방자치법 제21조 제3항). 1664

IX. 주민소송권★★★[10 사시] [12 5급] [16 5급] [17 5급] [21 변시] [22 변시]

1. 개 념

(1) 의 의

㈎ 주민소송이란 지방자치단체의 장, 직원 등의 위법한 재무회계행위에 대해 지방자치법 제22조에 따라 주민이 제기하는 소송을 말한다. 1669

㈏ 주민소송 제도는 지방자치단체 주민이 지방자치단체의 위법한 재무회계행위의 방지 또는 시정을 구하거나 그로 인한 손해의 회복 청구를 요구할 수 있도록 함으로써 지방자치단체의 재무행정의 적법성과 지방재정의 건전하고 적정한 운영을 확보하려는 데 목적이 있는 객관적 소송이다(대판 2016.5.27. 2014두8490).

(2) 주민감사청구전치주의

지방자치법은 주민소송이 적법하게 제기되기 위해서는 먼저 일정한 주민 수 이상 주민의 연서로 감독청에 주민감사를 청구하여야 하며, 감사결과에 불복이 있는 경우 주민감사청구에 참여한 주민에 한해 주민소송을 제기할 수 있도록 규정하고 있다(지방자치법 제22조 제1항 참조). 1670

2. 소송의 대상

㈎ 주민소송은 위법한 재무회계행위를 대상으로 하는바, ⓐ 공금의 지출, ⓑ 재산의 취득·관리·처분[판례 1], ⓒ 계약의 체결·이행, ⓓ 공금의 부과·징수를 게을리한 사실[판례 2] 등의 네 종류로 유형화되어 있다(지방자치법 제22조 제1항). 1671

㈏ 주민소송의 대상으로서 'ⓐ 공금의 지출에 관한 사항'이란 지출원인행위, 즉 지방자치단체의 지출원인이 되는 계약 그 밖의 행위로서 당해 행위에 의하여 지방자치단체가 지출의무를 부담하는 예산집행의 최초 행위와 그에 따른 지급명령 및 지출 등에 한정되고, 특별한 사정이 없는 한 이러한 지출원인행위 등에 선행하여 그러한 지출원인행위를 수반하게 하는 당해 지방자치단체의 장 및 직원, 지방의회 의원의 결정 등과 같은 행위(대상판결에서는 도로확장계획 및 관련결정)는 포함되지 않는다(대판 2011.12.22. 2009두14309).

1. 점용허가가 도로 등의 본래 기능 및 목적과 무관하게 그 사용가치를 실현·활용하기 위한 것으로 평가되는 경우, 주민소송의 대상이 되는 재산의 관리·처분에 해당하는지 여부(적극)

주민소송은 원칙적으로 지방자치단체의 재무회계에 관한 사항의 처리를 직접 목적으로 하는 행위에 대하여 제기할 수 있고, 지방자치법 제22조 제1항에서 주민소송의 대상으로 규정한 '재산의 취득·관리·처분에 관한 사항'에 해당하는지도 그 기준에 의하여 판단하여야 한다. 특히 도로 등 공물이나 공공용물을 특정 사인이 배타적으로 사용하도록 하는 점용허가가 도로 등의 본래 기능 및 목적과 무관하게 그 사용가치를 실현·활용하기 위한 것으로 평가되는 경우에는 주민소송의 대상이 되는 재산의 관리·처분에 해당한다(대판 2016.5.27. 2014두8490).

2. 지방자치법 제22조 제1항, 제2항 제3호의 주민소송 요건인 위법하게 공금의 부과·징수를 게을리한 사실이 인정되기 위한 전제로 지방자치단체 집행기관 등의 공금에 대한 부과·징수가 가능하여야 하는지 여부(적극)

이행강제금은 지방자치단체의 재정수입을 구성하는 재원 중 하나로서 '지방세외수입금의 징수 등에 관한 법률'에서 이행강제금의 효율적인 징수 등에 필요한 사항을 특별히 규정하는 등 그 부과·징수를 재무회계 관점에서도 규율하고 있으므로, 이행강제금의 부과·징수를 게을리한 행위는 주민소송의 대상이 되는 공금의 부과·징수를 게을리한 사항에 해당한다. 지방자치법 제22조 제1항, 제2항 제3호의 주민소송 요건인 위법하게 공금의 부과·징수를 게을리한 사실이 인정되기 위해서는 전제로서, 관련 법령상의 요건이 갖추어져 지방자치단체의 집행기관 등의 공금에 대한 부과·징수가 가능하여야 한다(대판 2015.9.10. 2013두16746).

3. 당사자와 이해관계자

(1) 당사자

1) 원 고

감사청구한 주민이면 1인이라도 가능하다(지방자치법 제22조 제1항). 소송의 계속 중에 소송을 제기한 주민이 사망하거나 제16조에 따른 주민의 자격을 잃으면 소송절차는 중단된다(지방자치법 제22조 제6항).

2) 피 고

해당 지방자치단체의 장(해당 사항의 사무처리에 관한 권한을 소속 기관의 장에게 위임한 경우에는 그 소속 기관의 장을 말한다)이 피고가 된다(지방자치법 제22조 제1항).

(2) 이해관계자

1) 소송고지

해당 지방자치단체의 장은 제22조 제2항 제1호부터 제3호까지의 규정에 따른 소송이 제기된 경우 그 소송 결과에 따라 권리나 이익의 침해를 받을 제3자가 있으면 그 제3자에 대하여, 제22조 제2항 제4호에 따른 소송이 제기된 경우 그 직원, 지방의회의원 또는 상대방에 대하여 소송고지를 하여줄 것을 법원에 신청하여야 한다(지방자치법 제22조

제10항).

2) 소송참가

국가, 상급 지방자치단체 및 감사청구에 연서한 다른 주민과 소송고지를 받은 자는 법원에서 계속 중인 소송에 참가할 수 있다(지방자치법 제22조 제13항).

4. 제소사유

주민소송의 대상이 되는 감사청구사항에 대하여 ① 주무부장관이나 시·도지사가 감사청구를 수리한 날부터 60일(제21조 제9항 단서에 따라 감사기간이 연장된 경우에는 연장된 기간이 끝난 날을 말한다)이 지나도 감사를 끝내지 아니한 경우, ② 제21조 제9항 및 제10항에 따른 감사 결과 또는 같은 조 제12항에 따른 조치 요구에 불복하는 경우, ③ 제21조 제12항에 따른 주무부장관이나 시·도지사의 조치 요구를 지방자치단체의 장이 이행하지 아니한 경우, ④ 제21조제12항에 따른 지방자치단체의 장의 이행 조치에 불복하는 경우에 주민소송을 제기할 수 있다(지방자치법 제22조 제1항).

5. 주민소송의 종류

(1) 제1호 소송

1) 의 의

제1호 소송은 '해당 행위를 계속하면 회복하기 곤란한 손해를 발생시킬 우려가 있는 경우에는 그 행위의 전부나 일부를 중지할 것을 요구하는 소송'이다(중지청구소송). 즉 이 소송은 중지를 구하는 재무회계행위의 위법성을 소송물로 한다(김용찬·선정원·변성완).

2) 대 상

제1호 소송의 대상이 되는 행위는 공권력 행사 외에도 비권력적인 행위나 사실행위도 포함된다. 예를 들어 공금지출의 중지를 구하거나, 계약체결의 중지를 구하거나 계약이행의 중지를 구하는 등의 소송이 있다(김용찬·선정원·변성완).

3) 요 건

요건은 ① 당해 행위를 계속할 경우 지방자치단체에 회복하기 곤란한 손해를 발생시킬 우려가 있을 것(지방자치법 제22조 제2항 제1호), ② 당해 행위를 중지할 경우에도 생명이나 신체에 중대한 위해가 생길 우려나 그 밖에 공공복리를 현저하게 저해할 우려가 없을 것(지방자치법 제22조 제3항)이다.

4) 효 과

이 소송에서 원고승소판결이 확정되면 지방자치단체는 중지소송의 대상이 된 재무회계행위를 해서는 안 되는 중지의무가 발생한다.

(2) 제2호 소송

1) 의 의

1681 제2호 소송은 '행정처분인 해당 행위의 취소 또는 변경을 요구하거나 그 행위의 효력 유무 또는 존재 여부의 확인을 요구하는 소송'이다. 재무회계행위 중 행정처분의 성질을 갖는 행위를 취소하거나 무효 등임을 확인하는 소송으로 처분의 위법 또는 효력유무 등을 소송물로 한다.

2) 제소기간

1682 행정소송법과는 달리 취소소송 외에 무효등확인소송도 제소기간의 제한이 있다(지방자치법 제22조 제4항).

3) 효 과

1682a 원고승소판결이 확정되면 해당 처분이 취소·변경되거나 처분의 효력 유무·존재 여부가 확인된다.

(3) 제3호 소송

1) 의 의

1683 제3호 소송은 '게을리한 사실의 위법확인을 요구하는 소송'으로, 부작위의 위법성을 소송물로 한다. 제3호 소송은 재무회계행위 중 게을리한 사실이라는 부작위를 대상으로 한다는 점에서 적극적 행위인 공금의 지출, 재산의 취득·관리·처분, 계약의 체결·이행을 대상으로 하는 제1호나 제2호 소송과는 성격을 달리한다.

2) 부작위위법확인소송과의 관계

1684 부작위위법확인소송은 그 대상은 처분의 부작위에 한정하고 있지만, 제3호 소송은 공법상의 행위뿐만 아니라 사법상의 행위 나아가 행정내부적인 행위나 사실행위도 포함한다(김용찬·선정원·변성완).

3) 효 과

1684a 원고승소판결이 확정되면 해당 지방자치단체는 판결의 취지에 따른 작위의무가 발생한다.

(4) 제4호 소송

1) 의 의

1685 제4호 소송은 주민이 직접 지방의회의원이나 직원 등을 상대로 손해배상 등을 청구하는 것이 아니라, 단체장이 지방자치법 제22조 제2항 제4호의 전단이나 후단의 상대방에게 손해배상 등을 청구할 것을 주민이 요구하는 소송을 말한다.

2) 종 류

1686 a. 제4호 본문소송: ㈎ 본문 소송은 주민이 단체장에게 '해당 지방자치단체의 장 및 직원, 지방의회의원, 해당 행위와 관련이 있는 상대방에게 손해배상청구 또는 부당이득반환청구를 할 것을 요구하는 소송(이행청구요구소송)'을 말한다.

㈐ 그리고 본문 소송은 전단소송(해당 지방자치단체의 장 및 직원, 지방의회의원을 상대로 하는 소송)과 후단소송(해당 행위와 관련이 있는 상대방)으로 나눌 수 있는데, ① 전단소송은 예컨대 지방자치단체의 직원 등이 위법한 급여를 지급하거나 보조금을 교부한 경우, 위법한 공유지 매각 등을 통해 지방자치단체에 손해를 발생시킨 경우, 해당 직원 등에게 손해배상청구할 것을 요구하는 소송을 말하며, ② 후단소송은 예컨대 위법하게 보조금을 수령한 자에게 손해배상청구 또는 부당이득반환청구할 것을 요구하는 소송을 말한다(김용찬·선정원·변성완).

b. **제4호 단서소송**: 단서소송은 '지방자치단체의 직원이「지방재정법」제94조나「회계관계직원 등의 책임에 관한 법률」제4조에 따른 변상책임을 져야 하는 경우 주민이 단체장에게 변상명령을 할 것을 요구하는 소송(변상명령요구소송)'을 말한다.

3) 효 과

a. 제4호 본문 소송의 효과

(ⅰ) **손해배상금 또는 부당이득금의 지불청구**: 이 소송에서 원고승소 판결이 확정되면 그 판결이 확정된 날부터 60일 이내를 기한으로 하여 지방자치단체의 장은 당사자에게 그 판결에 따라 결정된 손해배상금이나 부당이득반환금의 지불을 청구하여야 한다. 다만, 손해배상금이나 부당이득반환금을 지불하여야 할 당사자가 지방자치단체의 장이면 지방의회 의장이 지불을 청구하여야 한다(지방자치법 제23조 제1항).

(ⅱ) **불이행하는 경우 — 소송의 제기**: 만일 지불청구를 받은 자가 손해배상금이나 부당이득반환금을 지불하지 아니하면 지방자치단체는 손해배상·부당이득반환의 청구를 목적으로 하는 소송을 제기하여야 한다. 이 경우 그 소송의 상대방이 지방자치단체의 장이면 그 지방의회 의장이 그 지방자치단체를 대표한다(지방자치법 제23조 제2항).

b. 제4호 단서 소송의 효과

(ⅰ) **변상명령의 발령**: 지방자치단체의 장은 제4호 단서에 따른 소송에 대하여 변상할 것을 명하는 판결이 확정되면 그 판결이 확정된 날부터 60일 이내를 기한으로 하여 당사자에게 그 판결에 따라 결정된 금액을 변상할 것을 명령하여야 한다(지방자치법 제24조 제1항).

(ⅱ) **불이행하는 경우 — 강제징수**: 변상할 것을 명령받은 자가 같은 항의 기한 내에 변상금을 지불하지 아니하면 지방세 체납처분의 예에 따라 징수할 수 있다(지방자치법 제24조 제2항).

(ⅲ) **변상명령에의 불복**: 변상할 것을 명령받은 자는 이에 불복하는 경우 행정소송을 제기할 수 있다. 다만, 행정심판법에 따른 행정심판청구는 제기할 수는 없다(지방자치법 제24조 제3항).

6. 제소기간

1691 제22조 제1호 소송은 해당 60일이 끝난 날(제16조 제3항 단서에 따라 감사기간이 연장된 경우에는 연장기간이 끝난 날을 말한다)부터, 제2호 소송은 해당 감사결과나 조치요구내용에 대한 통지를 받은 날부터, 제3호 소송은 해당 조치를 요구할 때에 지정한 처리기간이 끝난 날부터, 제4호 소송은 해당 이행 조치결과에 대한 통지를 받은 날부터 각각 90일 이내에 제기하여야 한다(지방자치법 제22조 제4항).

7. 기 타

(1) 관할법원

1692 주민소송은 해당 지방자치단체의 사무소 소재지를 관할하는 행정법원(행정법원이 설치되지 아니한 지역에서는 행정법원의 권한에 속하는 사건을 관할하는 지방법원본원을 말한다)의 관할로 한다(지방자치법 제22조 제9항).

(2) 소의 취하·화해·청구포기의 금지

1693 주민소송에서 당사자는 법원의 허가를 받지 아니하고는 소의 취하, 소송의 화해 또는 청구의 포기를 할 수 없다. 이 경우 법원은 허가하기 전에 감사청구에 연서한 다른 주민에게 이를 알려야 하며, 알린 때부터 1개월 이내에 허가 여부를 결정하여야 한다. 위 통지에 관하여는 제8항 후단을 준용한다(지방자치법 제22조 제14항).

(3) 실비보상

1694 소송을 제기한 주민은 승소(일부 승소를 포함한다)한 경우 그 지방자치단체에 대하여 변호사 보수 등의 소송비용, 감사청구절차의 진행 등을 위하여 사용된 여비, 그 밖에 실제로 든 비용을 보상할 것을 청구할 수 있다. 이 경우 지방자치단체는 청구된 금액의 범위에서 그 소송을 진행하는 데에 객관적으로 사용된 것으로 인정되는 금액을 지급하여야 한다(지방자치법 제22조 제16항).

X. 주민소환권

1695 지방자치법 제25조는 "① 주민은 그 지방자치단체의 장 및 지방의회의원(비례대표 지방의회의원은 제외한다)을 소환할 권리를 가진다. ② 주민소환의 투표 청구권자·청구요건·절차 및 효력 등에 관하여는 따로 법률로 정한다"고 규정한다. 그에 따라 주민소환법이 제정되었다.

XI. 정보공개

1695a 지방자치단체는 사무처리의 투명성을 높이기 위하여 「공공기관의 정보공개에 관한 법률」에서 정하는 바에 따라 지방의회의 의정활동, 집행기관의 조직, 재무 등 지방자치에 관한 정보를 주민에게 공개하여야 한다(지방자치법 제26조 제1항). 행정안전부장관은 주민의 지방자치정보에 대한 접근성을 높이기 위하여 이 법 또는 다른 법령에 따라 공개

된 지방자치정보를 체계적으로 수집하고 주민에게 제공하기 위한 정보공개시스템을 구축·운영할 수 있다(지방자치법 제26조 제2항).

XII. 청원권

주민은 지방의회의원의 소개를 받아 청원(국가기관에 일정한 사항을 문서로 진정하는 것)을 할 수 있다(지방자치법 제85조). 주관적 이익 외에 공익을 위해서도 행사될 수 있다.

제3항 | 주민의 의무

주민은 법령으로 정하는 바에 따라 소속 지방자치단체의 비용을 분담하여야 하는 의무를 진다(지방자치법 제27조). 즉, 주민은 공과금의 납부의무를 진다. 공과금에는 지방세, 사용료, 수수료, 분담금 등이 있다.

제4항 | 주민의 참여

지방자치법이 규정하는 주민참여제도 즉, 선거(피선거), 주민투표, 조례제정과 개폐청구, 감사청구, 주민소송, 주민소환, 청원 외에도 명예직활동 등이 있다.

CHAPTER 02 지방자치단체의 조직

1699 헌법은 지방자치단체의 종류·조직·권한을 법률로 정하도록 규정하고 있다(헌법 제118조 제2항). 이에 따라 지방자치법은 의결기관으로 지방의회와 집행기관으로 지방자치단체의 장을 두고 있으며, 지방교육자치에 관한 법률은 시·도의 교육·학예에 관한 집행기관으로 교육감을 두고 있다. 그 외에 개별법상 지방자치단체에 각종 기관이 설치되어 있다(예: 지방공무원법 제13조의 지방소청심사위원회).

제1절 지방의회(의결기관)

제1항 | 지방의회의 개념

Ⅰ. 지방의회의 의의

1700 지방의회는 지방자치단체의 의결기관이며, 헌법기관이다(헌법 제118조 제1항). 그러나 지방의회는 지방자치단체의 한 구성부분일 뿐이기 때문에 권리나 의무의 귀속주체가 되는 능력(권리능력)은 없으며, 권리능력은 지방자치단체가 가진다(지방자치법 제37조(의회의 설치) 지방자치단체에 의회를 둔다).

Ⅱ. 지방의회의 지위

1701 지방의회는 주민의 대표기관이고, 의결기관이며, 집행기관의 통제기관이며, 행정청이며(대판 1994.10.11. 94두23), 자치입법기관(조례제정권)으로서의 지위를 가진다.

제2항 | 지방의회의 조직과 회의

Ⅰ. 지방의회의 조직

1. 지방의회의원

(1) 지방의회의원의 지위

1702 지방의회의원은 지방의회구성원이며, 주민의 대표자이다.

(2) 지방의회의원신분의 발생과 소멸

1) 신분의 발생

1703 지방의회의원은 주민이 선거로 선출한다(지방자치법 제38조).

2) 신분의 소멸
지방의회의원은 임기의 만료, 지방의회의 의결이 요구되는 사직, 퇴직사유의 발생, 재적의원 3분의 2 이상의 찬성이 요구되는 자격상실의결, 재적의원 3분의 2 이상의 찬성이 요구되는 제명, 의원의 사망, 선거무효판결, 당선무효판결, 지방의회의 임의적 해산 등으로 자격을 상실한다.

(3) 지방의회의원의 권리와 의무

1) 권 리

a. 직무상 권리: 지방의회의원이 주민의 대표자로서 그 직무를 충실히 수행할 수 있도록 하기 위해 지방자치법은 의원에게 발의권, 질문권, 질의권·토론권·표결권을 인정한다.

b. 재산상 권리: 지방의회의원에게 의정자료를 수집하고 연구하거나 이를 위한 보조 활동에 사용되는 비용을 보전하기 위하여 매월 지급하는 의정활동비, 본회의 의결, 위원회의 의결 또는 의장의 명에 따라 공무로 여행할 때 지급하는 여비, 지방의회의원의 직무활동에 대하여 지급하는 월정수당을 지급하며, 이러한 비용의 지급기준은 대통령령으로 정하는 바에 따라 해당 지방자치단체의 의정비심의위원회에서 결정하는 범위에서 지방자치단체의 조례로 정한다(지방자치법 제40조).

2) 의 무

a. 겸직과 영리행위의 금지: 지방의회의원은 국회의원, 다른 지방의회의 의원직 등을 겸할 수 없다(지방자치법 제43조 제1항). 그리고 지방의회의원이 일정한 기관·단체 및 그 기관·단체가 설립·운영하는 시설의 대표, 임원, 상근직원 또는 그 소속 위원회(자문위원회는 제외한다)의 위원이 된 경우에는 그 겸한 직을 사임하여야 한다(지방자치법 제43조 제5항).

b. 공직자로서의 의무: ① 지방의회의원은 공공의 이익을 우선하여 양심에 따라 그 직무를 성실히 수행하여야 한다(지방자치법 제44조 제1항). ② 지방의회의원은 청렴의 의무를 지며, 의원으로서의 품위를 유지하여야 한다(지방자치법 제44조 제2항). ③ 지방의회의원은 지위를 남용하여 지방자치단체·공공단체 또는 기업체와의 계약이나 그 처분에 의하여 재산상의 권리·이익 또는 직위를 취득하거나 타인을 위하여 그 취득을 알선하여서는 아니 된다(지방자치법 제44조 제3항).

c. 회의체구성원으로서의 의무: 회의체인 지방의회의 구성원으로서 지방의회의원은 ① 본회의와 위원회에 출석하여야 하고(지방자치법 제72조), ② 회의에 있어서는 의사에 관한 법령, 회의규칙을 준수하여 회의장의 질서를 문란케 하여서는 아니 되고(지방자치법 제94조 제1항), ③ 또한 질서의 유지를 위한 의장의 명령에 복종하고(지방자치법 제94조 제2항), 본회의 또는 위원회에서 타인을 모욕하거나 타인의 사생활에 대한 발언을 하여서는 아니 된다(지방자치법 제95조 제1항).

2. 지방의회 의장

(1) 의장의 지위

1710 ㈎ 지방의회 의장은 지방의회의 주재자이며, 지방의회를 대표하며, 의회의 사무를 감독한다. 그리고 의장은 지방의회 소속의 공무원에 대하여 지휘·감독권을 가지는데, 이러한 사무를 수행하는 범위 안에서 의장은 행정청으로서 처분을 발령할 수 있다(예: 지방의회 소속의 공무원에 대한 징계).

㈏ 또한 의장의 선거행위 및 의장에 대한 불신임의결도 항고소송의 대상인 처분이다(대판 1995.1.12. 94누2602; 대판 1994.10.11. 94두23)(피고는 행정청인 지방의회가 된다).

(2) 의장의 권한

1711 지방의회의장은 지방의회대표권, 임시회소집공고권, 회의장 내 질서유지권, 의회사무감독권, 위원회출석발언권, 의결된 조례안의 지방자치단체장에의 이송권, 확정된 조례의 예외적인 공포권, 폐회 중 의원의 사직허가권 등을 갖는다.

3. 위원회

1712 지방의회는 조례로 정하는 바에 따라 위원회를 둘 수 있다(지방자치법 제64조 제1항).

II. 지방의회의 회의

1. 회의의 종류와 원칙

1713 ㈎ 지방의회는 매년 2회 정례회를 개최한다(지방자치법 제53조 제1항). 그리고 지방의회 의장은 지방자치단체의 장이나 재적의원 3분의 1 이상의 의원이 요구하면 15일 이내에 임시회를 소집하여야 한다(지방자치법 제54조 제2항).

㈏ 지방의회의 회의에는 ① 회의의 공개원칙(지방자치법 제75조 본문), ② 회기계속의 원칙(지방자치법 제79조 본문), ③ 일사부재의의 원칙(지방자치법 제80조)이 적용된다.

2. 제척제도

(1) 제척제도의 의의

1714 제척제도란 지방의회의 의장이나 의원을 본인·배우자·직계존비속 또는 형제자매와 직접 이해관계가 있는 안건의 의사에 참여할 수 없게하는 제도를 말한다(지방자치법 제82조).

(2) 제척제도의 취지

1715 지방자치법상 제척제도는 공정한 의회심의의 확보를 목적으로 한다.

(3) 제척제도의 적용범위

1716 ① 인적 범위를 보면, 지방자치법은 '본인·배우자·직계존비속 또는 형제자매'의 이해관계 있는 안건에 한정하고 있다. 배우자의 직계존속과 배우자의 형제자매가 배제된 것과 이들이 중심적인 역할을 하는 법인이 배제된 것은 입법적으로 문제가 있다. ② 사항적인 범위를 보면, 지방자치법이 말하는 '이해관계'란 넓게 이해되어야 한다. 지방의회의

원의 지위에 관련된 이해관계뿐만 아니라, 그 밖에 의원 개인의 재산상의 이해관계도 포함된다.

(4) 제척의 효과

㈎ 제척사유를 갖는 지방의회의원은 의사에 참여할 수 없다. 만일 지방의회의원이 의사에 참가하면 그 의결은 위법한 것이 된다. 이 경우 재의요구 및 제소사유가 될 수 있다(지방자치법 제120조, 제192조 참조).

㈏ 제척사유 있는 의원이 의사에 참여하여 이루어진 결정이 무효인가 또는 취소할 수 있는 행위인지가 문제되는데, 제척제도의 취지가 심의·의결의 공정성에 있다는 점을 고려하면 그 효과는 무효로 보는 것이 타당하다.

제3항 | 지방의회의 권한

지방의회의 권한은 입법에 관한 권한, 재정에 관한 권한, 집행기관통제권, 일반사무에 관한 의결권, 지방의회내부에 관한 권한으로 나눌 수 있다.

Ⅰ. 입법에 관한 권한(조례제정권)

1. 조례의 의의

지방의회가 법령의 범위 안에서 의결로 제정하는 법형식을 조례라고 한다. 조례는 일반·추상적·규율로 규범이며, 지방자치단체장이 정립하는 자치법규인 규칙보다는 상위규범이다.

2. 조례의 적법요건★★★ [09 입시] [09 5급] [10 사시] [12 5급] [14 5급] [15 변시] [15 5급] [18 변시]

(1) 형식적 적법요건

1) 주체·형식요건

조례의결의 주체는 지방의회이다. 그리고 조례는 성문의 법원으로서 일정한 문서형식으로 하여야 한다.

2) 절차요건

조례안은 지방자치단체의 장이나 재적의원 5분의 1 이상 또는 의원 10인 이상의 연서로 발의된다(지방자치법 제76조 제1항). 조례안이 지방의회에서 의결되면 의장은 의결된 날부터 5일 이내에 그 지방자치단체의 장에게 이송하여야 하고(지방자치법 제32조 제1항), 이송받은 지방자치단체의 장은 20일 이내에 공포하여야 한다(지방자치법 제32조 제2항).

3) 보고요건

조례를 제정하거나 개정하거나 폐지할 경우 지방의회에서 이송된 날부터 5일 이내에 시·도지사는 행정안전부장관에게, 시장·군수 및 자치구의 구청장은 시·도지사에게 그 전문(全文)을 첨부하여 각각 보고하여야 하며, 보고를 받은 행정안전부장관은 이를 관계 중앙행정기관의 장에게 통보하여야 한다(지방자치법 제35조).

(2) 내용요건(실질적 적법요건)

1722 지방자치법 제28조는 "지방자치단체는 법령의 범위 안에서 그 사무에 관하여 조례를 제정할 수 있다. 다만, 주민의 권리 제한 또는 의무 부과에 관한 사항이나 벌칙을 정할 때에는 법률의 위임이 있어야 한다"고 규정한다. 즉 ① 그 사무에 대해 조례를 제정할 수 있으며(조례제정대상인 사무), ② 일정한 경우 법률의 위임이 있어야 하고(법률유보의 원칙), ③ 법령의 범위에서만 제정할 수 있다(법률우위의 원칙).

1) 조례제정대상인 사무

1723 a. 지방자치법 제28조 제1항과 제13조 제1항: 지방자치법 제28조 제1항 본문은 "지방자치단체는 법령의 범위 안에서 '그 사무'에 관하여 조례를 제정할 수 있다"고 규정하고 있으며, 제13조 제1항은 "지방자치단체는 관할 구역의 '자치사무와 법령에 따라 지방자치단체에 속하는 사무'를 처리한다"고 하므로 조례로 제정할 수 있는 사무는 자치사무와 단체위임사무이며 기관위임사무는 제외된다. 다만 예외적으로 법령이 기관위임사무를 조례로 정하도록 규정한다면 기관위임사무도 조례로 정할 수는 있다(대판 1999.9.17. 99추30).

1724 b. 자치사무와 (기관)위임사무의 구별: ① 먼저 입법자의 의사에 따라 법률의 규정형식과 취지를 먼저 고려하여 판단하고(예를 들어 '중앙행정기관의 장이 행한다'고 규정한 경우는 국가의 사무이고, '지방자치단체의 장이 행한다'고 규정하는 경우는 일반적으로는 자치사무이다), ② 불분명하다면 전국적·통일적 처리가 요구되는 사무인지 여부, 경비부담, 책임귀속주체 등도 고려한다. ③ 그리고 지방자치법 제13조 제2항(지방자치단체사무의 예시)이 판단기준이 된다. ④ 만일 그래도 불분명하다면 지방자치단체사무의 포괄성의 원칙(1638)에 따라 자치단체사무로 추정한다.

2) 법률유보의 원칙

a. 지방자치법 제28조 단서의 위헌 여부

1725 (i) 문제점: 헌법 제117조 제1항은 "지방자치단체는 … 법령의 범위 안에서 자치에 관한 규정을 제정할 수 있다"고 하여 형식적으로만 본다면 법률우위원칙만을 규정하고 있다. 그러나 지방자치법 제28조는 본문에서 조례는 법률우위원칙을, 단서에서 법률유보원칙을 준수해야 함을 규정하고 있다. 따라서 지방자치법 제28조 단서가 헌법상 인정된 지방의회의 포괄적 자치권을 제한하는 위헌적인 규정이 아닌지에 대해 학설의 대립이 있다.

1726 (ii) 학 설: ⓐ 위헌설(지방자치법 제28조 단서는 헌법이 부여하는 지방자치단체의 자치입법권(조례제정권)을 지나치게 제약하고 있어 위헌이라는 입장이다)과 ⓑ 합헌설(헌법 제117조 제1항에 법률유보에 대한 명시적 규정이 없더라도 지방자치법 제28조 단서는 헌법 제37조 제2항(국민의 모든 자유와 권리는 국가안전보장·질서유지 또는 공공복리를 위하여 필요한 경우에 한하여 법

률로써 제한할 수 있으며…)에 따른 것이므로 합헌이라는 입장이다)(다수설)이 대립한다.

(ⅲ) **판 례**: 대법원은 지방자치법 제15조(현행 제28조)는 기본권 제한에 대하여 법률유보원칙을 선언한 헌법 제37조 제2항의 취지에 부합하기 때문에 합헌이라고 본다(대판 1995.5.12. 94추28)(합헌설).

(ⅳ) **검 토**: 조례제정에 법적 근거가 필요하다는 내용을 법률에 직접 규정할 것인지는 입법정책적인 사항이므로 합헌설이 타당하다.

b. 지방자치법 제28조 단서의 적용

(ⅰ) **법률유보가 필요한 경우**: 지방자치법 제28조 단서는 조례가 ⓐ 주민의 권리제한 또는 ⓑ 의무부과에 관한 사항이나 ⓒ 벌칙을 정할 때에만 법률의 위임이 필요하다고 한다. 따라서 수익적인 내용의 조례나 수익적 내용도 침익적 내용도 아닌 조례(비침익적인 조례)는 법률의 근거를 요하지 않는다.

(ⅱ) **법률유보의 정도(포괄적 위임의 가능성)**: 조례는 지방의회가 지역적 민주적 정당성을 가지고 있고 헌법이 포괄적인 자치권을 보장하고 있는 점에 비추어 포괄적인 위임으로 족하다는 다수설과 판례(대판 1991.8.27. 90누6613)(헌재 1995.4.20. 92헌마264·279)가 타당하다.

3) 법률우위의 원칙

a. **헌법과 법률규정**: 헌법 제117조 제1항, 지방자치법 제28조 본문·제30조는 조례에도 법률우위원칙은 당연히 적용된다고 한다. 여기서 말하는 법률은 지방자치법, 지방재정법, 지방공무원법을 포함한 모든 개별법령과 행정법의 일반원칙을 말한다.

b. 법률우위원칙 위반 여부 판단

(ⅰ) **국가 법령과 다른 목적으로 동일한 사항(대상)을 규율하는 조례**: 해당 조례가 국가 법령과 입법목적이 다르다면 동일한 사항을 규율한다고 하더라도 법령위반은 아니다(대판 2007.12.13. 2006추52).

(ⅱ) **국가 법령과 동일한 목적으로 해당 법령외의 다른 사항(대상)을 추가로 규율하는 조례(추가 조례)**: 해당 조례가 국가 법령과 동일한 목적으로 법령외의 다른 사항(대상)을 추가로 규율한다고 하더라도 법령위반은 아니다(대판 2015.6.24. 2014추545).

(ⅲ) **국가 법령과 동일한 목적으로 동일한 사항(대상)을 더 강화된 기준으로 규율하는 조례(초과 조례)**

ⓐ **조례내용이 침익적인 경우**: 헌법 제117조 제1항과 지방자치법 제28조 본문에 비추어 법령의 규정보다 더 침익적인 조례는 법률우위원칙에 위반되어 위법하며 무효이다(대판 1997.4.25. 96추251).

ⓑ **조례내용이 수익적인 경우(수익도 침익도 아닌 경우도 포함)**: ① 조례의 내용이 수익적(또는 수익도 침익도 아닌 경우)이라고 할지라도 성문의 법령에 위반되어서는 아니 된다는 것이 일반적인 입장이다[판례 1, 2]. 다만, 판례와 일반적 견해는 조례가 성문의 법령에 위반

된다고 하더라도 국가법령의 취지가 지방자치단체의 실정에 맞도록 별도 규율을 용인하려는 것이라면 국가법령보다 더 수익적인 조례제정이 가능하다[판례 3](침익적 조례의 경우는 이러한 법리가 인정되지 않고, 성문의 법령보다 더 침익적인 조례는 위법하다). ② 이 경우도 지방자치법 제137조, 지방재정법 제3조 등의 건전재정운영의 원칙과 행정법의 일반원칙에 위반되어서는 아니 된다.

> **1. 인천광역시의회가 재의결한 지방자치단체 소속 공무원의 대학생 자녀에게 학비를 지급하는 장학기금출연조례안(위법)**
>
> 지방공무원법 제44조 제3항은 "이 법 기타 법령에 의한 보수에 관한 규정에 의하지 아니하고는 어떠한 금전 또는 유가물도 공무원의 보수로 지급될 수 없다"고 규정하고, … 그런데 이 사건 조례안 제2조는 학비의 지급대상을 소속 공무원의 대학에 취학 중인 자녀를 그 대상으로 하고 있는바, … 실질에 있어서는 법령에서 규정하지 아니한 명목의 금전을 소속 공무원에게 변형된 보수로서 지급하는 것에 다름 아니고, 이는 결과적으로 위 관계 법령의 규정을 위반하는 것이다(대판 1996.10.25. 96추107).
>
> **2. 구청장이 주민자치위원회 위원을 위촉함에 있어 동장과 당해 지역 구의원 개인과의 사전 협의 절차가 필요한 것으로 한 조례안(위법)**
>
> 지방자치법상 지방자치단체의 집행기관과 지방의회는 서로 분립되어 제각각 그 고유권한을 행사하되 상호견제의 범위 내에서 상대방의 권한 행사에 대한 관여가 허용되는 것이므로, 집행기관의 고유권한에 속하는 인사권의 행사에 있어서도 지방의회는 견제의 범위 내에서 소극적·사후적으로 개입할 수 있을 뿐 사전에 적극적으로 개입하는 것은 허용되지 아니하고, 또 집행기관을 비판·감시·견제하기 위한 의결권·승인권·동의권 등의 권한도 지방자치법상 의결기관인 지방의회에 있는 것이지 의원 개인에게 있는 것이 아니므로, 지방의회가 재의결한 조례안에서 구청장이 주민자치위원회 위원을 위촉함에 있어 동장과 당해 지역 구의원 개인과의 사전 협의 절차가 필요한 것으로 규정함으로써 지방의회 의원 개인이 구청장의 고유권한인 인사권 행사에 사전 관여할 수 있도록 규정하고 있는 것 또한 지방자치법상 허용되지 아니하는 것이다(대판 2000.11.10. 2000추36).
>
> **3. 광주광역시 동구의회가 재의결한 자활보호대상자에 대한 생계비 지원조례안(적법)**
>
> 생활보호법이 … 각 지방자치단체가 그 지방의 실정에 맞게 별도의 생활보호를 실시하는 것을 용인하는 취지라고 보아야 할 것이라는 이유로, 당해 조례안의 내용이 생활보호법의 규정과 모순·저촉되는 것이라고 할 수 없다(대판 1997.4.25. 96추244).

3. 조례의 효력

조례는 특별한 규정이 없으면 공포한 날부터 20일이 지나면 효력을 발생한다(지방자치법 제32조 제8항). 그리고 조례는 법규성을 가질 수 있다(1737).

4. 조례의 하자

(1) 위법한 조례의 효력
조례의 적법요건을 결한 조례는 위법하며, 무효이다.

(2) 위법한 조례에 근거한 처분의 위법성 [17 변시]
위법한 조례에 근거한 처분은 하자가 중대하지만 명백하다고 보기는 어렵다. 따라서 취소사유에 불과하다(대판(전원) 1995.7.11. 94누4615).

> [참고] 조례안의 일부무효 인정 여부
>
> **1. 문제점**
> 조례안재의결 무효확인소송에서의 심리대상은 단체장이 지방의회에 재의를 요구할 당시 이의사항으로 지적되어 재의결에서 심의의 대상이 된 것에 국한되기 때문에 그 이의사항으로 지적된 재의결의 일부에 위법이 있는 경우 조례안의 일부무효를 인정할 수 있는지가 문제된다.
>
> **2. 판 례**
> 판례는 「i) 의결의 일부에 대한 효력의 배제는 결과적으로 전체적인 의결의 내용을 변경하는 것에 다름 아니어서 의결기관인 지방의회의 고유권한을 침해하는 것이 될 뿐 아니라, ii) 그 일부만의 효력배제는 자칫 전체적인 의결내용을 지방의회의 당초의 의도와는 다른 내용으로 변질시킬 우려가 있으며, … iii) 의결의 일부에 대한 재의 요구나 수정재의 요구가 허용되지 않는 점(대판 1994.5.10. 93추144)」을 이유로 재의결의 일부만이 위법한 경우에도 그 재의결 전부의 효력을 부인하고 있다.

5. 조례(안)의 통제★★★ [08 5급] [09 입시] [14 5급] [15 5급] [18 변시]

일반적으로 조례안을 단체장이 공포하기 전의 통제를 '조례안의 통제'라고 하고, 조례안을 공포한 이후의 통제를 '조례의 통제'라고 한다.

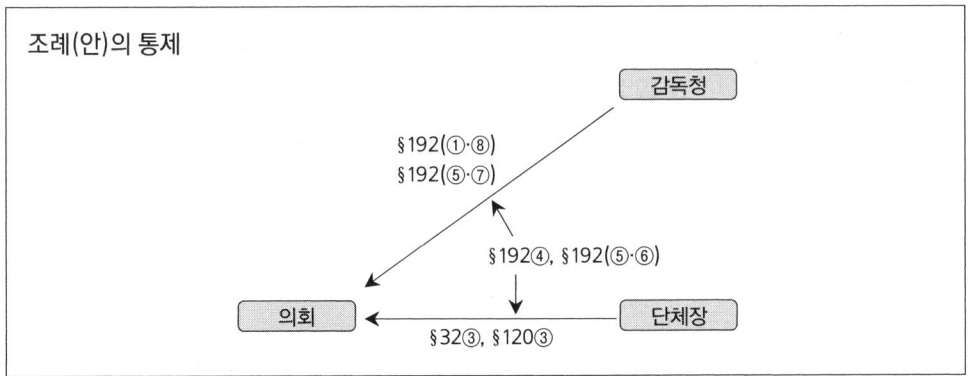

(1) 조례(안)의 통제
해당 지방자치단체의 단체장에 의한 통제와 감독청의 통제로 나눌 수 있고, 각각 행정적 방법과 사법적 방법이 있다.

1) 단체장의 통제

1741a a. 행정적 방법(재의요구): 지방자치단체의 장은 이송 받은 조례안에 대하여 이의가 있으면 20일 이내에 이유를 붙여 지방의회로 환부하고, 재의를 요구할 수 있다(지방자치법 제32조 제3항). 이처럼 조례안에 대한 재의요구 사유에 제한은 없다. 다만, 지방자치단체의 장은 조례안의 일부에 대하여 또는 조례안을 수정하여 재의를 요구할 수 없다(지방자치법 제32조 제3항).

b. 사법적 방법(제소)

1741b ㈎ 지방자치법 제120조 및 제192조는 대법원에 제소할 수 있는 의결에 제한을 가하지 않고 있기에 그 의결에 '조례안에 대한 의결'도 포함된다는 것이 일반적 견해와 판례의 입장이다.

㈏ 그리고 조례안재의결 무효확인소송에서의 심리대상은 지방의회에 재의를 요구할 당시 이의사항으로 지적되어 재의결에서 심의의 대상이 된 것에 국한된다(대판 2007.12.13. 2006추52).

(ⅰ) 단체장의 제소·집행정지신청

1741c ㈎ 지방자치단체의 장은 재의결된 사항(조례안에 대한 재의결을 포함)이 법령에 위반된다고 판단되면 재의결된 날부터 20일 이내에 대법원에 소를 제기할 수 있고, 이 경우 필요하다고 인정되면 그 의결의 집행을 정지하게 하는 집행정지결정을 신청할 수 있다(지방자치법 제120조 제3항·제192조 제4항).

㈏ 위법한 재의결에 대해 대법원에 제기하는 이 소송은 단체장이 의회를 상대로 제기하는 소송으로 기관소송이라는 견해가 다수설이다.

(ⅱ) 단체장의 제소·집행정지신청(단체장의 통제수단으로도, 감독청의 통제수단으로도 볼 수 있다)

1742 ㈎ 지방자치단체의 장은 재의결된 사항(조례안에 대한 재의결을 포함)이 법령에 위반된다고 판단되면 재의결된 날부터 20일 이내에 대법원에 소를 제기할 수 있고, 이 경우 필요하다고 인정되면 그 의결의 집행을 정지하게 하는 집행정지결정을 신청할 수 있다(지방자치법 제192조 제4항).

㈏ 지방자치법 제120조 제3항의 요건과 제192조 제4항의 요건이 동일하기 때문에 위법한 재의결에 대해 단체장이 의회를 상대로 대법원에 제기하는 소송은 기관소송이라는 견해가 다수설이다.

(ⅲ) 감독청의 제소지시·단체장의 제소(단체장의 통제수단으로도, 감독청의 통제수단으로도 볼 수 있다)

1743 ㈎ 감독청은 재의결된 사항(조례안에 대한 재의결을 포함)이 법령에 위반된다고 판단됨에도 불구하고 해당 지방자치단체의 장이 소송을 제기하지 아니하면 그 지방자치단체의 장에게 지방자치법 제192조 제4항의 기간(재의결된 날로부터 20일)이 지난 날로부터 7일

이내에 제소를 지시할 수 있고, 제소지시를 받은 지방자치단체장은 제소지시를 받은 날부터 7일 이내에 제소하여야 한다(지방자치법 제192조 제5항·제6항).

㈏ 단체장의 제소에서 감독청의 제소지시는 후견적인 것에 불과하며, 해당 소송은 지방자치법 제120조 제3항 및 제192조 제4항의 소송과 제소요건이 동일하므로 제120조 제3항의 소송을 기관소송으로 보는 한 제192조 제5항·제6항 소송도 기관소송으로 보는 것이 타당하다(기관소송설)(다수설).

2) 감독청의 통제

a. 행정적 방법

(ⅰ) 재의요구명령

㈎ 지방의회의 의결이 법령에 위반되거나 공익을 현저히 해한다고 판단되면 시·도에 대하여는 주무부장관이, 시·군 및 자치구에 대하여는 시·도지사가 재의를 요구하게 할 수 있다(재의요구명령)(지방자치법 제192조 제1항). 감독청의 재의요구명령의 대상에는 제한이 없어 조례안의 의결도 그 대상이 된다.

㈏ 만일 시·군 및 자치구의회의 의결이 법령에 위반된다고 판단됨에도 불구하고 시·도지사가 제1항에 따라 재의를 요구하게 하지 아니한 경우 주무부장관이 직접 시장·군수 및 자치구의 구청장에게 재의를 요구하게 할 수 있다(지방자치법 제192조 제2항).

(ⅱ) 재의요구와 불응

ⓐ 재의요구(지방자치단체장의 재의요구가 감독청의 재의요구명령에 따른 것이기에 넓은 의미에서 감독청의 통제수단으로 볼 수 있다)

㈎ 재의요구 지시를 받은 지방자치단체의 장은 의결사항을 이송받은 날부터 20일 이내에 지방의회에 이유를 붙여 재의를 요구하여야 한다(지방자치법 제192조 제1항·제2항).

㈏ 지방자치법에서 인정되고 있는 재의요구의 유형으로는 지방자치법 제32조 제3항 등과 제192조 제1항 등이 있다. 그러나 제192조 제1항 등의 경우는 다른 유형들과는 달리 단체장의 자율적인 지방의회에 대한 통제수단이 아니라 감독청의 재의요구명령에 따라 재의요구를 한다는 점에서 국가 등(감독청)의 지방의회에 대한 통제수단으로 기능한다.

ⓑ 재의요구에 불응하는 경우

㈎ 지방자치법 제192조 제1항 또는 제2항에 따라 ⓐ 지방의회의 의결이 법령에 위반된다고 판단되어 감독청이 재의요구지시를 하였음에도 해당 지방자치단체의 장이 재의를 요구하지 않거나 ⓑ 법령에 위반되는 지방의회의 의결사항이 조례안인 경우로서 재의요구지시를 받기 전에 그 조례안을 공포한 경우에는, 감독청은 대법원에 직접 제소 및 집행정지결정을 신청할 수 있다(지방자치법 제192조 제8항).

㈏ 지방자치법 제192조 제8항에 따른 조례안의결 무효확인소송의 심리대상은 주무부장관이 재의요구 요청에서 이의사항으로 지적한 것에 한정된다(대판 2015.5.14. 2013추98).

㈐ ⓑ소송에 대해 판례는 원고는 감독청이지만, 피고는 조례안을 의결한 지방의회라고

본다(대판 2013.5.23. 2012추176; 대판 2015.5.14. 2013추98 참조).

㈑ 해당소송의 법적 성질이 문제되는데, ⓑ소송은 추상적 규범통제의 일종이다(이일세).

b. 사법적 방법

(ⅰ) 단체장의 제소·집행정지신청(단체장의 통제수단으로도, 감독청의 통제수단으로도 볼 수 있다)

1747 ㉮ 지방자치단체의 장은 재의결된 사항(조례안에 대한 재의결을 포함)이 법령에 위반된다고 판단되면 재의결된 날부터 20일 이내에 대법원에 소를 제기할 수 있고, 이 경우 필요하다고 인정되면 그 의결의 집행을 정지하게 하는 집행정지결정을 신청할 수 있다(지방자치법 제192조 제4항).

㉯ 지방자치법 제120조 제3항의 요건과 제192조 제4항의 제소요건이 동일하기에 위법한 재의결에 대해 단체장이 의회를 상대로 대법원에 제기하는 소송은 기관소송이라는 견해가 다수설이다.

(ⅱ) 감독청의 제소지시·단체장의 제소

1748 ㉮ 주무부장관이나 시·도지사는 재의결된 사항이 법령에 위반된다고 판단됨에도 불구하고 해당 지방자치단체의 장이 소를 제기하지 아니하면 시·도에 대해서는 주무부장관이, 시·군 및 자치구에 대해서는 시·도지사가 그 지방자치단체의 장에게 제소를 지시할 수 있다. 해당 지방자치단체의 장은 제소 지시를 받은 날부터 7일 이내에 제소하여야 한다(지방자치법 제192조 제5항·제6항).

㉯ 단체장의 제소에서 감독청의 제소지시는 후견적인 것에 불과하며, 해당 소송은 지방자치법 제120조 제3항 및 제192조 제4항의 소송과 제소요건이 동일하므로 제120조 제3항의 소송을 기관소송으로 보는 한 제192조 제5항·제6항 소송도 기관소송으로 보는 것이 타당하다(기관소송설)(다수설).

(ⅲ) 감독청의 직접제소·집행정지 신청

1749 ㉮ 감독청은 지방의회가 재의결한 사항이 법령에 위반된다고 판단됨에도 불구하고 감독청의 제소지시를 받은 날로부터 7일이 지나도록 해당 지방자치단체의 장이 소송을 제기하지 아니하면 7일 이내에 직접제소 및 집행정지결정을 신청할 수 있다(지방자치법 제192조 제5항·제7항).

㉯ 이 소송에 대해 ⓐ 기관소송으로 보는 견해가 있으나, ⓑ 해당 소송은 감독청이 지방의회를 상대로 직접제소하는 것이므로 기관소송이 아니라 지방자치법이 인정한 특수한 법정소송으로 보는 견해가 타당하다(류지태).

> [참고] 지방자치법 제120조 제3항 등의 소송의 대상
>
> **1. 문제 상황**
> 지방자치단체장이 지방의회의 위법·부당한 의결에 대해 재의요구하였음에도 지방의회가 재의결한 경우 지방자치단체의 장은 재의결된 사항이 법령에 위반된다고 인정되면 대법원에 소를 제기할 수 있다(지방자치법 제120조 제3항). 법문만을 보면 소송의 대상이 '재의결된 사항'이라고 되어 있지만, 이와 같은 소송에서 소송의 대상이 무엇인지가 문제된다.
>
> **2. 판 례**
> 판례는 판결이유에서는 조례안이 법령에 위반된다고 하면서 판결주문에서는 재의결은 효력이 없다고 하여 재의결을 소송의 대상으로 본다(대판 2007.12.13. 2006추52).

(2) 조례의 통제

1) 법원에 의한 통제
주민은 위법한 조례에 근거한 처분을 항고소송으로 다툼으로써 조례의 위법성을 주장할 수 있고(구체적 규범통제)(151), 처분적 조례인 경우 직접 항고소송으로 다툴 수 있다.

2) 헌법재판소에 의한 통제
주민의 기본권을 직접 침해하는(직접성 있는) 조례는 헌법소원의 대상이 될 수 있다.

3) 주민에 의한 통제
지방자치법 제19조에 따라 주민은 조례의 개폐를 청구할 수 있다(1656 이하).

II. 재정에 관한 권한

지방의회는 재정과 관련하여 예산의 심의·확정, 결산의 승인, 법령에 규정된 것을 제외한 사용료·수수료·분담금·지방세 또는 가입금의 부과와 징수, 기금의 설치·운용, 대통령령으로 정하는 중요재산의 취득, 법령과 조례에 규정된 것을 제외한 예산 외 의무부담이나 권리의 포기 등에 관해 의결권을 갖는다.

III. 집행기관통제권

지방의회가 갖는 각종의 권한 모두가 집행기관에 대한 통제기능을 갖는다. 그러나 그 성질상 행정통제 그 자체에 중점이 있다고 생각되는 제도로 행정사무의 감사와 조사(지방자치법 제49조), 행정사무처리상황의 보고와 질문·응답(지방자치법 제50조), 자료제출요구(지방자치법 제48조), 결산의 승인(지방자치법 제150조 제1항) 등이 있다.

1. 행정사무감사와 조사

(1) 의 의
지방의회는 매년 1회 그 지방자치단체의 사무에 대하여 시·도에 있어서는 14일의 범위에서, 시·군 및 자치구에 있어서는 9일의 범위에서 감사를 실시하고, 지방자치단체의

사무 중 특정 사안에 관하여 본회의 의결로 본회의나 위원회에서 조사하게 할 수 있다(지방자치법 제49조 제1항).

(2) 위임사무의 감사

1758 　기관위임사무에 대해서는 의회관여가 금지된다. 그러나 감사의 중복을 피하기 위해 지방자치법 제49조 제3항은 "지방자치단체 및 그 장이 위임받아 처리하는 국가사무와 시·도의 사무에 대하여 국회와 시·도의회가 직접 감사하기로 한 사무 외에는 그 감사를 각각 해당 시·도의회와 시·군 및 자치구의회가 할 수 있다"고 하여 기관위임사무에 대한 예외적인 의회관여를 인정한다(원래 기관위임사무에 대한 감사는 위임자가 속한 의회 — 국가사무는 국회, 시·도의 사무는 시·도의회 — 가 감사한다).

2. 행정사무 감사 또는 조사 보고에 대한 처리

1759 　지방의회는 본회의의 의결로 감사 또는 조사 결과를 처리한다. 지방의회는 감사 또는 조사 결과 해당 지방자치단체나 기관의 시정을 필요로 하는 사유가 있을 때에는 그 시정을 요구하고, 그 지방자치단체나 기관에서 처리함이 타당하다고 인정되는 사항은 그 지방자치단체나 기관으로 이송한다(지방자치법 제50조 제1항·제2항).

Ⅳ. 일반사무에 관한 의결권

1760 　지방의회는 대통령령으로 정하는 공공시설의 설치·처분, 청원의 수리와 처리, 그 밖의 법령에 따라 그 권한에 속하는 사항, 그 밖에 조례로 정하는 바에 따라 지방의회에서 의결되어야 할 사항에 대하여 의결권을 갖는다.

Ⅴ. 지방의회내부에 관한 권한

1761 　지방의회의 자율권으로 내부운영의 자율권, 내부경찰권, 내부조직권과 지방의회의원의 신분에 관한 심사권(자격심사·징계와 사직허가)을 갖는다.

제2절 지방자치단체의 장(집행기관)

제1항 | 지방자치단체의 장의 지위

지방자치단체의 장은 독임제 행정청이다. 지방자치단체의 장은 지방자치단체를 대표하고, 그 사무를 총괄한다(지방자치법 제114조). 그리고 지방자치단체의 장은 지방자치단체의 기관이며 국가기관은 아니지만 위임사무를 수행하는 범위에서 국가기관의 지위에 놓인다(지방자치법 제115조 등 참조)(전술한 '[참고] 국가행정조직' 참조(1633b)).

제2항 | 지방자치단체의 장의 신분

Ⅰ. 신분의 발생과 소멸

지방자치단체의 장은 주민이 보통·평등·직접·비밀선거에 따라 선출한다(지방자치법 제107조). 그리고 지방자치단체의 장은 4년의 임기의 만료로 그 지위를 상실할 뿐만 아니라(지방자치법 제108조 제1항), 지방자치단체의 장이 겸임할 수 없는 직에 취임할 때, 피선거권이 없게 될 때, 지방자치단체의 폐치·분합에 따라 지방자치단체의 장의 직을 상실할 때에 그 직에서 퇴직되며(지방자치법 제112조), 지방자치단체의 장은 사임할 수도 있다.

Ⅱ. 사무의 위임·위탁

① 지방자치단체의 장은 조례나 규칙으로 정하는 바에 따라 그 권한에 속하는 사무의 일부를 보조기관, 소속 행정기관 또는 하부행정기관에 위임할 수 있다. ② 지방자치단체의 장은 조례나 규칙으로 정하는 바에 따라 그 권한에 속하는 사무의 일부를 관할 지방자치단체나 공공단체 또는 그 기관(사업소·출장소를 포함한다)에 위임하거나 위탁할 수 있다. ③ 지방자치단체의 장은 조례나 규칙으로 정하는 바에 따라 그 권한에 속하는 사무 중 조사·검사·검정·관리업무 등 주민의 권리·의무와 직접 관련되지 아니하는 사무를 법인·단체 또는 그 기관이나 개인에게 위탁할 수 있다. ④ 지방자치단체의 장이 위임받거나 위탁받은 사무의 일부를 다시 위임하거나 위탁하려면 미리 그 사무를 위임하거나 위탁한 기관의 장의 승인을 받아야 한다(지방자치법 제117조).

제3항 | 지방자치단체의 장의 권한

지방자치단체장의 권한은 지방자치단체의 통할대표권과 감독권, 소속직원에 관한 권한, 재정에 관한 권한, 지방의회에 대한 권한, 선결처분권, 규칙제정권 등이 있다.

Ⅰ. 통할 대표권 및 감독권

지방자치단체의 장은 지방자치단체를 대표하고, 그 사무를 총괄한다(지방자치법 제114

조). 그리고 지방자치단체의 장은 하부행정기관에 대해 지도·감독권을 갖는다(지방자치법 제133조 등 참조).

II. 소속직원에 관한 권한

1766　지방자치단체의 장은 소속 직원을 지휘·감독하고, 소속직원의 임면권을 갖는다(지방자치법 제118조).

III. 재정에 관한 권한

1767　지방자치단체의 장은 재정과 관련하여 예산편성(지방자치법 제142조 제1항), 지방채발행(지방자치법 제139조 제1항; 지정법 제11조) 등의 권한을 갖는다.

IV. 지방의회에 대한 권한

1. 의회출석·진술권

1768　지방자치단체의 장은 지방의회나 그 위원회에 출석하여 행정사무의 처리상황을 보고하거나 의견을 진술하고 질문에 응답할 수 있다(지방자치법 제50조 제1항).

2. 재의요구권

1769　지방자치단체의 장은 지방의회의 조례안 의결에 대해, 법령 위반 등의 의결에 대해, 예산상 집행이 불가능한 의결에 대해, 감독청의 재의요구에 따라 재의를 요구할 수 있다(지방자치법 제32조 제3항, 제120조 제1항, 제121조 제1항, 제192조 제1항).

3. 조례안공포권·조례안거부권

1770　지방의회에서 의결된 조례안이 이송되어 오면, 지방자치단체의 장은 20일 이내에 조례를 공포하여야 한다(지방자치법 제32조 제2항). 그러나 지방자치단체의 장은 이송 받은 조례안에 대하여 이의가 있으면 이송 받은 때로부터 20일 이내에 이유를 붙여 지방의회로 환부하고, 재의를 요구할 수 있다(지방자치법 제32조 제3항).

V. 선결처분권

1. 의 의

1771　선결처분권이란 지방자치단체의 장의 임무수행에 지방의회의 협력이 요구되는 영역에서 그것이 기대될 수 없는 경우에 지방자치단체의 장이 갖는 일종의 긴급권을 말한다(지방자치법 제122조 제1항).

2. 요 건

1772　선결처분은 ① 지방의회가 성립되지 아니한 경우에 가능하다. 지방의회가 성립되지 아니한 때로 지방자치법은 의원이 구속되는 등의 사유로 제64조(의결정족수)에 따른 의결정족수에 미달하게 된 때를 말한다고 규정하고 있다(지방자치법 제122조 제1항 제1문). 그

러나 의원의 사직 등으로 인하여 재적의원이 의원정수의 반에 미달하는 경우에도 지방의회가 성립되지 아니하는 경우로 볼 수 있다. ② 지방의회가 성립되었다고 하여도 다음의 요건을 모두 구비하는 경우에 장은 선결처분을 할 수 있다(지방자치법 제122조 제1항 제2문). ⓐ 처분대상은 주민의 생명과 재산보호에 관한 사항이어야 하며, ⓑ 그 보호의 요구가 시간적으로 보아 긴급한 것이어야 하고, ⓒ 지방의회를 소집할 시간적 여유가 없거나 지방의회에서 의결이 지체되어 의결되지 아니한 경우이어야 한다.

3. 통 제

지방자치단체의 장이 선결처분을 하면, 지체없이 지방의회에 보고하고 승인을 얻어야 한다(지방자치법 제122조 제2항). 만약 지방의회에서 승인을 얻지 못한 때에는 그 선결처분은 그때부터 효력을 상실한다(지방자치법 제122조 제3항). 그리고 지방자치단체의 장은 선결처분의 보고와 의회의 승인 여부 및 승인 거부시 선결처분의 효력 상실을 지체 없이 공고하여야 한다(지방자치법 제122조 제4항).

VI. 규칙제정권

1. 개 념

(1) 의 의

자치법규로서 규칙이란 지방자치단체의 장이 지방자치법 등이 정하는 바에 따라 정립하는 법형식을 말한다.

(2) 종 류

규칙에는 지방자치단체의 장이 법령 또는 조례가 위임한 범위 안에서 그 권한에 속하는 사무에 관하여 발하는 위임규칙과 법령의 위임 없이 법령이나 조례를 시행하기 위하여 직권으로 제정하는 직권규칙이 있다. 법령과 조례의 위임에 따라 위임규칙은 침익적인 사항을 정할 수 있으나, 법에 근거 없이 단체장이 직권으로 제정하는 직권규칙은 주민의 권리·의무관련 사항을 정할 수 없다.

2. 법적 성질

규칙은 법규로서 외부적 효력을 가질 수 있다. 다만 내부조직·운영에 대한 규칙처럼 외부효가 없는 규칙도 있을 수 있다(예: 구청 컴퓨터실 관리에 관한 규칙).

3. 규칙의 적법요건★

(1) 규칙제정사항

규칙을 제정할 수 있는 사항은 지방자치단체의 장의 권한에 속하는 모든 사항이다. 조례와는 달리 자치사무·단체위임사무뿐만 아니라 기관위임사무도 규칙으로 정할 수 있다.

(2) 법률유보의 원칙

규칙으로 주민의 권리제한·의무부과·벌칙에 관한 사항을 정하기 위해서는 법령이나 조례의 개별·구체적인 위임이 있어야 한다. 포괄적 위임이 가능한 조례와는 구별된다.

(3) 법률우위의 원칙

1779 규칙은 '법령 또는 조례가 위임한 범위 안에서' 제정할 수 있으므로 법령이나 조례의 내용에 반할 수 없다(지방자치법 제29조). 그리고 시·군 및 자치구의 규칙은 시·도의 조례나 규칙에 위반하여서는 아니 된다(지방자치법 제30조).

4. 효력발생

1780 규칙은 특별한 규정이 없으면 공포한 날부터 20일이 지나면 효력을 발생한다(지방자치법 제32조 제8항).

5. 보 고

1781 규칙을 제정하거나 개정하거나 폐지할 경우 공포예정 15일 전에 시·도지사는 행정안전부장관에게, 시장·군수 및 자치구의 구청장은 시·도지사에게 그 전문을 첨부하여 각각 보고하여야 하며, 보고를 받은 행정안전부장관은 이를 관계 중앙행정기관의 장에게 통보하여야 한다(지방자치법 제35조).

제4항 | 보조기관 등

Ⅰ. 보조기관

1782 행정청인 집행기관의 장의 의사결정을 직접 보조하는 기관을 보조기관이라 한다. 지방자치법은 보조기관으로서 특별시·광역시 및 특별자치시에 부시장, 도와 특별자치도에 부지사, 시에 부시장, 군에 부군수, 자치구에 부구청장을 두고 있고(지방자치법 제123조 제1항·제2항), 그 밖의 보조기관에 관해서는 대통령령으로 정하는 기준에 따라 그 지방자치단체의 조례로 정한다(지방자치법 제125조 제2항).

Ⅱ. 행정기구

1783 지방자치단체는 그 사무를 분장하기 위하여 필요한 행정기구를 둔다(지방자치법 제112조 제1항). 행정기구의 설치는 대통령령으로 정하는 기준에 따라 그 지방자치단체의 조례로 정한다(지방자치법 제112조 제2항).

Ⅲ. 소속행정기관

1784 소속행정기관으로 직속기관·사업소·출장소·합의제행정기관·자문기관 등이 있다.

CHAPTER 03 지방자치단체의 사무

지방자치단체의 사무는 지방자치단체 자신의 고유한 사무인 자치사무와 국가나 상급 지방자치단체의 위임에 따라 처리하는 위임사무로 나눌 수 있고, 위임사무에는 지방자치단체에 위임된 단체위임사무와 지방자치단체의 장에게 위임된 기관위임사무로 나눌 수 있다.

제1절 자치사무

제1항 | 자치사무의 개념

Ⅰ. 의 의

자치사무(고유사무)란 주민의 복리에 관한 사무로서 헌법과 법률이 지방자치단체의 사무로 정한 사무를 말한다.

Ⅱ. 자치사무와 위임사무의 구별 기준

① 먼저 법률의 규정형식과 취지를 먼저 고려하여 판단하고(예를 들어 '중앙행정기관의 장이 행한다'고 규정한 경우는 국가의 사무이고, '지방자치단체의 장이 행한다'고 규정하는 경우는 일반적으로는 자치사무이다), ② 불분명하다면 전국적·통일적 처리가 요구되는 사무인지 여부, 경비부담, 책임귀속주체 등도 고려한다. ③ 그리고 지방자치법 제13조 제2항(지방자치단체사무의 예시)이 판단기준이 된다. ④ 만일 그래도 불분명하다면 지방자치단체사무의 포괄성의 원칙에 따라 자치단체사무로 추정한다.

제2항 | 자치사무의 특징

Ⅰ. 자치사무의 법적 근거

임의적인 자치사무(지방자치단체가 자기책임으로 시행을 결정할 수 있는 사무. 예: 지역경제촉진, 도서관 건립)는 당해 지방자치단체의 자치법규(조례나 규칙)로 충분하다. 그러나 의무적인 자치사무(법령에 의해 정해진 필수적인 사무. 예: 초등학교의 설립, 상·하수도 설치와 유지)는 법령에 의하여 의무가 부과됨이 일반적이다.

Ⅱ. 자치사무에 대한 지방의회의 관여

1788 자치사무는 당해 지방자치단체 자신의 사무이므로, 지방의회는 당연히 자치사무에 관여한다. 따라서 지방의회는 자치사무와 관련하여 그 지방자치단체의 사무를 감사하거나 그 사무 중 특정 사안에 관하여 본회의의 의결로 조사할 수 있다(지방자치법 제49조 제1항 제1문).

Ⅲ. 자치사무수행에 필요한 비용부담

1789 지방자치단체는 그 자치사무의 수행에 필요한 경비와 위임된 사무에 관하여 필요한 경비를 지출할 의무를 진다(지방자치법 제158조).

Ⅳ. 자치사무수행과 관련된 손해배상책임의 주체

1790 지방자치단체는 자치사무의 수행과 관련하여 발생하는 불법행위로 인한 손해에 대해서는 사무의 귀속주체(영조물의 관리주체)로 배상할 책임을 진다(국가배상법 제2조, 제5조).

Ⅴ. 자치사무에 대한 감독

1791 자치사무에 대한 감독청의 통제는 위법성 통제에 그치고, 합목적성 위반이나 부당성은 통제할 수 없다.

제3항 | 자치사무의 내용

1792 지방자치법 제13조 제2항은 지방자치단체의 사무를 예시(1. 지방자치단체의 구역, 조직, 행정관리 등에 관한 사무, 2. 주민의 복지증진에 관한 사무, 3. 농림·상공업 등 산업 진흥에 관한 사무, 4. 지역개발과 주민의 생활환경시설의 설치·관리에 관한 사무, 5. 교육·체육·문화·예술의 진흥에 관한 사무, 6. 지역민방위 및 지방소방에 관한 사무)하고 있다. 다만, 법률에 이와 다른 규정이 있으면 그러하지 아니하다.

제2절　단체위임사무

제1항 | 단체위임사무의 의의

단체위임사무란 국가나 광역자치단체의 사무를 지방자치 '단체'에 위임하여 수행하는 사무를 말한다. 위임사무는 성질상 위임자의 사무이기 때문에 수임자인 지방자치단체가 그 사무를 수행하면 그 궁극적인 효과는 위임자가 받는다(위임자가 사무귀속주체가 된다). 위임사무에는 단체위임사무와 기관위임사무가 있다. 단체위임사무나 기관위임사무는 위임사무라는 점에서는 동일하나, 단체위임사무의 수임자는 지방자치단체(지방의회+단체장)이지만, 기관위임사무의 수임자는 지방자치단체의 기관(단체장)이라는 점에서 구별된다. 그리고 단체위임사무는 수임 지방자치단체의 이름과 책임으로 이를 수행한다.

제2항 | 단체위임사무의 특징

Ⅰ. 단체위임사무의 법적 근거

단체위임도 일종의 행정권한의 위임이다. 따라서 행정조직법정주의에 따라 법적 근거가 필요하다.

Ⅱ. 단체위임사무에 대한 지방의회의 관여

지방의회도 단체위임사무의 수임자이므로 단체위임사무에 관여할 수 있다. 따라서 단체위임사무를 조례로 정할 수도 있다.

Ⅲ. 단체위임사무수행에 필요한 비용부담

지방자치법은 국가사무나 지방자치단체사무를 위임할 때에는 이를 위임한 국가나 지방자치단체에서 그 경비를 부담하여야 한다고 규정한다(지방자치법 제158조 단서). 지방재정법도 제21조 제2항에서 "국가가 스스로 하여야 할 사무를 지방자치단체나 그 기관에 위임하여 수행하는 경우 그 경비는 국가가 전부를 그 지방자치단체에 교부하여야 한다"고 규정하고, 제28조에서 "시·도나 시·도지사가 시·군 및 자치구 또는 시장·군수·자치구의 구청장에게 그 사무를 집행하게 할 때에는 시·도는 그 사무 집행에 드는 경비를 부담하여야 한다"라고 규정한다.

Ⅳ. 단체위임사무수행과 관련된 손해배상책임의 주체

지방자치단체는 단체위임사무의 수행과 관련하여 발생하는 불법행위로 인한 손해에 대해서 국가배상법 제6조 제1항이 정하는 바에 따라 비용부담자로서 손해배상책임을 부담하기도 한다.

V. 단체위임사무에 대한 감독

1798   단체위임사무는 궁극적으로 위임자인 국가나 광역자치단체의 사무이기 때문에 감독청은 위법성뿐만 아니라 합목적성 위반이나 부당성도 통제할 수 있다.

제3절   기관위임사무

제1항 | 기관위임사무의 의의

기관위임사무란 국가나 광역자치단체의 사무를 지방자치단체의 기관(단체장)에 위임하여 수행하는 사무를 말한다. 단체위임사무나 기관위임사무는 위임사무라는 점에서는 동일하나, 단체위임사무의 수임자는 지방자치단체(지방의회+단체장)이지만, 기관위임사무의 수임자는 지방자치단체의 기관(단체장)이라는 점에서 구별된다. 그리고 기관위임사무는 수임 지방자치단체의 장의 이름과 책임으로 이를 수행한다.

제2항 | 기관위임사무의 특징

Ⅰ. 기관위임사무의 법적 근거

기관위임도 일종의 행정권한의 위임이다. 따라서 행정조직법정주의에 따라 법적 근거가 필요하다.

Ⅱ. 기관위임사무에 대한 지방의회의 관여

지방의회는 기관위임사무의 수임자가 아니므로 기관위임사무에 관여할 수 없다. 따라서 기관위임사무에 대해서는 조례를 제정할 수도 없다. 다만, 지방자치법 제49조 제3항(지방자치단체 및 그 장이 위임받아 처리하는 국가사무와 시·도의 사무에 대하여 국회와 시·도의회가 직접 감사하기로 한 사무 외에는 그 감사를 각각 해당 시·도의회와 시·군 및 자치구의회가 할 수 있다)에 따라 제한된 범위에서 감사할 수 있을 뿐이다(기관위임사무 의회 관여금지원칙의 예외).

Ⅲ. 기관위임사무수행에 필요한 비용부담

지방자치법은 국가사무나 지방자치단체사무를 위임할 때에는 이를 위임한 국가나 지방자치단체에서 그 경비를 부담하여야 한다고 규정한다(지방자치법 제158조 단서). 지방재정법도 제21조 제2항에서 "국가가 스스로 하여야 할 사무를 지방자치단체나 그 기관에 위임하여 수행하는 경우 그 경비는 국가가 전부를 그 지방자치단체에 교부하여야 한다"고 규정하고, 제28조에서 "시·도나 시·도지사가 시·군 및 자치구 또는 시장·군수·자치구의 구청장에게 그 사무를 집행하게 할 때에는 시·도는 그 사무 집행에 드는 경비를 부담하여야 한다"라고 규정한다.

Ⅳ. 기관위임사무수행과 관련된 손해배상책임의 주체

지방자치단체는 기관위임사무의 수행과 관련하여 발생하는 불법행위로 인한 손해에 대해서 국가배상법 제6조 제1항이 정하는 바에 따라 비용부담자로서 손해배상책임을 부담하기도 한다.

V. 기관위임사무에 대한 감독

1805 기관위임사무는 궁극적으로 위임자인 국가나 광역자치단체의 사무이기 때문에 감독청은 위법성뿐만 아니라 합목적성 위반이나 부당성도 통제할 수 있다.

제3항 | 지방자치단체에서 처리가 제한되는 국가사무

1805a 지방자치법 제15조는 일정한 국가사무(1. 외교, 국방, 사법(司法), 국세 등 국가의 존립에 필요한 사무, 2. 물가정책, 금융정책, 수출입정책 등 전국적으로 통일적 처리를 요하는 사무, 3. 농산물·임산물·축산물·수산물 및 양곡의 수급조절과 수출입 등 전국적 규모의 사무, 4. 국가종합경제개발계획, 국가하천, 국유림, 국토종합개발계획, 지정항만, 고속국도·일반국도, 국립공원 등 전국적 규모나 이와 비슷한 규모의 사무, 5. 근로기준, 측량단위 등 전국적으로 기준을 통일하고 조정하여야 할 필요가 있는 사무, 6. 우편, 철도 등 전국적 규모나 이와 비슷한 규모의 사무, 7. 고도의 기술을 요하는 검사·시험·연구, 항공관리, 기상행정, 원자력개발 등 지방자치단체의 기술과 재정능력으로 감당하기 어려운 사무)를 지방자치단체가 처리할 수 없도록 규정한다. 따라서 이러한 사무는 국가가 지방자치단체에 위임할 수 없다. 다만, 법률에 이와 다른 규정이 있는 경우에는 가능하다.

CHAPTER 04 지방자치단체의 협력관계와 분쟁조정

제1절 지방자치단체 상호 간의 협력

Ⅰ. 협력의무

지방자치단체는 다른 지방자치단체로부터 사무의 공동처리에 관한 요청이나 사무처리에 관한 협의·조정 또는 지원의 요청을 받으면 법령의 범위에서 협력하여야 한다(지방자치법 제164조). 1806

Ⅱ. 사무의 위탁

지방자치단체나 그 장은 소관사무의 일부를 다른 지방자치단체나 그 장에게 위탁하여 처리하게 할 수 있다(지방자치법 제168조 제1항 제1문). 1807

Ⅲ. 행정협의회

지방자치단체는 2개 이상의 지방자치단체에 관련된 사무의 일부를 공동으로 처리하기 위하여 관계 지방자치단체 간의 행정협의회를 구성할 수 있다(지방자치법 제169조 제1항 제1문). 1808

Ⅳ. 장 등의 협의체

지방자치단체의 장이나 지방의회의 의장은 상호 간의 교류와 협력을 증진하고, 공동의 문제를 협의하기 위하여 시·도지사, 시·도의회의 의장, 시장·군수·자치구의 구청장, 시·군·자치구의회의 의장의 구분에 따라 전국적인 협의체를 설립할 수 있다(지방자치법 제182조 제1항). 1809

Ⅴ. 지방자치단체조합

지방자치단체조합이란 두 개 이상의 지방자치단체가 하나 또는 둘 이상의 사무를 공동으로 처리하기 위해 설립한 공법인으로서의 특별지방자치단체를 말한다(지방자치법 제176조 제1항·제2항). 시·도가 구성원인 조합은 행정안전부장관의, 시·군 및 자치구가 구성원인 조합은 1차로 시·도지사, 2차로 행정안전부장관의 감독을 받는다(지방자치법 제180조 제1항 본문). 1810

제2절　지방자치단체 상호 간 등의 분쟁조정

1811　지방자치단체 상호 간이나 지방자치단체의 장 상호 간 사무를 처리할 때 의견이 달라 다툼(분쟁)이 생기면 다른 법률에 특별한 규정이 없으면 행정안전부장관이나 시·도지사가 이를 조정할 수 있다(지방자치법 제165조 제1항).

> 지방자치법 제165조 제1항에 따른 행정자치부장관이나 시·도지사의 지방자치단체 또는 지방자치단체의 장 상호 간 분쟁에 대한 조정결정에 대한 불복 방법 및 별도로 분쟁조정결정 자체의 취소를 구하는 소송을 대법원에 제기할 수 있는지 여부(소극) / 분쟁조정결정에 대하여 항고소송을 제기할 수 있는지 여부(소극)
>
> 　행정자치부장관이나 시·도지사의 분쟁조정결정에 대하여는 후속의 이행명령을 기다려 대법원에 이행명령을 다투는 소를 제기한 후 그 사건에서 이행의무의 존부와 관련하여 분쟁조정결정의 위법까지 함께 다투는 것이 가능할 뿐, 별도로 분쟁조정결정 자체의 취소를 구하는 소송을 대법원에 제기하는 것은 지방자치법상 허용되지 아니한다. 나아가 분쟁조정결정은 상대방이나 내용 등에 비추어 행정소송법상 항고소송의 대상이 되는 처분에 해당한다고 보기 어려우므로, 통상의 항고소송을 통한 불복의 여지도 없다(대판 2015.9.24. 2014추613).

CHAPTER 05 지방자치단체에 대한 통제

지방자치단체에 대한 통제는 내부적 통제와 외부적 통제로 나눌 수 있다. 내부적 통제에는 지방의회의 단체장에 대한 통제와 지방자치단체장의 지방의회에 대한 통제가 있으며, 외부적 통제에는 국회에 의한 통제·법원과 헌법재판소에 의한 통제·감독청에 의한 통제가 있다. 논의의 핵심은 감독청에 의한 행정적 통제가 된다.

제1절 내부적 통제

제1항 | 지방의회의 단체장에 대한 통제

지방의회가 갖는 각종의 권한 모두가 집행기관에 대한 통제기능을 갖는다. 그러나 그 성질상 행정통제 그 자체에 중점이 있다고 생각되는 제도로 행정사무의 감사와 조사(지방자치법 제49조), 행정사무처리상황의 보고와 질문·응답(지방자치법 제50조), 자료제출요구(지방자치법 제48조), 결산의 승인(지방자치법 제150조 제1항) 등이 있다.

제2항 | 지방자치단체장의 지방의회에 대한 통제

지방의회에 대한 집행기관의 감독수단으로는 조례에 대한 재의요구(지방자치법 제32조 제3항), 법령에 위반된 의결 등에 대한 재의요구(지방자치법 제120조 제1항), 예산상 집행 불가능한 의결에 대한 재의요구(지방자치법 제121조 제1항), 감독청의 요구에 따른 법령위반의 지방의회의결 등에 대한 재의요구(지방자치법 제192조 제1항), 선결처분권(지방자치법 제122조 제1항) 등이 있다. 지방의회임시회소집요구제도(지방자치법 제54조 제2항) 및 의안의 발의제도(지방자치법 제76조 제1항) 등도 지방의회에 대한 통제수단으로서의 성격을 갖는다.

제2절 외부적 통제

제1항 | 국회에 의한 통제

1815　법령의 제정·개정을 통해 지방자치단체의 권한행사를 통제할 수 있다. 그 외에 국회는 예산을 통한 통제나 국정감사나 국정조사를 통한 통제도 가능하다.

제2항 | 법원과 헌법재판소에 의한 통제

Ⅰ. 법원에 의한 통제

1816　주민은 지방자치단체장의 위법·부당한 처분이나 부작위에 대해 행정심판이나 행정소송을 제기할 수 있다. 그리고 법률에 규정이 있다면 민중소송(예: 선거소송)이나 기관소송의 제기도 가능하다.

Ⅱ. 헌법재판소에 의한 통제

1. 권한쟁의심판

1817　헌법재판소는 권한쟁의심판을 통해 지방자치단체를 통제할 수 있다. 즉, 헌법재판소법은 국가기관과 지방자치단체 간 및 지방자치단체 상호 간에 권한의 존부 또는 범위에 관하여 다툼이 있는 때에는 당해 국가기관 또는 지방자치단체는 헌법재판소에 권한쟁의심판을 청구할 수 있다고 규정한다(헌법재판소법 제61조 제1항). 기관소송에서는 지방자치단체의 기관이 당사자이지만, 권한쟁의심판에서는 지방자치단체 자체가 소송의 당사자가 된다.

2. 헌법소원

1818　지방자치단체의 공권력의 행사 또는 불행사로 인하여 헌법상 보장된 기본권을 침해받은 자는 헌법재판소에 헌법소원심판을 청구할 수 있다(헌법재판소법 제68조 제1항 본문).

제3항 | 감독청에 의한 통제

Ⅰ. 자치사무에 대한 행정적 통제

1. 의 의

1819　자치사무에 대한 행정적 통제는 합법성감독에 한정된다. 그리고 감독청은 광역자치단체의 경우 국가이며, 기초자치단체의 경우는 광역자치단체가 된다.

2. 승 인

1820　지방자치단체의 행위에 감독청의 승인·동의·확인을 요구하는 것을 말한다(예: 지방자치법 제176조(지방자치단체조합의 설립) ① 2개 이상의 지방자치단체가 하나 또는 둘 이상의 사무

를 공동으로 처리할 필요가 있을 때에는 규약을 정하여 그 지방의회의 의결을 거쳐 시·도는 행정안전부장관의, 시·군 및 자치구는 시·도지사의 승인을 받아 지방자치단체조합을 설립할 수 있다).

3. 조언·권고·지원·자료제출요구

중앙행정기관의 장이나 시·도지사는 지방자치단체의 사무에 관하여 조언 또는 권고하거나 지도할 수 있으며, 이를 위하여 필요하면 지방자치단체에 자료의 제출을 요구할 수 있다. 그리고 국가나 시·도는 지방자치단체가 그 지방자치단체의 사무를 처리하는 데에 필요하다고 인정하면 재정지원이나 기술지원을 할 수 있다(지방자치법 제184조).

4. 시정명령★★★[10 5급]

(1) 의 의

시정명령권이란 지방자치단체의 사무에 관한 단체장의 명령이나 처분이 위법하거나 부당한 경우 감독청이 시정을 명하는 사후적인 감독수단이다(지방자치법 제188조 제1항).

(2) 시정명령의 행사요건과 효과

1) 행사요건

a. **주체와 상대방**: 시·도에 대해서는 주무부장관이, 시·군 및 자치구에 대해서는 시·도지사가 기간을 정하여 서면으로 시정할 것을 명한다.

b. 대 상

㈎ 시정명령은 지방자치단체의 사무를 대상으로 한다. 지방자치단체의 사무에는 자치사무와 단체위임사무가 있으므로 자치사무와 단체위임사무가 시정명령의 대상이 된다.

㈏ 그리고 지방자치단체의 사무에 관한 단체장의 명령이나 처분을 대상으로 한다. '명령'이란 일반추상적인 입법(예: 규칙)을 말하고, '처분'이란 개별구체적인 행위(예: 행정행위)를 말한다. 여기서의 '처분'을 항고소송의 대상이 되는 행정처분으로 제한할 필요는 없으므로, 서울특별시 인사위원회위원장이 서울특별시 시간선택제임기제공무원 40명을 채용하는 공고도 지방자치법 제188조 제1항의 직권취소의 대상이 될 수 있는 '처분'에 해당한다(대판 2017.3.30. 2016추5087).

c. 사 유: 단체장의 명령이나 처분이 위법하여야 한다(자치사무의 경우). 다만, 단체위임사무의 경우 위법한 경우 외에 현저히 부당하여 공익을 해치는 경우도 포함된다.

d. 형 식: 감독청은 적합한 이행기간을 정하여 서면으로 시정을 명령한다.

2) 효 과

시정명령을 받은 지방자치단체장은 위법 행위 등을 시정할 의무를 진다. 만일 단체장이 시정명령을 정해진 기간 내에 이행하지 않는 경우는 감독청은 단체장의 명령이나 처분을 취소·정지할 수 있다(지방자치법 제188조 제1항).

(3) 주무부장관의 지방자치단체사무의 통제

1) 주무부장관의 시정명령의 명령과 직접 시정명령 및 취소·정지(시·도지사가 시정명령을 안한 경우)

1827 ① 주무부장관은 지방자치단체의 사무에 관한 시장·군수 및 자치구의 구청장의 명령이나 처분이 법령에 위반되거나 현저히 부당하여 공익을 해침에도 불구하고 시·도지사가 시정명령을 하지 아니하면 시·도지사에게 기간을 정하여 시정명령을 하도록 명할 수 있다(지방자치법 제188조 제2항). ② 그럼에도 불구하고 시·도지사가 정해진 기간에 시정명령을 하지 아니하면 주무부장관은 그 기간이 지난 날부터 7일 이내에 직접 시장·군수 및 자치구의 구청장에게 기간을 정하여 서면으로 시정할 것을 명하고, 그 기간에 이행하지 아니하면 주무부장관이 시장·군수 및 자치구의 구청장의 명령이나 처분을 취소하거나 정지할 수 있다(지방자치법 제188조 제3항).

2) 주무부장관의 취소·정지의 명령과 직접 취소·정지(시·도지사가 시정명령은 하였으나 취소·정지를 안한 경우)

1827a 주무부장관은 시·도지사가 시장·군수 및 자치구의 구청장에게 시정명령을 하였으나 이를 이행하지 아니한 데 따른 취소·정지를 하지 아니하는 경우에는 시·도지사에게 기간을 정하여 시장·군수 및 자치구의 구청장의 명령이나 처분을 취소하거나 정지할 것을 명하고, 그 기간에 이행하지 아니하면 주무부장관이 이를 직접 취소하거나 정지할 수 있다(지방자치법 제188조 제4항).

(4) 감독청의 취소·정지에 대한 단체장의 불복소송

1) 단체장의 불복

1827b 지방자치법 제188조 제6항은 지방자치단체의 장은 자치사무에 관한 명령이나 처분의 취소 또는 정지에 대하여 이의가 있으면 그 취소처분 또는 정지처분을 통보받은 날부터 15일 이내에 대법원에 소를 제기할 수 있다.

2) 소송요건과 본안판단

a. 소송요건

1828 (i) **소의 대상**: 자치사무에 관한 단체장의 명령이나 처분에 대한 감독청의 취소·정지가 소의 대상이 된다. 주의할 것은 자치사무에 대한 감독청의 시정명령과 취소·정지 모두 성질은 항고소송의 대상인 처분이지만, 지방자치법 제188조 제6항은 취소·정지에 대해서만 제소할 수 있음을 규정하고 있다. 따라서 시정명령에 대해 소송을 제기한 경우 각하된다(대판 2014.2.27. 2012추183).

1828a (ii) **원고와 피고**: 원고는 지방자치단체의 장이며, 피고는 감독청이다.

1828b (iii) **제소기간**: 감독청의 취소·정지를 통보받은 날로부터 15일 이내에 제소하여야 한다.

1828c (iv) **관할법원**: 대법원이 관할한다.

b. 본안판단: 단체장의 불복소송의 본안판단은 단체장의 명령이나 처분에 대한 감독청의 취소·정지처분의 위법성 여부이다(지방자치법 제188조 제1항의 요건 구비 여부). 따라서 감독청의 취소·정지처분의 위법성은 단체장의 명령이나 처분의 위법 여부로 결정된다.

3) 감독청의 취소·정지에 대한 단체장의 불복소송의 성질

단체장의 불복소송의 성질에 대해 ⓐ 지방자치법 제188조 제6항의 불복소송을 기관소송으로 보는 견해(비한정설)와 ⓑ 기관소송을 동일한 행정주체 내부의 기관 상호 간의 쟁송으로 제한적으로 이해한다면(한정설) 지방자치법 제188조 제6항의 불복소송은 기관소송이 아니라 항고소송이라는 견해가 대립된다. ⓒ 기관소송은 기본적으로 동일한 행정주체의 문제이기 때문에 감독청의 자치사무에 대한 취소·정지는 항고소송의 대상인 처분이므로 항고소송이라는 견해가 타당하다.

5. 보고·감사

행정안전부장관이나 시·도지사는 지방자치단체의 자치사무에 관하여 보고를 받거나 서류·장부 또는 회계를 감사할 수 있다(지방자치법 제190조 제1항).

II. 단체위임사무에 대한 행정적 통제

1. 의 의

단체위임사무에 대한 행정적 통제는 합법성 및 합목적성·공익성 감독도 포함된다. 시·도에서는 주무부장관이, 시·군 및 자치구에서는 1차로 시·도지사, 2차로 주무부장관이 감독청이 된다. 그리고 시·군 및 자치구가 위임받아 처리하는 시·도의 사무에 관하여는 시·도지사가 감독청이 된다(지방자치법 제185조).

2. 조언·권고·지원·자료제출요구

중앙행정기관의 장이나 시·도지사는 지방자치단체의 사무에 관하여 조언 또는 권고하거나 지도할 수 있으며, 이를 위하여 필요하면 지방자치단체에 자료의 제출을 요구할 수 있다. 그리고 국가나 시·도는 지방자치단체가 그 지방자치단체의 사무를 처리하는 데에 필요하다고 인정하면 재정지원이나 기술지원을 할 수 있다(지방자치법 제184조).

3. 시정명령(취소·정지)

전술한 시정명령·취소정지는 단체위임사무에도 적용된다(1823 이하). 다만, ① 단체위임사무에 대한 시정명령의 사유에 법령위반 외에 부당이 포함된다는 점, ② 단체위임사무에 대한 시정명령(취소·정지)은 내부적 행위의 성격을 가지는바 항고소송의 대상인 처분이 아니라는 점, ③ 단체위임사무의 경우 시정명령의 불이행시에 가해지는 취소·정지처분에 대해 대법원에 제소 규정이 없어 제소가 허용되지 아니한다는 점에서 자치사무에 대한 시정명령(취소·정지)과 차이를 가진다.

4. 재의요구와 제소 등(지방의회에 대한 감독)

1835 지방자치법상 '지방자치단체의 사무'에는 자치사무와 단체위임사무가 포함되기 때문에 재의요구와 제소 등의 내용은 전술한 자치사무와 같다(1828 이하).

Ⅲ. 기관위임사무에 대한 행정적 통제

1. 의 의

1836 기관위임사무에 대한 행정적 통제는 합법성 및 합목적성·공익성 감독도 포함된다. 시·도에서는 주무부장관이, 시·군 및 자치구에서는 1차로 시·도지사, 2차로 주무부장관이 감독청이 된다. 그리고 시·군 및 자치구의 장이 위임받아 처리하는 시·도의 사무에 관하여는 시·도지사가 감독청이 된다(지방자치법 제185조).

2. 조언·권고·지원·자료제출요구

1836a 중앙행정기관의 장이나 시·도지사는 지방자치단체의 사무에 관하여 조언 또는 권고하거나 지도할 수 있으며, 이를 위하여 필요하면 지방자치단체에 자료의 제출을 요구할 수 있다. 그리고 국가나 시·도는 지방자치단체가 그 지방자치단체의 사무를 처리하는 데에 필요하다고 인정하면 재정지원이나 기술지원을 할 수 있다(지방자치법 제184조).

3. 시정명령·취소정지★

1837 지방자치법 제188조 제1항은 '지방자치단체의 사무에 관한 그 장의 명령이나 처분'이라고 규정하고 있어, 시정명령·취소정지는 자치사무와 단체위임사무에만 적용되고 기관위임사무에는 적용되지 않는다. 그러나 시정명령·취소정지는 감독청의 지도·감독수단의 하나로 볼 수 있기 때문에 명문의 규정은 없지만, 지방자치법 제185조(국가사무나 시·도사무 처리의 지도·감독)를 근거로 기관위임사무의 경우에도 시정명령·취소정지를 인정할 수 있다.

4. 직무이행명령(대집행)★★★[19 5급]

(1) 의 의

1838 직무이행명령이란 지방자치단체의 장이 기관위임사무의 집행 등을 게을리하는 경우에 감독청이 그 이행을 명하여 부작위를 시정하는 제도를 말한다(지방자치법 제189조 제1항). 시정명령이 지방자치단체장의 위법한 적극적인 행위의 존재를 전제로 하는 것인데 반하여, 직무이행명령은 위법한 부작위에 대한 통제수단으로서의 의미를 갖는다.

(2) 직무이행명령의 행사요건과 효과

1) 행사요건

1839 a. **주체와 상대방**: 시·도에 대하여는 주무부장관이, 시·군 및 자치구에 대하여는 시·도지사가 명한다.

1839a b. **대 상**: ① 직무이행명령의 대상은 법령의 규정에 따라 단체장의 의무에 속하는 국가

위임사무나 시·도위임사무 즉, 기관위임사무이다. ② 사무의 내용에는 입법, 행정행위, 사실행위가 포함된다.

c. 사 유: 지방자치단체의 장의 위법한 부작위가 있어야 한다.

d. 형 식: 감독청은 적합한 이행기간을 정하여 서면으로 직무이행을 명령한다.

2) 효 과

해당 지방자치단체의 장은 게을리하고 있는 위임사무를 처리할 의무가 발생한다. 만일 해당 지방자치단체의 장이 일정한 기간에 직무이행명령을 이행하지 아니하면 그 지방자치단체의 비용부담으로 대집행하거나 행정상·재정상 필요한 조치를 할 수 있다(지방자치법 제189조 제2항). 이 경우 대집행과 행정상·재정상 필요한 조치는 선택 관계처럼 보이지만 병합하여 동시에 이루어질 수도 있다.

(3) 주무부장관의 위임사무의 통제

1) 주무부장관의 직무이행명령의 명령과 직접 직무이행명령 및 대집행등(시·도지사가 직무이행명령을 안한 경우)

① 주무부장관은 시장·군수 및 자치구의 구청장이 법령에 따라 그 의무에 속하는 국가위임사무의 관리와 집행을 명백히 게을리하고 있다고 인정됨에도 불구하고 시·도지사가 이행명령을 하지 아니하는 경우 시·도지사에게 기간을 정하여 이행명령을 하도록 명할 수 있다(지방자치법 제189조 제3항). ② 그럼에도 시·도지사가 일정한 기간에 이행명령을 하지 아니하면 그 기간이 지난 날부터 7일 이내에 주무부장관은 직접 시장·군수 및 자치구의 구청장에게 기간을 정하여 이행명령을 하고, 그 기간에 이행하지 아니하면 주무부장관이 직접 대집행등을 할 수 있다(지방자치법 제189조 제4항).

2) 주무부장관의 대집행등의 명령과 직접 대집행등(시·도지사가 직무이행명령은 하였으나 대집행등을 안한 경우)

주무부장관은 시·도지사가 시장·군수 및 자치구의 구청장에게 직무이행명령은 하였으나 이를 이행하지 아니한 데 따른 대집행등을 하지 아니하는 경우에는 시·도지사에게 기간을 정하여 대집행등을 하도록 명하고, 그 기간에 대집행등을 하지 아니하면 주무부장관이 직접 대집행등을 할 수 있다(지방자치법 제189조 제5항).

(4) 감독청의 직무이행명령에 대한 단체장의 불복소송

1) 단체장의 불복

지방자치단체의 장은 직무이행명령에 이의가 있으면 이행명령서를 접수한 날부터 15일 이내에 대법원에 소를 제기할 수 있다. 이 경우 지방자치단체의 장은 직무이행명령의 집행을 정지하게 하는 집행정지결정을 신청할 수 있다(지방자치법 제189조 제6항).

2) 소송요건과 본안판단

a. 소송요건

(ⅰ) 소의 대상: 기관위임사무에 관한 감독청의 직무이행명령이 소의 대상이 된다.

(ⅱ) **원고와 피고**: 원고는 지방자치단체의 장이며, 피고는 감독청이다.

1841c (ⅲ) **제소기간**: 감독청의 이행명령서를 접수한 날부터 15일 이내에 제소하여야 한다.

1841d (ⅳ) **관할법원**: 대법원이 관할한다.

b. 본안판단

1842 ㈎ 단체장의 불복소송의 본안판단은 감독청의 직무이행명령의 위법성 여부이다(지방자치법 제189조 제1항 요건의 구비 여부). 따라서 감독청의 직무이행명령의 위법성은 단체장의 위법한 부작위가 존재하였는지 여부로 결정된다.

㈏ 지방자치단체의 장은 그 의무에 속한 국가위임사무를 이행하는 것이 원칙이므로, 특별한 사정이 없는 한 지방자치단체의 장이 그 의무를 이행하지 아니하면 이는 위법한 부작위가 된다. 여기서 '특별한 사정'이란 국가위임사무를 관리·집행할 수 없는 법령상 장애사유 또는 지방자치단체의 재정상 능력이나 여건의 미비, 인력의 부족 등 사실상의 장애사유가 있는 경우를 말하고 이런 특별한 사정이 있는 경우는 위법한 부작위가 되지 않는다(대판 2013.6.27. 2009추206).

3) 감독청의 직무이행명령에 대한 단체장의 불복소송(지방자치법 제189조 제6항)의 성질

1842a ⓐ 기관 간의 소송임을 근거로 기관소송으로 보는 견해, ⓑ 감독청의 명령에 불복하는 소송 즉, 항고소송으로 보는 견해, ⓒ 기관위임사무에 대한 직무이행명령은 행정내부적인 행위이기에 이에 불복하는 소송은 항고소송이 아니며, 동일한 법주체 내부의 소송(기관소송)도 아니기에 지방자치법이 인정한 특수한 소송이라는 견해가 타당하다.

PART 03
공무원법

CHAPTER 01 일반론

제1항 | 공무원법의 의의

1843 공무원이란 국가나 지방자치단체의 공무담당자를 말하며, 공무원법은 이러한 공무원의 법률관계를 규율하는 규범을 말한다.

제2항 | 공무원의 종류

Ⅰ. 국가공무원과 지방공무원

1844 국가가 임명하고 국가사무를 집행하는 공무원이 국가공무원이며, 지방자치단체에 의해 임명되고 지방자치단체의 사무를 집행하는 공무원이 지방공무원이다. 전자에는 국가공무원법이, 후자에는 지방공무원법이 적용된다.

Ⅱ. 경력직 공무원과 특수경력직 공무원

1. 경력직 공무원

1845 경력직 공무원이란 실적과 자격에 따라 임용되고 그 신분이 보장되며 평생토록 공무원으로 근무할 것이 예정되는 공무원(직업공무원)을 말한다. 경력직 국가공무원에는 일반직공무원(기술·연구 또는 행정 일반에 대한 업무를 담당하며, 직군(職群)·직렬(職列)별로 분류되는 공무원), 특정직공무원(법관, 검사, 외무공무원, 경찰공무원, 소방공무원, 교육공무원, 군인, 군무원, 헌법재판소 헌법연구관, 국가정보원의 직원과 특수 분야의 업무를 담당하는 공무원으로서 다른 법률에서 특정직공무원으로 지정하는 공무원)이 있다(국가공무원법 제2조 제2항).

2. 특수경력직 공무원

1846 특수경력직 공무원이란 경력직 공무원 외의 공무원을 말한다. 특수경력직 국가공무원에는 정무직공무원(가. 선거로 취임하거나 임명할 때 국회의 동의가 필요한 공무원, 나. 고도의 정책결정 업무를 담당하거나 이러한 업무를 보조하는 공무원으로서 법률이나 대통령령(대통령비서실 및 국가안보실의 조직에 관한 대통령령만 해당한다)에서 정무직으로 지정하는 공무원), 별정직공무원(비서관·비서 등 보좌업무 등을 수행하거나 특정한 업무수행을 위하여 법령에서 별정직으로 지정하는 공무원)이 있다(국가공무원법 제2조 제3항).

3. 적용법규

1847 경력직 국가공무원에는 국가공무원법이, 경력직 지방공무원에는 지방공무원법이 적용되지만, 특수경력직 공무원에는 원칙적으로 이 법들이 적용되지 않는다. 특수경력직 공

무원의 경우 그에 적용되는 특별법이 많기 때문이다. 다만 국가·지방공무원법상의 보수·복무에 관한 규정은 적용되고, 징계규정은 준용할 수 있다.

제3항 | 직업공무원

I. 의 의

헌법과 법률에 의해 공무원의 신분이 공무원 개인의 능력에 따라 보장되는 공무원제도를 말한다. 헌법 제7조 제2항은 "공무원의 신분과 정치적 중립성은 법률이 정하는 바에 의하여 보장된다"라고 규정한다.

1848

II. 내 용

직업공무원제도를 위해서는 공무원의 신분의 보장, 정치적 중립성, 성적주의(공무원의 인사가 정치적 고려 없이 개인의 능력에 따라 이루어지는 원칙을 말한다) 등이 요구된다.

1849

CHAPTER 02 공무원법관계의 발생·변경·소멸

| 제1부 행정법총론 | 제2부 행정쟁송법 | **제3부 행정법각론** |

제1절 공무원법관계의 발생

제1항 | 임명의 개념

I. 임명의 의의

1850 ⑴ 임명이란 공무원의 신분을 부여하여 공무원법관계를 발생시키는 행위를 말한다.

⑵ 임용이란 임명과 달리 공무원법관계의 발생·변경·소멸의 원인이 되는 모든 행위를 말한다. 그리고 보직은 공무원의 신분을 가진 자에게 일정한 직위(개개 공무원에게 부여된 직무와 책임)를 부여하여 일정한 직무를 담당하도록 하는 행위를 말한다.

II. 임명행위의 법적 성질

공무원 임명행위는 신청을 요하는 행정행위이다. 따라서 공무원이 되고자 하는 자의 신청이나 동의가 결여된 경우 그 임명행위는 무효이다. 그리고 임명행위는 행정행위이므로 그에 대한 분쟁은 항고소송의 대상이 된다.

제2항 | 임명요건

I. 능력요건

1852 결격사유에 해당하는 공무원은 임명될 수 없다(국가공무원법 제33조(결격사유) 다음 각 호의 어느 하나에 해당하는 자는 공무원으로 임용될 수 없다. 1. 피성년후견인 또는 피한정후견인, 2. 파산선고를 받고 복권되지 아니한 자, 3. 금고 이상의 실형을 선고받고 그 집행이 종료되거나 집행을 받지 아니하기로 확정된 후 5년이 지나지 아니한 자, 4. 금고 이상의 형을 선고받고 그 집행유예 기간이 끝난 날부터 2년이 지나지 아니한 자, 5. 금고 이상의 형의 선고유예를 받은 경우에 그 선고유예 기간 중에 있는 자, 6. 법원의 판결 또는 다른 법률에 따라 자격이 상실되거나 정지된 자, 6의2. 공무원으로 재직기간 중 직무와 관련하여 「형법」 제355조 및 제356조에 규정된 죄를 범한 자로서 300만 원 이상의 벌금형을 선고받고 그 형이 확정된 후 2년이 지나지 아니한 자, 6의3. 「형법」 제303조 또는 「성폭력범죄의 처벌 등에 관한 특례법」 제10조에 규정된 죄를 범한 사람으로서 300만 원 이상의 벌금형을 선고받고 그 형이 확정된 후 2년이 지나지 아니한 사람, 7. 징계로 파면처분을 받은 때부터 5년이 지나지 아니한 자, 8. 징계로 해임처분을 받은 때부터 3년이 지나지 아니한 자).

II. 성적요건

1853 공무원은 일정한 자격요건을 갖추어야 한다. 그 자격은 시험성적·근무성적, 그 밖의 능

력의 실증에 따라 행한다(국가공무원법 제26조 본문).

III. 요건결여의 효과

1. 능력요건결여의 효과★★ [18 5급]

국가공무원법 제33조는 결격 사유가 있는 자는 공무원으로 임명될 수 없다고 규정하지만, 실제로 임명이 된 경우 그 효과는 규정하고 있지 않아 문제가 된다.

(1) 학 설

ⓐ 결격사유 있는 공무원에 대한 임명행위를 무효라고 보는 견해(다수견해)와 ⓑ 결격사유임을 간과한 흠은 중대하기는 하지만 일반인의 판단에 따를 때 반드시 명백하다고 보기 어려워 취소사유라고 보는 견해가 대립된다.

(2) 판 례

판례는 임용 당시 임용결격사유가 있었다면 비록 임용권자의 과실에 의하여 임용결격자임을 밝혀내지 못하였다 하더라도 그 임용행위는 당연무효라고 본다(대판 2005.7.28. 2003두469).

(3) 검 토

결격사유 있는 공무원에 대한 임용은 적법요건을 위반한 중대한 하자이며, 간단한 확인절차를 통해서도 구별할 수 있는 것이기에 명백한 하자이다. 따라서 무효사유라고 봄이 타당하다.

2. 성적요건결여의 효과

성적요건이 결여된 자의 임명은 일반인의 관점에서 명백하다고 보기는 어렵기 때문에 취소사유가 된다.

제3항 | 임명권자, 임명의 형식, 임명의 효력발생시기

I. 임명권자

행정부 소속 공무원의 경우 국가공무원은 대통령이, 지방공무원은 지방자치단체의 장이 임명하는 것이 원칙이다.

II. 임명의 형식

공무원의 임명은 임용장이나 임용통지서의 교부에 의함이 일반적이다.

III. 임명의 효력발생시기

도달주의의 원칙에 따라 임용의 의사표시가 공무원에게 도달되어야 임명의 효력이 발생한다.

제2절　공무원법관계의 변경

제1항 | 다른 직위로 변경

Ⅰ. 상위직급으로 변경 — 승진

1861　승진이란 동일 직렬 내의 상위직급에 임용되는 것을 말한다.

Ⅱ. 동위직급 내의 변경

1. 전직

1862　전직이란 직렬을 달리하는 임명을 말한다(국가공무원법 제5조 제5호)(예: 행정사무관을 외무사무관으로 임용하는 경우).

2. 전보

1863　전보란 같은 직급 내에서의 보직 변경 또는 고위공무원단 직위 간의 보직 변경을 말한다(국가공무원법 제5조 제6호)(예: 세무 1과장을 세무 2과장으로 임용하는 경우).

3. 복직

1864　복직이란 휴직·직위해제 및 정직 중에 있는 공무원을 직위에 복귀시키는 것을 말한다.

 전출명령에 공무원의 동의가 필요한지 여부★★

1. 문제 상황

1864a　국가기관 상호간 또는 지방자치단체 상호간에 다른 기관의 공무원 또는 다른 지방자치단체의 공무원을 받아들이는 것을 전입, 내보내는 것을 전출이라고 한다. 그런데 지방공무원법 제29조의3은 "지방자치단체의 장은 다른 지방자치단체의 장의 동의를 받아 그 소속 공무원을 전입하도록 할 수 있다"고 규정하고 있지만, 전출을 명함에 있어서 해당 공무원의 동의를 필요로 하는지에 대한 명문의 규정이 없어 문제가 된다.

2. 학설

1864b　학설은 ⓐ 단체장의 전출명령에 해당 공무원의 동의를 필요로 한다면 단체장의 자의적인 인사를 방지할 수 있다는 점을 근거로 하는 동의필요설과 ⓑ 행정의 능률성이라는 공익상의 요청을 고려할 때 해당 공무원의 동의는 필요하지 않다는 동의불요설이 대립된다.

3. 판례

1864c　① 대법원과 헌법재판소 모두 헌법 제7조에 규정된 공무원의 신분보장과 헌법 제15조에서 보장하는 직업선택의 자유의 의미와 효력에 비추어 전출명령에는 해당 공무원의 동의가 필요하다고 본다(헌재 2002.11.28. 98헌바101, 99헌바8(병합)). ② 그리

고 대법원은 해당 공무원의 동의 없이 단체장이 전출명령을 발령하였다면 이는 위법(취소사유)하기 때문에 이러한 위법한 전출명령을 이행하지 않았다는 이유로 징계처분을 발령하였다면 징계양정에 있어 재량권 일탈이 있다고 보았다(대판 2001.12.11. 99두1823).

4. 검 토

공무원은 전출 및 전입으로 신분에 중대한 변화를 초래하며, 공무원의 전출 및 전입의 법적 성질은 '의원면직 및 특별임명'이므로 전출을 명함에 있어서는 공무원의 동의가 필요하다고 보는 것이 타당하다.

Ⅲ. 하위직급으로 변경 ― 강임

강임이란 같은 직렬 내에서 하위 직급에 임명하거나 하위 직급이 없어 다른 직렬의 하위 직급으로 임명하거나 고위공무원단에 속하는 일반직공무원을 고위공무원단 직위가 아닌 하위 직위에 임명하는 것을 말한다(국가공무원법 제5조 제4호).

Ⅳ. 겸임·파견근무

1. 겸 임

겸임이란 직위를 가진 공무원이 직위를 유지한 채 다른 공직에 임용하거나, 다른 기관의 임직원을 공무원으로 임용하는 것을 말한다.

2. 파견근무

파견이란 공무원이 다른 기관의 업무를 지원하거나 연수, 기타 능력발전을 위해 자기 본래의 직무를 떠나 다른 기관에서 근무하는 것을 말한다(국가공무원법 제32조의4).

제2항 | 무직위로 변경

직위란 개개 공무원에게 부여된 직무와 책임을 말하는데, 이러한 직위를 보유하지 못해 직무에 종사하지 못하는 것을 무직위로의 변경이라고 한다. 휴직, 직위해제, 정직이 있다.

Ⅰ. 휴 직

1. 의 의

휴직이란 공무원의 신분은 보유하게 하나 직무에는 종사하지 못하게 하는 것을 말한다(국가공무원법 제73조 제1항). 휴직에는 공무원 의사에도 불구하고 임용권자가 행하는 직권으로 하는 직권휴직(국가공무원법 제71조 제1항 1. 신체·정신상의 장애로 장기 요양이 필요할 때 ― 이하 생략)과 공무원 본인의 원에 의하여 임용권자가 행하는 의원휴직(국가공무원법 제71조 제2항 본문 1. 국제기구, 외국 기관, 국내외의 대학·연구기관, 다른 국가기관 또는 대통령령으로 정하는 민간기업, 그 밖의 기관에 임시로 채용될 때 — 이하 생략)이 있다.

2. 효 력

휴직중인 공무원은 공무원의 신분은 보유하나 직무에 종사하지 못한다(국가공무원법 제73조 제1항).

II. 직위해제

1. 의 의

직위해제란 공무원 본인에게 직위를 계속 보유하게 할 수 없는 일정한 귀책사유가 있어서 그 공무원에게 직위를 부여하지 아니하는 것을 말한다(국가공무원법 제73조의3 제1항).

2. 법적 성질

㈎ 직위해제는 휴직과 달리 본인에게 귀책사유가 있을 때에 행하는 것이므로 제재적인 성격을 갖지만, 징계는 아니다. 따라서 동일한 사유에 대한 직위해제처분이 있은 후 다시 징계처분이 있었다 하여 일사부재리의 법리에 어긋난다고 할 수 없다(대판 1984.2.28. 83누489).

㈏ 그리고 직위해제는 … 일시적인 인사조치로서 직무에 종사하지 못하도록 하는 잠정적이고 가처분적인 성격을 가진 조치이다(대판 2014.5.16. 2012두26180).

3. 사 유

직위해제의 사유는 ① 직무수행능력이 부족하거나 근무성적이 극히 나쁜 자, ② 파면·해임·강등 또는 정직에 해당하는 징계 의결이 요구 중인 자, ③ 형사 사건으로 기소된 자(약식명령이 청구된 자는 제외한다), ④ 고위공무원단에 속하는 일반직공무원으로서 제70조의2 제1항 제2호부터 제5호까지의 사유로 적격심사를 요구받은 자 등이다(국가공무원법 제73조의3 제1항).

4. 효 과

㈎ 직위가 해제되면 공무원은 직무에 종사하지 못한다. 그러나 직위해제 중 해제사유가 소멸되면 임용권자는 지체 없이 직위를 부여하여야 한다(국가공무원법 제73조의3 제2항).

㈏ 위의 ①의 사유(1871)로 직위해제처분을 하는 경우에 임용권자는 직위해제된 자에게 3개월의 범위에서 대기를 명하고(국가공무원법 제73조의3 제3항), 아울러 대기 명령을 받은 자에게 능력 회복이나 근무성적의 향상을 위한 교육훈련 또는 특별한 연구과제의 부여 등 필요한 조치를 하여야 한다(국가공무원법 제73조의3 제4항). 그러나 대기명령을 받은 자가 그 기간에 능력 또는 근무성적의 향상을 기대하기 어렵다고 인정된 때에는 임용권자는 직권으로 면직시킬 수 있다(국가공무원법 제70조 제1항 제5호). 다만, 대법원은 직위를 해제한 후 직권면직처분을 한 경우 직위해제와 직권면직은 하나의 법률효과를 목적으로 하지 않기 때문에 직위해제에 하자가 있다고 하더라도 직권면직에 하자가 승

계되지는 않는다고 본다(대판 1983.10.25. 83누340)(1883).

III. 정 직

정직은 공무원의 신분을 유지하되 일정기간 동안 직무에는 종사하지 못하는 것을 말한다. 정직은 휴직이나 직위해제와 달리 징계처분이다. 정직기간은 1개월 이상 3개월 이하의 기간으로 하고 보수는 전액을 감한다(국가공무원법 제80조 제3항).

1873

제3절 공무원법관계의 소멸

1874   공무원법관계의 소멸이란 공무원의 신분이 해소되어 공무원으로서의 법적 지위에서 벗어나는 것을 말한다. 공무원법관계의 소멸의 원인에는 당연퇴직과 면직이 있다.

제1항 | 당연퇴직★★

Ⅰ. 의 의

1875   당연퇴직이란 별도의 행위를 요하지 않고 법이 정한 일정한 사유의 발생으로 당연히 공무원법관계가 소멸되는 것을 말한다. 따라서 행정청이 행한 당연퇴직의 통보는 사실의 통지이며 항고소송의 대상인 처분이 아니다(대판 1992.1.21. 91누2687)(300 이하 참조).

Ⅱ. 사 유

1876   당연퇴직의 사유는 ① 국가공무원법 제33조의 결격사유의 어느 하나에 해당할 때(국가공무원법 제69조), ② 정년(국가공무원법 제74조)·임기만료·사망한 때, ③ 국적을 상실한 때이다.

Ⅲ. 효 과

1877   당연퇴직사유가 발생하면 공무원법관계는 당연히 소멸되며, 퇴직된 자의 행위는 무권한자의 행위가 된다. 그러나 이러한 경우에도 국민에 대한 관계에서 국민의 신뢰보호와 법적 안정성을 위해 사실상의 공무원이론에 따라 유효한 행위로 보아야 할 때도 있다(사실상 공무원이론이란 외관상 공무원의 행동을 신뢰하여 법률관계가 형성된 경우 상대방의 신뢰보호와 법적 안정성을 위하여 그 행위를 유효한 행위로 인정하는 것을 말한다). 그러나 퇴직된 공무원이 국가 등을 상대로 사실상의 공무원이론을 근거로 공무원의 권리를 주장할 수는 없다.

제2항 | 면 직

Ⅰ. 의 의

1878   면직이란 행정청이나 공무원의 특별한 행위로 공무원법관계를 소멸시키는 것을 말한다. 특별한 행위에 의한다는 점에서 법정사유인 당연퇴직과 구별된다.

Ⅱ. 종 류

1879   면직에는 의원면직과 강제면직이 있다.

1. 의원면직

⑺ 의원면직이란 공무원 자신의 사직의 의사표시에 의거하여 임용권자가 공무원관계를 종료시키는 행위를 말한다. 의원면직처분이 있으려면 사직의 의사표시(사인의 공법행위)가 있어야 한다.

⑷ 판례는 진의가 아닌 사직의 의사표시가 있었다고 하더라도 그 의사는 표시된 대로 효력이 발생하며, 민법 제107조 제1항 단서는 사인의 공법행위에는 적용되지 않는다고 본다(대판 2001.8.24. 99두9971)(민법 제107조(진의 아닌 의사표시) ① 의사표시는 표의자가 진의 아님을 알고 한 것이라도 그 효력이 있다. 그러나 상대방이 표의자의 진의 아님을 알았거나 이를 알 수 있었을 경우에는 무효로 한다).

2. 강제면직(일방적 면직)

(1) 의 의

강제면직이란 공무원 본인의 의사에 관계없이 임용권자의 일방적 의사에 따라 공무원법관계를 소멸시키는 행위를 말한다.

(2) 종 류

1) 징계면직

징계면직이란 징계로 공무원법관계가 소멸되는 경우를 말하는데 파면과 해임이 있다(후술하는 공무원의 징계책임 참조).

2) 직권면직

법정 사유에 해당하는 경우 임용권자가 직권으로 하는 면직처분을 말한다. 직권면직 사유는 ① 직제와 정원의 개폐 또는 예산의 감소 등에 따라 폐직(廢職) 또는 과원(過員)이 되었을 때, ② 휴직 기간이 끝나거나 휴직 사유가 소멸된 후에도 직무에 복귀하지 아니하거나 직무를 감당할 수 없을 때, ③ 제73조의3 제3항(직위해제)에 따라 대기 명령을 받은 자가 그 기간에 능력 또는 근무성적의 향상을 기대하기 어렵다고 인정된 때, ④ 전직시험에서 세 번 이상 불합격한 자로서 직무수행 능력이 부족하다고 인정된 때, ⑤ 징병검사·입영 또는 소집의 명령을 받고 정당한 사유 없이 이를 기피하거나 군복무를 위하여 휴직 중에 있는 자가 군복무 중 군무(軍務)를 이탈하였을 때, ⑥ 해당 직급에서 직무를 수행하는 데 필요한 자격증의 효력이 없어지거나 면허가 취소되어 담당 직무를 수행할 수 없게 된 때, ⑦ 고위공무원단에 속하는 공무원이 제70조의2에 따른 적격심사 결과 부적격 결정을 받은 때이다(국가공무원법 제70조 제1항).

III. 효 과

면직발령장 또는 면직통지서에 기재된 일자에 공무원 신분이 상실된다.

CHAPTER 03 공무원법관계의 내용

1884a 공무원법관계의 내용에는 공무원의 권리·의무·책임이 있다.

제1절 공무원의 권리

제1항 | 신분상 권리

Ⅰ. 신분보장권

1885 헌법 제7조 제2항은 "공무원의 신분…은 법률이 정하는 바에 의하여 보장된다"고 규정한다. 그에 따라 국가공무원법 제68조는 본문에서 "공무원은 형의 선고, 징계처분 또는 이 법에서 정하는 사유에 따르지 아니하고는 본인의 의사에 반하여 휴직·강임 또는 면직을 당하지 아니한다"고 규정하고 있다. 다만 국가공무원법 제68조는 단서에서 "다만, 1급 공무원과 제23조에 따라 배정된 직무등급이 가장 높은 등급의 직위에 임용된 고위공무원단에 속하는 공무원은 그러하지 아니하다"고 한다.

Ⅱ. 직위보유권

1886 공무원은 자신에게 적합한 일정한 직위를 보유할 권리와 자신에게 부여된 직위가 법정절차에 의하지 않고 박탈당하지 않을 직위보유권을 가진다(국가공무원법 제32조의5 제1항).

Ⅲ. 인사상담·고충심사청구권

1887 공무원은 누구나 인사·조직·처우 등 각종 직무 조건과 그 밖에 신상 문제에 대하여 인사 상담이나 고충 심사를 청구할 수 있다(국가공무원법 제76조의2 제1항). 그러나 고충 심사의 결과는 관계기관의 장을 기속하지 않는다는 점에서 소청심사제도와 다르다.

Ⅳ. 행정쟁송제기권

1888 위법·부당한 처분등에 의해 권리가 침해된 공무원은 행정쟁송을 제기할 수 있다.

제2항 | 재산상 권리

Ⅰ. 보수청구권

공무원은 국가나 지방자치단체에 보수(봉급+수당)를 청구할 권리를 가진다. 이는 공법상 권리로 이에 대한 분쟁은 공법상 당사자소송에 의한다.

Ⅱ. 연금청구권★

1. 의 의

연금이란 공무원이 일정기간 근무 후 또는 부상·질병으로 퇴직 또는 사망한 경우 공무원(또는 유족)에게 지급되는 급여를 말한다.

2. 연금청구권과 행정소송 [13 변시]

㈎ 판례는 공무원연금법령상 급여를 받으려는 자는 공무원연금관리공단에 급여지급을 신청하여 급여에 관한 결정을 받아야 그 급여를 청구할 수 있고, 공단에 급여지급을 신청하여 공무원연금관리공단이 이를 거부하거나 일부 금액만 인정하는 급여지급결정을 하는 경우, 그 결정을 대상으로 항고소송을 제기하는 등으로 구체적 권리를 인정받은 다음 비로소 당사자소송으로 그 급여의 지급을 구하여야 하고, 구체적인 권리가 발생하지 않은 상태에서 곧바로 공무원연금관리공단 등을 상대로 한 당사자소송으로 급여의 지급을 소구하는 것은 허용되지 않는다고 한다(대판 2010.5.27. 2008두5636). 즉, 공무원연금관리공단의 급여에 관한 결정(거부결정)은 국민의 권리·의무에 직접 영향을 미치는 행정처분에 해당한다(대법원 1996.12.6. 96누6417).

㈏ 또한 판례는 공무원연금관리공단의 인정에 의하여 퇴직연금을 지급받아 오던 중 구 공무원연금법령의 개정 등으로 퇴직연금 중 일부 금액의 지급이 정지된 경우에는 당연히 개정된 법령에 따라 퇴직연금이 확정되는 것이지 공무원연금관리공단의 퇴직연금 결정과 통지에 의하여 비로소 그 금액이 확정되는 것이 아니므로, 공무원연금관리공단이 퇴직연금 중 일부 금액에 대하여 지급거부의 의사표시를 하였다고 하더라도 그 의사표시는 퇴직연금 청구권을 형성·확정하는 행정처분이 아니라 공법상의 법률관계의 한쪽 당사자로서 그 지급의무의 존부 및 범위에 관하여 나름대로의 사실상·법률상 의견을 밝힌 것일 뿐이어서, 이를 행정처분이라고 볼 수는 없고, 이 경우 미지급퇴직연금에 대한 지급청구권은 공법상 권리로서 그의 지급을 구하는 소송은 공법상의 법률관계에 관한 소송인 공법상 당사자소송에 해당한다고 보았다(대판 2004.7.8. 2004두244).

> **쟁점** 공무원으로 근무한 임용결격자의 퇴직급여청구의 가능성 ★★★ [11 사시] [13 변시]

1. 문제 상황

공무원연금법 제46조 제1항은 공무원이 10년 이상 재직하고 퇴직한 경우 퇴직연금을 지급하도록 규정하고 있는데(공무원이 10년 이상 재직하고 퇴직한 경우에는 다음 각 호의 어느 하나에 해당하는 때부터 사망할 때까지 퇴직연금을 지급한다. 1호 65세가 되었을 때 — 이하 생략) 임용결격사유에 해당하는 자가 10년 이상을 근무한 후 퇴직연금지급을 청구한다면 공무원연금관리공단은 퇴직연금을 지급해야 하는지가 문제된다.

2. 학설

ⓐ 신뢰보호원칙을 적용하여 퇴직급여를 청구할 수 있다는 견해, ⓑ 공무원임용결격자의 임용행위를 취소사유로 보고(1854) 하자의 치유의 법리에 따라 퇴직급여를 청구할 수 있다는 견해, ⓒ 공무원이 납부한 기여금과 순수한 근로의 대가로 지급되는 부분은 후불임금의 성격이 있어 청구할 수 있다는 견해가 대립된다.

3. 판례

판례는 「당연무효인 임용행위에 의하여 공무원의 신분을 취득할 수는 없으므로 임용결격자가 공무원으로 임용되어 사실상 근무하여 왔다고 하더라도 적법한 공무원으로서의 신분을 취득하지 못한 자로서는 공무원연금법 소정의 퇴직급여 등을 청구할 수 없다(대판 2003.5.16. 2001다61012)」고 보지만, 「퇴직급여 가운데 임용결격공무원 등이 스스로 적립한 기여금 관련 금액은 임용기간 중의 이 사건 근로의 대가에 해당하고, 기여금을 제외한 나머지 금액 중 순수한 근로에 대한 대가로서 지급되는 부분 상당액이 퇴직에 따라 이 사건 근로의 대가로 지급되는 금액이라 할 수 있다(대판 2017.5.11. 2012다200486)」고 하여 퇴직급여 중 후불적 임금으로서 근로의 대가로서의 성격을 지니고 있는 근로기준법 및 근로자퇴직급여보장법상 퇴직금에 상당하는 금액은 임용결격자 등에게 지급되어야 한다고 본다.

4. 검토

퇴직급여는 사회보장적 성격 외에 후불임금의 성질도 가지고 있으며, 임용결격공무원 등의 사실상 근로는 법률상 원인 없이 제공된 것으로 국가 등은 부당한 이득을 얻은 것이므로 퇴직급여 중 근로의 대가로서의 성격을 지니고 있는 부분은 지급을 청구할 수 있다는 판례의 입장과 ⓒ설의 입장이 타당하다.

Ⅲ. 실비변상청구권

공무원은 보수 외에 직무 수행에 필요한 실비 변상을 받을 수 있다(국가공무원법 제48조 제1항).

제3항 | 노동법상 권리

헌법 제33조 제2항은 "공무원인 근로자는 법률이 정하는 자에 한하여 단결권·단체교섭권 및 단체행동권을 가진다"고 하여, 그에 따라 국가공무원법 제66조 제1항(지방공무원법 제58조 제1항)은 "공무원은 노동운동이나 그 밖에 공무 외의 일을 위한 집단 행위를 하여서는 아니 된다. 다만, 사실상 노무에 종사하는 공무원은 예외로 한다"고 규정한다. 아래에서는 일반 공무원의 노동법상 권리에 대해 살펴본다.

Ⅰ. 공무원의 노동조합설립·운영권

1. 노동조합의 설립

국가공무원법 제2조 및 지방공무원법 제2조에서 규정하고 있는 공무원(국가공무원법 제66조 제1항 단서 및 지방공무원법 제58조 제1항 단서에 따른 사실상 노무에 종사하는 공무원과 교원의 노동조합 설립 및 운영 등에 관한 법률의 적용을 받는 교원인 공무원 제외)은 노동조합을 설립할 수 있다(공무원의 노동조합 설립 및 운영 등에 관한 법률 제5조, 제2조).

2. 가입범위

노동조합에 가입할 수 있는 공무원의 범위는 '1. 6급 이하의 일반직공무원 및 이에 상당하는 일반직공무원, 2. 특정직공무원 중 6급 이하의 일반직공무원에 상당하는 외무행정·외교정보관리직 공무원, 3. 6급 이하의 일반직공무원에 상당하는 별정직공무원이다(공무원의 노동조합 설립 및 운영 등에 관한 법률 제6조 제1항).

3. 교섭 및 단체협약체결권

노동조합의 대표자는 그 노동조합에 관한 사항 또는 조합원의 보수·복지 그 밖의 근무조건에 관하여 국회사무총장·법원행정처장·헌법재판소사무처장·중앙선거관리위원회 사무총장·행정안전부장관(행정부를 대표한다)·특별시장·광역시장·도지사·특별자치도지사·시장·군수·구청장(자치구의 구청장을 말한다) 또는 특별시·광역시·도·특별자치도의 교육감 중 어느 하나에 해당하는 사람과 각각 교섭하고 단체협약을 체결할 권한을 가진다(공무원의 노동조합 설립 및 운영 등에 관한 법률 제8조 제1항 본문).

4. 정치활동과 쟁의행위의 금지

노동조합과 그 조합원은 다른 법령에 의하여 공무원에게 금지되는 정치활동을 하여서는 아니 된다(공무원의 노동조합 설립 및 운영 등에 관한 법률 제4조). 노동조합과 그 조합원은 파업·태업 그 밖에 업무의 정상적인 운영을 저해하는 일체의 행위를 하여서는 아니 된다(공무원의 노동조합 설립 및 운영 등에 관한 법률 제11조).

Ⅱ. 공무원직장협의회설립·운영권

1. 설 립

국가기관, 지방자치단체 및 그 하부기관에 근무하는 공무원은 직장협의회를 설립할 수 있다(공무원직장협의회의 설립·운영에 관한 법률 제2조 제1항).

2. 가입범위

공무원직장협의회에 가입할 수 있는 공무원의 범위는 '1. 6급 이하의 일반직공무원 및 이에 준하는 일반직공무원, 2. 특정직공무원 중 재직 경력 10년 미만의 외무영사직렬·외교정보기술직렬 외무공무원, 3. 기능직공무원, 4. 제1호의 일반직공무원에 상당하는 별정직공무원'이다(공무원직장협의회의 설립·운영에 관한 법률 제3조 제1항).

제2절　공무원의 의무

제1항 | 개 념

공무원의 근로관계는 사법상의 고용관계와는 달리 공무원은 국민 전체에 대한 봉사자로서 공익을 위해 근무한다. 이러한 공무원의 근무관계의 특수성으로 법령에서 공무원의 의무를 규정하고 있다.

제2항 | 공무원법상 의무

Ⅰ. 선서의무

공무원은 취임할 때에 소속 기관장 앞에서 국회규칙, 대법원규칙, 헌법재판소규칙, 중앙선거관리위원회규칙 또는 대통령령으로 정하는 바에 따라 선서하여야 한다(국가공무원법 제55조).

Ⅱ. 법령준수의무·성실의무

모든 공무원은 법령을 준수하며 성실히 직무를 수행하여야 한다(국가공무원법 제56조). 법령에는 법규 외에 행정규칙도 포함된다.

Ⅲ. 복종의무

1. 의 의

공무원은 직무를 수행할 때 소속 상관의 직무상 명령에 복종하여야 한다(국가공무원법 제57조). 소속 상관이란 공무원의 직무에 관해 지휘·감독할 수 있는 권한을 가진 기관을 말한다.

> 군인이 상관의 지시와 명령에 대하여 헌법소원 등 재판청구권을 행사하는 것이 군인의 복종의무에 위반되는지 여부(원칙적 소극)
>
> 　상관의 지시나 명령을 준수하는 이상 그에 대하여 소를 제기하거나 헌법소원을 청구하였다는 사실만으로 상관의 지시나 명령을 따르지 않겠다는 의사를 표명한 것으로 간주할 수도 없다. 원고 등이 이 사건 지시에 대하여 헌법소원을 제기한 행위는 그것이 권리행사로서의 실질을 부인해야 할 특별한 사정이 없는 이상 헌법과 법률에 의하여 허용되는 권리의 행사라고 볼 수 있고, 군인의 복종의무에 위반된다고 평가할 수 없다(대판(전원) 2018.3.22. 2012두26401).

2. 직무상 명령(직무명령)★[15 입시]

(1) 의의·구별개념

1903 ㈎ 직무상 명령이란 상급공무원이 하급공무원에게 직무상 발하는 명령을 말한다.

㈏ ① 직무명령은 특정의 상·하 공무원 간의 문제이므로 그 특정 상·하 공무원의 지위상실 등으로 인하여 효력이 소멸되지만, 훈령은 상·하관청 사이의 문제이므로 상급관청이나 하급관청의 기관구성자의 변경에 불구하고 효력을 가진다(1618). ② 그러나 훈령은 하급행정청에 발하는 명령이므로 하급행정청에 소속된 공무원을 구속하게 되어 당연히 직무명령으로서의 성질도 갖게 되나 직무명령은 훈령으로서의 성질을 당연히 갖는 것은 아니다.

(2) 직무상 명령의 요건

1904 형식적 요건으로 ⓐ 직무명령은 권한 있는 상급공무원이 발한 것이어야 하고, ⓑ 하급공무원의 직무범위 내에 속하는 것이어야 하며, ⓒ 하급공무원에게 직무상 독립이 인정되는 사항이 아니어야 하며, 실질적 요건으로 ⓓ 법령과 공익에 적합하여야 한다.

3. 공무원의 복종의무의 한계(요건을 결여한 직무상 명령에 대한 공무원의 복종의무)

1904a 상급공무원의 하자 있는(위법·부당) 직무명령이 있는 경우 하급공무원은 이에 복종할 의무가 있는지 문제된다(이는 공무원의 복종의무와 법령준수의무가 충돌되는 경우이다).

(1) 형식적 요건과 한계

1905 직무명령의 형식적 요건은 그 구비 여부가 외관상 명백하므로 이를 위반한 경우 하급공무원은 이를 심사할 수 있고 복종을 거부할 수 있다.

(2) 실질적 요건과 한계

1) 학 설

1906 ⓐ 하급공무원에게 실질적심사권을 인정하면 행정조직의 통일적 운영을 저해한다는 점을 근거로 하는 실질적 요건심사 부정설, ⓑ 직무명령이 위법한 경우에는 법치주의 원칙상 복종거부가 인정된다는 실질적 요건심사 긍정설, ⓒ 행정의 법률적합성원칙과 행정조직의 통일적 운영의 이념을 고려하여 절충적으로 보는 견해(절충설)(다수설)가 대립된다.

2) 판 례

1907 판례는 「하관은 소속상관의 적법한 명령에 복종할 의무는 있으나 … 명백한 위법 내지 불법한 명령인 때에는 이는 벌써 직무상의 지시명령이라 할 수 없으므로 이에 따라야 할 의무는 없다(대판 1988.2.23. 87도2358)」라고 하여 절충설의 입장을 취한 것으로 평가된다.

3) 검 토

1908 ㈎ 행정의 법률적합성(법령준수의무)을 준수한 공무원에게 징계책임을 지운다는 것은 인정하기 어렵기 때문에 공무원은 직무상 명령의 실질적 요건을 심사할 수 있다고 보아야

한다. 다만, 행정조직의 통일적 운영의 조화를 위해 일정한 제한을 두는 절충설이 타당하다.

㈏ 이에 따르면 ㉠ 직무명령의 내용이 범죄를 구성하거나, 위법성이 중대명백한 경우, 그리고 중대명백한 경우에 이르지 않더라도 위법성이 명백한 경우에는 공무원은 복종을 거부할 수 있고, ㉡ 위법성이 그 정도에 이르지 않은 경우, 부당한 경우, 법령해석상의 견해 차이에 불과한 경우에는 복종을 거부할 수 없다고 본다.

Ⅳ. 직장 이탈 금지

공무원은 소속 상관의 허가 또는 정당한 사유가 없으면 직장을 이탈하지 못한다(국가공무원법 제58조 제1항).

Ⅴ. 친절·공정의 의무

공무원은 국민 전체의 봉사자로서 친절하고 공정하게 직무를 수행하여야 한다(국가공무원법 제59조).

Ⅵ. 종교중립의 의무

공무원은 종교에 따른 차별 없이 직무를 수행하여야 한다(국가공무원법 제59조의2 제1항).

Ⅶ. 비밀 엄수의 의무

1. 의 의

공무원은 재직 중은 물론 퇴직 후에도 직무상 알게 된 비밀을 엄수하여야 한다(국가공무원법 제60조).

2. 의무의 위반

비밀엄수의무를 위반하면 징계처분을 받을 뿐만 아니라 형사처벌을 받을 수 있다(형법 제127조(공무상비밀의 누설)).

Ⅷ. 청렴의 의무

공무원은 직무와 관련하여 직접적이든 간접적이든 사례·증여 또는 향응을 주거나 받을 수 없다. 그리고 공무원은 직무상의 관계가 있든 없든 그 소속 상관에게 증여하거나 소속 공무원으로부터 증여를 받아서는 아니 된다(국가공무원법 제61조).

Ⅸ. 영예의 제한

공무원이 외국 정부로부터 영예나 증여를 받을 경우에는 대통령의 허가를 받아야 한다(국가공무원법 제62조).

X. 품위 유지의 의무

1918　공무원은 직무의 내외를 불문하고 그 품위가 손상되는 행위를 하여서는 아니 된다(국가공무원법 제63조). 직무집행뿐만 아니라 직무집행과 관계없이도 이에 위반되어서는 아니 된다.

XI. 영리 업무 및 겸직 금지

1919　공무원은 공무 외에 영리를 목적으로 하는 업무에 종사하지 못하며 소속 기관장의 허가 없이 다른 직무를 겸할 수 없다(국가공무원법 제64조 제1항).

XII. 정치 운동의 금지

1920　공무원은 정당이나 그 밖의 정치단체의 결성에 관여하거나 이에 가입할 수 없다(국가공무원법 제65조 제1항).

XIII. 집단 행위의 금지

1921　공무원은 노동운동이나 그 밖에 공무 외의 일을 위한 집단 행위를 하여서는 아니 된다. 다만, 사실상 노무에 종사하는 공무원은 예외로 한다(국가공무원법 제66조 제1항).

제3항 | 기타 법률상의 의무

1922　공직자윤리법은 공직자의 재산등록의무, 공직선거후보자 등의 재산공개의무 등을 규정하고, 공직자 등의 병역사항 신고 및 공개에 관한 법률은 병역사항을 신고할 의무를 규정한다.

제3절　공무원의 책임

제1항 | 개 념

공무원의 책임이란 공무원이 공무원의 의무에 위반한 경우, 그에 따라 받게 되는 불이익한 제재를 말한다.

제2항 | 공무원법상 책임

Ⅰ. 징계책임

1. 개 념

(1) 의 의

징계란 공무원의 의무위반에 대해 공무원관계의 질서유지를 위해 공무원법상 과해지는 제재를 말한다. 그러한 처벌을 징계벌이라 하고, 처벌을 받은 지위를 징계책임이라 한다.

(2) 법적 성질

1) 징계벌과 형벌

징계벌은 공무원을 대상으로 행정조직 내부의 질서유지를 목적으로 하지만, 형벌은 일반국민을 대상으로 국가와 사회의 질서유지를 목적으로 한다. 따라서 징계벌과 형벌은 목적·내용을 달리하기 때문에 양자는 병과될 수 있으며, 병과하여도 이중처벌이 아니다.

2) 징계벌과 일사부재리

일사부재리원칙은 징계벌에도 적용되어 동일한 징계원인으로 거듭하여 징계할 수는 없다. 다만 직위해제와 징계처분은 성질을 달리하는 것이므로 직위해제 후에 징계처분을 하여도 일사부재리원칙에 반하지 않는다.

2. 징계의 원인

국가공무원법과 동법에 따른 명령 위반, 직무상 의무(다른 법령에서 공무원의 신분으로 인하여 부과된 의무포함)의 위반 또는 직무태만, 직무의 내외를 불문하고 그 체면 또는 위신을 손상하는 행위 등이 징계의 원인이 된다(국가공무원법 제78조 제1항). 그리고 그 행위에 반드시 고의나 과실이 있을 필요도 없다.

3. 징계의 종류

징계의 종류는 법률에 따라 상이하나, 국가공무원법은 일반직공무원에 대한 징계로 파면·해임·강등·정직·감봉·견책의 여섯 가지를 규정하고 있다(국가공무원법 제79조). 그리고 실무상 행해지는 불문경고조치는 법률상의 징계처분은 아니다(다만, 불이익처분으로 항고소송의 대상인 처분이다).

(1) 파 면

1930 파면이란 공무원의 신분을 박탈하는 징계처분이다. 파면의 처분을 받은 자는 파면처분을 받은 때로부터 5년을 경과하여야만 다시 공무원에 임용될 수 있다(국가공무원법 제33조 제1항 제7호). 그리고 파면의 경우에는 퇴직급여·퇴직수당의 감액이 따른다(공무원연금법 제64조 제1항 제2호).

(2) 해 임

1931 해임역시 파면처럼 공무원신분을 박탈하는 징계처분이나, 해임처분을 받은 자는 3년간 공무원에 임용될 수 없고(국가공무원법 제33조 제1항 제8호), 금품 및 향응수수, 공금의 횡령·유용으로 해임된 경우 외에는 퇴직급여금의 감액은 없다(공무원연금법 제64조 제1항 제3호).

(3) 강 등

1932 강등은 1계급 아래로 직급을 내리는 징계처분이다. 공무원신분은 보유하나 3개월간 직무에 종사하지 못하며 그 기간 중 보수의 전액을 감한다(국가공무원법 제80조 제1항).

(4) 정 직

1933 정직이란 공무원의 신분을 보유하되 일정기간 직무에 종사하지 못하게 하는 징계처분이다. 정직기간은 1개월 이상 3개월 이하이며, 이 기간 중에 보수는 전액이 감해진다(국가공무원법 제80조 제3항).

(5) 감 봉

1934 감봉이란 1개월 이상 3개월 이하의 기간 보수의 3분의 1을 감하는 징계처분이다(국가공무원법 제80조 제4항).

(6) 견 책

1935 견책이란 전과에 대하여 훈계하고 회개하게 하는 징계처분이다(국가공무원법 제80조 제5항).

4. 징계의 절차 [16 5급]

(1) 징계의결의 요구

1) 징계의결요구권자

1936 징계의결 요구는 5급 이상 공무원 및 고위공무원단에 속하는 일반직공무원은 소속 장관이, 6급 이하 공무원 및 기능직공무원은 소속 기관의 장 또는 소속 상급기관의 장이 한다. 다만, 국무총리·인사혁신처장 및 대통령령으로 정하는 각급 기관의 장은 다른 기관 소속 공무원이 징계 사유가 있다고 인정하면 관계 공무원에 대하여 관할 징계위원회에 직접 징계를 요구할 수 있다(국가공무원법 제78조 제4항).

2) 요구의 기속성

1937 공무원에게 징계사유가 발생하면, 반드시 징계의결을 요구하여야 한다(국가공무원법 제78조 제1항). 즉, 징계의결의 요구는 기속적이다.

(2) 징계위원회의 의결

공무원의 징계는 관할 징계위원회의 의결을 거쳐야 한다(의무적). 즉 징계위원회는 의결기관이다. 징계위원회에는 제1·제2중앙징계위원회와 보통징계위원회가 있다. 징계위원회는 징계혐의자에게 충분한 진술 기회를 부여하여야 하며, 진술 기회를 주지 아니한 징계의결은 무효이다(국가공무원법 제81조 제3항, 제13조 제2항). 그리고 원칙적으로 징계위원회는 징계의결요구서를 접수한 날부터 30일(중앙징계위원회의 경우는 60일) 이내에 징계에 관한 의결을 하여야 한다.

(3) 징계권자의 징계

공무원에게 징계사유가 발생하면, 징계의결의 결과에 따라 징계처분을 하여야 한다(국가공무원법 제78조 제1항). 징계는 징계위원회의 의결을 거쳐 징계위원회가 설치된 소속기관의 장이 하되, 국무총리 소속으로 설치된 징계위원회(국회·법원·헌법재판소·선거관리위원회에 있어서는 해당 중앙인사관장기관에 설치된 상급 징계위원회를 말한다)에서 한 징계의결에 대하여는 중앙행정기관의 장이 한다. 다만, 파면과 해임은 징계위원회의 의결을 거쳐 각 임용권자 또는 임용권을 위임한 상급 감독기관의 장이 한다(국가공무원법 제82조 제1항).

5. 징계 등 불리한 처분이나 부작위에 대한 불복★★[13 5급]

(1) 소 청

1) 소청의 의의

소청이란 공무원의 징계처분 기타 그 의사에 반한 불리한 처분(예를 들어 의원면직·전보·강임·휴직·면직처분·복직청구)이나 부작위를 받은 자가 그 처분이나 부작위에 불복이 있는 경우 소청심사위원회에 그 심사를 청구하는 제도(특별행정심판)를 말한다(국가공무원법 제9조 제1항).

2) 소청심사위원회

소청심사위원회는 행정기관소속공무원과 관련하여 인사혁신처에, 국회·법원·헌법재판소 및 선거관리위원회소속공무원과 관련하여 각각 국회사무처·법원행정처·헌법재판소사무처 및 중앙선거관리위원회사무처에 둔다(국가공무원법 제9조 제1항·제2항).

3) 소청절차

a. 제 기: 국가공무원법 제75조(공무원에 대하여 징계처분등을 할 때나 강임·휴직·직위해제 또는 면직처분을 할 때에는 그 처분권자 또는 처분제청권자는 처분사유를 적은 설명서를 교부하여야 한다. 다만, 본인의 원(願)에 따른 강임·휴직 또는 면직처분은 그러하지 아니하다)에 따른 처분사유 설명서를 받은 공무원이 그 처분에 불복할 때에는 그 설명서를 받은 날부터, 공무원이 동법 제75조에서 정한 처분 외에 본인의 의사에 반한 불리한 처분을 받았을 때에는 그 처분이 있은 것을 안 날부터 각각 30일 이내에 소청심사위원회에 이에 대한 심사를 청구할 수 있다(국가공무원법 제76조 제1항).

1944   b. 심 사: 소청심사위원회는 이 법에 따른 소청을 접수하면 지체 없이 심사하여야 한다. 그리고 소청심사위원회는 제1항에 따른 심사를 할 때 필요하면 검증·감정, 그 밖의 사실조사를 하거나 증인을 소환하여 질문하거나 관계 서류를 제출하도록 명할 수 있다(국가공무원법 제12조). 소청인의 진술권은 보장되며 진술기회를 주지 않은 결정은 무효이다(국가공무원법 제13조).

1945   c. 결 정: 소청심사위원회의 결정은 처분행정청을 기속한다(국가공무원법 제15조). 소청심사위원회가 징계처분 또는 징계부가금 부과처분(이하 '징계처분등'이라 한다)을 받은 자의 청구에 따라 소청을 심사할 경우에는 원징계처분보다 무거운 징계 또는 원징계부가금 부과처분보다 무거운 징계부가금을 부과하는 결정을 하지 못한다(불이익변경금지의 원칙)(국가공무원법 제14조 제7항).

(2) 항고소송

1) 필요적 심판전치

1946   국가공무원법 제75조(공무원에 대하여 징계처분을 할 때나 강임·휴직·직위해제 또는 면직처분을 할 때에는 그 처분권자 또는 처분제청권자는 처분사유를 적은 설명서를 교부하여야 한다. 다만, 본인의 원에 따른 강임·휴직 또는 면직처분은 그러하지 아니하다)에 따른 처분, 그 밖에 본인의 의사에 반한 불리한 처분이나 부작위에 관한 행정소송은 소청심사위원회의 심사·결정을 거치지 아니하면 제기할 수 없다(국가공무원법 제16조 제1항).

2) 소송의 대상

1947   필요적 심판전치를 규정하고 있으므로 불이익처분 등을 받은 공무원이 소청심사를 거치면 행정청의 행위는 원래의 불이익처분(원처분)과 소청심사위원회의 결정(재결) 두 가지가 된다.

  a. 원처분주의: 행정소송법 제19조 단서는 "재결취소소송의 경우에는 재결 자체에 고유한 위법이 있음을 이유로 하는 경우에 한한다"고 하여 원처분주의를 규정하고 있다. 즉 취소소송은 원칙적으로 원처분을 대상으로 해야 하며, 재결은 예외적으로만 취소소송의 대상이 될 수 있다. 행정소송법 제19조 단서에 따라 원래의 불이익처분을 소의 대상으로 해야 한다.

  b. 원처분주의의 예외(재결 자체에 고유한 위법): 재결 자체에 고유한 위법이 있는 경우에는 재결도 취소소송의 대상이 될 수 있다(행정소송법 제19조 단서). '재결 자체에 고유한 위법'이란 재결 자체에 주체·절차·형식 그리고 내용상의 위법이 있는 경우를 말한다. 소청심사위원회의 결정에 고유한 위법이 있다면 위원회의 결정을 소의 대상으로 할 수 있다.

  c. 관련청구소송의 병합: 원래의 불이익처분도 위법하며, 소청심사위원회의 결정에도 고유한 위법이 있다면 관련청구소송으로 병합하여 제기할 수도 있다(행정소송법 제10조 제1항 제2호의 관련청구소송).

3) 피 고

원래의 불이익처분을 소의 대상으로 하는 경우에는 당해 처분청이 피고가 되고, 소청심사결정을 소의 대상으로 하는 경우에는 소청심사위원회가 피고가 된다.

Ⅱ. 변상책임

1. 의 의

변상책임이란 공무원의 의무위반행위로 인해 국가나 지방자치단체가 재산상 손해를 입은 경우 그 공무원이 부담하는 재산상의 책임을 말한다.

2. 회계관계직원 등의 변상책임

회계관계직원 등의 책임에 관한 법률에 따라 회계관계직원 등은 고의·중과실로 국가 등에게 재산상 손해를 입힌 경우 변상책임을 부담한다.

3. 국가배상법에 의한 변상책임

① 국가 등이 피해자에게 국가배상법 제2조 제1항의 책임을 부담한 경우, 이때 공무원에게 고의나 중대한 과실이 있다면 국가 등은 공무원에게 구상할 수 있다(국가배상법 제2조 제2항). ② 국가 등이 피해자에게 국가배상법 제5조 제1항의 책임을 부담한 경우, 국가 등은 원인자에게 구상할 수 있는데 그 원인자가 공무원이라면 그 공무원은 구상책임을 부담한다(국가배상법 제5조 제2항).

제3항 | 헌법상 책임

헌법에 따라 공무원의 책임을 묻는 것으로 헌법 제41조의 선거, 제65조의 탄핵, 제63조의 해임건의 등을 들 수 있다.

제4항 | 민사상 책임

공무원이 직무집행을 하는 과정에서 국민에 대해 민사상 손해배상책임을 지는지가 문제되는데, 판례는 공무원에게 경과실이 있는 경우에는 공무원은 대외적으로 배상책임을 지지 않지만, 공무원에게 고의·중과실이 있는 경우에는 공무원은 대외적으로 배상책임을 진다고 본다(대판 1996.2.15. 95다38677)(824).

제5항 | 형사상 책임

공무원의 형사상 책임이란 공무원의 의무위반이 동시에 형사법상 범죄가 되는 경우를 말한다(예: 비밀엄수의무에 위반하여 공무원에게 형법 제127조의 공무상비밀누설죄가 성립되는 경우).

 MEMO

PART 04
경찰법

CHAPTER 01 일반론(경찰)

제1절 경찰의 개념

제1항 | 실질적 의미의 경찰

1955 실질적 의미의 경찰이란 공공의 안녕과 질서를 유지하고 위해(위험과 장해)를 제거하기 위한 권력적 국가작용을 말한다(학문상의 경찰개념). 따라서 실질적 의미의 경찰작용은 경찰행정기관이 아닌 일반행정기관이 하는 경찰작용도 포함한다(예: 구청소속 공무원이 하는 무허가건축물단속).

제2항 | 형식적 의미의 경찰

1956 형식적 의미의 경찰이란 경찰행정기관이 관장하는 모든 행정작용을 말한다. 경찰법 제3조는 국가경찰의 임무를 '1. 국민의 생명·신체 및 재산의 보호, 2. 범죄의 예방·진압 및 수사, 3. 경비·요인경호 및 대간첩·대테러 작전수행, 4. 치안정보의 수집·작성 및 배포, 5. 교통의 단속과 위해의 방지, 6. 외국 정부기관 및 국제기구와의 국제협력, 7. 그 밖의 공공의 안녕과 질서유지'라고 규정한다. 따라서 실질적 의미의 경찰에 해당하지 않는 범죄의 수사·범인의 체포 등의 사법(司法)경찰작용과 비권력적 작용인 치안정보의 수집 등도 경찰기관의 소관사무이다(이러한 사무는 형식적 의미의 경찰작용이지만 실질적 의미의 경찰작용은 아니다).

제2절　경찰의 종류

제1항 | 행정경찰과 사법경찰

행정경찰이란 본래적 의미의 경찰로 공공의 안녕과 질서유지를 위한 행정작용을 말한다. 사법경찰은 범죄의 수사, 범인의 체포 등을 위한 작용을 말한다. 우리나라는 행정경찰과 사법경찰을 구분하지 않고 일반경찰행정기관이 모두를 관장한다. 따라서 사법경찰도 경찰행정기관의 권한이므로 형식적 의미의 경찰에 해당한다.

1957

제2항 | 국가경찰과 자치경찰

국가경찰이란 국가사무로서의 경찰사무를 수행하기 위해 국가가 설치·유지하는 경찰을 말하고, 자치경찰이란 지방자치단체사무로서의 경찰사무를 수행하기 위해 지방자치단체가 설치·유지하는 경찰을 말한다. 우리나라의 경우 제주특별자치도에 자치경찰제가 도입되어 있다.

1958

CHAPTER 02 경찰조직법

제1항 | 경찰기관의 종류

Ⅰ. 국가경찰

1. 경찰관청

(1) 중앙경찰관청

1959 　치안에 관한 사무를 관장하기 위하여 행정안전부장관 소속으로 설치되는 경찰청의 장(경찰청장)이 중앙경찰관청이다(정부조직법 제29조 제4항; 경찰법 제2조 제1항).

(2) 지방경찰관청

1960 　경찰청의 사무를 지역적으로 분담·수행하게 하기 위하여 특별시장·광역시장 및 도지사 소속으로 지방경찰청을 두고(경찰법 제2조 제2항 전단), 지방경찰청장 소속으로 경찰서를 둔다(경찰법 제2조 제2항 후단). 경찰서에 경찰서장을 두며, 경찰서장은 경무관, 총경 또는 경정으로 보한다(경찰법 제17조 제1항).

2. 경찰위원회

1961 　경찰행정에 중요한 사항을 심의·의결하기 위해 행정안전부에 설치하는 기관으로 경찰의결기관이다(경찰법 제5조 제1항).

3. 경찰집행기관

1962 　경찰집행기관이란 소속 경찰관청의 명에 따라 사실상 경찰작용을 집행하는 기관을 말한다(예: 경찰서장의 명을 집행하는 순경).

Ⅱ. 자치경찰

1963 　국가경찰을 원칙으로 하지만 제주특별자치도에는 도지사 소속하에 자치경찰을 두고 있다(제주특별자치도 설치 및 국제자유도시 조성을 위한 특별법 제87조 제1항). 그리고 자치경찰사무를 처리하기 위하여 제주자치도에 자치경찰단을 두고(제주특별자치도 설치 및 국제자유도시 조성을 위한 특별법 제88조 제1항), 자치경찰단장은 도지사가 임명하며, 도지사의 지휘·감독을 받는다(제주특별자치도 설치 및 국제자유도시 조성을 위한 특별법 제89조 제1항).

제2항 | 청원경찰

1964 　청원경찰이란 국가의 예산상의 한계 등을 이유로 국가의 감독과 사업주 등의 부담으로 운영되는 경찰제도를 말한다. 청원경찰은 청원주와 배치된 기관·시설 또는 사업장 등의 구역을 관할하는 경찰서장의 감독을 받아 그 경비구역만의 경비를 목적으로 필요한 범위에서 경찰관직무집행법에 따른 경찰관의 직무를 수행한다(청원경찰법 제3조).

CHAPTER 03 경찰작용법

적법한 경찰작용이 되기 위해서는 경찰작용에 법적 근거가 필요할 뿐만 아니라 일정한 한계를 준수해야 한다.

제1절 경찰작용의 근거

제1항 | 경찰작용과 법률유보

경찰작용은 공공의 안녕과 질서를 유지하기 위한 권력적·침익적 작용이기 때문에 경찰작용의 발동에는 반드시 법률의 근거가 필요하다.

제2항 | 법률유보의 방식

침익적인 경찰작용을 함에 있어 법적 근거는 단계적으로 검토해야 한다. 즉, 특별경찰법상의 특별조항, 일반경찰법상의 특별조항, 일반경찰법상의 일반조항 순으로 검토한다(특별법과 일반법의 관계). 특별경찰법상의 특별조항과 일반경찰법상의 특별조항은 법률에서 명시적으로 인정하고 있지만, 일반경찰법상의 일반조항은 인정 여부에 대해 학설이 대립된다.

Ⅰ. 특별경찰법상의 특별조항

'특별경찰법'이란 공공의 안녕과 질서유지를 위한 경찰작용의 근거가 일반경찰법(경찰관직무집행법, 경찰법) 외의 특별경찰법에 규정되어 있는 것을 말한다(예: 의료법, 식품위생법, 도로교통법, 건축법 등). 이 경우 경찰행정기관 이외의 일반행정기관도 특별경찰법상의 특별조항을 근거로 경찰작용(위해의 제거를 위한 활동)을 발동할 수 있다(예: 일반행정기관의 불법의료행위단속, 불법유흥주점단속, 무허가건축물단속 등).

Ⅱ. 일반경찰법상의 특별조항

일반경찰법인 경찰관직무집행법은 '경찰행정기관'에 의한 경찰작용에 대해 특별구성요건을 인정하고 있다(다만, 경찰관직무집행법은 경찰행정기관의 직무에 대한 법이므로 일반행정기관은 경찰관직무집행법을 근거로 경찰작용을 할 수는 없다). 즉, 불심검문, 보호조치, 위험발생의 방지, 범죄의 예방과 제지, 위험방지를 위한 출입, 확인을 위한 출석요구 등을 규정한다(경찰관직무집행법 제3조 내지 제8조, 제10조). 따라서 경찰행정기관은 특별경찰법상 특별조항이 없어도 해당 조항을 근거로 경찰권을 발동할 수 있다.

1. 불심검문

(1) 의 의

1969　불심검문이란 거동이 수상한 자를 조사하는 것을 말한다(경찰관직무집행법 제3조). 그리고 법적 성질은 경찰상 조사이다.

(2) 요 건

경찰관은 다음 각 호의 어느 하나(1. 수상한 행동이나 그 밖의 주위 사정을 합리적으로 판단하여 볼 때 어떠한 죄를 범하였거나 범하려 하고 있다고 의심할 만한 상당한 이유가 있는 사람, 2. 이미 행하여진 범죄나 행하여지려고 하는 범죄행위에 관한 사실을 안다고 인정되는 사람)에 해당하는 사람을 정지시켜 질문할 수 있다(경찰관직무집행법 제3조 제1항).

(3) 내 용

1970　경찰관직무집행법 제3조는 불심검문의 방법으로 질문, 동행요구, 흉기소지 여부의 조사를 규정한다.

1) 질 문

1971　경찰관은 일정한 경우 사람을 정지시켜 질문할 수 있다(경찰관직무집행법 제3조 제1항). 다만, 질문을 받은 사람은 그 의사에 반하여 답변을 강요당하지 아니한다(경찰관직무집행법 제3조 제7항).

2) 동행요구

1972　경찰관은 경찰관직무집행법 제3조 제1항에 따라 정지시킨 장소에서 질문을 하는 것이 그 사람에게 불리하거나 교통에 방해가 된다고 인정될 때에는 질문을 하기 위하여 가까운 경찰서·지구대·파출소 또는 출장소로 동행할 것을 요구할 수 있다. 이 경우 동행을 요구받은 사람은 그 요구를 거절할 수 있다(임의동행)(경찰관직무집행법 제3조 제2항).

3) 흉기소지 여부의 조사

1973　경찰관은 질문을 할 때에 흉기를 가지고 있는지를 조사할 수 있다(경찰관직무집행법 제3조 제3항). 비권력적 조사로 보는 견해가 있으나 권력적 조사로 보는 것이 다수설이다.

2. 보호조치등★

(1) 의 의

1974　경찰관은 응급구호가 필요하다고 믿을 만한 상당한 이유가 있는 사람을 발견하였을 때에는 보건의료기관이나 공공구호기관에 긴급구호를 요청하거나 경찰관서에 보호하는 등 적절한 조치를 할 수 있다(경찰관직무집행법 제4조). 보호조치에는 강제보호(제1호·제2호)와 임의보호(제3호)가 있다. 전자는 권력적 사실행위이며, 후자는 비권력적 사실행위이다.

(2) 요 건

경찰관은 수상한 행동이나 그 밖의 주위 사정을 합리적으로 판단해 볼 때 다음 각 호의 어느 하나(1. 정신착란을 일으키거나 술에 취하여 자신 또는 다른 사람의 생명·신체·재산에 위해를 끼칠 우려가 있는 사람, 2. 자살을 시도하는 사람, 3. 미아, 병자, 부상자 등으로서 적당한 보호자가 없으며 응급구호가 필요하다고 인정되는 사람. 다만, 본인이 구호를 거절하는 경우는 제외한다)에 해당하는 것이 명백하고 응급구호가 필요하다고 믿을 만한 상당한 이유가 있는 사람을 발견하였을 때에는 보건의료기관이나 공공구호기관에 긴급구호를 요청하거나 경찰관서에 보호하는 등 적절한 조치를 할 수 있다(경찰관직무집행법 제4조 제1항).

(3) 내 용

1) 보호조치

경찰관은 보건의료기관 또는 공공구호기관에 긴급구호를 요청하거나 경찰관서에 보호하는 등 적당한 조치를 할 수 있다(경찰관직무집행법 제4조 제1항). 경찰관서에서의 보호는 24시간을 초과할 수 없다(경찰관직무집행법 제4조 제7항).

2) 임시영치

보호조치를 하는 경우에 구호대상자가 휴대하고 있는 무기·흉기등 위험을 야기할 수 있는 것으로 인정되는 물건은 경찰관서에 임시영치할 수 있다(경찰관직무집행법 제4조 제3항). 임시영치는 10일을 초과할 수 없다(경찰관직무집행법 제4조 제7항).

3) 통지·인계

경찰관이 보호조치를 하였을 때에는 지체 없이 이를 구호대상자의 가족, 친지 그 밖의 연고자에게 그 사실을 알려야 하며, 연고자가 발견되지 아니할 때에는 구호대상자를 적당한 공공보건의료기관이나 공공구호기관에 즉시 인계하여야 한다(경찰관직무집행법 제4조 제4항).

3. 위험발생의 방지조치★

(1) 의 의

위험발생방지조치란 경찰관이 생명 또는 신체에 위해를 끼치거나 재산에 중대한 손해를 끼칠 위험이 있는 경우 이를 방지하기 위한 조치를 말한다(경찰관직무집행법 제5조).

(2) 요 건

경찰관은 사람의 생명 또는 신체에 위해를 끼치거나 재산에 중대한 손해를 끼칠 우려가 있는 천재, 사변, 인공구조물의 파손이나 붕괴, 교통사고, 위험물의 폭발, 위험한 동물 등의 출현, 극도의 혼잡, 그 밖의 위험한 사태가 있을 때에는 위험발생의 방지조치를 할 수 있다(경찰관직무집행법 제5조 제1항).

(3) 내 용

경찰관의 위험발생의 방지조치에는 '1. 그 장소에 모인 사람, 사물의 관리자, 그 밖의 관계인에게 필요한 경고를 하는 것, 2. 매우 긴급한 경우에는 위해를 입을 우려가 있는 사람을 필요한 한도에서 억류하거나 피난시키는 것, 3. 그 장소에 있는 사람, 사물의 관리자, 그 밖의 관계인에게 위해를 방지하기 위하여 필요하다고 인정되는 조치를 하게 하거나 직접 그 조치를 하는 것'이 포함된다(경찰관직무집행법 제5조 제1항).

4. 범죄의 예방과 제지

1982   경찰관은 범죄행위가 목전에 행하여지려고 하고 있다고 인정될 때에는 이를 예방하기 위하여 관계인에게 필요한 경고를 하고, 그 행위로 인하여 사람의 생명·신체에 위해를 끼치거나 재산에 중대한 손해를 끼칠 우려가 있는 긴급한 경우에는 그 행위를 제지할 수 있다(경찰관직무집행법 제6조 제1항).

5. 위험방지를 위한 출입

1983   경찰관은 경찰관직무집행법 제5조의 위험발생의 방지, 제6조의 범죄의 예방과 제지를 위하여 타인의 토지·건물·배 또는 차에 출입하거나(경찰관직무집행법 제7조 제1항), 일반적인 위험방지를 위하여 흥행장·여관·음식점·역 그 밖에 많은 사람이 출입하는 장소에 출입할 수 있다(경찰관직무집행법 제7조 제2항).

6. 사실의 확인 등

(1) 사실의 조회

1984   경찰관서의 장은 직무 수행에 필요하다고 인정되는 상당한 이유가 있을 때에는 국가기관이나 공사(公私) 단체 등에 직무 수행에 관련된 사실을 조회할 수 있다. 다만, 긴급한 경우에는 소속 경찰관으로 하여금 현장에 나가 해당 기관 또는 단체의 장의 협조를 받아 그 사실을 확인하게 할 수 있다(경찰관직무집행법 제8조 제1항).

(2) 출석요구

1985   경찰관은 다음 각 호(1. 미아를 인수할 보호자 확인, 2. 유실물을 인수할 권리자 확인, 3. 사고로 인한 사상자 확인, 4. 행정처분을 위한 교통사고 조사에 필요한 사실 확인)의 직무를 수행하기 위하여 필요하면 관계인에게 출석하여야 하는 사유·일시 및 장소를 명확히 적은 출석요구서를 보내 경찰관서에 출석할 것을 요구할 수 있다(경찰관직무집행법 제8조 제2항).

7. 경찰장비의 사용 등

(1) 의 의

1986   경찰관은 직무수행 중 경찰장비를 사용할 수 있다. '경찰장비'란 무기, 경찰장구, 최루제 및 그 발사장치, 살수차, 감식기구, 해안감시기구, 통신기기, 차량·선박·항공기등 경찰의 직무수행을 위하여 필요한 장치와 기구를 말한다(경찰관직무집행법 제10조 제1항·제2항). 경찰관직무집행법은 경찰장비의 사용으로 경찰장구의 사용, 분사기 등의 사용, 무기의 사용 등을 규정한다.

(2) 경찰장구의 사용

경찰관은 현행범인 경우와 사형·무기 또는 장기 3년 이상의 징역이나 금고에 해당하는 죄를 범한 범인의 체포 또는 도주의 방지, 자신이나 다른 사람의 생명·신체의 방어와 보호, 공무집행에 대한 항거 제지를 위하여 필요하다고 인정되는 상당한 이유가 있을 때에는 그 사태를 합리적으로 판단하여 필요한 한도 내에서 경찰장구를 사용할 수 있다. '경찰장구'란 경찰관이 휴대하여 범인검거와 범죄진압등 직무수행에 사용하는 수갑·포승·경찰봉·방패 등을 말한다(경찰관직무집행법 제10조의2 제1항·제2항).

(3) 분사기의 사용

경찰관은 범인의 체포 또는 범인의 도주의 방지 또는 불법집회·시위로 인하여 자신이나 다른 사람의 생명·신체와 재산 및 공공시설안전에 대한 현저한 위해의 발생을 억제하기 위하여 부득이한 경우 현장책임자의 판단으로 필요한 최소한의 범위 안에서 분사기(총포·도검·화약류 등의 안전관리에 관한 법률에 따른 분사기와 최루등의 작용제) 또는 최루탄을 사용할 수 있다(경찰관직무집행법 제10조의3 제1항).

(4) 무기의 사용

㈎ 경찰관은 범인의 체포 또는 범인의 도주의 방지, 자신이나 다른 사람의 생명·신체에 대한 방어 및 보호, 공무집행에 대한 항거의 제지를 위하여 필요하다고 인정되는 상당한 이유가 있을 때에는 그 사태를 합리적으로 판단하여 필요한 한도에서 무기를 사용할 수 있다(경찰관직무집행법 제10조의4 제1항).

㈏ 다만 일정한 경우 외에는 무기를 사용하여 사람에게 위해를 끼쳐서는 아니 된다. 일정한 경우(사람에게 위해를 줄 수 있는 무기의 사용이 가능한 경우)란 '① 「형법」에 규정된 정당방위와 긴급피난에 해당할 때, ② 다음 각 목의 어느 하나(가. 사형·무기 또는 장기 3년 이상의 징역이나 금고에 해당하는 죄를 범하거나 범하였다고 의심할 만한 충분한 이유가 있는 사람이 경찰관의 직무집행에 항거하거나 도주하려고 할 때, 나. 체포·구속영장과 압수·수색영장을 집행하는 과정에서 경찰관의 직무집행에 항거하거나 도주하려고 할 때, 다. 제3자가 가목 또는 나목에 해당하는 사람을 도주시키려고 경찰관에게 항거할 때, 라. 범인이나 소요를 일으킨 사람이 무기·흉기 등 위험한 물건을 지니고 경찰관으로부터 3회 이상 물건을 버리라는 명령이나 항복하라는 명령을 받고도 따르지 아니하면서 계속 항거할 때)에 해당하는 때에 그 행위를 방지하거나 그 행위자를 체포하기 위하여 무기를 사용하지 아니하고는 다른 수단이 없다고 인정되는 상당한 이유가 있을 때, ③ 대간첩 작전 수행 과정에서 무장간첩이 항복하라는 경찰관의 명령을 받고도 따르지 아니할 때'를 말한다(경찰관직무집행법 제10조의4 제1항 단서).

Ⅲ. 일반경찰법상의 일반조항(개괄조항)★★★

1. 의 의

일반경찰법상의 일반조항이란 경찰권발동을 위한 법적 근거가 특별경찰법에도 없을 뿐만 아니라 일반경찰법에도 특별조항으로 존재하지 않는 경우에 경찰권 발동의 근거가 되는 일반적 수권을 내용으로 하는 조항을 말한다.

2. 일반조항의 보충성

1991 일반조항은 성질상 특별경찰법상의 특별조항 및 일반경찰법상의 특별조항이 없는 경우에 보충적으로 적용되어야 한다.

3. 현행법상 인정 여부

(1) 학 설

1) 부정설(일반조항의 허용성을 부정하는 견해)

1992 경찰권의 발동 근거로 포괄적·일반적 수권 규정을 인정하면 경찰권 남용의 가능성이 있으므로 경찰법상 일반조항은 인정될 수 없다고 본다.

2) 긍정설(일반조항의 허용성과 존재를 모두 긍정하는 견해)

1992a 부단히 변화하는 사회상황 때문에 경찰권 발동의 요건이나 효과를 개별법이나 개별조항으로 모두 정하기는 어렵기 때문에 경찰관직무집행법 제2조 제7호(그 밖에 공공의 안녕과 질서유지)를 근거로 경찰권을 발동할 수 있다고 본다(다수견해).

3) 입법필요설(허용성은 긍정하나 현재 존재하지 않는다는 견해)

1992c 현행 헌법하에서 일반조항은 인정되어야 하지만, 아직까지 우리 입법은 이를 수용하고 있지 않다는 것이다. 따라서 경찰법(예를 들어 경찰법 제3조)이나 경찰관직무집행법의 규정(예를 들어 경찰관직무집행법 제2조 제7호)은 권한규범이 아니고 직무규범이라고 본다.

1992d
> [참고] 직무규범(임무규범(규정))과 권한규범(규정)
> 직무규범이란 특정 행정기관과 다른 행정기관과의 직무의 한계를 정하기 위한 추상적 규범을 말하며, 권한규범이란 직무규범을 전제로 국민을 상대로 구체적인 조치를 취할 수 있는 권한을 부여하는 규범을 말한다. 직무규범만으로는 국민의 권리를 침해할 수 없고, 권한규범이 존재해야 한다. 입법필요설은 경찰관직무집행법 제2조 제7호 등을 권한규범이 아니라 직무규범으로 보기 때문에 이를 근거로 국민의 권리를 침해하는 경찰권을 발동할 수 없다고 보는 것이다. 그러나 긍정설(다수견해)은 양자를 구별하지 않는다.

(2) 판 례

1993 학설은 청원경찰의 무허가 주택단속과 관련된 사건에서 판례가 경찰관직무집행법 제2조 제7호를 일반조항으로 보았다고 평가한다(청원경찰법 제3조, 경찰관직무집행법 제2조 규정에 비추어 보면 군 도시과 단속계 요원으로 근무하고 있는 청원경찰관이 허가 없이 창고를 주택으로 개축하는 것을 단속하는 것은 그의 정당한 공무집행에 속한다고 할 것이므로 이를 폭력으로 방해하는 소위는 공무집행방해죄에 해당된다(대판 1986.1.28. 85도2448, 85감도356)).

(3) 검 토

1994 경찰권남용의 가능성은 경찰법의 일반원칙(특히 비례원칙)으로 통제하면 되기에 경찰관직무집행법 제2조 제7호가 일반조항으로서 경찰권발동의 근거가 된다는 견해가 타당

하다. 다만 일반조항은 일반조항의 성질상 특별경찰법상·일반경찰법상 특별조항이 없는 경우에 보충적으로 적용되어야 한다.

4. 일반조항을 근거로 한 경찰권 발동요건

경찰관직무집행법 제2조 제7호를 일반경찰법상의 일반조항으로 보는 견해에 따른다면 경찰관직무집행법 제2조 제7호의 요건이 충족되면 경찰관은 경찰권을 발동할 수 있다(재량).

(1) 공공의 안녕과 관련될 것

공공의 안녕이란 법질서와 국가 및 국가시설 그리고 개인적 법익에 대한 불가침을 말한다.

(2) 공공의 질서와 관련될 것

공공의 질서란 법규범을 제외한 공동체를 위한 불문규범의 총체를 말한다.

(3) 공공의 안녕이나 공공의 질서에 대한 위해(위험과 장해)가 존재할 것

경찰관직무집행법 제2조 제7호는 명시적인 표현이 없지만(다만, 그 밖에 공공의 안녕과 질서 '유지'라고 표현함), '위해의 존재'를 요건으로 보아야 한다. 위험이란 공공의 안녕과 질서에 대한 침해의 발생가능성을 말하고, 장해란 그 위험이 실현되어 법익이 침해되는 경우를 말한다.

제2절 경찰작용의 한계 [08 5급] [09 입시]

1998 경찰작용의 한계에는 성문법령상의 한계와 경찰법의 일반원칙상의 한계가 있다.

제1항 | 성문법령상의 한계

1999 경찰작용은 성문의 법령이 정하는 범위 내에서 행사되어야 한다.

제2항 | 경찰법의 일반원칙(조리)상의 한계

Ⅰ. 경찰소극의 원칙

2000 경찰소극의 원칙이란 경찰권은 적극적인 복리의 증진이 아니라 소극적인 질서의 유지를 위해서만 발동될 수 있다는 원칙을 말한다.

Ⅱ. 경찰공공의 원칙★

1. 의 의

2001 경찰권은 공공의 안녕이나 질서의 유지를 위해서만 발동될 수 있는 것이며, 사적 이익만을 위해 발동될 수는 없다는 원칙을 말한다.

2. 내 용

(1) 사생활불간섭의 원칙

2002 경찰권은 공공의 안녕과 질서에 관계가 없는 개인의 사생활영역에는 개입할 수 없다는 원칙을 말한다. 그러나 특정인의 사생활을 방치하는 것이 공공의 안녕이나 질서에 중대한 위험을 가져올 수 있다면 경찰은 개입해야 한다(예: 법정감염병환자를 치료하는 경우).

(2) 사주소불가침의 원칙

2003 경찰이 사인의 주소 내에서 일어나는 행위에 대해서는 관여할 수 없다는 원칙을 말한다. 주택뿐만 아니라 연구실·사무실 등도 사주소에 해당한다. 그러나 사주소 내의 행위가 공공의 안녕이나 질서에 직접 중대한 장해를 가져오는 경우에는 경찰의 개입이 가능하다(예: 주택에서 지나친 소음이나 악취가 발생하는 경우).

(3) 민사관계불관여의 원칙

2004 민사상의 법률관계 내지 권리관계에 경찰은 개입할 수 없다. 다만 민사상의 행위가 사회공공에 직접 위해를 가하게 되는 경우에는 경찰의 개입이 가능하다(예: 암표판매의 단속).

Ⅲ. 경찰비례의 원칙

2005 행정목적을 실현하기 위한 구체적인 수단과 목적 간에 적정한 비례관계가 있어야 한다는 원칙을 말한다. 경찰관직무집행법 제1조 제2항(이 법에 규정된 경찰관의 직권은 그 직무수행에

필요한 최소한도 내에서 행사되어야 하며 이를 남용하여서는 아니 된다)은 이를 명시적으로 규정하고 있다.

Ⅳ. 경찰책임의 원칙

1. 의 의

경찰책임이란 경찰목적 달성을 위해 법률이나 법률에 근거한 행위로 개인에게 부과되는 책임을 말하며, 경찰책임의 원칙이란 경찰권은 경찰책임자에게 발동되어야 한다는 원칙을 말한다. 즉 경찰책임의 원칙이란 경찰권발동의 상대방이 누구인가에 대한 문제이다.

2. 경찰책임자가 될 수 있는 '자'

(1) 자연인·사법상 법인
자연인과 사법상 법인은 당연히 경찰책임자가 될 수 있다.

(2) 공법상 법인(공권력주체)(공무원)의 경찰책임★[13 5급]

> [참고] 실질적 경찰책임과 형식적 경찰책임
> 실질적 경찰책임이란 성문·불문의 모든 경찰법규를 준수·유지해야 하는 의무(책임)를 말한다. 형식적 경찰책임이란 공공의 안녕과 질서의 회복을 위한 경찰행정청의 명령에 복종해야 하는 책임을 말한다. 자연인·사법상 법인은 실질적 경찰책임과 형식적 경찰책임을 모두 부담한다.

1) 실질적 경찰책임
모든 국가기관은 헌법과 법률에 구속된다는 점을 근거로 공권력주체도 실질적 경찰책임자가 될 수 있다고 본다. 그러나 공권력주체에 속하는 국가기관이 수행하는 공적 임무의 특수성으로 인해 경우에 따라서는 경찰상의 책임에 수정이 가해질 수 있다(예: 도로교통법상 긴급자동차의 속도제한 준수의무배제).

2) 형식적 경찰책임
a. 문제점: 경찰행정청이 공공의 안녕이나 질서에 위해를 야기한 공권력주체(공무원)에 대해 경찰권을 발동할 수 있는지가 문제(공권력주체의 형식적 경찰책임)되는 이유는 공권력주체의 행위(행위책임)나 공권력 주체가 관리하는 물건(상태책임)이 모두 공적인 임무 수행과 관련되어 있기 때문에, 공권력주체는 공적인 임무를 수행해야 한다는 점과 경찰상 위해를 발생시켜서는 아니 된다는 점이 충돌하기 때문이다(예를 들어 가로수정비를 하고 있는 구청공무원에게 경찰관이 교통정체를 이유로 구청트럭의 이동을 명하는 경우, 가로수정비라는 공적인 임무 수행과 경찰상 위해를 발생시켜서는 안 된다는 점이 충돌된다).

b. 공법작용의 경우
(ⅰ) 학 설
(a) 부정설: 만일 경찰행정청의 명령에 다른 국가기관이 복종해야 한다면(긍정설에 따른

다면) 다른 행정기관에 대한 경찰행정청의 우위를 뜻하게 되는 문제를 가져온다는 견해이다(다수설).

2010a (b) **긍정설(제한적 긍정설)**: 국가기관의 활동이 그 가치에 있어 모두 동일한 것이 아니므로 경우에 따라서는 비교형량에 의해 경찰행정기관에 의한 목적수행이 우선시되는 경우가 인정될 수 있기에 이때에는 다른 행정기관에 대한 경찰권행사가 인정된다고 본다.

2011 (ⅱ) **검 토**: 긍정설은 공권력주체의 공적인 임무의 수행과 경찰상의 위해발생의 방지라는 공법상의 가치들 간에 우열이 정해질 수 있다는 것을 전제로 비교형량이 가능하다고 보지만, 그 가치 간의 우열을 가리기는 어렵다(앞의 예에서 가로수정비의 필요성과 교통정체방지의 요청 간에 우열을 가리기는 어렵다). 따라서 부정설이 타당하다.

2012 c. **사법작용의 경우**: ① 행정사법(519)의 경우 직접적 행정목적을 위한 작용이므로 공법작용과 동일한 학설의 대립이 있다. ② 그러나 협의의 국고작용(524)은 간접적 행정목적을 위한 작용이므로 경찰행정청의 명령에 복종해야 한다(다수설).

3. 경찰책임의 주체★★★[10 5급] [13 5급] [14 입시]

(1) 행위책임

1) 행위책임의 의의

2013 자연인이나 법인이 자신의 행위(또는 자신을 위해 행위하는 타인의 행위)를 통해서 공공의 안녕이나 질서에 대한 위험을 야기시킴으로써 발생되는 경찰책임을 말한다(예: 심야에 지나친 소음을 발생시키는 경우).

2) 인과관계

2014 일반적인 입장은 원칙적으로 위험에 대하여 직접적으로 원인을 야기하는 행위를 한 자만이 경찰책임을 부담한다는 견해(직접원인제공이론)이다.

3) 행위책임의 주체

2015 행위책임은 원칙적으로 행위자가 진다. 타인에 대한 감독의무가 있는 경우에는 피감독자의 행위에 대해서 감독자도 행위책임을 진다(예: 주유소의 피용자가 유사석유를 판매한 경우). 다만, 피감독자가 감독자의 지시에 종속하는 경우라야 한다.

(2) 상태책임

1) 상태책임의 의의

2016 상태책임이란 물건으로 인해 위험이나 장해를 야기시킴으로써 발생되는 경찰책임을 말한다(예: 화재위험이 있는 무허가건축물을 건축하는 경우).

2) 인과관계

2017 행위책임과 마찬가지로 원칙적으로 위험에 대하여 직접적으로 원인을 야기하는 물건의 소유자 등만이 경찰책임을 부담한다는 견해(직접원인제공이론)가 일반적이다.

3) 상태책임의 주체

㈎ 상태책임의 주체는 물건의 소유자다. 다만, 사실상 지배권자가 있는 경우는 그 자가 경찰책임자가 되며, 이차적으로는 소유자도 경찰책임자가 될 수 있다.

㈏ 원칙적으로 물건의 소유자의 상태책임이 인정되는 범위에는 제한이 없다. 따라서 원칙적으로는 원인(예: 자연재해, 제3자 행위의 개입)에 상관없이 해당 물건의 상태로부터 발생한 위해에 대해 소유자는 전적인 책임이 있다(예를 들어 폭우로 떠내려간 자동차가 하류 제방에서 발견되어도 자동차소유자는 상태책임을 부담한다). 이 경우 소유권을 포기한다고 상태책임이 소멸되지 않는다.

4. 경찰책임자의 경합

(1) 의 의

경찰책임자의 경합이란 경찰상의 위해가 다수인의 행위 또는 다수인이 지배하는 물건의 상태로 인해 발생하거나 행위책임자와 상태책임자가 경합하여 발생하는 경우를 말한다.

(2) 책임자 경합시 경찰권 상대방 결정★

경찰명령은 위험이나 장해를 가장 신속하고도 효과적으로 제거할 수 있는 위치에 있는 자에게 발령되어야 한다. 원칙적으로는 시간적으로나 장소적으로 위험에 가장 근접해 있는 자가 처분의 상대방이 될 것이지만, 종국적으로 그것은 비례원칙을 고려하여 의무에 합당한 재량으로 정할 문제이다.

(3) 비용상환청구의 문제

1) 문제 상황

경찰행정청에 의해 특정한 행위가 요구된 경찰책임자가 특정한 행위가 요구되지 않은 다른 경찰책임자에게 민법상 연대채무자 사이의 책임분담(구상권)에 근거하여 비용의 상환을 청구할 수 있는지가 문제된다.

2) 학 설

a. 긍정설: 민법상 연대책임자 사이의 책임의 분담에 관한 구상권 규정과 법리를 유추적용하여 비용상환청구가 가능하다는 견해이다.

b. 절충설: ⓐ 각 행위자에게 부과된 의무(책임의 정도)가 동일하지 않은 경우에는 다른 경찰책임자에게 비용상환청구권이 인정되지 않지만, ⓑ 각 행위자 등에게 부과되어 있는 의무가 서로 동일한 경우에는 민법상의 연대채무자 간의 내부구상권은 유추적용될 수 있다는 견해이다.

c. 부정설: 경찰책임자가 경합되는 경우 경찰행정청이 특정한 자를 경찰처분의 상대방으로 지정하였다면 그 자가 책임이 가장 무거운 경찰책임자이므로 다른 경찰책임자(경찰책임자 중 경찰명령의 상대방으로 지정된 자가 아닌 자)에게 비용상환을 청구할 수 없다고

본다(절충설의 ⓑ경우를 부정).

3) 검 토

2023 경찰행정청이 하자 없는 선택에 따라 다수의 경찰책임자 중 특정인을 경찰명령의 상대방으로 지정하였다면 그 자는 경합하는 경찰책임자 중 위험이나 장해를 가장 신속하고도 효과적으로 제거할 수 있는 위치에 있는 자(책임이 가장 무거운 경찰책임자)이므로 그 자는 다른 자에게 비용상환을 청구할 수 없다고 보아야 한다(부정설).

5. 경찰책임의 승계★

(1) 의 의

2024 경찰책임의 승계란 경찰책임자가 사망하거나 물건을 양도한 경우 이미 발생한 경찰책임이 상속인이나 양수인에게 이전되는지의 문제를 말한다(예를 들어 갑이 유사석유를 보관하여 행정청으로부터 유사석유 폐기명령을 받은 후 을에게 석유판매업을 양도하였다면 행정청은 양수인인 을에게 유사석유 폐기명령을 다시 발령해야 강제집행할 수 있는지 아니면 바로 강제집행할 수 있는지의 문제이다).

(2) 행위책임의 승계

1) 학 설

2025 ① 행위책임은 특정인의 행위에 대한 법적 평가이므로 승계가 부정된다는 승계부정설(다수설), ② 제한적 승계긍정설은 원칙은 승계가 부정되지만, 상속은 포괄승계이므로 승계된다는 견해이다. ③ 그리고 경찰책임이 승계되려면 승계에 관한 법적 근거와 그 의무의 승계가능성(이전가능성)이 모두 구비되어야 한다는 견해가 있다(법적 근거와 승계가능성이 모두 필요하다는 설). 즉, 국민에게 의무를 부담시키는 경우에 법률유보가 필요하듯이 의무를 승계하는 경우에도 승계인에게는 침익적이기 때문에 행정의 법률적합성 원칙에 비추어 승계에 대한 법적 근거가 필요하며, 승계가능성 또한 있어야 한다고 본다. '승계가능성'이란 경찰책임이 주체 간에 이전될 수 있는 속성을 말한다.

2) 검 토

2026 특정인의 행위로 공공의 안녕이나 질서에 위해를 초래한 경우 이는 행위자 자신의 고유한 행위로 인한 책임이므로 양도·사망으로 행위책임은 소멸되며 승계되지 않는다는 견해가 타당하다. 따라서 승계부정설에 따르면 경찰행정청은 양수인(상속인)에게 경찰명령을 다시 발령해야 한다.

(3) 상태책임의 승계

1) 학 설

2027 ① 상태책임은 사람의 개성과는 무관하게 물건의 상태에 관한 것이므로 승계가 허용된다는 승계긍정설(다수설), ② 경찰상 위해가 발생한 물건을 취득한 양수인은 양도인으로부터 승계된 책임이 아니라 양수인으로서 새로운 상태책임을 진다는 신규책임설, ③ 특정승계(예: 매매)는 승계되지 않지만, 포괄승계(예: 상속)는 승계된다는 제한적 승계긍정설,

④ 그리고 경찰책임이 승계되려면 승계에 관한 법적 근거와 그 의무의 승계가능성(이전가능성)이 모두 구비되어야 한다는 견해가 있다(법적 근거와 승계가능성이 모두 필요하다는 설). 즉, 국민에게 의무를 부담시키는 경우에 법률유보가 필요하듯이 의무를 승계하는 경우에도 승계인에게는 침익적이기 때문에 행정의 법률적합성 원칙에 비추어 승계에 대한 법적 근거가 필요하며, 승계가능성 또한 있어야 한다고 본다. '승계가능성'이란 경찰책임이 주체 간에 이전될 수 있는 속성을 말한다.

2) 검 토

물적 책임은 성격상 대체성이 있으며, 행정의 효율성을 고려할 때 상태책임의 승계를 긍정하는 것이 타당하다(승계긍정설). 따라서 승계긍정설에 따르면 경찰행정청은 양수인(상속인)에게 경찰명령을 다시 발령하지 않고도 강제집행할 수 있다.

6. 제3자의 경찰책임★

(1) 의 의

제3자의 경찰책임이란 공공의 안녕이나 질서에 대한 위해를 제거하기 위해 경찰책임자가 아닌 제3자(경찰상 위험의 원인제공과 무관한 자)에게 예외적으로 경찰권의 발동이 이루어지는 상태를 말한다(예를 들어 소방기본법 제24조(소방활동 종사 명령) 제1항은 "소방본부장, 소방서장 또는 소방대장은 화재, 재난·재해, 그 밖의 위급한 상황이 발생한 현장에서 소방활동을 위하여 필요할 때에는 그 관할구역에 사는 사람 또는 그 현장에 있는 사람으로 하여금 사람을 구출하는 일 또는 불을 끄거나 불이 번지지 아니하도록 하는 일을 하게 할 수 있다"고 규정하는데, 이 경우 '관할구역에 사는 사람 또는 그 현장에 있는 사람'은 그 화재와는 무관한 제3자임에도 소방본부장 등이 그 자에게 소방활동종사를 명하는 경우를 말한다).

(2) 법적 근거

특별경찰법상의 특별조항, 일반경찰법상의 특별조항에 제3자의 경찰책임에 대한 명시적 규정이 없는 경우 일반조항을 근거로 제3자에게 경찰권을 발동할 수 있는지가 문제된다(전술한 일반경찰법상 일반조항 참조(1992 이하)).

1) 학 설

ⓐ 법치주의 원칙상 경찰법상 일반조항은 인정될 수 없고 경찰책임이 없는 제3자에게 경찰권을 발동하기 위해서는 특별규정이 필요하다는 견해, ⓑ 경찰관직무집행법 제2조 제7호를 일반조항으로 보면서 경찰책임이 없는 제3자에 대한 경찰권 발동도 일반조항을 근거로 가능하다는 견해(다수설), ⓒ 일반조항은 인정되어야 하지만 아직 우리 입법이 일반조항을 인정하고 있지 않으므로, 현재는 경범죄처벌법 제3조 제1항 제29호가 제한된 범위에서 경찰책임이 없는 제3자에 대한 경찰권을 발동하는 근거가 된다는 견해가 있다(경범죄처벌법 제3조 ① 다음 각호의 1에 해당하는 사람은 10만 원 이하의 벌금, 구류 또는 과료의 형으로 벌한다. 29.(공무원 원조불응) 눈·비·바람·해일·지진등으로 인한 재해 또는 화재·교통사고·범죄 그 밖의 급작스러운 사고가 발생한 때에 그곳에 있으면서도 정당한 이유없이 관계공무원 또는 이를 돕는 사람의 현장출입에 관한 지시에 따르지 아니하거나 공무원이 도움을 청하여도 이

에 응하지 아니한 사람).

2) 검 토

관련입법이 정비되기 전까지는 경찰관직무집행법 제2조 제7호를 일반조항(일반적 수권조항)으로 보면서 경찰책임이 없는 제3자에 대한 경찰권도 동 조항을 근거로 가능하다는 견해가 타당하다.

(3) 요 건

제3자가 경찰책임을 부담하려면 ① 현재의 중대한 위험을 방지하기 위한 것일 것, ② 경찰책임자에 대한 처분으로는 위해의 제거가 불가능할 것, ③ 경찰 자신의 수단으로도 위해의 제거가 불가능할 것, ④ 경찰책임 없는 제3자에게 수인가능성이 있을 것이 요구된다.

(4) 권리구제

제3자는 손실보상 또는 희생보상을 청구하거나 결과제거를 청구할 수도 있다. 소방기본법 제24조 제2항은 "시·도지사는 제1항 전단에 따라 소방활동에 종사한 사람이 그로 인하여 사망하거나 부상을 입은 경우에는 보상하여야 한다"라고 규정한다.

CHAPTER 04 기타 경찰작용

제1절 경찰작용의 행위형식

경찰작용은 경찰상 법규명령(경찰명령), 경찰하명, 경찰허가, 사실행위 등의 형식으로 수행된다(내용은 일반행정법과 같다). 2035

제2절 경찰작용의 실효성확보

경찰작용의 실효성을 확보하기 위한 수단으로는 경찰벌(경찰형벌+경찰질서벌), 경찰상 강제집행, 경찰상 즉시강제, 권력적 조사 등이 있다(내용은 일반행정법과 같다). 2036

제3절 경찰작용에 대한 권리구제

㈎ 위법한 경찰작용으로 인해 손해를 입은 자는 손해배상을 청구할 수 있고, 적법한 경찰작용으로 특별한 희생을 입은 자는 손실보상을 청구할 수 있다. 그리고 위법한 사실상태의 제거를 청구(결과제거청구)하거나 행정쟁송을 제기할 수도 있다. 2037

㈏ 최근 경찰관직무집행법은 손실보상에 대한 조항을 신설하였다. 즉, 경찰관의 적법한 직무집행으로 인하여 ① 손실발생의 원인에 대하여 책임이 없는 자가 생명·신체 또는 재산상의 손실을 입은 경우(손실발생의 원인에 대하여 책임이 없는 자가 경찰관의 직무집행에 자발적으로 협조하거나 물건을 제공하여 생명·신체 또는 재산상의 손실을 입은 경우를 포함한다), ② 손실발생의 원인에 대하여 책임이 있는 자가 자신의 책임에 상응하는 정도를 초과하는 생명·신체 또는 재산상의 손실을 입은 경우에 국가가 정당한 보상을 해야 함을 규정하고 있다(경찰관직무집행법 제11조의2 제1항). 다만, 보상을 청구할 수 있는 권리는 손실이 있음을 안 날부터 3년, 손실이 발생한 날부터 5년간 행사하지 아니하면 시효의 완성으로 소멸한다(경찰관직무집행법 제11조의2 제2항).

㈐ 전술한 손실보상신청 사건을 심의하기 위하여 손실보상심의위원회를 둔다. 그리고 경찰청장 또는 시·도경찰청장은 손실보상심의위원회의 심의·의결에 따라 보상금을 지급하고, 거짓 또는 부정한 방법으로 보상금을 받은 사람에 대하여는 해당 보상금을 환수하여야 한다(경찰관직무집행법 제11조2 제3항·제4항).

PART 05
공적 시설법

CHAPTER 01 공물법

제1절 일반론

제1항 | 공물의 개념

I. 공물의 의의

2038 공물이란 법령이나 행정주체의 행위에 의해 직접 공적 목적에 제공된 유체물과 무체물 및 집합물을 말한다(예를 들어 국유재산법상 행정재산). 그러나 재정재산이란 공물과는 달리 그 자본의 가치로 행정주체의 재정수익의 수단이 됨으로써 행정목적에 간접적으로 기여하는 재산을 말한다(예를 들어 국유재산법상 일반재산).

II. 영조물과 구별

2039 영조물이란 공적 목적에 제공된 인적·물적 결합체(인적·물적 종합시설)를 말한다(예: 국공립대학). 다만, 영조물의 물적 요소는 공물이 될 수 있다. 그리고 국가배상법 제5조에서 볼 수 있듯이 학문상의 공물을 영조물로 표현하기도 한다.

제2항 | 공물의 종류

I. 공용물·공공용물·공적보존물

2040 공용물이란 행정주체 자신의 사용에 제공하는 물건을 말하고(예: 관서의 청사, 관사), 공공용물이란 일반공중의 공동사용에 제공된 물건을 말하며(예: 도로, 광장, 하천), 공적보존물이란 공공목적상 보존이 필요한 재산을 말한다(예: 문화재).

II. 자연공물·인공공물

2041 자연공물이란 하천처럼 자연적 상태로 공적 목적에 제공되는 물건을 말하며, 인공공물이란 도로처럼 인위적인 가공을 통해 공물이 되는 것을 말한다.

III. 국유공물·공유공물·사유공물

2042 국유공물이란 소유권자가 국가인 경우를 말하고(예: 국유의 도로·항만), 공유공물이란 소유권자가 지방자치단체인 경우를 말하고(예: 지방자치단체 소유의 사무용 건물), 사유공물이란 소유권자가 사인인 경우를 말한다(예: 사인소유의 토지 위의 도로, 사유문화재).

Ⅳ. 자유공물·타유공물

자유공물이란 소유자와 관리주체가 동일한 공물을 말하고(예: 국가소유의 사무용 건물), 타유공물이란 소유자와 관리주체가 상이한 공물을 말한다(예: 사인으로부터 임차한 국가의 사무용 건물).

제2절 공물의 성립과 소멸

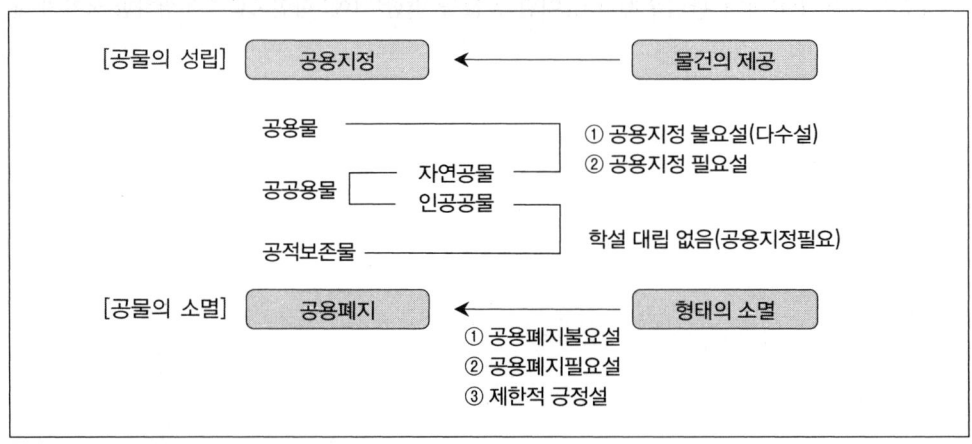

제1항 | 공물의 성립

I. 공용지정(공용개시)

1. 공용지정의 의의

공용지정이란 행정주체가 특정물건을 공적목적에 사용하겠다는 법적 행위를 말한다. 공용지정은 법규 또는 행정행위(예: 도로법 제25조에 따른 관리청의 도로구역결정)로 이루어진다(주로 행정행위로 이루어진다).

2. 공용지정의 필요 여부★

(1) 문제 상황

일정한 물건의 경우 사실행위로서 제공이 있는 경우 별도로 공용지정의 의사표시가 필요한지가 문제된다. 공공용물(인공공물)과 공적보존물은 공용지정이 필요하다고 보는 것이 통설이지만, 공용물과 공공용물 중 자연공물의 경우 학설이 대립된다.

(2) 학 설

1) 공용지정불요설

공용물은 공물주체가 그 물건을 사실상 사용하면 공물이 되며, 자연공물은 자연상태 그대로 공물의 성질을 가지므로 공용지정이 필요 없다는 견해이다(다수설).

2) 공용지정필요설

공물의 공법상 제한은 권리·의무와 관련된 법적 구속이므로 사실행위(제공)로는 발생할 수 없고 법적 행위인 공용지정이 필요하다는 견해이다.

(3) 판 례

자연공물은 공용지정이 필요하지 않다고 본다(대판 2007.6.1. 2005도7523).

(4) 검 토

공용물은 공공용물과는 달리 행정주체가 자신의 사용에 제공하는 것이므로 공용에 사실상 사용함으로써 별도의 의사표시 없이 공물이 되는 것이고, 자연공물은 자연적 상태 자체로서 형체적 요소를 갖추면 공물로서의 성질을 가지는 것이므로 공용지정이 필요 없다는 견해가 타당하다.

II. 물건의 제공

제공이란 공물을 이용할 수 있는 상태를 만드는 것을 말한다(예: 도로나 공원의 건설). 법적 성질은 사실행위이다. 그리고 제공은 인공공물에서 주로 문제된다.

제2항 | 공물의 소멸

I. 공용폐지

공용폐지란 행정주체가 특정물건을 공적 목적에 사용하지 않겠다는 법적 행위를 말한다. 공용폐지도 법규 또는 행정행위로 이루어진다(주로 행정행위로 이루어진다).

II. 형태의 소멸이 있는 경우 공용폐지의 필요 여부★★★ [08 5급] [12 사시] [12 5급]

1. 문제 상황

공물이 형태적으로 소멸된 경우 따로 공용폐지의 의사표시가 필요한지가 문제된다. 이 논의는 공용물, 공공용물(인공공물, 자연공물), 공적보존물에 공통되는 논의이다.

2. 학 설

(1) 공용폐지불요설

공물이 원상회복이 불가능할 정도로 형태적 요소를 상실한다면 공물로서의 성질을 잃는다는 견해이다.

(2) 공용폐지필요설

공물의 성립에도 공용지정이라는 의사적 요소가 필요하듯 공물의 소멸에도 공용폐지라는 의사적 요소가 필요하므로 형태적 요소의 소멸은 공용폐지의 원인이 될 뿐이라는 견해이다.

(3) 제한적 긍정설

자연공물은 그 물건이 형태적으로 소멸된 경우 당연히 공물로서의 성질을 상실하지만, 인공공물의 경우는 공용폐지의 의사표시가 필요하다는 견해이다.

3. 판례

(가) 판례는 「이 사건 토지가 … 구거(도랑)로서의 기능을 상실하였다 하더라도, 그러한 사정만으로는 이 사건 토지가 당연히 취득시효의 대상이 되는 잡종재산으로 되었다거나 또는 묵시적인 공용폐지의 의사표시가 있었다고 볼 수 없다(대판 1998.11.10. 98다42974)」고 하여 형태적 요소의 소멸은 공용폐지의 원인이 될 뿐이며 공용폐지가 필요하다는 입장이다.

(나) 즉, 공물이 사실상 본래의 용도에 사용되고 있지 않다거나, 행정주체가 점유를 상실하였다는 사정, 처분권한이 없는 행정청의 무효인 매각행위, 착오에 의한 공유수면매립지의 매각, 관리주체에 의한 공물의 방치만으로는 부족하고 묵시적 공용폐지가 인정되려면 객관적으로 공용폐지 의사의 존재가 추단될 수 있는 사정이 있어야 할 것이라고 한다(대판 2009.12.10. 2006다87538; 대판 2009.12.10. 2006다19528; 대판 1996.5.28. 95다52383).

4. 검토

물건의 형태적 요소가 영구히 소멸되어 공적 목적에 제공될 수 없다면 공물로서의 성질은 상실된다고 보는 것이 타당하다(공용폐지불요설).

제3절 공물의 법적 특색

제1항 | 공물에 대한 권리의 성질

Ⅰ. 문제 상황

공물은 공적 목적에 제공된 것이므로 공법적 규율이 가해진다. 다만 공법적 규율에 오로지 공법만이 적용된다는 것인지 아니면 사법(私法)도 원칙적으로 적용되는지가 문제된다.

Ⅱ. 학 설

1. 공소유권설

공물에 대한 사법의 적용을 배제하고 공물에 대한 사권의 성립을 부정하여, 공물에는 오로지 공법만 적용되고 공물은 공소유권의 대상이라는 입장이다.

2. 사소유권설

원칙적으로 공물도 사법의 적용을 받고 사권의 대상이 될 수 있으나, 단지 공공목적 달성에 필요한 범위에서는 사법의 적용이 배제되고 사소유권의 행사가 제한을 받는다는 입장이다.

Ⅲ. 검 토

이 두 견해는 학설의 대립이라기보다는 공물의 법제(법과 제도)에 대한 두 가지 유형을 나타낸다. 따라서 입법자가 입법정책적으로 결정할 사항이다. 예를 들어 과거 하천법은 공소유권설에 입각하였고((구) 하천법 제3조 하천은 이를 국유로 한다), 도로법은 사소유권설에 입각하고 있다(도로법 제4조 도로를 구성하는 부지, 옹벽, 그 밖의 물건에 대하여는 사권(私權)을 행사할 수 없다. 다만, 소유권을 이전하거나 저당권을 설정하는 것은 그러하지 아니하다).

제2항 | 공물에 대한 사법적용의 한계

공물에 사법이 적용된다고 하여도 공물은 공적 목적에 제공되는 물건이므로 그 목적 달성을 위한 범위에서 사법의 적용이 배제되고 특수한 규율을 받는다.

Ⅰ. 양도등의 제한(융통성의 제한)

공물은 공적 목적에 제공된 물건이므로 그 목적달성의 한도에서 사법상 거래(매매나 양도)가 제한되기도 한다(예: 국유재산법 제11조 ② 국유재산에는 사권을 설정하지 못한다).

II. 강제집행의 제한

2061 국유·공유공물은 사권설정이 인정되지 않기 때문에 강제집행의 대상이 될 수 없으나, 사유공물은 강제집행의 대상이 될 수 있다.

III. 시효취득의 제한**

1. 국유·공유공물의 경우

2062 민법 제245조(① 20년간 소유의 의사로 평온, 공연하게 부동산을 점유하는 자는 등기함으로써 그 소유권을 취득한다. ② 부동산의 소유자로 등기한 자가 10년간 소유의 의사로 평온, 공연하게 선의이며 과실 없이 그 부동산을 점유한 때에는 소유권을 취득한다)는 시효취득을 규정하고 있지만, 행정재산(국유재산법 제6조 ② 행정재산의 종류는 다음 각 호와 같다. 1. 공용재산, 2. 공공용재산, 3. 기업용재산, 4. 보존용재산)은 시효취득의 대상이 되지 아니함을 명문으로 규정한다(국유재산법 제7조 제2항; 공유재산 및 물품관리법 제6조 제2항). 다만, 일반재산(행정재산 외의 모든 국유재산을 말한다)은 시효취득의 대상이 될 수 있다.

2. 사유공물의 경우

(1) 문제점

2062a 국유나 공유재산인 행정재산은 시효취득의 대상이 되지 않지만, 일반재산은 시효취득의 대상이 될 수 있다. 다만, 국유나 공유재산이 아닌 사유공물의 경우 시효취득의 대상이 되는지가 문제된다.

(2) 학 설

1) 부정설

2063 공물을 민법이 정하는 기간 동안 소유의 의사로 평온·공연하게 점유한다는 것은 불가능하므로 공용폐지되지 않는 한 취득시효로 공물의 소유권을 취득한다는 것은 불가능하다는 견해이다(민법 제245조 참조).

2) 긍정설

2063a a. 제한적 시효취득설: 사법상 소유권의 대상이 될 수 있는 공물은 시효취득의 대상이 될 수 있으나 이후에도 공적 목적에 제공하여야 하는 공법상의 제한은 존속한다는 견해이다.

2063b b. 완전시효취득설: 공물의 평온·공연한 점유가 계속되고 관리자도 그대로 방치한 경우에는 공물에 대한 묵시적 폐지가 있었던 것으로 인정되므로 공물에 대한 완전한 시효취득(공적 목적상의 제한이 없는)이 이루어진다는 견해이다.

(3) 판 례

2064 학설은 공물은 공용폐지가 없는 한 취득시효의 목적이 될 수 없다는 판결(대판 1996.5.28. 95다52383)을 근거로 판례가 부정설을 취한다고 본다(김동희).

(4) 검토

공물의 목적(공적 목적에의 제공)이나 관리(공물관리주체의 지배권)를 고려할 때 공물은 평온, 공연이라는 시효취득의 요건을 충족하기 어렵다고 보아야 한다. 따라서 시효취득이 있기 위해서는 공용폐지가 있어야 한다(부정설).

제3항 | 공용수용의 제한(공물의 수용가능성)★

Ⅰ. 문제 상황

현재 공적 목적에 제공되고 있는 공물을 공용폐지를 하지 않고 다른 공적 목적을 위해 수용(사용)할 수 있는지가 문제된다.

Ⅱ. 학설

1. 부정설

공물을 다른 행정목적에 제공하기 위해서는 공용폐지가 선행되어야 한다는 견해로 공익사업을 위한 토지 등의 취득 및 보상에 관한 법률 제19조 제2항(공익사업에 수용되거나 사용되고 있는 토지등은 특별히 필요한 경우가 아니면 다른 공익사업을 위하여 수용 또는 사용할 수 없다)을 실정법적 근거로 한다(다수설).

2. 긍정설

현재 공공목적에 제공되고 있는 물건은 가능한 현재의 용도를 유지하기 위하여 공물은 수용의 목적물로 할 수 없는 것이 원칙이나, 보다 더 중요한 공익사업에 제공할 필요가 있는 경우에는 공물도 예외적으로 공용폐지가 선행되지 않고서도 수용의 목적물이 될 수 있는 것으로 본다.

Ⅲ. 판례

판례는 지방문화재로 지정된 토지도 택지개발을 위해 수용될 수 있다고 보고 있어 긍정설의 입장이다(대판 1996.4.26. 95누13241).

Ⅳ. 검토

공물은 원칙적으로 수용의 대상이 아니지만 특별한 필요가 있는 경우 공용폐지를 한 후 다른 공익사업을 위해 수용하여야 한다(부정설). 따라서 공익사업을 위한 토지 등의 취득 및 보상에 관한 법률 제19조 제2항의 '특별히 필요한 경우'란 법령에 명문의 규정이 있는 경우로 해석하여야 한다.

제4절 공물의 관리와 공물경찰

제1항 | 공물의 관리

I. 공물의 관리의 의의

2070 공물의 관리란 공물이 제공된 공적 목적을 잘 수행할 수 있게 하기 위한 행정주체의 행위를 말한다(예: 공물의 유지·수선 등).

II. 공물관리권

1. 의 의

2071 공물을 관리할 수 있는 공물(관리)주체의 권한을 공물관리권이라 한다.

2. 법적 성질

2072 공물의 관리는 소유권주체와는 무관하게 공적 목적을 달성하기 위한 작용이므로 이는 공물주체의 물권적 지배권(특정물건에 대해 배타적인 이익을 얻을 권리)이라고 보는 물권적 지배권설이 통설·판례(대판 2005.11.25. 2003두7194)이다.

3. 주 체

2073 공물의 관리는 공물의 관리권을 가진 행정주체의 기관이 하는 것이 원칙이다. 경우에 따라서는 공물의 관리권자가 다른 기관에 관리를 위임하는 경우도 있다.

4. 내 용

2074 구체적인 공물관리권의 내용은 법령이나 자치법규로 정해지지만, 대체로 아래와 같은 사항을 내용으로 한다. 즉, 공물주체는 공물관리권에 근거하여 공물의 범위를 결정할 수 있고(예: 하천의 구역지정), 공물의 유지·수선·보수 등을 수행하며, 공물의 유지·보존을 위해 공물의 사용을 일시 제한하거나 금지시킬 수 있으며, 공물사용에 대한 사용료나 변상금을 징수할 수도 있고, 공물을 특정인에게 사용·점용하게 할 수도 있으며(예: 도로법 제61조의 도로점용허가), 필요한 경우 타인의 토지를 수용할 수도 있다.

III. 공물관리의 비용부담

2075 공물의 관리비용은 공물주체가 부담하는 것이 원칙이다.

제2항 | 공물경찰

I. 의 의

2076 공물경찰이란 공물과 관련해 발생하는 공공의 안녕과 질서에 대한 위해를 제거하기 위한 경찰작용을 말한다(예: 가로수가 도로신호등을 가리고 있어 교통사고 위험이 있는 경우).

II. 공물관리와 공물경찰

1. 구별

(1) 목 적

공물관리는 공물 본래의 목적달성을 위한 작용이나(예: 도로보수를 위한 통행제한명령), 공물경찰은 공공의 안녕과 질서에 대한 위해를 제거하기 위한 작용이다(예: 소방도로 확보를 위한 영업구역제한명령).

(2) 법적 근거와 발동범위

공물관리의 근거와 범위는 공물에 관한 법규에서 나오지만(예: 도로법), 공물경찰은 경찰법에서 나온다(예: 도로교통법). 그리고 공물관리에 기해서는 독점적 사용권을 설정할 수 있으나, 공물경찰은 위해제거를 위한 일시적 허가만 가능하다.

(3) 의무위반행위에 대한 강제

공물관리관계에서의 의무위반자에 대해서는 그 사용의 배제에 그쳐야 하고(예: 도로점용허가의 취소) 행정상 강제가 불가능하지만, 공물경찰관계에서의 의무위반자에 대해서는 행정상 강제가 가능하다.

2. 관 계

공물관리와 공물경찰은 구별되지만, 동일한 공물에 대해 경합하여 행사될 수도 있다. 예를 들어 도로법 제77조 제1항(도로관리청은 도로 구조를 보전하고 도로에서의 차량 운행으로 인한 위험을 방지하기 위하여 필요하면 대통령령으로 정하는 바에 따라 도로에서의 차량 운행을 제한할 수 있다)에 따라 도로관리청이 하는 공물관리와 도로교통법 제6조 제2항(경찰서장은 도로에서의 위험을 방지하고 교통의 안전과 원활한 소통을 확보하기 위하여 필요하다고 인정할 때에는 우선 보행자나 차마의 통행을 금지하거나 제한한 후 그 도로관리자와 협의하여 금지 또는 제한의 대상과 구간 및 기간을 정하여 도로의 통행을 금지하거나 제한할 수 있다)에 따라 경찰서장이 하는 공물경찰이 경합하는 경우가 있을 수 있다.

| 제5절 | 공물의 사용관계 |

2081 공물의 사용관계란 공물주체와 사용자 간의 법률관계를 말한다. 공용물의 경우는 행정주체 자신의 사용에 제공되는 것이므로 크게 문제되지는 않으며, 일반 공중의 사용에 제공되는 공공용물의 경우가 특히 문제된다. 공물의 사용은 공물주체의 특별한 행위가 필요한가를 기준으로 일반사용(자유사용)과 특별사용으로 구별되며, 특별사용에는 허가사용·특허사용·관습법상 사용·행정재산의 목적외 사용이 포함된다.

제1항 | 일반사용(자유사용, 보통사용)

I. 의 의

2082 공물의 일반사용이란 공물주체의 특별한 행위 없이 모든 사인이 자유롭게 공물을 사용하는 것(예: 도로의 통행)을 말한다.

II. 공물의 일반사용으로 받는 이익이 권리인지 여부

1. 학 설

2083 ⓐ 공물이 일반사용에 개방된 결과 그 반사적 이익으로서 사용의 자유를 누림에 불과하다는 견해(반사적 이익설)가 있으나, ⓑ 사인이 행정주체에 대하여 특정 공물의 신설, 변경, 존속을 주장할 수 있는 (적극적) 권리는 없으나, 이미 제공된 공물의 이용을 관리청이 합리적인 이유 없이 거부하거나 정당한 자유사용을 방해하지 말 것을 요구할 권리(소극적 권리)는 가진다는 견해(공법상 권리설)가 통설이다.

2. 판 례

2084 판례는 도로를 자유로이 이용하는 것은 법률상 이익이 아니라고 하여 부정한다(대판 1992.9.22. 91누13212).

3. 검 토

2085 공물의 일반사용의 경우에도 헌법 제10조의 행복추구권이나 일반적 행동의 자유, 생활권적 기본권을 근거로 소극적이나마 공권이 성립될 수 있다(공법상 권리설). 다만, 공물의 일반사용은 일정한 한계를 가진다.

III. 공물의 일반사용의 내용(한계)

2086 공물의 일반사용의 구체적인 내용(한계)은 공물의 공용목적과 관련법규의 해석에 의해 결정되며, 그 한계는 공물관리권에 따른 한계(예: 도로보수를 위한 통행제한)와 공물경찰권에 따른 한계(예: 소방도로 확보를 위한 영업구역제한)로 나눌 수 있다.

Ⅳ. 사용료

공물의 일반사용은 무료임이 원칙이다.

Ⅴ. 인접주민의 강화된 이용권★[11 5급]

1. 의 의

인접주민의 강화된 이용권이란 도로와 같은 공물의 인근에 거주하거나 토지를 소유하는 자에게 주어지는 일반사용을 넘는 공물의 사용권을 말한다. 인접주민의 강화된 이용권도 일반사용의 한 유형이다.

2. 근거 및 요건

(가) 재산권보장을 규정하는 헌법 제23조 제1항으로부터 나온다(외부와의 접속권 보장).

(나) 인접주민의 강화된 이용권은 ① 인접주민의 토지가 공물의 이용에 불가결하게 의존하고 있을 것, ② 타인의 일반사용(공동사용)을 중대하게 제약하지 않을 것이 필요하다.

3. 강화된 이용권의 내용·한계

(가) 일반인에게 인정되지 않는 물건을 쌓기 위한 도로의 일시적 점용이 인접주민에게는 허용되거나, 일반인에게는 일시주차만 허용되는 경우에도 인접주민에게는 물건을 싣고 내리기까지의 주차가 허용된다거나, 공물의 변경이나 폐지의 경우 그 취소를 청구할 권리(공물존속청구권. 예를 들어 도로의 공용폐지에 대해 도로의 존속을 청구할 권리)가 예외적으로 인정된다.

(나) 그러나 영업목적을 위해 도로에 자판기를 설치하거나, 도로에 탁자나 의자를 설치하여 영업을 하거나, 도로에 자신의 상점을 위한 진입로를 확보하거나, 도로를 주차공간으로 이용하는 행위는 허용되지 않는다(류지태).

4. 권리구제

위법한 공물의 변경이나 폐지에 대해 취소를 구하거나 손해배상청구를 할 수 있고, 적법한 행위인 경우 손실보상청구가 인정될 수 있다.

제2항 | 허가사용

공물(특히 공공용물)의 허가사용이란 사인이 행정청의 허가를 받은 후에 공물을 사용하는 것을 말한다(예: 국립도서관의 도서대출허가). 공물의 허가사용은 금지해제에 그치며, 사용자에게 특별한 권리를 설정해 주는 행위는 아니다. 그리고 허가사용의 경우 사용료가 징수되기도 한다.

제3항 | 특허사용

I. 의 의

2093 공물의 특허사용이란 공물주체의 특허를 받아 사인이 공물을 사용하는 것을 말한다(예: 도로법 제61조의 도로점용허가, 하천법 제33조의 유수·토지의 점용허가, 공유수면관리법 제5조의 공유수면의 점용허가).

II. 공물사용의 특허의 성질

2094 특허는 사인의 신청을 요하는 행정행위이다. 그리고 특정인에게 특별한 공물사용권을 설정해 주는 설권행위이다. 또한 공익적 사정이 널리 고려되어야 하기에 특허는 재량행위이다.

III. 공물의 특허사용관계

1. 특허사용자의 권리

2095 특허사용자는 특허사용권을 가지는데, 특허사용권은 사권이 아니라 공권이지만 채권이며(특허사용권은 공물주체에 대해 특허사용을 청구할 수 있는 권리에 그치고 그 공물을 배타적으로 지배하는 권리(물권)는 아니다. 다만 어업권·광업권 등 물권으로서의 효력을 인정하는 특별규정이 있는 경우도 있다), 재산적 가치가 있는 재산권이다.

2. 특허사용자의 의무

2096 특허사용자는 사용료납부의무를 부담하며(도로법 제66조(점용료의 징수) ① 관리청은 제61조에 따라 도로를 점용하는 자로부터 점용료를 징수할 수 있다), 손해배상이나 위험방지·제거의 시설을 할 의무가 부과되기도 하며, 원상회복의무가 부과되기도 한다(도로법 제73조(원상회복) ① 도로점용허가를 받아 도로를 점용한 자는 도로점용허가기간이 끝났거나 제63조 또는 제96조에 따라 점용허가가 취소되면 도로를 원상회복하여야 한다).

> 쟁점 ─ **도로법 제61조의 도로점용허가에서 쟁점** ★★★ [08 사시] [12 사시] [17 5급]
>
> [참조조문]
> 도로법
> **제61조(도로의 점용허가)** ① 공작물·물건, 그 밖의 시설을 신설·개축·변경 또는 제거하거나 그 밖의 사유로 도로를 점용하려는 자는 도로관리청의 허가를 받아야 한다. 허가받은 기간을 연장하거나 허가받은 사항을 변경하려는 때에도 같다.

I. 도로법 제61조의 도로점용허가의 법적 성질

1. 허가인지 특허인지 여부

   (1) 학 설

2096a   ⓐ 다수견해는 도로법 제61조의 도로점용허가를 사인이 도로관리청으로부터 특허를

받아 사용하는 것으로 본다. ⓑ 그러나 소수견해는 도로법 제61조의 허가에 특별한 제한을 가하고 있지 않으므로 관리청은 허가시에 신청인에게 도로법상 금지된 사항을 일시 해제(소량의 건축자재의 일시 적재)하거나 신청인에게 독점적인 사용권을 부여(도로에 대형광고판 설치)할 수도 있다고 한다. 즉, 도로법 제61조의 허가는 학문상 허가와 특허를 포함하는 의미로 본다.

(2) 판 례

판례는 「도로법 제40조(현행 제61조) 제1항에 의한 도로점용은 … 일반사용과는 별도로 도로의 특정부분을 유형적·고정적으로 특정한 목적을 위하여 사용하는 이른바 특별사용을 뜻하는 것이고, 이러한 도로점용의 허가는 특정인에게 일정한 내용의 공물사용권을 설정하는 설권행위(대판 2007.5.31. 2005두1329)」라고 판시하여 강학상 특허로 본다.

(3) 검 토

도로법 제61조의 도로점용허가는 금지해제가 아니라 특정인에게 특별한 공물사용권을 설정해 주는 행위이므로 특허로 보는 입장이 타당하다.

2. 재량행위인지 여부

도로점용허가는 도로사용의 독점적 이익을 보호하고 있어 상대방에게 수익적이며, 공익적 판단이 주된 기준이 된다는 면에서 이를 **재량**행위로 보는 것이 타당하다(다수설). 판례도 같은 입장이다(대판 2002.10.25. 2002두5795).

II. 도로점용허가(도로의 특허사용)의 특수성

1. 도로의 일반사용과 특별사용의 병존가능성

㈎ 강학상 특허는 상대방에게 독점적인 권리를 설정해 주는 행위이다. 그러나 도로법 제61조의 도로점용허가는 도로가 일반 공중의 통행에 제공되는 일반사용과 구별되는 특별사용(그 중 특허사용)에 해당하지만, 도로의 특별사용은 반드시 독점적, 배타적인 것이 아니라 그 사용목적에 따라서는 도로의 일반사용과 병존이 가능한 경우도 있다(예를 들어 지하철역에서 백화점으로 연결되는 통로는 백화점이 통로(도로)에 대한 점용허가를 받은 것이지만 일반인도 통행할 수 있다).

㈏ 즉, 이러한 경우에는 도로점용부분이 동시에 일반공중의 교통에 공용되고 있다고 하여 도로점용이 아니라고 말할 수 없다(대판 1995.2.14. 94누5830). 결국 도로의 점용이 특허사용에 해당하는지 일반사용에 해당하는지 그 기준을 정하는 것이 중요한 문제가 된다.

2. 도로의 일반사용과 특별사용의 구별

㈎ 판례는 「당해 도로의 점용을 위와 같은 특별사용으로 볼 것인지 아니면 일반사용으로 볼 것인지는 그 도로점용의 주된 용도와 기능이 무엇인지에 따라 가려져야 할 것(대판 1995.2.14. 94누5830)」이라고 본다.

> (나) 양자를 구별하는 실익은 공물의 일반사용은 무료이며, 특별사용은 일반적으로 사용료가 징수된다는 점에 있다.

제4항 | 관습법상 사용

2097   공물사용은 공물주체의 특허에 의해 성립되는 것이 원칙이나, 지방의 관습으로 성립되는 경우도 있다(예: 입어자의 입어권. 수산업법 제2조(정의) 11. "입어자"란 제47조에 따라 어업신고를 한 자로서 마을어업권이 설정되기 전부터 해당 수면에서 계속하여 수산동식물을 포획·채취하여 온 사실이 대다수 사람들에게 인정되는 자 중 대통령령으로 정하는 바에 따라 어업권원부(漁業權原簿)에 등록된 자를 말한다).

제5항 | 행정재산의 목적외 사용

I. 의 의

2098   일반재산이 아닌 행정재산은 직접 행정목적에 제공된 재산이므로 양도하거나 대부할 수 없는 것이 원칙이다(국유재산법 제11조 제2항). 그러나 행정재산도 그 용도나 목적에 장해가 되지 않는 범위에서 관리청은 그 사용을 허가할 수 있다(국유재산법 제30조, 공유재산 및 물품관리법 제20조). 이를 행정재산의 목적외 사용이라 한다(예: 관공서건물 안의 편의점 영업허가, 구립체육문화센터 내의 식당영업허가).

II. 행정재산의 목적외 사용의 법적 성질★★[11 5급] [20 5급]

1. 문제 상황

2099   국유재산법 제30조 제1항(공유재산 및 물품 관리법 제20조 제1항)의 행정재산의 사용허가는 실제에서 임대차계약의 형식으로 이루어지고 있어 이러한 행정재산의 목적외 사용허가가 행정처분인지 사법상 계약인지가 문제된다.

2. 학 설

(1) 행정처분설

2100   국유재산법은 국가 외의 자의 행정재산의 사용·수익은 사용허가라 하고(국유재산법 제2조 제7호) 국가 외의 자의 일반재산의 사용·수익은 대부계약이라 하여(국유재산법 제2조 제8호) 양자를 구분하고 있다는 점을 근거로 사용허가를 행정처분으로 본다(다수견해).

(2) 사법상 계약설

2100a   이 견해는 국유재산법 제30조 제1항에 의한 사용에 행정청과 사인 사이에 우열관계 내지 상하관계가 존재한다고 보기 어렵다는 점을 근거로 사용허가를 사법상 계약으로 본다.

(3) 이원적 법률관계설

행정재산의 사용·수익관계는 그 실질에 있어서는 사법상의 임대차와 같다고 할 것이므로 특수한 공법적 규율이 있는 사항(공법인 국유재산법이 명시적으로 규율하는 사항, 즉 사용허가·사용료의 징수·사용허가의 취소와 철회 등은 공법관계이다)을 제외하고는 행정재산의 목적외 사용의 법률관계는 사법관계라고 보는 견해이다.

3. 판 례

판례는 국유재산법 제30조의 사용허가를 관리청이 공권력을 가진 우월적 지위에서 행한 것으로서 항고소송의 대상이 되는 행정처분이라고 보면서 강학상 특허라는 입장이다(대판 1998.2.27. 97누1105).

4. 검 토

국유재산법이 사용료의 징수를 조세체납절차에 의하도록 규정하고 있다는 점(국유재산법 제73조 제2항)에 비추어 행정재산의 목적외 사용허가는 행정처분으로 보는 것이 타당하다.

CHAPTER 02 영조물법

제1절 일반론

제1항 | 영조물의 의의

2103 영조물이란 공적 목적에 제공된 인적·물적 결합체(인적·물적 종합시설)를 말한다(예: 국공립대학, 서울대학교병원, 국·공립도서관).

제2항 | 영조물의 종류

2104 ① 영조물은 관리주체를 기준으로 국가의 영조물(예: 국립대학교·국립도서관), 지방자치단체의 영조물(예: 시립대학교·시립도서관), 특수법인영조물(예: 서울대학교병원, 적십자병원 등), ② 영조물이용의 강제성 여부를 기준으로 임의사용영조물(예: 국립도서관·국립병원)과 강제사용영조물(예: 교도소), ③ 영조물을 이용할 수 있는 인적 범위를 기준으로 공용영조물(공무원만이 이용가능한 영조물)과 공공용영조물(일반대중이 사용하는 영조물), ④ 영조물의 법인격의 유무를 기준으로 법인영조물과 비법인영조물로 구분된다.

제2절　영조물의 이용관계

제1항 | 영조물의 이용관계의 의의와 법적 형태

Ⅰ. 영조물의 이용관계의 의의

영조물의 이용관계란 영조물주체와 영조물이용자 간의 법률관계를 말한다. 따라서 영조물주체와 영조물을 구성하는 인적요소와의 관계는 영조물의 이용관계가 아니다(예: 국립대학교(국가)와 교직원 간의 관계).

Ⅱ. 영조물의 이용관계의 법적 형태

영조물의 이용관계는 공법관계인 경우도 있고, 사법관계인 경우도 있다. 다만 사법관계인 경우에도 영조물은 공적 목적에 제공된 것이므로 공법적 제한(기속)이 가해진다.

제2항 | 영조물의 이용관계의 성립과 소멸

Ⅰ. 이용관계의 성립

임의사용 영조물의 이용관계는 영조물주체와 이용자 간의 합의에 의해 성립하는 것이 일반적이다(예: 국립병원의 이용). 그리고 강제사용 영조물의 이용관계는 행정권의 일방적인 행위인 행정행위에 의해 성립한다(예: 전염병자의 강제입원).

Ⅱ. 이용관계의 소멸

이용목적의 달성(예: 국공립학교졸업), 이용관계로부터 임의탈퇴(예: 국공립학교재학 중 자퇴), 영조물주체의 이용관계의 배제(예: 국공립학교재학 중 퇴학), 영조물의 폐지(예: 국공립병원의 폐쇄) 등으로 인해 영조물의 이용관계는 종료한다.

제3항 | 영조물의 이용관계의 내용

Ⅰ. 이용자의 권리★

1. 영조물이용권

(1) 의 의

영조물이용권이란 영조물의 이용자가 영조물주체에 대하여 영조물의 이용을 청구할 수 있는 권리를 말한다.

(2) 법적 성질

① 영조물의 이용관계는 공법관계인 경우도 있고, 사법관계인 경우도 있다. 따라서 영조물이용권은 공권 또는 사권의 성질을 가질 수 있다. ② 그리고 그러한 이익을 보호하는 규

범(행정청의 의무와 사익보호성)이 있는지 여부에 따라 권리 또는 반사적 이익이 될 수도 있다. ③ 또한 공물사용자의 영조물이용권은 영조물주체에 대한 권리로 채권적인 성질을 가진다.

2. 행정쟁송제기권

2111 영조물 이용관계에서 영조물주체의 위법(부당)한 처분등으로 권리가 침해된 자는 행정쟁송을 제기할 수 있다.

3. 손해배상청구권

2112 영조물이용자는 영조물의 설치·관리상의 하자로 인하여 손해를 입은 경우에 국가배상법에 따라 국가나 지방자치단체에 손해배상을 청구할 수 있다(국가배상법 제5조 제1항). 국가배상법상 영조물은 공물을 말하며, 영조물의 물적 요소 역시 공물에 해당하기 때문이다.

II. 이용자의 의무

2113 영조물이용자는 이용료납부의무나 영조물 이용규칙이 정하는 바를 준수해야 할 의무를 진다.

CHAPTER 03 공기업법

제1절 일반론

제1항 | 공기업의 개념

Ⅰ. 공기업의 의의

공기업의 정의에 대해 학설이 대립되지만, 공기업이란 국가나 지방자치단체 또는 그에 의하여 설립된 법인이 사회공공의 이익을 위하여 직접 경영하거나 경영에 참가하는 기업을 말한다는 견해가 타당하다. 　2114

Ⅱ. 공기업의 개념 요소

① 공기업의 주체는 국가·지방자치단체 및 그에 의해 설립된 법인이며(주체), ② 사회공공의 이익을 증진하기 위해 설립된 것이고(목적), ③ 공기업도 기업으로서 수익성을 요소로 한다(수익성). 　2115

Ⅲ. 공기업과 영조물의 구별

1. 공통점

공기업이나 영조물은 모두 국가나 공공단체에 의해 설치·경영·관리되며, 모두 비권력적인 행정작용을 수단으로 하고, 공공의 이익을 목적으로 한다는 점에서 공통점이 있다. 　2116

2. 차이점

① 영조물은 공익실현을 직접적인 목적으로 하나, 공기업은 공익실현 외에 영리추구도 주요 목표로 한다(목적). ② 영조물은 계속적으로 서비스를 제공하는 것이나, 공기업은 일시적 사업도 있다(계속성). ③ 영조물은 종합시설이 주된 대상이 되나, 공기업은 기업 그 자체가 주된 대상이 된다(대상). 따라서 도서관·박물관·병원 등은 영조물이 되는 것이다. ④ 영조물은 이용이라는 면에 초점을 둔 정적인 개념이나, 공기업이란 기업활동이라는 동적인 개념이다(관점). 　2117

제2항 | 공기업의 종류

Ⅰ. 경영주체에 따른 분류

2118 국가가 직접 관리·경영하는 국영기업(예: 우편사업), 지방자치단체가 관리·경영하는 공영기업(지방직영기업)(예: 수도사업, 궤도사업), 경비는 지방자치단체가 관리·경영은 국가가 하는 국영공비기업(예: 국도의 유지·수선비용을 지방자치단체가 부담하는 경우), 국가나 지방자치단체에 의해 별도로 설립된 법인이 관리·경영의 주체인 특수법인기업(예: 서울특별시 도시철도공사·시설관리공단)이 있다.

Ⅱ. 독점권 유무에 따른 분류

2119 공기업의 경영주체가 기업경영에 법률상 독점권을 가지는 독점기업(예: 우편사업, 수도사업), 법률상 독점권이 허용되지 않는 비독점기업(예: 가스사업)이 있다.

Ⅲ. 독립성 유무에 따른 분류

2120 국가나 지방자치단체의 행정조직에 의해 직접 경영되고 독립한 법인격을 가지지 못하는 비독립적 기업(예: 철도사업, 수도사업), 국가나 지방자치단체로부터의 행정조직에서 분리된 법인체기업인 독립적 기업(예: 한국도로공사)이 있다.

제2절　공기업의 보호와 감독

제1항 | 공기업의 보호

공기업의 목적을 원활히 달성하기 위해 여러 특권이 부여되는데 그 주요 내용은 다음과 같다. ① 공기업에게 독점권이 인정되기도 한다(예: 우편사업). ② 공기업이 원활하게 사업을 수행할 수 있도록 하기 위하여 부담금을 징수할 수 있도록 하거나 타인의 토지·물건의 수용·사용 등을 할 수 있는 공용부담특권이 인정되기도 한다. ③ 세금감면이나 보조금의 교부, 국·공유재산의 무상대부 등 경제상 보호가 이루어지기도 한다. ④ 수수료·사용료의 체납이 있는 경우 강제징수권이 인정되기도 한다.

2121

제2항 | 공기업의 감독

국가나 지방자치단체가 직접 경영하는 사업의 경우 행정조직 내부적인 감독관계가 그대로 적용되지만, 특히 특수법인기업의 경우 공기업의 감독이 문제된다. ① 행정청에 의한 감독으로는 감독청에 의한 감독과 감사원에 의한 감독(감사원법 제22조(필요적 검사사항) ① 감사원은 다음 각 호의 사항을 검사한다. 1. 국가의 회계, 2. 지방자치단체의 회계, 3. 한국은행의 회계와 국가 또는 지방자치단체가 자본금의 2분의 1 이상을 출자한 법인의 회계, 4. 다른 법률에 따라 감사원의 회계검사를 받도록 규정된 단체 등의 회계)이 있으며, ② 국회에 의한 감독으로 국정감사, 국정조사, 대정부질문, 예산심의와 결산, 공기업관련법령의 개폐 등이 있고, ③ 재판에 의한 법원의 감독도 공기업의 감독수단이 된다.

2122

제3절 공기업의 이용관계

제1항 | 공기업의 이용관계의 의의

2123　공기업의 이용관계란 국민이 공기업이 제공하는 재화나 서비스를 공급받거나 이를 이용하는 법률관계를 말한다.

제2항 | 공기업의 이용관계의 성질

2124　공기업 이용관계는 기업자와 이용자의 합의로 성립되는 것이 원칙적인 모습이기 때문에 기본적으로는 사법관계이나, 법령이 특별규정을 두고 있거나(수도법 제68조(요금 등의 강제징수) ① 수돗물의 공급을 받은 자가 수돗물의 요금, 급수설비에 관한 공사의 비용 또는 제71조에 따른 원인자부담금을 내지 아니하면 지방자치단체인 수도사업자는 지방세 체납처분의 예에 따라 징수할 수 있다) 관련법령의 합리적 해석상 공법관계로 볼 경우가 있다는 것이 일반적인 견해이다.

제3항 | 공기업의 이용관계의 성립과 소멸

Ⅰ. 이용관계의 성립

2125　공기업 이용관계는 합의로 성립되는 것이 일반적이다(예: 지하철의 이용). 그러나 이용이 강제되는 경우도 있다(예: 국·공립병원에서의 예방접종, 수도이용, 국민건강보험가입).

Ⅱ. 이용관계의 소멸

2126　공기업의 이용관계는 이용목적의 완료(예: 우편물의 배달), 이용관계에서 임의탈퇴(예: 이용자의 수도공급중단신청), 공기업 측의 이용관계에서 일방적 배제(예: 불법건물에 대한 수도공급중단), 공기업의 폐지(예: 가스회사폐지) 등에 의해 종료된다.

Ⅲ. 이용관계의 내용

1. 이용자의 권리

2127　공기업이용관계가 성립되면 이용자는 재화나 서비스를 이용할 수 있는 공기업이용권을 가진다. 그리고 평등한 급부를 받은 권리, 손배배상청구권(민법 또는 국가배상법), (공법관계인 경우) 행정쟁송제기권도 인정된다.

2. 기업자의 권리

2128　기업자는 기업의 이용시간·이용방법·이용료·이용장소 등 이용조건을 설정할 권리를 가지며, 이용료를 징수할 수 있고, 이용관계를 해지하거나 정지할 수도 있다.

제4절 특허기업의 특허

제1항 | 특허기업의 특허의 개념

Ⅰ. 특허기업의 특허의 의의

특허기업의 특허란 국가나 지방자치단체가 특정 공익사업의 경영권을 사인에게 부여하는 설권행위를 말한다. 이는 국가나 지방자치단체가 행할 공익사업을 사인으로 하여금 수행하게 하는 데 의미를 갖는다(예: 여객자동차운수사업, 도시가스사업). 즉 사인이 국가 등의 감독을 받으며 공익사업을 경영하면 대신 사인에게 일정 한도의 독점권을 보장해 주는 것이다.

2129

Ⅱ. 공기업과 구별

ⓐ 특허기업을 공기업에 포함시키는 견해가 있으나, ⓑ 공기업은 국가 등의 행정주체가 경영하거나 특수법인을 통해 경영하는 사업을 말하지만 특허기업은 사인이 국가 등의 특허를 받아 공익사업을 경영하는 것을 말하기 때문에 경영주체가 사인이며 사기업이다. 따라서 양자를 구별하는 견해(다수설)가 타당하다.

2130

Ⅲ. 허가기업의 허가와 구별

허가기업의 허가는 소극적으로 경찰목적으로 금지하였던 바를 해제하여 기업을 하도록 하는 것을 말하며, 특정 공익사업의 경영권을 설정해 주는 행위는 아니다. 그리고 허가기업의 허가는 주로 사익사업을 대상으로 한다(자세한 내용은 전술한 허가(259)와 특허(277) 참조).

2131

제2항 | 특허기업의 특허의 법적 성질

Ⅰ. 형성적 행위

특허기업의 특허는 형성적 행정행위다. 다만 특허에서 설정되는 내용과 관련해 학설이 대립된다. ① ⓐ 특허기업의 특허를 특정한 공기업경영에 관한 각종의 권리·의무를 포괄적으로 설정하는 행위라고 보는 포괄적 법률관계설정설, ⓑ 특허기업의 특허란 특정인에게 공기업경영에 관한 독점권을 부여하는 설권행위라고 보는 독점적 경영권설정설이 대립된다(276a 참조). ② 특허기업의 특허의 핵심은 공익사업을 특정한 사인에게 독점적으로 경영하게 한다는 점임을 고려할 때, 독점적 경영권설정설이 타당하다.

2132

Ⅱ. 신청을 요하는 행정행위

특허기업의 특허는 특정인에게 독점적 경영권을 설정하는 행위이므로 상대방의 신청을 필요로 한다.

2133

Ⅲ. 재량행위

2134 특허기업의 특허는 상대방에게 수익적이며, 공익적 사정이 고려되어야 하기 때문에 대부분의 경우 재량행위이다(다수설, 판례).

제3항 | 특허기업자의 권리와 의무

Ⅰ. 특허기업자의 권리

2135 특허기업자는 기업경영권, 공용부담권(전기사업법 제87조(다른 자의 토지 등의 사용) ① 전기사업자는 전기사업용전기설비의 설치나 이를 위한 실지조사·측량 및 시공 또는 전기사업용전기설비의 유지·보수를 위하여 필요한 경우에는 「공익사업을 위한 토지 등의 취득 및 보상에 관한 법률」에서 정하는 바에 따라 다른 자의 토지 또는 이에 정착된 건물이나 그 밖의 공작물(이하 "토지 등"이라 한다)을 사용하거나 다른 자의 식물 또는 그 밖의 장애물을 변경 또는 제거할 수 있다), 공물사용권(전기사업법 제92조(공공용 토지의 사용) ① 전기사업자는 국가·지방자치단체나 그 밖의 공공기관이 관리하는 공공용 토지에 전기사업용 전선로를 설치할 필요가 있는 경우에는 그 토지 관리자의 허가를 받아 토지를 사용할 수 있다), 보조금이나 세금혜택을 받은 권리 등을 가진다.

Ⅱ. 특허기업자의 의무

2136 특허기업자는 기업경영의무(기업개시의무(전기사업법 제9조(전기설비의 설치 및 사업의 개시의무) ① 전기사업자는 산업통상자원부장관이 지정한 준비기간에 사업에 필요한 전기설비를 설치하고 사업을 시작하여야 한다), 기업계속의무(수도법 제42조(사업의 폐업 또는 휴업) 일반수도사업자는 수돗물의 공급을 시작한 후에는 그 일반수도사업의 전부 또는 일부를 폐업하거나 휴업하여서는 아니 된다), 이용제공의무(수도법 제39조(급수 의무) ① 일반수도사업자는 수돗물의 공급을 원하는 자에게 대통령령으로 정하는 정당한 이유 없이 그 공급을 거절하여서는 아니 된다) 등을 진다. 지휘·감독을 받을 의무, 특허료를 납부하거나 국가 등의 매수청구에 응할 의무를 부담하기도 한다.

제4항 | 특허기업의 이전 · 위탁

2137 ① 특허기업은 공익의 실현을 목적으로 하는 것이므로 특허기업의 이전에는 제한이 따른다. ② 일정한 경우 특허기업자가 기업경영권은 가지면서, 운영·관리권만을 타인에게 위임·위탁할 수도 있다.

제5항 | 특허기업의 종료

2138 특허기업은 공익의 실현을 목적으로 하는 까닭에 임의로 폐지할 수 없다. 그러나 특허의 철회, 특허의 실효나 특허기간의 경과, 특허기업자의 사업폐지가 있는 경우에 특허기업은 종료하게 된다.

PART 06
공용부담법

CHAPTER 01 일반론(공용부담)

제1항 | 공용부담의 개념

I. 의 의

2139 공용부담이란 특정의 공익목적을 위하여 개인에게 강제적으로 부과되는 경제적 부담을 말한다.

II. 종 류

2140 공용부담은 그 내용에 따라 특정인에게 과해지는 인적 공용부담인 부담금, 노역·물품, 부역·현품, 시설부담, 부작위부담, 그리고 특정 재산권에 과해지는 물적 공용부담인 공용제한(공용사용 포함), 공용수용, 공용환지·공용환권으로 나눌 수 있다.

제2항 | 공용부담의 법적 근거

2141 공용부담은 재산권의 침해나 제한을 수반하기에 당연히 법률상 근거가 필요하다. 헌법 제23조 제3항도 "공공필요에 의한 재산권의 수용·사용 또는 제한 …은 법률로 정한다"고 규정한다.

CHAPTER 02 인적 공용부담

인적 공용부담이란 특정 공익사업을 위해 국민에게 과해지는 각종 의무를 말한다.

제1절 부담금

제1항 | 개 념

I. 의 의

부담금이란 국가나 지방자치단체 등의 행정주체가 특정의 공익사업과 관련이 있는 사인에게 그 사업에 필요한 경비를 부담하게 하는 공법상 금전급부의무를 말한다.

II. 조세 및 수수료와 구별

조세는 특정의 공익사업과 관계없이 재정상의 수입목적을 위해 일반인에게 부과되는 것이며, 수수료나 사용료는 행정주체가 제공한 서비스의 대가인 점에서 부담금과 다르다.

제2항 | 법적 근거

부담금의 부과와 징수는 침익적 행위로 법률의 근거가 필요하다.

제3항 | 종 류

I. 수익자부담금

수익자부담금이란 특정의 공익사업의 시행으로 인하여 특별한 이익을 받는 자에게 그 이익의 범위 내에서 사업의 경비를 부담하도록 하기 위하여 부과되는 부담금을 말한다(예: 국가의 도로개통으로 이익을 받게 되는 지방자치단체에게 부담금을 부담시키는 경우).

II. 원인자부담금

원인자부담금이란 특정의 공익사업을 하도록 하는 원인을 제공한 자에게 경비를 부담시키는 부담금을 말한다(예: 상·하수도 공사로 도로보수공사가 필요하게 된 경우 그 상·하수도 공사를 한 자에게 부담금을 부담시키는 경우).

Ⅲ. 손괴자부담금

2148 손괴자부담금(손궤자부담금)이란 특정의 공익시설을 손괴하는 사업이나 행위를 한 자에게 공익시설의 유지나 수선을 위한 경비를 부담시키는 부담금을 말한다(예: 교통사고로 도로가로등을 손괴한 자에 그 수선 경비를 부담시키는 경우).

제2절 노역·물품

2149 노역 또는 물품부담이란 특정 공익사업을 위해 특정의 사인이 노동력 또는 물품을 납부하여야 하는 인적 공용부담을 말한다. 노동력의 제공의무를 노역부담이라 하고, 물품의 제공의무를 물품부담이라 한다. 노역·물품부담 역시 사인의 신체·재산에 침해를 가하는 것이므로 법률의 근거를 요한다.

제3절 부역·현품

2150 부역·현품부담이란 노역·물품 또는 금전 중에서 선택적으로 납부할 의무를 부담하는 인적 공용부담을 말한다. 노역과 금전 중에서 선택하여 납부하여야 하는 것이 부역이고, 물품과 금전 중에서 선택하여 납부하여야 하는 것이 현품이다. 부역·현품도 사인의 신체·재산에 대한 침해를 가져오는 것이므로 법률의 근거를 요한다.

제4절 시설부담

2151 시설부담이란 공익사업의 수요를 충족하기 위해 그 사업과 특별한 관계가 있는 사인 또는 우발적으로 이러한 수요를 충족시킬 수 있는 사인에게 일정한 시설을 완성하게 하는 의무를 부과하는 인적 공용부담을 말한다(예: 사인으로 하여금 하천부속물에 관한 공사를 완성하도록 명령하는 경우). 시설부담 역시 사인의 자유와 재산을 침해하는 국가작용이므로 반드시 법률의 근거를 요한다.

제5절 부작위부담

2152 부작위부담이란 특정한 공익사업을 위해 사인에게 부작위의무를 과하는 인적 공용부담을 말한다.

CHAPTER 03 공용제한

제1절　공용제한의 개념

제1항 | 공용제한의 의의

공용제한이란 공적 시설이나 공익사업을 위해 사인의 재산권에 과해지는 공법상 제한을 말한다. 재산권에 가해지는 제한이라는 면에서 물적 공용부담이다. 그리고 공용제한은 재산권 행사에 대한 일정한 제한이라는 점에서 재산권의 강제적 이전을 내용으로 하는 공용수용, 강제적으로 교환·분합하는 공용환지 및 공용환권과 구별된다(2243 이하).

제2항 | 법적 근거

공용제한은 개인의 재산권의 침해를 가져오므로 반드시 법률의 근거가 필요하다.

제2절 공용제한의 종류

제1항 | 계획제한

2154a 계획제한이란 행정계획에 따라 목적달성을 위해 재산권에 가해지는 공용제한을 말한다. 국토의 계획 및 이용에 관한 법률에 의한 도시·군 관리계획에 따른 제한이 대표적이다.

제2항 | 보전제한

2154b 자연·자원·문화재 등의 보전을 위해 사권에 가해지는 공용제한을 말한다. 용도지역지정에 따른 제한·자연보전제한·자원보전제한 등이 있다.

제3항 | 공물제한

2155 사인소유의 물건이 특정의 공적 목적에 제공되고 있는 경우(예: 사유공물)에 사인의 소유권은 공법상 일정한 제한을 받지 않을 수 없는데, 이러한 공법상의 제한을 공물제한이라 한다.

제4항 | 부담제한

2156 부담제한이란 공물제한과는 달리 직접 공적 목적에 제공되지 않는 재산권의 주체에게 공익사업의 수행을 위한 공법상의 작위·부작위·수인 의무를 부과하는 것을 의미한다(도로법 제40조(접도구역의 지정 등) ④ 도로의 관리청은 도로의 구조나 교통의 안전에 대한 위험을 예방하기 위하여 토지, 나무, 시설, 건축물, 그 밖의 공작물(이하 "시설등"이라 한다)의 소유자나 점유자에게 다음 각 호의 조치를 하게 할 수 있다. 1. 시설 등이 시야에 장애를 주면 그 장애물을 제거할 것, 2. 시설등이 붕괴하여 도로에 위해(危害)를 끼치거나 끼칠 우려가 있으면 그 위해를 제거하고 필요하면 방지시설을 할 것, 3. 도로에 토사 등이 쌓이거나 쌓일 우려가 있으면 그 토사 등을 제거하거나 방지시설을 할 것, 4. 시설 등으로 도로 배수시설에 장애가 발생하거나 발생할 우려가 있으면 그 장애를 제거하거나 방지시설을 할 것).

제5항 | 공용사용(사용제한)

2157 공용사용이란 특정한 공익사업을 위해 타인소유의 토지 기타의 재산권에 공법상 사용권을 설정하여 당사자가 수인하도록 하는 것을 말한다(도로법 제81조(토지의 출입과 사용 등) ① 관리청 또는 관리청으로부터 명령이나 위임을 받은 자는 도로에 관한 공사, 조사, 측량 또는 도로의 유지를 위하여 필요하면 타인의 토지에 출입하거나 타인의 토지를 재료적치장, 통로 또는 임시도로로 일시 사용하며, 특히 필요하면 죽목이나 그 밖의 장애물을 변경하거나 제거할 수 있다). 공용사용은 공용제한을 수반하므로 공용제한의 성질을 가진다.

CHAPTER 04 공용수용

제1절 공용수용의 개념

제1항 | 공용수용의 의의

공용수용이란 특정한 공익사업을 위해 법령이 정하는 바에 따라 타인의 재산권을 강제로 취득하는 물적 공용부담을 말한다.

제2항 | 공용수용의 법적 근거

공용수용은 개인의 재산권의 침해를 가져오므로 반드시 법률의 근거가 필요하다. 공용수용에 대한 일반법으로 기능하는 것이 공익사업을 위한 토지 등의 취득 및 보상에 관한 법률이다. 동법은 공용수용의 목적물, 공용수용을 할 수 있는 공익사업, 공용수용의 절차와 효과에 관한 일반규정을 두고 있다. 특별법으로는 국토의 계획 및 이용에 관한 법률, 도로법, 하천법 등이 있다.

제2절 공용수용의 당사자

제1항 | 공용수용의 주체(수용권자)

Ⅰ. 수용권자의 의의

2160 수용권자란 공익사업을 위해 공용수용을 할 수 있는 주체를 말한다. 공익사업을 위한 토지 등의 취득 및 보상에 관한 법률 제2조 제3호는 공익사업의 주체를 사업시행자라고 한다. 사업시행자는 국가, 공공단체 및 사인도 될 수 있다.

Ⅱ. 수용권의 주체

2161 국가가 수용권자인 경우는 문제가 없으나 국가 이외의 공공단체나 사인(공무수탁사인)이 수용권자인 경우 수용의 주체가 누구인지가 문제된다.

1. 학설

(1) 국가수용권설

2162 이 견해는 수용권자를 수용의 효과를 '야기'할 수 있는 능력을 가진 주체(사업인정을 하는 주체)로 보기 때문에 국가만이 수용권자라는 입장이다. 국가 이외의 사업시행자는 국가에 대하여 자기의 사업을 위하여 토지 등을 수용해 줄 것을 청구할 수 있는 권리(수용청구권)만을 갖는다는 입장이다.

(2) 사업시행자수용권설

2163 이 견해는 수용권자를 수용의 효과(재산권의 취득)를 '향수'할 수 있는 능력이라고 보고, 공공단체 또는 사인인 사업시행자도 수용의 효과를 향수할 수 있기 때문에 수용권자가 될 수 있다고 본다(다수설).

2. 검토

2165 수용의 개념에는 수용의 효과를 발생시키는 원인행위와 재산권의 취득이라는 효과가 포함되는데, 수용행위의 본체는 원인행위가 아니라 재산권취득이라는 효과이다. 따라서 이러한 재산권 취득의 효과를 향수할 수 있는 자는 수용권자가 될 수 있다고 보는 사업시행자수용권설이 타당하다.

제2항 | 공용수용의 상대방(피수용자)

2166 피수용자는 수용될 토지 등의 소유자와 소유권 이외의 재산권을 가진 자(관계인)이다(공익사업을 위한 토지 등의 취득 및 보상에 관한 법률 제2조 제4호·제5호). 피수용자는 재결신청권, 수용청구권, 환매권 등의 권리를 가진다.

제3절　공용수용의 목적물

제1항 | 목적물의 종류

공용수용의 기본적인 목적물은 토지수용의 경우에는 토지소유권이다(공익사업을 위한 토지 등의 취득 및 보상에 관한 법률 제3조, 제19조 제1항). 공익사업을 위한 토지 등의 취득 및 보상에 관한 법률은 사업시행자가 ① 토지 및 이에 관한 소유권 외의 권리, ② 토지와 함께 공익사업을 위하여 필요한 입목, 건물 그 밖에 토지에 정착된 물건 및 이에 관한 소유권 외의 권리, ③ 광업권·어업권 또는 물의 사용에 관한 권리, ④ 토지에 속한 흙·돌·모래 또는 자갈에 관한 권리 등의 토지·물건 및 권리를 취득 또는 사용하는 경우에도 적용된다.

제2항 | 목적물의 확장

공용수용의 목적물은 공익사업에 필요한 범위 내에 한정되는 것이 원칙이지만, 경우에 따라서는 수용의 목적물이 확장되는 경우도 있다. 목적물의 확장의 경우로 ① 잔여지에 대해 매수를 청구하는 잔지수용(공익사업을 위한 토지 등의 취득 및 보상에 관한 법률 제74조), ② 공용사용 대신에 매수를 청구하는 완전수용(공익사업을 위한 토지 등의 취득 및 보상에 관한 법률 제72조), ③ 건축물 등에 대해 이전에 갈음하여 물건가격으로 보상하는 이전수용(공익사업을 위한 토지 등의 취득 및 보상에 관한 법률 제75조 제1항 단서·제5항) 등이 있다.

제4절 사업의 준비절차

제1항 | 출입의 허가 등

2169　사업시행자는 공익사업을 준비하기 위하여 타인이 점유하는 토지에 출입하여 측량하거나 조사할 수 있다. 사업시행자(특별자치도, 시·군 또는 자치구가 사업시행자인 경우는 제외한다)는 제1항에 따라 측량이나 조사를 하려면 사업의 종류와 출입할 토지의 구역 및 기간을 정하여 특별자치도지사, 시장·군수 또는 구청장(자치구의 구청장을 말한다)의 허가를 받아야 한다(공익사업을 위한 토지 등의 취득 및 보상에 관한 법률 제9조 제1항·제2항). 그리고 사업시행자는 타인이 점유하는 토지에 출입하여 측량·조사함으로써 발생하는 손실을 보상하여야 한다(공익사업을 위한 토지 등의 취득 및 보상에 관한 법률 제9조 제4항).

제2항 | 출입의 통지

2170　타인이 점유하는 토지에 출입하려는 자는 출입하려는 날의 5일 전까지 그 일시 및 장소를 특별자치도지사, 시장·군수 또는 구청장에게 통지하여야 한다. 특별자치도지사, 시장·군수 또는 구청장은 제1항에 따른 통지를 받은 경우 또는 특별자치도, 시·군 또는 구가 사업시행자인 경우에 특별자치도지사, 시장·군수 또는 구청장이 타인이 점유하는 토지에 출입하려는 경우에는 지체 없이 이를 공고하고 그 토지점유자에게 통지하여야 한다(공익사업을 위한 토지 등의 취득 및 보상에 관한 법률 제10조 제1항·제2항). 토지점유자는 정당한 사유 없이 사업시행자가 통지하고 출입·측량 또는 조사하는 행위를 방해하지 못한다(공익사업을 위한 토지 등의 취득 및 보상에 관한 법률 제11조).

제3항 | 장해물의 제거 등

2171　사업시행자는 타인이 점유하는 토지에 출입하여 측량 또는 조사를 할 때 장해물을 제거하거나 토지를 파는 행위를 하여야 할 부득이한 사유가 있는 경우에는 그 소유자 및 점유자의 동의를 받아야 한다(공익사업을 위한 토지 등의 취득 및 보상에 관한 법률 제12조 제1항). 사업시행자는 장해물 제거 등을 함으로써 발생하는 손실을 보상하여야 한다(공익사업을 위한 토지 등의 취득 및 보상에 관한 법률 제12조 제4항).

제5절　협의에 의한 취득(사용)

공익사업을 위한 토지 등의 취득 및 보상에 관한 법률은 공익사업을 위해 토지등을 취득하는 방식을 협의에 의한 방법과 수용에 의한 방법으로 나누고 있다. 즉, 동법은 수용에 의한 취득(사용)(제4장)의 첫 번째 절차인 사업인정 이전에 제3장에서 공익사업에 필요한 토지 등을 협의로 취득(사용)할 수 있음을 규정하고 있다(수용에 의한 취득에 앞선 절차이지만 의무적인 절차는 아니며, 사업시행자가 협의할 것인지 여부를 결정한다). 이를 규정하는 것은 강제수용에 의한 취득보다는 사업시행자와 토지소유자(관계인)가 합의를 하는 것이 보다 바람직하기 때문이다.

2171a

제1항 | 토지조서·물건조서의 작성, 보상계획의 공고(통지)와 열람

1. 토지조서·물건조서의 작성

사업시행자는 공익사업의 수행을 위하여 공익사업을 위한 토지 등의 취득 및 보상에 관한 법률 제20조에 따른 사업인정 전에 협의에 의한 토지등의 취득 또는 사용이 필요할 때에는 토지조서와 물건조서를 작성하여 서명 또는 날인을 하고 토지소유자와 관계인의 서명 또는 날인을 받아야 한다(공익사업을 위한 토지 등의 취득 및 보상에 관한 법률 제14조 제1항). 토지조서나 물건조서란 취득 또는 사용을 필요로 하는 토지와 그 토지 위의 물건의 내용을 사업시행자가 일정한 절차를 거쳐 작성하는 문서를 말한다.

2171b

2. 보상계획의 공고(통지)와 열람

㈎ 사업시행자는 토지조서와 물건조서를 작성하였을 때에는 공익사업의 개요, 토지조서 및 물건조서의 내용과 보상의 시기·방법 및 절차 등이 포함된 보상계획을 전국을 보급지역으로 하는 일간신문에 공고하고, 토지소유자 및 관계인에게 각각 통지하여야 하며, 제2항 단서에 따라 열람을 의뢰하는 사업시행자를 제외하고는 특별자치도지사, 시장·군수 또는 구청장에게도 통지하여야 한다. 다만, 토지소유자와 관계인이 20인 이하인 경우에는 공고를 생략할 수 있다(공익사업을 위한 토지 등의 취득 및 보상에 관한 법률 제15조 제1항).

2171c

㈏ 사업시행자는 보상계획을 공고나 통지를 하였을 때에는 그 내용을 14일 이상 일반인이 열람할 수 있도록 하여야 한다. 다만, 사업지역이 둘 이상의 시·군 또는 구에 걸쳐 있거나 사업시행자가 행정청이 아닌 경우에는 해당 특별자치도지사, 시장·군수 또는 구청장에게도 그 사본을 송부하여 열람을 의뢰하여야 한다(공익사업을 위한 토지 등의 취득 및 보상에 관한 법률 제15조 제2항).

제2항 | 협의와 계약체결

I. 의 의

2171d 사업시행자는 토지등에 대한 보상에 관하여 토지소유자 및 관계인과 성실하게 협의하여야 한다(공익사업을 위한 토지 등의 취득 및 보상에 관한 법률 제16조). 사업시행자는 협의가 성립되었을 때에는 토지소유자 및 관계인과 계약을 체결하여야 한다(공익사업을 위한 토지 등의 취득 및 보상에 관한 법률 제17조). 협의 자체는 사적 자치를 바탕으로 하기 때문에 사업인정 전 협의는 임의적이며, 성실협의 의무는 선언적 규정에 불과하다.

II. 협의취득의 법적 성질*

2171e 사업인정 이전의 협의취득의 법적 성질에 대해 ① ⓐ 협의는 공법인 공익사업을 위한 토지 등의 취득 및 보상에 관한 법률 제16조가 사업시행자의 성실협의 규정을 두고 있음을 근거로 공법상 계약이라는 견해가 있지만, ⓑ 공익사업을 위한 토지 등의 취득 및 보상에 관한 법률 제16조가 사업시행자의 성실협의 규정을 두고 있지만 해당 규정은 선언적 의미이기 때문에 사법상 계약이라는 견해(다수설)가 타당하다. ② 판례도 협의취득의 법적 성질을 사법상 계약으로 본다(대판 1994.12.13. 94다25209).

제6절   수용에 의한 취득(사용)

수용에 의한 취득(사용)(=공용수용)에서 수용권은 법률의 규정에 의해 발생하는 경우와 법률에서 정한 일정한 절차를 거쳐 별도의 처분에 의해 발생하는 경우가 있다. 후자가 일반적이며, 공익사업을 위한 토지 등의 취득 및 보상에 관한 법률은 ① 사업인정, ② 토지조서·물건조서의 작성, ③ 협의, ④ 재결 절차를 규정하고 있다.

제1항 | 사업인정

Ⅰ. 의 의

'사업인정'이란 사업시행자가 하려는 사업을 토지등을 수용하거나 사용할 공익사업으로 결정하는 것을 말한다(공익사업을 위한 토지 등의 취득 및 보상에 관한 법률 제2조 제7호).

Ⅱ. 법적 성질*

1. 형성행위인지 여부

① ⓐ 확인행위설은 사업인정은 사업자가 하려는 특정사업이 공익사업을 위한 토지 등의 취득 및 보상에 관한 법률에 규정된 공익사업(동법 제4조 참조)에 해당됨을 확인하는 행위라고 본다. 이 견해는 사업시행자의 수용권은 사업인정에 의하여 발생하는 것이 아니라 사업인정 후 협의 또는 토지수용위원회의 재결에 의하여 발생한다고 한다. ⓑ 형성행위설은 사업인정은 사업시행자가 하려는 사업이 공익사업임을 인정하면서 일정한 절차를 거칠 것을 조건으로 하여 사업시행자에게 수용권을 발생시키므로 형성적 행정행위에 해당한다고 본다(다수설). ② 판례는 사업인정이란 공익사업을 토지 등을 수용 또는 사용할 사업으로 결정하는 것으로서 공익사업의 시행자에게 그 후 일정한 절차를 거칠 것을 조건으로 일정한 내용의 수용권을 설정하여 주는 형성행위라고 본다(대판 2011.1.27. 2009두1051). ③ 사업인정으로 사업시행자에게는 수용권이 발생하는 것이므로 형성행위설이 타당하다.

2. 재량행위인지 여부

① ⓐ 사업인정은 기속행위라는 견해가 있으나, ⓑ 공익적 사정이 중요하게 고려되어야 하기에 재량행위로 보는 견해가 타당하다. ② 판례도 재량행위로 본다(대판 1992.11.13. 92누596).

3. 복효적 행정행위

사업인정은 사업시행자에게는 수용권을 설정해 주는 수익적 행정행위이지만, 피수용자에게는 토지의 보전의무나 재산권 상실의 침익적 효과를 가져온다. 따라서 피수용자는 처분의 상대방이 아니지만, 장관의 사업인정처분을 다툴 법률상 이익이 인정된다(대판 1973.7.30. 72누137).

4. 신청을 요하는 행정행위(쌍방적 행정행위)

2174b   사업인정은 토지 등을 수용하거나 사용하려는 사업시행자가 국토교통부장관에게 처분을 발령해 줄 것을 신청하고, 장관이 사업인정을 하는 쌍방적 행정행위이다(토지보상법 제20조).

Ⅲ. 사업인정의 요건

1. 주체 요건

2175   사업인정권은 국토교통부장관에게 있다(공익사업을 위한 토지 등의 취득 및 보상에 관한 법률 제20조 제1항). 현행 토지보상법은 사업인정절차와 재결절차를 분리하여 다른 기관이 담당하고 있다. 다만, 모든 공익사업에 대해 국토교통부장관의 사업인정이 요구되는 것은 아니며 개별법에서 다른 행정청의 행위(사업지구의 지정, 실시계획의 인가)로 사업인정이 의제되기도 한다.

2. 내용 요건

2175a   ① 해당 사업이 공익사업을 위한 토지 등의 취득 및 보상에 관한 법률 제4조가 정하는 공익사업에 해당하여야 하고, ② 뿐만 아니라 그 사업이 공용수용을 할 만한 공익성이 있는지의 여부와 공익성이 있는 경우에도 그 사업의 내용과 방법에 관하여 사업인정에 관련된 자들의 이익을 공익과 사익 사이에서는 물론, 공익 상호간 및 사익 상호간에도 정당하게 비교·교량하여야 하고, 그 비교·교량은 비례의 원칙에 적합하도록 하여야 한다(2011.1.27. 2009두1051). ③ 그리고 사업시행자에게 해당 사업을 수행할 의사와 능력이 있어야 한다(2011.1.27. 2009두1051).

Ⅳ. 사업인정의 절차

1. 의견청취

2176   국토교통부장관은 사업인정을 하려면 관계 중앙행정기관의 장 및 특별시장·광역시장·도지사·특별자치도지사와 협의하여야 하며, 대통령령으로 정하는 바에 따라 미리 중앙토지수용위원회 및 사업인정에 이해관계가 있는 자의 의견을 들어야 한다(공익사업을 위한 토지 등의 취득 및 보상에 관한 법률 제21조).

2. 통지와 고시

2177   국토교통부장관은 사업인정을 하였을 때에는 지체 없이 그 뜻을 사업시행자, 토지소유자 및 관계인, 관계 시·도지사에게 통지하고 사업시행자의 성명이나 명칭, 사업의 종류, 사업지역 및 수용하거나 사용할 토지의 세목을 관보에 고시하여야 한다. 그리고 사업인정의 사실을 통지받은 시·도지사(특별자치도지사는 제외한다)는 관계 시장·군수 및 구청장에게 이를 통지하여야 한다(공익사업을 위한 토지 등의 취득 및 보상에 관한 법률 제22조 제1항·제2항).

V. 사업인정의 효과

1. 토지수용권의 발생

사업인정이 고시됨으로써 사업시행자에게는 일정한 절차를 거칠 것을 조건으로 목적물을 수용할 수 있는 권한이 부여된다(공익사업을 위한 토지 등의 취득 및 보상에 관한 법률 제20조 참조). 2178

2. 수용목적물의 확정

사업인정의 고시로 수용의 목적물은 확정된다. 2178a

3. 토지 등의 보전의무

사업인정이 고시되면 누구든지(토지소유자나 관계인에 한정되지 않는다) 그 고시 범위에 포함된 토지 등에 대해서 보전의무가 발생한다(공익사업을 위한 토지 등의 취득 및 보상에 관한 법률 제25조 참조). 2178b

4. 토지·물건 조사권의 발생

사업인정이 고시되면 사업시행자 등에게는 일정한 토지 및 물건에 관한 조사권이 부여된다(공익사업을 위한 토지 등의 취득 및 보상에 관한 법률 제27조 참조). 2178c

5. 관계인의 범위 제한

사업인정의 고시가 된 후에 권리를 취득한 자는 기존의 권리를 승계한 자를 제외하고는 관계인에 포함되지 않는다(공익사업을 위한 토지 등의 취득 및 보상에 관한 법률 제2조 제5호 단서). 2178d

VI. 사업인정의 실효

1. 재결을 신청하지 않은 경우

사업시행자가 사업인정의 고시가 된 날부터 1년 이내에 토지소유자 등과 협의가 성립되지 아니하거나 협의를 할 수 없음에도 재결신청을 하지 아니한 경우에는 사업인정고시가 된 날부터 1년이 되는 날의 다음 날에 사업인정은 그 효력을 상실한다(공익사업을 위한 토지 등의 취득 및 보상에 관한 법률 제23조 제1항). 2179

2. 사업의 폐지와 변경의 경우

사업인정고시가 된 후 사업의 전부 또는 일부를 폐지하거나 변경함으로 인하여 토지 등의 전부 또는 일부를 수용하거나 사용할 필요가 없게 되었을 때에는 사업시행자는 지체 없이 사업지역을 관할하는 시·도지사에게 신고하고, 토지소유자 및 관계인에게 이를 통지하여야 한다. 이때 시·도지사는 사업의 전부 또는 일부가 폐지되거나 변경된 내용을 관보에 고시해야 하는데, 이 고시가 된 날부터 그 고시된 내용에 따라 사업인정의 전부 또는 일부는 그 효력을 상실한다(공익사업을 위한 토지 등의 취득 및 보상에 관한 법률 제24조). 2180

제2항 | 토지조서·물건조서의 작성, 보상계획의 공고(통지)와 열람

1. 토지조서·물건조서의 작성

2181 사업시행자는 토지조서와 물건조서를 작성하여 서명 또는 날인을 하고 토지소유자와 관계인의 서명 또는 날인을 받아야 한다(공익사업을 위한 토지 등의 취득 및 보상에 관한 법률 제26조 제1항, 제14조 제1항). 사업인정고시가 된 후에는 토지소유자나 관계인이 토지조서 및 물건조서의 내용에 대하여 열람기간 이내에 이의를 제기하는 경우를 제외하고는 작성된 토지조서 및 물건조서의 내용에 대하여 이의를 제기할 수 없다(공익사업을 위한 토지 등의 취득 및 보상에 관한 법률 제27조 제2항).

2. 보상계획의 공고(통지)와 열람

2181a 사업시행자는 토지조서와 물건조서를 작성하였을 때에는 공익사업의 개요, 토지조서 및 물건조서의 내용과 보상의 시기·방법 및 절차 등이 포함된 보상계획을 전국을 보급지역으로 하는 일간신문에 공고하고, 토지소유자 및 관계인에게 각각 통지하여야 한다. 사업시행자는 보상계획의 공고나 통지를 하였을 때에는 그 내용을 14일 이상 일반인이 열람할 수 있도록 하여야 한다(공익사업을 위한 토지 등의 취득 및 보상에 관한 법률 제26조 제1항, 제15조 제1항·제2항).

제3항 | 협의(사업인정 후의 협의)★[15 5급]

I. 협의의 의의

2182 (가) 사업인정을 받은 사업시행자는 그 토지에 관해 권리를 취득하거나 소멸시키기 위해 토지소유자 및 관계인과의 협의 절차를 거쳐야 한다(공익사업을 위한 토지 등의 취득 및 보상에 관한 법률 제26조 제1항). 협의절차는 의무적이며, 이를 거치지 않고 재결을 신청할 수는 없다.

(나) 수용 등에 의한 강제취득보다는 합의를 통해 토지 등을 취득함으로써 비례원칙을 지키고 신속하게 공익사업을 진행하기 위한 절차이다.

II. 협의의 성질

(1) 문제점

2183 사업인정 전의 협의는 사법상 계약이라는 것이 다수설이며 판례의 입장이지만, 사업인정 후의 협의의 법적 성질에 대해 학설이 대립된다.

(2) 학 설

1) 사법상 계약설

2183a 협의는 사업시행자가 토지소유자 등과 대등한 지위에서 행하는 합의이므로 사법상 계

약과 동일한 성질을 가진다는 입장이다.

2) 공법상 계약설

협의는 사업시행자가 사업인정으로 수용권을 취득한 이후의 문제이고, 협의가 성립되지 않으면 재결에 의해 수용이 이루어진다는 점에서 공법상 계약이라는 입장이다(다수설).

(3) 판 례

판례는 사법상 계약으로 보고 있는 것 같다(대판 1996.2.13. 95다3510).

(4) 검 토

협의는 수용권의 주체인 사업시행자가 수용권을 실행하는 방법이기 때문에 공법상 계약으로 보는 것이 타당하다.

Ⅲ. 사업인정 전 협의(2171d 이하)와의 차이점

① 사업인정 전의 협의는 임의적이나, 사업인정 후의 협의는 필수절차이다. ② 사업인정 전의 협의는 사법상 계약이라는 것이 다수설이지만, 사업인정 후의 협의는 공법상 계약이라는 것이 다수설이다. ③ 사업인정 전의 협의는 협의성립확인제도가 없으나, 사업인정 후의 협의는 협의성립확인제도를 두고 있다(공익사업을 위한 토지 등의 취득 및 보상에 관한 법률 제29조 참조).

Ⅳ. 협의성립의 확인

사업시행자와 토지소유자 및 관계인 간에 협의가 성립되었을 때에는 사업시행자는 재결 신청기간 이내에 해당 토지소유자 및 관계인의 동의를 받아 대통령령으로 정하는 바에 따라 관할 토지수용위원회에 협의 성립의 확인을 신청할 수 있다(공익사업을 위한 토지 등의 취득 및 보상에 관한 법률 제29조 제1항). 그에 따른 확인은 동법에 따른 재결로 보며, 사업시행자, 토지소유자 및 관계인은 그 확인된 협의의 성립이나 내용을 다툴 수 없다(공익사업을 위한 토지 등의 취득 및 보상에 관한 법률 제29조 제4항).

Ⅴ. 협의의 효과

협의가 성립되면 공용수용절차는 종료되고 수용의 효과가 발생하게 된다. 따라서 사업시행자는 보상금을 지급(공탁)하고, 피수용자는 토지 등을 사업시행자에게 인도·이전하여야 한다.

제4항 | 재 결

Ⅰ. 재결의 의의

2186   재결이란 수용권 자체를 부여하는 것이 아니라 사업시행자에게 부여된 수용권의 구체적인 내용을 결정하고 그 실행을 완성시키는 형성적 행정행위를 말한다(2172 참조).

Ⅱ. 재결기관

1. 설 치

2187   토지등의 수용과 사용에 관한 재결을 하기 위하여 국토교통부에 중앙토지수용위원회를 두고, 특별시·광역시·도·특별자치도에 지방토지수용위원회를 둔다(공익사업을 위한 토지 등의 취득 및 보상에 관한 법률 제49조).

2. 재결사항

2188   토지수용위원회는 '1. 수용하거나 사용할 토지의 구역 및 사용방법, 2. 손실보상, 3. 수용 또는 사용의 개시일과 기간, 4. 그 밖에 이 법 및 다른 법률에서 규정한 사항'을 재결한다(공익사업을 위한 토지 등의 취득 및 보상에 관한 법률 제50조 제1항).

Ⅲ. 재결의 신청·재결신청의 청구

1. 재결의 신청

2189   협의가 성립되지 아니하거나 협의를 할 수 없을 때(제26조 제2항 단서에 따른 협의 요구가 없을 때를 포함한다)에는 사업시행자는 사업인정고시가 된 날부터 1년 이내에 대통령령으로 정하는 바에 따라 관할 토지수용위원회에 재결을 신청할 수 있다(공익사업을 위한 토지 등의 취득 및 보상에 관한 법률 제28조 제1항).

2. 재결신청의 청구

2190   ㈎ 사업인정고시가 된 후 협의가 성립되지 아니하였을 때에는 토지소유자와 관계인은 대통령령으로 정하는 바에 따라 서면으로 사업시행자에게 재결을 신청할 것을 청구할 수 있다. 사업시행자는 재결신청의 청구를 받았을 때에는 그 청구를 받은 날부터 60일 이내에 대통령령으로 정하는 바에 따라 관할 토지수용위원회에 재결을 신청하여야 한다(공익사업을 위한 토지 등의 취득 및 보상에 관한 법률 제30조 제1항·제2항).

㈏ 사업시행자의 재결신청거부는 항고소송의 대상인 거부처분에 해당하고, 상대방의 권리의무에 직접 영향을 미치는 행위이므로 토지소유자 등은 사업시행자의 재결신청거부에 대해 취소소송 등을 제기할 수 있다(대판 2019.8.29. 2018두57865).

Ⅳ. 재결의 절차

1. 공고와 열람

2191   토지수용위원회는 재결신청서를 접수하였을 때에는 대통령령으로 정하는 바에 따라

지체 없이 이를 공고하고, 공고한 날부터 14일 이상 관계 서류의 사본을 일반인이 열람할 수 있도록 하여야 한다(공익사업을 위한 토지 등의 취득 및 보상에 관한 법률 제31조 제1항).

2. 심리

토지수용위원회는 열람기간이 지났을 때에는 지체 없이 해당 신청에 대한 조사 및 심리를 하여야 한다. 토지수용위원회는 심리를 할 때 필요하다고 인정하면 사업시행자, 토지소유자 및 관계인을 출석시켜 그 의견을 진술하게 할 수 있다(공익사업을 위한 토지 등의 취득 및 보상에 관한 법률 제32조 제1항·제2항).

3. 재결(수용재결)

토지수용위원회의 재결은 서면으로 한다(공익사업을 위한 토지 등의 취득 및 보상에 관한 법률 제34조 제1항). 그리고 토지수용위원회는 사업시행자, 토지소유자 또는 관계인이 신청한 범위에서 재결하여야 한다. 다만, 손실보상의 경우에는 증액재결을 할 수 있다(공익사업을 위한 토지 등의 취득 및 보상에 관한 법률 제50조 제2항).

V. 재결의 효과

토지수용위원회의 재결이 있으면 공용수용절차는 종료되고, 일정한 조건 아래 수용의 효과가 발생한다. 즉 사업시행자는 보상금의 지급(공탁)을 조건으로 수용의 개시일에 토지에 대한 권리를 원시취득하며, 피수용자가 인도·이전 의무를 이행하지 않으면 대집행을 신청할 수 있다.

VI. 재결에 대한 불복★★★[10 사시] [13 입시] [15 5급] [20 변시]

공익사업을 위한 토지 등의 취득 및 보상에 관한 법률은 재결에 대한 불복절차로 특별행정심판인 이의신청과 행정소송을 규정하고 있다.

1. 이의신청

(1) 이의신청의 요건

1) 신청인

토지수용위원회의 재결에 불복이 있는 토지소유자(관계인) 또는 사업시행자이다.

2) 신청기간

재결서의 정본을 받은 날부터 30일 이내에 하여야 한다(공익사업을 위한 토지 등의 취득 및 보상에 관한 법률 제83조 제3항).

3) 신청의 대상

이의신청의 대상은 토지수용위원회의 재결이다.

4) 임의적 전치

공익사업을 위한 토지 등의 취득 및 보상에 관한 법률상의 이의신청은 임의적이다. 따라서 이의신청 없이도 행정소송을 제기할 수 있다(공익사업을 위한 토지 등의 취득 및 보상에 관한 법률 제83조 제1항 참조).

(2) 이의신청에 대한 재결

1) 재결(이의재결)의 내용

중앙토지수용위원회는 재결이 위법 또는 부당하다고 인정하는 때에는 그 재결의 전부 또는 일부를 취소하거나 보상액을 변경할 수 있다(공익사업을 위한 토지 등의 취득 및 보상에 관한 법률 제84조 제1항).

2) 이의재결로 증액된 보상금의 지급

이의신청에 따른 재결로 보상금이 늘어난 경우 사업시행자는 재결의 취소 또는 변경의 재결서 정본을 받은 날부터 30일 이내에 보상금을 받을 자에게 그 늘어난 보상금을 지급하여야 한다(공익사업을 위한 토지 등의 취득 및 보상에 관한 법률 제84조 제2항 본문).

3) 재결의 효력

이의신청에 대한 재결이 확정된 때에는 '민사소송법'상의 확정판결이 있은 것으로 보며, 재결서 정본은 집행력있는 판결의 정본과 동일한 효력을 가진다(공익사업을 위한 토지 등의 취득 및 보상에 관한 법률 제86조 제1항).

4) 처분효력의 부정지

이의의 신청은 사업의 진행 및 토지의 수용 또는 사용을 정지시키지 아니한다(공익사업을 위한 토지 등의 취득 및 보상에 관한 법률 제88조 제1항).

2. 행정소송

(1) 제기할 수 있는 행정소송

① 토지수용위원회는 행정소송법상 행정청으로 수용재결(공익사업을 위한 토지 등의 취득 및 보상에 관한 법률 제34조)이든 이의재결(공익사업을 위한 토지 등의 취득 및 보상에 관한 법률 제84조)이든 행정소송법 제2조 제1항 제1호의 '처분등'에 해당한다. 따라서 수용재결과 이의재결은 항고소송의 대상이 될 수 있다(다만, 공익사업을 위한 토지 등의 취득 및 보상에 관한 법률 제85조 제1항은 제소기간의 특례를 두고 있다). ② 그러나 동법 제85조 제2항은 수용재결 및 이의재결에 관한 행정소송이 보상금의 증감에 관한 소송인 경우에는 당해 소송을 제기하는 자가 토지소유자 또는 관계인인 때에는 사업시행자를, 사업시행자인 때에는 토지소유자 또는 관계인을 각각 피고로 보상금증감청구소송을 제기할 수 있음을 규정하고 있다.

(2) 항고소송(취소소송의 경우)

1) 이의신청을 하지 않은 경우(수용재결에 대한 취소소송)

사업시행자, 토지소유자 또는 관계인은 재결서를 받은 날부터 90일 이내에 토지수용위원회를 상대로 수용재결에 대해 취소소송을 제기할 수 있다(공익사업을 위한 토지 등의 취득 및 보상에 관한 법률 제85조 제1항).

2) 이의신청을 한 경우(이의재결이 있는 경우의 취소소송)

a. 원처분주의

㈎ 행정소송법 제19조 단서는 "재결취소소송의 경우에는 재결 자체에 고유한 위법이 있음을 이유로 하는 경우에 한한다"고 하여 원처분주의를 규정하고 있다. 즉 취소소송은 원칙적으로 원처분을 대상으로 해야 하며, 재결은 예외적으로만 취소소송의 대상이 될 수 있다.

㈏ 중앙토지수용위원회의 이의재결이 있는 경우에도 사업시행자등은 원처분인 수용재결을 취소소송의 대상으로 이의신청에 대한 재결서를 받은 날부터 60일 이내에 소송을 제기할 수 있다(토지보상법 제85조 제1항).

b. 원처분주의의 예외(재결 자체에 고유한 위법)

㈎ 재결 자체에 고유한 위법이 있는 경우에는 재결도 취소소송의 대상이 될 수 있다(행정소송법 제19조 단서). 여기서 '재결 자체에 고유한 위법'이란 재결 자체에 주체·절차·형식 그리고 내용상의 위법이 있는 경우를 말한다.

㈏ 중앙토지수용위원회의 이의재결에 고유한 위법이 있다면 사업시행자·토지소유자 또는 관계인은 '이의신청에 대한 재결서를 받은 날부터 60일 이내에(토지보상법 제85조 제1항)' 이의재결에 대해 취소소송을 제기할 수 있다(대판 2010.1.28. 2008두1504).

c. 관련청구소송의 병합: 원처분인 수용재결에도 위법이 있고, 중앙토지수용위원회의 이의재결 자체에도 고유한 위법이 있다면 사업시행자등은 두 취소소송을 행정소송법 제10조에 따라 관련청구소송으로 병합할 수 있다(행정소송법 제10조 제1항 제2호의 관련청구소송).

d. 피고적격: 사업시행자등은 지방토지수용위원회의 재결에 대해 불복하는 경우 지방토지수용위원회를, 중앙토지수용위원회의 재결에 대해 불복하는 경우 중앙토지수용위원회를 피고로 한다(행정소송법 제13조 참조).

e. 제소기간: 이의신청을 거치지 않은 경우는 재결서를 받은 날부터 90일 이내에, 이의신청을 거친 경우는 이의신청에 대한 재결서를 받은 날부터 60일 이내에 항고소송을 제기해야 한다(토지보상법 제85조 제1항).

(3) 보상금증감청구소송(형식적 당사자소송)

1) 의 의

수용재결이나 이의재결 중 보상금에 대한 재결에 불복이 있는 경우 보상금의 증액 또는 감액을 청구하는 소송을 보상금증감소송이라 한다(공익사업을 위한 토지 등의 취득 및 보상에 관한 법률 제85조 제2항).

2) 법적 성질

a. 단일소송: 공익사업을 위한 토지 등의 취득 및 보상에 관한 법률상 보상금증감소송은

1인의 원고와 1인의 피고를 당사자로 하는 단일소송이다(토지수용위원회는 제외된다).

2208 b. 형식적 당사자소송: 보상금증감청구소송은 실질적으로 행정청의 처분등(위원회의 재결)을 다투는 것이나 형식적으로는 처분등으로 인해 형성된 법률관계를 다투기 위해 제기하는 이러한 소송으로 형식적 당사자소송이다(1505).

2209 c. 형성소송인지 확인·급부소송인지 여부: ① ⓐ 재결의 처분성과 공정력(구성요건적 효력)을 강조하면서 보상금증감청구소송을 재결에서 정한 보상액의 취소·변경을 구하는 소송으로 보는 견해(형성소송설)와, ⓑ 보상금증감청구소송을 법규에 의해 객관적으로 발생하여 확정된 보상금액을 확인하거나 부족한 액수의 지급을 청구하는 소송으로 보는 견해(확인·급부소송설)가 대립된다. ② 현행 공익사업을 위한 토지 등의 취득 및 보상에 관한 법률 제85조 제2항이 토지수용위원회를 피고에서 제외하여 보상금증감청구소송이 가지는 재결에 대한 취소·변경의 의미를 축소하고 있는바 확인·급부소송설이 타당하다(김철용).

3) 보상금증액청구소송의 소송요건(보상금증액청구소송이 일반적이다)

2210 a. 원고적격: 토지소유자와 관계인이다.

2211 b. 피고적격: 공익사업을 위한 토지 등의 취득 및 보상에 관한 법률 제85조 제2항은 보상금증액청구소송에서의 피고를 '사업시행자'로 하고 있다.

2212 c. 제소기간: 이의신청을 거치지 않은 경우는 재결서를 받은 날부터 90일 이내에, 이의신청을 거친 경우는 이의신청에 대한 재결서를 받은 날부터 60일 이내에 소송을 제기해야 한다(공익사업을 위한 토지 등의 취득 및 보상에 관한 법률 제85조 제1항).

4) 입증책임

2213 판례는 보상금증액청구의 소송에서 입증책임은 원고에게 있다는 입장이다(대판 1997.11. 28. 96누2255).

  공익사업을 위한 토지 등의 취득 및 보상에 관한 법률 제74조의 잔여지수용청구권
★★[15 5급]

1. 잔여지수용청구권의 성질

2213a 잔여지수용청구권은 손실보상의 일환으로 토지소유자에게 부여되는 권리로서 그 요건을 구비한 때에는 잔여지를 수용하는 토지수용위원회의 재결이 없더라도 토지소유자의 청구에 의하여 수용의 효과가 발생하는 형성권적 성질(일방적 의사표시에 의하여 법률관계의 발생·변경·소멸 등을 발생시키는 권리)을 가진다(대판 2010.8.19. 2008두822).

2. 토지수용위원회의 잔여지 수용거부결정에 불복하는 행정소송의 성질

(1) 학 설

2213b ⓐ 토지수용위원회의 잔여지수용거부결정은 처분이므로 토지수용위원회의 거부결정에 대해 취소소송(무효확인소송)을 제기해야 한다는 견해와 ⓑ 잔여지수용청구권은 형성권이며 잔여지수용청구로 수용의 효과가 발생하였기 때문에 토지소유자가 토

지수용위원회의 수용거부결정에 불복하는 행정소송은 토지보상법 제85조 제2항의 보상금증감청구소송이라는 견해가 대립된다(전술한 보상금증감청구소송 참조(2206)).

(2) 판 례

판례는 「잔여지 수용청구를 받아들이지 않은 토지수용위원회의 재결에 대하여 토지소유자가 불복하여 제기하는 소송은 위 법(토지보상법) 제85조 제2항에 규정되어 있는 '보상금의 증감에 관한 소송'에 해당하여 사업시행자를 피고로 하여야 한다(대판 2010.8.19. 2008두822)」고 하여 보상금증감청구소송으로 본다.

(3) 검 토

잔여지 수용청구권은 형성권으로 토지소유자의 잔여지 수용청구로 수용의 효과는 이미 발생하였기 때문에 토지수용위원회가 이를 거부한다고 하여도 손실보상금에 대한 문제는 남는다. 따라서 토지수용위원회의 수용거부결정에 대해 토지소유자가 불복하여 제기하는 소송은 토지보상법 제85조 제2항에 규정되어 있는 보상금의 증감에 관한 소송으로 보는 것이 타당하다.

> **[참조조문]**
> **공익사업을 위한 토지 등의 취득 및 보상에 관한 법률**
>
> **제74조(잔여지 등의 매수 및 수용 청구)** ① 동일한 소유자에게 속하는 일단의 토지의 일부가 협의에 의하여 매수되거나 수용됨으로 인하여 잔여지를 종래의 목적에 사용하는 것이 현저히 곤란할 때에는 해당 토지소유자는 사업시행자에게 잔여지를 매수하여 줄 것을 청구할 수 있으며, 사업인정 이후에는 관할 토지수용위원회에 수용을 청구할 수 있다. 이 경우 수용의 청구는 매수에 관한 협의가 성립되지 아니한 경우에만 할 수 있으며, 그 사업의 공사완료일까지 하여야 한다.
>
> **제85조(행정소송의 제기)** ① 사업시행자, 토지소유자 또는 관계인은 제34조에 따른 재결에 불복할 때에는 재결서를 받은 날부터 60일 이내에, 이의신청을 거쳤을 때에는 이의신청에 대한 재결서를 받은 날부터 30일 이내에 각각 행정소송을 제기할 수 있다. 이 경우 사업시행자는 행정소송을 제기하기 전에 제84조에 따라 늘어난 보상금을 공탁하여야 하며, 보상금을 받을 자는 공탁된 보상금을 소송이 종결될 때까지 수령할 수 없다.
> ② 제1항에 따라 제기하려는 행정소송이 보상금의 증감(增減)에 관한 소송인 경우 그 소송을 제기하는 자가 토지소유자 또는 관계인일 때에는 사업시행자를, 사업시행자일 때에는 토지소유자 또는 관계인을 각각 피고로 한다.

> 공익사업을 위한 토지 등의 취득 및 보상에 관한 법률 제72조에 의한 토지소유자의 토지수용청구를 받아들이지 않은 토지수용위원회의 재결에 대하여 토지소유자가 불복하여 제기하는 소송의 성질 및 그 상대방
>
> 공익사업을 위한 토지 등의 취득 및 보상에 관한 법률(이하 '토지보상법'이라고 한다) 제72조의 문언, 연혁 및 취지 등에 비추어 보면, 위 규정이 정한 수용청구권은 토지보상법 제74조 제1항이 정한 잔여지 수용청구권과 같이 손실보상의 일환으로 토지소유자에게 부여되는 권리로서 그 청구에 의하여 수용효과가 생기는 형성권의 성질을 지니므로, 토지소유자의 토지수용청구를 받아들이지 아니한 토지수용위원회의 재결에 대하여 토지소유자가 불복하여 제기

하는 소송은 토지보상법 제85조 제2항에 규정되어 있는 '보상금의 증감에 관한 소송'에 해당하고, 피고는 토지수용위원회가 아니라 사업시행자로 하여야 한다(대판 2015.4.9. 2014두46669).

제7절   공용수용의 효과

제1항 | 사업시행자의 권리 · 의무

Ⅰ. 토지나 물건의 원시취득

사업시행자는 수용의 개시일에 토지나 물건의 소유권을 취득하며, 그 토지나 물건에 관한 다른 권리는 이와 동시에 소멸한다(공익사업을 위한 토지 등의 취득 및 보상에 관한 법률 제45조 제1항). 즉, 사업시행자의 권리취득은 원시취득이다. 따라서 수용목적물에 대한 종래의 권리는 소멸한다.

Ⅱ. 보상금의 지급의무

사업시행자는 사용의 경우를 제외하고는 수용 또는 사용의 개시일까지 관할 토지수용위원회가 재결한 보상금을 지급하여야 한다(공익사업을 위한 토지 등의 취득 및 보상에 관한 법률 제40조 제1항).

제2항 | 토지소유자 등의 권리 · 의무

Ⅰ. 토지나 물건의 인도·이전 의무

1. 토지 등의 인도·이전 의무의 발생

토지소유자 및 관계인과 그 밖에 토지소유자나 관계인에 포함되지 아니하는 자로서 수용하거나 사용할 토지나 그 토지에 있는 물건에 관한 권리를 가진 자는 수용 또는 사용의 개시일까지 그 토지나 물건을 사업시행자에게 인도하거나 이전하여야 한다(공익사업을 위한 토지 등의 취득 및 보상에 관한 법률 제43조).

2. 토지 등의 인도·이전 의무의 불이행

(1) 토지·물건의 인도·이전 의무의 대행

'토지나 물건을 인도하거나 이전하여야 할 자가 고의나 과실 없이 그 의무를 이행할 수 없을 때 또는 사업시행자가 과실 없이 토지나 물건을 인도하거나 이전하여야 할 의무가 있는 자를 알 수 없을 때'에는 특별자치도지사, 시장·군수 또는 구청장은 사업시행자의 청구에 의하여 토지나 물건의 인도 또는 이전을 대행하여야 한다(공익사업을 위한 토지 등의 취득 및 보상에 관한 법률 제44조 제1항).

(2) 대집행

토지 등의 인도나 이전 의무를 이행하여야 할 자가 그 정하여진 기간 이내에 의무를 이행하지 아니하거나 완료하기 어려운 경우 또는 그로 하여금 그 의무를 이행하게 하는 것이 현저히 공익을 해친다고 인정되는 사유가 있는 경우에는 사업시행자는 시·도지사나 시장·군수 또는 구청장에게 행정대집행법에서 정하는 바에 따라 대집행을 신청할 수 있다. 이 경우 신청을 받은 시·도지사나 시장·군수 또는 구청장은 정당한 사유가 없으면 이에 따라야 한다(공익사업을 위한 토지 등의 취득 및 보상에 관한 법률 제89조 제1항).

II. 손실보상청구권

2219 헌법 제23조 제3항은 "공공필요에 의한 재산권의 수용·사용 또는 제한 및 그에 대한 보상은 법률로써 하되, 정당한 보상을 지급하여야 한다"고 규정하고 있어 공용수용으로 인한 재산권침해가 있다면 법률에 따른 손실보상을 하여야 한다. 이에 따라 공익사업을 위한 토지 등의 취득 및 보상에 관한 법률은 손실보상에 대한 기본원칙과 손실보상의 내용을 규정하고 있다(자세한 내용은 전술한 손실보상 참조(894 이하)).

제3항 | 기 타

I. 위험부담의 이전

2220 토지수용위원회의 재결이 있은 후 수용하거나 사용할 토지나 물건이 토지소유자 또는 관계인의 고의나 과실 없이 멸실되거나 훼손된 경우 그로 인한 손실은 사업시행자가 부담한다(공익사업을 위한 토지 등의 취득 및 보상에 관한 법률 제46조).

II. 보상금에 대한 물상대위(물상대위권이란 목적물이 멸실·훼손된 경우 그 목적물의 교환가치를 대신하는 금전이나 물건(보험금이나 손해보상금, 수용보상금 등) 위에 존재하는 권리를 말한다)

2220a 담보물권의 목적물이 수용되거나 사용된 경우 그 담보물권은 그 목적물의 수용 또는 사용으로 인하여 채무자가 받을 보상금에 대하여 행사할 수 있다. 다만, 그 보상금이 채무자에게 지급되기 전에 압류하여야 한다(공익사업을 위한 토지 등의 취득 및 보상에 관한 법률 제47조).

제8절 환매권

제1항 | 환매권의 개념

I. 의 의

환매권이란 공용수용의 목적물이 사업의 폐지 등의 사유로 불필요하게 된 경우에 목적물의 원소유자가 보상금의 상당액을 지급하고 그 목적물의 소유권을 다시 취득할 수 있는 권리를 말한다.

2221

II. 인정 근거

① 재산권의 보장이라는 견해가 다수설이며, 타당하다. ② 헌법재판소도 환매권을 헌법상 보장된 재산권 보장의 내용으로 본다(헌재 1994.2.24. 92헌가15 내지 17).

2222

III. 법적 근거

환매권은 명문의 규정이 있는 경우에만 인정되고, 개별법령상 명문의 규정이 없는 경우에는 인정되지 않는다(대판 1993.6.29. 91다43480).

2223

IV. 법적 성질

1. 학 설

ⓐ 사권설은 개인이 그의 이익을 위하여 일방적으로 수용의 목적물을 다시 취득하는 권리이기 때문에 환매권은 사권이라고 한다(환매권은 사업시행자의 의사에 상관없이 환매권자의 의사표시로 환매가 성립되는 형성권이다). ⓑ 공권설은 환매권은 사업시행자라고 하는 공법상 권리주체에 대해 가지는 권리이기 때문에 공권으로 본다.

2224

2. 판 례

구 공익사업을 위한 토지 등의 취득 및 보상에 관한 법률 제91조에 규정된 환매권은 상대방에 대한 의사표시를 요하는 형성권의 일종으로서 재판상이든 재판 외이든 위 규정에 따른 기간 내에 행사하면 매매의 효력이 생기는 이러한 환매권의 존부에 관한 확인을 구하는 소송은 민사소송에 해당한다(대판 2013.2.28. 2010두22368).

2225

3. 검 토

환매권은 공법적 원인(수용)에 기하여 야기된 법적 상태를 원상회복하는 수단이므로 공권으로 보는 것이 타당하다(공권설).

2226

제2항 | 환매의 요건

Ⅰ. 환매권자와 상대방

2227 ㈎ 환매권자는 취득일 당시의 토지소유자 또는 포괄승계인이다(공익사업을 위한 토지 등의 취득 및 보상에 관한 법률 제91조 제1항).

㈏ 환매권 행사의 상대방은 협의에 취득한 토지나 수용 토지의 현재 소유자이다. 일반적으로 사업시행자가 상대방이지만 제3자에게 매각될 수도 있기 때문에 제3자인 현재 소유자도 환매권 행사의 상대방이 될 수 있다.

Ⅱ. 환매의 목적물

2228 환매의 목적물은 토지소유권이다(공익사업을 위한 토지 등의 취득 및 보상에 관한 법률 제91조 제1항). 따라서 토지 이외의 물건(예: 건물·입목·토석)이나 토지소유권 이외의 권리는 환매의 대상이 되지 아니한다. 다만, 수용된 토지의 일부는 환매의 목적이 될 수 있다.

Ⅲ. 환매권의 발생요건★[1/사시]

환매권자는 다음 둘 중 하나에 해당할 때 환매권을 행사할 수 있다.

1. 공익사업을 위한 토지 등의 취득 및 보상에 관한 법률 제91조 제1항의 경우

2229 ㈎ 공익사업의 폐지·변경 또는 그 밖의 사유로 취득한 토지의 전부 또는 일부가 필요 없게 된 경우 토지의 협의취득일 또는 수용의 개시일(취득일) 당시의 토지소유자 또는 그 포괄승계인(환매권자)은 환매권을 행사할 수 있다.

㈏ 취득한 토지의 전부 또는 일부가 '필요 없게 된 때'란 사업시행자가 취득한 토지의 전부 또는 일부가 취득 목적사업을 위하여 사용할 필요 자체가 없어진 경우를 말하며, 협의취득 또는 수용된 토지가 필요 없게 되었는지는 사업시행자의 주관적인 의사를 표준으로 할 것이 아니라 객관적·합리적으로 판단하여야 한다(대판 2019.10.31. 2018다233242).

2. 공익사업을 위한 토지 등의 취득 및 보상에 관한 법률 제91조 제2항의 경우

2229a 취득일부터 5년 이내에 취득한 토지의 전부를 해당 사업에 이용하지 아니하였을 때(동법 제91조 제2항) 환매권자는 환매권을 행사할 수 있다. '사업에 이용하지 아니하였을 때'란 사실상 사업에 제공되지 않은 경우를 말한다. 따라서 사업시행자의 태만 등에 의해 사업을 착수하지 않은 경우는 물론 통상의 사업실시 보다 현저하게 늦게 사업이 실시되는 경우도 포함된다.

Ⅳ. 환매권의 행사기간

1. 일반적인 경우

(1) 공익사업을 위한 토지 등의 취득 및 보상에 관한 법률 제91조 제1항의 경우

다음 각 호(1. 사업의 폐지·변경으로 취득한 토지의 전부 또는 일부가 필요 없게 된 경우: 관계 법률에 따라 사업이 폐지·변경된 날 또는 제24조에 따른 사업의 폐지·변경 고시가 있는 날, 2. 그 밖의 사유로 취득한 토지의 전부 또는 일부가 필요 없게 된 경우: 사업완료일)의 구분에 따른 날부터 10년 이내에 그 토지에 대하여 받은 보상금에 상당하는 금액을 사업시행자에게 지급하고 그 토지를 환매할 수 있다.

(2) 공익사업을 위한 토지 등의 취득 및 보상에 관한 법률 제91조 제2항의 경우

해당 토지의 취득일부터 6년 이내에 이를 행사하여야 한다.

(3) 토지보상법 제91조 제1항과 제2항의 관계

토지보상법 제91조 제1항과 제2항 양쪽의 요건에 모두 해당된다고 하여 더 짧은 제척기간을 정한 제2항에 의하여 제1항의 환매권의 행사가 제한된다고 할 수도 없을 것이므로, 제2항의 규정에 의한 제척기간이 도과되었다 하여도 제1항의 규정에 의한 환매권 행사를 할 수 있다(대판 1995.2.10. 94다31310).

2. 사업시행자의 통지나 공고가 있는 경우

사업시행자가 환매할 토지가 생겼음을 환매권자에게 통지하거나 공고를 한 경우에는 환매권자는 통지를 받은 날 또는 공고를 한 날로부터 6개월 이내에 환매권을 행사해야 한다(공익사업을 위한 토지 등의 취득 및 보상에 관한 법률 제92조).

Ⅴ. 환매금액

환매금액은 그 토지에 대하여 지급받은 보상금에 상당한 금액이다(공익사업을 위한 토지 등의 취득 및 보상에 관한 법률 제91조 제1항). 그러나 토지의 가격이 취득일 당시에 비하여 현저히 변동된 경우 사업시행자와 환매권자는 환매금액에 대하여 서로 협의하되, 협의가 성립되지 아니하면 그 금액의 증감을 법원에 청구할 수 있다(공익사업을 위한 토지 등의 취득 및 보상에 관한 법률 제91조 제4항). 그리고 공익사업을 위한 토지 등의 취득 및 보상에 관한 법률 제91조 제4항에 따라 환매금액의 증감을 구하는 소송은 민사소송에 해당한다(대판 2013.2.28. 2010두22368).

Ⅵ. 환매의 대항력

환매권은 부동산등기법에서 정하는 바에 따라 공익사업에 필요한 토지의 협의취득 또는 수용의 등기가 되었을 때에는 제3자에게 대항할 수 있다(공익사업을 위한 토지 등의 취득 및 보상에 관한 법률 제91조 제5항).

제3항 | 환매권의 행사

Ⅰ. 환매권의 행사방법

2232 공익사업을 위한 토지 등의 취득 및 보상에 관한 법률 제92조에 따른 환매통지는 환매권행사의 요건이 아니라 일종의 최고의 성질을 가지는 것에 불과하기 때문에 사업시행자의 통지나 공고에 관계없이 환매할 토지가 생긴 경우 환매권자는 환매의 의사표시와 함께 환매금액을 사업시행자에게 지급함으로써 환매할 수 있다(공익사업을 위한 토지 등의 취득 및 보상에 관한 법률 제91조 제1항 참조).

Ⅱ. 환매권 행사의 제한

1. 잔여지수용의 경우

2233 공익사업을 위한 토지 등의 취득 및 보상에 관한 법률 제74조 제1항에 따라 잔여지를 매수 또는 수용한 경우 그 잔여지에 접한 일단의 토지가 필요 없게 된 경우가 아니면 환매할 수 없다(공익사업을 위한 토지 등의 취득 및 보상에 관한 법률 제91조 제3항).

2. 공익사업변환의 경우(2234 이하 참조)

2233a 국가 등이 일정한 공익사업을 위하여 토지를 협의취득 또는 수용한 후 토지를 다른 공익사업으로 변경한 경우, 일정한 요건에 해당하면 토지소유자 등의 환매권 행사는 제한된다(공익사업을 위한 토지 등의 취득 및 보상에 관한 법률 제91조 제6항 참조).

제4항 | 환매권 행사의 제한(공익사업변환제도)★★[17 사시]

Ⅰ. 의 의

2234 공익사업의 변환이라 함은 국가 등이 공익사업을 위하여 토지를 협의취득 또는 수용한 후 토지를 다른 공익사업으로 변경한 경우 별도의 절차 없이 해당 토지를 다른 공익사업에 이용함으로써 토지소유자의 환매권 행사가능성을 제한하는 제도를 말한다(공익사업을 위한 토지 등의 취득 및 보상에 관한 법률 제91조 제6항).

Ⅱ. 취 지

2235 특정 공익사업이 다른 공익사업으로 변경된 경우에 환매권자에게 환매하도록 한 후 새로운 공익사업의 시행을 위해 다시 수용하는 것이 원칙이다. 이 경우 환매권자에게 환매를 인정하여 사유화한 후 다시 같은 토지를 다른 공익사업을 위해 수용하는 번거로운 절차의 반복을 피하기 위하여 인정된 것이 바로 공익사업의 변환제도이다.

Ⅲ. 요 건

1. 주 체

(1) 사업주체

수용주체는 국가, 지방자치단체 또는 「공공기관의 운영에 관한 법률」 제4조에 따른 공공기관 중 대통령령으로 정하는 공공기관이다. 그러나 변경될 공익사업의 시행자가 국가·지방자치단체 또는 일정한 공공기관일 필요까지는 없다(대판 2015.8.19. 2014다201391).

(2) 공익사업변경 전·후의 사업주체가 다른 경우 공익사업변환의 인정 여부

1) 학 설

ⓐ 다른 사업주체 간에 공익사업변환을 인정하면 공익사업변환과정에서 해당 토지가격이 상승하여 토지의 시세차익이 발생하는 경우 그 시세차익은 변경 전 사업주체에게 귀속될 것이므로 (변경 전 사업주체는 상승된 가격으로 변경 후 사업주체에게 이를 취득시킬 것이므로 시세차익은 변경 전 사업주체에게 귀속된다) 공익사업변환을 부정함으로써 시세차익을 원토지소유자에게 귀속시키는 것이 정당하다는 점을 근거로 부정하는 견해와 ⓑ 공익사업을 위한 토지 등의 취득 및 보상에 관한 법률이 사업시행자가 동일할 것을 공익사업의 변환의 요건으로 명시적으로 규정하고 있지 않고, 수용에서 중요한 것은 사업의 공익성이지 그 주체가 아니라는 점을 근거로 긍정하는 견해가 대립한다.

2) 판 례

판례는 「"공익사업의 변환"이 국가·지방자치단체 또는 정부투자기관 등 기업자(또는 사업시행자)가 동일한 경우에만 허용되는 것으로 해석되지는 않는다(대판 1994.1.25. 93다11760, 11777, 11784)」고 하여 사업주체가 동일하지 않은 경우에도 공익사업의 변환을 인정한다.

3) 검 토

긍정하는 견해에 대해 원토지소유자가 아니라 변경 전 사업주체에게 시세차익을 귀속시킨다는 비판이 있으나 공익을 위한 것이라면 변경 전 사업주체에게 이익을 귀속시켜도 무방할 것이다. 따라서 공익실현을 위한 것이라면 비례원칙을 준수하는 한 공익사업변경 전·후의 사업주체가 동일할 필요가 없다는 견해가 타당하다.

2. 대상 사업

㈎ 공익사업이 공익성의 정도가 높은 공익사업을 위한 토지 등의 취득 및 보상에 관한 법률 제4조 제1호 내지 제5호에 규정된 다른 공익사업으로 변경된 경우이어야 한다.

㈏ 당초 공익사업뿐만 아니라 변경되는 새로운 공익사업에 관해서도 공익사업을 위한 토지 등의 취득 및 보상에 관한 법률 제20조 제1항의 규정에 의해 사업인정을 받거나 또는 사업인정을 받은 것으로 의제하는 다른 법률의 규정에 의해 사업인정을 받은 것으로 볼 수 있는 경우에만 공익사업의 변환에 의한 환매권 행사의 제한을 인정할 수 있다

(대판 2010.9.30. 2010다30782).

3. 통지 요건

2240a   국가, 지방자치단체 또는 「공공기관의 운영에 관한 법률」 제4조에 따른 공공기관 중 대통령령으로 정하는 공공기관은 공익사업이 변경된 사실을 대통령령으로 정하는 바에 따라 환매권자에게 통지하여야 한다(공익사업을 위한 토지 등의 취득 및 보상에 관한 법률 제91조 제6항 단서).

Ⅳ. 효 과

2241   공익사업변환이 인정되면 새로이 변경된 공익사업에 이용되는 토지에 대한 환매권의 행사기간은 공익사업의 변경을 고시한 날부터 새롭게 기산된다(대판 2010.9.30. 2010다30782).

Ⅴ. 위헌 논의

2242   ① 공익사업변환제도는 환매권제도를 실효시키고, 토지소유자의 재산권침해 문제를 야기할 수 있어 위헌가능성이 있다는 견해도 있다(류지태). ② 그러나 헌법재판소는 비례원칙을 준수한 제도로 합헌으로 본다(헌재 1997.6.26. 96헌바94).

제5항 | 환매권에 대한 소송

2242a   환매권의 법적 성질에 대해 ① 사권설에 따르면 민사소송을, 공권설에 따르면 행정소송(당사자소송)을 제기하여야 한다. ② 판례는 민사소송사항으로 본다.

CHAPTER 05 공용환지·공용환권

제1항 | 공용환지

Ⅰ. 의의·구별개념

(가) 공용환지란 권리자의 의사와 무관하게 종전의 토지에 대한 소유권 기타의 권리를 강제적으로 교환·분합하는 것을 내용으로 하는 공용부담을 말한다. 즉 권리자는 종전의 토지에 관한 권리를 상실하고, 그에 상당한 토지에 대한 권리를 다른 곳에서 새로 취득하게 된다.

(나) '공용환지'란 평면적인 토지정리에 그치고 토지와 토지를 교환·분합하는 것을 말하고, '공용환권'이란 토지·건물에 대한 권리를 토지 정리 후에 새로 건축된 건축물과 그 부지에 관한 권리로 변환·이행하게 하는 입체적인 환지의 방식을 말한다.

Ⅱ. 도시개발법상의 공용환지

1. 도시개발구역의 지정

환지방식으로 도시개발사업을 시행하기 위해서는 도시개발사업을 시행하기 전에 특별시장 등이 도시개발구역을 지정해야 한다(도시개발법 제3조 제1항).

2. 환지계획

(1) 의 의

환지계획이란 도시개발사업이 완료된 후에 행할 환지처분에 대한 계획을 말하는 것으로 사업시행자가 환지처분의 내용을 결정하는 것이다.

(2) 법적 성질

판례는 환지계획은 위와 같은 환지예정지 지정이나 환지처분의 근거가 될 뿐 그 자체가 직접 토지소유자 등의 법률상의 지위를 변동시키거나 또는 환지예정지 지정이나 환지처분과는 다른 고유한 법률효과를 수반하는 것이 아니어서 이를 항고소송의 대상이 되는 처분에 해당한다고 할 수가 없다(대판 1999.8.20. 97누6889)」라고 하여 환지계획은 항고소송의 대상이 되지 않는다고 본다.

3. 환지예정지의 지정

(1) 의 의

사업시행자는 도시개발사업의 시행을 위하여 필요하면 도시개발구역의 토지에 대하여 환지예정지를 지정할 수 있다(도시개발법 제35조 제1항). 환지예정지란 환지처분이 행해지기 전에 종전의 토지 대신 사용하거나 수익하도록 지정된 토지를 말한다.

(2) 법적 성질

2244d 환지예정지의 지정은 공권력행사로서 항고소송의 대상인 처분이다(대판 1962.5.17. 62누10).

(3) 효 과

2244e 환지예정지가 지정되면 종전의 토지의 소유자와 임차권자등은 환지 예정지 지정의 효력발생일부터 환지처분이 공고되는 날까지 환지예정지나 해당 부분에 대하여 종전과 같은 내용의 권리를 행사할 수 있으며 종전의 토지는 사용하거나 수익할 수 없다(도시개발법 제36조 제1항).

4. 환지처분

(1) 의 의

2244f 환지처분이란 공사가 완료된 환지계획구역의 토지를 사업시행자가 환지계획에 따라 환지교부 등을 하는 처분을 말한다.

(2) 법적 성질

2244g 환지처분으로 직접 토지소유자 등의 권리·의무가 변동되므로 이는 항고소송의 대상이 되는 처분이다(대판 1999.8.20. 97누6889). 그리고 환지처분으로 권리자는 종전의 토지에 관한 권리를 상실하고, 그에 상당한 토지에 대한 권리를 다른 곳에서 새로 취득하기에 복효적 행정행위의 성질을 가진다.

(3) 효 과

2244i 환지계획에서 정하여진 환지는 그 환지처분이 공고된 날의 다음 날부터 종전의 토지로 보며, 환지 계획에서 환지를 정하지 아니한 종전의 토지에 있던 권리는 그 환지처분이 공고된 날이 끝나는 때에 소멸한다(도시개발법 제42조 제1항). 그리고 환지를 정하거나 그 대상에서 제외한 경우 그 과부족분(過不足分)은 종전의 토지 및 환지의 위치·지목·면적·토질·수리·이용 상황·환경, 그 밖의 사항을 종합적으로 고려하여 금전으로 청산하여야 한다(도시개발법 제41조 제1항).

제2항 | 공용환권

I. 의 의

2245 공용환권이란 권리자의 의사와 무관하게 종전의 토지·건축물에 대한 권리를 토지정리 후의 새로운 건축물 및 토지에 대한 권리로 강제로 변환시키는 공용부담을 말한다.

II. 도시 및 주거환경정비법상의 공용환권★★★[14 사시] [17 5급]

1. 조합설립

(1) 추진위원회의 구성과 승인

1) 절차

조합을 설립하려는 경우에는 도시 및 주거환경정비법 제16조에 따른 정비구역 지정·고시 후 일정한 사항에 대하여 토지등소유자 과반수의 동의를 받아 조합설립을 위한 추진위원회를 구성하여 국토교통부령으로 정하는 방법과 절차에 따라 시장·군수등의 승인을 받아야 한다(도시 및 주거환경정비법 제31조 제1항). 2245a

2) 추진위원회구성'승인'의 법적 성질과 행정소송

㈎ 판례는「조합설립추진위원회 구성승인처분은 조합의 설립을 위한 주체인 추진위원회의 구성행위를 보충하여 그 효력을 부여하는 처분이다(대판 2013.1.31. 2011두11112, 2011두11129(병합))」라고 보고 있어 조합설립추진위원회 구성승인처분은 강학상 인가로 본다. 2245b

㈏ 그리고 판례는 추진위원회 구성승인처분을 다투는 소송계속 중에 조합설립인가처분이 이루어진 경우에는 … 이와는 별도로 추진위원회 구성승인처분에 대하여 취소 또는 무효확인을 구할 법률상의 이익은 없다고 본다(대판 2013.1.31. 2011두11112, 2011두11129(병합)).

(2) 조합설립동의(결의)와 인가 등

1) 절차

시장·군수등, 토지주택공사등 또는 지정개발자가 아닌 자가 정비사업을 시행하려는 경우에는 토지등소유자로 구성된 조합을 설립하여야 한다(도시 및 주거환경정비법 제35조 제1항 본문). 그리고 재개발사업의 추진위원회가 조합을 설립하려면 토지등소유자의 4분의 3 이상 및 토지면적의 2분의 1 이상의 토지소유자의 동의를 받아 일정한 사항을 첨부하여 시장·군수등의 인가를 받아야 한다(도시 및 주거환경정비법 제35조 제2항). 2245c

2) 조합설립'동의(결의)'에 대한 소송

a. 조합설립인가 '전'에 조합설립동의를 다투는 경우: 조합설립인가처분 전에는 행정주체로서 조합은 존재하지 않기 때문에 조합설립결의를 다투는 소송은 추진위원회를 피고로 할 수밖에 없다. 따라서 추진위원회는 행정주체가 아니므로 이러한 소송은 민사소송으로 제기해야 한다. 2245d

b. 조합설립인가 '후'에 조합설립동의를 다투는 경우: 판례는「조합설립결의는 조합설립인가처분이라는 행정처분을 하는 데 필요한 요건 중 하나에 불과한 것이어서, 조합설립결의에 하자가 있다면 그 하자를 이유로 직접 항고소송의 방법으로 조합설립인가처분의 취소 또는 무효확인을 구하여야 하고, 이와는 별도로 조합설립결의 부분만을 따로 떼어내어 그 효력 유무를 다투는 확인의 소를 제기하는 것은 … 확인의 이익이 없어 인정되 2245e

지 아니한다(대판 2009.9.24. 2008다60568)」고 하여 조합설립인가가 있은 후에는 조합설립인가처분을 항고소송으로 다투어야 하고 조합설립결의를 다투는 것은 권리보호필요성이 없다고 보았다.

3) 조합설립'인가'의 법적 성질

2245f a. 문제점: 설립된 정비조합은 정비사업을 시행하는 목적 범위 내에서 법령이 정하는 바에 따라 일정한 행정작용을 행하는 행정주체로서의 지위를 갖는다. 이러한 행정주체로서의 조합을 설립하는 행위에 대한 인가처분이 어떤 법적 성질을 가지는지가 문제된다.

2245g b. 학 설: ⓐ 인가설은 조합설립결의는 기본행위로, 조합 설립인가는 이를 보충하는 행위(인가)로 보는 견해이며, ⓑ 특허설은 조합설립결의는 조합 설립인가(특허)를 받기 위한 요건으로 보는 견해로, 조합설립인가는 행정주체인 도시 및 주거환경정비법(도시정비법)상의 정비사업조합을 만드는 행위(형성적 행위)로 보는 견해이다.

2245h c. 판 례: 판례는 「재건축조합은 행정주체로서의 지위를 갖는다. 행정청이 도시정비법 등 관련 법령에 근거하여 행하는 조합설립인가처분은 단순히 사인들의 조합설립행위에 대한 보충행위로서의 성질을 갖는 것에 그치는 것이 아니라 법령상 요건을 갖출 경우 도시정비법상 주택재건축사업을 시행할 수 있는 권한을 갖는 행정주체(공법인)로서의 지위를 부여하는 일종의 설권적 처분의 성격을 갖는다고 보아야 한다(대판 2009.9.24. 2008다60568)」고 한다. 판례는 특허설의 입장이다.

2245i d. 검 토: 도시정비법상 조합설립인가처분은 조합이 정비사업을 시행할 수 있는 권한을 갖는 행정주체로서의 지위를 부여하는 능력설정행위이므로 학문상 특허로 보는 것이 타당하다.

4) 추진위원회구성승인처분과 조합설립인가처분 간의 하자의 승계 여부

2245j 조합설립추진위원회의 구성을 승인하는 처분과 조합설립인가처분은 그 목적과 성격을 달리하므로 추진위원회구성승인처분상의 위법만을 들어 조합설립인가처분의 위법을 인정할 수 없다(대판 2013.12.26. 2011두8291).

2. 사업시행계획

(1) 절 차

2245k 사업시행자는 정비사업을 시행하려는 경우에는 사업시행계획서를 작성하여 총회의결을 거친 후에 정관등과 그 밖에 국토교통부령으로 정하는 서류를 첨부하여 시장·군수등에게 제출하고 사업시행계획인가를 받아야 한다(도시 및 주거환경정비법 제50조 제1항 본문).

(2) 사업시행계획의 의의와 법적 성질, 행정소송

2245l ㈎ 사업시행계획이란 조합이 도시정비법에 기초하여 정비사업 시행을 위해 수립한 일체의 포괄적 사업계획을 말하며, 행정처분의 성격을 가진다(대판 2009.11.2. 2009마596).

(내) 판례는 「사업시행계획안에 대한 조합 총회결의는 그 행정처분에 이르는 절차적 요건 중 하나에 불과한 것으로서, 그 계획이 확정된 후에는 항고소송의 방법으로 계획의 취소 또는 무효확인을 구할 수 있을 뿐, 절차적 요건에 불과한 총회결의 부분만을 대상으로 그 효력 유무를 다투는 확인의 소를 제기하는 것은 허용되지 아니한다(대판 2009.11.2. 2009마596)」고 본다.

(3) 사업시행계획'인가'의 법적 성질

(가) 판례는 사업시행계획인가에서 '인가'는 강학상 인가에 해당한다고 본다(대판 2008.1.10. 2007두16691).

(내) 사업시행계획인가는 재량행위이므로 법령상 근거가 없더라도 필요한 범위에서 부관을 부가할 수 있다(대판 2007.7.12. 2007두6663).

3. 관리처분계획(환권계획)

(1) 절 차

관리처분계획에 대한 총회의결을 거친 후, 사업시행자는 일정한 사항이 포함된 관리처분계획을 수립하여 시장·군수등의 인가를 받아야 한다(도시 및 주거환경정비법 제74조 제1항 본문).

(2) 관리처분계획의 의의

관리처분계획이란 토지나 건물의 소유자 등이 가지는 종전의 토지 및 건물에 대한 권리를 정비사업으로 새로 조성되는 토지 및 건물에 대한 권리로 변환시켜 배분하는 계획을 말한다.

(3) 관리처분계획에 대한 항고소송, 하자의 승계

1) 관리처분계획에 대한 항고소송

판례는 「관리처분계획은 포괄적 행정계획으로서 사업시행의 결과 설치되는 대지를 포함한 각종 시설물의 권리귀속에 관한 사항과 그 비용 분담에 관한 사항을 정하는 행정처분이다(대판 2007.9.6. 2005두11951)」고 한다. 다만, 이전고시(관리처분)가 효력을 발생하면 대다수 조합원 등의 권리가 획일적·일률적으로 귀속되기 때문에 이전고시가 그 효력을 발생하게 된 이후에는 조합원 등이 관리처분계획의 취소 또는 무효확인을 구할 법률상 이익이 없다(대판(전원) 2012.3.22. 2011두6400).

2) 사업시행계획과 관리처분계획 간의 하자의 승계 여부

판례는 「사업시행계획과 관리처분계획은 서로 독립하여 별개의 법적 효과를 발생시키는 것으로서 이 사건 사업시행계획의 수립에 관한 취소사유인 하자가 이 사건 관리처분계획에 승계되지 아니하므로, 위 취소사유를 들어 이 사건 관리처분계획의 적법 여부를 다툴 수는 없다(대판 2012.8.23. 2010두13463)」고 하여 사업시행계획의 하자는 관리처분계획에 승계되지 않는다고 보았다.

(4) 관리처분계획에 대한 '조합총회의결'에 대한 소송

2245r (가) 판례는 「행정주체인 재건축조합을 상대로 관리처분계획안에 대한 조합 총회결의의 효력 등을 다투는 소송은 행정처분에 이르는 절차적 요건의 존부나 효력 유무에 관한 소송으로서 공법상 법률관계에 관한 것이므로, 이는 행정소송법상의 당사자소송에 해당한다(대판(전원) 2009.9.17. 2007다2428)」고 본다.

(나) 다만, 판례는 「관리처분계획에 대하여 관할 행정청의 인가·고시까지 있게 되면 관리처분계획은 행정처분으로서 효력이 발생하게 되므로, 총회결의의 하자를 이유로 하여 행정처분의 효력을 다투는 항고소송의 방법으로 관리처분계획의 취소 또는 무효확인을 구하여야 하고, 그와 별도로 행정처분에 이르는 절차적 요건 중 하나에 불과한 총회결의 부분만을 따로 떼어내어 효력 유무를 다투는 확인의 소를 제기하는 것은 특별한 사정이 없는 한 허용되지 않는다(대판(전원) 2009.9.17. 2007다2428)」고 보았다.

(5) 관리처분계획 '인가'의 법적 성질과 소송

2245s (가) 관리처분계획인가의 법적 성질에 관해 판례는 관리처분계획인가를 강학상 인가라고 본다(대판 2001.12.11. 2001두7541).

(나) 따라서 기본행위인 관리처분계획의 무효를 이유로 행정청의 인가처분의 취소 또는 무효확인을 구할 법률상 이익은 인정되지 않는다(대판 2001.12.11. 2001두7541)(284 이하).

4. 관리처분(환권처분)

(1) 의 의

2245t 관리처분(환권처분)이란 관리처분계획에 따라 권리를 변환하는 형성적 행정행위를 말하며, 이전고시(정비사업이 완료된 이후 관리처분계획에서 정한 대로 대지 또는 건축물의 소유권을 분양받을 자에게 귀속시키는 처분을 말하며, 항고소송의 대상인 처분이다)와 청산(대지 또는 건축물을 분양받은 자가 종전에 소유하고 있던 토지 또는 건축물의 가격과 분양받은 대지 또는 건축물의 가격 사이에 차이가 있는 경우 사업시행자는 이전고시가 있은 후에 그 차액에 상당하는 금액(청산금)을 분양받은 자로부터 징수하거나 분양받은 자에게 지급하여야 한다(도시 및 주거환경정비법 제89조 제1항))에 따라 이루어진다.

(2) 하자의 승계

2245u 관리처분계획상의 하자를 이유로 후행처분인 청산금부과처분의 위법을 주장할 수는 없다(대판 2007.9.6. 2005두11951).

PART 07
토지행정법

제1절 의 의

2246 토지행정법(지역개발행정법)이란 토지의 소유·이용·개발·거래 등에 관한 공법적 계획과 개별적 규율을 내용으로 하는 법규를 말한다(류지태). 국토의 계획에 대한 규율과 국토의 이용질서에 대한 규율로 나눌 수 있다.

제2절 국토의 계획

제1항 | 국토계획

2247 국토기본법은 국토를 이용·개발 및 보전할 때 미래의 경제적·사회적 변동에 대응하여 국토가 지향하여야 할 발전방향을 설정하고 이를 달성하기 위한 계획을 '국토계획'으로 정의하면서(국토기본법 제6조 제1항), 국토계획을 국토종합계획, 도종합계획, 시·군종합계획, 지역계획, 부문별계획으로 구분하고 있다(국토기본법 제6조 제2항).

제2항 | 도시·군계획

Ⅰ. 의 의

2248 도시·군계획이란 특별시·광역시·특별자치시·특별자치도·시 또는 군의 관할 구역에 대하여 수립하는 공간구조와 발전방향에 대한 계획을 말한다. 도시·군계획은 도시·군기본계획과 도시·군관리계획으로 구분된다(국토의 계획 및 이용에 관한 법률 제2조 제2호).

Ⅱ. 도시·군기본계획

2249 도시·군기본계획이란 특별시·특별자치시·특별자치도·광역시·시 또는 군의 관할 구역에 대하여 기본적인 공간구조와 장기발전방향을 제시하는 종합계획으로서 도시·군관리계획수립의 지침이 되는 계획을 말한다(국토의 계획 및 이용에 관한 법률 제2조 제3호). 특별시장·광역시장·특별자치시장·특별자치도지사·시장 또는 군수는 관할 구역에 대하여 도시·군기본계획을 수립하여야 한다(국토의 계획 및 이용에 관한 법률 제18조 제1항 본문).

Ⅲ. 도시·군관리계획

1. 의 의

2250 도시·군관리계획이란 특별시·광역시·특별자치시·특별자치도·시 또는 군의 개발·정비 및 보전을 위하여 수립하는 토지이용, 교통, 환경, 경관, 안전, 산업, 정보통신, 보건, 복지, 안보, 문화 등에 관한 다음의 계획을 말한다(국토의 계획 및 이용에 관한 법률 제2조

제4호). 즉, '① 용도지역·용도지구의 지정 또는 변경에 관한 계획, ② 개발제한구역·도시자연공원구역·시가화조정구역·수산자원보호구역의 지정 또는 변경에 관한 계획, ③ 기반시설의 설치·정비 또는 개량에 관한 계획, ④ 도시개발사업이나 재개발사업에 관한 계획, ⑤ 지구단위계획구역의 지정 또는 변경에 관한 계획과 지구단위계획'을 말한다.

2. 용도지역·용도지구·용도구역

(1) 용도지역

국토의 계획 및 이용에 관한 법률에서 용도지역이라 함은 토지의 이용 및 건축물의 용도·건폐율·용적률·높이 등을 제한함으로써 토지를 경제적·효율적으로 이용하고 공공복리의 증진을 도모하기 위하여 서로 중복되지 아니하게 도시·군관리계획으로 결정하는 지역을 말한다(국토의 계획 및 이용에 관한 법률 제2조 제15호). 용도지역은 도시지역·관리지역·농림지역·자연환경보전지역으로 구분한다(국토의 계획 및 이용에 관한 법률 제6조). 2251

(2) 용도지구

국토의 계획 및 이용에 관한 법률에서 용도지구라 함은 토지의 이용 및 건축물의 용도·건폐율·용적률·높이 등에 대한 용도지역의 제한을 강화하거나 완화하여 적용함으로써 용도지역의 기능을 증진시키고 미관·경관·안전 등을 도모하기 위하여 도시·군관리계획으로 결정하는 지역을 말한다(국토의 계획 및 이용에 관한 법률 제2조 제16호). 용도지구는 경관지구·미관지구·고도지구·방화지구·방재지구·보존지구·시설보호지구·취락지구·개발진흥지구·특정용도제한지구 등으로 구분된다(국토의 계획 및 이용에 관한 법률 제37조 제1항). 2252

(3) 용도구역

국토의 계획 및 이용에 관한 법률에서 용도구역이라 함은 토지의 이용 및 건축물의 용도·건폐율·용적률·높이 등에 대한 용도지역 및 용도지구의 제한을 강화하거나 완화하여 따로 정함으로써 시가지의 무질서한 확산방지, 계획적이고 단계적인 토지이용의 도모, 토지이용의 종합적 조정·관리 등을 위하여 도시·군관리계획으로 결정하는 지역을 말한다(국토의 계획 및 이용에 관한 법률 제2조 제17호). 용도구역에는 개발제한구역·도시자연공원구역·시가화조정구역·수자원보호구역 등이 있다. 2253

제3절 국토의 이용질서

제1항 | 개발행위허가제

2254 국토의 계획 및 이용에 관한 법률이 정하는 개발행위에 대해 사전에 허가를 받도록 하는 제도를 말한다(국토의 계획 및 이용에 관한 법률 제56조 제1항).

제2항 | 개발부담금

2255 개발부담금이란 개발사업시행자(토지소유자)에게 정상지가상승분을 초과하여 귀속되는 토지가액의 증가분인 개발이익 중 개발이익환수에 관한 법률에 의해 국가가 부과·징수하는 금액을 말한다. 개발부담금은 공법상 금전급부의무이나 공익사업과 이해관계로 그 사업에 필요한 비용을 부담하는 것이 아니므로 일반적인 부담금보다는 조세에 가까운 성질을 가진다.

제3항 | 토지거래허가제

I. 의 의

2256 토지거래허가제란 토지의 투기적 거래로 급격한 지가 상승을 억제하기 위해 국토교통부장관이 지정한 토지거래허가구역 내에서 토지 등의 거래계약에 대해 시장 등의 허가를 받도록 하는 제도를 말한다(부동산 거래신고 등에 관한 법률 제11조).

II. 법적 성질★

1. 허가인지 인가인지 여부

(1) 학 설

2257 ⓐ 토지거래허가를 받지 아니하고 토지거래를 하는 경우 행정형벌(부동산 거래신고 등에 관한 법률 제26조)이 가해진다는 점을 근거로 허가라는 견해(허가설), ⓑ 부동산 거래신고 등에 관한 법률 제11조 제6항은 허가받지 않은 계약의 효력을 부정하고 있음을 근거로 그 성질은 인가라는 견해(인가설), ⓒ 허가와 인가의 성질을 모두 가진다는 견해로 나누어진다.

(2) 판 례

2258 판례는 토지거래허가지역 내에서도 토지거래의 자유가 인정되지만(허가로 본다면 허가 전에는 토지거래의 자유가 인정되지 않는다), 토지거래허가 전에는 무효이고 다만 허가는 이 무효상태에 있는 법률행위의 효력을 완성시켜 주는 인가적 성질을 띠는 것이라고 본다(대판 1991.12.24. 90다12243).

(3) 검 토

토지거래허가지역 내에서도 토지거래의 자유가 인정되지만 단지 토지거래허가 전에는 토지거래계약의 효력을 부정하는 것으로 보는 인가설이 타당하다. 다만 형사상 제재는 실효성을 담보하기 위한 제도라고 보아야 한다.

2. 재량행위인지 기속행위인지 여부

판례는 「토지거래계약 허가권자는 그 허가신청이 국토이용관리법 제21조의4 제1항(현행 부동산 거래신고 등에 관한 법률 제12조) 각 호 소정의 불허가 사유에 해당하지 아니하는 한 허가를 하여야 하는 것(대판 1997.6.27. 96누9362)」이라고 하여 토지거래허가는 기속행위로 본다.

Ⅲ. 무허가거래의 효과

허가를 받지 않은 토지거래계약은 무효이다(부동산 거래신고 등에 관한 법률 제11조 제6항). 그리고 토지거래허가 또는 변경허가를 받지 아니하고 토지거래계약을 체결하거나, 속임수나 그 밖의 부정한 방법으로 토지거래계약 허가를 받은 자는 징역이나 벌금에 처한다(부동산 거래신고 등에 관한 법률 제26조).

제4항 | 부동산가격공시제

부동산가격공시제란 부동산의 가격을 일반인에게 공개하여 행정기관이나 이해당사자가 지가 수준을 파악할 수 있도록 하는 제도를 말한다. 부동산 가격공시에 관한 법률(부동산공시법)은 국토교통부장관이 정하는 표준지공시지가(표준주택가격·공동주택가격)와 시장·군수 또는 구청장이 정하는 개별공시지가(개별주택가격)를 두고 있다.

Ⅰ. 지가의 공시

1. 표준지공시지가

(1) 의 의

표준지공시지가란 부동산 가격공시에 관한 법률의 규정이 정한 절차에 따라 국토교통부장관이 조사·평가하여 공시한 표준지의 단위면적당 가격을 말한다(부동산 가격공시에 관한 법률 제3조).

(2) 법적 성질★

1) 학 설

a. 행정처분설: 표준지공시지가에 근거한 조세부과 등의 행정처분에 있어서 당해 행정청은 표준지공시지가에 절대적 또는 상당한 정도의 기속을 받으므로 표준지공시지가는 이미 그 자체로서 국민의 권리의무에 직접적인 영향을 미친다는 점 등을 이유로 행정처분으로 보아야 한다는 견해이다.

2264a   b. **입법행위설**: 입법행위설은 표준지공시지가는 불특정 다수인에 대하여(일반적) 제한 없이 적용될 수 있는(추상적) 행정작용으로서의 성질을 가지고 있기 때문에 행정입법으로 보는 견해로 표준지공시지가결정 자체로는 국민의 권리·의무가 발생하는 법집행행위로 보기 어렵다고 본다.

2264b   c. **사실행위설**: 표준지공시지가는 토지가격의 지침으로서의 기능이 있으며, 따라서 표준지가격은 정보제공이라는 사실적 효과를 갖기 때문에 표준지공시지가 결정행위는 사실행위가 된다는 견해이다.

2264c   d. **행정계획설**: 이 견해는 표준지공시지가가 대내적으로 행정주체에 대하여만 법적 의무를 부과하는 구속적 행정계획에 해당한다는 견해이다.

2) 판 례

2265   판례는 표준지공시지가는 항고소송의 대상인 처분이라고 본다(대판 1994.3.8. 93누10828).

3) 검 토

2266   부동산 가격공시에 관한 법률은 표준지공시지가에 대하여 이의신청 및 처리절차와 이의제기기간의 제한 등을 규정하고 있는바 이는 표준지공시지가결정이 행정처분임을 전제로 한 것이라고 볼 수 있고(부동산 가격공시에 관한 법률 제7조), 더욱이 조세부과 등의 행정처분을 함에 있어서 통상적으로 표준지공시지가에 기속된다는 점에서 국민의 권리·의무에 직접 영향을 미치는 행위라고 볼 수 있으므로 행정처분으로 보아야 할 것이다(동법 제9조 참조).

(3) 공시절차

2267   공시절차는 ① 국토교통부장관의 표준지의 선정(부동산공시법 제3조 제1항), ② 표준지가격의 조사·평가등(장관이 감정평가법인등에게 조사·평가 의뢰(부동산공시법 시행령 제7조) - 감정평가법인등의 조사·평가(부동산공시법 시행령 제8조 제1항) - 장관의 표준지 소유자의 의견청취(부동산공시법 제3조 제2항) - 표준지의 조사·평가 보고서의 제출(부동산공시법 시행령 제8조 제1항)), ③ 중앙부동산가격공시위원회의 심의(부동산공시법 제3조 제1항), ④ 표준지공시지가의 공시 및 열람(부동산공시법 제3조, 제6조)이다.

(4) 효 과

2268   표준지공시지가는 토지시장의 지가정보를 제공하고 일반적인 토지거래의 지표가 되며, 국가·지방자치단체 등의 기관이 그 업무와 관련하여 지가를 산정하거나 감정평가업자가 개별적으로 토지를 평가하는 경우에 그 기준이 된다(부동산 가격공시에 관한 법률 제9조).

(5) 권리구제

1) 이의신청

2269   표준지공시지가에 대하여 이의가 있는 자는 표준지공시지가의 공시일부터 30일 이내에 서면으로 국토교통부장관에게 이의를 신청할 수 있다(부동산 가격공시에 관한 법률 제7조 제1항).

2) 행정소송
표준지공시지가는 항고소송의 대상인 처분이다.

2. 개별공시지가

(1) 의 의
개별공시지가란 시장·군수 또는 구청장이 개발이익환수에 관한 법률에 의한 개발부담금의 부과 그 밖의 다른 법령이 정하는 목적을 위한 지가산정에 사용하도록 하기 위하여 시·군·구부동산평가위원회의 심의를 거쳐 매년 공시하는 관할구역 안의 개별토지의 단위면적당 가격을 말한다(부동산 가격공시에 관한 법률 제10조).

(2) 법적 성질★

1) 학 설
a. 행정처분설: 개별공시지가에 근거한 조세부과 등의 행정처분에 있어서 당해 행정청은 개별공시지가에 절대적 또는 상당한 정도의 기속을 받으므로 개별공시지가는 이미 그 자체로서 국민의 권리의무에 직접적인 영향을 미친다는 점 등을 이유로 행정처분으로 보아야 한다는 견해이다.

b. 입법행위설: 개별공시지가는 불특정 다수인에 대하여(일반적) 무제한적으로 적용될 수 있는(추상적) 행정작용으로서의 성질을 가지고 있기 때문에 행정입법으로 보는 견해로 개별공시지가결정 자체로는 국민의 권리·의무가 발생하는 법집행행위로 보기 어렵다고 본다.

c. 사실행위설: 개별공시지가는 토지가격의 지침으로서의 기능이 있으며, 따라서 개별가격은 정보제공이라는 사실적 효과를 갖기 때문에 개별공시지가 결정행위는 사실행위가 된다는 견해이다.

d. 행정계획설: 이 견해는 개별공시지가가 대내적으로 행정주체에 대하여만 법적 의무를 부과하는 구속적 행정계획에 해당한다는 견해이다.

2) 판 례
개별공시지가결정은 토지초과이득세, 택지초과소유부담금 또는 개발부담금 산정 등의 기준이 되어 국민의 권리, 의무 내지 법률상 이익에 직접적으로 관계되므로 행정처분이라고 본다(대판 1993.1.15. 92누12407).

3) 검 토
부동산 가격공시에 관한 법률은 개별공시지가에 대하여 토지소유자 기타 이해관계인의 의견청취(동법 제10조 제5항), 이의신청 및 처리절차와 이의제기기간의 제한 등을 규정하고 있는바(동법 제11조), 이는 개별공시지가결정이 행정처분임을 전제로 한 것이라고 볼 수 있고, 더욱이 조세부과 등의 행정처분을 함에 있어서 통상적으로 개별공시지가에 기속된다는 점에서 국민의 권리·의무에 직접 영향을 미치는 행위라고 볼 수 있으므로 행정처분으로 보아야 할 것이다.

(3) 공시절차

2275 공시절차는 ① 시장등의 비교표준지의 선정(부동산공시법 제10조 제4항), ② 토지가격비준표를 사용하여 지가를 산정(부동산공시법 제10조 제4항), ③ 감정평가법인등의 검증(부동산공시법 제10조 제5항), ④ 토지소유자 및 그 밖의 이해관계인의 의견청취(부동산공시법 제10조 제5항), ⑤ 시·군·구부동산가격공시위원회의 심의(부동산공시법 제10조 제1항), ⑥ 개별공시지가의 공시(부동산공시법 시행령 제21조 제1항)이다.

(4) 효 과

2276 개별공시지가는 부담금이나 일정한 조세 산정의 기준이 된다.

(5) 권리구제

1) 이의신청

2277 개별공시지가에 대하여 이의가 있는 자는 개별공시지가의 결정·공시일부터 30일 이내에 서면으로 시장·군수 또는 구청장에게 이의를 신청할 수 있다(부동산 가격공시에 관한 법률 제11조 제1항).

2) 이의신청과 행정심판의 관계★★

2277a a. 문제점: 부동산가격공시법 제11조 제1항은 개별공시지가에 대해 이의가 있으면 시장·군수 또는 구청장에게 이의를 신청할 수 있음을 규정하고 행정심판의 청구 인정 여부에 대한 규정이 없는데, 행정심판법 제51조는 '행정심판 재청구의 금지'를 규정하고 있어, 신청인이 이의신청을 한 후에도 별도로 행정심판을 청구할 수 있는지가 문제된다.

b. 학 설

2277b (ⅰ) 비병존설: 부동산 가격공시에 관한 법률상의 이의신청은 행정심판법 제3조 제1항의 '다른 법률에 특별한 규정이 있는 경우' 즉 특별행정심판에 해당하며, 행정심판법 제51조는 '심판청구에 대한 재결이 있으면 그 재결 및 같은 처분 또는 부작위에 대하여 다시 행정심판을 청구할 수 없다'는 점을 근거로 한다.

2277c (ⅱ) 병존설: 행정심판법 제3조 제1항의 '다른 법률에 특별한 규정이 있는 경우'란 명문의 규정이 있는 경우를 말하므로 부동산가격공시법상의 이의신청은 특별행정심판에 해당하지 않고(진정의 성격에 해당한다), 행정심판법 제51조는 행정심판의 재청구의 금지를 규정하지만 부동산가격공시법상 이의신청은 행정심판이 아니므로 이의신청 후에도 행정심판을 제기할 수 있다는 점을 근거로 한다(다수설).

2277d c. 판 례: 판례는 「(구)부동산 가격공시 및 감정평가에 관한 법률이 이의신청에 관하여 규정하고 있다고 하여 이를 행정심판법 제3조 제1항에서 행정심판의 제기를 배제하는 '다른 법률에 특별한 규정이 있는 경우'에 해당한다고 볼 수 없으므로, 개별공시지가에 대하여 이의가 있는 자는 곧바로 행정소송을 제기하거나 (구)부동산 가격공시 및 감정평가에 관한 법률에 따른 이의신청과 행정심판법에 따른 행정심판청구 중 어느 하나만

을 거쳐 행정소송을 제기할 수 있을 뿐 아니라, 이의신청을 하여 그 결과 통지를 받은 후 다시 행정심판을 거쳐 행정소송을 제기할 수도 있다고 보아야 하고, 이 경우 행정소송의 제소기간은 그 행정심판 재결서 정본을 송달받은 날부터 기산한다(대판 2010.1.28. 2008두19987)」고 하여 병존설의 입장이다.

d. 검 토: 부동산가격공시법상의 이의신청과 행정심판은 심리기관, 제기기간, 심리기간 등에서 차이가 있으므로 토지소유자 등의 권리보호를 위해 병존설이 타당하다.

3) 행정소송

개별공시지가는 항고소송의 대상인 처분이다. 그리고 표준지공시지가결정과 개별공시지가결정은 하나의 법률효과를 목적으로 하지 않기 때문에 개별공시지가결정을 다투는 소송에서 표준지공시지가결정의 위법성을 주장할 수 없다(대판 1995.3.28. 94누12920)(368b).

Ⅱ. 주택가격의 공시

표준주택가격결정은 표준지공시지가결정과 개별주택가격결정·공동주택가격결정은 개별공시지가결정과 공시, 법적 성질, 효력, 이의신청 등에서 내용이 유사하다.

1. 단독주택가격의 공시

(1) 표준주택가격의 공시

국토교통부장관은 용도지역, 건물구조 등이 일반적으로 유사하다고 인정되는 일단의 단독주택 중에서 선정한 표준주택에 대하여 매년 공시기준일 현재의 적정가격을 조사·평가하고, 중앙부동산평가위원회의 심의를 거쳐 이를 공시하여야 한다(부동산 가격공시에 관한 법률 제16조 제1항).

(2) 개별주택가격의 공시

시장·군수 또는 구청장은 제25조의 규정에 의한 시·군·구부동산평가위원회의 심의를 거쳐 매년 표준주택가격의 공시기준일 현재 관할구역 안의 개별주택의 가격을 결정·공시하고, 이를 관계행정기관 등에 제공하여야 한다(부동산 가격공시에 관한 법률 제17조 제1항).

2. 공동주택가격의 공시

국토교통부장관은 공동주택에 대하여 매년 공시기준일 현재의 적정가격을 조사·산정하여 중앙부동산평가위원회의 심의를 거쳐 공시하고, 이를 관계행정기관 등에 제공하여야 한다(부동산 가격공시에 관한 법률 제18조 제1항).

 MEMO

PART 08
기 타

제1절 환경행정법

제1항 | 환경행정법의 목적

2283 헌법 제35조는 "① 모든 국민은 건강하고 쾌적한 환경에서 생활할 권리를 가지며, 국가와 국민은 환경보전을 위하여 노력하여야 한다. ② 환경권의 내용과 행사에 관하여는 법률로 정한다"고 규정하며, 환경정책기본법은 제1조에서 "이 법은 환경보전에 관한 국민의 권리·의무와 국가의 책무를 명확히 하고 환경정책의 기본 사항을 정하여 환경오염과 환경훼손을 예방하고 환경을 적정하고 지속가능하게 관리·보전함으로써 모든 국민이 건강하고 쾌적한 삶을 누릴 수 있도록 함을 목적으로 한다"고 규정하고 있다.

제2항 | 환경정책상의 기본원칙

2284 환경보전을 위한 책무의 수행에 있어 기초를 이루는 기본원리로 헌법상의 환경권 규정과 환경정책기본법에서 도출될 수 있다.

Ⅰ. 사전배려의 원칙

2285 사전배려의 원칙(사전대비의 원칙)이란 환경보호를 위해 행정주체가 환경침해 우려 있는 위험의 방지나 위해의 제거로는 부족하고 적극적으로 환경에 대한 잠정적 침해를 방지하여야 한다는 원칙을 말한다. 환경정책기본법은 이를 명시적으로 밝히고 있다(환경정책기본법 제1조(이 법은 환경보전에 관한 국민의 권리·의무와 국가의 책무를 명확히 하고 환경정책의 기본 사항을 정하여 환경오염과 환경훼손을 예방하고), 제8조 제1항(국가 및 지방자치단체는 환경오염물질 및 환경오염원의 원천적인 감소를 통한 사전예방적 오염관리에 우선적인 노력을 기울여야 하며, 사업자로 하여금 환경오염을 예방하기 위하여 스스로 노력하도록 촉진하기 위한 시책을 마련하여야 한다)).

Ⅱ. 존속보호의 원칙

2286 존속보호의 원칙(악화금지의 원칙)이란 환경보호의 목표를 현상의 유지·보호에 두는 것을 말한다. 환경정책기본법은 이를 명시적으로 밝히고 있다(환경정책기본법 제13조(환경기준의 유지) 국가 및 지방자치단체는 환경에 관계되는 법령을 제정 또는 개정하거나 행정계획의 수립 또는 사업의 집행을 할 때에는 제12조에 따른 환경기준이 적절히 유지되도록 다음 사항을 고려하여야 한다. 1. 환경 악화의 예방 및 그 요인의 제거, 2. 환경오염지역의 원상회복. ― 이하생략).

Ⅲ. 원인자책임의 원칙

2287 원인자책임의 원칙(원인자부담의 원칙)이란 환경오염발생에 원인을 제공한 자가 그 환경

오염의 방지·제거·손해전보에 책임을 져야 한다는 원칙을 말한다. 환경정책기본법은 이를 명시적으로 밝히고 있다(환경정책기본법 제7조(오염원인자 책임원칙) 자기의 행위 또는 사업활동으로 환경오염 또는 환경훼손의 원인을 발생시킨 자는 그 오염·훼손을 방지하고 오염·훼손된 환경을 회복·복원할 책임을 지며, 환경오염 또는 환경훼손으로 인한 피해의 구제에 드는 비용을 부담함을 원칙으로 한다). 그러나 원인자를 확정할 수 없는 경우 공동체구성원의 공동부담으로 해결할 수밖에 없다. 이를 공동부담의 원칙이라고 한다(예: 환경세나 탄소세의 부과).

Ⅳ. 협동의 원칙

협동의 원칙(협력의 원칙)이란 환경보전을 위해 국가와 사회가 협력해야 한다는 원칙을 말한다. 환경정책기본법은 이를 명시적으로 밝히고 있다(환경정책기본법 제4조(국가 및 지방자치단체의 책무), 제5조(사업자의 책무), 제6조(국민의 권리와 의무)).

제3항 | 환경행정의 수단

Ⅰ. 일반론

환경행정을 위한 수단으로는 ① 일반적 수단으로 행정계획, 환경기준의 설정, 환경영향평가제도와 ② 개별적 수단으로 각종의 신고와 허가제, 배출규제조치, 공과금·조세의 부과, 환경보전지역 등의 지정, ③ 그리고, 비권력적 수단으로 자금지원이나 행정지도가 있다. 아래에서는 환경영향평가제도만 살펴본다.

Ⅱ. 환경영향평가제도

1. 환경영향평가의 의의

환경영향평가란 환경에 영향을 미치는 실시계획·시행계획 등의 허가·인가·승인·면허 또는 결정 등(이하 "승인등"이라 한다)을 할 때에 해당 사업이 환경에 미치는 영향을 미리 조사·예측·평가하여 해로운 환경영향을 피하거나 제거 또는 감소시킬 수 있는 방안을 마련하는 것을 말한다(환경영향평가법 제2조 제2호).

2. 환경영향평가대상사업

환경영향평가법 제22조 제1항은 환경영향평가를 실시해야 하는 환경영향평가 대상사업을 규정하고 있다. 즉 '1. 도시의 개발사업, 2. 산업입지 및 산업단지의 조성사업, 3. 에너지 개발사업, 4. 항만의 건설사업, 5. 도로의 건설사업, 6. 수자원의 개발사업, 7. 철도(도시철도를 포함한다)의 건설사업, 8. 공항의 건설사업, 9. 하천의 이용 및 개발 사업, 10. 개간 및 공유수면의 매립사업, 11. 관광단지의 개발사업, 12. 산지의 개발사업, 13. 특정 지역의 개발사업, 14. 체육시설의 설치사업, 15. 폐기물 처리시설의 설치사업, 16. 국방·군사 시설의 설치사업, 17. 토석·모래·자갈·광물 등의 채취사업, 18. 환경에 영향을 미치는 시설로서 대통령령으로 정하는 시설의 설치사업' 등 환경침해를 야기할 수 있는 사업이 환경영향평가 대상사업이 된다.

3. 절 차

(1) 주민 등의 의견수렴

2292　사업자는 환경영향평가항목등에 따라 환경영향평가서 초안을 작성하여 주민 등의 의견을 수렴하여야 한다(환경영향평가법 제25조 제1항).

(2) 환경영향평가서 작성

2293　승인등을 받지 아니하여도 되는 사업자는 환경부장관에게 협의를 요청할 경우 환경영향평가서를 작성하여야 하며, 승인등을 받아야 하는 사업자는 환경영향평가서를 작성하여 승인신청시 승인기관의 장에게 제출하여야 한다(환경영향평가법 제27조 제2항).

(3) 환경부장관에게 협의 요청, 환경영향평가서의 검토

2294　⑺ 승인기관장등은 환경영향평가 대상사업에 대한 승인등을 하거나 환경영향평가 대상사업을 확정하기 전에 환경부장관에게 협의를 요청하여야 한다(환경영향평가법 제27조 제1항).

2295　⑻ 환경부장관은 협의를 요청받은 경우에는 주민의견 수렴 절차 등의 이행 여부 및 환경영향평가서의 내용 등을 검토하여야 한다. 그리고 환경부장관은 환경영향평가서를 검토한 결과 환경영향평가서 또는 사업계획 등을 보완·조정할 필요가 있는 등 대통령령으로 정하는 사유가 있는 경우에는 승인기관장등에게 환경영향평가서 또는 사업계획 등의 보완·조정을 요청하거나 보완·조정을 사업자 등에게 요구할 것을 요청할 수 있다. 이 경우 승인기관장등은 특별한 사유가 없으면 이에 따라야 한다(환경영향평가법 제28조 제1항·제3항).

4. 원고적격

2296　판례는 새만금사건에서 환경영향평가 대상지역 안의 주민은 환경상의 이익에 대한 침해(침해우려)가 있는 것으로 사실상 추정되어 원고적격이 인정되나, 환경영향평가 대상지역 밖의 주민은 환경상의 이익에 대한 침해(침해우려)가 있다는 것을 입증해야 원고적격이 인정될 수 있다고 보았다(대판(전원) 2006.3.16. 2006두330).

5. 환경영향평가의 하자★★[15 사시] [20 입시]

(1) 환경영향평가의 하자와 사업계획승인처분의 관계

2297　환경영향평가는 환경영향평가대상이 되는 사업의 실시를 위한 사업계획승인처분의 사전절차로서의 성격을 가진다. 따라서 환경영향평가의 하자는 형식상 하자(주민의 의견수렴절차나 환경부장관과의 협의절차에 하자가 있는 경우)든 내용상 하자(환경영향평가서가 부실하게 작성된 경우)든 사업계획승인처분의 절차상 하자로서의 성질을 갖는다(박균성).

(2) 환경영향평가의 하자의 종류

1) 환경영향평가 자체를 결한 경우

법령상 환경영향평가가 행해져야 함에도 불구하고 환경영향평가가 행해지지 않고 대상사업계획승인처분이 내려진 경우 사업승인은 위법하며, 중대·명백한 하자로 무효이다(대판 2006.6.30. 2005두14363).

2) 환경영향평가의 형식상 하자(주민의 의견수렴절차나 환경부장관과의 협의절차에 하자가 있는 경우)

① 주민의 의견수렴절차나 환경부장관과의 협의절차 등이 전혀 행하여지지 않은 경우 사업계획승인처분은 절차상 위법이 있는 처분이 될 것이다(박균성·함태성). ② 판례는 내무부장관이 변경처분을 함에 있어서 피고(환경부장관)와의 협의를 거친 이상 … 내무부장관이 피고의 환경영향평가에 대한 의견에 반하는 처분을 하였다고 하여 그 처분이 위법하다고 할 수는 없다(대판 2001.7.27. 99두2970)고 보았다.

3) 환경영향평가의 내용상 하자(환경영향평가서가 부실하게 작성된 경우 또는 그 부실이 환경부장관과의 협의과정에서 보완되지 않은 경우)

㈎ 판례는 인근주민이 건설교통부장관이 한국고속철도건설공단에 발령한 경부고속철도 서울차량기지정비창건설사업실시계획승인처분취소를 구한 사건에서 ⓐ '환경영향평가의 내용의 부실의 정도가 환경영향평가제도를 둔 입법 취지를 달성할 수 없을 정도이어서 환경영향평가를 하지 아니한 것과 다를 바 없는 정도'인 경우는 그것만으로 사업계획승인처분은 위법사유가 된다고 보고, ⓑ '환경영향평가의 내용이 다소 부실하다 하더라도, 그 부실의 정도가 환경영향평가제도를 둔 입법 취지를 달성할 수 없을 정도이어서 환경영향평가를 하지 아니한 것과 다를 바 없는 정도의 부실이 아닌 경우'에 그 부실은 당해 승인 등 처분에 재량권 일탈·남용의 위법이 있는지 여부를 판단하는 하나의 요소로 됨에 그칠 뿐, 그 부실로 인하여 당연히 당해 승인 등 처분이 위법하게 되는 것이 아니라(대판 2001.6.29. 99두9902)고 보았다.

㈏ 그러나 환경영향평가의 부실의 정도가 중대한 경우에는 환경영향평가절차의 하자가 있다고 보아야 하고 따라서 이 경우 사업계획승인처분의 하자가 된다고 보는 견해도 있다.

제2절 조세행정법

I. 조세의 의의

2301 조세란 국가 또는 지방자치단체가 그 경비에 충당할 수입을 취득하기 위한 목적으로 법률에 기한 일방적 의무로서 과세요건에 해당하는 자에게 과하는 무상의 금전부담을 말한다.

II. 조세법의 기본원칙

1. 형식면의 원칙

(1) 조세법률주의

2302 조세의 부과·징수는 국회가 제정한 법률에 따라야 한다는 원칙을 말한다(헌법 제59조 조세의 종목과 세율은 법률로 정한다).

(2) 영구세주의

2303 법률의 개폐가 없는 한 당해 법률에 의하여 계속하여 과세할 수 있는 원칙을 말한다.

2. 실질면의 원칙

(1) 공평부담의 원칙

2304 조세는 담세력에 따라 공평하게 부과되어야 한다.

(2) 신뢰보호의 원칙

2305 국세기본법 제18조 제3항은 "세법의 해석 또는 국세행정의 관행이 일반적으로 납세자에게 받아들여진 후에는 그 해석 또는 관행에 의한 행위 또는 계산은 정당한 것으로 보며 새로운 해석 또는 관행에 의하여 소급하여 과세하지 아니한다"고 명시한다.

(3) 능률의 원칙

2306 조세수입의 확보는 최소의 경비로 능률적으로 이루어져야 한다.

3. 과세기술면의 원칙

(1) 실질과세의 원칙

2307 명목상의 귀속이 아니라 사실상 과세물건이 귀속되는 자를 납세의무자로 해야 한다는 원칙을 말한다.

(2) 근거과세의 원칙

2308 과세의무자가 조세관계법령에 의해 작성·비치한 장부 기타 증빙자료에 의해 과세해야 한다는 원칙을 말한다.

(3) 소급과세금지의 원칙

2309 조세법규는 소급적용될 수 없다(국세기본법 제18조 ② 국세를 납부할 의무가 성립한 소득·수

익·재산·행위 또는 거래에 대하여는 그 성립 후의 새로운 세법에 의하여 소급하여 과세하지 아니한다).

Ⅲ. 위법·부당한 조세의 부과·징수에 대한 권리구제

1. 과세전적부심사제

과세전적부심사제란 세무조사의 결과에 따른 과세처분에 앞서 과세내용을 납세자에게 통지하여 이의가 있는 납세자로 하여금 과세의 적부심사를 받도록 하는 위법·부당한 과세처분에 대한 사전적 권리구제제도이다(국세기본법 제81조의15(과세전적부심사) ① 다음 각 호의 어느 하나에 해당하는 통지를 받은 자는 통지를 받은 날부터 30일 이내에 통지를 한 세무서장이나 지방국세청장에게 통지 내용의 적법성에 관한 심사[이하 이 조에서 "과세전적부심사"(課稅前適否審査)라 한다]를 청구할 수 있다).

2. 이의신청

국세의 부과와 징수에 관한 처분에 대해 이의가 있는 자는 국세청장이 조사·결정 또는 처리하거나 하였어야 할 것인 경우를 제외하고는 그 처분에 대하여 심사청구 또는 심판청구에 앞서 이의신청을 할 수 있다(국세기본법 제55조 제3항). 심사청구나 심판청구와는 달리 임의적이다.

3. 행정쟁송★

(1) 행정심판

조세사건의 특수성으로 인해 행정심판법은 적용이 배제되고 국세기본법, 지방세법, 관세법이 적용된다. 아래는 주로 국세기본법의 내용이다.

1) 심사청구

심사청구는 대통령령으로 정하는 바에 따라 불복의 사유를 갖추어 해당 처분을 하였거나 하였어야 할 세무서장을 거쳐 국세청장에게 하여야 한다(국세기본법 제62조 제1항).

2) 심판청구

심판청구는 대통령령으로 정하는 바에 따라 불복의 사유를 갖추어 그 처분을 하였거나 하였어야 할 세무서장을 거쳐 조세심판원장에게 하여야 한다(국세기본법 제69조 제1항).

(2) 행정소송

1) 필요적 심판전치

국세기본법상 위법한 처분에 대한 행정소송은 이 법에 따른 심사청구 또는 심판청구와 그에 대한 결정을 거치지 아니하면 제기할 수 없다. 행정소송은 행정소송법 제20조(제소기간)에도 불구하고 심사청구 또는 심판청구에 대한 결정의 통지를 받은 날부터 90일 이내에 제기하여야 한다(국세기본법 제56조 제2항·제3항). 다만, 국세에 대한 행정심판은 국세청장에 대한 심사청구 또는 조세심판원장에 대한 심판청구 중 하나만 거치면 된다.

2) 경정처분과 소송의 대상(1160 참조)

2316 판례는 ① 증액경정의 경우는 당초(원)처분은 증액경정처분에 흡수되고 증액경정처분만이 소송의 대상이 되며(대판 2004.2.13. 2002두9971), ② 감액경정의 경우 감액경정은 독립한 처분이 아니며 감액 후 남은 원처분(원처분 중 감액 후 남은 부분)이 소송의 대상이라고 한다(대판 1991.9.13. 91누391).

(3) 과오납금반환청구

1) 의 의

2317 과오납금반환청구란 법률상 원인 없이 이미 납부한 세액을 국가 등에게 반환청구하는 것을 말한다. 법적 성질은 부당이득반환청구이며, 국세기본법은 이를 국세환급이라 한다.

2) 국세환급금의 결정·충당과 환급

2318 세무서장은 납세의무자가 국세·가산금 또는 체납처분비로서 납부한 금액 중 잘못 납부하거나 초과하여 납부한 금액이 있거나 세법에 따라 환급하여야 할 환급세액이 있을 때에는 즉시 그 잘못 납부한 금액, 초과하여 납부한 금액 또는 환급세액을 국세환급금으로 결정하여야 한다. 이 경우 세무서장은 국세환급금으로 결정한 금액을 대통령령으로 정하는 바에 따라 다음 각 호(1. 납세고지에 의하여 납부하는 국세, 2. 체납된 국세·가산금과 체납처분비(다른 세무서에 체납된 국세·가산금과 체납처분비를 포함한다), 3. 세법에 따라 자진 납부하는 국세)의 국세·가산금 또는 체납처분비에 충당하여야 한다. 그 후에도 남은 금액은 국세환급금의 결정을 한 날부터 30일 내에 대통령령으로 정하는 바에 따라 납세자에게 지급하여야 한다(국세기본법 제51조 제1항·제2항·제6항).

3) 국세기본법 제51조의 국세환급금(거부)결정이 항고소송의 대상인지 여부[14 사시]

2319 세무서장의 환급금(거부)결정은 국민의 권리나 법적 이익에 직접 영향을 미치는 행위가 아니므로 항고소송의 대상인 (거부)처분이 아니다. 판례도 「구 국세기본법(2006. 12. 30. 법률 제8139호로 개정되기 전의 것) 제51조 제1항, 제52조 등의 규정은 환급청구권이 확정된 국세환급금 및 가산금에 대한 내부적 사무처리절차로서 과세관청의 환급절차를 규정한 것일 뿐 그 규정에 의한 국세환급금(가산금 포함) 결정에 의하여 비로소 환급청구권이 확정되는 것이 아니므로, 국세환급결정이나 이 결정을 구하는 신청에 대한 환급거부결정 등은 납세의무자가 갖는 환급청구권의 존부나 범위에 구체적이고 직접적인 영향을 미치는 처분이 아니어서 항고소송의 대상이 되는 처분으로 볼 수 없다(대판 2010.2.25. 2007두18284)」라고 본다.

4) 과오납금반환청구권의 법적 성질

2320 이 논의는 부당이득반환청구권의 법적 성질과 같다. ① 학설은 ⓐ 공권설과 ⓑ 사권설이 대립하며, ② 판례는 사권설이다. 따라서 판례에 따르면 과오납금반환청구소송은 민사소송으로 다루어진다(자세한 내용은 전술한 부당이득반환청구권의 법적 성질(109) 참조).

김기홍

연세대학교 법과대학 졸업
연세대학교 대학원 석사 졸업
연세대학교 대학원 박사과정
연세대학교 등 대학특강 강사
프라임법학원 행정법 전임강사

[제2판]
행정법 강의

2022년 3월 5일 초 판 제1쇄발행
2023년 2월 25일 제2판 제1쇄인쇄
2023년 3월 5일 제2판 제1쇄발행

저 자	김 기 홍
발행인	이 종 은
발행처	새 흐 름

서울특별시 마포구 독막로 295 삼부골든타워 212호
전 화 (02) 713-3069 FAX (02) 713-0403
등 록 2014. 1. 21. 제2014-000041호(윤)
홈페이지 www.sehr.co.kr

저자와 협의하여 인지첩부를 생략함

파본은 바꿔드립니다. 본서의 무단복제행위를 금합니다.

정 가 34,000원

ISBN 979-11-6293-373-2